譯註
翰苑

동북아역사 자료총서 52
譯註 翰苑

초판 1쇄 인쇄 2018년 12월 17일
초판 1쇄 발행 2018년 12월 28일

엮은이   동북아역사재단 한국고중세사연구소
펴낸이   김도형
펴낸곳   동북아역사재단

등 록   제312-2004-050호(2004년 10월 18일)
주 소   03739 서울시 서대문구 통일로 81 NH농협생명빌딩
전 화   02-2012-6065
팩 스   02-2012-6189
이메일   book@nahf.or.kr

ⓒ 동북아역사재단, 2018

ISBN   978-89-6187-435-9 93910

• 이 책의 출판권 및 저작권은 동북아역사재단이 가지고 있습니다.
  저작권법에 의해 보호를 받는 저작물이므로 어떤 형태나 어떤 방법으로도
  무단전재와 무단복제를 금합니다.
• 이 도서의 국립중앙도서관 출판예정도서목록(CIP)은 서지정보유통지원시스템
  홈페이지(http://seoji.nl.go.kr)와 국가자료공동목록시스템(http://www.nl.go.kr/kolisnet)에서
  이용하실 수 있습니다.(CIP제어번호: CIP2018042597)
• 책값은 뒤표지에 있습니다. 잘못된 책은 바꾸어 드립니다 .

동북아역사 자료총서 52

譯註

翰苑

동북아역사재단
한국고중세사연구소 편

동북아역사재단
NORTHEAST ASIAN HISTORY FOUNDATION

일러두기

1. 이 책은 동북아역사재단 기획연구(동북아2017-한중-기획-1-5-4)의 성과이다.

2. 『한원』 번이부의 원문은 다음을 참고하였다.
   - 京都帝國大學文學部, 1922, 『京都帝國大學文學部景印唐鈔本』 第1集
   - 국립중앙도서관 古200-1 http://www.nl.go.kr/nl/?mobile=1
   - 일본국회도서관 http://dl.ndl.go.jp/info:ndljp/pid/967402

3. 원문과 대교에는 다음을 참고하였으며, '죽내본'·'탕천본'·'길림본'으로 약칭하였다.
   - 竹內理三 校訂·解說, 1977, 『翰苑』, 太宰府天滿宮文化硏究所
   - 湯淺幸孫 校釋, 1983, 『翰苑校釋』, 國書刊行會
   - 張中澍·張建宇 校譯, 2015, 『《翰苑·蕃夷部》校譯』, 吉林文史出版社

4. 서체와 이체자 판독에는 다음을 참고하였다.
   - 二玄社, 2007, 『大書源』, 二玄社
   - 臧克和 著, 2016, 『日藏唐代漢字抄本字形表』 第1~3冊, 華東師範大學出版社
   - 臺灣 國家敎育硏究院 異體字字典 http://140.111.1.40/main.htm

5. 판독문에서 간자·속자·이체자 등은 원문대로 적고, 교감문에서는 이를 정자로 적는 것을 원칙으로 하였다.

6. 교감문 작성의 원칙은 동북아역사재단 편, 『역주 중국정사 외국전』(2009~2014)을 준용하였다.

7. 『한원』 원문은 국립중앙도서관에 소장된 『京都帝國大學文學部景印唐鈔本』을 이 책 말미에 수록하였다.

● 해제

『翰苑』의 편찬과 蕃夷部

윤용구

I. 『한원』의 발견과 校勘

『翰苑』은 唐 고종 顯慶 5년(660) 張楚金(?~689)이 찬술하고 雍公叡가 注를 붙인 類書의 初寫本이다. 『宋史』와 『崇文總目』 등 송대의 여러 書目에서 확인되는 『한원』은 온전하게 전하지 않는다. 본래 30卷 분량이지만, 그 最終卷으로 여겨지는 蕃夷部 1卷만이 천하의 孤本으로서 일본 福岡縣 太宰府天滿宮에 전해온다. 전장 15.86m에 달하는 墨書의 卷子本으로, 9세기 平安初期의 鈔本으로 알려져 있다(內藤虎次郎, 1922; 竹內理三 1977).

일본에 전래된 시기는 831년 滋野貞主(785~852)가 찬집한 『秘府略』에도 인용되어 있고, 60년이 지난 891년 작성된 『日本国見在書目録』에 『한원』 30권이 확인되는 것으로 짐작해볼 수 있다. 平安 말 이후 『한원』의 존재는 잊혀졌다가, 1917년 太宰府天滿宮宝物調査할 때 黑板勝美(1874~1946)가 천만궁 宮司인 西高辻家에 소장된 것을 재발견하여 오늘에 이른다(竹內理三 1977). 1931년 중요문화재에 이어 1954년 일본의 國寶로 지정되었다.

1922년 內藤虎次郎(1866~1934)의 解說을 붙인 影印本 『한원』이 京都大學에서 출판되었다.[1] 15m가 넘는 두루마리 사본을 83쪽으로 분할하되 본래 크기대로 영인하였다. 1977년 太宰府天滿宮은 天神인 菅原道真(845~903) 1075年忌 사업으로 일본 고중세 사원경제 및 고문서 전공인 早稻田大學 교수 竹內理三(1907~1997)의 釋文과 訓讀文을 붙이고, 원문을 89쪽으로 쪼개어 간행하였다.[2] 훈독에 그쳤지만 正文과 注文에 대한 번역이 처음 시도되었다.

1983년 중국철학 전공인 京都大學 교수 湯淺幸孫(1917~2003)은 原文 校勘과 訓讀文, 그

---

1 『翰苑』, 1922, 「京都帝國大學文學部景印唐鈔本」 第1集 第2冊.
2 『翰苑』, 1977, 「竹內理三 校訂·解說本」, 福岡: 太宰府天滿宮文化研究所.

 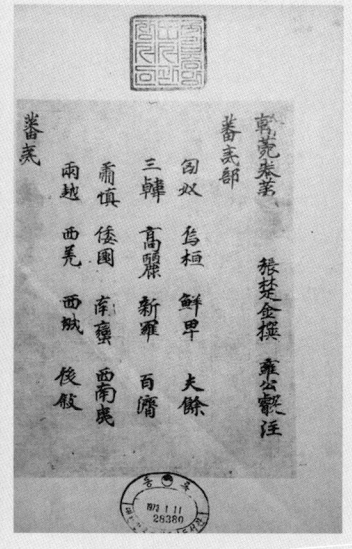

① 京都帝國大學文學部景印唐鈔本
1922년, 古200.1
1책 42張, 36cm×25cm

 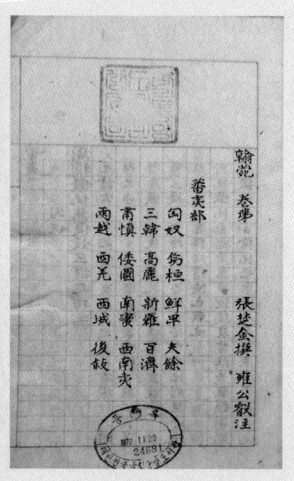

② 藤田亮策藏『翰苑』抄寫本
1933년, 古2205.28
1책 68張, 30cm×20.5cm

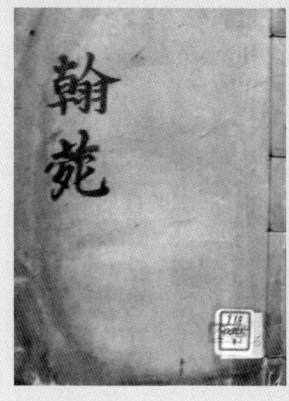 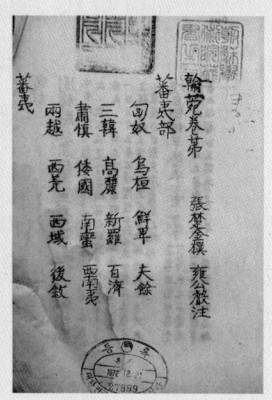

③ 朝鮮學術院藏『翰苑』謄寫本
1950년 이전, 古2209.15
1책 46張, 25.6cm×18cm

〈그림 1〉 국립중앙도서관 소장 『翰苑』 寫本 3종

리고 譯註까지 붙인 校釋本을 간행하였다.³ 원문도 축소하여 붙였는데 1922년 영인본을 사용하였다. 湯淺幸孫의 교석본은 중국 고전에 대한 지식을 바탕으로 자구마다 典故를 밝혔고, 注文을 張楚金의 自注와 雍公叡의 補注로 구분하는 새로운 견해를 제시하였다. 注文에 대한 엄정한 교감을 통해 『한원』의 활용도를 높였다.

중국에서도 1934년 金毓黻(1887~1962)이 1922년 영인본을 판독하여 활자본(排印本)으로 간행하였다.⁴ 이른바 「遼海叢書本」이다. 이는 『한원』의 첫 번째 點校本이라 하겠다. 그런데 이미 지적된 대로 불안전한 字句를 교감하면서 자의적으로 변경한 것이 많았다(湯淺幸孫, 1983; 佐藤進, 1976). 이는 2015년 張中澍·張建宇에 의한 『《翰苑·蕃夷部》校譯』 간행의 계기가 되었다. 하지만 논란이 많은 字句의 경우 원문의 字形보다 연대기 자료에 의거 改字한 것이 문제라 하겠다. 2016년 王碩은 『한원』을 주제로 한 박사학위논문에서 새로운 교주를 시도하였다. 하지만 湯淺幸孫本을 제외하여 노력이 반감되었다.

한편 국립중앙도서관에는 1922년 간행된 『한원』 영인본 외에 藤田亮策(1892~1960)이 소장했던 1933년의 抄寫本 1책과, 1945년 해방 직후 결성된 朝鮮學術院 藏書印이 찍힌 油印本(謄寫版) 『翰苑』 1책이 소장되어있다(그림 1). 초사본은 罫紙에 正書한 것이고, 뒤는 철필로 쓰고 등사한 것이다. 모두 1922년 영인본을 저본으로 한 것인데, 1933년 초사본은 「遼海叢書本」보다 앞선 최초의 교감본이라 할 것이다.⁵

藤田亮策藏 초사본은 '駝駱山房書屋'이라 인쇄된 원고지를 사용하였다. 그런데 말미에 "昭和八年 十月 謄寫"라는 표기와 함께 「藤田藏」이라 쓴 所藏印이 찍혀있다. '타락산방서옥'은 서울 동숭동 타락산 아래 거주하던 藤田亮策(1892~1960)의 宅號였다. 1930년대 조선의 서적과 문화에 관심을 가진 京城 거주 일본인 지식인들의 학술활동⁶ 속에서 작성된 것으로 보인다.

朝鮮學術院 장서인이 찍힌 『한원』과 같은 등사본은 4책이 더 있다. 서울대학교 도서관에 두 책(일석 951.01 c362haYy; 심악 952.02 c362haYy), 고려대학교 도서관 1책(치암 B2 A52), 명지대학교 도서관 1책(古951. 장815G)이 그것이다. 조선학술원은 白南雲(1894~1979)이 주축이 되어 1945년(8.16)부터 1950년 6월까지 활동한 民立의 학술단체이다.⁷ 여기에 서

---

3 湯淺幸孫, 1983, 『翰苑校釈』, 東京: 国書刊行会.
4 『翰苑』, 1934, 「遼海叢書」(8集上), 大連: 遼海叢書編印社.
5 윤용구, 2015, 「국립중앙도서관 소장 《翰苑》 초사본 2종」 신라사학회 제146회 학술발표회 발표요지(2015. 7. 18)
6 노경희, 2010, 「일제강점기 京城 거주 일본인의 한국 고문헌 연구 활동」, 『서지학보』 35, 한국서지학회.
7 김용섭, 2005, 「과학자들의 '중앙 아카데미' 구상과 조선학술원 설립」, 『남북 학술원과 과학원의 발달』, 지식산업사.

울대학교 등에 기증한 一石 李熙昇(1896~1986)·心岳 李崇寧(1908~1994)·痴菴 申奭鎬(1904~1981) 활동 시기로 볼 때, 등사판은 1950년 이전 간행으로 추정된다.

　이처럼 초사본과 등사본은 조선에서 간행한 『한원』의 또 다른 사본이었다. 초사본은 행간과 자수를 조정하고 오탈자를 가능한 교정한 반면, 등사본은 영인본 그대로 옮기려는 노력이 역력하다. 두 사본의 성격에 대해서는 향후 검토가 요구된다.

　1917년 재발견된 『한원』은 1922년 영인본으로 공개된 이래, 원문의 교감·표점·번역이 계속되고 있다. 언급한 대로 1934년 金毓黻(遼海本)을 비롯하여 1977년 竹內理三(竹內本), 1983년 湯淺幸孫(湯淺本), 2015년 張中澍·張建宇(吉林本) 등 4종이 나왔다. 여기에 藤田亮策 소장의 1933년 초사본과 朝鮮學術院藏 등사본, 2016년 王碩의 학위논문 속 校注까지 합한다면 그 수는 7종에 달한다.

　이는 『한원』이 類書이면서 刊刻이 아닌 寫本으로 流傳된 까닭에 원문의 교란이 심하기 때문이다. 유서의 편찬이란 이미 발췌된 기사를 다시 옮기는 작업이고, 사본의 거듭된 필사 또한 文章·語句를 줄이고 고치는 節略과 改文이 반복되었다. 더구나 『한원』의 필사자는 누락된 어구를 채워넣거나, 잘못된 부분을 고치지 않고 이어서 새로 썼다. 전체적으로 倭國傳 이후로는 현격하게 자획이 조악하고, 오탈자 등 오류도 심하다.

　하지만 그동안 『한원』 교감의 가장 큰 문제는 9세기 이전의 초사본을 10세기 이후 刊刻의 인쇄본을 통하여 교정하려는 데 있다. 곧 후대 문헌과 다른 경우, 『한원』의 기록을 잘못으로 보는 경향이 많았다. 뒤에서 보는 대로, 『한원』 번이부는 6~7세기 고구려·백제·신라에 대한 현실 인식을 제공하고자 만들어진 만큼, 그동안의 일본 고대 고문서나, 중국 철학에 대한 지식과 함께 한국고대사에 대한 이해가 뒤따라야 할 것이다.

II. 『한원』의 편찬과 체재

撰者와 成書期

　장초금에 대하여는 兩唐書의 本傳과 『全唐文』에 간단한 전기와 詩賦 2수가 남아있다. 대체로 17세(혹은 27세) 나이였던 貞觀 연간에 진사에 입격, 李勣의 推擧로 입사하여 高宗朝에 刑部侍郎, 武后대에도 吏部侍郎, 秋官尙書에 이르는 등 현달하였으나, 酷吏 周興의 무고에 의해 689년 嶺表(南)로 유배되고 그해 7월(혹은 8월) 配所에서 絞死되었다. 그의 기록에서 특기할 것은 어려서부터 志行이 있으며 바른 품성을 지녔다는 일화가 여러 문헌에 屢見되는 점이

차례

004 ○ 일러두기
007 ○ 해제

한원(翰苑) 역주

목차(目次)　● 024

번이부(蕃夷部)　● 026 ○ 흉노(匈奴)
　　　　　　　　100 ○ 오환(烏桓)
　　　　　　　　128 ○ 선비(鮮卑)
　　　　　　　　154 ○ 부여(夫餘)
　　　　　　　　166 ○ 삼한(三韓)
　　　　　　　　182 ○ 고려(高麗)
　　　　　　　　238 ○ 신라(新羅)
　　　　　　　　252 ○ 백제(百濟)
　　　　　　　　276 ○ 숙신(肅愼)
　　　　　　　　292 ○ 왜국(倭國)
　　　　　　　　308 ○ 남만(南蠻)
　　　　　　　　348 ○ 서남이(西南夷)
　　　　　　　　382 ○ 양월·서역(兩越·西域)

후서(後敍)　● 413

한원(翰苑) 원문

다.[8] 아마도 세간에 장초금이 억울한 죽음을 당했다고 여겨진 반증으로 생각된다(石田幹之助, 1957).

장초금의 自敍에 따르면 『한원』은 顯慶 5년(660) 무렵 쓰여진 것으로 보인다.

敍曰, 나는 大唐 顯慶 5년 3월 12일(계축) 幷州 太原縣의 廉平里에서 낮잠을 잤다. 꿈에 先聖 공자께서 옷을 입고 집무 보는 大堂 위에 앉아 계신 꿈을 꾸었다. 나는 자리 앞에 엎드려 "선생은 무엇 때문에 春秋를 지으셨습니까?" 물었다. 나의 형 越石이 곁에서 "선생은 기린이 잡힌 일에 감응하여 지으셨을 따름이다" 말하였다. 내가 "선생은 다만 기린을 잡은 일에 감응한 것으로 지칭하였을 뿐, 그 깊은 뜻이 어찌 반드시 그 일에만 있다고 하겠습니까!"라 답하였다. 선생께서 말씀하시기를 "그렇다. 때로 政道가 이지러지고 禮樂은 없어지기도 한다. 고로 時事에 따라 善을 드러내고 허물을 나무라는 것이다. 이에 따라 一王의 法을 드러내려는 것이지 어찌 기린을 잡은 것에만 있겠는가!"라 말씀하셨다. 내가 또 "「論語」에 이르기를 '沂水에서 목욕하고 舞雩에서 바람을 쐬며 시를 읊고 돌아간다' 하였는데, 감히 여쭙건대 무슨 의미입니까?"라 하였다. 선생께서 말하기를 "또한 각자의 뜻을 말한 것이다"라고 하였다. 나는 또 물었다. "사람이 태어나서 요절하거나 장수하는 것이 (따로) 있습니까?" 선생께서 말씀하셨다. "그대는 옛 聖人이 지금의 어리석은 자라 하여 (이를) 장수한다고 생각하거나, 요절했다고 여기는 것인가?" (나는) "옛날이나 지금도 죽는 것은 한 가지인데, 누가 요절하거나 장수하는 것을 알 수 있습니까?"라 답하였다. 선생이 말하였다. "그렇다. 무릇 不死不生이란 스스로 生死의 지경에 머물지 않는 것을 말한다. 무릇 (800세를 산) 彭祖와 요절한 자는 차이가 없다." 나는 또 물었다. "선생은 周代의 사람인데, (어째서) 아직도 계십니까?" 선생은 웃으며 "그대가 미치는 바가 아니다" 말하였다. 나는 또 물었다. "선생은 聖人이온데, 머무는 곳이 있습니까?" 이에 동쪽 창 아래를 가리키며 "내가 사는 곳이 저기다"라 말하였다. 내가 동쪽 들창 앞을 돌아보니 검은 명주와 속이 붉은 (막을 친) 床 위에 붉은 비단 요를 간 듯한 것이 있고, 그 앞에 侍者 둘이 서 있었다. 말을 마치면서 (잠에서) 깨었다. 놀라 일어났다. 탄식하듯 한숨지으며 "그 옛날 선생은 大聖이면서도, 오히려 '나는 늙었구나. 꿈에 다시 周公을 보지 못한 지 오래구나!' 하셨는데, 아무것도 모르는 보잘것없는 내가 將聖(孔子)과 神交를 나누다니!"라 감읍하여 말하고는, 마침내 이 책을 저술하였다.[9]

위의 서문에 따르면 장초금은 꿈에서 孔子와 『春秋』를 지은 大義와 그의 생사관에 대한 이야기를 나누고 깨어난 후 그 감흥이 『한원』의 저술로 이어졌다 한다. 완성 시기를 분명히

---

8 『疑獄集』 1, 『折獄龜鑑』 3, 『說郛』 48上·51上, 『冊府元龜』 619, 『實賓錄』 1, 『記纂淵海』 37, 『山堂肆考』 96, 『淵鑑類函』 187, 『朝野僉載』 5, 『大唐新語』 6, 『太平廣記』 121 등에 산견된다.

9 『한원』 번이부 後敍 (본서 원문 참조).

할 수 없으나 660년에서 크게 내려오지는 않을 것이다. 후술한 대로 659년 저술된 李延壽의 『南·北史』를 비롯한 이후의 자료는 인용되어 있지 않기 때문이다. 689년 嶺表로 유배된 후 雍公叡의 注가 붙은 『한원』이 700년을 전후하여 완성되었다는 견해도 있으나(全海宗, 1980), 장초금이 돌연 실각하고 곧바로 絞死되었으므로[10] 따르기 어렵다.

卷帙

『한원』은 총 30권의 類書로 보인다. 『舊唐書』本傳 말미에 「著翰苑三十卷, 紳誡三卷, 並傳於時」라 하였고, 『新唐書』藝文志에는 類書類에 「翰苑七卷」, 總集類에 「翰苑三十卷」이 수록되어 있다. 두 당서의 기록이 일치하지는 않는다. 특히 『신당서』의 기록은 類書와 總集 두 종류의 한원이 있는 것처럼 보이기도 한다. 宋代에 들어서 여러 書目에도 기록이 있다.

『崇文總目』類書類, 『통지』藝文略에는 모두 「翰苑七卷 張楚金撰」이라 하였고, 元 至正 5년(1345)에 완성된 『송사』예문지에는 子部 類書類에서 '雍公叡注張楚金翰苑十一卷'을 들고 있다. 그런데 여기의 '十一'은 '七'의 오기로 여겨지고 있다(湯淺幸孫, 1983). 이에 앞서 藤原佐世 奉勅撰의 『日本國見在書目錄』은 雜家의 部에 『修文殿御覽』·『藝文類聚』와 함께 『한원』 30권을 수록하고 있다. 藤原氏가 일을 마친 것은 宇多天皇 寬平 3년(891)이고, 『구당서』가 찬수된 것은 후진 高祖 開運 2년(945)이다. 『일본현재서목록』의 기록이 『한원』에 관한 가장 오랜 기록이다. 『구당서』보다 반세기가 넘어서 집록된 셈이다.

『일본현재서목록』에는 『한원』이 본래 30권이었고, 類書였음을 알게 한다(湯淺幸孫, 1983; 嚴紹璗, 1992). 그렇다면 『신당서』 예문지의 7권, 혹은 『송사』 예문지에 11권이라 한 것은, 『신당서』가 편찬되던 북송 嘉祐 5년(1060)경에는 이미 『한원』의 일부가 흩어진 결과로 여겨진다(全海宗, 1980). 북송 慶曆 원년(1041)에 편찬된 『숭문총목』의 유서부에도 『한원』 7권을 기재하고 있는 것도 이러한 연유로 여겨진다. 따라서 7권(혹은 11권)은 正文만이고 30권은 注記가 합쳐진 것이라거나, 전자는 類書로서의 『한원』이고, 후자는 '張楚金詩文集'과 같다는 이해(王碩, 2016)는 성립되기 어렵겠다.

部類

『한원』은 太宰府天滿宮에 전하는 蕃夷部 외에 『秘府略』에만 전하는 것으로 알려졌다. 『秘府略』에는 권864, 百穀部 가운데 黍·粟과, 卷868 布帛部 錦條에 인용된 『張楚金翰苑』이 있

---

10 楚金, 高宗時累遷刑部侍郎, 儀鳳年, 有妖星見, 楚金上疏, 極言得失, 高宗優納, 賜帛二百段, 則天臨朝, 歷位吏部侍郎, 秋官尚書, 賜爵南陽侯. 為酷吏周興所陷,配流嶺表, 竟卒於徙所. 著翰苑三十卷, 紳誡三卷, 並傳於時(『舊唐書』187, 張道源附 楚金傳).

다. 곧 黍粟에 "張楚金翰苑曰" 아래 28組의 對句와 注記가 그것이다. 布帛部 錦條에도 "張楚金翰苑曰" 아래 4조의 對句와 注記가 보인다(內藤虎次郎 1922; 竹內理三 1977). 하지만 湯淺幸孫은 新美寬 編, 『本邦殘存典籍による輯佚資料集成』(1968)을[11] 통하여 "翰苑云"이라 한 對句와 注記를 『藥字抄』에서 18組, 『香字抄』에서 3組, 그리고 『改元部類』에서도 3組를 찾아냈다(湯淺幸孫, 1983).

이들 對句와 注記는 번이부와 같은 체제로 구성되어 있다. 이로 본다면 『한원』에는 百穀·布帛·藥部(혹은 草部) 정도의 部類가 더 있었을 것으로 추정된다. 이 가운데 번이부를 제외하고는 北齊대 『修文殿御覽』, 당초의 『藝文類聚』에도 같은 部類가 보인다. 번이부는 후대 類書에서만 나타난다. 801년 『通典』의 邊防門과 북송대 『太平御覽』 四夷部 등이 그것이다. 그렇다면 '蕃夷部'는 『한원』 저술 시에 처음 설정된 部類로 생각된다.

內容과 性格

번이부는 권수의 목차에서 보는 대로 匈奴·烏桓·鮮卑·夫餘·三韓·高驪·新羅·百濟·肅愼·倭國·南蠻·西南夷·兩越·西羌·西域 순으로 이루어져 있다. 그리고 卷尾에 장초금의 自敍가 붙어 있는 바, 漢唐代 敍文은 全篇의 末尾에 온다는 점에서(湯淺幸孫, 1983) 이해된다. 卷首 목차에 後敍라는 표기는 鈔本의 작성자가 삽입한 것으로 이해되고 있다.

匈奴 이하 각 조의 내용이 鈔本에 부합하도록 완전한 것은 아니다. 『한원』의 문장에 誤脫字와 衍文이 많음은 잘 알려진 일이거니와, 兩越의 끝부분, 西羌 전체, 西域의 첫 부분은 남아 있지 않다. 이제 이민족별 조문 수와 인용문헌을 나열하면 다음과 같다. 문헌명 다음의 괄호는 重出 회수이다.

匈奴(29句)   毛詩(3) 漢書(15) 史記(2) 范曄後漢書(2) 後漢書(10)

烏丸(12句)   范曄後漢書 後漢書(12)

鮮卑(14句)   司馬彪續漢書 王琰宋春秋 續漢書 後漢書(10) 漢名臣奏 應邵風俗通(2)

夫餘(7句)   後漢書(5) 魚豢魏略 魏略(2)

三韓(10句)   魏略(4) 後漢書(7)

高驪(23句)   魏收後魏書(2) 魚豢魏略 漢書地理志(8) 後漢書(3) 高麗記(11) 魏略(2) 十六國春秋前燕錄(2) 續漢書郡國志 十六國春秋(北燕) 魏志(2) 范曄後漢書 周禮職方 續漢書 齊書東夷傳 毛詩 梁元帝職貢圖

---

11 新美寬 編, 1968, 『本邦殘存典籍による輯佚資料集成續』, 京都大學 人文科學硏究所.

新羅(5句)	括地志(3) 宋書 范曄後漢書 魏志(2) 齊書 隋東藩風俗記
百濟(9句)	東夷記 范曄後漢書東夷傳 魏志(2) 後魏書 宋書 括地志(7)
肅愼(8句)	後漢書 魏略 肅愼國記 肅愼記(3) 陸翽鄴中記 山海經
倭國(9句)	後漢書(3) 魏志(2) 魏略(2) 宋書 括地志 廣志 漢書地理志
南蠻(16句)	范曄後漢書 後漢書(15)
西南夷(11句)	後漢書(12)
兩越(4句)	漢書(3)
西羌(全闕)	
西域(6句)	漢書(3) 後漢書(2)

『한원』의 이용에서 가장 중시해온 것은 전하지 않는 引用文獻의 내용이다(內藤虎次郞, 1922). 魚豢『魏略』의 동이 기사는 『삼국지』·『후한서』 동이전의 비교 자료로서 주목되었다. 또한 『한원』이 편찬되던 660년경 동이 지역의 최신 정보에 기초해 작성된 『高麗記』·『括地志』·『隋東藩風俗記』는 전하지 않는 사서일 뿐만 아니라, 다른 문헌에서는 찾아볼 수 없기 때문이다. 6~7세기 고구려·백제·신라의 제도와 사회를 이해하는 동시대 자료라는 점에서 『한원』의 사료적 가치를 대표한다.

그런데 번이부에 입전된 條目에서 눈에 띄는 것은 四夷를 망라한 듯하지만, 高句麗·百濟·新羅·倭國을 제외하고는 660년 편찬 시점에서 모두 사라진 異民族이라는 점이다. 隋에서 唐 高宗代에 이르는 시기 빈번하게 교섭하던 高昌·突厥·契丹·薛延陀·靺鞨 등의 존재에 대하여는 설명이 없다. 句文의 분량에서도 東夷 지역이 71句로 전체 165句의 절반 가까이 차지한다. 그 가운데 고구려를 매우 중시하였음을 볼 수 있다. 句文과 실제 기록의 분량에서도 匈奴 다음으로 월등하다. 그렇다면 『한원』蕃夷部는 동이 지역에 대하여 특별한 의도를 가지고 작성된 듯하다.

이처럼 동이 지역 條文의 작성에 유의하였다는 것은 인용문헌에서도 확인된다. 동이 지역은 최소 6종에서 고구려의 경우 14종인 반면, 나머지는 모두 6종 이하에 지나지 않는다. 특히 동시대 최신 자료였던 「括地志」를 비롯하여 「高驪記」와 「隋東藩風俗記」의 인용은 동이 지역에만 사용되었다. 唐初 고구려, 백제와 전쟁의 긴장감이 극에 달하던 시대 상황을 반영한다. 번이부는 현실적으로 고구려 등 동이 지역에 대한 실제적인 지식의 제공을 목적으로 작성되었다고 여겨지는 것이다.

『한원』의 저술은 장초금 집안의 어린아이(童蒙)를 위한 家塾課本으로 찬술되었다는 지적이 있었다(湯淺幸孫, 1983). 唐初 이래 六朝의 전통에 따른 병려문이 크게 유행하여 『文選』의 경우 詞學의 모범으로 중시되었다. 과거에 급제하여 관료로 나가고자 한다면, 어릴 때부터 父兄과 가정교사로부터 한자의 습득에서부터 對句에 이어 병려문을 짓는 기초적인 훈련이 필요하였다.

예컨대 六朝의 병려문에 의한 詩文 풍조의 여운이 남아 있던 唐代에 만들어진 『初學記』는 그 명칭에서 드러나듯이 작문할 때 事類를 검색하는 교본으로 편찬한 것이었다.[12] 당대 동몽의 家學은 識字作文만이 아니라 經史를 두루 섭렵하도록 힘썼다. 그리하여 『論語』·『太公家教』·『蒙求』 등과 함께 『한원』은 동몽서이자 과거시험을 대비한 교재 역할을 하였다고 생각된다.

실제 『한원』 번이부는 탈문을 제외하면 165개의 句로 이루어져 있다. 이를 살펴보면 4字 對句 4개, 4·4자 21개, 4·5자 8개, 4·6자 97개, 4·7자 6개, 4·4-4·4자 4개, 4·6-4·6자 7개, 5·5자 1개, 6자 대구 2개, 6·4자 4개, 6·5자 2개, 6·6자 4개, 7자 대구 2개, 7·7자 3개로 나타난다. 4·6자를 비롯하여 그 이하 단문이 거의 대부분을 차지한다. 이는 단문을 통하여 암송을 용이하게 하려는 이유로 여겨진다.

그러나 앞서 언급한 대로 駢儷體의 類書가 작문을 위한 사류의 검색에 이용되지만, 그 쓰임은 課本만이 아닌 것이다. 앞서 살펴본 『한원』 서문에서도 동몽에 대한 배려가 없다. 오히려 莊子風의 현학적 수사와 一王之法의 春秋大義를 강조하고 있다. 一王之法이 흐트러진 亂世를 정돈하고 大一統을 이루려는 것이라 할 때, 고구려 등 이민족 사회를 唐의 일원적 세계질서 아래 구축하려 한 사정과 관련하여 생각해야 할 것이다.

이런 점에서 『한원』과 거의 같은 시기(662~664) 저술된 杜嗣先의 『兎園策府』가 주목된다. 『토원책부』는 당 太宗의 7자인 蔣王 惲이 그의 僚佐 杜嗣先으로 하여금 찬술케 한 것으로, 과거시험에 출제될 예상문제와 모범답안을 自問自答식으로 쓴 동몽을 위한 類書이다. 敦煌寫本으로 남아 있는 『토원책부』 殘卷 중에 고구려 원정의 당위와 전략을 自問自答 식으로 적고, 관련문헌을 訓注한 「征東夷」 편을 둔 것도 『한원』 번이부와 마찬가지로 고구려 정복에 부심하며 그에 관한 실제적인 지식이 요구되던 唐 내부의 현실 상황을 반영한 것이다.[13]

---

12 玄宗謂張說曰 "兒子等欲學綴文, 須檢事及看文體. 御覽之輩, 部秩旣大, 尋討稍難, 卿與諸學士撰集要事並要文, 以類相從, 務取省便. 令兒子等易見成就也." 說與徐堅·韋述等編此進上, 詔以初學記爲名.(『大唐新語』9, 著述, 許德楠·李鼎霞點校本, 中華書局, 1984, 129쪽).

13 尹龍九, 2018, 「杜嗣先墓誌와 《兎園策府·征東夷》」 『隋唐洛陽と東アジア-第2回日本洛陽學國際學術大會』, 明治大學 東アジア石刻文物研究所.

III. 『한원』의 注文 구성

『한원』은 현재 남아 있는 자료로 본다면, 그 체재에 있어서 唐代 劉賡이 편찬한 『稽瑞』 (1卷)와 근사하다. 이에는 4字씩 8字의 對句가 되어 16字가 1韻으로 구성되고, 對句 뒤에는 典據를 제시하는 注記가 있다. 즉 2組의 대구가 하나의 조합을 이루는 것으로 후세 『事類賦』의 祖型에 해당한다.[14] 騈儷體의 正文을 大書하고 雙行의 夾注를 더한 형식인 『한원』에 가장 가까운 시기의 작품이다. 그러나 『稽瑞』의 찬술 연대가 『한원』보다 뒤에 올 가능성도 있다.[15] 이런 점에서 『한원』과 거의 동시기 편찬된 두사선의 『토원책부』의 체재와 같다. 大字의 병려문 아래 夾注의 쌍행 注文을 통해 근거 자료를 제시하고 있다. 그런데 『토원책부』를 비롯하여 『稽瑞』·『초학기』·『사류부』는 正文과 夾注 모두 동일인에 의하여 작성되었다. 『한원』의 경우는 어떠한지 살펴보기로 한다.

『한원』 번이부 앞머리에 「翰苑卷第□ 張楚金撰雍公叡注」로 나타난다. 이로 본다면 正文은 張楚金이 짓고, 注記는 雍公叡가 담당한 것으로 여겨진다. 그러나 이에 대하여는 正文과 이의 문헌적 근거가 되는 注記 모두 張楚金에 의하여 이루어졌으며, 宋代에 들어 雍公叡에 의하여 일부 내용에 간단하고 평이한 내용을 補注된 것으로 보는 견해(湯淺幸孫, 1983), 이와 달리 雍公叡는 張楚金보다 한 세대 정도 뒤의 인물인 高叡이며, 注記는 전적으로 그에 의하여 작성되었다고 하는 연구가 있다.[16] 湯淺幸孫의 견해는 張楚金이 大字 正文을 짓고, 雍公叡가 注書한 것이 아니라는 생각이다. 곧, 正文과 注文(自注) 모두 장초금이 지은 것이며, 雍公叡의 注는 간단한 補注에 지나지 않는 것이다. 예를 들어

① 百金成列。李牧收勳於雁門。
史記曰, 李牧爲趙北邊將。常居代雁門。備匈奴。以便宜置吏。市租皆輸入莫府。爲士卒費。日殺數牛饗士。謹烽火。多間諜。匈奴卽入盜。卽急入保。不與戰數歲。不亡失。時皆以爲怯。趙王怒。使人代將。歲餘。戰不利。多亡失。乃復遺李牧如舊。數歲。乃選百金之士五萬。大破匈奴。漢書云。選百金之士十萬。注云, 良士直百金(之)也。

---

14 枊尾武, 1978, 「類書の硏究序說−魏晉六朝唐代類書略史」, 『成城國文學論集』 10, 189~191쪽.
15 『稽瑞』는 唐初 혹은 天寶末 肅宗 至德(756) 이전에 만들어진 것으로 보는 견해가 있다(胡道靜, 1982, 『中國古代的類書』, 中華書局, 114쪽).
16 全海宗, 1991, 「魏略과 翰苑」, 『第四屆 中國域外漢籍國際學術會議論文集』, 聯合報文化基金會國學文獻館; 2000, 『동아시아사의 비교와 교류』, 지식산업사.

② 漢風尙阻。劉徹嗟其未通。
肅愼記曰。漢武帝時。肅愼不至。策詔慷慨。恨不能致之也。徹武帝名。

위에서 보는 대로 ①의 匈奴傳「百金成列」條 注文 말미「注云, 良士直百金(之)也。」의 경우, ②의 肅愼傳「漢風尙阻」조 말미「徹武帝名」의 주문처럼 평이한 付記와 注末助字에 지나지 않는다. 이를 앞의 주문과 구분한다면 湯淺幸孫의 지적대로『한원』의 주문은 張楚金의 自注와 雍公叡의 補注로 구성되는 셈이다.

하지만 湯淺幸孫이 실제 補注라 분류한 내용을 모두 정리해보면 전체 165句 가운데 7句에 지나지 않는다. 그 내용도 引用文에 付注된 주석문을 삽입하거나, 인용한 문헌과 상이한 내용을 전하는 자료의 대비에 지나지 않고 나머지는 간단한 語釋 정도에 불과하다. 이러한 付記는 장초금의 自注로 분류한 것에도 들어있다.[17] 더구나 自注와 補注로 분류한 14건 가운데 5건은 인용문의 주석을 삽입한 경우인데, 원자료에서 발췌하였는지, 아니면 이미 발췌된 자료를 전사했는지 알 수 없다.

예컨대 ①의 注末에 붙은「之也」와 같은 助字(~也. ~之. ~之也. ~者也. ~之者也. ~云云. ~云云也)는『한원』의 전체 句文 165구 가운데 122개소에서 확인된다. 대부분 인용된 원자료에 없으며, 본문의 내용과도 무관하지만 동사의 목적어로 사용되는 등 불필요한 것은 아니었다 (佐藤進, 1976). 이 또한 인용문과 별개이고 혹은 송대의 표기로는 보기 어렵다. 인용한 현존 자료에 보이지 않는다 하여 注記者의 付記로 볼 수 없다.

이와 같이 본다면『한원』의 주문을 自注와 補注로의 나누는 것은 곤란하다고 생각된다. 나아가 自注는 물론이고 補注라 분류한 것도 같은 시기에 작성되었을 것이다. 이를 좀더 분명히 하기 위해 인용문과 그에 붙은 注文, 그리고 案語와 부가적인 語釋이 正文과 어떤 연관이 있는지 高驪條의 한 句文을 보기로 하자.

波騰碧澈。鶩天險以浮刀。
① 漢書地理志曰。玄菟郡。西蓋馬縣。馬訾水西北入鹽難水。西南至西安平入海。過郡二。行二千一百里。應邵云。馬訾水西入鹽澤。② 高驪記曰。馬訾水。高驪一名淹水。今名鴨淥水。其國相傳云。水源出東北靺鞨國白山。色以鴨頭。故俗名鴨淥水。去遼東五百里。經國內城南。又西與一水合。卽鹽難水也。二水合流。西南至安平城入海。高驪之中。此水最大。波瀾淸澈。所經津

---

17 尹龍九, 1991,「《翰苑》蕃夷部의 注文構成에 대하여」,『백제문화』45, 공주대학교 백제문화연구소, 159~160쪽.

濟。皆貯大船。其國恃此以爲天塹。③ 今案。其水闊三百步。在平壤城西北四百五十里也。④ 刀。小船也。毛詩曰。誰謂河廣。曾不容刀也。

위의 「波騰碧瀲, 鶩天險以浮刀」이란 四六文을 설명하는 注文은 ①과 ②의 문헌을 인용하였고, 이어 ③의 '今案' 이하의 세 부분으로 구성되어있다. ④ 이하는 ③의 '今案'의 부가적인 설명이다. 그런데 정문 말미의 '浮刀'라는 표현은 ③의 '案語'에서 인용한 ④ 이하의 부가적인 語釋 없이는 유추해낼 수 없다. 自注와 補注라는 구성은 성립하기 어렵다고 보인다.

다음으로 注記者와 撰者를 구분한 경우를 살펴보자. 蕃夷部 卷首의 표기된 注記者 雍公叡를 宋代人으로 보고 있다(湯淺幸孫, 1983). 이는 唐末에는 『한원』이 散逸되었다고 보기 때문이다. 그런데 蕃夷部가 宋代의 注本이라면 일본에는 891년(寬平 3년)에 만들어진 『일본현재서목록』에 수록된 『한원』과 송대 이후 들어간 두 종류가 있었다는 설명이 된다. 그런데 9세기 이전 들어간 『한원』을 인용한 『秘府略』의 내용이 현재의 것과 형식에 있어 다름이 없다. 더구나 『비부략』이 831년경에 편찬되었으므로,[18] 雍公叡의 注本이 송대 들어 새로이 일본에 유입되었다고 볼 수 없다.

『한원』의 문장 구성에서 가장 주목되는 것은 短文의 騈文만으로는 도저히 文意를 이해할 수 없다는 점이다. 요컨대 처음부터 正文과 典據가 되는 注文는 동시에 이루어졌다고 여겨진다. 이는 여러 자료가 인용되고 중간에 注記者의 설명이 들어가는 경우 처음부터 끝까지 순차적으로 설명하려는 의도가 엿보인다. 어느 하나가 없어도 正文 이해에 곧바로 지장을 준다. 『한원』의 注記者 '雍公叡'의 정체는 불분명하다. 여기서는 『한원』의 注文과 正文은 같은 시기에 작성되었다는 점만을 강조하고자 한다. 이런 점에서 옹공예의 注가 붙은 『한원』이 700년 전후하여 완성되었다는 견해도 따르기 어렵다.[19]

---

18 823~833년 淳和天皇 시기의 朝臣인 滋野貞主가 편찬한 『秘府略』 권684 百穀部, 권686 布帛部에 『한원』이 남아 있는 것으로 미루어 9세기 초에 隋唐代 典籍의 一半이 이미 일본에 유입되었다고 보기도 한다(嚴紹璗, 1992, 「平安時代漢風潮與秘府略的編纂」, 『漢籍在日本的流布研究』, 江蘇古籍出版社, 19~20쪽).

19 雍公叡를 高叡라는 全海宗의 견해(1980)가 있지만, 그의 표현대로 '直感'일 뿐 근거를 제시하지 못한 것으로 여겨지고 있다(榎一雄, 1983, 「魏志倭人傳とその周邊」, 『季刊邪馬台國』 17; 1992, 『榎一雄著作集』 8(邪馬台國), 東京: 汲古書院, 268~272쪽). 雍公叡가 張楚金이 유배된 嶺表 인근에 거주한 까닭에 注記할 수 있었다는 설명도(全海宗, 1991) 찬술 시기나 반역죄로 유배된 張楚金의 사정으로 미루어 따르기 어렵다.

Ⅳ. 연구 동향과 과제

張楚金이 편찬한 『翰苑』 蕃夷部가 세상에 알려진 뒤 여기에 수록된 東夷의 여러 열전은 한국고대사 연구에 있어서 중시되어왔다. 무엇보다 현재 사라진 한국고대사 관련 기록을 담고 있기 때문이었다. 앞서 살펴본 대로 『삼국지』의 원자료라 할 魚豢의 「魏略」을 비롯하여, 645년 당의 陳大德이 고구려를 다녀간 후 작성한 『高麗記』, 北朝 말에서 唐初까지 백제와의 교섭을 통해 얻은 정보로 편찬된 『括地志』의 백제·신라·왜 기사와 같은 시기 신라·가야의 사정을 보여주는 『隋東藩風俗記』 등이 그것이다.

『한원』은 오탈자와 衍文이 유난히 많은 사서로 이름이 높다. 『한원』을 자료로 이용하면서도 사료 비판의 대상이었다. 1922년 영인본 간행 이후 1934년 「요해총서본」, 1977년 竹內理三 校訂本, 1983년 湯淺幸孫 校釋本, 2015년 張中澍·張建宇의 校譯本까지 거듭된 원문 校勘이 계속되는 이유이다. 2016년 중국의 王碩은 『한원』을 주제로 한 최초의 박사학위논문을 제출하였다.[20] 논문의 내용은 새로운 교감이었다. 교감 자료에서 1983년 湯淺幸孫 校釋本을 제외하여 노력이 반감되었지만, 『한원』 이용에 있어서 원문 교감의 중요성을 강조한 것으로 여겨진다.

『한원』 번이부는 唐初의 사방의 15개 이민족을 서술 대상으로 삼았지만, 현실사회에 존재한 것은 고구려를 위시한 백제·신라·왜국 등 東夷諸國뿐이었다. 『한원』 번이부는 6~7세기의 동이전이라 할 만하다. 그럼에도 한국 학계의 『한원』 연구는 취약하다. 특히 『한원』에 대한 교감, 표점, 체제와 구성 등의 기초적인 문헌 검토는 제대로 이루어지지 못하였다. 전해종(1980, 1991)에 의해 기초적인 검토가 있었고, 주문 구성에 대한 연구가 찾아질 뿐(윤용구, 2011)이다. 이는 『위략』·『고려기』·『괄지지』 등 『한원』 외에는 찾아 보기 어려운 기록의 사료적 가치를 분명히 하기 위해서도 긴요한 작업이다.

이런 점에서 국립중앙도서관을 비롯하여 4개 국내 도서관에 소장된 등사판(油印本) 『한원』에 대한 문헌적 검토가 요구된다고 하겠다. 영인본 『한원』을 재필사한 것이지만, 그 과정에서 판독과 교감이 이루어졌기 때문이다. 1950년 이전 혹은 일제강점기 조선인 學人에 의한 첫 번째 교감본이 될 가능성도 배제하기 어렵다.

하지만 『한원』을 이용한 『삼국지』·『후한서』 등 중국 사서의 동이전과의 비교(전해종, 1980; 김종완, 2008)나, 삼국의 각 전에 대한 개별 연구는 꾸준히 진행되었다(곽승훈, 2006; 신

---

20 王碩, 2016, 『《翰苑》 硏究』, 東北師範大學 博士學位論文.

현웅, 2008; 김병곤, 2008). 또한 『한원』에 인용된 「高麗記」에 대해서는 吉田光男(1977) 이래 최근까지(童嶺, 2018) 지속적인 관심을 보여왔지만, 여타 사료에 대한 연구는 활발하지 못하다. 다행이 鄭東俊(2010)에 의해 백제·신라·왜국전에 주요 자료로 인용된 「括地志」에 대한 종합적 검토가 이루어져 향후 연구가 기대된다.

『한원』은 6~7세기 한국고대사만이 아니라 수·당의 통일제국 형성기 동아시아사를 이해의 필수적인 사료이다. 언급한 대로 한국 학계의 『한원』 연구는 사료의 성격에 대한 이해는 매우 저조하다. 이 때문에 注文에 인용된 삼국의 기사를 이용하는 수준에 머물고 있다고 하겠다. 이런 점에서 『譯註 翰苑』의 발간[21]은 한국 학계 이 분야 연구의 토대를 마련하고 활발한 연구의 계기가 될 것으로 기대한다.

---

21 『譯註 翰苑』은 2015년 7월 27일 결성된 '한원강독회'의 45회에 걸친(2015. 7~2018. 10) 連讀의 결과물이다. 2016년 동북아역사재단의 '소규모연구모임' 지원을 받은 데 이어 2017년 기획과제로 채택되어 출간의 결실을 맺을 수 있었다.
본서의 집필자를 포함한 한원강독에 참여한 연구자는 다음과 같다.(가나다 순)
권순홍(성균관대), 김경호(성균관대), 김지영(숙명여대), 김효진(경기문화재단), 나유정(한국외대), 박인호(한림대), 백다해(이화여대), 안정준(서울시립대), 위가야(성균관대), 윤용구(인천도시공사), 이경섭(동국대), 이규호(동국대), 이성제(동북아역사재단), 이승호(동국대), 이여름(국립공주박물관), 이용현(국립경주박물관), 이유표(동북아역사재단), 이정빈(충북대), 이준성(국사편찬위원회), 이창우(태동고전연구소), 장미애(고려대), 전상우(단국대), 전진국(한국학중앙연구원), 정동준(성균관대), 최현화(한국학중앙연구원), 우에다 키헤이나리치카(學習院大學), 박준형(해군사관학교), 방용철(경북대), 이영재(경북대).

참고문헌

○ **자료**

- 『翰苑』, 1922, 「京都帝國大學文學部景印唐鈔本」 第1集 第2冊, 京都大學文學部(국립중앙도서관 古200.1).
- 『翰苑』, 1933, 「藤田亮策藏 抄寫本(국립중앙도서관 古.2205.28).
- 『翰苑』, 1934, 「遼海叢書」(8集上) 排印本, 大連: 遼海叢書編印社.
- 『翰苑』, 1945, 「朝鮮學術院藏 油印本」국립중앙도서관 古.2209.15.
- 『翰苑』, 1974, 「太宰府天滿宮一千七十五年記念影印本」, 福岡: 太宰府天滿宮文化研究所.
- 『翰苑』, 1977, 「竹內理三 校訂·解說本」, 福岡: 太宰府天滿宮文化研究所.
- 『翰苑校釋』, 1983, 「湯淺幸孫 校釋本」, 東京, 國書刊行會.
- 『《翰苑·蕃夷部》校譯』, 2015, 張中澍·張建宇 校譯, 長春: 吉林文史出版社.

○ **연구 논저**

- 內藤虎次郎, 1922, 「舊鈔本翰苑に就きて」『支那學』2-8; 1928, 『研幾小錄』, 弘文堂; 1970, 『內藤湖南全集』7, 東京: 筑摩書房.
- 橋本增吉, 1956, 「翰苑所載本文の批判」『改訂增補 東洋史上より見たる日本上古史研究』, 東京: 東洋文庫.
- 石田幹之助, 1957, 「謠曲草子洗小町の構想と張楚金の逸事」『日本大學文學部研究年報』8; 1973, 『東亞文化史叢考』, 東京: 東洋文庫.
- 森鹿三, 1965, 「〈香字抄〉と所引の〈翰苑〉について」『生活文化研究』13, 生活文化同好會.
- 佐藤眞, 1976, 「類書「翰苑」の注末助字」『富山大學文理學部文學科紀要』4.
- 竹內理三, 1977, 「解說」『翰苑』, 福岡: 太宰府天滿宮研究所.
- 三浦敏弘, 1977, 「新刊紹介 竹内理三 校訂·解説《翰苑》」『史聚』5·6合, 駒澤大學大學院史学会古代史部会.
- 吉田光男, 1977, 「翰苑註所引〈高麗記〉について」『朝鮮學報』85, 朝鮮學會.
- 湯淺幸孫, 1978, 「國寶 翰苑について」『京都大學文學部研究紀要』18.
- 全海宗, 1980, 『東夷傳의 文獻的 研究』, 一潮閣.
- 村上正雄, 1984, 「書評: 翰苑校釋」『朝鮮學報』111, 朝鮮學會.
- 全海宗, 1991, 「魏略과 翰苑」『第四屆 中國域外漢籍國際學術會議論文集』, 聯合報文化基金會國學文獻館.
- 江畑武, 1993, 「翰苑所引の魏略肅愼記事と魚豢の卒年」『阪南論集』(人文·自然科學編) 28-4.
- 趙望秦, 2001, 「唐文學家張楚金考」『文學遺産』2001年 第5期, 中國社會科學院文學研究所.
- 郭丞勳, 2006, 「翰苑新羅傳 研究」『韓國古代史研究』43, 한국고대사학회.
- 金炳坤, 2008, 「翰苑撰者의 三韓傳에 대한 敍述과 理解」『韓國史學史學報』18, 한국사학사학회.
- 申鉉雄, 2008, 「翰苑三韓傳과 魏略의 逸文」『新羅文化』32, 동국대학교 신라문화연구소.
- 金鍾完, 2008, 「《翰苑》의 문헌적 검토」『한중관계 2000년』, 소나무.
- 鄭東俊, 2010, 「《翰苑》百濟傳所引의「括地志」의 사료적 성격에 대하여」『東洋學報』92-2, 東洋文庫.
- 尹龍九, 2011, 「《翰苑》蕃夷部의 注文構成에 대하여」『百濟文化』45, 공주대학교 백제문화연구소.
- 童嶺, 2012, 「唐抄本《翰苑》殘卷考正」『國際漢學研究通訊』第5期, 北京大學出版社.
- 王碩. 2015, 「《翰苑》作者張楚金著述、生平辨疑」『古籍整理研究学刊』2015年 第6期, 東北師範大學 古籍整理研究所.
- 王碩, 2016, 『《翰苑》研究』, 東北師範大學 博士學位論文.
- 童嶺, 2017, 「貞觀年間唐帝國的東亞情報、知識與佚籍-舊鈔本《翰苑》注引〈高麗記〉研究」『東方學報』92, 京都大學 人文科學研究所.

한원(翰苑) 역주

目次
목차

翰苑[1]卷第[2] 張楚金撰 雍公叡注[3]
蕃夷部
　匈奴 烏桓 鮮卑 夫餘
　三韓 高麗 新羅 百濟
　肅愼 倭國 南蠻 西南夷
　兩越 西羌 西域[4] 後[5]敍

한원 권제　장초금찬 옹공예주
번이부
　흉노 오환 선비 부여
　삼한 고려 신라 백제
　숙신 왜국 남만 서남이
　양월 서강 서역 후서

1　원문 「菀」. 죽내본·탕천본 「苑」으로 판독, 길림본 「菟」으로 판독하고 「苑」으로 교감. 「菀」과 「菟」은 「苑」과 통자이므로, 서명으로 통용되는 「苑」으로 교감.
2　원문 「第」. 죽내본 「第□」로 표기하고 □를 「卅」으로 추정, 탕천본 「第□」로 표기. 길림본은 표기하지 않았지만, 원본에는 「第」 다음에 「三十」이 있었을 것으로 추정.
3　원문 「注」. 탕천본 「補注」로 교감. 雍公叡를 宋代 인물로 판단함으로써, 『翰苑』 주문의 대부분을 張楚金의 自注로, 주문의 일부만을 雍公叡의 補注로 판단한 것이었다.
4　원문 「城」. 죽내본·탕천본·길림본 「域」으로 교감. 편명이므로 「域」으로 교감.
5　漢代부터 唐代에 이르기까지 自敍는 원래 全篇의 뒤에 배치되었기 때문에 「後」가 붙을 이유가 없었다. 따라서 탕천본·길림본은 「後」를 필사자가 잘못 보입한 것으로 추정하였다.

蕃夷部

번이부

匈奴
— 흉노

판독문

周稱玁狁 焦獲致[1]三捷[2]之功

毛詩云 文王之時 西有昆夷之患 北有玁狁之難 以天子之命 ゝ將率 靡室靡家 玁狁之故 不故遑啓居 玁狁之故 戎車旣駕 四壯[3]業ゝ 豈敢定[4]居 一日[5]三捷 注云 將率之志 往至征[6]戌之地 則庶乎 一日之中 三有勝功 謂侵也 戰也 又曰 玁狁急塹居焦獲 侵鎬及方 注云 焦穫固地 接玁狁者 言玁狁之東侵 乃目[7]憇焦脣[8]處[9]周之地也

---

1 죽내본·길림본「致」. 아래의 용례를 통해「致」로 판독.

致	致	致
원문		隋唐 房山雲居寺石經

2 죽내본·길림본「捷」. 아래의 용례를 통해「捷」으로 판독.

捷	捷	捷
원문		唐 世說新書

3 죽내본「牡」, 길림본「壯」. 아래의 용례를 통해「壯」으로 판독.

壯	壯	壯	壯
원문		唐 張少悌 屈元壽墓地	唐 柳公權 符璘碑

4 죽내본·길림본「定」. 자형에 따라「定」으로 판독.

定
원문

5 죽내본·길림본「日」. 月로 볼 여지도 있으나 아래의 용례를 통해「日」로 판독.

日	日	日	日
원문		唐 歐陽通 道因法師碑	唐 世說新書

6 죽내본·길림본「征」. 아래의 용례를 통해「征」으로 판독.

征	征	征	征
원문		唐 周易王弼注卷第3	東晉 王羲之 集字聖敎序

漢曰匈奴 平城表七重之暈

漢書曰 匈奴其先夏后氏之苗裔[10]也 曰淳維 唐虞以上 有山戎獫狁葷[11]粥 居于[12]北邊 隨[13]草畜牧而轉移 史記天官書曰 昴曰髦頭胡星也 高祖平城之圍 月暈參[14]畢七重 時出卒七日不食者也

涇陽盡[15]晦[16]爲掩胡塵

毛詩曰 周宣王特 檢[17]狁熾 侵[18]鎬及方 至於涇陽 元戎十乘 以光[19]啟行 薄伐獫狁 至子太原 周幽王

---

7 죽내본·길림본 「目」. 아래의 용례를 통해 「目」으로 판독.

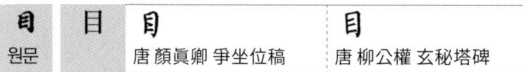

8 죽내본 「齊」, 길림본 누락. 齊로 보기 어렵고, 글자의 형태상 膺 혹은 胥자에 가깝다고 생각되나 분명하지 않음. 일단 아래의 용례를 통해 「胥」으로 판독.

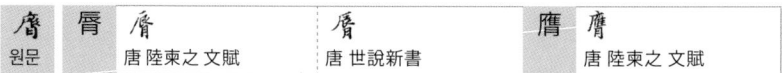

9 죽내본·길림본 「處」. 아래의 용례를 통해 「處」로 판독.

10 죽내본·길림본 「裔」. 아래의 용례를 통해 「裔」로 판독.

11 죽내본·길림본 「葷」. 자형에 따라 「葷」으로 판독.

12 죽내본 「于」, 길림본 「於」. 자형에 따라 「于」로 판독.

13 죽내본 「隨」, 길림본 「随」. 「随」는 「隨」의 이체자이며, 자형에 따라 「随」로 판독.

14 죽내본·길림본 「參」. 아래의 용례를 통해 「參」으로 판독.

15 죽내본·길림본 「盡」. 아래의 용례를 통해 「盡」으로 판독.

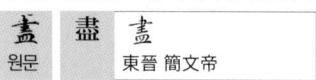

16 죽내본·길림본 「晦」. 자형에 따라 「晦」로 판독.

時 居淫[20]渭之間 胡塵盡[21]晦也

甘泉夜明[22] 由通朔[23]燧

漢書曰 畢臣單于立 四歲 匈奴復絶和親 大入上郡雲中 各三万騎 所煞[24]略甚象 於是漢使三將軍 〻屯北地 伐屯[25]句 趙毛[26]飛抓[27]口 綠[28]邊亦各堅守 以俗[29]胡寇 又置三將軍 〻長安西細[30]柳[31]渭北棘

---

17 죽내본 「檢」, 길림본 「撿」. 아래의 용례를 통해 「檢」으로 판독.
　唐 世說新書

18 죽내본·길림본 「侵」. 아래의 용례를 통해 「侵」으로 판독.
　唐 春秋穀梁傳集解

19 죽내본 「光」, 길림본 「先」. 아래의 용례를 통해 「光」으로 판독.
　唐 王知敬 李靖碑　　東魏 敬史君碑

20 죽내본 「遙」, 길림본 「淫」. 아래의 용례를 통해 「淫」으로 판독.
　北宋 歐陽脩集古錄跋尾

21 죽내본 「盡」, 길림본 「晝」. 아래의 용례를 통해 「盡」으로 판독.
　東晉 簡文帝

22 죽내본 「明」, 길림본 「明」. 「朙」은 「明」의 이체자이며, 자형에 따라 「明」으로 판독.

23 죽내본·길림본 「朔」. 아래의 용례를 통해 「朔」으로 판독.
　隋 賈墓誌

24 죽내본 「煞」, 길림본 「殺」. 아래의 용례를 통해 「煞」로 판독.
　唐 歐陽詢 史事帖

25 죽내본·길림본 「屯」. 아래의 용례를 통해 「屯」으로 판독.
　唐 柳公權 劉沔碑

26 죽내본 「毛」, 길림본 「屯」. 아래의 용례를 통해 「毛」로 판독.
　奈良 賢愚經

27 죽내본 「狐」, 길림본 「抓」. 우변은 「瓜」의 이체자가 아닌 「爪」자로 판단되며, 자형에 따라 「抓」로 판독.

門覇³²上 以備胡 ゝ騎入伐匈注邊 埄³³火通於甘泉長安 數³⁴月夜皆明³⁵ 漢兵至邊 匈奴赤去遠³⁶寒³⁷ 漢兵亦罷

百金成列 李牧收勳於鴈門

史記曰 李收³⁸爲起³⁹邊將 常居伐⁴⁰鴈門 俻匈奴 便宜置吏 市租⁴¹皆輸莫府⁴² 爲士⁴³卒費 日煞⁴⁴牛饗

---

28 죽내본·길림본「綠」. 아래의 용례를 통해「綠」으로 판독.

29 죽내본「備」, 길림본「俻」.「俻」는「備」의 이체자이며, 자형에 따라「俻」로 판독.

30 죽내본·길림본「細」. 좌획이 분명하지 않으나 자형에 따라「細」로 추독.

31 죽내본·길림본「柳」. 좌획이 분명하지 않으나 자형에 따라「柳」로 추독.

32 죽내본「覇」, 길림본「覇」.「覇」는「覇」의 속자이며, 자형에 따라「覇」로 판독.

33 죽내본「烽」, 길림본「埄」. 자형에 따라「埄」으로 판독.

34 죽내본「數」, 길림본「数」. 자형에 따라「數」로 판독.

35 죽내본「明」, 길림본「明」. 우획이 분명하지 않으나「眀」은「明」의 이체자이며, 자형에 따라「明」으로 판독.

36 죽내본·길림본「遠」. 아래의 용례를 통해「遠」으로 판독.

37 죽내본「寒」, 길림본「寒」. 아래의 용례를 통해「寒」으로 판독.

38 죽내본「牧」, 길림본「收」. 아래의 용례를 통해「收」로 판독.

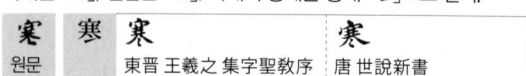

土 謹烽火 多間諜 匈奴入盜⁴⁵ 即急入保 不与戰數歲 不刃⁴⁶失 時皆以爲杜⁴⁷ 趙王怒 使人伐將 歲餘戰不利 多已失 乃復遣李收⁴⁸如舊⁴⁹ 數歲 乃選百全⁵⁰之士五萬 大啓匈奴 漢書云 選百金之十氵万

---

39 죽내본·길림본 「起」. 아래의 용례를 통해 「起」로 판독.
   원문 / 隋 智永 眞草千字文

40 죽내본 「伐」, 길림본 「代」. 자형에 따라 「伐」로 판독.
   원문

41 죽내본 「租」, 길림본 「祖」. 자형에 따라 「祖」로 판독.
   원문

42 죽내본·길림본 「府」. 불분명하나 자형에 따라 「府」로 판독.
   원문

43 죽내본 「士」, 길림본 「土」. 아래의 가로획이 더 길므로 자형에 따라 「土」로 판독.
   원문

44 죽내본 「煞」, 길림본 「殺」. 자형에 따라 「煞」로 판독.
   원문 / 北魏 元遙墓誌 / 唐 本際經聖行品卷3

45 죽내본·길림본 「盜」. 아래의 용례를 통해 「盜」로 판독.
   원문 / 唐 褚遂良 哀冊

46 죽내본·길림본 「刃」. 아래의 용례를 통해 「刃」으로 판독.
   원문 / 北魏 元暉墓誌 / 唐 王知敬 李靖碑

47 죽내본 「杜」, 길림본 「抂」. 불명확하나 자형에 따라 「杜」로 판독.
   원문

48 죽내본 「牧」, 길림본 「收」. 아래의 용례를 통해 「收」로 판독.
   원문 / 唐 閑紫錄儀 / 唐 顏眞卿 八關齋會功德記

49 죽내본·길림본 「舊」. 아래의 용례를 통해 「舊」로 판독.
   원문 / 唐 貞隱子墓誌 / 唐 貞隱子墓誌

50 죽내본·길림본 「全」. 아래의 용례를 통해 「全」으로 판독.
   원문 / 南宋 張即之 / 唐 南華眞經

注云 良真百金之也

二部分馳 耿譚馳聲於塵[51]塞

范曄[52]後漢書曰 南單子 復上求滅北庭 於是遣左谷蠡[53]王等 將右右部八千騎 出雞塵[54]塞 中郎將耿譚 遣從[55]事將護[56]之 至涿耶山 乃留輜[57]重 分爲二部 后引輕兵 雨[58]道襲之 左部北過西海 至河雲北 右部從匈河水西 繞天山 南渡甘徵河 二軍俱會 夜圍北單子 單子大驚 率精兵千餘人合戰 單于被創墮馬 復上將輕騎數十遁[59]走 僅而免晚[60] 得其玉璽 獲閼氏及男女五人 耿譚以新降者多 上

---

51 죽내본 「塵」, 길림본 「鹿」. 하변이 「土」에 가까우므로 자형에 따라 「塵」으로 판독.

52 죽내본 「曄」, 길림본 「曄」. 좌변이 「日」에 가까우므로 자형에 따라 「曄」으로 판독.

53 죽내본 「蠡」, 길림본 「蠡」. 아래의 용례를 통해 「蠡」로 판독.
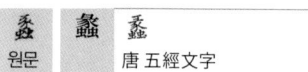

54 죽내본·길림본 「塵」. 아래의 용례를 통해 「塵」로 판독.

55 죽내본 「從」, 길림본 「徔」. 동일한 사례를 찾을 수 없으나 일단 자형에 따라 「從」으로 판독.

56 죽내본·길림본 「護」. 아래의 용례를 통해 「護」로 판독.
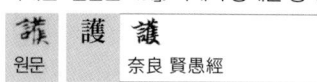

57 죽내본·길림본 「輕」. 기존 판독에 따라 「輕」으로 판독.

58 죽내본·길림본 「雨」. 아래의 용례를 통해 「雨」로 판독.

59 죽내본·길림본 「遁」. 아래의 용례를 통해 「遁」으로 판독.

60 죽내본 「晚」, 길림본 「晚」. 자형에 따라 「晚」으로 판독.

增從⁶¹事十二人也

連題上望 帶十角以飛名 須卜⁶²豪宗 參四姓而摽⁶³稱

范曄後漢書曰 匈奴俗 歲有三龍祠⁶⁴ 常以正月五月九月上伐日祭天神 南單于既內附 兼祠漢帝 因會諸部議國事 走馬及駱駝爲樂⁶⁵ 其大臣貴者左賢王 次左谷蠡王 謂之西角 次左右日逐⁶⁶王 次左右溫禺鞮王 次左右漸⁶⁷將王 是爲六角 皆單于子弟⁶⁸ 當爲單于者也 異姓大臣 左右骨都侯 次左右尸逐⁶⁹骨都侯 其餘日逐且渠當戶 謂官號各以擢勢優劣部衆多少 爲高下次苐焉 單子姓虛連題 異姓有呼衍氏須⁷⁰卜氏丘林氏蘭氏四姓 國中名族 常与單于無文婚⁷¹姻 呼衍氏爲左 蘭氏須卜氏爲右

---

61 죽내본「從」, 길림본「徔」. 아래의 용례를 통해「從」으로 판독.

62 죽내본·길림본「卜」. 남은 자획과 註文을 통해「卜」으로 추독.

63 죽내본「標」, 길림본「摽」. 자형에 따라「摽」로 판독.

64 죽내본「祠」, 길림본「柯」. 자형에 따라「柯」로 판독.

65 죽내본·길림본「樂」. 아래의 용례를 통해「樂」으로 판독.

66 죽내본·길림본「逐」. 아래의 용례를 통해「逐」으로 판독.

67 죽내본「斬」, 길림본「漸」. 좌변을「氵」로 보고 자형에 따라「漸」으로 판독.

68 죽내본「弟」, 길림본「苐」. 자형에 따라「苐」로 판독.

69 죽내본·길림본「逐」. 아래의 용례를 통해「逐」으로 판독.

主理獄聽[72]訟 當史輕重 口白單于 無文書薄領与之也

和親結好 事籍劉敬之謀

漢書曰 高祖時 匈奴冒頓兵強 控弦卅万騎 數苦[73]北邊 帝問敬≷曰 天下初定 士卒罷於兵革 未可以武服[74]也 陛下誠能以適長公主 妻單于 爲閼氏 使辯士風 諭以禮節 冒頓在固爲子□ 死外孫爲單于 豈聞外孫与大父兄[75]礼哉 可毋戰以漸臣也 帝欲遺長公主 呂氏泣諫 乃止[76]而使家人子爲公主 妻單于 使敬結和親 約爲兄弟也

備塞勸農 本資朝錯之策[77]

漢書曰 文帝時 匈奴數冦邊 太家令朝錯上兵事三章 又言 守邊備塞 勸農力本 當伐急豫二事 曰 夫胡貉之地積陰之處 木皮三寸 冰厚六尺 食肉而飲酪 其人密理而能塞 故人非有城郭土宅之歸

居 如飛鳥走獸 收[78]於廣 美草甘水則止 草盡水竭則移 此胡人之生業 而中國之所以離南畝也 今使胡轉牧行獵 於寒親附之歡 班固議曰 漢興以來 曠代歷年 兵纏夷犯[79] 尤[80]事匈奴 綾[81]禦之方 其塗[82]不一 或脩[83]文以和之 或用武以征之 或卑下以就之 或臣服而致之 雖屈中無常 所曰[84]時異 然未有拒絕弃不与交接者也 臣愚以爲 宜依故事 復遣使者 虜使再來 然後一往 既明中國主在忠信 且聖朝礼義有常 豈同逆[85]詐 示猜孤[86]其善意乎 絕之未知其利 通之未聞其害 設使北虜稍強 能爲風塵方 復求爲交通 將何所及

---

78 죽내본 「牧」, 길림본 「收」. 아래의 용례를 통해 「收」로 판독.

79 죽내본 「狄」, 길림본 「犯」. 자형에 따라 「犯」으로 판독.

80 죽내본 「左」, 길림본 「尤」. 아래의 용례를 통해 「尤」로 판독.

81 죽내본 「綾」, 길림본 「綏」. 아래의 용례를 통해 「綾」으로 판독.

82 죽내본·길림본 「塗」. 아래의 용례를 통해 「塗」로 판독.

83 죽내본 「循」, 길림본 「脩」. 아래의 용례를 통해 「脩」로 판독.

84 죽내본 「因」, 길림본 「曰」. 「曰」은 「因」의 이체자이며, 자형에 따라 「曰」으로 판독.

85 죽내본·길림본 「逆」. 아래의 용례를 통해 「逆」으로 판독.

86 죽내본·길림본 「孤」. 자형에 따라 「孤」로 판독.

戰車臨塞 驗九伐之逾彊

後漢書曰 光武廿五年 遣左賢王莫 將兵万餘人 擊北單于茅[87]葉[88]鞬 生獲之 又破北單于帳[89]下 并得其衆万餘人馬七千匹牛羊十万頭 北單于震怖 却地千里 初帝造戰車 可駕數牛上作樓櫓 置於塞上 以拒匈奴 時人見者 或相謂曰 讖言漢九代當却北狄千里 豈謂此也 及是果祐焉也

文馬伏閑 知[90]五侯之慕化

後漢書曰 光武廿六年 詔乃聽南單于入居雲中 遣使上書 獻駱[91]馳[92]二頭文馬十匹[93] 夏南單于所獲北虜薁[94]鞬左賢王 將其衆及南部部五骨都侯合三万餘人叛歸[95] 去北庭三百餘里 六立薁鞬左賢王 爲單于 月餘日更[96]相汶擊[97] 五骨都侯皆死 左賢王遂自煞 諸骨都侯子各權兵自守云々也

---

87 죽내본「茅」, 길림본「茅(불명)」. 자형에 따라「茅」로 판독.

원문

88 죽내본「葉」, 길림본 누락. 형태상「葉」로 판독.

원문

89 죽내본「帳」, 길림본「帳」. 아래의 용례를 통해「帳」으로 판독.

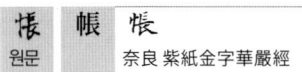
원문 奈良 紫紙金字華嚴經

90 죽내본·길림본「知」. 아래의 용례를 통해「知」로 판독.

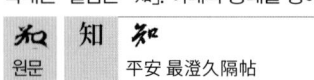
원문 平安 最澄久隔帖

91 죽내본「駱」, 길림본「駱(불명)」. 자형에 따라「駱」으로 판독.

원문

92 죽내본「駝」, 길림본「馳」. 자형에 따라「馳」로 판독.

원문

93 죽내본·길림본「匹」. 아래의 용례를 통해「匹」로 판독.

원문 平安 宇多天皇 周易抄

94 죽내본·길림본「薁」. 자형에 따라「薁」으로 판독.

원문

95 죽내본·길림본「歸」. 아래의 용례를 통해「歸」로 판독.

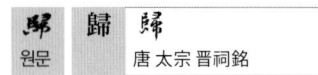
원문 唐 太宗 晋祠銘

西河置部 骨都之陣猶屯

後漢書曰 南單于既居西河 亦列亦列置諸部王 助爲扞[98]使 戈韓氏骨都侯[99]屯北地 右賢王屯朔方 當于骨都侯屯五原 呼衍骨都侯屯雲中 郎氏骨都侯屯定襄 左南將軍屯鴈門 栗藉骨都侯屯代郡 皆領部衆 爲郡縣偵羅耳目 北單于惶恐 頗還所略漢人 以示善惡[100] 鈔兵每到南部下 還過亭候 輒曰 自擊亡虜菜鞬日遂耳 非敢犯漢之也

朔方刊隊 溫愚之氣氛自解

後漢書曰 明帝永平十六年 乃太菝緣邊兵 諸將四道出塞 北征[101]匈奴 南單于遣左賢王信 隨太僕 奈肜[102]及吳宋 出朔高方闕 汝衆林溫禺犢王於涿耶山 虜間漢兵來 志度去之者也

---

96 죽내본·길림본 「更」. 불분명하나 자형에 따라 「更」으로 판독.

97 죽내본·길림본 「擊」. 아래의 용례를 통해 「擊」으로 판독.

98 죽내본 「扞」. 길림본 「扞(불명)」. 아래의 용례를 통해 「扞」으로 판독.

99 죽내본·길림본 「侯」. 아래의 용례를 통해 「侯」로 판독.

100 죽내본 「惡」. 길림본 「意(불명)」. 아래의 용례를 통해 「惡」으로 판독.

101 죽내본·길림본 「征」. 아래의 용례를 통해 「征」으로 판독.

102 죽내본 「肜」. 길림본 「肜」. 자형에 따라 「肜」으로 판독.

逢[103]侯縱暴 取敗於滿夷

後漢書曰 求元六年 諸雜降胡 遂相驚動 十五部廿餘万人皆反叛 脅[104]立前單于屯屠何子右薁[105]鞬日遂王逢侯 爲單于 遂煞略吏人 幡[106]燒卸[107]亭也廬帳[108] 將車重向朔方 欲度漢北 於是焉桓校尉任尚率鮮[109]卑太都護蘇[110]稜虜焉桓大人勿柯八十騎 要逢侯於滿夷谷 復大破之 前後凡斬萬七十餘級 庭[111]侯使率衆出塞也

薁鞬抗[112]衡[113] 延[114]凶於美稷

後漢書曰 伊陵尸遂就單于居車兒 建[115]和元年立 永壽元年 匈奴左右薁鞬壺者且渠伯德等復叛 冠

---

103 죽내본「逢」, 길림본「逢」. 아래의 용례를 통해「逢」으로 판독.

104 죽내본·길림본「脅」. 아래의 용례를 통해「脅」으로 판독.

105 죽내본「薁」, 길림본「奠」. 자형에 따라「薁」로 판독.

106 죽내본「幡」, 길림본「燔」. 아래의 용례를 통해「幡」으로 판독.

107 죽내본「卸」, 길림본「郵」. 자형에 따라「卸」로 판독.

108 죽내본「帳」, 길림본「悵」. 아래의 용례를 통해「帳」으로 판독.

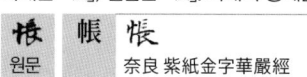

109 죽내본·길림본「鮮」. 아래의 용례를 통해「鮮」으로 판독.

110 죽내본「蘇」, 길림본「蘓」. 아래의 용례를 통해「蘇」으로 판독.

111 죽내본·길림본「庭」. 아래의 용례를 통해「庭」으로 판독.

鈔美稷安定 屬都尉張奐[116]擊破降之也

栢城有儵 社[117]崇之効克宣

後漢書曰 中䣊將杜[118]宗 渡[119]遼將軍朱微等 上言 南單于安國踈[120]遠故胡 右部降者 謀共迫脅安國 起兵背叛[121] 請為之儆俻 帝從之 於是崇[122]徽遂娤[123]兵其庭 安國夜聞漢軍至 大敬弃帳[124]而去 因舉

---

112 죽내본「杬」, 길림본「抗」. 아래의 용례를 통해「抗」으로 판독.

113 죽내본「𢖷」, 길림본「衡」. 아래의 용례를 통해「衡」으로 판독.

114 죽내본「延」, 길림본「退」. 아래의 용례를 통해「延」으로 판독.

115 죽내본·길림본「建」. 아래의 용례를 통해「建」으로 판독.

116 죽내본·길림본「奐」. 아래의 용례를 통해「奐」으로 판독.

117 죽내본「社」, 길림본「社」. 「社」의 형태이나 아래의 용례를 통해「社」로 판독.

118 죽내본·길림본「杜」. 아래의 용례를 통해「杜」로 판독.

119 죽내본·길림본「渡」. 우변「度」의 아래와 같은 이체자 용례를 참조하여, 자형에 따라「渡」로 판독.

120 죽내본·길림본「踈」로 판독. 자형에 따라「踈」로 판독.

121 죽내본·길림본「叛」. 아래의 용례를 통해「叛」으로 판독.

122 죽내본「崇」, 길림본「崇」. 아래의 용례를 통해「崇」으로 판독.

兵反 將誅右谷蠡王師王 師子知 乃悉將廬落 入曼栢城 安國追到城下 閉門不得 杜崇等 遣吏曉[125] 譬[126]和之 安國不聽 城[127]既不下 乃引兵屯[128]五原 崇徵因羨諸郡騎 追赴之急 安國舅骨[129]都侯嘉為 等虜并被誅 乃格殺安國也

淥[130]耶懷疑 龐奮之功[131]攸着
後漢書 永元年 以鴈門太龐奮行度遼將運 逢[132]侯於塞外 分為二部 自領右部屯[133]綠耶山下 左部

---

123 죽내본·길림본 「發」.「羕」은 「發」의 이체자이며, 자형에 따라 「羕」로 판독.
　원문 / 發 / 羕 唐 世說新書

124 죽내본 「帳」, 길림본 「悵」. 아래의 용례를 통해 「帳」으로 판독.
　원문 / 帳 / 悵 唐 世說新書

125 죽내본·길림본 「曉」. 아래의 용례를 통해 「曉」로 판독.
　원문 / 曉 / 曉 唐 顔師古 等慈寺碑

126 죽내본 「譬」, 길림본 「辟」. 아래의 용례를 통해 「譬」로 판독.
　원문 / 譬 / 譬 北魏 元孟輝墓誌

127 죽내본·길림본 「城」. 아래의 용례를 통해 「城」으로 판독.
　원문 / 城 / 城 初唐 十誦律

128 죽내본 「毛」, 길림본 「屯」. 아래의 용례를 통해 「屯」으로 판독.
　원문 / 屯 / 屯 唐 李邕 云麾將軍碑

129 죽내본·길림본 「骨」. 아래의 용례를 통해 「骨」로 판독.
　원문 / 骨 / 骨 北魏 金光明經

130 죽내본·길림본 「綠」. 좌변은 「氵」를 흘려 쓴 것처럼 보이며, 우변은 「彔」의 이체자인 용례를 통해 「淥」으로 판독.
　원문 / 淥 唐 柳公權 / 綠 隋 太僕卿元公墓誌

131 죽내본·길림본 「功」. 원문의 우변은 「刀」 모양인 「㓛」. 자형에 따라 「功」으로 판독.
　원문

132 죽내본 「逢」, 길림본 「逢」. 자형에 따라 「逢」으로 판독.
　원문

屯朔方西北 相去數百 八年冬 左部胡自相疑叛 還入朔方塞 龐奮近受慰納之 其勝[134]兵四千人 弱小萬餘口 悉降 以分處北邊也

句龍傳首 方申馬寔之威

後漢書 永和五年 句龍吾斯等 立句龍王申細為單于 東引[135]焉[136]桓 牧差[137]戎及諸胡等數万人 𠜵破京兆[138]武牙[139]營 煞上郡尉及軍司馬 遂冠椋[140]并涼[141]幽糞[142]四州 中郎將馬寔募煞[143]句龍吾斯

---

133 죽내본·길림본「屯」. 아래의 용례를 통해「屯」으로 판독.

원문	屯	屯
		唐 柳公權 劉沔碑

134 죽내본·길림본「勝」. 아래의 용례를 통해「勝」으로 판독.

원문	勝	勝
		唐 昭仁寺碑

135 죽내본·길림본「引」. 아래의 용례를 통해「引」으로 판독.

원문	引	引
		唐 世說新書

136 죽내본·길림본「焉」. 아래의 용례를 통해「焉」으로 판독. 당초본도「焉」으로 판독.

원문	焉	焉
		五代 密教部類

137 죽내본「差」, 길림본「羌」. 아래의 용례를 통해「差」로 판독.

원문	差	差
		唐 古文尚書

138 죽내본·길림본「兆」. 아래의 용례를 통해「兆」로 판독.

원문	兆	兆
		唐 歐陽詢 溫彥博碑

139 죽내본·길림본「牙」. 아래의 용례를 통해「牙」로 판독.

원문	牙	牙
		晚唐 摩訶止觀

140 죽내본「椋」, 길림본「掠」. 자형에 따라「椋」으로 판독.

원문
椋

141 죽내본·길림본「涼」. 원문에는「涼」로 되어 있지만 『翰苑』에서는「京」를「京」처럼 표기함. 따라서「涼」으로 판독.

원문
涼

142 죽내본·길림본「糞」. 아래의 용례를 통해「糞」으로 판독.

원문	糞	糞
		唐 歐陽詢 化度寺碑

逆¹⁴⁴首洛陽 建康元年 進擊餘黨 斬首千二百級 匈奴烏桓十七萬餘口 皆諸寔降 東重牛羊不可勝數

單于跂足 始驗韓琮之策

後漢日書 永初三年夏 漢人韓琮 随南單于侍子入朝 既還說單于云 關¹⁴⁵東水淸 人〻餓死盡 可擊也 單于信其言 遂起兵及叛 攻中郞將耿神於美稷¹⁴⁶ 遣車騎將軍何熙¹⁴⁷副中郞將龐雄西城校尉梁慬遼東太守耿憂等 擊破之 單子見諸軍並進 大恐¹⁴⁸怖¹⁴⁹ 顧¹⁵⁰讓韓琮曰 汝言漢人死盡 今是何等人也 乃遣使乞¹⁵¹降 許之 單于即¹⁵²慍徒跂¹⁵³ 對龐等拜 陳道死罪 於是赦之加故 乃還所抄漢人男女

---

143 죽내본·길림본「煞」. 제시한「煞」의 이체자와 달리 이 글자의 경우 하단에 연화발(灬)에 해당하는 획이 더 있음. 자형에 따라「煞」로 판독.

원문 | 煞 | 煞
晚唐 摩訶止觀

144 죽내본·길림본「逆」. 아래의 용례를 통해「逆」으로 판독.

원문 | 逆 | 逆
初唐 古文尙書

145 죽내본「關」, 길림본「闕」. 아래의 용례를 통해「關」으로 판독.

원문 | 關 | 關
隋唐 雲居寺石經

146 죽내본「禝」, 길림본「稷」. 아래의 용례를 통해「稷」으로 판독.

원문 | 稷 | 稷
唐 世說新書

147 죽내본·길림본「熙」. 아래의 용례를 통해「熙」로 판독. 당초본도「熙」로 판독.

원문 | 熙 | 熙
五代 大毘盧經

148 죽내본·길림본「恐」. 아래의 용례를 통해「恐」으로 판독.

원문 | 恐 | 恐
唐 歐陽通 道因法師碑

149 죽내본「怖」, 길림본「怖」. 아래의 용례를 통해「怖」로 판독.

원문 | 怖 | 怖
奈良 聖武天皇雜集

150 죽내본·길림본「顧」. 아래의 용례를 통해「顧」로 판독.

원문 | 顧 | 顧
唐 王知敬

151 죽내본·길림본「乞」. 아래의 용례를 통해「乞」로 판독.

원문 | 乞 | 乞
北魏 元欽墓誌

及羌所略轉賣入匈奴中者 合餘人

攣[154]鞮承[155]統 寔摽[156]廣大之名
漢書曰 自淳維以至頭曼[157] 十有餘歲 時大時小 別散分離尚矣 其代傳不可而次 然至冒[158]頓[159]而匈奴敢[160]强大 盡從北夷而南与諸夏為敵[161]國 其代姓官號[162] 可得而記 單于姓攣鞮氏 其國稱之曰

---

152 죽내본 「卬」, 길림본 「及」. 「卬」은 「卽」의 속자이며, 자형에 따라 「卽」으로 판독.

153 죽내본·길림본 「跣」. 우변인 「先」의 아래의 용례를 통해 「跣」으로 판독.
　唐 褚遂良 伊闕佛龕碑

154 죽내본·길림본 「攣」. 아래의 용례를 통해 「攣」으로 판독.
　北宋 松風閣詩　『翰苑』 정문20의 주문

155 죽내본·길림본 「承」. 아래의 용례를 통해 「承」으로 판독.
　初唐 古文尙書

156 죽내본 「標」, 길림본 「摽」. 『翰苑』의 다른 기록에서 「木」변을 아래와 같이 쓰는 경우가 많으므로 자형에 따라 「摽」로 판독.

157 죽내본·길림본 「曼」. 자형에 따라 「曼」과 통하는 글자인 「曼」으로 판독. 다만 길림본은 하단부가 「又」가 아닌 「万」의 모양임을 지적하였다.

158 죽내본·길림본 「置」. 아래의 용례를 통해 「置」로 판독.
　唐 樊興碑

159 죽내본·길림본 「頓」. 아래의 용례를 통해 「頓」으로 판독
　唐 信行禪師碑

160 죽내본·길림본 「最」. 원문 하단이 「敢」이므로 자형에 따라 「敢」으로 판독.
　隋 眞草千字文　唐 李邕 雲麾將軍碑

161 죽내본·길림본 「敵」. 원문은 「敵」의 형태이나 아래의 용례를 통해 「敵」으로 판독.
　唐 顏師古 等慈寺碑

樆[163]狐[164]塗單于 匈奴為樆棃[165] 謂子狐塗 單于者廣大之貌也 言其象天單于然也 置左右賢王左右谷蠡[166]左蠡將左右大都尉左右大當戶左右骨都侯也

屠耆[167]継體允[168]属[169]賢良之寄

漢書曰 匈奴謂曰屠耆 故當以太子為左屠耆王 自左右賢以下至當戶 大者万餘騎 小者數千 凡廿四長立 號曰萬騎 其大臣皆代官 呼衍氏蘭氏 其後有湏[170]卜氏 此三姓 其貴種也 諸左王將居東方 直上谷以東 桵[171]穢[172]貉朝鮮[173] 右王將居西方 直上郡以西 桵氐[174]羌 而單于庭 真代雲中 各分地

---

162 죽내본·길림본 「號」. 아래의 용례를 통해 「號」로 판독.

163 죽내본·길림본 「樆」. 자형에 따라 「樆」으로 판독. 당초본도 「樆」으로 판독.

164 죽내본 「狐」, 길림본 「抓」. 아래의 용례를 통해 「狐」로 판독.

165 죽내본 「棃」, 길림본 「犁」. 아래의 용례를 통해 「棃」로 판독. 길림본은 「棃」라고 설명하였으나 정작 본문에서는 「犁」로 판독.

166 죽내본·길림본 「蠡」. 아래의 용례를 통해 「蠡」로 판독.

167 죽내본·길림본 「耆」. 원문에는 하단부가 「目」으로 보여 「耆」의 형태이지만 아래의 용례를 통해 「耆」로 판독.

168 죽내본·길림본 「允」. 아래의 용례를 통해 「允」으로 판독.

169 죽내본·길림본 「屬」. 자형에 따라 「属」으로 판독.

170 죽내본·길림본 「湏」. 우변이 「氵」로 보이며 자형에 따라 「湏」로 판독.

171 죽내본 「接」, 길림본 「桵」. 자형에 따라 「桵」으로 판독.

遂水草移從 而左右谷蠡敵為大國 左右骨都侯輔政 諸廿四長 亦各自置千長百長什長裨[175]小王相都尉當戶且渠之屬也

繞[176]林課校 龍城之敬逾深[177]

漢書曰 匈奴以歲正[178]月 諸長小會單于庭 祠 五月 大會龍城 祭其先天鬼神 秋馬肥[179]大會蹛林 課校[180]人畜計 注云秋社 八月中 皆會祭處 又曰蹛者 繞也 言繞林木而祭也 其法 拔刃尺者 死 坐盜者沒[181]入其家 有皋[182] 小者 軋 大者 死 獄分者 不滿十日 一國之囚[183] 不過數人 而單于朝出營 拜

---

172 죽내본·길림본「穢」. 아래의 용례를 통해「穢」로 판독.

173 죽내본·길림본「鮮」. 아래의 용례를 통해「鮮」으로 판독.

174 죽내본「厼」, 길림본「氐」. 자형에 따라「乚」로 판독. 길림본이 판독한「氐」는『翰苑』의 다른 용례나 이체자와 그 모양이 다르다.

175 죽내본·길림본「裨」. 좌변이「衤」가 아닌「礻」로 보이므로 자형에 따라「裨」로 판독.

176 죽내본·길림본「繞」. 아래의 용례를 통해「繞」로 판독.

177 죽내본·길림본「深」. 아래의 용례를 통해「深」으로 판독.

178 죽내본·길림본「正」. 아래의 용례를 통해「正」으로 판독.

179 죽내본·길림본「肥」. 원문은「肥」의 형태이나 아래의 용례를 통해「肥」로 판독.

180 죽내본「校」, 길림본「挍」. 자형에 따라「校」로 판독. 당초본도「校」로 판독.

181 죽내본·길림본「沒」. 아래의 용례를 통해「沒」로 판독.

日之始生 夕拜日 其坐長左而北向 日上代巳 其送[184]死 有棺槨金銀衣裳 而無封樹喪服也

候[185]月稱兵 鳥集之機無爽[186]

漢書曰 匈奴擧事常隨月 盛社以攻戰 月虧[187]則退兵 其攻戰 漸首虜賜一卮[188]酒 而所得鹵[189]獲囙以号之 得人以為奴婢 故其戰人ゝ自為趨利 善為誘兵以包敵[190] 故其逐利如鳥之集 其困敗[191]則瓦[192]解雲散矣 戰而扶舉死者 盡得死者家財也

---

182 죽내본·길림본「皋」. 자형에 따라「皋」로 판독.

183 죽내본·길림본「囚」. 아래의 용례를 통해「囚」로 판독.

184 죽내본「送」, 길림본「遠」. 아래의 용례를 통해「送」으로 판독.

185 죽내본·길림본「候」. 아래의 용례를 통해「候」로 판독.

186 죽내본·길림본「爽」. 아래의 용례를 통해「爽」로 판독.

187 죽내본·길림본「虧」. 이체자를 참조하여「虧」로 판독.

188 죽내본「卮」, 길림본「厄」. 아래의 용례를 통해「卮」로 판독. 당초본도「卮」로 판독.

189 죽내본·길림본「鹵」. 아래의 용례를 통해「鹵」로 판독.

190 죽내본·길림본「敵」. 원문은「敵」의 형태이며, 길림본도 이 부분을 지적하고 있다. 본문에서는 이체자를 참조하여「敵」으로 판독.

191 죽내본·길림본「敗」. 아래의 용례를 통해「敗」로 판독.

192 죽내본·길림본「瓦」.「凡」으로 볼 여지도 있으나 아래의 용례를 통해「瓦」로 판독.

駝驪疊躍 結蟻[193]眾於白登

漢書曰 漢初 高帝悉兵 多步[194]兵 卅萬北逐匈奴 高帝先至平城 步兵朱[195]盡到 置頓縱[196]精兵卅万 餘萬騎 圍高帝於白祭[197]登七日 白登在平城東南 去平城餘里 漢兵中外不得相救餉 匈奴騎 其西方盡白 東方盡駹 北方盡驪 南方盡騂[198]馬 駹青馬 驪梁[199]黑也 高帝迺使⼻間厚遺關氏 關氏迺謂昌[200]頓曰 兩主不相困 今得漢地 單于終[201]非能[202]居之也 且漢亦有神 單于察之 昌頓迺解圍[203]一角

---

193 죽내본·길림본「蟻」. 아래의「虫」의 이체자 용례를 통해「蟻」로 판독.

194 죽내본·길림본「步」. 아래의 용례를 통해「步」로 판독.

195 죽내본「未」, 길림본「朱」. 자형에 따라「朱」로 판독.

196 죽내본·길림본「縱」. 아래의 용례를 통해「縱」으로 판독.

197 죽내본「祭」, 길림본 누락. 본문에「祭」가 표기되어 있으며, 해당 글자를 넣는 것으로 판독.

198 죽내본·길림본「騂」으로 판독. 아래와 같은「辛」의 이체자 용례를 통해「騂」으로 판독.

199 죽내본「深」, 길림본「梁」. 자형에 따라「梁」으로 판독.

200 죽내본「冒」, 길림본「昌」.「冒」의 이체자는 하단부의 '目'자가 뚜렷하며, 아래의 용례를 통해「昌」으로 판독.

201 죽내본·길림본「終」. 아래의 용례를 통해「終」으로 판독.

202 죽내본·길림본「能」. 아래의 용례를 통해「能」으로 판독.

203 죽내본·길림본「圍」. 아래의 용례를 통해「圍」로 판독.

於是高皇帝令士²⁰⁴皆持滿 傳矢外鄉 從解圍通角直出 得与大軍合也

金貝駢羅²⁰⁵叶蕃情於新望

漢書曰 文帝時²⁰⁶ 單于 奉書請 獻²⁰⁷橐他一 騎二 駕二駟 皇帝即不欲匈奴近塞 則且²⁰⁸詔丈人遠舍 使者至即遺之 六月中 来至新望之地 書至 漢議擊²⁰⁹与和親熟便 公卿皆曰 和親便 乃遺書云 〻 服繡²¹⁰袷²¹¹綺²¹²衣 繡袷長襦²¹³襦²¹⁴袍各一 比踈一 黃金犀²¹⁵具帶一 黃金犀²¹⁶毗一 繡十匹 錦廿

---

204 죽내본 「士」, 길림본 「士」. 윗변이 아랫변보다 길게 보이므로 자형에 따라 「士」로 판독.

원문

205 죽내본·길림본 「羅」. 아래의 용례를 통해 「羅」로 판독.

원문 / 波羅密多經

206 죽내본·길림본 「時」. 「時」로 보이나 「日」을 「月」처럼 쓴 사례가 다수 있으므로 「時」로 판독.

원문

207 죽내본·길림본 「獻」. 아래의 용례를 통해 「獻」으로 판독.

원문 / 奈良 大字妙法蓮華經

208 죽내본·길림본 「且」. 『翰苑』에서 다수 사용되는 자형이므로 「且」로 판독.

원문

209 죽내본·길림본 「擊」. 아래의 용례를 통해 「擊」으로 판독.

원문 / 唐 高正臣

210 죽내본·길림본 「繡」. 아래의 용례를 통해 「繡」로 판독.

원문 / 唐 歐陽通 泉男生墓誌

211 죽내본·길림본 「袷」. 아래의 용례를 통해 「袷」로 판독.

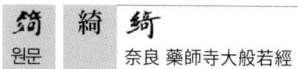
원문 / 奈良 大字妙法蓮華經

212 죽내본·길림본 「綺」. 아래의 용례를 통해 「綺」로 판독.

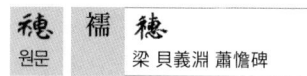
원문 / 奈良 藥師寺大般若經

213 죽내본 「襦」, 길림본 「襦」. 아래의 용례를 통해 「襦」로 판독.

원문 / 梁 貝義淵 蕭憺碑

匹 赤綈[217]綠繪各卌匹 遺單也

眩雷爲儌 陸梁之迹巳[218]衰[219]

漢書曰 烏維單于立而武帝始出巡狩 親至朔方 勒[220]兵十八萬騎以見武節 是時 漢東拔穢貉朝鮮以爲郡 而西置酒泉郡以隔[221]絶胡与羌通之路 又四通月氏大夏 以公主妻公孫王 以分匈奴西方之拔[222] 又北益廣田至眩雷爲塞 而匈奴終不敢以爲言也

---

214 죽내본·길림본 「襦」. 아래의 용례를 통해 「襦」로 판독.

215 죽내본 「屖」, 길림본 「飭」. 「飾」의 이체자 용례 가운데 비슷한 것이 있어 참조되지만 자형에 따라 「屖」으로 판독.

216 죽내본 「犀」, 길림본 「犀」. 아래의 용례를 통해 「犀」로 판독.

217 죽내본·길림본 「綈」. 아래의 용례를 통해 「綈」로 판독.

218 죽내본 「巳」, 길림본 「巳」. 자형에 따라 「巳」로 판독.

219 죽내본·길림본 「衰」로 판독. 아래의 용례를 통해 「衰」로 판독.

220 죽내본·길림본 「勒」. 아래의 용례를 통해 「勒」으로 판독.

221 죽내본·길림본 「隔」. 이체자를 참조하여 「隔」으로 판독.

222 죽내본 「拨」, 길림본 「拔」. 이체자를 참고하여 「拔」로 판독.

浚稽且登 欸附之誠允着

漢書曰 漢使貳師將軍西伐大宛 而令因杅[223]將軍筅[224]受降城 其冬 匈奴大雨雪 畜多飢寒死 兒單于年少新立 好煞伐 國中多不安 左大都尉欲煞單于 使人間漢曰 我欲煞單于降漢 ゝ遠 漢即來兵近我 ゝ即發 初漢間此言 故筅受降城 猶以為遠 其明[225]年春 漢使從野侯破奴 將二万騎 出朔方北二千餘里 期至後籍山而還也

侯應十筴 利害[226]之旨[227]攸陳

漢書曰 元[228]帝時 甘延[229]壽等誅郅支單于 呼韓耶單于且喜且懼 上書願謂見 又願[230]保塞上谷以西至墪煌 傳[231]之無窮[232] 請罷邊俻塞吏卒 以休天子人ゝ 下有司議[233] ゝ者皆以為便[234] 郎中侯應以為

---

223 죽내본「杅」, 길림본「杅」. 우변 하단에 삐침이 없으므로 자형에 따라「杅」으로 판독.

원문

224 죽내본・길림본「筴」. 아래의 용례를 통해「筴」으로 판독.

225 죽내본「明」, 길림본「明」. 자형에 따라「明」으로 판독.

226 죽내본・길림본「害」. 아래의 용례를 통해「害」로 판독.

227 죽내본・길림본「旨」. 아래의 용례를 통해「旨」로 판독.

228 죽내본・길림본「元」. 아래의 용례를 통해「元」으로 판독.

229 죽내본・길림본「延」. 아래의 용례를 통해「延」으로 판독.

230 죽내본・길림본「願」. 아래의 용례를 통해「願」으로 판독.

231 죽내본・길림본「傳」. 아래의 용례를 통해「傳」으로 판독.

不可許 上問狀 應曰 邊長老言匈奴失陰山之後 過之未嘗不器也 如罷偹塞卒成 示夷²³⁵狄之大利 不可一也 今聖廣 被天覆匈奴 匈奴得蒙全活之恩 稽首来臣 夫夷狄之情 困則早²³⁶順 彊則驅²³⁷逆 天性然也 前巳罷外城 省²³⁸亭隧 今裁足以候望 通燹火²³⁹而巳 者 安不忘危 不可復罷 二也 中國有 礼義之教 刑罰誅之 過人猶尚犯楚 又況²⁴⁰單于 能必其衆不犯約裁 三也 自中國中尚建²⁴¹開梁以 制諸侯 所以絶臣下之覬覦²⁴²也 設塞僥 置屯戍 非獨匈奴而已 亦為諸属國降人 本欲匈奴之 恐

---

232 죽내본·길림본 판독 누락. 원문에 일부 결락이 있으나 자형에 따라 「無窮」으로 추독.

233 죽내본·길림본 판독 누락. 일부 획이 확인되지 않으나 남은 획의 형태에 따라 「議」로 판독.

234 죽내본·길림본 「便」. 아래의 용례를 통해 「便」으로 판독.

前漢 銀雀山竹簡

235 죽내본·길림본 「夷」. 아래의 용례를 통해 「夷」로 판독.

唐 世說新書

236 죽내본 「卑」, 길림본 「早」. 자형에 따라 「早」로 판독.

237 죽내본 「驅」, 길림본 누락. 자형에 따라 「驅」로 판독.

238 죽내본·길림본 「省」. 「日」을 「月」처럼 쓴 『翰苑』의 다른 용례가 많으므로 자형에 따라 「省」으로 판독.

239 죽내본 「烽火」, 길림본 「燧火」. 자형에 따라 「燹火」로 판독.

240 죽내본 「況」, 길림본 「況」. 자형에 따라 「況」으로 판독.

241 죽내본·길림본 「建」. 아래의 용례를 통해 「建」으로 판독.

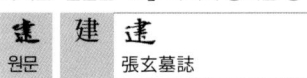
張玄墓誌

242 죽내본 「欲」, 길림본 「慾」. 자형에 따라 「慾」으로 판독.

其思舊逃[243]亡 四也 近西羌保塞 与漢人交[244]通 吏人貪利侵[245]盜其產妻子 以此怨恨 起而背畔 伐ゝ
不絶 今羅乘[246]塞 則生嫚易分爭之漸 五也 桂[247]者從軍多沒不還者 子孫貧困 一旦亡出 從其親戚
六也 又邊人奴婢愁苦[248] 欲亡者多 曰聞匈奴中樂 無秦候望急何 然時有亡出塞者 七也 盜賊桀[249]
黠 羣輩[250]犯法 如其窘急 亡走北出 則不可制 八也 起塞以來 自有餘年 非皆以土垣也 或曰山巖
石 木柴僵落 谿谷水門 稍ゝ 卒徒滌[251]築功費分遠 不可勝計 臣恐議者 不깊慮其終始 欲以一切省
繇役[252] 十年之外 百歲之內 卒有他變 鄣塞破壞 亭隧火威[253]絶 當更獎屯膳徼[254] 累代之功 不可卒

---

243 죽내본·길림본「逃」. 아래의 용례를 통해「逃」로 판독.

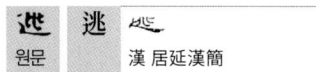

244 죽내본·길림본「交」. 이체자를 참조하여「交」로 판독.

245 죽내본·길림본「侵」. 그러나 원본에는「亻」으로 되어 있으나『翰苑』의 다른 용례를 참조하여「侵」로 판독.

246 죽내본·길림본「乘」. 이체자를 참조하여「乘」으로 판독.

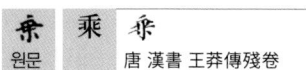

247 죽내본「桂」, 길림본「挂」. 자형에 따라「桂」로 판독.

248 죽내본·길림본「苦」. 아래의 용례를 통해「苦」로 판독.

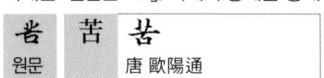

249 죽내본·길림본「桀」. 아래의 용례를 통해「桀」로 판독.

250 죽내본「輩」, 길림본「輩」. 자형에 따라「輩」으로 판독.

251 죽내본「條」, 길림본「滌」. 자형에 따라「滌」로 판독.

252 죽내본·길림본「役」. 자형에 따라「役」으로 판독.

253 죽내본「火威」, 길림본「滅」. 자형에 따라「火威」로 판독.

復 九也 如罷式²⁵⁵卒 省候望 單于自以保塞守禦 必²⁵⁶深德漢 請求無已 小失其意 則不可側 閞夷狄之隙 歡中國之固 十也 非所以永持至安 威制百蠻之長策也 對奏 天子有詔 勿議罷邊塞事 使車騎將軍口諭單于 云々也

嚴尤五難 得失之機斯在

漢書曰 王莽纂²⁵⁷位 㧞卅萬 賷三百日粮 周時一道竝出 窮追匈奴 將嚴尤諫曰 今天下遭陽九之阨²⁵⁸ 比年飢饉 西北邊尤甚 㧞卅万眾 貝²⁵⁹三百日糧 東據海代 南取江淮 然後乃僃 計其道理 一年尚未集合 兵先至者 取居暴露 師老滅²⁶⁰弊 勢不可用 此一難也 邊既空虛 不能奉軍糧 內調郡國 不相及屬 此二難也 計一人三百日食 用糒十八斛 非牛力不勝 牛又當自齎²⁶¹食 加斛重矣 胡地沙鹵多之水草 以往事揆之 軍出朱滿百日 牛必物故且盡 餘糧粮²⁶²尚多 人不能負 此三難也 胡地秋冬甚

---

254 죽내본「條」, 길림본「滌」. 자형에 따라「儵」로 판독.

255 죽내본「式」, 길림본「弌」. 아래의 용례를 통해「式」으로 판독.

256 죽내본·길림본「必」. 아래의 용례를 통해「必」로 판독.

257 죽내본「墓」, 길림본「纂」. 아래의 용례를 통해「纂」으로 판독.

258 죽내본·길림본「阨」. 이체자를 참조하여「阨」로 판독.

259 죽내본「具」, 길림본「貝」. 자형에 따라「貝」로 판독.

260 죽내본·길림본「滅」. 아래의 용례를 통해「滅」로 판독.

261 죽내본·길림본「齎」. 아래의 용례를 통해「齎」로 판독.

寒 春夏甚風 多賮䉼[263]餱薪炭 重不可勝 食糒飲水 以歷四時 師有疾病之憂 是胡前代〻胡 不過百日 非不欲分 勢不能 此四難也 輜重自随 則輕銳者小 不得疾行 虜徐遁逃走 不能及 幸而逢虜 又累輜[264]重 如過[265]險阻 銜尾相随 虜要遮前後 危殆不測 此五難也 大用人力 功不可必立 臣伏受[266]之 今既羨兵 冝縱先至者 今臣尤等 杂入霆擊 且以創艾胡虜 莽不聴尤言 天下騷動也

---

262 죽내본 판독 누락, 길림본 「粮粮」. 자형에 따라 「糧粮」으로 판독. 한편 「糧」의 오른편에 '〻' 표기가 확인되는데, 이는 서자가 필사하는 과정에서 잘못 쓴 글자를 표시한 것으로 간주되며 동일한 사례가 흉노전 24번째 정문의 주문에서도 확인된다.

원문

263 죽내본 「䉼」, 길림본 「䉼」. 자형에 따라 「䉼」로 판독.

원문

264 죽내본 「輜」, 길림본 「輺」. 자형에 따라 「輜」로 판독.

원문

265 죽내본 「過」, 길림본 「遇」. 자형에 따라 「過」로 판독.

원문

266 죽내본 「受」, 길림본 누락. 아래의 용례를 통해 「愛」로 판독.

교감문 · 역주 · 참고자료

01 周稱玁狁, 焦穫[1]致三捷之功,
주에서는 험윤이라고 불렀으니, 초호에서 세 번 승리한 공적을 이루었고,

毛詩云: "文王之時, 西有昆夷之患, 北有玁狁之難, 以天子之命, 命將率[遣戍役][2]. 靡室靡家, 玁狁之故. 不[3]遑啟居, 玁狁之故. 戎車既駕, 四牡[4]業業. 豈敢定居. 一月[5]三捷. 注云: '將率之志, 往至征戎[6]之地, 則庶乎, 一月[7]之中, 三有勝功, 謂侵也, [伐也][8], 戰也.' 又曰: '玁狁[9]急整[10]居焦穫[11], 侵鎬及方.' 注云: '焦穫周[12]地, 接玁狁者.' 言玁狁之來[13]侵, 乃自整齊而處周之焦穫[14]之地也."

『모시』에 다음과 같이 전한다. "문왕 때에 서쪽에는 곤이의 우환이 있고, 북쪽에는 험윤의 난리가 있어서, 천자의 명으로 장수에게 명하여 보내 수자리를 서게 하였다. 실(室)도 없고 가

---

1 원문 「獲」. 죽내본·탕천본·길림본 「穫」으로 교감. 문맥상 「穫」으로 교감.
2 원문에는 글자가 없다. 죽내본 원문대로 탕천본·길림본 「遣戍役」 보입. 문맥상 「遣戍役」을 보입.
3 원문 「故」. 죽내본·탕천본·길림본 「故」를 생략하는 것으로 교감. 연문인 듯하므로 「故」를 생략.
4 원문 「壯」. 탕천본·길림본 「牡」로 교감. 문맥상 「牡」로 교감.
5 원문 「日」. 죽내본·길림본 「月」로 교감. 『시경』 모시 소아편을 참조하여 「月」로 교감.
6 원문 「戊」. 죽내본·길림본·탕천본 「戎」으로 교감. 문맥상 「戎」으로 교감.
7 원문 「日」. 죽내본·탕천본·길림본 「月」로 교감. 『시경』 모시 소아편에 의거해 「月」로 교감.
8 원문에는 글자가 없다. 길림본 「伐也」 보입. 『毛詩正義』에 의거해 「伐也」 보입.
9 탕천본·길림본 「狁」 뒤에 「孔熾我是用」을 보입. 해석에 큰 무리가 없으므로 원문 그대로 둠.
10 원문 「憗」. 죽내본·탕천본·길림본 「整」으로 교감. 문맥상 「整」으로 교감.
11 원문 「獲」. 죽내본·탕천본·길림본 「穫」으로 교감. 지명이므로 「穫」으로 교감.
12 원문 「固」. 죽내본 원문대로, 탕천본·길림본 「周」로 교감. 『모시정의』를 참조하여 「周」로 교감.
13 원문 「東」. 죽내본 「東」, 길림본·탕천본 「來」로 교감. 『毛詩正義』에 의거해 「來」로 교감.
14 원문 「乃目憝焦膏」. 죽내본 「自整齊 焦穫」, 탕천본 「自整齊而處周之焦穫」, 길림본 「自整齊而焦穫」으로 각각 교감. 『태평어람』 권799 사이부20의 내용에 의거해 「自整齊而處周之焦穫」로 교감.

(家)도 없음이 험윤의 연고이며, 편안히 거처할 겨를이 없음이 험윤의 연고이다. 융거가 이미 출발하니, 네 필의 말이 튼튼하다. 어찌 감히 머물러 쉬겠는가, 한 달에 세 번 승리하리로다." 주에 다음과 같이 전한다. '장수의 뜻은 오랑캐를 정벌할 땅에 이르는 것인 즉, 바라노라, 한 달에 세 번 싸워서 승리하고 공을 세우리니, 이르길, 침공했다, 정벌했다, 이겼다라고 한다.' 또 [『모시』에] 다음과 같이 전한다. "험윤이 갑자기 초호에 정연하게 거처하여, 호와 삭방에 침입하였다." 주에 다음과 같이 전한다. '초호는 주의 땅이니 험윤에 접한 곳이다. 험윤이 침공하여 스스로 정돈하여 가지런히 하고 주의 초호의 땅에 거하였음을 말한 것이다.'

• 참고

『詩經』毛詩 小雅 采薇　采薇 遣戍役也 文王之時 西有昆夷之患 北有獫狁之難 以天子之命 命將率 遣戍役 以守衛中國 故歌采薇以遣之 出車以勞還 杕杜以勤歸也 采薇采薇 薇亦作止 曰歸曰歸 歲亦莫止 靡室靡家 獫狁之故 不遑啟居 獫狁之故 … 彼爾維何 維常之華 彼路斯何 君子之車 戎車既駕 四牡業業 豈敢定居 一月三捷

『詩經』毛詩 小雅 六月　獫狁匪茹 整居焦穫 侵鎬及方 至于涇陽 織文鳥章 白旆央央 元戎十乘 以先啟行

『毛詩正義』卷9 九之三　一月三捷 捷 勝也 箋雲 定 止也 將率之志 往至所征之地 不敢止而居處自安也 往則庶乎一月之中三有勝功 謂侵也 伐也 戰也

『毛詩正義』卷10 十之二　獫狁匪茹 整居焦穫 侵鎬及方 至於涇陽 焦穫周地 接於獫狁者 箋雲 匪 非 茹 度也 鎬也方也 皆北方地名 言獫狁之來侵 非其所當度爲也 乃自整齊而處周之焦穫 來侵至涇水之北

02　漢曰匈奴, 平城表七重之暈.
한에서는 흉노라고 일컬었으니, 평성에서 일곱 번의 달무리를 드러냈다.

漢書曰: "匈奴其先夏后氏之苗裔也, 曰淳維. 唐·虞以上, 有山戎·獫狁·薰[15]粥, 居于北邊, 隨草畜牧而轉移." 史記天官書曰: "昴曰髦頭胡星也." 高祖平城之圍, 月暈參畢七重, 時出[16]卒七日不食之者也[17].

『한서』에 다음과 같이 전한다. "흉노는 그 선조가 하후씨의 먼 후예로 순유라고 불린다. 도당씨[18]

15　원문「董」. 죽내본·탕천본·길림본「薰」으로 교감. 훈육을 가리키며 이에『한서』를 참조해「薰」으로 교감.
16　원문「出」. 죽내본·탕천본 원문대로, 길림본「士」로 교감. 원문대로 두어도 뜻이 통하므로 교감하지 않음.
17　원문「不食之者也」. 죽내본 원문대로, 탕천본「之也」, 길림본「之者」를 연문으로 간주하고 생략. 그러나 원문대로 두어도 해석상 무리가 없으므로 생략하지 않음.
18　陶唐氏는 오제의 하나인 堯를 가리킨다(『사기』권1「오제본기」참조).

와 유우씨[19] 이전에는 산융·험윤·훈육 등이 북쪽 변경에 살면서 풀을 따라 가축을 기르며 옮겨 다녔다." 『사기』 천관서에 다음과 같이 전한다. "묘는 모두(髦頭)라고 하는데 오랑캐의 별이다." 고조가 평성에서 포위당했을 때 달무리가 나란하였다가 마치기를 일곱 번 거듭하였는데, 이때 나온 군사들이 7일 동안 먹지 못했다.

• 참고

『漢書』卷94上 匈奴　匈奴 其先夏后氏之苗裔 曰淳維 唐虞以上有山戎獫允薰粥 居于北邊 隨草畜牧而轉移 其畜之所多則馬牛羊 其奇畜則橐佗驢驘駃騠騊駼驒奚

『史記』卷27 天官書 第5　昴曰髦頭 胡星也 爲白衣會 畢曰罕車 爲邊兵 主弋獵 其大星旁小星爲附 … 漢之興 五星聚于東井 平城之圍 月暈 參畢七重

『漢書』卷94下 匈奴　會漢初興 以高祖之威靈 三十萬衆困於平城 士或七日不食

03 涇陽晝[20]晦[21], 爲掩胡塵,
경양의 낮이 어두워졌으니, 오랑캐가 일으킨 먼지로 가려졌기 때문이고,

毛詩曰: "周宣王時[22], 獫[23]狁[孔][24]熾. 侵鎬及方, 至於涇陽. 元戎十乘, 以先[25]啓行. 薄伐獫狁, 至于[26]太原." 周幽王時, 居涇[27]渭之間, 胡塵晝晦也.

『모시』에 다음과 같이 전한다. "주 선왕의 때에 험윤 오랑캐가 강하였네. 호와 삭방 지역까지 쳐들어가 경양에 이르렀네. 큰 병거 열 대가 앞서가며 길을 여네. 험윤 오랑캐 무찌르고 태원 땅에 이르렀네." 주 유왕 때에 경과 위의 사이에서 살았는데, 오랑캐[군대]의 흙먼지로 낮에도 어두웠다.

19　有虞氏는 오제의 마지막인 舜을 가리킨다(『사기』 권1 「오제본기」 참조).
20　원문 「盡」. 죽내본 원문대로, 탕천본·길림본 「晝」로 교감. 주문의 내용에 의거해 「晝」로 교감. 이하에서도 해당 글자는 동일한 원칙을 적용하여 교감.
21　원문 「晦」. 길림본 「晦」로 교감. 문맥상 「晦」로 교감.
22　원문 「特」. 죽내본·탕천본·길림본 「時」로 교감. 문맥상 「時」로 교감.
23　원문 「檢」. 죽내본·탕천본·길림본 「獫」으로 교감. 『시경』을 참조해 「獫」으로 교감.
24　원문에는 글자가 없다. 죽내본 원문대로, 탕천본·길림본 「孔」을 보입. 『시경』을 참조해 「孔」을 보입.
25　원문 「光」. 죽내본·탕천본 「先」으로 교감. 『시경』을 참조해 「先」으로 교감.
26　원문 「子」. 죽내본·탕천본·길림본 「于」로 교감. 문맥상 「于」로 교감.
27　원문 「淫」. 죽내본·탕천본·길림본 「涇」으로 교감. 『사기』 권110 흉노를 참조해 「涇」으로 교감.

• 참고

『詩經』 小雅 六月　獫狁匪茹 整居焦獲 侵鎬及方 至於涇陽 織文鳥章 白斾央央 元戎十乘 以先啓行

『漢書』 卷94上 匈奴　至懿王曾孫宣王 興師命將以征伐之 詩人美大其功曰 薄伐獫狁 至於太原 出車彭彭 城彼朔方

『史記』 卷110 匈奴　穆王之後二百有餘年 周幽王用寵姬褒姒之故 與申侯有卻 申侯怒而與犬戎共攻殺周幽王于驪山之下 遂取周之焦穫 而居於涇渭之間 侵暴中國

04　甘泉夜明, 由通朔燧.
　　감천의 밤이 밝아졌으니, 북방에서 올린 봉화가 이어졌기 때문이다.

漢書曰: "軍[28]臣單于立, 四歲, 匈奴復絕和親, 大入上郡雲中, 各三萬騎, 所殺略甚衆[29]. 於是漢使三將軍, 軍屯北地, 代[30]屯句[注][31], 趙屯[32]飛狐[33]口, 緣[34]邊亦各堅守, 以備胡寇. 又置三將軍, 軍長安西細柳·渭北棘門·覇上, 以備胡. 胡騎入代[35]句[36]注邊, 烽[37]火通於甘泉·長安. 數月夜皆明. 漢兵至邊, 匈奴亦[38]去遠塞[39] 漢兵亦罷."

『한서』에 다음과 같이 전한다. "군신선우가 즉위하니 4년이 지나 흉노가 다시 화친을 끊고 대거 상군과 운중[군] 각각 3만 명의 기병으로 들어와 죽이고 노략질한 바가 매우 많았다. 이에 한은 3명의 장군으로 하여금 북쪽 땅에 주둔시키고, 대에서는 구주[산]에 주둔시키고, 조에서는 비호구에 주둔시켰으며 변경을 따라 또한 각기 견고하게 지키게 하여 흉노의 침입에 대비했다. 또 3명의 장군을 두어서 장안 서쪽의 세류와 위수 북쪽의 극문·패상에 진을 쳐 흉노에

28　원문 「畢」. 죽내본·탕천본·길림본 「軍」으로 교감. 군신선우를 가리키므로 『한서』 권94상 흉노전을 참조하여 「軍」으로 교감.
29　원문 「象」. 죽내본·탕천본·길림본 「衆」으로 교감. 문맥상 「衆」으로 교감.
30　원문 「伐」. 죽내본·탕천본·길림본 「代」로 교감. 지명이므로 『한서』를 참조해 「代」로 교감.
31　원문에는 글자가 없다. 죽내본·탕천본·길림본 「注」를 보입. 『한서』를 참조하여 「注」를 보입.
32　원문 「毛」. 죽내본·탕천본·길림본 「屯」으로 교감. 문맥상 「屯」으로 교감.
33　원문 「抓」. 탕천본·길림본 「狐」로 교감. 고유명사이므로 『한서』를 참조해 「狐」로 교감.
34　원문 「綠」. 죽내본·탕천본·길림본 「緣」으로 교감. 문맥상 「緣」으로 교감.
35　원문 「伐」. 죽내본·탕천본·길림본 「代」로 교감. 지명이므로 『한서』를 참조해 「代」로 교감.
36　원문 「匈」. 죽내본·탕천본·길림본 「句」로 교감. 지명이므로 주문의 내용을 참조하여 「句」로 교감.
37　원문 「埄」. 탕천본·길림본 「烽」으로 교감. 문맥상 「烽」으로 교감.
38　원문 「赤」. 죽내본·탕천본·길림본 「亦」으로 교감. 문맥상 「亦」으로 교감.
39　원문 「寒」. 죽내본 「塞」로 판독하여 교감하지 않음. 탕천본·길림본 「塞」로 교감. 그러나 원문대로 두어도 뜻이 통하므로 교감하지 않음.

대비하게 했다. 흉노의 기병이 대의 구주[산] 주변으로 들어오니 봉화불이 감천에서 장안까지 통했다. 수개월 동안 밤이 모두 밝았다. 한의 군사들이 변경에 이르니 흉노가 또한 멀고 추운 곳으로 가버려서 한의 군사도 철수했다."

• 참고
『漢書』卷94上 匈奴　　軍臣單于立歲餘 匈奴復絕和親 大入上郡雲中各三萬騎 所殺略甚衆 於是漢使三將軍軍屯北地 代屯句注 趙屯飛狐口 緣邊亦各堅守以備胡寇 又置三將軍 軍長安西細柳渭北棘門霸上以備胡 胡騎入代句注邊 烽火通於甘泉長安 數月 漢兵至邊 匈奴亦遠塞 漢兵亦罷

05　百金成列, 李牧收勳於鴈門,
백금의 병사가 모여 대열을 이루니, 이목이 안문에서 공훈을 거두었고,

史記曰: "李牧[40]爲趙[41]邊將, 常居代[42]鴈門, 備匈奴. 便[43]宜置吏[44], 市租[45]皆輸[入][46]莫[47]府, 爲士[48]卒費. 日殺[49]牛饗士[50], 謹烽[51]火, 多間諜. 匈奴[52]入盜, 即急入保, 不與戰數歲, 不亡[53]失. 時皆以爲怯[54], 趙王怒, 使人代[55]將. 歲餘戰不利, 多亡[56]失, 乃復遣李牧[57]如舊. 數歲, 乃選百金[58]之士五萬,

---

40　원문「收」. 탕천본·길림본「牧」으로 교감. 인명이므로『사기』를 참조해「牧」으로 교감.
41　원문「起」. 죽내본「趙」, 탕천본「趙北」, 길림본「趙之北」으로 각각 글자를 보입하여 교감. 해석에 큰 무리가 없으므로「趙」로 교감.
42　원문「伐」. 죽내본·탕천본·길림본「代」로 교감. 지명이므로『사기』를 참조해「代」로 교감.
43　원문「便」. 죽내본·길림본·탕천본「以便」으로 교감. 보입하지 않아도 뜻이 통하므로 원문대로 둠.
44　원문「史」. 죽내본·탕천본·길림본「吏」로 교감. 내용을 고려해「吏」로 교감.
45　원문「祖」. 탕천본 판독한 글자를 알 수 없으나「租」로 교감했다는 표기가 있음.
46　원문에는 글자가 없다. 죽내본 원문대로, 탕천본·길림본「入」을 보입.
47　원문「莫」. 죽내본「幕」, 탕천본·길림본「莫」으로 교감. 원문대로 두어도 뜻이 통하므로 교감하지 않음.
48　원문「士」. 탕천본 판독한 글자를 알 수 없으나「士」로 교감했다는 표기가 있음.
49　원문에는 글자가 없다. 죽내본·탕천본·길림본「數」를 보입. 그러나 보입하지 않아도 뜻이 통하므로 원문대로 둠.
50　원문「土」. 죽내본·탕천본·길림본「士」로 교감. 문맥상「士」를 보입
51　원문「烽」. 탕천본 판독한 글자를 알 수 없으나「烽」으로 교감했다는 표기가 있음.
52　원문에는 글자가 없다. 죽내본 원문대로, 탕천본「即」을 보입. 보입하지 않아도 뜻이 통하므로 원문대로 둠.
53　참고「刃」. 죽내본 원문대로, 탕천본·길림본「亡」으로 교감.『사기』의 기록을 참조해「亡」으로 교감.
54　원문「杜」. 죽내본·탕천본·길림본「怯」으로 교감. 문맥상「怯」으로 교감.
55　원문「伐」. 죽내본·탕천본·길림본「代」로 교감.『사기』의 기록을 참조해「代」로 교감.
56　원문「巳」. 죽내본·탕천본·길림본「亡」으로 교감. 문맥상「亡」으로 교감.
57　원문「收」. 탕천본·길림본「牧」으로 교감. 인명이므로『사기』를 참조해「牧」으로 교감.
58　원문「全」. 죽내본·탕천본·길림본「金」으로 교감.『사기』를 참조해「金」으로 교감.

大啓⁵⁹匈奴." 漢書云:"選百金之士⁶⁰[十]⁶¹萬." 注云:"良[士]⁶²直⁶³百金之⁶⁴也."

『사기』에 다음과 같이 전한다. "이목은 조나라의 변경 장수가 되어 항상 대와 안문에 있으면서 흉노를 방비했다. 필요에 따라 관리를 배치하고, 시조(市租)는 모두 막부로 옮기어 병사들의 비용으로 삼았다. 날마다 소를 잡아 병사들에게 먹이고 봉화를 신중하게 하고 첩자들을 많이 두었다. 흉노가 쳐들어와서 도적질하면 재빨리 보에 들어가서 더불어 싸우지 않기를 여러 해 동안 하니 손해를 보지 않았다. 이때 모두 [이목이] 겁을 먹었다고 여기니 조왕이 노하여 사람을 시켜 장수를 바꿨다. 1년쯤 지나 전황이 불리해져 잃는 것이 많았으니, 이에 다시 이목을 파견하여 예전과 같이 하였다. 여러 해가 지나자 이에 백금을 상으로 탄 용사 5만을 선발하여 흉노를 크게 깨우쳤다." 『한서』에 다음과 같이 전한다. "백금의 용사 10만을 선발했다." 주에 다음과 같이 전한다. "좋은 병사의 가치가 백금이다."

참고

『史記』卷81 李牧　李牧者 趙之北邊良將也 常居代鴈門 備匈奴 以便宜置吏 市租皆輸入莫府 爲士卒費 日擊數牛饗士 習射騎 謹烽火 多間諜 厚遇戰士 爲約曰 匈奴卽入盜 急入收保 有敢捕虜者斬 匈奴每入 烽火謹 輒入收保 不敢戰 如是數歲 亦不亡失 然匈奴以李牧爲怯 雖趙邊兵亦以爲吾將怯 趙王讓李牧 李牧如故 趙王怒 召之 使他人代將 歲餘 匈奴每來 出戰 出戰 數不利 失亡多 邊不得田畜 復請李牧 牧杜門不出 固稱疾 趙王乃復彊起使將兵 牧曰 王必用臣 臣如前 乃敢奉令 王許之 李牧至 如故約 匈奴數歲無所得 終以爲怯 邊士日得賞賜而不用 皆願一戰 於是乃具選車得千三百乘 選騎得萬三千匹 百金之士五萬人 彀者十萬人 悉勒習戰 大縱畜牧 人民滿野 匈奴小入 詳北不勝 以數千人委之 單于聞之 大率衆來入 李牧多爲奇陣 張左右翼擊之 大破殺匈奴十餘萬騎 滅襜襤 破東胡 降林胡 單于奔走 其後十餘歲 匈奴不敢近趙邊城

『漢書』卷50 馮唐　委任而責成功 故李牧乃得盡其知能 選車千三百乘 彀騎萬三千匹 百金之士十萬 <服虔曰 良士直百金也> 是以北逐單于 破東胡 滅澹林 西抑彊秦 南支韓魏

59　원문「啓」. 죽내본 원문대로, 탕천본「破」로 교감. 그러나 교감하지 않아도 뜻이 통하므로 원문대로 둠.
60　원문「十」. 죽내본·탕천본·길림본「士」로 교감.『사기』를 참조해「士」로 교감.
61　원문에는 글자가 없다. 죽내본·탕천본·길림본「十」을 보입.『사기』를 참조해「十」을 보입.
62　원문에는 글자가 없다. 죽내본 원문대로, 탕천본·길림본「士」 보입. 문맥상『한서』권50 服虔注에 의거해「士」를 보입.
63　원문「眞」. 죽내본「眞」, 탕천본·길림본「直」으로 교감.『한서』권50 張馮汲鄭傳 제20 馮唐의 服虔注에 의거해「直」로 교감.
64　원문「之」. 죽내본·탕천본 원문대로, 길림본「之」를 연문으로 파악해 생략하여 교감. 해석상 큰 무리가 없으므로 원문대로 둠.

06 | 二部分馳[65], 耿譚馳聲於鹿[66]塞.
[좌·우] 두 부가 나뉘어 몰아대니, 경담이 [계]녹새에서 명성을 날렸다.

范曄後漢書曰: "南單于[67], 復上求滅北庭. 於是遣左谷蠡王[68]等, 將左[69]右部八千騎, 出雞[70]鹿塞. 中郎將耿譚, 遣從[71]事將護之. 至涿耶山, 乃留輜重, 分爲二部, 各[72]引輕兵, 兩[73]道襲之. 左部北過西海, 至河雲北, 右部從匈[奴][74]河水西, 繞天山, 南渡甘微[75]河, 二軍俱會, 夜圍北單于. 單于大驚, 率精兵千餘人合戰, 單于被創墮馬. 復上將輕騎數十遁走, 僅而免脫[76]. 得其玉璽, 獲閼氏及男女五人. 耿譚以新降者多, 上增從[77]事十二人也."

범엽의 『후한서』에 다음과 같이 전한다. "남선우는 다시 상주하여 북흉노를 멸망시키게 해달라고 요청했다. 이에 좌곡리왕 등을 보내 좌·우부 8천의 기병을 거느리고 계록새[78]에서 나가도록 했다. 중랑장 경담은 종사를 보내 장차 그를 보호하려고 했다. 탁야산에 이르러 치중을 남겨두고 두 부로 나뉘어 각각 날랜 병사를 이끌고 두 길로 그들을 기습했다. 좌부는 북쪽으로 서해를 지나 하운의 북쪽에 이르렀고, 우부는 흉노하수의 서쪽을 따라가 천산을 돌아서 남쪽으로 감미하를 건너 두 부대가 함께 모여 밤에 북선우를 포위했다. [북]선우는 크게 놀라 정병 천여 명을 데리고 합전했으나 선우는 부상을 당하여 말에서 떨어졌다. [그러나] 다시 [말에] 올라 경기병 수십 명을 거느리고 달아나 겨우 죽음을 면하고 탈출했다. [경담은] 그 옥새

---

65 원문 「馳」. 죽내본·탕천본 원문대로, 길림본 「驅」로 교감. 두 글자는 뜻이 통하므로 원문대로 둠.
66 원문 「麈」. 죽내본 원문대로, 탕천본 「鹿」으로 판독하여 교감하지 않음. 길림본 「鹿」으로 교감. 『후한서』를 참조해 「鹿」으로 교감. 이하에서도 해당 글자는 동일한 원리로 교감.
67 원문 「子」. 죽내본·탕천본·길림본 「于」로 교감. 선우를 가리키는 부분이므로 「于」로 교감. 이하에서도 해당 글자는 동일한 원리로 교감.
68 원문에는 글자가 없다. 길림본 「師子」를 보입. 길림본은 『후한서』를 참조하여 보입한 듯하나 보입하지 않아도 원문해석에 큰 무리가 없으므로 원문대로 둠.
69 원문 「右」. 탕천본 「左」로 판독, 죽내본·길림본 「左」로 교감. 좌우로 구분하는 흉노의 습속과 『후한서』를 참조해 「左」로 교감.
70 원문 「難」. 죽내본·탕천본 「雛」, 길림본 「鷄」로 교감. 『후한서』를 참조해 「雞」로 교감.
71 원문 「從」. 탕천본 판독한 글자를 알 수 없으나 「從」으로 교감했다 표기가 있음. 길림본 「從」으로 교감.
72 원문 「后」. 죽내본·탕천본·길림본 「各」으로 교감. 문맥상 「各」으로 교감.
73 원문 「雨」. 죽내본·탕천본·길림본 「兩」으로 교감. 문맥상 「兩」으로 교감.
74 원문에는 글자가 없다. 죽내본 원문대로, 탕천본 「奴」를 보입. 『후한서』를 참조해 「奴」를 보입.
75 원문 「徵」. 죽내본·탕천본·길림본 「微」로 교감. 고유명사이므로 『후한서』를 참조해 「微」로 교감.
76 원문 「晩」. 죽내본·탕천본·길림본 「脫」로 교감. 문맥상 「脫」로 교감.
77 원문 「從」. 길림본 「從」으로 교감.
78 雞鹿塞: 지금의 내몽골 杭綿後旗 서쪽, 즉 磴口縣 서북부의 哈隆格乃峽谷 입구로 비정된다. 陰山山脈의 남북을 통관할 때 중요한 교통의 요지였다.

를 얻고 알씨(연지)와 남녀 5인을 포획했다. 경담은 새로 항복한 자가 많았기 때문에 상주하여 종사를 12명으로 증원하였다."

• 참고

『後漢書』卷89 南匈奴　　南單于 復上求滅北庭 於是遣左谷蠡王師子等 將左右部八千騎 出雞鹿塞 中郎將耿譚 遣從事將護之 至涿邪山 乃留輜重 分爲二部 各引輕兵 兩道襲之 左部北過西海至河雲北 右部從匈奴河水西 繞天山 南度甘微河 二軍俱會 夜圍北單于 [單于]大驚 率精兵千餘人合戰 單于被創 僅馬復上 將輕騎數十遁走 僅而免脫 得其玉璽 獲閼氏及男女五人 斬首八千級 生虜數千口而還 是時南部連剋獲納降 黨衆最盛 領戶三萬四千 口二十三萬七千三百 勝兵五萬一百七十 故[從]事中郞將置從事二人 耿譚以新降者多 上增從事十二人

07 連題上望, 帶十角以飛名, 須卜·豪宗, 參四姓而標稱.

[허]련제[씨]는 으뜸이 되는 망족으로, 십각을 거느려 이름을 날렸고, 수복[씨]는 우두머리가 되는 종족으로, 사성에 참여하여 명예를 높였다.

范曄後漢書曰: "匈奴俗, 歲有三龍祠, 常以正月·五月·九月上戊[79]日祭天神. 南單于既內附, 兼祠漢帝. 因會諸部議國事. 走馬及駱駝爲樂. 其大臣貴者左賢王, 次左谷蠡王, [次右賢王, 次右谷蠡王.][80] 謂之四[81]角. 次左右日逐王, 次左右溫禺鞮王, 次左右漸[82]將王. 是爲六角, 皆單于子弟[83], 當[84]爲單于者也. 異姓大臣, 左右骨都侯, 次左右尸逐[85]骨都侯, 其餘日逐且渠當戶. 諸[86]官號各以權[87]勢優劣部衆多少, 爲高下次第焉. 單于[88]姓虛連題. 異姓有呼衍氏·須卜氏·丘林氏·

79　원문「伐」. 죽내본·탕천본·길림본「戊」로 교감. 흉노의 습속을 설명하는 부분으로『후한서』의 기록을 참조하여「戊」로 교감.
80　원문에는 글자가 없다. 죽내본·탕천본·길림본 모두「次右賢王 次右谷蠡王」을 보입.『후한서』를 참조하여「次右賢王 次右谷蠡王」을 보입.
81　원문「西」. 죽내본·탕천본·길림본「四」로 교감. 좌·우현왕과 좌·우곡리왕 총4명을 가리키며, 이에『후한서』의 기록을 참조해「四」로 교감.
82　원문「漸」. 탕천본·길림본 원문대로, 죽내본「斬」으로 교감. 원문대로 두어도 뜻이 통하므로 교감하지 않음.
83　원문「第」. 죽내본·탕천본·길림본「弟」로 판독. 전거자료를 참조해「弟」로 교감.
84　원문「當」. 탕천본「次弟當」으로 교감. 보입하지 않아도 뜻이 통하므로 원문대로 둠.
85　원문「西」. 죽내본·탕천본·길림본「逐」으로 교감.『후한서』를 참조해「逐」으로 교감.
86　원문「謂」. 죽내본·탕천본·길림본「諸」로 교감.『후한서』를 참조해「諸」로 교감.
87　원문「攉」. 죽내본·탕천본·길림본「權」으로 교감. 문맥상「權」으로 교감.
88　원문「子」. 죽내본·탕천본·길림본「于」로 교감. 선우를 가리키는 부분이므로「于」로 교감.

蘭氏四姓, [爲]⁸⁹國中名族, 常與單于⁹⁰婚姻. 呼衍氏爲左, 蘭氏·須卜氏爲右. 主理⁹¹獄聽訟, 當決⁹²輕重, 口白單于. 無文書簿⁹³領與之也."

범엽의 『후한서』에 다음과 같이 전한다. "흉노의 습속에는 해마다 세 번의 용사(龍祠)가 있는데, 항상 정월·5월·9월 첫 번째 무일에 천신에게 제사를 지낸다. 남선우는 내부한 후에 겸하여 한나라 황제들에게 제사를 지냈다. 인하여 여러 부가 모여서 국사를 논의하였다. 말과 낙타로 달리는 것을 오락으로 삼는다. 그 대신 중에서 지위가 높은 사람은 좌현왕이고 다음은 좌곡리왕, 다음은 우현왕이며, 다음은 우곡리왕이다. 그들을 사각이라 칭한다. 그 다음은 좌·우일축왕, 다음은 좌·우온우제왕, 다음은 좌·우점장왕이다. 이들이 육각인데, 모두 선우의 자제로서 마땅히 선우가 될 수 있는 자이다. 성이 다른 대신은 좌·우골도후이고, 다음은 좌·우시축골도후이며, 그밖에 일축·저거·당호가 있다. 여러 관호는 각각 권세의 우열과 다스리는 무리의 다소로 높고 낮음의 순서로 삼는다. 선우의 성은 허련제이다. 다른 성은 호연씨·수복씨·구림씨 그리고 난씨의 네 성이 있으며, 국가 안의 명족이 되어 항상 선우와 혼인한다. 호연씨는 좌로 삼았고, 난씨·수복씨는 우로 삼았다. [이들은] 옥사를 판단하고 송사를 판결하는데, 마땅히 경중을 결단할 때 구두로 선우에게 아뢴다. 문서와 장부 없이 다스린다."

• 참고

『後漢書』卷89 南匈奴　匈奴俗 歲有三龍祠 常以正月五月九月戊日祭天神 南單于既內附 兼祠漢帝 因會諸部議國事 走馬及駱駝爲樂 其大臣貴者左賢王 次左谷蠡王 次右賢王 次右谷蠡王 謂之四角 次左右日逐王 次左右溫禺鞮王 次左右漸將王 是爲六角 皆單于子弟 次第當爲單于者也 異姓大臣 左右骨都侯 次左右尸逐骨都侯 其餘日逐且渠當戶諸官號 各以權力優劣部衆多少 爲高下次第焉 單于姓虛連題 異姓有呼衍氏須卜氏丘林氏蘭氏四姓 爲國中名族 常與單于婚姻 呼衍氏爲左 蘭氏須卜氏爲右 主斷獄聽訟 當決輕重 口白單于 無文書簿領焉

89　원문에는 글자가 없다. 죽내본 원문대로, 탕천본·길림본 「爲」 보입. 문장구조상 동사가 필요하므로 『후한서』를 참조해 「爲」를 보입.

90　원문 「單于無文」. 죽내본 「文」을, 탕천본·길림본 「無文」을 衍字로 보고 생략. 『후한서』의 기록을 참조해 「無文」을 衍字로 보아 생략.

91　원문 「理」. 죽내본·길림본 원문대로, 탕천본 「治」로 교감. 교감하지 않아도 뜻이 통하므로 원문대로 둠.

92　원문 「史」. 죽내본·탕천본·길림본 「決」로 교감. 문맥상 「決」로 교감.

93　원문 「薄」. 죽내본·탕천본 「簿」, 길림본 「薄」로 교감. 『후한서』를 참조해 「簿」로 교감.

08 和親結好, 事藉[94]劉敬之謀,
화친하고 우호를 맺으니, 일은 유경의 지모를 빌린 것이고,

漢書曰: "高祖時, 匈奴冒頓兵強, 控弦四十[95]萬騎, 數苦北邊. 帝問敬, 敬曰: '天下初定, 士[96]卒罷於兵革, 未可以武服也. 陛下誠能以適[97]長公主, 妻單于, 爲閼氏, 使辯士風, 諭以禮節, 冒頓在固爲子壻, 死外孫爲單于. 豈聞外孫與大父無[98]禮哉. 可毋戰以漸臣也.' 帝欲遣[99]長公主, 呂氏泣諫, 乃止而使家人子爲公主, 妻單于. 使敬結和親, 約爲兄弟也."

『한서』에 다음과 같이 전한다. "고조 연간에 흉노의 모돈(묵특)의 군대가 강하여 활을 당기는 40만의 기병이 자주 북쪽 변경을 괴롭혔다. 황제가 [유]경에게 묻자, [유]경이 다음과 같이 말했다. '천하가 비로소 안정되어 군사들이 무기를 내려놓았으니 아직 무력 정복을 할 수 없습니다. 폐하께서 진실로 적손인 장공주를 선우에게 시집보내셔서 알씨를 삼아 [그로] 하여금 사풍으로 다스리고 예절로서 깨우치게 하신다면 모돈이 진실로 아들 같은 사위가 될 것이며, [그가] 죽으면 외손이 선우가 될 것입니다. 외손이 외할아버지에게 무례하게 한다고 하는 것을 어찌 듣겠습니까. 싸우지 않고서도 점차 신하가 될 것입니다.' 황제가 장공주를 보내고자 하자 여씨가 울면서 간하여 이에 그치고 집안사람의 자식을 공주로 삼아 선우에게 시집가게 하였다. [유]경을 보내 화친을 맺고 형제가 될 것을 약조하였다."

• 참고

『漢書』卷43 婁敬　高帝罷平城歸 韓王信亡入胡 當是時 冒頓單于兵彊 控弦四十萬騎 數苦北邊 上患之 問敬 敬曰 天下初定 士卒罷於兵革 未可以武服也 冒頓殺父代立 妻羣母 以力爲威 未可以仁義說也 獨可以計久遠 子孫爲臣耳 然陛下恐不能爲 上曰 誠可 何爲不能 顧爲奈何 敬曰 陛下誠能以適長公主妻單于 厚奉遺之 彼知漢女送厚 蠻夷必慕 以爲閼氏 生子必爲太子 代單于 何者 貪漢重幣 陛下以歲時漢所餘彼所鮮數問遺 使辯士風諭以禮節 冒頓在 固爲子壻死 外孫爲單于 豈曾聞 (外)孫敢與大父亢禮哉 可毋戰以漸臣也 若陛下不能遣長公主 而[令]宗室及後宮詐稱公主 彼亦知不肯貴近 無益也 高帝曰 善 欲遣長公主 呂后泣曰 妾唯以太子一女 奈何棄之匈奴 上竟不能遣長公主 而取家人子爲公主 妻單于 使敬往結和親約

94　원문「籍」. 죽내본·길림본「藉」, 탕천본「籍」으로 교감. 문맥상「藉」으로 교감.

95　원문「卅」. 죽내본「卅」, 길림본「四十」으로 교감.『한서』의 내용과 글자 형태를 감안해「卌」으로 교감하며, 본문에서는「卌」을 풀어서「四十」으로 표기함.

96　원문「土」. 탕천본·길림본「士」로 교감. 문맥상「士」로 교감.

97　원문「適」. 탕천본·길림본 원문대로, 죽내본「嫡」으로 교감.

98　원문「兄」. 탕천본·길림본「亢」으로 판독, 죽내본「無」로 교감. 문맥상「無」로 교감.

99　원문「遺」. 죽내본·탕천본·길림본「遣」으로 교감.『한서』를 참조해「遣」으로 교감.

『漢書』卷94上 匈奴　是後韓信爲匈奴將 及趙利·王黃等數背約 侵盜代鴈門雲中 居無幾何 陳豨反 與韓信合謀擊代 漢使樊噲往擊之 復收代鴈門雲中郡縣 不出塞 是時匈奴以漢將數率衆往降 故冒頓常往來侵盜代地 於是高祖患之 乃使劉敬奉宗室女翁主爲單于閼氏 歲奉匈奴絮繒酒食物各有數 約爲兄弟 以和親 冒頓乃少止 後燕王盧綰復反 率其黨且萬人降匈奴 往來苦上谷以東 終高祖世

09　備塞勸農, 本資量[100]錯之策.
변방을 방비하고 농사를 권하니, 바탕은 조조의 계책을 취한 것이다.

漢書曰: "文帝時, 匈奴數寇[101]邊, 太[子][102]家令量錯上兵事三章. 又言: '守邊備塞, 勸農力本, 當代[103]急務[104]二事.' 曰: '夫胡貉[105]之地積陰之處, 木皮三寸, 氷[106]厚六尺. 食肉而飮酪, 其人密理而能寒[107]. 故[108]人非有城郭田宅之歸居[109], 如飛鳥走獸. 放[110]於廣[壄][111], 美草甘水則止, 草盡水竭則移, 此胡人之生業, 而中國之所以離南畝也. 今使胡[人][112]轉牧行獵[113]於塞[114]親附之歡.' 班固議曰: '漢興以來, 曠代歷年, 兵纏夷狄[115], 尤事匈奴. 綏[116]禦之方, 其途[117]不一. 或脩[118]文以和之, 或用武以征之, 或卑下以就之, 或臣服而致之, 雖屈申[119]無常, 所因時異. 然未有拒絕棄放不與交接者也.

100　원문「朝」. 길림본「量」로 교감. 『한서』를 참조해「量」로 교감.
101　원문「冠」. 죽내본·탕천본·길림본「寇」로 교감. 문맥상「寇」로 교감.
102　원문에는 글자가 없다. 죽내본 원문대로, 탕천본·길림본「子」를 보입. 태자가령을 가리키며, 이에『한서』를 참조해「子」를 보입.
103　원문「伐」. 죽내본·길림본「代」로, 탕천본「世」로 교감. 문맥상「代」로 교감.
104　원문「豫」. 죽내본·탕천본·길림본「務」로 교감. 문맥상「務」로 교감.
105　원문「貂」. 죽내본·탕천본·길림본「貉」으로 교감. 『한서』를 참조해「貉」으로 교감.
106　원문「水」. 죽내본·탕천본·길림본「氷」으로 교감. 문맥상「氷」으로 교감.
107　원문「塞」. 죽내본·탕천본·길림본「寒」으로 교감. 문맥상「寒」으로 교감.
108　원문「胡」. 죽내본 원문대로, 탕천본·길림본「故」로 교감. 문맥상「故」로 교감.
109　원문「居」. 죽내본 원문대로, 탕천본·길림본「歸居」로 교감. 보입하지 않아도 뜻이 통하므로 원문대로 둠.
110　원문「收」. 죽내본「牧」, 탕천본·길림본「放」으로 교감. 문맥상「放」으로 교감.
111　원문에는 글자가 없다. 죽내본 원문대로, 탕천본·길림본「壄」를 보입. 『한서』를 참조해「壄」를 보입.
112　원문에는 글자가 없다. 죽내본 원문대로 탕천본·길림본「人」을 보입. 문맥상「人」을 보입
113　원문「獨」. 죽내본·탕천본 원문대로, 길림본「獵」으로 교감. 그러나 원문대로 두어도 뜻이 통하므로 교감하지 않음.
114　원문「塞」. 죽내본「寒」으로, 탕천본·길림본「寒下」로 교감. 그러나 원문대로 두어도 뜻이 통하므로 교감하지 않음.
115　원문「犯」. 죽내본·탕천본·길림본「狄」으로 교감. 『한서』를 참조해「狄」으로 교감.
116　원문「綾」. 탕천본·길림본「綏」로 교감. 『후한서』를 참조해「綏」로 교감.
117　원문「塗」. 죽내본·탕천본·길림본「途」로 교감. 문맥상「途」로 교감.
118　원문「脩」. 탕천본·탕천본「脩」로 교감. 『후한서』를 참조해「脩」로 교감.
119　원문「中」. 죽내본·탕천본·길림본「申」으로 교감. 문맥상「申」으로 교감.

臣愚以爲, 宜依故事, 復遣使者. 虜使再來, 然後一往, 旣明中國主存忠信, 且[知]¹²⁰聖朝禮義有常, 豈可¹²¹逆詐, 示猜孤¹²²其善意乎. 絶之未知其利, 通之未聞其害. 設使北虜稍强, 能爲風塵方, 復求爲交通, 將何所及.'"

『한서』에 다음과 같이 전한다. "문제 연간에 흉노가 자주 변경을 침략하니, 태자가령 조조가 군사[와 관련된] 일 3장을 올렸다. 또 다음과 같이 말했다. '변경을 지키고 요새를 방비하며 농사를 권하고 근본에 힘쓰는 것은 당대의 급히 처리할 두 가지 일이다.' [또한] 다음과 같이 말했다. '대저 호맥의 땅은 아주 추운 곳이라 나무껍질이 3치요, 얼음 두께가 6척이다. 고기를 먹으며 타락을 마시니 그 사람들이 [피부가] 부드럽고 추위에 잘 견딘다. 그러므로 사람들이 성곽과 전택의 일정한 거주지가 있지 않고, 나는 새와 달리는 짐승과 같다. 넓은 들을 돌아다니며, 좋은 풀과 단 물이 있으면 머물고, 풀이 다하고 물이 마르면 이동하니, 이것이 오랑캐의 생업이며 중국이 남쪽 땅에 격리되는 까닭이다. 지금 오랑캐로 하여금 유목하고 수렵하게 하여, 추운 곳에서 화친하고 귀부하게 하였다.' 반고가 의론하여 다음과 같이 말했다. '한이 흥한 이래로 많은 세월이 흐르는 동안, 병화가 이적과 얽혔는데, 특히 흉노와의 전쟁에 힘써야 했습니다. 백성을 편안하게 하고 외적을 막아내는 방법은 그 길이 하나가 아닙니다. 어떨 때는 문을 닦아서 온화하게 하거나 무력을 써서 정벌하며, 어떨 때는 업신여겨 낮추어서 나아가거나 신하로 복종하게 해서 이르게 하니, 비록 굽히고 펴는 것은 항상됨이 없으며, 때에 따라서 다르게 하는 바입니다. 그러나 거절하고 방기하여 더불어 상대하지 않은 적은 없었습니다. 신이 생각건대 마땅히 옛 일에 의거하여 다시 사신을 보내십시오. 오랑캐로 하여금 다시 오게 한 연후에 다시 한 번 가서 중국이 주관함이 충성과 신의가 있고, 또 조정의 예의가 항상함이 있음을 알게 한다면 어찌 도리어 속이며 그 선한 뜻을 의심하고 배반할 수 있겠습니까. 그 이로움을 알지 못함을 끊고, 그 해로움을 듣지 못함을 통하게 하십시오. 설사 북쪽 오랑캐가 점차 강해진다 하더라도 능히 바람과 먼지에 의해 막아질 것이며, 다시 교통이 됨을 구하더라도 장차 어찌 미치는 바이겠습니까.'"

• 참고

『漢書』卷49 鼂錯　文帝嘉之 乃賜錯璽書寵答焉 曰 皇帝問太子家令 上書言兵體三章 聞之 … 錯復言守邊備塞 勸農力本 當世急務二事 … 夫胡貉之地 積陰之處也 木皮三寸 冰厚六尺 食肉而飮酪 其人密理 … 胡人食肉飮酪 衣皮毛 非有城郭田宅之歸居 如飛鳥走獸於廣壄 美草甘水則止 草盡水竭則移 以是觀之 往來轉徙 時

---

120 원문에는 글자가 없다. 죽내본 원문대로, 탕천본·길림본 「知」를 보입. 『후한서』를 참조하여 「知」를 보입.
121 원문 「同」. 죽내본 원문대로, 탕천본·길림본 「可」로 교감. 문맥상 「可」로 교감.
122 원문 「孤」. 죽내본 「狐」로, 길림본 「孤」로 교감.

至時去 此胡人之生業 而中國之所以離南畮也 今使胡人數處轉牧行獵於塞下
『後漢書』卷40下 子固　固議曰 竊自惟思 漢興已來 曠世歷年 兵纏夷狄 尤事匈奴 綏御之方 其塗不一 或脩文以和之 或用武以征之 或卑下以就之 或臣服而致之 雖屈申無常 所因時異 然未有拒絕弃放 不與交接者也 … 臣愚以爲宜依故事 復遣使者 上可繼五鳳甘露至遠人之會 下不失建武永平羈縻之義 虜使再來 然後一往 既明中國主在忠信 且知聖朝禮義有常 豈可逆詐示猜 孤其善意乎 絕之未知其利 通之不聞其害 設後北虜稍彊 能爲風塵 方復求爲交通 將何所及

10 戰車臨塞, 驗九代[123]之逾彊,
전차가 변방에 출진하여, 9대째에 국경을 넓힐 것을 증험하였고,

後漢書曰: "建[124]武二十五年, 遣左賢王莫, 將兵萬餘人, 擊北單于弟[125]奧[126]鞬[左賢王][127], 生獲之, 又破北單于帳下. 并得其衆萬餘人·馬七千匹·牛羊十萬頭. 北單于震怖, 却地千里. 初帝造戰車, 可駕數牛, 上作樓櫓, 置於塞上, 以拒匈奴. 時人見者, 或相謂曰: '讖言漢九代當却北狄[地][128]千里, 豈謂此也.' 及是果拓[129][地][130]焉也."

『후한서』에 다음과 같이 전한다. "건무 25년(49), [호한야선우는] 좌현왕 막을 보내어 병사 만여 인을 거느리고 북선우의 아우인 욱건좌현왕을 공격하게 하여 그를 생포하였으며, 또 북선우가 직접 관장하는 [군대를] 격파하였다. 아울러 그 무리 만여 인과 말 7천 필, 소와 양 10만 두를 얻었다. 북선우가 놀라고 두려워서 천 리나 퇴각하였다. 처음에 황제가 만든 전차는 여러 마리의 소에 멍에를 멜 수 있었으며, 위에는 망루를 만들었는데, [이를] 변경 새의 주변에 배치하여 흉노를 막게 하였다. 당시 사람들이 보고서 혹자는 서로 일러 다음과 같이 말했다. '참언에 한이 9대에 이르면 북쪽 오랑캐의 땅 천 리를 물러나게 한다고 하였으니 아마도 이것을 말하는 듯하구나.' 이때에 이르러 과연 땅이 확장되었다."

---

123 원문「伐」. 죽내본·길림본「代」로, 탕천본「世」로 교감. 『後漢書』를 참조하면「世」가 적합하지만 원문 자획을 감안하여「代」로 교감.
124 원문「光」. 죽내본 원문대로, 탕천본·길림본「建」으로 교감. 『후한서』를 참조해「建」으로 교감.
125 원문「茅」. 죽내본·탕천본·길림본「弟」로 교감. 『後漢書』에 의거해「弟」로 교감.
126 원문「薁」. 죽내본「薁」, 탕천본·길림본「奧」으로 교감. 욱건을 가리키는 듯하므로『후한서』를 참조해「奧」으로 교감.
127 원문에는 글자가 없다. 죽내본 원문대로, 탕천본·길림본「左賢王」을 보입. 정확한 의미 전달을 위해『후한서』를 참조하여「左賢王」을 보입.
128 원문에는 글자가 없다. 죽내본 원문대로, 탕천본·길림본「地」를 보입. 정확한 의미 전달을 위해『후한서』를 참조하여「地」를 보입.
129 원문「祐」. 죽내본·탕천본·길림본「拓」으로 교감. 문맥상「拓」으로 교감.
130 원문에는 글자가 없다. 죽내본 원문대로, 탕천본·길림본은「地」를 보입. 정확한 의미 전달을 위해『후한서』를 참조해「地」를 보입.

• 참고

『後漢書』卷89 南匈奴　二十五年春 遣弟左賢王莫將兵萬餘人擊北單于弟薁鞬左賢王 生獲之 又破北單于帳下 幷得其衆合萬餘人 馬七千匹牛羊萬頭 北單于震怖 卻地千里 初 帝造戰車 可駕數牛 上作樓櫓 置於塞上 以拒匈奴 時人見者或相謂曰 讖言漢九世當卻北狄地千里 豈謂此邪 及是 果拓地焉

11 | 文馬伏閑[131], 知五侯之慕化.
문마가 마구간에 엎드리니, 다섯 후가 모화됨을 알렸다.

後漢書曰: "建[132]武二十六年 詔乃聽南單于入居雲中. 遣使上書, 獻駱駝二頭·文馬十匹. 夏南單于所獲北虜薁鞬左賢王, 將其衆及南部[133]五骨都侯合三萬餘人叛歸, 去北庭三百餘里, 共[134]立薁鞬[135]左賢王爲單于. 月餘日更相攻[136]擊, 五骨都侯皆死, 左賢王遂自殺, 諸骨都侯子各擁[137]兵自守云云也."

『후한서』에 다음과 같이 전한다. "건무 26년(50), 조를 내려서 남선우가 운중[군]에 들어가 사는 것을 허락했다. [남선우는] 사신을 파견하여 글을 올리면서 낙타 2두와 무늬 있는 말 10필을 바쳤다. 여름에 남선우가 [포로로] 잡았던 북흉노의 욱건좌현왕이 그 무리와 남부의 다섯 골도후 도합 3만여 인을 거느리고 배반하여 귀부하니 북흉노의 선우정에서 300여 리 떨어진 곳에서 [다섯 골도후와] 함께 욱건좌현왕을 세워 선우로 삼았다. 1달여 동안 거듭 서로 공격하니 다섯 골도후는 모두 죽고, [욱건]좌현왕은 마침내 자살하였으나 여러 골도후의 자식들은 각각 군대를 장악하여 스스로 지켰다"고 한다.

• 참고

『後漢書』卷89 南匈奴　二十六年 遣中郎將段郴副校尉王郁使南單于 立其庭 去五原西部塞八十里 單于乃延迎使者 使者曰 單于當伏拜受詔 單于顧望有頃 乃伏稱臣 拜訖 令譯曉使者曰 單于新立 誠慙於左右 願使者衆

131　원문「閑」. 탕천본·길림본 원문대로, 죽내본「閒」로 교감.「閑」에 馬廐라는 의미가 있다는 점(『주례』하관 교인)을 고려해 원문대로 둠.

132　원문「光」. 죽내본 원문대로, 탕천본·길림본「建」으로 교감.『후한서』를 참조해「建」으로 교감.

133　원문「部」. 죽내본·탕천본·길림본 衍文으로 간주하여 생략. 원문의 내용이「南部部」인 것으로 뒤에「部」는 연문인 듯함. 이에 생략하여 교감.

134　원문「六」. 죽내본·탕천본·길림본「共」으로 교감. 문맥과『후한서』의 기록을 참조해「共」으로 교감.

135　원문「鞬」. 죽내본·탕천본·길림본「鞬」으로 교감. 앞의 정문의 주문과『후한서』의 기록을 참조해「鞬」으로 교감.

136　원문「汶」. 죽내본·탕천본·길림본「攻」으로 교감. 문맥상「攻」으로 교감.

137　원문「權」. 죽내본·탕천본·길림본「擁」으로 교감.『후한서』를 참조해「擁」으로 교감.

中無相屈折也 骨都侯等見 皆泣下 梆等反命 詔乃聽南單于入居雲中 遣使上書 獻駱駝二頭 文馬十匹 夏 南單于所獲北虜薁鞬左賢王將其眾及南部五骨都侯合三萬餘人畔歸 去北庭三百餘里 共立薁鞬左賢王爲單于 月餘日 更相攻擊 五骨都侯皆死 左賢王遂自殺 諸骨都侯子各擁兵自守

12 西河置部, 骨都之陣猶屯,
서하에 부를 설치하니, 골도[후]의 진영이 더욱 견고해졌고,

後漢書曰: "南單于旣居西河, 亦列[138]置諸部王, 助爲扞戍[139]. 使[140]韓氏骨都侯屯北地, 右賢王屯朔方, 當于骨都侯屯五原, 呼衍骨都侯屯雲中, 郎氏骨都侯屯定襄, 左南將軍屯鴈門, 栗籍骨都侯屯代郡. 皆領部衆, 爲郡縣偵羅耳目. 北單于惶恐, 頗還所略漢人, 以示善意[141]. 鈔兵每到南部下, 還過亭候, 輒曰: '自擊亡虜薁鞬[142]日逐[143]耳, 非敢犯漢人[144]也.'"

『후한서』에 다음과 같이 전한다. "남선우가 서하[군]에 거주한 뒤에도 역시 여러 부의 왕을 차례로 두어 [적을] 막고 지키는 것을 돕도록 했다. 한씨(한지)골도후로를 북지[군]에 주둔시켰고, 우현왕은 삭방[군]에 주둔하게 했으며, 당우골도후는 오원[군]에 주둔하게 했으며, 낭씨(낭지)골도후는 정양[군]에 주둔하게 했으며, 좌남장군은 안문[군]에 주둔하게 했으며, 율적골도후는 대군에 주둔하도록 했다. 모두 부의 무리를 거느리고 [한의] 군현을 위해 정탐하고 순라하는 귀와 눈이 되었다. 북선우는 두려워서 자못 약탈했던 한인들을 돌려보내 선의를 보였다. 약탈병은 매번 남흉노[의 영역] 주변에 이르렀다가 돌아가면서 경계초소를 지나갔는데, 번번이 다음과 같이 말했다. '포로였던 욱건일축을 공격하여 멸망시키려고 할 뿐, 감히 한인을 침범하려는 것은 아니다.'"

• 참고

『後漢書』卷89 南匈奴　南單于旣居西河 亦列置諸部王 助爲扞戍 使韓氏骨都侯屯北地 右賢王屯朔方 當于骨

138　원문「亦列亦列」. 죽내본·탕천본·길림본「亦列」로 교감. 동일한 내용이 반복 기재되어 있다. 이에『후한서』의 기록을 참조해「亦列」로 교감.
139　원문「扞使」. 죽내본·탕천본·길림본「扞戍」로 교감.『후한서』를 참조해「扞戍」로 교감.
140　원문「戈」. 죽내본·탕천본·길림본「使」로 교감. 문맥상「使」로 교감.
141　원문「惡」. 죽내본·탕천본·길림본「意」로 교감.『후한서』를 참조해「意」로 교감.
142　원문「鞾」. 죽내본·길림본「鞬」으로 교감. 앞의 주문내용과『후한서』를 참조해「건」으로 교감.
143　원문「逡」. 죽내본·탕천본·길림본「逐」으로 교감. 문맥상「逐」으로 교감.
144　원문「之」. 죽내본 원문대로, 탕천본·길림본「人」으로 교감.『후한서』를 참조해「人」으로 교감.

都侯屯五原 呼衍骨都侯屯雲中 郎氏骨都侯屯定襄 左南將軍屯鴈門 栗籍骨都侯屯代郡 皆領部眾為郡縣偵羅耳目 北單于惶恐 頗還所略漢人 以示善意 鈔兵每到南部下 還過亭候 輒謝曰 自擊亡虜薁鞬日逐耳 非敢犯漢人也

13 朔方列[145]隊, 溫禺[146]之氛[147]自解.
삭방에 군대를 내보내니, 온우[독왕]의 기세가 저절로 사라졌다.

後漢書曰: "明帝永平十六年, 乃太[148]發緣邊兵, [遣][149]諸將四道出塞[150], 北征匈奴. 南單于遣左賢王信, 隨太僕祭[151]肜及吳棠[152], 出朔方高[153]闕, 攻[154]皋[155]林溫禺犢王於涿耶山. 虜聞[156]漢兵來, 悉度[漢][157]去之者也[158]."

『후한서』에 다음과 같이 전한다. "명제 영평 16년(73), 변경의 군사를 크게 일으켜 여러 장수들을 보내 네 길로 [나누어] 새를 나가게 하여 북쪽으로 흉노를 정벌하게 했다. 남선우는 좌현왕 신을 보내 태복 제융과 오당을 따라서 삭방[군]의 고궐[새]을 나가 탁야산에서 고림온우독왕을 공격하게 했다. 오랑캐는 한나라 군사가 온다는 것을 듣고서 모두 사막을 건너서 갔다."

• 참고

『後漢書』卷89 南匈奴　　十六年 乃大發緣邊兵 遣諸將四道出塞 北征匈奴 南單于遣左賢王信隨太僕祭肜及吳棠 出朔方高闕 攻皋林溫禺犢王 似分數部也 故下有右溫禺犢王 於涿邪山 虜聞漢兵來 悉度漢去

---

145 원문 「刊」. 죽내본 「刊」으로 판독하고 교감하지 않음. 탕천본·길림본 「列」로 교감. 문맥상 「列」로 교감.
146 원문 「愚」. 탕천본 원문대로, 죽내본·길림본 「禺」로 교감. 문맥상 「禺」로 교감.
147 원문 「氣氛」, 죽내본 원문대로, 탕천본·길림본 「氛」으로 교감. 문맥상 「氣」를 생략하고 「氛」으로 교감.
148 원문 「太」. 죽내본·탕천본·길림본 「大」로 교감. 『후한서』에는 「大」로 되어 있으나 원문대로 두어도 뜻이 통하므로 교감하지 않음.
149 원문에는 글자가 없다. 죽내본 원문대로, 탕천본·길림본 「遣」을 보입. 문맥상 동사에 해당하는 글자가 필요하며 『후한서』를 참조해 「遣」을 보입.
150 원문 「塞」. 죽내본 원문대로, 탕천본·길림본 「塞」로 교감.
151 원문 「柰」. 죽내본·탕천본·길림본 「祭」로 교감. 인명이므로 『후한서』를 참조해 「祭」로 교감.
152 원문 「宋」. 죽내본·탕천본·길림본 「棠」으로 교감. 인명이므로 『후한서』를 참조해 「棠」으로 교감.
153 원문 「高方」. 죽내본·탕천본·길림본 「方高」로 교감. 문맥상 「方高」로 교감.
154 원문 「汶」. 죽내본·탕천본·길림본 「攻」으로 교감. 문맥상 「攻」으로 교감.
155 원문 「衆」. 죽내본 「皋」로, 탕천본·길림본 「皋」로 교감. 『후한서』를 참조해 「皋」로 교감.
156 원문 「間」. 죽내본·탕천본·길림본 「聞」으로 교감. 문맥상 「聞」으로 교감.
157 원문에는 글자가 없다. 죽내본 원문대로 탕천본·길림본 「漢」을 보입. 『後漢書』에 의거해 「漢」을 보입.
158 원문 「之者也」. 죽내본 원문대로, 탕천본·길림본 衍文으로 간주하고 생략. 『후한서』에는 해당 부분이 없지만 원문대로 두어도 해석상 무리가 없으므로 생략하지 않음.

14 | 逢侯縱暴, 取敗於滿夷,
봉후가 멋대로 포악하게 굴다가, 만이[곡]에서 패배를 맞이하였고,

後漢書曰: "永[159]元六年, 諸新[160]降胡, 遂相驚動, 十五部二十餘萬人皆反叛. 脅立前單于屯屠何子薁[161]鞬[162]日逐[163]王逢侯, 爲單于, 遂殺略吏人, 燔[164]燒郵[165]亭廬帳. 將車重向朔方, 欲度漠[166]北. 於是烏[167]桓校尉任尙率鮮卑大[168]都護蘇拔廆·烏桓大人勿柯八千[169]騎, 要[擊][170]逢侯於滿夷谷. 復大破之, 前後凡斬萬七千[171]餘級. 逢[172]侯遂[173]率衆出塞也."

『후한서』에 다음과 같이 전한다. "영원 6년(94), 여러 새로 항복했던 오랑캐들은 마침내 서로 놀라 동요하여 15부의 20여만 명이 모두 반란을 일으켰다.[174] 이전에 선우였던 둔도하의 아들 욱건일축왕 봉후를 위협해 즉위시켜 선우로 삼고 마침내 관리와 사람들을 죽이고 우정과 여장을 불태웠다. 수레가 거듭 삭방[군]으로 향했다가 막북으로 넘어가려고 했다. 이에 오환교위[175] 임상이 선비대도호 소발외와 오환대인 물가의 8천 기병을 거느리고 만이곡에서 봉후를

---

159 원문 「求」. 죽내본·탕천본·길림본 「永」으로 교감. 연호에 해당하는 부분이며, 따라서 『후한서』를 참조해 「永」으로 교감.
160 원문 「雜」. 죽내본·탕천본·길림본 「新」으로 교감. 『후한서』를 참조해 「新」으로 교감.
161 원문 「薬」. 탕천본·길림본 「薁」으로 교감. 앞의 주문내용과 『후한서』를 참조해 「薁」으로 교감.
162 원문 「鞬」. 탕천본 원문대로, 죽내본·길림본 「鞬」으로 교감. 앞의 주문내용과 『후한서』를 참조해 「鞬」으로 교감.
163 원문 「遂」. 죽내본·탕천본·길림본 「逐」으로 교감. 앞의 주문내용과 『후한서』를 참조해 「逐」으로 교감.
164 원문 「幡」. 죽내본·탕천본·길림본 「燔」으로 교감. 『후한서』를 참조해 「燔」으로 교감.
165 원문 「卸」. 죽내본·탕천본·길림본 「郵」로 교감. 역관의 다른 표현인 郵亭을 가리키는 것으로 보이며, 이에 『후한서』를 참조해 「郵」로 교감.
166 원문 「漢」. 죽내본·탕천본·길림본 「漠」으로 교감. 문맥상 「漠」으로 교감.
167 원문 「焉」. 죽내본·탕천본·길림본 「烏」로 교감. 오환교위를 가리키는 부분이며, 이에 『후한서』를 참조해 「烏」로 교감. 이하에서도 해당 글자는 동일한 원리로 교감.
168 원문 「太」. 죽내본·탕천본·길림본 「大」로 교감. 선비대도호를 가리키는 부분이며, 이에 『후한서』를 참조해 「大」로 교감.
169 원문 「十」. 죽내본·탕천본·길림본 「千」으로 교감. 『후한서』를 참조해 「千」으로 교감.
170 원문에는 글자가 없다. 죽내본 원문대로, 탕천본·길림본 「擊」을 보입. 정확한 의미전달을 위해 『후한서』를 참조해 「擊」을 보입.
171 원문 「十」. 죽내본·탕천본·길림본 「千」으로 교감. 『후한서』를 참조해 「千」으로 교감.
172 원문 「庭」. 죽내본·탕천본·길림본 「逢」으로 교감. 봉후라는 인물을 가리키는 부분이며, 이에 『후한서』를 참조해 「逢」으로 교감.
173 원문 「使」. 죽내본 원문대로, 탕천본·길림본 「遂」로 교감. 『후한서』를 참조해 「遂」로 교감.
174 『後漢書』南匈奴 列傳에 의하면 남흉노의 亭獨尸逐鞮單于 師子가 永元 6년(94)에 즉위했는데, 북흉노에서 항복한 흉노인 500~600인이 밤에 師子를 습격했다. 이에 후한의 安集掾史 王恬이 師子를 호위하고 있던 병사들을 거느리고 싸워서 그들을 격파하였다. 이때 새로 항복해서 내부한 흉노인들이 놀라 동요하여 15부 20여만 명이 후한에 반란을 일으켰다고 한다.
175 烏桓校尉: 漢代 이래로 통상 변경의 州郡이 이민족의 관리와 교섭을 담당하였지만, 이민족이 집단적으로 투항하거나, 塞內로 이주해온 경우에는 이를 전담할 특별기구가 필요했다. 漢武帝때에 內附한 烏桓人들을 上穀·漁陽·右北平·東等郡의 塞外로 옮기고 護烏桓校尉를 두어 監領하게 했다는 기록이 있다(『後漢書』卷90 烏桓鮮卑列傳 ; 『續漢書』百官志5). 오환교위는 이후 後漢·曹魏·西晉代에도 오환을 대상으로 한 이민족 통어관으로서 유지되었다.

요격했다. 다시 크게 격파하니 전후하여 대체로 1만 7천여 급을 참수했다. 봉후가 마침내 그 무리를 거느리고 새외로 달아났다."

• 참고

『後漢書』卷89 南匈奴　永元六年立 降胡五六百人夜襲師子 安集掾王恬將衛護士與戰 破之 於是新降胡遂相驚動 十五部二十餘萬人皆反畔 脅立前單于屯屠何子奧鞬日逐王逢侯爲單于 遂殺署吏人 燔燒郵亭廬帳 將車重向朔方 欲度漠北 於是遣行車騎將軍鄧鴻越騎校尉馮柱行度遼將軍朱徽將左右羽林北軍五校士及郡國積射·緣邊兵 烏桓校尉任尚將烏桓鮮卑 合四萬人討之 … 任尚率鮮卑大都護蘇拔廆烏桓大人勿柯八千騎 要擊逢侯於滿夷谷 復大破之 前後凡斬萬七千餘級 逢侯遂率衆出塞 漢兵不能追 七年正月 軍還

15　奧[176]鞬抗衡, 延凶於美稷.

　　[좌]욱건이 맞서 대항하다가, 미직에서 재앙을 불렀다.

後漢書曰: "伊陵尸逐[177]就單于居車兒, 建和元年立. 永壽元年, 匈奴左奧鞬[178]臺[179]耆·且渠伯德等復叛, 寇抄[180]美稷·安定. 屬[國][181]都尉張奐擊破降之也."

『후한서』에 다음과 같이 전한다. "이릉시축취선우 거거아가 건화 원년(147)에 즉위하였다. 영수 원년(155)에 흉노의 좌욱건 대기와 차거 백덕 등이 다시 반란을 일으켜서 미직[현]·안정[속국]을 노략질했다. 속국도위인 장환이 그를 격파하고 항복시켰다."

• 참고

『後漢書』卷89 南匈奴　伊陵尸逐就單于居車兒 建和元年立 至永壽元年 匈奴左奧鞬臺耆且渠伯德等復畔 寇鈔美稷安定屬國都尉張奐擊破降之

176　원문「薁」. 죽내본·탕천본·길림본「奧」으로 교감. 앞의 주문내용과『후한서』를 참조해「奧」으로 교감. 이하에서도 해당 글자는 동일한 원리로 교감.
177　원문「遂」. 죽내본·탕천본·길림본「逐」으로 교감.『후한서』를 참조해「逐」으로 교감.
178　원문「鞬」. 죽내본·탕천본·길림본「鞬」으로 교감. 정문과 앞의 주문내용을 참조해「鞬」으로 교감.
179　원문「壺」. 죽내본·탕천본·길림본「臺」로 교감.『후한서』를 참조해「臺」로 교감.
180　원문「冦鈔」. 죽내본·탕천본·길림본「寇抄」로 교감. 노략질한다는 내용이므로「寇抄」로 교감.
181　원문에는 글자가 없다. 죽내본·탕천본·길림본「國」을 보입. 속국도위를 가리키는 것으로 보이므로「國」을 보입.

16 柏[182]城有備, 杜[183]崇之效克宣,

[만]백성[184]이 방비를 갖추고 있었으니, 두숭의 아룀이 잘 쓰였고,

後漢書曰: "中郎[185]將杜崇[186]. 度[187]遼將軍朱徽[188]等, 上言: '南單于安國疏[189]遠故胡. 右部降者, 謀共迫脅安國, 起兵背叛[190], 請爲之儆備.' 帝從之. 於是崇·徽遂發兵[造][191]其庭. 安國夜聞[192]漢軍至, 大驚[193]棄帳[194]而去. 因擧兵反, 將誅左賢[195]王師子[196]. 師子[197]知, 乃悉將廬落, 入曼柏[198]城. 安國追到城下, 門閉[199]不得[入][200]. 杜[201]崇等, 遣吏曉譬和之, 安國不聽. 城旣不下, 乃引兵屯[202]五原. 崇·徽因發諸郡騎, 追赴之急, 安國舅骨都侯喜[203]爲等, 慮[204]幷被誅, 乃格殺安國也[205]."

---

182 원문 「栢」. 죽내본 「栢」, 탕천본·길림본 「柏」으로 교감. 고유명사이므로 『후한서』를 참조해 「柏」으로 교감.
183 원문 「社」. 죽내본·탕천본·길림본 「杜」로 교감. 인명이므로 『후한서』를 참조해 「杜」로 교감.
184 柏城은 曼柏城으로, 후한 五原郡 曼柏縣의 치소이다. 자세한 위치는 동북아역사재단 편, 『後漢書 外國傳 譯註』下, 2009, 360쪽, 주 298 참조. 후한대 이곳에 度遼營을 설치하여 남북 흉노가 서로 통교하는 것을 막았다.
185 원문 「莭」. 죽내본·탕천본·길림본 「郎」으로 교감. 문맥상 「郎」으로 교감.
186 원문 「宗」. 죽내본·탕천본·길림본 「崇」으로 교감. 인명이므로 『후한서』를 참조해 「崇」으로 교감.
187 원문 「渡」. 죽내본·탕천본 원문대로, 길림본 「度」로 교감. 한대 관직명에 따라 「度」로 교감.
188 원문 「微」. 죽내본·탕천본·길림본 「徽」로 교감. 인명이므로 『후한서』를 참조해 「徽」로 교감.
189 원문 「踈」. 죽내본·탕천본 「疎」로 판독하고 교감하지 않음. 길림본은 「疏」로 교감. 문맥상 「疏」로 교감.
190 원문 「叛」. 길림본 「畔」으로 교감. 길림본은 『후한서』에 의거해 교감했으나 '背畔'과 '背叛'은 뜻이 통한다. 한편 현전하는 『후한서』에 의거하여 『한원』을 교감하는 것은 신중할 필요가 있다. 따라서 「畔」으로 교감하는 것은 보류.
191 원문에는 글자가 없다. 죽내본 원문대로, 탕천본·길림본은 『후한서』에 의거하여 「造」를 보입. 문맥의 흐름상 동사에 해당하는 「造」가 필요하므로 보입.
192 원문 「間」. 죽내본·길림본 「聞」으로 교감. 문맥상 「聞」으로 교감.
193 원문 「敬」. 죽내본·탕천본·길림본 「驚」으로 교감. 문맥상 「驚」으로 교감.
194 원문 「弃帳」. 탕천본 「弃張」, 길림본 「弃帳」으로 판독 후 「棄帳」으로 교감. 「棄」는 통용자로, 「帳」은 문맥을 고려하여 교감.
195 원문 「右谷蠡」. 죽내본 원문대로, 탕천본은 본문에는 「右谷蠡」이라고 하였지만 「左賢」의 오기라는 교감기를 덧붙임. 길림본 역시 『후한서』를 참조해 「左賢」으로 교감. 師子는 본래 左谷蠡王이었으나 安國이 單于에 오른 뒤 左賢王이 되었다는 내용이 『후한서』에서 확인되므로 「左賢」으로 교감.
196 원문 「王」. 죽내본·탕천본·길림본 「子」로 교감. 인명이므로 『후한서』를 참조해 「子」로 교감.
197 원문에는 글자가 없다. 죽내본 원문대로, 탕천본·길림본은 「先」을 보입. 그러나 보입하지 않아도 의미가 통하므로 원문대로 둠.
198 원문 「栢」. 죽내본 원문대로, 탕천본 「柏」으로 교감. 길림본 정문에서는 「柏」으로 교감하였으나 주문에서는 「栢」으로 둠. 정문과 『후한서』를 참조해 「柏」으로 교감.
199 원문 「閑門」. 죽내본 원문대로, 탕천본·길림본 「門閉」로 교감. 문맥상 「門閉」로 교감.
200 원문에는 글자가 없다. 죽내본·탕천본·길림본 「入」을 보입. 문맥의 흐름상 「入」을 넣어야 뜻이 통하므로 보입.
201 원문 「杜」. 죽내본·탕천본·길림본 「杜」로 교감.
202 원문 「屯」. 죽내본·탕천본 「屯」으로 교감.
203 원문 「嘉」. 길림본 「喜」로 교감. 『후한서』에는 「喜」로 되어 있음. 다른 사서를 확인한 결과 흉노 관련 기록에서 '嘉爲'라는 인명은 확인되지 않음. 이에 『後漢書』를 따라 「喜」로 교감.

『후한서』에 다음과 같이 전한다. "중랑장[206] 두숭과 도요장군[207] 주휘 등이 다음과 같이 아뢰었다. '남선우 안국은 고호[208]와 소원합니다[209]. [한편] 우부에서 항복한 자들은 함께 안국을 위협하고 병사를 일으켜 [한을] 배반할 것을 꾀하니 이를 경계하여 방비하기를 청하옵니다.' 황제가 이를 따랐다. 이때 [두]숭과 [주]휘가 마침내 군사를 징발하여 그 [선우]정[210]으로 나아갔다. 안국은 밤에 한의 군대가 이르렀다는 것을 듣고 크게 놀라 장막을 버리고 달아났다. [그리고] 인하여 군사를 거느리고 보복하여 좌현왕[211] 사자[212]를 죽이려 하였다. [그런데] 사자가 알아채 여막[의 사람들]을 모두 거느리고 만백성으로 들어갔다. 안국이 추격하여 성 아래에 이르렀으나 문이 닫혀서 들어갈 수 없었다. 두숭 등이 사람을 보내어 타이르고 깨우쳐 그들을 화해시키려 하였으나 안국은 듣지 않았다. [안국은] 성이 여전히 함락되지 않자 군사를 이끌고 오원[군]에 주둔하였다. [두]숭과 [주]휘가 이에 여러 군[213]의 기병을 징발하여 추격을 급박하게 하니 안국의 장인인 골도후 희위 등이 함께 피살될 것을 염려하여 안국을 때려 죽였다."

• 참고

『後漢書』卷89 南匈奴　六年春 皇甫棱免 以執金吾朱徽行度遼將軍 時單于與中郎將杜崇不相平 迺上書告崇 崇諷西河太守令斷單于章 無由自聞 而崇因與朱徽上言 南單于安國疏遠故胡 親近新降 欲殺左賢王師子及左臺且渠劉利等 又右部降者謀共迫脅安國 起兵背畔 請西河 上郡 安定爲之儆備 和帝下公卿議 皆以爲 蠻夷反覆 雖難測知 然大兵聚會 必未敢動搖 今宜遣有方略使者之單于庭 與杜崇朱徽及西河太守幷力 觀其動靜 如無它變 可令崇等就安國會其左右大臣 責其部衆橫暴爲邊害者 共平罪誅 若不從命 令爲權時方略 事畢之後

204　원문 「虜」. 죽내본·탕천본·길림본 「慮」로 교감. 문맥상 「慮」로 교감.
205　원문 「也」. 죽내본 원문대로, 탕천본·길림본 「也」를 연자처리함. 「也」는 종결의 의미를 가지므로 삭제하지 않고 원문대로 유지.
206　使匈奴中郎將을 말한다. 『후한서』 백관지에 따르면, 使匈奴中郎將은 1명이었으며, 관질은 2천 석에 견주었다. 남선우를 감호하는 일을 주관하였다. 2명의 종사를 두었으나 일이 있는 경우 일에 따라 증원할 수 있으며, 掾은 사정에 따라 인원을 정하였다고 한다. 자세한 내용은 『후한서』 지28 백관5 참조.
207　도요장군은 후한 명제대 처음 두어졌다. 처음 명제는 남선우 무리에서 새롭게 항복한 자 가운데 두 마음이 있는 자를 방위하려는 목적으로 도요장군을 두었으나 이후 여러 차례 불안한 상황이 발생하지 이를 파하지 않고 항상 두어 수비하게 하였다고 한다. 자세한 내용은『후한서』 지24 백관1 참조.
208　여기서 故胡는 남흉노, 구체적으로 좌현왕 사자를 지지하는 무리를 가리키는 듯하다. 『후한서』 남흉노열전에 따르면, 안국은 사자보다 지위는 높았지만 무리 내에서 명망이 없었으며, 이에 안국이 사자를 미워하였다고 한다. 자세한 내용은 『후한서』 남흉노열전 참조.
209　『후한서』에는 '疏遠故胡'가 '親近新降'과 대구를 이루고 있다.
210　흉노의 선우가 거주하는 중심지가 單于庭이다.
211　左賢王은 흉노의 관직 중 하나이며, 左屠耆王이라고도 한다.
212　師子는 남흉노의 제4대 선우인 醢僮尸逐侯鞮單于의 아들이다. 남흉노와 한이 연합하여 북흉노를 공격할 때, 좌녹려왕이었으며 안국이 선우에 등극하자 좌현왕이 되었다.
213　『後漢書』에 두숭이 황제에게 올린 표문에는 '西河郡, 上郡, 安定郡이 안국의 움직임에 대비하여야 한다'고 되어 있다. 이로보아 諸郡은 이들 군을 가리키는 것으로 생각된다.

裁行客賜 亦足以威示百蠻 帝從之 於是徽崇遂發兵造其庭 安國夜聞漢軍至 大驚 棄帳而去 因擧兵及將新降
者欲誅師子 師子先知 乃悉將廬落入曼柏城 安國追到城下 門閉不得入 朱徽遣吏曉譬之 安國不聽 城旣不
下 乃引兵屯五原 崇徽因發諸郡騎追赴之急 衆皆大恐 安國舅骨都侯喜爲等慮幷被誅 乃格殺安國

17 涿[214]耶[215]懷疑, 龐奮之功攸著.
탁야[산]에서 의심을 품게 했으니, 방분의 공이 빨리 이루어졌다.

後漢書[曰]:[216] "永元[七][217]年, 以鴈門太[守][218]龐奮行度遼將軍.[219] 逢[220]侯於塞外, 分爲二部, 自領
右部屯涿耶[221]山下, 左部屯朔方西北, 相去數百[里].[222] 八年冬, 左部胡自相疑叛[223], 還入朔方塞.
龐奮迎[224]受慰納之, 其勝兵四千人, 弱小萬餘口悉降. 以分處北邊也."
『후한서』에 다음과 같이 전한다. "영원 7년(95)에 안문태수[225] 방분을 행도요장군으로 삼았다.
봉후는[226] 새외에서 두 부로 나누고, 자신은 우부를 거느려 탁야산 아래에 진을 치고, 좌부는
삭방의 서북쪽에 진을 치게 하니 서로 간의 거리가 수백 리였다. [영원] 8년(96) 겨울에 좌부
의 호는 스스로 상대가 배반하였다고 의심하여 삭방[227]의 새로 되돌아 들어왔다. 방분이 그들

---

214 원문 「淥」. 죽내본·탕천본·길림본 「涿」로 교감. 涿耶는 고유명사이므로 『후한서』를 참조해 「涿」으로 교감.
215 원문 「耶」. 죽내본·탕천본 「耶」, 길림본 「邪」로 교감. 涿耶는 고유명사이므로 원문대로 둠.
216 원문에는 글자가 없다. 죽내본 원문대로, 탕천본·길림본 「曰」을 보입. 일반적인 문장 구조를 따라 「曰」을 보입.
217 원문에는 글자가 없다. 죽내본·탕천본·길림본 「七」을 보입. 『후한서』의 내용을 참조하여 구체적인 시점을 가리키는 「七」을 보입.
218 원문에는 글자가 없다. 죽내본·탕천본·길림본 「守」 보입. 太守라는 관명이므로 「守」를 보입.
219 원문 「運」. 죽내본·탕천본·길림본 「軍」으로 교감. 문맥상 「軍」으로 교감.
220 원문 「逢」. 길림본 「逢」으로 교감. 고유명사이므로 『후한서』를 참조해 「逢」으로 교감.
221 원문 「綠耶」. 죽내본·탕천본 「涿耶」, 길림본 「涿邪」로 교감. 정문의 내용을 참조해 「涿耶」로 교감.
222 원문에는 글자가 없다. 죽내본·탕천본·길림본 「里」를 보입. 거리를 나타내는 단위로, 정확한 의미를 위해 보입.
223 원문 「叛」. 길림본은 「畔」으로 교감. 그러나 글자를 바꾸지 않아도 뜻이 통함. 따라서 원문대로 둠.
224 원문 「近」. 죽내본·탕천본·길림본 「迎」으로 교감. 문맥상 「迎」으로 교감.
225 鴈門郡은 秦代에 설치되었으며 雒陽의 북쪽 1천 5리 지점에 위치해 있다고 전한다. 진한대 치소는 善無縣이었으나 후한대 陽館
縣으로 옮겼으니, 지금의 산서성 삭주시 동남쪽에 위치한 夏官城으로 비정되는 곳이다. 자세한 내용은 동북아역사재단 편, 앞의
책, 2009, 325쪽, 주 146 참조.
226 逢侯는 남흉노 제8대 선우인 休蘭尸逐侯鞮單于의 아들이다. 『後漢書』 남흉노열전에 따르면, 안국이 죽은 이후 新降胡는 봉후를
선우로 세운 후 삭방으로 달아났으며, 한 조정에서는 行車騎將軍 鄧鴻, 越騎校尉 馮柱, 行度遼將軍 朱徽를 보내 이들을 공격하
였다. 한과의 전투에서 패한 봉후는 이후 새외로 달아났다. 자세한 내용은 『後漢書』 남흉노열전 참조.
227 朔方郡은 전한 무제 원삭 2년(기원전 127) 車騎將軍 衛靑이 흉노를 격파하여 현재 오르도스 지방을 정복한 이후 처음 설치한
군 중 하나로, 현재의 내몽고자치구 河套와 伊克昭盟 일대로 추정된다. 당시 한은 대대적인 흉노 정벌을 감행하였고, 삭방군 외에
도 上谷郡·代郡·雲中郡雁門郡遼西郡漁陽郡北平郡 등을 설치하였다. 그 중에서도 삭방군은 한의 수도 장안과 바로 이어져 군
사적인 면은 물론 경제적으로도 상당히 중요한 지역이었다.

을 영접하여 받아들이고 위무하니 정병 4천인과 노약자 1만여 구가 모두 항복했다. 나누어서 북변에 살게 했다."

・참고

『後漢書』卷89 南匈奴　後帝知朱徽杜崇失胡和 又禁其上書 以致反畔 皆徵下獄死 以鴈門太守龐奮行度遼將軍 逢侯於塞外分爲二部 自領右部屯涿邪山下 左部屯朔方西北 相去數百里 八年冬 左部胡自相疑畔 還入朔方塞 龐奮迎受慰納之 其勝兵四千人 弱小萬餘口悉降 以分處北邊諸郡

18 句龍傳首, 方申馬寔之威,
구룡이 [그] 머리를 넘겨주고서야, 바야흐로 마식의 위세를 펼칠 수 있었고,

後漢書[曰][228]: "永和五年, 句龍吾斯, 立句龍王車紐[229]爲單于. 東引烏[230]桓, [西][231]收[232]羌[233]戎及諸胡等數萬人, 攻[234]破京兆虎[235]牙營, 上郡[都][236]尉及軍司馬, 遂寇[237]掠[238]幷・涼・幽・冀[239]四州. 中郎[240]將馬寔募[刺][241]殺句龍吾斯, 送[242]首洛陽. 建康元年, 進擊餘黨, 斬首千二百級, 匈奴・烏桓十七萬餘口, 皆詣[243]寔降. 車[244]重牛羊不可勝數."

---

228 원문에는 글자가 없다. 죽내본 원문대로, 탕천본·길림본 「曰」 보입. 일반적인 문장 구조를 따라 「曰」을 보입.
229 원문 「申細」. 죽내본·탕천본·길림본 「車紐」로 교감. 인명이므로 『후한서』를 참조해 「車紐」로 교감.
230 원문 「焉」. 죽내본·탕천본·길림본 「烏」로 교감. 오환을 가리키므로 「烏」로 교감.
231 원문에는 글자가 없다. 죽내본·탕천본·길림본 「西」를 보입. 東과 西를 대비해 지칭하는 구절이므로 문맥에 따라 「西」를 보입.
232 원문 「牧」. 죽내본·탕천본·길림본 「收」로 교감. 문맥상 「收」로 교감.
233 원문 「差」. 죽내본·탕천본 「羌」으로 교감. 내용상 「羌」으로 교감.
234 원문 「功」. 죽내본·탕천본·길림본 「攻」으로 교감. 문맥상 「攻」으로 교감.
235 원문 「武」. 길림본은 원문대로, 죽내본·탕천본은 「虎」로 교감. 당대에는 당고조 이연의 조부인 당태조(시호 경황제) 李虎의 피휘를 위해 「虎」 대신 「武」를 사용함. 하지만 본 글에서는 본래의 의미를 살려 「虎」로 교감.
236 원문에는 글자가 없다. 죽내본·탕천본·길림본 「都」를 보입. 관직명이므로 「都」를 보입.
237 원문 「冠」. 죽내본·탕천본·길림본 「寇」로 교감. 문맥상 「寇」로 교감.
238 원문 「椋」. 탕천본·길림본 「掠」로 판독. 죽내본 「掠」으로 교감. 의미상 「掠」으로 교감.
239 원문 「糞」. 죽내본·길림본 「冀」로 교감. 후한대 州의 명칭이므로 「冀」로 교감.
240 원문 「郡」. 죽내본·탕천본·길림본 「郎」으로 교감. 중랑장이라는 관직에 해당하는 부분이므로 「郎」으로 교감.
241 원문에는 글자가 없다. 길림본 「刺」를 보입. 『후한서』 남흉노열전을 보면, 이때 마식은 '자객을 구하여 구룡 오사를 암살하고 그의 수급을 낙양으로 보냈다'고 한다. 이러한 내용을 참조할 때 「刺」를 보입하는 것이 문맥의 흐름상 자연스러움. 이에 「刺」를 보입.
242 원문 「逆」. 죽내본·탕천본·길림본 「送」으로 교감. 문맥상 「送」으로 교감.
243 원문 「諸」. 죽내본·탕천본·길림본 「詣」로 교감. 문맥상 「詣」로 교감.
244 원문 「東」. 죽내본·탕천본·길림본 모두 「車」로 교감. 내용상 「車」로 교감.

『후한서』에 다음과 같이 전한다. "영화 5년(140), [남흉노의] 구룡[245] 오사 등이 구룡왕 거뉴를 세워 선우로 삼았다. 동쪽으로는 오환을 끌어들이고, 서쪽으로는 강·융과 여러 호족 등 수만 인을 받아들여 경조의 호아영을 공격해 격파하였으며, 상군도위와 군사마를 살해하고 마침내 병[주]·양[주]·유[주]·기[주] 네 개의 주를 약탈하였다[246]. 중랑장 마식[247]이 자객을 모아 구룡 오사를 죽이고 [그의] 머리를 낙양으로 보냈다. 건강 원년(144), 나아가 남은 무리를 격파하여 [적의] 머리 1천 200급을 참하니 흉노·오환 17만여 구가 모두 [마]식에게 이르러 항복하였다. [이때 포획한] 수레와 소와 말을 셀 수 없었다."

• 참고
『後漢書』卷89 南匈奴　秋句龍吾斯等立句龍王車紐爲單于 東引烏桓 西收羌戎及諸胡等數萬人 攻破京兆虎牙營 殺上郡都尉及軍司馬 遂寇掠幷涼幽冀四州 乃徙西河治離石 上郡治夏陽 朔方治五原 冬 遣中郎將張耽 將幽州烏桓諸郡營兵 擊畔虜車紐等 戰於馬邑 斬首三千級 獲生口及兵器牛羊甚衆 車紐等將諸豪帥骨都侯乞降 而吾斯猶率其部曲與烏桓寇鈔 六年春 馬續率鮮卑五千騎到穀城擊之 斬首數百級 張耽性勇銳 而善撫士卒 軍中皆爲用命 遂縋索相懸 上通天山 大破烏桓 悉斬其渠帥 還得漢民 獲其畜生財物 夏馬續復免 以城門校尉 吳武代爲將軍 漢安元年 秋吾斯與薁鞬臺耆且渠伯德等復掠幷部 呼蘭若尸逐就單于兜樓儲先在京師 漢安二年立之 天子臨軒 大鴻臚持節拜授璽綬 引上殿 賜靑蓋駕馴鼓車安車駙馬騎玉具刀劍什物 給綵布二千匹 賜單于閼氏以下金錦錯雜具 軿車馬二乘 遣行中郎將持節護送單于歸南庭 詔太常大鴻臚與諸國侍子於廣陽城門外 祖會 饗賜作樂 角抵百戲 順帝幸胡桃宮臨觀之 冬中郎將馬寔募刺殺句龍吾斯 送首洛陽 建康元年 進擊餘黨. 斬首千二百級 烏桓七十萬餘口皆詣寔降 車重牛羊不可勝數

19 **單于跣足, 始驗韓琮[248]之策.**
선우가 맨발로 나오고서야, 비로소 한종의 책략을 증험할 수 있었다.

後漢書曰[249]: "永初三年夏, 漢人韓琮, 隨南單于侍子入朝. 既還說單于[250]云: '關東水潦[251] 人人[252] 餓[253]

---

245 句龍은 흉노 좌부에 속하였지만 정치적인 독립성을 가지고 있던 부락을 가리키는 것으로 이해되며, 부락의 우두머리를 王으로 칭했던 것으로 보인다. 비슷한 예로 丁寧王이나 東胡王의 사례를 들 수 있다. 한편『後漢書』卷6「孝順帝」에는 본문의 '句龍王'이 '句龍大人'으로 기록되어 있다. 이에 일부 연구자들은 王과 大人은 漢語로 번역하는 과정에서 나타난 차이라고 보기도 하였다.
246 주문 앞부분에 기록된 吾斯 등이 車紐를 선우로 삼은 것은 영화 5년(140)이다. 한편 馬寔이 吾斯를 죽이고 그의 머리를 수도로 보낸 것은 漢安 3년(143) 11월의 일이다. 해당 사건은『후한서』권6「효순제」에서도 확인 가능하다.
247 마식은 使匈奴中郎將이었다. 자세한 내용은『후한서』권6「효순제」참조.
248 원문「珗」. 죽내본·탕천본·길림본「琮」으로 교감. 인명이므로『후한서』를 참조해「琮」으로 교감.
249 원문「曰書」. 죽내본은 원문대로, 탕천본·길림본은「書曰」로 교감. 문장 구조상「書曰」로 교감.

死盡, 可擊也.' 單于信其言, 遂起兵反²⁵⁴叛²⁵⁵, 攻中郎將耿种²⁵⁶於美稷²⁵⁷. 遣²⁵⁸車騎將軍何熙·副中郎將龐雄·西域²⁵⁹校尉梁慬·遼東太守耿夔²⁶⁰等, 擊破之. 單于²⁶¹見諸軍竝進, 大恐怖²⁶², 顧讓²⁶³韓琮曰: '汝言漢人死盡, 今是何等人也?' 乃遣使乞降, 許之. 單于脫帽²⁶⁴徒跣, 對龐[雄]²⁶⁵等拜, 陳道死罪, 於是赦之²⁶⁶如²⁶⁷故. 乃還所抄²⁶⁸漢人²⁶⁹男女, 及羌所略轉賣入匈奴中者, 合[萬]²⁷⁰餘人."

『후한서』에 다음과 같이 전한다. "영초 3년(109) 여름, 한인 한종이 남선우의 시자를 따라서 [흉노의] 조정에 들어갔다. [한종이] 돌아가려할 때 선우에게 다음과 같이 말했다. '관동에 큰 비가 내려 사람들이 굶주려 죽은 것이 극에 달하였으니 공격할 만합니다.' 선우가 그의 말을 믿고 마침내 군사를 일으켜 반하고, 중랑장 경충을 미직에서 공격했다. [그러자 한조정에서

---

250 원문 「單于」. 길림본 「南單于」로 교감. 보입하지 않아도 뜻이 통하므로 원문대로 둠.
251 원문 「淸」. 죽내본·탕천본·길림본 「潦」로 교감. 문맥상 「潦」로 교감.
252 원문 「人ゝ」. 죽내본 「人ゝ」, 탕천본 「人民」, 길림본 「人人」으로 교감. 바꾸지 않아도 내용 전달에 무리가 없으므로 원문의 형태를 유지. 한편 『후한서』에는 해당 부분이 「人民」으로 되어 있는데, 『한원』의 경우 당태종 李世民을 피휘하여 「人」으로 기록한 듯함.
253 원문 「餓」. 죽내본 원문대로, 탕천본·길림본 「飢」를 보입해 「飢餓」로 교감. 「飢」를 보입하지 않아도 의미가 통하므로 원문대로 둠.
254 원문 「及」. 죽내본·탕천본·길림본 「反」으로 교감. '반하다'는 의미의 「反叛」으로 이해하는 것이 문맥의 흐름상 자연스러우며 또한 『후한서』에는 「反畔」으로 되어 있음. 이에 「反」으로 교감.
255 원본 「叛」. 길림본은 「叛」으로 판독하고 「畔」으로 교감. 길림본은 『後漢書』에 입각하여 「畔」으로 교감하였으나 글자를 바꾸지 않아도 뜻이 통함. 따라서 「畔」으로 교감하는 것은 보류하고 원문대로 둠.
256 원문 「神」. 죽내본·탕천본·길림본 「种」으로 교감. 인명이므로 『후한서』를 참조해 「种」으로 교감.
257 원문 「稷」. 죽내본은 「禝」으로 판독하고 교감하지 않음. 탕천본 「稷」으로 교감했다는 표시를 해두었으나 원래 판독한 글자를 알 수 없음.
258 원문에는 글자가 없다. 죽내본 원문대로, 탕천본·길림본 「行」을 보입. 보입하지 않아도 뜻이 통하므로 원문대로 둠.
259 원문 「城」. 죽내본·탕천본·길림본 「域」으로 교감. 西域을 가리키므로 「域」으로 교감.
260 원문 「夒」. 죽내본·탕천본·길림본 「夔」로 교감. 후한대 요동태수를 역임했던 耿夔를 지칭하므로 「夔」로 교감.
261 원문 「子」. 죽내본·탕천본·길림본 「于」로 교감. 單于라는 흉노 수장을 가리키므로 「于」로 교감.
262 원문 「悑」. 탕천본·길림본 「怖」로 교감. 문맥상 「怖」로 교감.
263 원문 「讓」. 죽내본은 衍字라고 판단했으나 글자가 있는 것이 의미 전달에 도움이 되며, 『후한서』에도 해당 글자가 있음. 따라서 생략하지 않고 원문대로 둠.
264 원문 「即慍」. 죽내본·탕천본·길림본 「脫帽」로 교감. 문맥상 「脫帽」로 교감.
265 원문에는 글자가 없다. 죽내본·탕천본·길림본 「雄」을 보입. 龐雄은 인명이다. 사서에서 인명을 기재할 때, 성을 생략하고 이름만 기재하는 것이 일반적인데 반해 이 경우에는 성만 남아 있다. 남은 글자만으로 龐雄을 가리킨다고 판단할 수 없으므로 「雄」을 보입.
266 원문에는 글자가 없다. 죽내본 원문대로, 탕천본·길림본 「遇待」를 보입. 보입하지 않고 원문대로 두어도 뜻이 통하므로 원문대로 둠.
267 원문 「加」. 죽내본·탕천본·길림본 「如」로 교감. 문맥상 「如」로 교감.
268 원문 「抄」. 죽내본·길림본 원문대로, 탕천본 「鈔」로 교감. 원문대로 두어도 뜻이 통하므로 교감하지 않음.
269 원문 「人」. 죽내본·길림본 원문대로 탕천본 「民」으로 교감. 탕천본은 「人」을 「民」의 피휘라고 보고, 『후한서』를 참조하여 「民」으로 교감. 교감하지 않아도 뜻이 통하므로 원문대로 둠.
270 원문에는 글자가 없다. 죽내본·탕천본·길림본 「萬」을 보입. 문맥상 「萬」을 보입.

는] 거기장군 하희·부중랑장 방웅·서역교위 양근·요동태수 경기 등을 보내 격파하게 했다. 선우는 여러 군대가 나란히 진격해오는 것을 보고는 크게 두려워하며 돌아보고 한종을 책문하며 다음과 같이 말했다. '그대가 한인이 죽은 것이 극에 달하였다고 하였는데, 지금 이 자들은 어떠한 사람들인가?' 바로 사신을 보내 항복을 청하니 허락하였다. 선우는 모자를 벗고 맨발로 와서 방웅 등에게 절하며 [자신의] 죽을죄를 자세히 말하였으니 이때에 사죄하는 것이 이와 같았다. 그리고 초략한 한인 남녀와 강족이 약탈했다가 전매하여 흉노로 들어간 자들을 돌려보냈으니 모두 만여 인이었다."

• 참고

『後漢書』卷89 南匈奴　永初三年 夏漢人韓琮隨南單于入朝 旣還 說南單于云 關東水潦 人民飢餓死盡 可擊也 單于信其言 遂起兵反畔 攻中郎將耿种於美稷 秋王彪卒 冬遣行車騎將軍何熙副中郎[將]龐雄擊之 四年春 檀遣千餘騎寇常山中山 以西域校尉梁慬行度遼將軍 與遼東太守耿夔擊破之 事已具慬夔傳 單于見諸軍並進 大恐怖顧讓韓琮曰 汝言漢人死盡 今是何等人也' 乃遣使乞降 許之 單于脫帽徒跣 對龐雄等拜陳 道死罪 於是赦之 遇待如初 乃還所鈔漢民男女及羌所略轉賣入匈奴中者合萬餘人

20 攣鞮承統, 寔標[271]廣大之名,
연제가 계통을 이어, 진실로 광대한 이름을 현양하였고,

漢書曰: "自淳維以[272]至頭曼, 千[273]有餘歲, 時大時小, 別散分離尙矣, 其代[274]傳不可[得][275]而次. 然至冒[276]頓而匈奴最[277]强大, 盡[278]從北夷而南與諸夏爲敵國. 其代[279]姓官號, 可得而記[280]. 單于姓攣鞮

---

271 원문 「標」. 길림본은 「摽」로 판독 후 「標」로 교감.
272 원문에는 글자가 없다. 죽내본 「來」를 보입. 그러나 보입하지 않아도 뜻이 통하므로 원문대로 둠.
273 원문 「十」. 죽내본·탕천본·길림본 「千」으로 교감. 이는 『한서』의 기록에 따른 것이며, 의미상 「千」으로 교감.
274 원문 「代」. 죽내본·길림본 원문대로, 탕천본 「世」로 교감. 탕천본·길림본 모두 당태종 이세민의 피휘로 인해 代가 되었다고 밝혔으나 탕천본만 「世」로 교감. 원문대로 두어도 뜻이 통하므로 교감하지 않음.
275 원문에는 글자가 없다. 죽내본·탕천본·길림본 「得」을 보입. 문맥상 「得」을 보입하는 것이 자연스러움. 이에 「得」을 보입.
276 원문 「置」. 죽내본·탕천본·길림본 「冒」로 교감. 흉노선우 중 하나인 모돈(묵특)을 지칭하므로 「冒」로 교감.
277 원문 「宬」. 문맥을 고려하여 「最」로 교감.
278 원문에는 글자가 없다. 길림본 「服」을 보입. 하지만 「從」만으로도 의미가 충분히 전달되므로 보입하지 않고 원문대로 둠.
279 원문 「代」. 죽내본·길림본 원문대로, 탕천본 「世」로 교감. 탕천본·길림본 모두 당태종 이세민의 피휘로 인해 代가 되었다고 밝혔으나 탕천본만 「世」로 교감. 원문대로 두어도 뜻이 통하므로 교감하지 않음.
280 원문에는 글자가 없다. 길림본 「云」을 보입. 그러나 원문대로 두어도 뜻이 통하므로 원문대로 둠.

氏, 其國稱之曰, 撐[281][犁][282]孤[283]塗單于, 匈奴[謂天][284]爲撐[285]犁[286], 謂子[爲][287]孤[288]塗. 單于者廣大之貌也, 言其象天單于然也. 置左右賢王·左右谷蠡·左[右]大[289]將·左右大都尉·左右大當戶·左右骨都侯也[290]."

『한서』에 다음과 같이 전한다. "순유[291]로부터 두만[292]에 이르기까지 천여 년 동안에는 [세력이] 어떤 때에는 크기도 하고 작기도 하였으며, 별도로 흩어져 나뉘어 떨어진 것이 오래되었으니 그 대를 전하는 것이 차례를 정할 수 없었다. 그러나 모돈대에 이르러 흉노가 가장 강대해져 북방 오랑캐[293]를 모두 종속시켰으며 남으로 중국과 필적하게 되었다. [그 때문에] 대대로 [전하는] 성과 관호를 기록할 수 있었다. 선우의 성은 연제씨로, 그 나라에서는 그를 칭하기를 '탱리고도선우'라 하였는데, 흉노에서는 하늘을 일러 '탱리'라 하고, 아들을 일러 '고도'라고 하였다. 선우라는 것은 광대한 모양으로, 그것은 하늘을 형상하고 선우도 그러하다고 말한 것이다. [선우 아래에는] 좌우현왕·좌우곡려[294]·좌우대장·좌우대도위·좌우대당호·좌우골도후[295]를 두었다."

---

281 원문「檗」. 죽내본 원문대로, 탕천본·길림본「撐」으로 교감. 撐犁孤塗는 고유명사이므로「撐」으로 교감.

282 원문에는 글자가 없다. 죽내본「梨」, 탕천본·길림본은「犁」를 보입. 撐犁孤塗는 고유명사이므로「犁」를 보입.

283 원문「狐」. 죽내본 원문대로, 탕천본·길림본「孤」로 교감. 撐犁孤塗는 고유명사이므로「孤」로 교감.

284 원문에는 글자가 없다. 죽내본「天」, 탕천본·길림본「謂天」을 보입. 『한서』흉노전에는 匈奴謂天爲撐犁으로 되어 있으며,「謂天」을 넣어야 의미가 통하므로 두 글자를 보입.

285 원문「檗」. 죽내본 원문대로, 탕천본·길림본「撐」으로 교감. 撐犁孤塗는 고유명사이므로「撐」으로 교감.

286 원문「棃」. 죽내본 원문대로, 탕천본은「犁」로 교감. 撐犁孤塗는 고유명사이므로「犁」로 교감.

287 원문에는 해당 글자가 없다. 죽내본 원문대로, 탕천본·길림본「爲」를 보입. 한문의 구조를 생각했을 때 동사가 필요하므로「爲」를 보입.

288 원문「狐」. 죽내본 원문대로, 탕천본「孤」로 교감, 길림본「抓」로 판독 후「孤」로 교감. 孤塗 역시 고유명사이므로「孤」로 교감.

289 원문「左蠡」. 죽내본·탕천본·길림본「右大」으로 교감. 하지만 세 판본이 교감한 방식은 모두 다르다. 죽내본은「右」를 보입하고,「蠡」을「大」로 교감. 탕천본의 경우「右大」에 표시를 하여 원문을 수정했음을 나타내지만 어떤 글자를 보입 혹은 교감했는지 밝히고 있지 않음. 길림본「蠡」을「右」로 교감한 후,「大」를 보입함. 『한서』에는 左右谷蠡(王) 다음 관직으로 左右大將이 나열되어 있다. 이러한 순서에 따라 해당 부분은「右大」로 교감.

290 원문「也」. 길림본「也」를 생략하는 것으로 교감하였으나 글자를 두어도 뜻에 영향을 주지 않는다. 따라서 원문대로 둠.

291 淳維는 흉노의 시조를 가리킨다. 『史記』흉노열전의 '흉노는 그 선조가 하후씨의 후예인데, 순유라고 한다('匈奴 其先祖夏后氏之苗裔也 曰淳維')'라는 기록이 참조된다.

292 두만은 흉노의 초대선우이자, 흉노를 중흥기로 이끌었던 묵특선우의 아버지이다. 그는 오로도스 지역에서 축출당한 흉노를 재규합하여 오로도스 귀환을 이루어낸 인물이다. 처음에는 묵특을 후계자로 삼았으나, 둘째부인에게서 아들을 얻자 묵특을 월지로 보내 제거하려 하였으며, 결국 묵특에게 살해당하였다.

293 이때 북이는 渾庾, 屈射, 丁零, 鬲昆, 薪犁 등의 종족을 가리킨다. 자세한 내용은 『한서』권94 흉노전 참조.

294 左右谷蠡(王). 이때 谷蠡는 록리(luk-li)라고 읽는다고 한다. 자세한 내용은 동북아역사재단 편, 『역주 한서 외국전』, 동북아역사재단, 2009, 65쪽, 주 219 참조.

295 左右賢王~左右大當戶는 흉노의 대표자인 선우를 보좌하는 관의 명칭이다. 이들은 선우로부터 봉지를 분봉 받아 개별적인 영지를 가지고 있으며, 각 땅의 모든 업무를 총괄하였다. 한편 骨都侯는 선우 일족인 연제씨가 아닌 呼衍氏, 蘭氏, 須卜氏 등의 異姓

• 참고

『漢書』卷94上 匈奴　自淳維以至頭曼千有餘歲 時大時小 別散分離 尙矣 其世傳不可得而次 然至冒頓 而匈奴最強大 盡服從北夷 而南與諸夏爲敵國 其世(信)[姓]官號可得而記云 單于姓攣鞮氏 其國稱之曰 撐犁孤塗單于 匈奴謂天爲撐犁 謂子爲孤塗 單于者 廣大之貌也 言其象天單于然也 置左右賢王 左右谷蠡 左右大將 左右大都尉 左右大當戶 左右骨都侯

21　屠耆繼體, 允屬賢良之寄.
도기가 지위를 계승하여, 참으로 현량한 책무를 이어갔다.

漢書曰: "匈奴謂[賢]²⁹⁶曰屠耆. 故常²⁹⁷以太子爲左屠耆王. 自左右賢[王]²⁹⁸以下至當戶, 大者萬餘騎, 小者數千. 凡二十四長立, 號曰'萬騎'. 其大臣皆代²⁹⁹官, 呼衍氏·蘭氏, 其後有須³⁰⁰卜氏, 此三姓, 其貴種也. 諸左王將居東方, 直上谷以東, 接³⁰¹穢貊³⁰²·朝鮮, 右王將居西方, 直上郡以西, 接³⁰³氐³⁰⁴·羌. 而單于庭, 直³⁰⁵代·雲中. 各[有]³⁰⁶分地, 逐³⁰⁷水草移徙³⁰⁸. 而[左右賢王]³⁰⁹·左右谷蠡最³¹⁰

이 담당하였다. 呼衍氏씨가 左를 蘭氏, 須卜氏가 右에 머물렀다고 한다(동북아역사재단 편, 『역주 한서 외국전』, 동북아역사재단 2009, 65~66쪽).

296　원문에는 글자가 없다. 죽내본·탕천본·길림본 「賢」을 보입. 문맥상, 또한 『한서』 기록을 참조하여 「賢」을 보입.
297　원문 「當」. 죽내본·탕천본·길림본 모두 「常」으로 교감. 문맥상 「常」으로 교감.
298　원문에는 글자가 없다. 죽내본 원문대로, 탕천본·길림본 「王」을 보입. 보입하지 않아도 의미가 통하지 않는 것은 아니나 「王」을 추가하면 '左右賢王'임을 보다 명확히 할 수 있다. 이에 보입.
299　원문 「代」. 죽내본·길림본 원문대로, 탕천본 「世」로 교감. 탕천본·길림본 모두 당태종 이세민의 피휘로 인해 代가 되었다고 밝혔으나 탕천본만 「世」로 교감. 원문대로 두어도 뜻이 통하므로 교감하지 않음.
300　원문 「湏」. 須卜은 흉노의 貴姓을 지칭하는 고유명사이므로 「須」로 교감.
301　원문 「椄」. 길림본 「椄」으로 판독한 후 「接」으로 교감. 문맥상 「接」으로 교감.
302　원문 「狢」. 죽내본·탕천본·길림본 「貊」으로 교감. 『한서』를 참조해 「貊」으로 교감.
303　원문 「椄」. 길림본 「椄」으로 판독한 후 「接」으로 교감. 문맥상 「接」으로 교감.
304　원문 「卂」. 죽내본 「爪」으로 판독한 후 「弖」로 교감. 탕천본 「氐」로 교감. 氐·羌 등 유목민족을 가리키는 표현으로 여겨지므로 「氐」로 교감.
305　원문 「眞」. 죽내본·탕천본·길림본 「直」으로 교감. 문맥상 「直」으로 교감.
306　원문에는 글자가 없다. 죽내본 원문대로, 탕천본·길림본 「有」를 보입. 문장의 흐름 상 동사에 해당하는 글자가 필요하기 때문에 「有」를 보입.
307　원문 「遂」. 죽내본·탕천본·길림본 「逐」으로 교감. 문맥상 「逐」으로 교감.
308　원문 「從」. 죽내본·탕천본·길림본 「徙」로 교감. 문맥상 「徙」로 교감.
309　원문에는 글자가 없다. 죽내본 원문대로, 탕천본·길림본 「左右賢王」을 보입. 해당 문장은 大國의 범주를 이야기하고 있으며, 흉노 관직의 서열상 左右賢王이 左右谷蠡보다 높기 때문에 이를 추가할 경우 보다 정확한 의미 전달이 가능함. 따라서 「左右賢王」을 보입.
310　원문 「寂」. 문맥을 고려하여 「最」로 교감.

爲[311]大國, 左右骨都侯輔政. 諸二十四長, 亦各自置千長·百長·什長·裨小王·相·都尉·當戶·且渠之屬也."

『한서』에 다음과 같이 전한다. "흉노의 현명한 자를 일러 '도기'라고 한다. 그러므로 항상 태자를 좌도기왕으로 삼았다. 좌우현왕으로부터 아래로 당호까지 [세력이] 큰 자는 만여 기였으며, 작은 자는 수천 [기]였다. 모두 24명의 우두머리를 세웠는데 [그들을] '만기'라고 불렀다. 그 대신들은 모두 대대로 벼슬을 하였으며, [대신으로는] 호연씨, 난씨, 그 후에 수복씨가 있었는데, 이들 3성이 귀종이다. 모든 좌[방]의 왕과 장수들은 동방에 거처하였으니, 상곡[군] 동쪽을 마주보고 예맥·조선과 접하였으며, 우[방][312]의 왕과 장수들은 서방에 거처하였는데, 상군 서쪽을 마주보고 저·강과 접하였다. 그리고 선우정은 대[군]·운중[군]과 마주보았다. 각각 나누어 받은 땅이 있었으며, 수초를 따라 이동하였다. 좌우현왕과 좌우곡려가 가장 대국이었으며, 좌우골도후는 정사를 보좌하였다. 24명의 우두머리들도 각각 스스로 천장·백장·십장과 비소왕·상·도위·당호·차거 따위[313]를 두었다."

• 참고

『漢書』 卷94上 匈奴　匈奴謂賢曰屠耆 故常以太子爲左屠耆王 自左右賢王以下至當戶 大者萬餘騎 小者數千 凡二十四長 立號曰萬騎 其大臣皆世官 呼衍氏 蘭氏 其後有須卜氏 此三姓 其貴種也 諸左王將居東方 直上谷以東 接穢貉朝鮮 右王將居西方 直上郡以西 接氐羌 而單于庭直代雲中 各有分地 逐水草移徙 而左右賢王左右谷蠡最大國 左右骨都侯輔政 諸二十四長 亦各自置千長百長什長裨小王相都尉當戶且渠之屬

22 繞林課校, 龍城之敬逾深,
[대]림을 둘러싸고 헤아리니, 용성의 제사가 심오함을 더하였고,

漢書曰: "匈奴以[314]歲正月, 諸長小會單于庭, 祠. 五月, 大會龍城, 祭其先·天[地][315]·鬼神. 秋馬

311　원문 「爲」. 『한원』에는 해당 글자가 있으며, 이는 『사기』도 마찬가지이다. 그러나 저본이 되는 『한서』에는 「爲」가 기록되어 있지 않음.

312　『사기』에는 「友方」으로 되어 있음.

313　일반적으로 유목민족의 군사편제는 십진법에 근거하였는데, 흉노의 什長은 그 단초를 보여준다. 裨小王은 漢의 裨將에 비견되며, 相은 相封을 가리킨다. 이때 封과 將은 통하는 글자이므로 장수의 직급 중 하나로 상정해 볼 수 있다고 한다. 자세한 내용은 동북아역사재단 편, 『역주 한서 외국전』, 동북아역사재단, 2009, 66~69쪽 참조.

314　『漢書』에는 「匈奴以」 세 글자가 없다. 길림본은 이를 『한원』을 작성한 자가 덧붙인 것으로 봄.

315　원문에는 글자가 없다. 죽내본·탕천본·길림본 「地」를 보입. 『한서』는 물론 『사기』에도 해당부분이 「天地」로 기록되어 있으므로 「地」를 보입.

肥, 大會蹛林, 課校³¹⁶人畜計. 注云: '秋社, 八月中, 皆會祭處.' 又日: '蹛者, 繞也. 言繞林木而祭也.' 其法, 拔刃尺者, 死, 坐盜者, 沒入其家³¹⁷. 有皋³¹⁸, 小者, 軋³¹⁹, 大者, 死. 獄久³²⁰者, 不滿十日, 一國之囚, 不過數人. 而單于朝出營, 拜日之始生, 夕拜月³²¹. 其坐長左而北向. 日上戊³²²己³²³. 其送³²⁴死, 有棺槨³²⁵·金銀衣裳, 而無封樹·喪服也."

『한서』에 다음과 같이 전한다. "흉노는 해마다 정월에 모든 장이 선우정에 작게 모여 제사지낸다. 5월에는 용성에 크게 모여 그들의 선조와 천[지], 그리고 귀신에게 제사지낸다. 가을에 말들이 비육해지면, 대림에 대대적으로 모여 사람과 가축의 수를 견주었다. 주에 다음과 같이 말했다. '추사이니 팔월 중 제사 지내는 곳에 모두 모이는 것이다.' 또 다음과 같이 말했다. '대는 둘러싸는 것이다. 숲을 둘러싸고 제사지내는 것을 말한다³²⁶.' 그 법에 칼날을 조금이라도 뽑아 [다른 이에게 상처 낸] 자는 죽이고, 절도죄를 지은 자는 그 집안[의 사람과 재산]을 몰입하였다. 죄가 있을 경우 [그 죄가] 작으면 알형에 처하지만 크면 사형에 처한다. 옥에 갇힌 기간은 오래되어도 열흘을 채우지 않으므로, 일국의 죄수는 몇 사람에 지나지 않는다. 선우는 아침에 영을 나와서 해가 처음 떠오르는 곳을 향하여 절하며, 저녁에는 달을 향해 절한다. 자리[에 앉을] 경우 어른은 좌측으로 하며 북쪽을 향하게 한다. 날짜 가운데는 무[일]과 기[일]을 숭상하였다. 죽은 자를 전송할 때, 관과 곽, 금과 은[으로 장식한] 의복은 있었지만 봉분과 식수, 그리고 상복은 없었다."

---

316 원문 「校」. 길림본은 「挍」로 판독하고 「校」로 교감.
317 원문에는 글자가 없다. 죽내본·길림본 원문대로, 탕천본 「人」을 보입. 그러나 『한서』에도 「人」자는 없다. 또한 해당 글자가 없어도 뜻이 통하므로 보입하지 않고 원문대로 둠.
318 원문 「皋」. 죽내본·탕천본 원문대로, 길림본 「皋」로 판독 후 「罪」로 교감. 글자를 바꾸지 않아도 뜻이 통하므로 원문대로 둠.
319 원문 「軌」. 죽내본은 원문대로, 탕천본·길림본 「軋」로 교감. 죄에 대한 형벌을 서술하고 있는 부분이므로, 형벌의 명칭인 「軋」로 교감.
320 원문 「分」. 죽내본·탕천본·길림본 「久」로 교감. 문맥상 「久」로 교감.
321 원문 「日」. 죽내본·탕천본·길림본 「月」로 교감. 아침에 해에 절하는 행동과 대비되는 내용이며, 따라서 저녁에 나타나는 「月」로 교감.
322 원문 「代」. 죽내본·탕천본·길림본 「戊」로 교감. 『한서』와 『사기』를 참조해 「戊」로 교감.
323 원문 「巳」. 죽내본은 원문대로, 탕천본·길림본 「己」로 교감. 『한서』와 『사기』를 참조해 「己」로 교감.
324 원문 「送」. 길림본은 「遠」으로 판독하고, 「送」으로 교감.
325 원문 「槨」. 길림본은 「槨」으로 판독하고, 「椁」으로 교감하였으나 원문대로 두어도 뜻이 통함. 따라서 원문대로 둠.
326 '注云' 이하는 후한대 服虔의 注이고, '又曰' 이하는 顏師古의 注이다. 탕천본은 '注云' 이하 服虔과 顏師古의 注 24字는 본래 細字로 표기되었을 것으로 추정하였다.

• 참고

『漢書』卷94上 匈奴 歲正月 諸長小會單于庭 祠 五月 大會龍城 祭其先天地鬼神 秋 馬肥 大會蹛林 課校人畜計 其法 拔刃尺者死 坐盜者沒入其家 有罪 小者軋 大者死 獄久者不滿十日 一國之囚不過數人 而單于朝出營 拜日之始生 夕拜月 其坐 長左而北向 日上戊已 其送死 有棺槨金銀衣裳 而無封樹喪服

23 │ 候月稱兵, 鳥集之機無爽.
달을 살펴 전쟁을 일으키니, 새 떼처럼 모여드는 기미가 일정하지 않았다.

漢書曰: "匈奴[327]擧事常隨月, 盛壯[328]以攻戰, 月虧則退兵. 其攻戰, 斬[329]首虜賜一卮[330]酒. 而所得鹵獲因以予[331]之, 得人以爲奴婢. 故其戰人人自爲趨[332]利, 善爲誘兵以包敵. 故其逐[333]利如鳥之集, 其困敗則瓦[334]解雲散矣. 戰而扶輿[335]死者, 盡得死者家財[336]也."

『한서』에 다음과 같이 전한다. "흉노에서는 [큰] 일을 행할 때 항상 달[337]을 따랐으니 [달이] 차오르기 시작하면 공격하여 싸웠고, 달이 이지러지면 병사를 물렸다. 전투에서 [적의] 머리를 베거나 포로를 잡은 자에게는 한 잔의 술을 내렸다. 그리고 노획한 물건은 그 자에게 주었으며, [전쟁에서] 얻은 사람은 노비로 삼았다. 그러므로 전투에서 사람들이 저절로 이익을 탐하게 되었으며, 병사를 꾀어서 적을 포위하는 것을 잘했다. 그러므로 그들이 이익을 쫓는 것이 마치 새가 모여드는 것 같았으나 난처하거나 패하면 와해되는 것이 구름이 흩어지는 것 같았다. 전투를 치르다가 죽은 자를 거두어 돌아오는 자는 죽은 자 집안의 재산을 다 얻었다."

---

327 『한서』에는 「匈奴」 두 글자가 없다. 길림본은 이를 『한원』을 작성한 자가 덧붙인 것으로 봄.
328 원문 「社」. 죽내본·탕천본·길림본 「壯」으로 교감. 『한서』의 내용과 문맥을 고려하여 「壯」으로 교감.
329 원문 「漸」. 죽내본·탕천본·길림본 「斬」으로 교감. 문맥상 「斬」으로 교감.
330 원문 「厄」. 죽내본·탕천본 「卮」로 교감. 길림본 판독대로 「巵」로 표기. 「巵」와 「卮」는 동일한 글자이며, 본 글에서는 『한서』를 참조해 「卮」로 교감.
331 원문 「号」. 죽내본·탕천본·길림본 「予」로 교감. 문맥상 「予」로 교감.
332 원문 「趨」. 탕천본 판독한 글자는 알 수 없으나 「趨」로 교감함.
333 원문 「逢」. 죽내본·탕천본·길림본 「逐」으로 교감. 문맥상 「逐」으로 교감.
334 원문 「瓦」. 탕천본 판독한 글자는 알 수 없으나 「瓦」로 교감함.
335 원문 「擧」. 죽내본·탕천본·길림본 「轝」로 교감. 『한서』를 참조해 「轝」로 교감.
336 원문 「則」. 죽내본·탕천본·길림본 「財」로 교감. 문맥상 「財」로 교감.
337 隨月은 두 가지로 해석이 가능하다. 첫 번째는 달의 주기에 따랐다는 것이다. 일부 연구자들은 흉노와 돌궐이 사례를 들어 역법이 발달하지 않은 유목민은 달이 차오르고, 이지러지는 때에 따라 군사행동을 전개하였다고 이해하였다. 두 번째는 달빛을 따랐다는 것이다. 한편 본문에는 빠져있으나 『史記』 흉노전에는 '候星月'으로 되어 있어 흉노가 달 뿐 아니라 별의 상태도 살폈음을 알 수 있다.

• 참고

『漢書』卷94上 匈奴　擧事常隨月 盛壯以攻戰 月虧則退兵 其攻戰 斬首虜賜一卮酒 而所得鹵獲因以予之 得人以爲奴婢 故其戰 人人自爲趣利 善爲誘兵以包敵 故其逐利 如鳥之集 其困敗 瓦解雲散矣 戰而扶轝死者 盡得死者家財

24 駥驪疊躍, 結蟻衆於白登,
푸른 말과 검은 말이 잇닿아 내달려, 백등[산]에 개미 떼 같이 많은 무리가 모였으나,

漢書曰: "漢初, 高帝悉兵, 多步兵, 四十萬北逐[338]匈奴. 高帝先至平城, 步兵未[339]盡到. 冒[340]頓縱[341]精兵三十[342]餘萬騎, 圍高帝於白[343]登七日. 〈白登在平城東南, 去平城[十][344]餘里.〉 漢兵中外不得相救餉. 匈奴騎, 其西方盡白, 東方盡駥, 北方盡驪, 南方盡騂馬. 〈駥靑馬, 驪深[345]黑也.〉 高帝迺[346]使使間厚遺閼氏. 閼氏迺謂冒[347]頓曰: '兩主不相困. 今得漢地, 單于終非能居之也. 且漢主[348]有神, 單于察之.' 冒頓迺開[349]圍一角. 於是高皇帝令士[350]皆持滿 傅矢外鄕, 從解圍[351]角直出, 得與大軍合也."

---

338 원문「逡」. 죽내본·탕천본·길림본「逐」으로 교감. 문맥상「逐」으로 교감.
339 원문「朱」. 길림본「朱」로 판독하고「未」로 교감. 문맥상「未」로 교감.
340 원문「置」. 죽내본·탕천본·길림본「冒」으로 교감. 흉노 수장 중 한 명인 冒頓을 지칭하므로「冒」로 교감.
341 원문「縦」. 길림본「縦」으로 판독 후「縱」으로 교감. 그러나 원문대로 두어도 뜻이 통하므로 교감하지 않음.
342 원문「万」. 죽내본·탕천본·길림본도「万」을 생략하는 것으로 교감. 연문인 듯하므로「万」을 생략하는 것으로 교감.
343 원문「祭」. 죽내본·탕천본·길림본「祭」를 생략하는 것으로 교감.「登」을 쓰는 과정에서 잘못 쓴 글자로 여겨지므로 빼는 것으로 교감. 한편『한원』기록 중 일부에서 제시한 것처럼 글자 오른쪽에 'ㄥ'가 확인된다. 이는 서자가 글자를 잘못 베낀 것을 의식한 경우, 衍字임을 알려주기 위한 표식으로 여겨진다. 모든 연자에 해당 부호가 표시된 것은 아니지만,『한원』을 필사할 때의 분위기를 추론해 볼 수 있는 단서이다. 이와 동일한 사례는 고려기에서도 확인 가능하다.
344 원문에는 글자가 없다. 죽내본·탕천본·길림본「十」을 보입. 거리를 보여주는 숫자가 없으므로「十」을 보입.
345 원문「梁」. 길림본「梁」으로 판독 후「深」으로 교감. 문맥상「深」으로 교감.
346 원문「迺」. 길림본「迺」로 판독 후「乃」로 교감. 두 글자는 동일한 뜻을 가지고 있으므로 원문대로 둠. 이하에서도 해당 글자는 동일한 원리를 적용하여 교감.
347 원문「昌」. 죽내본은「冒」로 판독. 길림본은「昌」으로 판독 후「冒」로 교감. 冒頓은 인명이므로「冒」로 교감. 이하에서도 해당 문자는 동일한 원리를 적용하여 교감.
348 원문「亦」. 죽내본·길림본「亦」, 탕천본「主」. 탕천본은『한서』의 기록을 참조하여「主」로 교감하였으나 원문대로 두어도 뜻이 통한다. 한편『사기』흉노열전에는 해당 부분이 漢王으로 되어 있다.
349 원문「關」. 죽내본·탕천본·길림본「開」로 교감. 문맥상「開」로 교감.
350 원문「士」. 길림본은「土」로 판독하고「士」로 교감.
351 원문「通」. 죽내본·길림본「通」을 생략하는 것으로 교감. 한편 탕천본『한서』흉노전을 참조하여「隅」로 교감. 그러나『한서』의 해당 구절에서「隅」를 보입할 근거를 찾지 못하였다. 따라서「通」을 연자로 보고 생략하는 것으로 교감.

『한서』에 다음과 같이 전한다. "한초[352]에 고제[353]가 병사를 갖추었는데 대부분이 보병이었으며, 40만으로 북쪽으로 흉노를 쫓았다. 고제가 먼저 평성에 이르렀으나 보병은 아직 다 이르지 못했다. 모돈[선우]가 정예병사 30여만 기[354]를 거느리고, 백등[355]에서 고제를 포위한 것이 7일[356]이었다. 〈백등은 평성 동남쪽에 있으며 평성과의 거리가 10여 리이다.〉 한의 병사들은 안팎으로 서로 식량을 조달할 수 없었다. 흉노의 기병은 서방은 모두 흰색 [말]이었으며 동방은 모두 푸른 말[357]이었으며, 북방은 모두 검은 말이었으며, 남방은 모두 붉은 말이었다. 〈방은 푸른빛 말이고, 려는 짙은 검은빛 말이다.〉 고제가 이내 사신을 보내 비밀리에 알씨에게 후히 [선물을] 보냈다. 알씨가 이에 모돈[선우]에게 다음과 같이 말했다. '두 나라 임금이 서로를 난처하게 해서는 안 됩니다. 지금 얻은 한의 땅은 선우가 끝내 살 수 있는 곳이 아닙니다. 또한 한의 황제에게는 신령함이 있으니 선우께서는 이것을 살피시길 바랍니다'라고 하였다. 모돈[선우]가 이에 포위한 한 곳 가운데 한 측면을 열었다. 이에 고황제는 병사들에게 모두 활시위를 한껏 당기고 화살을 걸어서 바깥을 향하게 하고, 포위가 풀어진 측면을 따라서 나갔으니 [마침내] 대군과 합류할 수 있었다."

• 참고
『漢書』卷94上 匈奴　是時 漢初定 徙韓王信於代 都馬邑 匈奴大攻圍馬邑 韓信降匈奴 匈奴得信 因引兵南踰句注 攻太原 至晉陽下 高帝自將兵往擊之 會冬大寒雨雪 卒之墮指者十二三 於是冒頓陽敗走 誘漢兵 漢兵逐擊冒頓 冒頓匿其精兵 見其羸弱 於是漢悉兵 多步兵 三十二萬 北逐之 高帝先至平城 步兵未盡到 冒頓縱精兵三十餘萬騎圍高帝於白登 七日 漢兵中外不得相救餉 匈奴騎 其西方盡白 東方盡駹 北方盡驪 南方盡騂馬 高帝乃使使間厚遺閼氏 閼氏乃謂冒頓曰 '兩主不相困 今得漢地 單于終非能居之 且漢主有神 單于察之 冒頓與

352　『사기』와 『한서』의 해당기사 앞부분에는 韓王 信이 흉노에 항복하여 태원을 공격한 내용이 기록되어 있는데, 『한원』 흉노전에서는 해당 부분이 빠졌다. 뒷부분에서도 한왕 신과 관련된 내용은 모두 생략되었다.

353　高帝는 한나라를 건국한 劉邦의 시호이다. 高皇帝라고도 불린다.

354　『사기』 흉노열전에는 한이 32만, 흉노가 40만 기라고 기록된 반면 『한서』에는 한의 군대가 32만, 흉노는 30여만 기로 기록되어 있다. 한의 군대는 32만으로 동일하지만 흉노가 동원한 군사의 수가 다르다. 한편 본문에서는 한이 40만, 흉노가 30여만이라고 하여 참조한 사서의 기록과 모두 차이가 있다.

355　『사기정의』에 따르면 백등산은 정양현(漢의 평성현) 동쪽 30리 되는 곳이라고 한다.

356　'七日'과 白登의 위치를 설명한 주의 위치 또한 『사기』·『한서』와 차이가 있다. 『사기』는 백등의 위치를 설명한 『사기정의』의 주석이 먼저 달려 있어 '七日'이 한의 병사들이 식량을 보급받기 어려웠다는 뒷문장과 호응하는 것처럼 기록되어 있다. 그러나 『한서』는 '七日' 뒤에 안사고의 주가 달려 있다. 이렇게 되면 해당 문장은 묵특선우가 고제를 포위한 것이 7일이었던 것으로 이해함이 자연스럽다. 본문은 『한서』의 기록을 따랐다. 그러나 白登의 위치를 설명한 주의 위치는 『사기』가 보다 적절한 것으로 여겨진다.

357　『색은』를 통해 駹의 음이 '망(尨)'임을 알 수 있다. 망은 '푸른 말'이라는 주석도 있고(『색은』), '얼굴이 흰 흑마'라는 주석도 있다(『이아』). 각 방위를 상징하는 색과 방위가 함께 설명되고 있으며, 원문에 '靑馬'라는 주가 있으므로 본문에서는 푸른 말로 해석하였다.

韓信將王黃趙利期 而兵久不來 疑其與漢有謀 亦取閼氏之言 乃開圍一角 於是高皇帝令士皆持滿傅矢外鄉 從解角直出 得與大軍合 而冒頓遂引兵去 漢亦引兵罷 使劉敬結和親之約

25 金貝駢羅, 叶蕃情於新望.
금전과 재화가 나란히 펼쳐지니, 신망에서 오랑캐의 본성을 조정하였다.

漢書曰:"文帝時, 單于奉書請, 獻橐他[358]一, 騎[馬][359]二, 駕二駟. 皇帝即不欲匈奴近塞, 則且詔吏[360]人[361]遠舍. 使者至即遣之.' 六月中, 來至新望之地. 書至, 漢議擊與和親孰[362]便. 公卿[184]皆曰:'和親便.' 乃遣[364]書云云:'服繡袷[365]綺衣, 繡袷長襦[366]·袍[367]各一, 比疏[368]一, 黃金飾[369]具帶一, 黃金犀[370]毗一, 繡十匹, 錦二十匹, 赤綈·綠繒各四十匹, 遺單[于][371]也.'"

『한서』에 다음과 같이 전한다. "[한의] 문제 연간(기원전 179~기원전 157)에, 선우가 편지를 바치며 청하였다. '낙타[372] 1필과 전투용 말 2필, 수레를 끄는 말 2사[373]를 드리겠소. 황제는 만약 우리(흉노)가 새에 접근하는 것을 바라지 않는다면 마땅히 조서로 관리와 백성들을 [새에

---

358 원문「他」. 죽내본「陀」, 탕천본·길림본「佗」로 교감. 『한서』에는「佗」로 되어 있으나 『사기』에는 원문처럼「他」로 되어 있다. 司馬貞의『색은』에 '橐駞는 橐他이다'라고 한다. 즉 橐他, 橐佗 모두 낙타를 가리키는 표현이라는 것이다. 해당 내용이 비록 『한서』의 기록을 참조하였다고 하더라도, 『한원』찬자의 의견을 존중하여 원문대로 둠.

359 원문에는 글자가 없다. 죽내본·탕천본·길림본「馬」를 보입. 『한서』의 기록과 문맥을 고려하여「馬」를 보입.

360 원문「丈」. 죽내본·탕천본·길림본「吏」로 교감. 『한서』흉노전 기록을 참조하여「吏」로 교감.

361 원문「人」. 탕천본「民」으로 교감. 탕천본은『한서』의 기록에 따른 듯함. 그러나「人」으로 두어도 뜻이 통하므로 원문대로 둠.

362 원문「熟」. 길림본「熟」으로 판독 후「孰」으로 교감. 문맥상「孰」으로 교감.

363 원문「鄉」. 『한서』와 문맥을 고려해「卿」으로 교감.

364 원문「遣」. 죽내본「遺」으로 교감. 원문대로 두어도 뜻이 통하므로 교감하지 않음.

365 원문「捨」. 죽내본·탕천본·길림본「袷」으로 교감. 문맥상「袷」으로 교감.

366 원문「繡袷長穗襦」. 죽내본「繡袷」와「穗」에 '(衍)'이라는 부주를 달아두고, 「長襦」라고 보았으며, 탕천본은「繡袷長襦」로 교감하여「長」앞에 있던 글자(穗)를 연자로 봄. 길림본「繡袷長襦」으로 교감. 문맥상「穗」는 연자로 보이며 따라서 생략하는 것으로 교감.

367 원문「袍」. 죽내본·탕천본·길림본「錦袍」로 교감. 보입하지 않아도 뜻이 통하므로 원문대로 둠.

368 원문「疎」. 죽내본 원문대로, 탕천본·길림본「疏」로 교감. 『한서』를 참조해「疏」로 교감.

369 원문「𨧀」. 죽내본「鍚」으로 교감, 길림본은 애초에「飭」으로 판독. 길림본은『한서』의 기록에 따라「飭」으로 판독한 듯한데, 해당 글자를「飭」으로 판독할 근거가 없을 뿐만 아니라「飭」으로 보면 의미도 통하지 않는다. 한편『사기』에는 해당 글자가「飾」으로 되어 있다. 따라서 본 글에서는『사기』의 기록과 문맥을 고려하여「飾」으로 교감.

370 원문「犀」. 죽내본은 원문대로, 길림본「犀」로 교감.

371 원문에는 글자가 없다. 죽내본·탕천본·길림본「于」를 보입. 문맥상 보입하는 것이 자연스러우므로「于」를 보입.

372 橐佗는 낙타이다. 위소는 '등살이 전대(橐)와 같아 橐이라고 한다'는 주석을 남겼다. 이를 통해 낙타를 가리킴을 알 수 있다.

373 駟는 말 4필을 가리킨다. 고대에 수레 1대를 4필의 말이 끈 데서 유래한 표현이다. 따라서 2駟는 말 8필을 의미한다.

서] 멀리 살게 하시오. [또한] 사자가 이른 즉시 돌려보내주시오.' 6월 중에 [흉노의 사신이] 와서 신망 땅에 이르렀다. [선우의] 편지가 이르자 한 [조정에서는] 공격과 화친 중 어느 것이 유리한지를 의논했다. 공경들이 모두 다음과 같이 말했다. '화친이 낫습니다.' [한 황제가] 이내 편지를 보내 다음과 같이 말했다. '천자의 옷인 수겹기의와[374] 수겹장유·포 각 1벌, 비소[375] 1개, 황금식구대[376] 1개, 황금서비[377] 1개, 수놓은 비단 10필, 비단 20필[378], 적제[379]·녹증[380] 각 40필을 [선우에게] 보내오.'"

• 참고

『漢書』卷94上 匈奴   其明年 單于遺漢書曰 天所立匈奴大單于敬問皇帝無恙 前時皇帝言和親事 稱書意合驩 漢邊吏侵侮右賢王 右賢王不請 聽後義盧侯難支等計 與漢吏相恨 絶二主之約 離昆弟之親 皇帝讓書再至 發使以書報 不來 漢使不至 漢以其故不和 鄰國不附 今以少吏之敗約 故罰右賢王 使至西方求月氏擊之 以天之福 吏卒良 馬力強 以滅夷月氏 盡斬殺降下定之 樓蘭烏孫呼揭及其旁二十六國皆已爲匈奴 諸引弓之民幷爲一家 北州以定 願寢兵休士養馬 除前事 復故約 以安邊民 以應古始 使少者得成其長 老者得安其處 世世平樂 未得皇帝之志 故使郞中係虖淺奉書請 獻橐佗一 騎馬二 駕二駟 皇帝卽不欲匈奴近塞 則且詔吏民遠舍 使者至 卽遣之 六月中 來至新望之地 書至 漢議擊與和親孰便 公卿皆曰 單于新破月氏 乘勝 不可擊也 且得匈奴地 澤鹵非可居也 和親甚便 漢許之 孝文前六年 遺匈奴書曰 皇帝敬問匈奴大單于無恙 使係虖淺遺朕書 云 願寢兵休(事)[士] 除前事 復故約 以安邊民 世世平樂 朕甚嘉之 此古聖王之志也 漢與匈奴約爲兄弟 所以遺單于甚厚 背約離兄弟之親者 常在匈奴 然右賢王事已在赦前 勿深誅 單于若稱書意 明告諸吏 使無負約 有信 敬如單于書 使者言單于自將幷國有功 甚苦兵事 服繡袷綺衣長襦錦袍各一 比疏一 黃金飭具帶一 黃金犀毗一 繡十匹 錦二十匹 赤綈綠繒各四十匹 使中大夫意謁者令肩遺單于

---

374 綺衣는 무늬 있는 비단으로 만든 옷을 가리킨다. 『사기』 주석서 중 하나인 司馬貞의 『색은』에 '服은 천자가 입는 옷이다. 수(繡)를 놓은 것으로 겉면을 삼고, 무늬 있는 비단(綺)으로 안감을 삼는다'는 해석이 참조된다.

375 比疏는 '금으로 만든 변발 장식이라는 안사고의 주가 있다. 比余라고도 한다.

376 具帶는 흉노가 사용하던 금으로 장식한 요대를 의미한다. 裴駰의 『사기집해』에 인용된 『한서음의』는 '허리에 두르는 큰 대(要中大帶)'라고 하였다.

377 犀毗는 호인들이 사용하는 帶鉤, 즉 '허리띠 고리를 가리킨다'는 안사고의 주가 있다. 이와 함께 안사고는 鮮卑에서는 이를 師比라고 하며, 犀毗와 師比는 동일한 물건이지만 다만 무게의 차이가 있을 뿐이라고 하였다. 한편 『사기』에는 해당 글자가 胥紕로 되어 있다.

378 繡는 오색을 갖추어 수놓은 비단을 뜻하며, 錦은 채색한 꽃무늬가 있는 비단이다.

379 綈는 다른 것보다 두껍게 짜서 편편하고 미끄러우며 광택이 있는 비단을 가리킨다.

380 繒은 무늬가 없는 비단이다.

26 眩雷爲徼[381], 陸梁之迹已[382]衰,
현뢰를 경계로 삼으니, 날뛰던 행적이 이윽고 쇠퇴하였고,

漢書曰: "烏維單于立而武帝始出巡狩. 親至朔方, 勒兵十八萬騎以見武節. 是時, 漢東拔穢[383]貊·朝鮮以爲郡, 而西置酒泉郡以隔絶胡與羌通之路. 又西[384]通月氏·大夏, 以公主妻烏[385]孫王, 以分匈奴西方之援[386]. 又北益廣田至眩雷爲塞, 而匈奴終不敢以爲言也."

『한서』에 다음과 같이 전한다. "오유선우[387]가 즉위하고서 무제가 처음으로 순수하였다. 친히 삭방[군]까지 이르러[388] 병사 18만 기를 정돈하여 용맹스러운 기개를 보였다. 이때 한은 동쪽으로는 예맥과 조선을 공략하여 군으로 삼았으며[389], 서쪽으로는 주천군을 설치하여 호가 강과 통하는 길을 차단하였다. 게다가 [한은] 서쪽으로 월씨(월지)·대하와 통교하고, 공주[390]를 오손왕에게 시집보내 흉노가 서쪽에서 [받는] 원조를 [그들로부터] 분리시켰다. 또한 북쪽으로 차츰 농지를 확대하여 현뢰[391][가 거주하는 곳]까지 이르러 새로 삼았다. 그런데도 흉노는 끝내 감히 말하지 못하였다."

• 참고

『漢書』卷94上 匈奴   是歲 元鼎三年也 烏維單于立 而漢武帝始出巡狩郡縣 其後漢方南誅兩越 不擊匈奴 匈奴亦不入邊 … 是時 天子巡邊 親至朔方 勒兵十八萬騎以見武節 而使郭吉風告單于 漢使楊信使於匈奴 是時漢東拔濊貊朝鮮以爲郡 而西置酒泉郡以隔絶胡與羌通之路 又西通月氏大夏 以翁主妻烏孫王 以分匈奴西方之援國 又北益廣田至眩雷爲塞 而匈奴終不敢以爲言

---

381 원문 「徴」. 죽내본 원문대로, 탕천본·길림본 「徼」로 교감. 문맥상 「徼」로 교감.
382 원문 「巳」. 길림본 「已」로 교감. 문장의 흐름 상 「已」로 교감.
383 원문 「穢」. 길림본 「濊」로 교감. 穢와 濊는 상황에 따라 다르게 쓰이지만 『한원』에서는 「穢」로 사용됨. 이에 원문대로 둠.
384 원문 「四」. 죽내본·탕천본·길림본 「西」로 교감. 문맥상 「西」로 교감.
385 원문 「公」. 죽내본·탕천본·길림본 「烏」로 교감. 烏孫王을 가리키므로 「烏」로 교감.
386 원문 「拔」. 탕천본·길림본 「援」으로 교감. 문맥상 「援」으로 교감.
387 烏維單于는 흉노의 여섯 번째 선우로, 기원전 114~105년 동안 재위하였다.
388 한무제는 元封 6년(기원전 105) 겨울 변경의 군현을 순행하였는데, 이때 雲陽에서 출발하여 上郡, 西河, 五原을 거쳐 장성 밖에 나갔다가 다시 朔方에 이르렀다고 한다.
389 元封 3년(기원전 108) 한 무제가 왕검성을 함락하고, 그곳에 樂浪·玄菟·眞番·臨屯의 4군을 세운 것을 말한다.
390 이때 오손왕에게 시집한 이는 漢景帝의 손자인 江都王 劉建의 딸인 劉細君이다. 즉 종실의 딸이었는데, 무제는 종실의 딸을 공주라고 하고 두 차례나 오손왕에게 시집보냈다. 해당표현이 『한서』에는 翁主로, 『사기』에는 公主로 되어 있다.
391 眩雷는 고대 종족 명칭 중 하나이다. 烏孫보다 북쪽에 거주하였다고 한다. 그들의 존재 및 활동은 『사기』에서도 확인 가능하다.

27 浚稽且登, 欸附之誠允著.
준계[산]에 오르려하니, 귀부한 정성이 진실로 드러났다.

漢書曰: "漢使貳師將軍西伐[392]大宛, 而令因[393]杅[394]將軍築[395]受降城. 其冬, 匈奴大雨雪, 畜多飢寒死. 兒單于年少新立, 好殺伐, 國中多不安. 左大都尉欲殺單于, 使人間[告][396]漢曰: '我欲殺單于降漢, 漢遠, 漢即來兵近我, 我即發.' 初漢聞[397]此言, 故築[398]受降城, 猶以爲遠. 其明年春, 漢使浞[399]野侯破奴, 將二萬騎, 出朔方北二千餘里, 期至浚稽[400]山而還也."

『한서』에 다음과 같이 전한다. "한은 이사장군[401]에게 서쪽으로 대완을 정벌하게 했으며, 인우장군[402]에게 수항성[403]을 축조하게 했다. 그[해][404] 겨울, 흉노[의 땅]에 큰 비와 눈이 내려 가축들 가운데 굶어 죽거나 얼어 죽은 것이 많았다. 아선우[405]는 어린 나이에 새로이 즉위하였는데, 도륙하는 것을 좋아하여 나라 안이 불안정할 때가 많았다. 좌대도위가 선우를 살해하고자 하여 사람을 보내 은밀히 한에 다음과 같이 고했다. '제가 선우를 살해하고 한에 항복하고자 하는데 한은 멀리 있으니, 한[조정]이 바로 병사를 보내 저와 가까워지면 제가 즉시 [계획을] 시행하겠습니다.' 앞서 한[조정]이 이 말을 듣고 일부러 수항성을 쌓았는데, [한의 황제는] 그래도 멀다고 여겼다. 이듬해 봄, 한[황제]는 착야후 파노에게 2만 기를 거느리고 삭방[군] 북쪽

---

392 원문 「伐」. 탕천본 판독한 글자를 알 수 없으나 「伐」로 교감했다고 표기.
393 원본 「困」. 죽내본·탕천본·길림본 「因」으로 교감. 因杅將軍을 가리키는 구절이므로 「因」으로 교감.
394 원본 「杆」. 길림본 「杅」로 교감. 因杅將軍은 고유명사이므로 「杅」로 교감.
395 원문 「築」. 죽내본은 원문대로, 탕천본·길림본 「築」으로 교감. 탕천본·길림본은 『한서』의 기록에 따라 교감하였으며, 문맥상 「築」으로 교감.
396 원문에는 글자가 없다. 죽내본 「聞」을, 탕천본·길림본 「告」를 보입. 문맥을 고려하고, 『한서』를 참조해 「告」를 보입.
397 원문 「間」. 죽내본·탕천본·길림본 「聞」으로 교감. 문맥상 「聞」으로 교감.
398 원문 「築」. 죽내본은 원문대로 두었으나 탕천본·길림본 「築」으로 교감. 탕천본·길림본은 『한서』의 기록에 따라 교감하였으며, 문맥상 「築」으로 교감.
399 원문 「從」. 죽내본·탕천본·길림본 「浞」으로 교감. 『한서』를 참조해 「浞」으로 교감.
400 원문 「後籍」. 죽내본·탕천본·길림본 「浚稽」로 교감. 『한서』를 참조해 「浚稽」로 교감.
401 李廣利를 가리킨다. 貳師는 본래 대완의 성의 이름이었는데, 이광리가 이곳을 정벌하고 한혈마를 확보하였다. 이에 이광리를 貳師將軍에 임명하였다고 한다.
402 公孫敖이다. 『한서』 무제기에 因杅는 흉노의 지명이라는 주석이 있다.
403 수항성은 이름에서도 확인할 수 있듯이 적의 투항을 받기 위해 축조한 성이다. 한대에는 지금의 내몽고자치구 우라터기(烏拉特旗) 북쪽에 그 유적이 남아 있다고 한다.
404 漢武帝 太初 원년(기원전 104)의 일이다.
405 兒單于는 오유선우의 아들인 烏師廬單于를 지칭한다. 아선우는 어린 시절에 즉위한 그를 가리키는 다른 표현 중 하나다. 기원전 105년~102년까지 재위하였다.

2천여 리로 나아가 준계산[406]에 이르렀다가 돌아올 것을 기약하였다."

• 참고

『漢書』卷94上 匈奴　是歲 漢使貳師將軍西伐大宛 而令因杅將軍築受降城 其冬 匈奴大雨雪 畜多飢寒死 而單于年少 好殺伐 國中多不安 左大都尉欲殺單于 使人間告漢曰 我欲殺單于降漢 漢遠 漢卽來兵近我 我卽發 初漢聞此言 故築受降城 猶以爲遠 其明年春 漢使浞野侯破奴將二萬騎出朔方北二千餘里 期至浚稽山而還

28 侯應十策, 利害之旨攸陳,
후응이 열 가지 책략을 세웠으니, 이익과 손해의 요지가 여기에 펼쳐졌고,

漢書曰: "元帝時, 甘延壽等誅郅支單于. 呼韓耶[407]單于且喜且懼, 上書願謁[408]見. 又願保塞上谷以西至墩[409]煌, 傳之無窮. 請罷邊備塞吏卒, 以休天子人人. 下[410]司議, 議者皆以爲便 郎中侯應以爲不可許. 上問狀, 應曰: '邊長老言匈奴失陰山之後, 過之未嘗不哭[411]也. 如罷備塞戍卒[412], 示夷狄之大利. 不可一也. 今聖[德][413]廣, 被天覆匈奴. 匈奴得蒙全活之恩, 稽首來臣. 夫夷狄之情, 困則卑[414]順, 彊則驕[415]逆, 天性然也. 前已罷外城, 省亭隧, 今裁足以候望, 通燧火[416]而已. [古][417]者, 安不忘危, 不可復罷. 二也. 中國有禮義之敎, 刑罰[418]之誅[419]愚[420]人[421]猶尙犯禁[422]. 又況單于, 能必其

406　浚稽山은 몽골 남단에 있는 고비알타이 산맥 중간쯤에 있는 산이다. 사마정 『索隱』에 인용된 응소의 주석('무위현 북쪽에 있다')이 남아 있어 대략적인 위치의 추정이 가능하다.
407　원문「耶」. 죽내본 원문대로, 탕천본·길림본「邪」로 교감. 呼韓耶나 呼韓邪는 통하는 글자이므로 원문대로 둠.
408　원문「謂」. 죽내본·탕천본·길림본「謁」로 교감. 謁見이라는 문맥의 의미를 고려하여「謁」로 교감.
409　원문「墩」. 죽내본 원문대로, 탕천본「燉」, 길림본「敦」으로 교감. 墩煌, 燉煌, 敦煌 세 가지 용례가 모두 사용된다. 따라서 교감하지 않고 원문대로 둠.
410　원문「下」. 길림본「天子令下」로 교감. 주어에 해당하는 天子가 보입되면 의미 전달이 분명해지지만 보입하지 않아도 뜻이 통하므로 원문대로 둠.
411　원문「器」. 죽내본·탕천본·길림본「哭」으로 교감. 문맥상「哭」으로 교감.
412　원문「卒戍」. 죽내본·탕천본·길림본「戍卒」로 교감. 문맥을 고려했을 때 두 글자의 위치가 바뀐 듯하다. 따라서「戍卒」로 교감.
413　원본에는 글자가 없다. 죽내본·탕천본·길림본「德」을 보입. 문맥상「德」을 보입.
414　원문「早」. 죽내본 원문대로, 탕천본·길림본「卑」로 교감. 문맥상「卑」로 교감.
415　원문「驅」. 죽내본·탕천본「驕」로 교감. 길림본은 원문 글자를 판독하지 않고「驕」를 보입한 것으로 표기. 『한서』를 참조해「驕」로 교감.
416　원문「燹火」. 길림본「燧火」로 교감. 문맥상「燧火」로 교감. 한편 『한서』에는 烽火로 되어 있음.
417　원본에는 글자가 없다. 죽내본 원문대로, 탕천본·길림본「古」를 보입. 보입해야 문맥이 자연스러워지므로「古」를 보입.
418　원문「罸」. 죽내본 원문대로, 길림본「罰」로 교감. 두 글자는 동자이므로 교감하지 않고 원문대로 둠.
419　원문「誅之」. 죽내본·탕천본·길림본「之誅」로 교감. 문맥상「之誅」로 교감.

衆不犯約哉⁴²³. 三也. 自中國⁴²⁴尙建關⁴²⁵梁以制諸侯, 所以絶臣下之⁴²⁶覬⁴²⁷慾⁴²⁸也. 設塞徼⁴²⁹ 置屯戍, 非獨[爲]⁴³⁰匈奴而已, 亦爲諸屬國降人⁴³¹. 本故⁴³²匈奴之[人]⁴³³, 恐其思舊逃亡. 四也. 近西羌保塞, 與漢人交通, 吏人⁴³⁴貪利侵盜其[畜]⁴³⁵産妻子. 以此怨恨, 起而背畔, 代代⁴³⁶不絶. 今罷⁴³⁷乘塞, 則生嫚⁴³⁸易分爭之漸. 五也. 往⁴³⁹者從軍多沒不還者, 子孫貧困, 一旦亡出, 從其親戚. 六也. 又邊人奴婢愁苦, 欲亡者多. 曰: '聞匈奴中樂, 無奈⁴⁴⁰候望急何.' 然時有亡出塞者. 七也. 盜賊桀黠⁴⁴¹, 群輩犯法. 如其窘急, 亡走北出, 則不可制. 八也. 起塞以來, 百⁴⁴²有餘年, 非皆以土垣也. 或因山巖石, 木柴僵落, 谿谷水門, 稍稍[平之]⁴⁴³. 卒徒修築⁴⁴⁴功費⁴⁴⁵久⁴⁴⁶遠, 不可勝計. 臣恐議者, 不深⁴⁴⁷慮

---

420 원문「過」. 길림본 원문대로, 죽내본·탕천본「愚」으로 교감. 문맥상「愚」로 교감.
421 원문「人」. 탕천본「民」으로 교감. 그러나 원문대로 두어도 뜻이 통하므로 교감하지 않음.
422 원문「楚」. 죽내본·탕천본·길림본「禁」으로 교감. 의미상「禁」으로 교감.
423 원문「裁」. 죽내본·탕천본·길림본「哉」로 교감. 문맥상「哉」로 교감.
424 원문「中」. 죽내본 원문대로, 탕천본·길림본「中」을 생략. 연자인 듯하므로『한서』를 참조해「中」을 생략하는 것으로 교감.
425 원문「開」. 죽내본·탕천본·길림본「關」으로 교감. 문맥상「關」으로 교감.
426 원문「懃」. 죽내본·탕천본·길림본 연자로 간주하고 생략. 문맥상 연자인 듯하므로 생략.
427 원문「觀」. 죽내본·탕천본·길림본「覬」로 교감. 문맥상「覬」로 교감.
428 원문「慾」. 길림본 원문대로, 죽내본「欲」으로 판독 후 교감하지 않음. 탕천본「欲」으로 교감. 두 글자는 통하는 글자이므로 원문대로 둠.
429 원문「傲」. 죽내본 원문대로, 탕천본·길림본「徼」로 교감. 문맥상「徼」로 교감.
430 원문에는 글자가 없다. 죽내본 원문대로, 탕천본·길림본「爲」를 보입. 문맥상 보입하는 것이 자연스럽다. 따라서「爲」를 보입.
431 원문「人」. 탕천본「民」으로 교감. 그러나 원문대로 두어도 뜻이 통하므로 교감하지 않음.
432 원문「欲」. 죽내본·탕천본·길림본「故」로 교감. 문맥상「故」로 교감.
433 원문에는 글자가 없다. 죽내본 원문대로, 탕천본·길림본「人」을 보입. 보입하는 것이 흐름상 자연스러움. 따라서「人」을 보입.
434 원문「人」. 탕천본「民」으로 교감. 그러나 원문대로 두어도 뜻이 통하므로 교감하지 않음.
435 원문에는 글자가 없다. 죽내본·탕천본·길림본은「畜」을 보입. 문맥상「畜」을 보입.
436 원문「伐々」. 죽내본「代々」, 탕천본「世世」, 길림본「代代」로 각각 교감. 의미상「世」나「代」가 되어야 함. 다만『한원』은 당태종 李世民의 이름을 피휘하였으므로 원의와 표기방식을 살려「代代」로 교감.
437 원문「羅」. 죽내본·탕천본·길림본「罷」로 교감. 문맥상「罷」로 교감.
438 원문「嫚」. 탕천본 판독한 글자를 알 수 없으나「嫚」으로 교감했다고 표기.
439 원문「桂」. 죽내본·탕천본·길림본「往」으로 교감. 문맥상「往」으로 교감.
440 원문「奏」. 죽내본·탕천본·길림본「奈」로 교감. 문맥상「奈」로 교감.
441 원문「點」. 죽내본·탕천본·길림본「黠」로 교감. 문맥상「黠」로 교감.
442 원문「自」. 죽내본·탕천본·길림본「百」으로 교감. 문맥상「百」으로 교감.
443 원문에는 글자가 없다. 죽내본·탕천본·길림본「平之」를 보입.『한서』를 참조할 때, 자연스러운 문맥의 흐름을 위해「平之」를 보입.
444 원문「滌築」. 죽내본·길림본「修築」, 탕천본「築治」로 교감.『한서』에는「築治」로 기록되었으나『한원』의 서자는 당고종 李治를 피휘「修築」으로 기록한 듯함. 따라서「修築」로 교감.
445 원문「貴」. 죽내본·길림본「費」로 교감. 문맥상「費」로 교감.
446 원문「分」. 죽내본·탕천본·길림본「久」로 교감. 문맥상「久」로 교감.

其終始, 欲以一切⁴⁴⁸省繇役⁴⁴⁹. 十年之外, 百歲之內, 卒有他⁴⁵⁰變, 障⁴⁵¹塞破壞, 亭隧滅⁴⁵²絶, 當更發屯繕修⁴⁵³, 累代之功, 不可卒復. 九也. 如罷戍⁴⁵⁴卒, 省候⁴⁵⁵望, 單于自以保塞守禦, 必深德漢. 請求無已⁴⁵⁶, 小失其意, 則不可測⁴⁵⁷. 開⁴⁵⁸夷狄之隙, 虧⁴⁵⁹中國之固. 十也. 非所以永持至安, 威制百蠻之長策也.' 對奏, 天子有詔, 勿議罷邊塞事. 使車騎將軍口諭單于 云云也⁴⁶⁰."

『한서』에 다음과 같이 전한다. "원제 연간(기원전 48~기원전 33)에, 감연수⁴⁶¹ 등이 질지선우⁴⁶²를 주살했다. 호한야선우는 기쁘기도 하고 두렵기도 하여 편지를 올려 알현을 청한다고 했다. 또한 상곡[군]부터 서쪽으로 돈황에 이르는 새를 지키고, [이 일이] 계속되어 대대로 전해지기를 바란다고 했다. [그리고] 변경에서 새를 지키는 이졸을 해산시켜 천자의 백성들을 쉬게 할 것을 청했다. [천자가] 유사들에게 의논할 것을 명하였는데, 의논하던 자들은 모두 [그것이] 낫다고 여겼으나 낭중 후응만이 허락해서는 안 된다고 했다. 황제가 연유를 물으니, [후]응이 다음과 같이 답했다. '변방의 장로들이 말하기를, 흉노가 음산을 잃은 후 지나갈 때마다 통곡하지 않은 적이 없다고 합니다. 만약 새를 지키는 수졸들을 해산시킨다면 이적이 큰 이익을 보게 될 것입니다. [이것이] 불가한 첫 번째 [이유]입니다. 지금 천자의 덕이 널리 퍼져 하

---

447 원문 「桼」. 죽내본·탕천본·길림본 「深」으로 교감. 문맥상 「深」으로 교감.

448 원문 「切」. 죽내본 「功」으로 교감.

449 원문 「役」. 탕천본 「戍」로 교감. 문장의 흐름상 원문인 「役」으로 두어도 뜻이 통함. 이에 원문대로 둠.

450 원문 「他」. 죽내본·탕천본 원문대로, 길림본 「它」로 교감. 원문대로 두어도 뜻이 통하므로 교감하지 않음.

451 원문 「鄣」. 죽내본·탕천본·길림본 「障」으로 교감. 일반적으로 통용되는 「障」으로 교감.

452 원문 「烕」. 죽내본·탕천본·길림본 「滅」로 교감. 문맥상 「滅」로 교감.

453 원문 「膳襳」. 죽내본·길림본 「繕修」, 탕천본 「繕治」으로 교감. 『한서』에는 「繕治」로 기록되었으나 『한원』의 서자는 당고종 李治를 피휘, 治를 修로 바꾸어 표기함. 따라서 「繕修」로 교감.

454 원문 「式」. 죽내본·탕천본·길림본 「戍」로 교감. 문맥상 「戍」로 교감.

455 원문 「候」. 탕천본 판독한 글자를 알 수 없으나 「候」로 교감했다고 표기.

456 원문 「巳」. 길림본 「已」로 교감. 문맥상 「已」로 교감.

457 원문 「側」. 죽내본·탕천본·길림본 「測」으로 교감. 문맥상 「測」으로 교감.

458 원문 「閗」. 죽내본·탕천본·길림본 「開」로 교감. 문맥상 「開」로 교감.

459 원문 「歡」. 죽내본·탕천본·길림본 「虧」로 교감. 문맥상 「虧」로 교감.

460 원문 「也」. 죽내본 원문대로, 탕천본·길림본 「也」를 생략. 그러나 원문대로 두어도 의미상의 차이가 없기 때문에 생략하지 않고 원문대로 둠.

461 甘延壽는 북지군 사람이다. 騎射에 뛰어나 羽林에 선발되었으며, 요동태수를 역임하였으나 면관되었다. 그후 車騎將軍 許嘉의 추천으로 郎中 諫大夫에 임명되었으며, 西域都護 騎都尉가 되어 陳湯과 흉노를 공격하여 질지선우를 죽였으며, 그 공으로 義成侯에 봉해졌다. 자세한 내용은 『漢書』 甘延壽傳 참조.

462 郅支單于는 虛閭權渠單于의 아들이고, 呼韓邪單于의 형이다. 본래는 좌현왕이었는데 허려권거선우 사후 일어난 흉노의 1차 분열 때 자립하여 郅支骨都侯單于가 되었다. 호한야선우와 계속 쟁투하였으며, 강거와 오손 등을 공격하기도 하였다. 建昭 3년(기원전 36) 감연수 등에게 피살되었다.

늘에 미치고 흉노도 덮었습니다. 흉노는 온전히 살게 해주는 은혜를 입어 머리를 조아리고 와서 신하가 될 수 있었습니다. [그런데] 저 이적의 마음은 곤란하면 낮추고 순종하지만, 강해지면 교만해지고 거스르는 것이 천성의 자연스러움입니다. 이전에 이미 외성을 파하였으며, 초소와 봉수대도 없애 지금은 간신히 정찰하고, 봉화만이 통할 뿐입니다. 옛 사람들은 편안할 때 위태로움을 잊지 않았으니 거듭 파해서는 안 됩니다. [이것이] 두 번째 [이유]입니다. 중국에는 예의의 가르침과 형벌의 엄격함이 있는데도 어리석은 자들은 여전히 금하는 것을 어깁니다. 또한 하물며 선우가 자신의 무리에게 [어찌] 끝까지 금약을 어기지 않게 할 수 있겠습니까? [이것이] 세 번째 [이유]입니다. 애초에 중국이 관구와 교량[463]을 세워 제후를 제어함을 숭상하는 것은 신하들이 [분에 넘치게] 바라는 것을 끊어내기 위해서였습니다. 새를 세워서 순찰하고, 주둔병을 두어 지키는 것은 흉노만을 위한 것일 뿐만이 아니라 또한 여러 속국에서 항복한 자들을 위한 것입니다. 본래 흉노의 무리였던 자들이 옛일을 생각하여 도망칠까 염려됩니다. [이것이] 네 번째 [이유]입니다. 근래에 서쪽으로 강이 새를 지키면서 한인과 통교하였는데, [한의] 관리들이 이익을 탐하여 그들의 재산과 처자를 제멋대로 가져갔습니다. 이 때문에 원한을 품고 [무리를] 일으켜 배반하는 것이 대대로 끊어지지 않고 있습니다. 지금 새를 다스리는 것을 파한다면 [한과 흉노 사이에도 한과 강처럼 서로를] 업신여기고 나뉘어 싸우는 흐름이 생길 것입니다. [이것이] 다섯 번째 [이유]입니다. 옛날에 종군하였다가 [흉노에게] 사로잡혀서 돌아오지 못한 자가 많으며 [그들의] 자손은 빈곤하니, 일단 도망하여 [새를] 나가면 그들의 친척을 따를 것입니다. [이것이] 여섯 번째 [이유]입니다. 또한 변인의 노비들은 근심하고 고생하여 도망치고자 하는 자가 많습니다. [그들이] 다음과 같이 말했습니다. '흉노 안에 즐거움이 있다고 들었는데, 정찰의 엄격함을 어찌 할 수가 없구나.' 그럼에도 때때로 도망하여 새를 나가는 자가 있습니다. [이것이] 일곱 번째 [이유]입니다. 도적들은 사납고 교활하며 무리지어 법을 어깁니다. 만약 [그들이] 군색하거나 급박해져 도망하여 북쪽으로 나간다면 제재할 수가 없습니다. [이것이] 여덟 번째 [이유]입니다. 새를 일으킨 이래로 백여 년이 흘렀는데, [새는] 모두 흙담으로 이뤄진 것이 아닙니다. 더러는 산의 암석이나 말라서 쓰러진 나무[464], 계곡의 수문을 이용하여 점점 [새를] 고르게 하였습니다. 병졸들이 [새를] 수축[하는데 든 노력]과 [소모된] 비용이 무궁하여 다 헤아릴 수 없습니다. 신은 의논한 자들이 처음과 끝을 깊이 헤아리지 않고 임시로 요역을 없애고자 한 것은 아닌가 염려됩니다. 십년은 지

---

463 關梁은 관구(관문)과 교량이다. 수륙교통로 상 반드시 지나는 곳을 광범위하게 칭하는 표현이다.
464 僵落는 산 위에 꺾이거나 말라 죽은 나무를 가리킨다는 안사고의 주가 있다.

났으나 백년 안에 갑자기 다른 변고가 생겨 장새가 파괴되고 초소와 봉수대가 멸절된다면 다시 둔병을 징발하여 손보아 고쳐야만 하는데, [이는] 누대의 일로 갑자기 복구할 수 없는 것입니다. [이것이] 아홉 번째 [이유]입니다. 만약 수졸을 파하고 정찰을 줄인다면 선우는 자신이 새를 방비하고 [적의] 공격을 막았으니 반드시 우리에게 큰 덕을 [베풀었다고] 여길 것입니다. [이로 인해] 요구하는 것이 끊임이 없을 것이며, 조금이라도 그의 뜻을 거스른다면 [차후의 일을] 헤아릴 수 없을 것입니다. 이적에게 틈을 열어주면, 중국의 견고함이 무너집니다. [이것이] 열 번째 [이유]입니다. [선우의 청을 받아주는 것은] 오래도록 지극한 평안을 유지하고 여러 오랑캐를 위압하고 제어하는 좋은 계책이 아닙니다.' [후응이] 아뢴 것에 대하여 천자가 조서를 내려서 변경의 새를 파하는 일을 논의하지 말라고 하고, 거기장군에게 선우를 말로써 타이르게 했다"라고 한다.

• 참고

『漢書』卷94下 匈奴　郅支旣誅 呼韓邪單于且喜且懼 上書言曰 常願謁見天子 誠以郅支在西方 恐其與烏孫俱來擊臣 以故未得至漢 今郅支已伏誅 願入朝見 竟寧元年 單于復入朝 禮賜如初 加衣服錦帛絮 皆倍於黃龍時 單于自言願婿漢氏以自親 元帝以後宮良家子王牆字昭君賜單于 單于驩喜 上書願保塞上谷以西至敦煌 傳之無窮 請罷邊備塞吏卒 以休天子人民 天子令下有司議 議者皆以爲便 郎中侯應習邊事 以爲不可許 上問狀 應曰 周秦以來 匈奴暴桀 寇侵邊境 漢興 尤被其害 臣聞北邊塞至遼東 外有陰山 東西千餘里 草木茂盛 多禽獸 本冒頓單于依阻其中 治作弓矢 來出爲寇 是其苑囿也 至孝武世 出師征伐 斥奪此地 攘之於幕北 建塞徼 起亭隧 築外城 設屯戍 以守之 然後邊境得用少安 幕北地平 少草木 多大沙 匈奴來寇 少所蔽隱 從塞以南 徑深山谷 往來差難 邊長老言匈奴失陰山之後 過之未嘗不哭也 如罷備塞戍卒 示夷狄之大利 不可一也 今聖德廣被 天覆匈奴 匈奴得蒙全活之恩 稽首來臣 夫夷狄之情 困則卑順 彊則驕逆 天性然也 前以罷外城 省亭隧 今裁足以候望通烽火而已 古者安不忘危 不可復罷 二也 中國有禮義之敎 刑罰之誅 愚民猶尙犯禁 又況單于 能必其衆不犯約哉 三也 自中國尙建關梁以制諸侯 所以絶臣下之覬欲也 設塞徼 置屯戍 非獨爲匈奴而已 亦爲諸屬國降民 本故匈奴之人 恐其思舊逃亡 四也 近西羌保塞 與漢人交通 吏民貪利 侵盜其畜産妻子 以此怨恨 起而背畔 世世不絶 今罷乘塞 則生嫚易分爭之漸 五也 往者從軍多沒不還者 子孫貧困 一旦亡出 從其親戚 六也 又邊人奴婢愁苦 欲亡者多 曰 聞匈奴中樂 無奈候望急何 然時有亡出塞者 七也 盜賊桀黠 群輩犯法 如其窘急 亡走北出 則不可制 八也 起塞以來百有餘年 非皆以土垣也 或因山巖石 木柴僵落 谿谷水門 稍稍平之 卒徒築治 功費久遠 不可勝計 臣恐議者不深慮其終始 欲以壹切省繇戍 十年之外 百歲之內 卒有它變 障塞破壞 亭隧滅絶 當更發屯繕治 累世之功不可卒復 九也 如罷戍卒 省候望 單于自以保塞守御 必深德漢 請求無已 小失其意 則不可測 開夷狄之隙 虧中國之固 十也 非所以永持至安 威制百蠻之長策也 對奏 天子有詔 勿議罷邊塞事 使車騎將軍口諭單于 曰 單于上書願罷北邊吏士屯戍 子孫世世保塞 單于鄕慕禮義 所以爲民計者甚厚 此長久之策也 朕甚嘉之 中國四方皆有關梁障塞 非獨以備塞外也 亦以防中國姦邪放縱 出爲寇害 故明法度以專衆心也 敬諭單于之意 朕無疑焉 爲單于怪其不罷 故使大司馬車騎將軍嘉曉單于 單于謝曰 愚不知大計 天子幸使大臣告語 甚厚

29 嚴尤五難 得失之機斯在.

엄우가 다섯 가지 어려움을 제시했으니, 얻고 잃음의 요체가 모두 담겨있었다.

漢書曰: "王莽篡[465]位, 發三十萬[466], 賫三百日糧, 同[467]時十[468]道竝出, 窮追匈奴. 將[469]嚴尤諫曰: '今天下遭陽九之阨, 比年飢饉, 西北邊尤甚. 發三十萬衆, 具[470]三百日糧, 東援[471]海代, 南取江淮[472], 然後乃備, 計其道里[473], 一年尙未集合. 兵先至者, 聚[474]居暴露, 師老械[475]弊, 勢不可用. 此一難也. 邊旣空虛, 不能奉軍糧, 內調郡國, 不相及屬. 此二難也. 計一人三百日食, 用糒十八斛, 非牛力不[能][476]勝. 牛又當自齎食, 加[477]斛重矣. 胡地沙鹵多乏[478]水草. 以往事揆之, 軍出未[479]滿百日, 牛必物故且盡. 餘粮[480]尙多, 人不能負. 此三難也. 胡地秋冬甚寒, 春夏甚風, 多齎鬴[481]鍑薪炭, 重不可勝. 食糒飮水, 以歷四時, 師有疾病之憂. 是故[482]前代伐[483]胡, 不過百日. 非不欲久[484], 勢[力][485]不

---

465 원문「篡」. 죽내본·탕천본「簒」으로 교감.
466 원문에는 글자가 없다. 죽내본 원문대로, 탕천본·길림본「衆」을 보입. 그러나 보입하지 않아도 뜻이 통하므로 원문대로 둠.
467 원문「周」. 죽내본·탕천본·길림본「同」으로 교감. 문맥상「同」으로 교감.
468 원문「一」. 죽내본·탕천본·길림본「十」으로 교감. 『한서』를 참조해「十」으로 교감.
469 원문「將」. 길림본「莽將」으로 교감. 보입하지 않아도 뜻이 통하므로 원문대로 둠.
470 원문「貝」. 죽내본 원문대로, 탕천본·길림본「具」로 교감. 문맥상「具」로 교감.
471 원문「據」. 죽내본 원문대로, 탕천본·길림본「援」으로 교감. 문맥상「援」으로 교감.
472 원문「准」. 죽내본 원문대로, 탕천본·길림본「淮」로 교감. 앞글자인「江」을 참고했을 때 淮河를 가리키는 듯하다. 따라서「淮」로 교감.
473 원문「理」. 죽내본·탕천본·길림본「里」로 교감. 의미상「里」로 교감.
474 원문「取」. 죽내본·탕천본·길림본「聚」로 교감. 문맥상「聚」로 교감.
475 원문「滅」. 죽내본·탕천본·길림본「械」로 교감. 문맥상「械」로 교감.
476 원문에는 글자가 없다. 죽내본 원문대로, 탕천본·길림본「能」을 보입. 문장의 자연스러운 흐름과 『한서』를 참조해「能」을 보입.
477 원문에는 글자가 없다. 죽내본·탕천본·길림본「廿」을 보입. 보입하지 않아도 뜻이 통하므로 원문대로 둠.
478 원문「之」. 죽내본·탕천본·길림본「乏」으로 교감. 문맥상「乏」으로 교감.
479 원문「朱」. 길림본「未」로 교감. 문맥상「未」로 교감.
480 원문「糧粮」. 죽내본·길림본「糧」를 연자로 판단. 한편 길림본「粮」을「糧」으로 교감. 『한원』의 서자도 해당 글자인「糧」옆에 'ㆍ'의 기호를 사용하여 연자라고 표기함. 서자의 의도와 문맥 등을 고려하여「糧」을 생략하는 것으로 교감.
481 원문「鏽」. 죽내본은 원문대로, 길림본「鬴」로 교감. 문맥상「鬴」로 교감.
482 원문「胡」. 죽내본·탕천본·길림본「故」로 교감. 문맥상 是故의 의미를 살려야하므로「故」로 교감.
483 원문「代ゞ」. 죽내본·길림본은「代伐」, 탕천본은「世伐」로 교감. 문맥의 흐름상「代伐」나「世伐」가 되어야 하지만 당태종 이세민의 이름을 피휘한『한원』의 표기 원칙에 따라「代伐」로 교감.
484 원문「分」. 죽내본·탕천본·길림본「久」로 교감. 의미상「久」로 교감.
485 원문에는 글자가 없다. 죽내본 원문대로, 탕천본·길림본「力」을 보입. 명확한 의미전달을 위해『한서』를 참조해「力」을 보입.

能. 此四難也. 輜[486]重自隨, 則輕銳者少[487], 不得疾行, 虜徐遁逃走, [勢][488]不能及, 幸而逢虜, 又累輜[489]重. 如過險阻, 銜尾相隨, 虜要遮前後, 危殆不測. 此五難也. 大用人[490]力, 功不可必立, 臣伏憂[491]之. 今旣發兵, 宜縱先至者, 令[492]臣尤等, 深[493]入霆擊, 且以創艾胡虜.' 莽不聽尤言. 天下騷[494]動也[495]."

『한서』에 다음과 같이 전한다. "왕망은 [황]위를 찬탈한 뒤, 30만을 징발하여 300일 분의 군량을 가지고 동시에 열 길로 나란히 출격하여 흉노를 끝까지 쫓고자 하였다. 장군 엄우가 다음과 같이 간했다. '지금 천하는 양구의 액운[496]을 만나 해마다 기근이 들고 있으며, [이것이] 서북 변경지대는 더욱 심합니다. 30만의 무리를 징발하고, 300일 분의 식량을 갖추려면 동쪽으로는 [발]해와 대[산]에서 끌어오고, 남쪽으로는 [장]강과 회[수]에서 취한 연후에야 갖출 수 있으나 그 거리를 계산하면 1년이 되더라도 여전히 다 모을 수가 없습니다. [그렇게 된다면] 병사들 가운데 먼저 이른 자들은 비바람을 맞으면서 모여 살아야하니 [이 경우] 병사들은 지치고 병장기도 손상되어 세력을 사용할 수 없습니다. 이것이 첫 번째 어려움입니다. 변경이 이미 비어 군량을 바칠 수 없으므로 안으로 군국에서 거둬야 하는데, [군국과 변경 간에 물자가] 서로 이어져 닿지 않습니다. 이것이 두 번째 어려움입니다. 한 사람이 300일 동안 [먹는] 식량을 계산하면 건량 18곡이 소모되는데, [이는] 소의 힘이 아니면 감당할 수 없습니다. 소는 또한 스스로의 식량도 짊어져야만 하니 곡의 무게가 더해집니다. [게다가] 오랑캐의 땅은 소금기가 있는 모래밭으로 물과 풀이 부족한 곳이 많습니다. 지난 일도 헤아려보면, 군대가 출격하고 100일이 채 못 되어 소는 틀림없이 죽어 다 없어질 것입니다. [그렇게 되면] 남은 식량이 여전히 많더라도 사람이 짊어질 수 없습니다. 이것이 세 번째 어려움입니다. 오랑

---

486 원문 「軿」. 죽내본·탕천본·길림본 「輜」로 교감. 輜重의 가리키므로 「輜」로 교감.

487 원문 「小」. 죽내본·탕천본·길림본 「少」로 교감. 의미상 「少」로 교감.

488 원문에는 글자가 없다. 죽내본 원문대로, 탕천본·길림본 「勢」를 보입. 문맥상 보입하는 것이 자연스러우므로 「勢」를 보입.

489 원문 「軿」. 죽내본·탕천본·길림본 모두 「輜」로 교감. 輜重을 의미하므로 「輜」로 교감.

490 원문 「人」. 탕천본 「民」으로 교감. 그러나 원문대로 두어도 뜻이 통하므로 교감하지 않음.

491 원문 「愛」. 죽내본·탕천본·길림본 「憂」로 교감. 문맥상 「憂」로 교감.

492 원문 「今」. 죽내본·탕천본·길림본 「令」으로 교감. 문맥상 「令」으로 교감.

493 원문 「樂」. 죽내본·탕천본·길림본 「深」으로 교감. 문맥상 「深」으로 교감.

494 원문 「駱」. 죽내본·탕천본·길림본 「騷」로 교감. 『한서』를 참조해 「騷」로 교감.

495 원문 「也」. 탕천본·길림본 「也」를 생략. 그러나 원문대로 두어도 뜻이 통하므로 생략하지 않음.

496 陽九는 음양가들 사이에 통용되던 학설에서 유래한 개념이다. 음양가에서는 4천 6백 17년을 1元으로 보고, 元에 처음 들어가는 106년 동안 가뭄으로 인한 재앙이 9년간 이어진다고 여겼다. 陽九라는 표현은 여기에서 유래했다. 이후 액운을 가리키는 표현 중 하나로 일반화되었는데, 본문에서는 가뭄으로 인한 화의 의미를 내포하고 있는 듯하다.

캐의 땅은 가을과 겨울은 매우 춥고, 봄과 여름은 바람이 심하여 가마솥과 땔감을 많이 가져가야하니 무게를 감당할 수 없습니다. [또한] 건량을 먹고 물을 마시는 것이 사계절을 지날 경우 병사들이 병에 걸릴 염려가 있습니다. 이 때문에 이전에 오랑캐를 정벌할 때에는 100일을 넘기지 않았습니다. [이는] 오래 하려하지 않은 것이 아니라 세력이 견디지 못해서입니다. 이 것이 네 번째 어려움입니다. 군수품을 스스로 옮기게 하면 날랜 병사가 적어져 빠르게 행동할 수 없어 오랑캐들이 서서히 뒷걸음치며 도망하여도 세력이 미칠 수 없으며 요행히 오랑캐를 만나더라도 또한 군수품에 얽매이게 됩니다. [또한 군수품을 가지고] 만약 험난한 곳을 지날 경우 선두와 후방이 서로 이어져 오랑캐들이 앞과 뒤를 차단할 경우 위태로움을 예측할 수가 없습니다. 이것이 다섯 번째 어려움입니다. 백성들의 힘을 대대적으로 사용하고도 반드시 공을 세울 수 없으니 신은 삼가 그것을 근심합니다. 지금 이미 병사를 일으켰으니 응당 먼저 이른 자들을 풀어놓고, 신 [엄]우 등으로 하여금 [적진에] 깊이 들어가 번개처럼 빠르게 급습하게 하여 또한 오랑캐를 응징하고 [그들로 하여금] 경계하게 하도록 하소서'라고 하였다. [그러나] [왕]망은 [엄]우의 말을 듣지 않았다. [이에] 천하가 큰 혼란에 빠졌다."

• 참고

『漢書』卷94下 匈奴 後 單于歷告左右部都尉諸邊王 入塞寇盜 大輩萬餘 中輩數千 少者數百 殺鴈門朔方太守都尉略吏民畜産不可勝數 緣邊虛耗 莽新卽位 怙府庫之富欲立威 乃拜十二部將率 發郡國勇士 武庫精兵 各有所屯守 轉委輸於邊 議滿三十萬衆 齎三百日糧 同時十道並出 窮追匈奴 內之于丁令 因分其地 立呼韓邪十五子 莽將嚴尤諫曰 臣聞匈奴爲害 所從來久矣 未聞上世有必征之者也 後世三家周秦漢征之 然皆未有得上策者也 周得中策 漢得下策 秦無策焉 當周宣王時 獫允內侵 至于涇陽 命將征之 盡境而還 其視戎狄之侵 譬猶蚊虻之螫 毆之而已 故天下稱明 是爲中策 漢武帝選將練兵 約齎輕糧 深入遠戍 雖有克獲之功 胡輒報之 兵連禍結三十餘年 中國罷耗 匈奴亦創艾 而天下稱武 是爲下策 秦始皇不忍小恥而輕民力 築長城之固 延袤萬里 轉輸之行 起於負海 疆境旣完 中國內竭 以喪社稷 是爲無策 今天下遭陽九之阨 比年饑饉 西北邊尤甚 發三十萬衆 具三百日糧 東援海代 南取江淮 然後乃備 計其道里 一年尚未集合 兵先至者聚居暴露 師老械弊 勢不可用 此一難也 邊旣空虛 不能奉軍糧 內調郡國 不相及屬 此二難也 計一人三百日食 用糒十八斛 非牛力不能勝 牛又當自齎食 加二十斛 重矣 胡地沙鹵 多乏水草以往事揆之 軍出未滿百日 牛必物故且盡 餘糧尚多 人不能負 此三難也 胡地秋冬甚寒 春夏甚風 多齎釜鍑薪炭 重不可勝 食糒飲水 以歷四時 師有疾疫之憂 是故前世伐胡 不過百日 非不欲久 勢力不能 此四難也 輜重自隨 則輕銳者少 不得疾行 虜徐遁逃 勢不能及 幸而逢虜 又累輜重 如遇險阻 銜尾相隨 虜要遮前後 危殆不測 此五難也 大用民力 功不可必立 臣伏憂之 今旣發兵 宜縱先至者 令臣尤等深入霆擊 且以創艾胡虜 莽不聽尤言 轉兵穀如故 天下騷動

烏桓[1]
— 오환

판독문

崇基夙²樹 疏³遠系施於强⁴胡 餘類⁵尚南 創雄名於⁶桓嶠⁷

范曄漢書曰 烏桓者 本東胡 漢初 匈奴置頓滅其國 餘類保烏桓山 因以爲号焉 初東胡强盛 輕⁸

---

1. 죽내본·길림본 「烏」. 아래의 용례를 통해 「烏」로 판독.
   唐 泉男生墓誌

2. 죽내본·길림본 「夙」. 아래의 용례를 통해 「夙」으로 판독.
   唐 昭仁寺碑

3. 죽내본·길림본 「疏」. 아래의 용례를 통해 「疏」로 판독.
   唐 等慈寺碑

4. 죽내본·길림본 「强」. 아래의 용례를 통해 「强」으로 판독.
   唐 毛詩傳

5. 죽내본·길림본 「類」. 자형에 따라 「類」로 판독.

6. 죽내본·길림본 「於」. 아래의 용례를 통해 「於」로 판독.
   東晉 興福寺斷碑

7. 죽내본·길림본 「嶠」. 아래의 용례를 통해 「嶠」로 판독.
   唐 說世新書

8. 죽내본·길림본 「輕」. 아래의 용례를 통해 「輕」으로 판독.
   唐 閱紫錄儀

冒⁹頓 從索¹⁰關氏寶馬 匈奴皆与之 而不爲脩¹¹ 昌頓破滅之

穹廬寢¹²息 資拜日以訓恭

後漢書曰 烏桓俗¹³ 善騎射 弋獵禽爲事 随水草放牧 居無常處¹⁴ 以穹廬爲舍 開向日 皆東拜日 食肉飲¹⁵酪¹⁶ 以毛毳爲衣 貴少而賤老 其性悍¹⁷塞 怒則煞父兄¹⁸ 而終不害¹⁹其母 以母有族²⁰類 父兄無

---

9 죽내본・길림본「冒」. 아래의 용례를 통해「冒」로 판독.

10 죽내본・길림본「索」. 아래의 용례를 통해「索」으로 판독.

11 죽내본・길림본「備」. 아래의 용례를 통해「備」로 판독.

12 죽내본「寢」, 길림본「寢」. 아래의 용례를 통해「寢」으로 판독.

13 죽내본・길림본「俗」. 자형에 따라「俗」으로 판독.

14 죽내본・길림본「處」. 아래의 용례를 통해「處」으로 판독.

15 죽내본・길림본「飲」. 자형에 따라「飲」으로 판독.

16 죽내본・길림본「酪」. 아래의 용례를 통해「酪」으로 판독.

17 죽내본・길림본「悍」. 자형에 따라「悍」으로 판독.

18 죽내본・길림본「兄」. 아래의 용례를 통해「兄」으로 판독.

19 죽내본・길림본「害」. 아래의 용례를 통해「害」로 판독.

相仇[21]報故也

邑落徵科 因刻木而昭[22]信

後漢書曰 烏桓俗 其有舅健[23] 能理決鬪訟者 推爲大人 無業相繼[24] 邑落各有小帥 數百千落自爲一部 大人有所[25]名呼 則刻木爲信 雖無字 而部衆不敢違犯 氏姓無掌 以大人楗[26]者名字爲姓 大人以下□自畜牧産[27] 不相搖[28]役[29]之也

---

20 죽내본「族」, 길림본「挨」. 아래의 용례를 통해「族」으로 판독.

21 죽내본·길림본「仇」. 아래의 용례를 통해「仇」로 판독.

22 죽내본·길림본「昭」. 아래의 용례를 통해「昭」로 판독.

23 죽내본·길림본「健」. 아래의 용례를 통해「健」으로 판독.

24 죽내본·길림본「繼」. 자형에 따라「繼」로 판독.

25 죽내본·길림본「所」. 아래의 용례를 통해「所」로 판독.

26 죽내본·길림본「楗」. 자형에 따라「楗」으로 판독.

27 죽내본·길림본「産」. 아래의 용례를 통해「産」으로 판독.

28 죽내본·길림본「搖」. 아래의 용례를 통해「搖」로 판독.

29 죽내본「役」, 길림본「役」. 아래의 용례를 통해「役」으로 판독.

刺違成繡[30] 爰示女功 鍛[31]鐵爲丘 用標[32]男[33]伎[34]

後漢書曰 烏桓俗 計謀從用婦人 戰鬪之事乃自決之 父子男女相對踞蹲[35] 以髡[36]頭爲輕[37]便 婦人至嫁 乃養髮[38]分爲髻[39] 著句決 飾[40]以金碧[41] 猶中國有幗步[42]搖也 婦人能刺違 作文繡 織數氀毼 男

---

30 죽내본·길림본「繡」. 자형에 따라「繡」로 판독.

원문

31 죽내본·길림본「鍛」. 아래의 용례를 통해「鍛」으로 판독.

32 죽내본「標」, 길림본「摽」. 아래의 용례를 통해「標」로 판독.

33 죽내본·길림본「男」. 자형에 따라「男」으로 판독.

원문

34 죽내본·길림본「伎」. 아래의 용례를 통해「伎」로 판독.
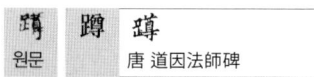

35 죽내본·길림본「蹲」. 아래의 용례를 통해「蹲」으로 판독.

36 죽내본「髡」, 길림본「髠」. 자형에 따라「髡」으로 판독.

원문

37 죽내본·길림본「輕」. 자형에 따라「輕」으로 판독.

원문

38 죽내본·길림본「髮」. 자형에 따라「髮」으로 판독.

원문

39 죽내본·길림본「髻」. 원문은「髻」에 가까우므로 자형에 따라「髻」로 판독.

40 죽내본·길림본「飾」. 자형에 따라「飾」으로 판독.

원문

41 죽내본·길림본「碧」. 아래의 용례를 통해「碧」으로 판독.

子能作弖矢鞍⁴³ 假⁴⁴金鐵 爲兵器也

饋馬牛 以交二族⁴⁵

後漢書曰 烏桓俗 其嫁娶⁴⁶ 則先略女通情 或半歲百 然後送牛馬羊畜 以爲娉⁴⁷幣⁴⁸ 壻⁴⁹隨妻還家 無尊卑 旦旦拜之 而不自拜其父母 爲妻僕 役一二年間 妻家乃更⁵⁰後遣送女 居處則物一皆爲辯 其俗妻後母 報寡⁵¹嫂也

---

42 죽내본·길림본 「步」. 아래의 용례를 통해 「步」로 판독.

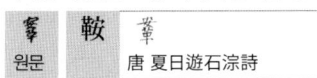

43 죽내본·길림본 「鞍」. 아래의 용례를 통해 「鞍」으로 판독.

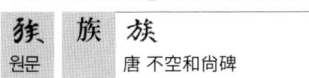

44 죽내본·길림본 「假」. 자형에 따라 「假」로 판독.

45 죽내본·길림본 「族」. 아래의 용례를 통해 「族」으로 판독.

46 죽내본·길림본 「娶」. 자형에 따라 「娶」로 판독.

47 죽내본·길림본 「娉」. 아래의 용례를 통해 「娉」으로 판독.

48 죽내본·길림본 「幣」. 자형에 따라 「幣」로 판독.

49 죽내본 「聟」, 길림본 「聟」. 자형에 따라 「壻」로 판독.

50 죽내본·길림본 「更」. 아래의 용례를 통해 「更」으로 판독.

51 죽내본·길림본 「寡」. 아래의 용례를 통해 「寡」로 판독.

觀⁵²鳥⁵³獸⁵⁴而別四時⁵⁵

後漢書曰 烏桓土地宜⁵⁶穄⁵⁷及東牆⁵⁸ 東牆似蓬⁵⁹草 實如穄子 至十月而熟⁶⁰ 見鳥獸孕乳 以別四時 卽耕種 用布穀鳴 爲候⁶¹之也

族茂白山 假循⁶²蚍⁶³而示譜

後漢書曰 烏桓在上谷塞外白山者 最⁶⁴爲强富⁶⁵ 又曰 其約法違大人言者 罪至死 若相賊煞者 令都

---

52 죽내본·길림본「觀」. 아래의 용례를 통해「觀」으로 판독.

觀	觀	觀
원문		唐 鶺鴒頌

53 죽내본·길림본「鳥」. 아래의 용례를 통해「鳥」로 판독.

鳥	鳥	鳥
원문		北魏 元斑墓誌

54 죽내본·길림본「獸」. 아래의 용례를 통해「獸」로 판독.

獸	獸	獸
원문		唐 干祿字書

55 죽내본·길림본「時」. 자형에 따라「時」로 판독.

時
원문

56 죽내본·길림본「宜」. 자형에 따라「宜」로 판독.

宜
원문

57 죽내본·길림본「穄」. 자형에 따라「穄」로 판독.

穄
원문

58 죽내본「穡」, 길림본「牆」. 좌변이「爿」으로 판독되므로 자형에 따라「牆」으로 판독.

牆	牆	牆		穡
원문		翰苑 烏桓傳		隋 關中本千字文

59 죽내본·길림본「蓬」. 자형에 따라「蓬」으로 판독.

蓬
원문

60 죽내본·길림본「熟」. 자형에 따라「熟」으로 판독.

熟
원문

61 죽내본·길림본「候」. 아래의 용례를 통해「候」로 판독.

候	候	候
원문		唐 孔子廟堂碑

落自相報 相報不止⁶⁶ 詣大人吉⁶⁷之 聴⁶⁸出馬牛羊以贖死 其自煞父兄則無門 若亡叛⁶⁹爲大人所捕者 邑落不得愛⁷⁰之 徙⁷¹逐於雍狂之地沙漠之中 其土多蝮虵 在丁合西南 烏孫東北

---

62 죽내본 「循」, 길림본 「脩」. 아래의 용례를 통해 「循」으로 판독.

63 죽내본·길림본 「虵」. 자형에 따라 「虵」로 판독.

64 죽내본·길림본 「最」. 아래의 용례를 통해 「最」로 판독.

65 죽내본·길림본 「富」. 자형에 따라 「富」로 판독.

66 죽내본·길림본 「止」. 아래의 용례를 통해 「止」로 판독.

67 죽내본 「告」, 길림본 「吉」. 자형에 따라 「吉」로 판독.

68 죽내본 「聴」, 길림본 「聴」. 「聴」은 「聽」의 속자이며, 자형에 따라 「聴」으로 판독.

69 죽내본·길림본 「叛」. 자형에 따라 「叛」으로 판독.

70 죽내본·길림본 「受」. 자형에 따라 「愛」로 판독.

71 죽내본·길림본 「徙」. 아래의 용례를 통해 「徙」로 판독.

魂[72]遊[73]赤嶺[74]資護犬以攘耶

後漢書曰 烏桓俗 貴兵死 斂[75]屍以棺 有哭[76]泣之哀 至葬則歌舞相送 服養一犬 以綵[77]繩牽 并取乘馬衣物 燒而送之 言以属[78]累犬 使護[79]死者神靈[80] 歸[81]赤山 赤山在遼東北數千里 如中國人死者魂神歸岱[82]山也 敬鬼神 祠天地日月星辰[83]山川及大人有健名者 祠用牛羊 畢皆燒[84]之

---

72 죽내본·길림본「魂」. 아래의 용례를 통해「魂」으로 판독.
73 죽내본·길림본「遊」. 아래의 용례를 통해「遊」로 판독.
74 죽내본·길림본「嶺」. 아래의 용례를 통해「嶺」으로 판독.
75 죽내본·길림본「斂」. 아래의 용례를 통해「斂」으로 판독.
76 죽내본·길림본「哭」. 아래의 용례를 통해「哭」으로 판독.
77 죽내본「綵」, 길림본「彩」.「彩」의 이체자에는 원문과 같은 형태가 없으므로, 아래 용례를 통해「綵」로 판독.
78 죽내본「屬」, 길림본「属」.「属」는「屬」의 속자이며, 자형에 따라「属」으로 판독.
79 죽내본·길림본「護」. 아래의 용례를 통해「護」로 판독.
80 죽내본·길림본「靈」. 자형에 따라「靈」으로 판독.
81 죽내본·길림본「歸」. 아래의 용례를 통해「歸」로 판독.
82 죽내본·길림본「岱」. 아래의 용례를 통해「岱」로 판독.

建武之中 郝旦詣闕

後漢書曰 建武廿五年 遼西烏桓大人郝旦[85]等[86]九百廿二人 率衆向化 詣闕朝貢 獻[87]奴婢牛馬及弓武貌[88]貂皮 是時四夷[89]朝賀 駱驛而至 天子乃大會勞饗[90] 賜以珍寶 烏桓或願[91]留[92]宿衛 於是封其渠師爲侯王君長者八十一人 皆居塞內 布[93]於緣邊諸郡 令招來種人 給其衣食 遂爲漢偵候也

83　죽내본·길림본「辰」. 아래의 용례를 통해「辰」으로 판독.

84　죽내본·길림본「燒」. 자형에 따라「燒」로 판독.

85　죽내본「旦」, 길림본「且」. 아래의 용례를 통해「旦」으로 판독.

86　죽내본·길림본「等」. 아래의 용례를 통해「等」으로 판독.

87　죽내본·길림본「獻」. 자형에 따라「獻」으로 판독.

88　죽내본·길림본「貌」. 자형에 따라「貌」로 판독.

89　죽내본·길림본「夷」. 아래의 용례를 통해「夷」로 판독.

90　죽내본·길림본「饗」. 아래의 용례를 통해「饗」으로 판독.

91　죽내본·길림본「願」. 아래의 용례를 통해「願」으로 판독.

92　죽내본·길림본「留」. 자형에 따라「留」로 판독.

93　죽내본·길림본「布」. 아래의 용례를 통해「布」로 판독.

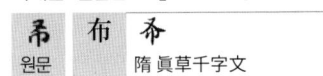

永初之際 無何獻誠

後漢書曰 永初三年秋 鴈[94]門烏桓率衆王無何与鮮卑大人兵偹[95]等 冠五原 與太子戰於九原高渠[96]谷 漢兵大敗 煞郡長吏 乃遣車騎將軍何熙[97]度[98]遼將運梁慬[99]等 擊大破之 無何乞降 鮮[100]卑走還塞外 是後烏桓稍親附 拜其大人戎朱廆爲漢都尉也

耿曄[101]申威 翻[102]致[103]蘭池之窘

後漢書曰 順帝時 烏桓冠雲中 遮[104]截道上商賈車□餘兩 度遼將軍耿曄[105]率二千餘人 追擊不利

---

94 죽내본「鴈」, 길림본「雁」.「鴈」는「雁」와 동자이고, 자형에 따라「鴈」으로 판독.

95 죽내본「備」, 길림본「偹」.「偹」는「備」의 이체자고, 자형에 따라「偹」로 판독.

96 죽내본·길림본「渠」. 아래의 용례를 통해「渠」로 판독.

97 죽내본·길림본「熙」. 자형에 따라「熙」로 판독.

98 죽내본·길림본「度」. 아래의 용례를 통해「度」로 판독.

99 죽내본·길림본「慬」. 자형에 따라「慬」으로 판독.

100 죽내본·길림본「鮮」. 아래의 용례를 통해「鮮」으로 판독.

101 죽내본·길림본「曄」. 자형에 따라「曄」으로 판독.

102 죽내본·길림본「翻」. 아래의 용례를 통해「翻」으로 판독.

103 죽내본·길림본「致」. 아래의 용례를 통해「致」로 판독.

又戰於沙南 斬首五百級 焉桓遂圍曄於闌[106]池城 於是發[107]積射士 千 度遼營千人 配[108]上郡屯[109] 以烏桓乃退也

劉[110]虞[111]購[112]募 遂摧居力之謀

後漢書曰 靈帝初 烏桓大人上谷有難樓[113]者 眾九十餘落 遼西有兵力居者 眾五千餘落 皆自稱王 □遼東蘇[114]僕延[115] 眾千餘落 自稱峭[116]王 右北平烏延 眾八百餘落 自稱汗魯王 慈勇[117]健而多計

策[118] 中平四年 前中山太守張純叛 入丘力居衆中 百号彌[119]天安定[120]王 遂爲諸郡烏桓元帥[121] 冠椋[122]靑徐幽冀[123]四州 五年 以劉虞爲幽州牧 虞購募斬純首 北州乃定者也

魏武揚旌 先梟蹋頓[124] 孫康杖節[125] 遽[126]斬樓班

後漢書曰 獻帝初平中 丘力居死 子樓班年[127]少 從[128]子蹋頓有武略 代立 德攝三郡 衆皆從[129]其号

---

114 죽내본·길림본「蘇」. 아래의 용례를 통해「蘇」로 판독.

115 죽내본·길림본「延」. 아래의 용례를 통해「延」으로 판독.

116 죽내본·길림본「峭」. 자형에 따라「峭」로 판독.

117 죽내본·길림본「勇」. 아래의 용례를 통해「勇」으로 판독.

118 죽내본「策」, 길림본「筞」.「筞」는「策」의 이체자이며, 자형에 따라「筞」으로 판독.

119 죽내본「彌」, 길림본「弥」. 아래의 용례를 통해「弥」로 판독.

120 죽내본·길림본「定」. 아래의 용례를 통해「定」으로 판독.

121 죽내본·길림본「師」. 아래의 용례를 통해「師」로 판독.

122 죽내본「椋」, 길림본「椋」. 좌변의 자형에 따라「椋」으로 판독.

123 죽내본·길림본「冀」. 아래의 용례를 통해「冀」로 판독.

今¹³⁰ 後難樓蘇僕延 率¹³¹其部衆 奉樓班爲單于 蹋頓爲王 時袁¹³²昭子南 敗奔蹋頓 幽¹³³冀吏人奔烏桓者十萬餘戶 建安十二年 魏武自征¹³⁴烏桓 大破蹋頓於柳城斬之 首虜¹³⁵廿餘萬人 袁尙與樓班

---

124 죽내본·길림본 「頓」. 아래의 용례를 통해 「頓」으로 판독.

125 죽내본·길림본 「節」. 아래의 용례를 통해 「節」로 판독.

126 죽내본·길림본 「遽」. 자형에 따라 「遽」로 판독.

127 죽내본 「年」, 길림본 「羊」. 아래의 용례를 통해 「年」으로 판독.

128 죽내본·길림본 「從」. 아래의 용례를 통해 「從」으로 판독.

129 죽내본 「從」, 길림본 「從」. 자형에 따라 「從」으로 판독.

130 죽내본·길림본 「今」. 아래의 용례를 통해 「今」으로 판독.

131 죽내본·길림본 「率」. 자형에 따라 「率」로 판독.

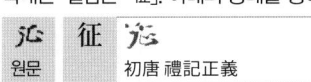

132 죽내본·길림본 「袁」. 아래의 용례를 통해 「袁」으로 판독.

133 죽내본·길림본 「幽」. 자형에 따라 「幽」로 판독.

원문

134 죽내본·길림본 「征」. 아래의 용례를 통해 「征」으로 판독.

원문 初唐 禮記正義

135 죽내본·길림본 「虜」. 자형에 따라 「虜」로 판독.

원문

烏延等 皆走遼東 遼東太守公孫康並斬送[136]之 其餘還萬餘衆落 悉[137]從居中國云也

---

136 죽내본·길림본 「送」. 아래의 용례를 통해 「送」으로 판독.

| 送 원문 | 送 | 送 唐 泉男生墓誌 |

137 죽내본·길림본 「悉」. 아래의 용례를 통해 「悉」으로 판독.

| 悉 원문 | 悉 | 悉 隋 龍藏寺碑 |

교감문 · 역주 · 참고자료

01 崇基夙樹, 疏¹遠系²於³强胡, 餘類尚南, 創雄名於桓嶠.
높은 기업이 일찍이 세워지니, 강호(오환)로부터 먼 세대를 나누었고, 남은 무리는 또한 남쪽으로 가니, 환교(오환산)로부터 웅장한 이름을 시작하였다.

范曄漢書曰: "烏桓者, 本東胡. 漢初, 匈奴冒⁴頓滅其國, 餘類保烏桓山, 因以爲號焉. 初東胡强盛, 輕冒頓, 從索閼氏寶馬. 匈奴皆與之, 而不爲備, 冒⁵頓破滅之."
범엽의 『[후]한서』에 다음과 같이 전한다. "오환은 본래 동호이다. 한 초에 흉노 모돈(묵특)이 그 나라를 멸하자 남은 무리가 오환산에 의지하여 [살았기] 때문에 그것을 이름으로 삼았다. 이전에 동호가 강성하였을 때, 모돈을 업신여겨, 거리낌 없이 연지와 좋은 말을 요구하였다. 흉노가 그들에게 모두 주었더니 [동호는 흉노를] 방비하지 않았으므로 모돈이 오환을 파멸시켰다."

• 참고
『後漢書』卷90 烏桓　烏桓者 本東胡也 漢初 匈奴冒頓滅其國 餘類保烏桓山 因以爲號焉 … 烏桓自爲冒頓所破 衆遂孤弱 常臣伏匈奴 歲輸牛馬羊皮 過時不具 輒沒其妻子

1　원문 「踈」. 죽내본·탕천본·길림본 「疏」. 뜻이 통하므로 원문대로 둠.
2　원문 「系」. 죽내본·길림본 원문대로, 탕천본 「孫」으로 교감. 뜻이 통하므로 원문대로 둠.
3　원문 「施於」. 죽내본·탕천본·길림본 「施」 생략. 「施」는 「於」의 衍文으로 여겨지므로 「於」로 교감.
4　원문 「置」. 죽내본·탕천본·길림본 「冒」로 교감. 흉노선우인 모돈을 가리키므로 「冒」로 교감.
5　원문 「昌」. 죽내본·탕천본·길림본 「冒」로 교감. 흉노선우인 모돈을 가리키므로 「冒」로 교감.

02 穹廬寢息, 資拜日以訓恭.

궁려에서 생활하고, 해를 배알함으로써 공경함을 드러냈으며,

後漢書曰: "烏桓俗, 善騎射, 弋獦⁶禽⁷爲事, 隨水草放牧. 居無常處, 以穹廬爲舍. 開⁸向日, 皆東拜日⁹. 食肉飮酪, 以毛毳爲衣. 貴少而賤老. 其性悍¹⁰塞. 怒則殺父兄, 而終不害其母, 以母有族¹¹類, 父兄無相仇¹²報故也."

『후한서』에 다음과 같이 전한다. "오환의 습속은 말타기와 활쏘기를 잘하고 날짐승 사냥을 일삼으며, 수초를 따라 방목한다. 거처는 일정한 곳이 없어 궁려를 집으로 삼는다. 해를 향해 [문을] 열고, 모두 동쪽으로 해에게 절한다. 고기를 먹고 젖을 마시며 털과 가죽으로 옷을 만든다. 어린 자를 귀하게 여기고 늙은 자를 천하게 여긴다. 그 성격은 사납고 막혀 있다. 화가 나면 아버지와 형을 죽이지만 끝내 그 어머니는 해치지 않으니 어머니는 종족이 있고, 아버지와 형은 서로 원수로 삼아 보복할 까닭이 없기 때문이다."

· 참고

『後漢書』 卷90 烏桓   俗善騎射 弋獵禽獸爲事 隨水草放牧 居無常處 以穹廬爲舍 東開向日 食肉飮酪 以毛毳爲衣 貴少而賤老 其性悍塞 怒則殺父兄 而終不害其母 以母有族類 父兄無相仇報故也

03 邑落徵科, 因刻木而昭信.

읍락에서 징수하고, 나무에 새겨서 증표를 나타냈다.

後漢書曰: "烏桓俗, 其有勇¹³健, 能理決鬪訟者, 推爲大人, 無業¹⁴相繼. 邑落各有小帥¹⁵, 數百千落

---

6 원문 「獦」. 죽내본 원문대로, 탕천본·길림본 「獵」으로 교감. 두 글자 모두 사냥이라는 뜻을 가지고 있으므로 교감하지 않고 원문대로 둠.

7 원문 「禽」. 죽내본 원문대로, 탕천본·길림본 「獸」를 보입하여 교감. 보입하지 않아도 뜻이 통하므로 원문대로 둠.

8 원문 「開」. 탕천본·길림본 「東開」로 교감. 보입하지 않아도 뜻이 통하므로 원문대로 둠.

9 원문 「皆東拜日」. 탕천본 「注云皆東拜日」로 교감. 탕천본은 해당 내용이 바로 앞 구절인 「東開向日」의 구체적인 이유를 설명하는 보주의 문구라고 보았다. 이에 해당 내용 앞에 「注云」을 보입하였다. 그러나 해당 부분이 주문인지의 여부는 불분명하므로 원문대로 둠.

10 원문 「悍」. 죽내본 「悍」 탕천본·길림본 「悍」로 교감. 의미상 「悍」로 교감.

11 원문 「族」. 길림본은 「挨」로 판독 후 「族」으로 교감.

12 원문 「仇」. 죽내본 「仇」로 판독, 탕천본 「仇」로 교감. 『후한서』를 참조하여 「仇」로 교감.

13 원문 「舅」. 죽내본·탕천본·길림본 「勇」으로 교감. 『후한서』에 따라 「勇」으로 교감.

14 원문 「業」. 죽내본 원문대로, 탕천본·길림본 「世業」으로 교감. 보입하지 않아도 뜻이 통하므로 원문대로 둠.

自爲一部. 大人有所召[16]呼, 則刻木爲信, 雖無[17]字, 而部衆不敢違犯. 氏姓無常[18], 以大人健[19]者名字爲姓. 大人以下[20]自畜牧[21]産, 不相傜[22]役之也[23]."

『후한서』에 다음과 같이 전한다. "오환의 습속에 용감하고 굳세며 결투와 소송을 잘 다스리는 자를 추대하여 대인으로 삼는데, 업을 계승하지는 않는다. 읍락에는 각각 소수가 있는데 수백·수천 락이 스스로 한 부를 이룬다. 대인이 말하여 알리는 것이 있으면 나무에 새겨 신표로 삼으니 비록 글자가 없어도 부의 사람들이 감히 어기거나 범하지 않는다. 氏와 姓은 일정치 않아 대인 가운데 굳센 자의 이름을 성으로 삼는다. 대인 이하는 스스로 가축을 기르며, 서로 부역을 시키지 않는다."

• 참고

『後漢書』卷90 烏桓　有勇健能理決鬪訟者 推爲大人 無世業相繼 邑落各有小帥 數百千落自爲一部 大人有所召呼 則刻木爲信 雖無文字 而部衆不敢違犯 氏姓無常 以大人健者名字爲姓 大人以下 各自畜牧營産 不相傜役

04　刺韋[24]成繡, 爰示女功, 鍛鐵爲兵[25], 用標[26]男伎.

가죽을 잘라 수를 놓았으니, 이에 여인의 솜씨를 보였고, 철을 단련하여 병기를 만들었으니, 이로써 사내의 재주를 드러냈다.

後漢書曰: "烏桓俗[27], 計謀從用婦人, 戰鬪[28]之事乃自決之. 父子男女相對踞蹲, 以髡[29]頭爲輕便. 婦

15　원문「師」. 죽내본 원문대로, 탕천본·길림본「帥」로 교감. 읍락의 거수를 나타내는 표현 중 하나이며, 이에「帥」로 교감.
16　원문「名」. 죽내본·탕천본·길림본「召」로 교감. 의미상「召」로 교감.
17　원문에는 글자가 없다. 죽내본은 원문대로, 탕천본·길림본「文」을 보입. 보입하지 않아도 뜻이 통하므로 원문대로 둠.
18　원문「掌」. 죽내본·탕천본·길림본「常」. 의미상「常」으로 교감.
19　원문「揵」. 죽내본·탕천본·길림본「健」. 의미상 굳건하다는 뜻을 지닌「健」으로 교감.
20　원문에는 글자가 없다. 죽내본·탕천본·길림본「各」보입. 보입하지 않아도 뜻이 통하므로 원문대로 둠.
21　원문에는 글자가 없다. 죽내본·탕천본·길림본「營」보입. 보입하지 않아도 뜻이 통하므로 원문대로 둠.
22　원문「搖」. 죽내본·탕천본「傜」. 길림본「傜」. '傜'와 '傜'은 같은 의미이므로『後漢書』에 따라「傜」로 교감.
23　원문「之也」. 탕천본·길림본 해당 글자를 연문으로 간주하고 생략. 생략하지 않아도 뜻이 통하므로 원문대로 둠.
24　원문「違」. 죽내본·탕천본·길림본「韋」. 의미상「韋」로 교감.
25　원문「丘」. 죽내본·탕천본·길림본「兵」. 의미상「兵」으로 교감.
26　원문「標」. 죽내본「標」로 판독 후「標」로 교감.
27　원문「佋」. 길림본「俗」으로 판독. 죽내본·탕천본「俗」으로 교감. 문맥상「俗」으로 교감.

人至嫁³⁰, 乃養髮分爲髻, 著句決, 飾以金碧, 猶中國有簂³¹步搖也. 婦人能刺韋³², 作文繡, 織³³氀毼. 男子能作·弓³⁴·矢·鞍³⁵, 鍛³⁶金·鐵爲兵器也."

『후한서』에 다음과 같이 전한다. "오환의 습속에 [남자는] 계획·책모는 부인을 따르지만, 전투의 일은 스스로 결정한다. 부자와 남녀는 마주보고 웅크려 앉으며, 머리를 깎은 것을 편하게 여긴다. 부인은 시집감에 이르면, 머리카락을 길러 나누어 묶고, 구결(머리장식)을 붙이며 금과 푸른 옥으로 장식하니 중국에 궤보요가 있는 것과 같다. 부인은 가죽을 잘 손질하고, 무늬와 수를 놓으며, 모직물을 짰다. 남자는 활·화살·안장을 잘 만들며, 금과 철을 단련하여, 병기를 만든다."

• 참고

『後漢書』卷90 烏桓　計謀從用婦人 唯鬪戰之事乃自決之 父子男女相對踞蹲 以髡頭爲輕便 婦人至嫁時乃養髮 分爲髻 著句決 飾以金碧 猶中國有簂步搖 婦人能刺韋作文繡 織氀毼 男子能作弓矢鞍勒 鍛金鐵爲兵器

05　饋馬牛, 以交二族,
말과 소를 보내, 두 집안을 합했고,

後漢書曰: "烏桓俗, 其嫁娶, 則先略女通情, 或半歲百[日]³⁷, 然後送牛·馬·羊畜, 以爲娉幣. 壻隨妻還家, 無尊卑³⁸, 旦旦³⁹拜之, 而不自拜其父母. 爲妻[家]⁴⁰僕, 役一二年間, 妻家乃更厚⁴¹遣送女,

---

28　원문에는 글자가 없다. 원문「戰鬪」. 길림본「唯戰鬪」로 교감. 보입하지 않아도 뜻이 통하므로 원문대로 둠.
29　원문「髠」. 탕천본「髡」로 교감.
30　원문에는 글자가 없다. 죽내본 원문대로, 탕천본·길림본「時」를 보입. 원문대로 두어도 뜻이 통하므로 교감하지 않음.
31　원문「慖」. 죽내본「幗」, 탕천본「楇」, 길림본「簂」로 교감.『후한서』를 참조하여「簂」로 교감.
32　원문「違」, 죽내본·탕천본·길림본「韋」. 내용상「韋」로 교감.
33　원문「織數」, 죽내본·탕천본·길림본「數」를 연문으로 파악.「數」는 뒷글자의 오사인 듯하므로「數」를 생략하여 교감.
34　원문「巳」, 죽내본「己」로 판독. 탕천본·길림본「弓」으로 교감. 내용상「弓」으로 교감.
35　원문에는 글자가 없다. 죽내본 원문대로, 탕천본·길림본「勒」을 보입. 보입하지 않아도 뜻이 통하므로 원문대로 둠.
36　원문「假」, 죽내본·탕천본·길림본「鍛」으로 교감. 내용상「鍛」으로 교감.
37　원문에는 글자가 없다. 죽내본·탕천본·길림본「日」보입. 내용상 기간을 뜻하는 글자가 필요하므로「日」을 보입하여 교감.
38　원문「無尊卑」. 죽내본 원문대로, 탕천본·길림본「妻家無尊卑」로 교감. 보입하지 않아도 뜻이 통하므로 원문대로 둠.
39　원문「旦ゝ」. 죽내본·탕천본「旦ゝ」로 판독. 길림본은「旦旦」으로 교감.『후한서』를 참조하여「旦旦」으로 교감.
40　원문에는 글자가 없다. 죽내본은 원문대로, 탕천본·길림본「家」를 보입. 보다 정확한 의미 전달을 위해『후한서』를 참조하여「家」를 보입.
41　원문「更後」. 죽내본은 원문대로, 탕천본「厚」로, 길림본「更厚」로 교감. 의미상「更厚」로 교감.

居處財⁴²物一皆爲辨⁴³. 其俗妻後母, 報寡嫂也⁴⁴."

『후한서』에 다음과 같이 전한다. "오환의 습속에 장가들려면 먼저 여자를 납치하여 정을 통하여 반년이나 100일을 지낸 후에 소·말·양 [따위의] 가축을 보내 결혼 폐물로 삼는다. 사위는 처를 따라 집으로 돌아가는데, [신분의] 높고 낮음 없이 아침마다 절을 하지만 스스로 자신의 부모에게는 절하지 않는다. 처가의 노복이 되어 1~2년간 부림을 당하면, 처가는 이내 [재물을] 더욱 후하게 하여 딸을 보낸다. [처가에서] 거처와 재물은 하나같이 모두 마련해준다. 그 습속에 후모를 처로 삼으며, 과부인 형수를 간음한다."

• 참고

『後漢書』 卷90 烏桓　其嫁娶則先略女通情 或半歲百日 然後送牛馬羊畜 以爲娉幣 壻隨妻還家 妻家無尊卑 旦旦拜之 而不拜其父母 爲妻家僕役 一二年間 妻家乃厚遣送女 居處財物一皆爲辨 其俗妻後母 報寡嫂 死則歸其故夫

06 ｜ 觀鳥獸, 而別四時.
새와 짐승을 보고, 사시를 구별했다.

後漢書曰: "烏桓土地宜穄及東牆. 東牆似蓬草, 實如穄子. 至十月而熟. 見鳥獸孕乳, 以別四時. 卽⁴⁵耕種, 用布穀鳴, 爲候之也⁴⁶."

『후한서』에 다음과 같이 전한다. "오환의 토지는 검은 기장과 동장[을 기르는 데]에 적합하다. 동장은 쑥과 비슷하며, 열매는 검은 기장의 씨앗만하다. 10월이 되면 익는다. [오환인은] 새와 짐승이 새끼를 배거나 젖을 주는 것을 보고 사시를 분별하였다. 즉 경작하고 파종하는 데 뻐꾸기 울음을 적시로 여겼다."

• 참고

『後漢書』 卷90 烏桓　其土地宜穄及東牆 東牆似蓬草 實如穄子 至十月而熟 見鳥獸孕乳 以別四節

42　원문 「則」. 죽내본·탕천본·길림본 「財」로 교감. 의미상 「財」로 교감.
43　원문 「辯」. 죽내본·탕천본·길림본 「辨」로 교감. 의미상 「辨」으로 교감.
44　원문 「也」. 길림본은 「也」를 생략하였으나 의미상 변화가 없으므로 원문대로 둠.
45　원문 「卽」. 죽내본 원문대로, 탕천본 「卽」을 생략하는 것으로, 길림본 「節」로 교감. 원문대로 두어도 뜻이 통하므로 원문대로 둠.
46　원문 「之也」. 탕천본·길림본 「之也」 생략. 원문대로 두는 것이 문장구조상 합당하므로 생략하지 않음. 한편 卽 이하는 현전하는 『후한서』에서 확인되지 않지만, 주문의 구성상 『한원』 편찬 당시의 『후한서』에는 있었을 가능성이 높다.

07 族茂白山, 假循虵而示譴,
족속은 백산에서 무성하니, 독사에게 청하여 죄 지음을 보였고,

後漢書曰: "烏桓在上谷塞外白山者, 最爲强富." 又曰: "其約法違大人言者, 罪至死. 若相賊殺者, 令部[47]落自相報, 相報不止, 詣大人告[48]之, 聽出馬・牛・羊以贖死. 其自殺父兄則無罪[49]. 若亡叛[50], 爲大人所捕者, 邑落不得[51]受之, 徙逐[52]於雍狂之地沙漠[53]之中, 其土多蝮虵[54]. 在丁令[55]西南, 烏孫東北."

『후한서』에 다음과 같이 전한다. "오환 중에서 상곡 새외의 백산에 있는 자들이 가장 부강하다." 또 다음과 같이 전한다. "그들이 약속한 법에 대인의 말을 어긴 자는 죄가 죽음에 이른다. 만약 어떤 이가 살해되면 부락[사람들]에게 스스로 보복하게 하는데, 보복이 그치지 않으면 대인에게 나아가 이를 알리며, [대인은] 말・소・양을 내어 죽음을 대속하는 것을 허락한다. 그 자신이 부형을 죽이는 것은 죄를 묻지 않는다. 만약 도망가거나 반란을 일으켜 대인에게 사로잡힌 자라면 읍락은 받아들이지 않고, 멀고 먼 변경 사막 한가운데로 쫓아내는데, 그 땅은 살무사와 긴 뱀이 많다. 정령의 서남쪽, 오손의 동북쪽에 있다."

・참고

『後漢書』卷90 烏桓   其約法 違大人言者 罪至死 若相賊殺者 令部落自相報 不止 詣大人告之 聽出馬牛羊以贖死 其自殺父兄 則無罪 若亡畔爲大人所捕者 邑落不得受之 皆徙逐於雍狂之地 沙漠之中 其土多蝮蛇 在丁令西南 烏孫東北焉 … 其在上谷塞外白山者 最爲强富

---

47 원문 「都」. 죽내본・탕천본・길림본 「部」로 교감. 의미상 「部」로 교감.
48 원문 「吉」. 죽내본・탕천본 「告」로 판독. 길림본 「吉」로 판독 후 「告」로 교감. 내용상 「告」로 교감.
49 원문 「門」. 죽내본・탕천본・길림본 「罪」로 교감. 의미상 「罪」로 교감.
50 원문 「叛」. 길림본 「畔」으로 교감하였으나 양자는 의미가 통하므로 원문대로 둠.
51 원문 「得」. 탕천본 「得」에 교감 표기를 해두었으나 원래 판독한 글자를 알지 못함.
52 원문 「徙逐」. 길림본 「皆徙逐」으로 교감. 보입하지 않아도 뜻이 통하므로 원문대로 둠.
53 원문 「漢」. 죽내본・탕천본・길림본 「漠」으로 교감. 내용상 사막을 가리키므로 「漠」으로 교감.
54 원문 「虵」. 길림본 「蛇」로 교감하였으나 두 글자는 동일자이므로 원문대로 둠.
55 원문 「合」. 죽내본・탕천본・길림본 「令」으로 교감. 의미상 「令」으로 교감.

08 魂遊赤嶺, 資護犬以攘邪[56].
혼은 적령으로 떠나니, 호송견에 의지하여 사특함을 물리쳤다.

後漢書曰: "烏桓俗, 貴兵死. 斂屍以棺, 有哭泣之哀, 至葬則歌舞相送. 肥[57]養一犬, 以綵繩[58]牽[59], 并取[60]乘馬·衣物[61], 燒[62]而送之. 言以屬累犬[63], 使[64]護死者神靈, 歸赤山. 赤山在遼東[西][65]北數千里, 如中國人死者魂神歸岱山也. 敬鬼神, 祠天地·日月·星辰·山川及[先][66]大人有健名者. 祠用牛羊, 畢皆燒之."

『후한서』에 다음과 같이 전한다. "오환의 습속은 싸우다 죽는 것을 귀하게 여긴다. 시체를 거둘 때는 관을 쓴다. 소리내어 울면서 슬퍼하였지만 장사하는 데 이르면 노래하고 춤추며 [죽은 자를] 보낸다. 개 한 마리를 비육하게 길러서 비단 끈으로 묶고 타던 말과 의복을 모두 취하여 불태워 장송한다. 개를 묶음으로써 죽은 자의 신령을 보호하여 적산으로 돌아가도록 말하는 것이다. 적산은 요동 서북쪽 수천 리에 있는데, 중국인이 죽은 자의 혼신이 대산으로 돌아간다고 하는 것과 같다. 귀신을 공경하며 천지·일월·성신·산천 및 선대인으로 이름난 자를 제사지낸다. 제사에는 소와 양을 사용하며 마치면 모두 불태운다."

• 참고

『後漢書』卷90 烏桓　俗貴兵死 斂屍以棺 有哭泣之哀 至葬則歌舞相送 肥養一犬 以彩繩纓牽 并取死者所乘馬衣物 皆燒而送之 言以屬累犬 使護死者神靈歸赤山 赤山在遼東西北數千里 如中國人死者魂神歸岱山也 敬鬼神 祠天地日月星辰山川及先大人有健名者 祠用牛羊 畢皆燒之

---

56 원문 「耶」. 탕천본 원문대로, 죽내본·길림본 「邪」로 교감. 의미상 「邪」로 교감.
57 원문 「服」. 죽내본·탕천본·길림본 「肥」로 교감. 의미상 살찌우다는 뜻의 「肥」로 교감.
58 원문에는 글자가 없다. 길림본 『후한서』에 따라 「纓」 보입. 보입하지 않아도 뜻이 통하므로 원문대로 둠.
59 원문 「帝」. 죽내본·탕천본·길림본 「牽」으로 교감. 의미상 「牽」으로 교감.
60 원문에는 글자가 없다. 죽내본·탕천본 원문대로, 길림본 「死者所」 보입. 보입하지 않아도 뜻이 통하므로 원문대로 둠.
61 원문 「物」. 죽내본·길림본 원문대로, 탕천본 「服」으로 교감. 원문대로 두어도 뜻이 통하므로 교감하지 않음.
62 원문 「燒」. 길림본 「皆燒」로 교감. 보입하지 않아도 뜻이 통하므로 원문대로 둠.
63 원문 「大」. 죽내본·탕천본·길림본 「犬」으로 교감. 의미상 「犬」으로 교감.
64 죽내본은 본문에서 해당 글자를 빼먹었다.
65 원문에는 글자가 없다. 죽내본 원문대로, 탕천본·길림본 「西」 보입. 방위와 관련된 사항으로, 보다 정확한 의미 전달을 위해 『후한서』를 참조하여 「西」 보입.
66 원문에는 글자가 없다. 죽내본 원문대로, 탕천본·길림본 「先」 보입. 제사 대상을 나열한 부분으로, '이미 죽은 자'의 의미를 전달하기 위해 『후한서』를 참조하여 「先」 보입.

09 建武之中, 郝旦詣闕,
건무 연간에, 학단이 궐에 이르렀고,

後漢書曰: "建武二十五年, 遼西烏桓大人郝旦等九百二十二人, 率衆向化, 詣闕朝貢. 獻奴婢・牛馬及弓虎豹[67]貂皮. 是時四夷朝賀, 駱[68]驛而至, 天子乃大會勞饗, 賜以珍寶. 烏桓或願留宿衛. 於是封其渠帥[69]爲侯王[70]・君長者八十一人. 皆居塞內, 布於緣[71]邊諸郡, 令招來種人, 給其衣食, 遂爲漢偵候也."

『후한서』에 다음과 같이 전한다. "건무 25년(49)에 요서오환대인 학단 등 922인이 무리를 이끌고 귀화하니, 궐에 이르러 조공하였다. 노비・우마 및 활・호랑이・표범・담비 가죽을 바쳤다. 이때 사이가 조하하여 끊이지 않고 이르니 천자가 이내 큰 연회를 열어 노고를 위로하고 진귀한 보물을 내려주었다. 오환 중 어떤 이는 머물며 숙위하기를 원하였다. 이에 그 거수를 봉하여 후왕・군장으로 삼은 자가 81인이었다. 모두 새내에 거처하여 변경의 여러 군에 퍼져 있었는데, [이들에게] 종인(種人)을 불러오게 하고, 의복과 음식을 주었으니, 마침내 한의 척후가 되었다."

• 참고
『後漢書』卷90 烏桓　二十五年 遼西烏桓大人郝旦等九百二十二人率衆向化 詣闕朝貢 獻奴婢牛馬及弓虎豹貂皮 是時四夷朝賀 絡驛而至 天子乃命大會勞饗 賜以珍寶 烏桓或願留宿衛 於是封其渠帥爲侯王君長者八十一人 皆居塞內 布於緣邊諸郡 令招來種人 給其衣食 遂爲漢偵候

10 永初之際, 無何獻誠.
영초 연간에, 무하가 정성을 바쳤다.

後漢書曰: "永初三年秋, 鴈門烏桓率衆王無何與鮮卑大人丘備[72]等, 寇[73]五原. 與太守[74]戰於九原高

67　원문「武貌」. 죽내본「戈豹」, 탕천본「虎豹」, 길림본「武豹」로 교감. 『후한서』를 참조하여「虎豹」로 교감.
68　원문「駱」. 죽내본・탕천본 원문대로, 길림본「絡」. 원문대로 두어도 뜻이 통하므로 교감하지 않음.
69　원문「師」. 죽내본・탕천본・길림본「帥」. 거수를 의미하므로「帥」로 교감.
70　원문「玉」. 죽내본・탕천본・길림본「王」. 후왕을 가리키므로「王」으로 교감.
71　원문「綠」. 죽내본・탕천본・길림본「緣」. 『후한서』에 따라「緣」으로 교감.
72　원문「兵偁」. 죽내본「兵備」, 탕천본・길림본「丘倫」으로 교감. 『후한서』에는「丘倫」으로 되어 있으나 『후한서』는 송대 이후의 판본이므로 『한원』 所引 『후한서』와 어느 것이 원전에 가까운지 판단하기 쉽지 않음. 이에 원문대로 둠.

渠谷, 漢兵大敗, 殺郡長吏. 乃遣車騎將軍何熙·度遼將軍[75]梁慬等, 擊大破之, 無何乞降, 鮮卑走還塞外. 是後烏桓稍[76]親附, 拜其大人戎朱[77]廆爲[親][78]漢都尉也."

『후한서』에 다음과 같이 전한다. "영초 3년(109) 가을에 안문오환 솔중왕 무하와 선비대인 구비 등이 오원[군]을 노략질하였다. 태수와 구원 고거곡에서 싸웠는데 한병이 크게 패하여 군의 장리가 살해당했다. 이에 [한 조정에서는] 거기장군 하희·도요장군 양근 등을 보내어 쳐서 크게 격파하니 무하는 항복을 청했고, 선비는 달아나 새외로 돌아갔다. 이후 오환이 점차 친하게 여기고 귀부해 오니 그 대인인 융주외를 배하여 친한도위로 삼았다."

• 참고

『後漢書』卷90 烏桓   安帝永初三年夏 漁陽烏桓與右北平胡千餘寇代郡上谷 秋 鴈門烏桓率衆王無何 與鮮卑大人丘倫等 及南匈奴骨都侯 合七千騎寇五原 與太守戰於九原高渠谷 漢兵大敗 殺郡長吏 乃遣車騎將軍何熙 度遼將軍梁慬等擊 大破之 無何乞降 鮮卑走還塞外 是後烏桓稍復親附 拜其大人戎朱廆爲親漢都尉

11 耿曄申威, 翻致蘭池之窘,

경엽이 위용을 펼쳤으나, 도리어 난지[성]의 어려움을 불렀고,

後漢書曰: "順帝時, 烏桓寇[79]雲中, 遮截道上商賈車[80]千餘兩, 度遼將軍耿曄率二千餘人, 追擊不利. 又戰於沙南, 斬首五百級. 烏[81]桓遂圍曄於蘭[82]池城. 於是發積射士, 千[人][83], 度遼營千人, 配上

---

73 원문 「冠」. 죽내본·탕천본·길림본 「寇」로 교감. 노략질한다는 내용임으로 「寇」의 오사가 확실함. 이에 「寇」로 교감.
74 원문 「子」. 죽내본 원문대로, 탕천본·길림본 「守」로 교감. 오원군에서 발생한 일로, 전투를 주도한 이는 태수로 여겨짐. 따라서 「守」로 교감.
75 원문 「運」. 죽내본·탕천본·길림본 「軍」으로 교감. 도요장군을 가리키는 부분으로 「軍」의 오사가 확실함. 이에 「軍」으로 교감.
76 원문 「稍」. 죽내본·탕천본 원문대로, 길림본 「復」으로 교감. 원문대로 두어도 뜻이 통하므로 교감하지 않음.
77 원문 「朱」. 죽내본·탕천본·길림본 「末」로 교감. 『후한서』에는 「朱」로, 『삼국지』에는 「末」로 되어있다. 이에 어느 것이 타당한지 판단하기 어려우므로 원문대로 둠.
78 원문에는 글자가 없다. 죽내본·탕천본·길림본 「親」 보입. 귀부한 대인에게 내려준 호칭이며, 『後漢書』를 참조하여 「親」 보입.
79 원문 「冠」. 죽내본·탕천본·길림본 「寇」로 교감. 침입했다는 내용이므로 「寇」의 오사가 확실함. 이에 「寇」로 교감.
80 원문에는 글자가 없다. 죽내본 원문대로, 탕천본·길림본 「牛」 보입. 보입하지 않아도 뜻이 통하므로 원문대로 둠.
81 원문 「焉」. 죽내본·탕천본·길림본 「烏」로 교감. 오환을 가리키는 부분이므로 「烏」로 교감.
82 원문 「闌」. 죽내본·탕천본·길림본 「蘭」으로 교감. 다른 사서의 용례를 참조하여 「蘭」으로 교감.
83 원문 「千」. 죽내본·탕천본 「千人」, 길림본 「二千人」으로 교감. 병력의 수와 관련된 기록은 어느 것이 정확한지 확인할 수 없으므로 보입하지 않음. 다만, 보다 명확한 의미 전달을 위해 「人」만 보입하여 교감.

郡屯, 以⁸⁴烏桓乃退也."

『후한서』에 다음과 같이 전한다. "순제 연간(125~144)에 오환이 운중[군]을 침범하여 도로 위에서 상인의 마차 1천여 량을 막아서고 가로채니, 도요장군 경엽은 2천여 인을 거느리고 추격하였지만, 이기지 못했다. 또 사남[현]에서 싸웠는데, [이때에는] 500급을 참수했다. 오환이 마침내 난지성에서 경엽을 포위하였다. 이에 적사사⁸⁵ 1천 인, 도요[장군] 군영의 1천 인을 선발하여 상군에 배치하여 주둔시키니 오환이 곧 물러갔다."

• 참고

『後漢書』卷90 烏桓　順帝陽嘉四年冬 烏桓寇雲中 遮截道上商賈車牛千餘兩 度遼將軍耿曄率二千餘人追擊 不利 又戰於沙南 斬首五百級 烏桓遂圍曄於蘭池城 於是發積射士二千人 度遼營千人 配上郡屯 以討烏桓 烏桓乃退

12　劉虞購募, 遂摧力居⁸⁶之謀.
유우는 현상금을 걸었으니, 마침내 [구]력거의 모의를 꺾었다.

後漢書曰: "靈帝初, 烏桓大人上谷有難樓者, 衆九十餘落. 遼西有丘⁸⁷力居者, 衆五千餘落. 皆自稱王. 又⁸⁸遼東蘇僕延, 衆千餘落, 自稱峭王, 右北平烏延, 衆八百餘落, 自稱汗⁸⁹魯王. 並⁹⁰勇健⁹¹而多計策. 中平四年, 前中山太守張純叛, 入丘力居衆中, 自⁹²號彌⁹³天安定王. 遂爲諸郡烏桓元帥, 寇掠靑⁹⁴·徐·幽·冀四州. 五年, 以劉虞爲幽州牧⁹⁵. 虞購募斬純首, 北州乃定者也."

84　원문에는 글자가 없다. 죽내본·탕천본·길림본 「討烏桓」 보입. 그러나 보입하지 않아도 뜻이 통하므로 원문대로 둠.

85　漢代에 보이는 흔적을 찾아 추적하는 사수를 가리킴.

86　원문 「居力」. 죽내본 원문대로, 탕천본·길림본 「力居」로 교감. 구력거라는 인물을 가리키며, 이에 『후한서』를 참조하여 「力居」로 교감.

87　원문 「兵」. 죽내본·탕천본·길림본 「丘」로 교감. 구력거라는 인물을 가리키며 이에 「丘」로 교감.

88　원문 □. 죽내본·탕천본·길림본 「又」로 교감. 해당 글자의 판독이 어려우며, 이에 『후한서』를 참고하여 「又」로 교감.

89　원문 「汙」. 탕천본·길림본 원문대로, 죽내본 「汗」으로 교감. 『후한서』나 『삼국지』에 「汗」으로 되어 있다. 이를 참조하여 「汗」으로 교감.

90　원문 「慈」. 죽내본·탕천본·길림본 「並」으로 교감. 의미상 「並」으로 교감.

91　원문 「揵」. 죽내본·탕천본·길림본 「健」으로 교감. 의미상 「健」으로 교감.

92　원문 「百」. 죽내본·탕천본·길림본 「自」로 교감. 의미상 「自」로 교감.

93　원문 「弥」. 탕천본·길림본 원문대로, 죽내본 「稱」으로 교감. 『후한서』나 『삼국지』에 彌로 되어 있다. 이에 「彌」로 교감.

94　원문 「冠椋靑」. 죽내본·탕천본·길림본 「寇掠靑」으로 교감. 내용을 고려하여 「寇掠靑」으로 교감.

95　원문 「枝」. 죽내본·탕천본·길림본 「牧」으로 교감. 유주목이라는 관을 가리키는 표현이므로 「牧」으로 교감.

『후한서』에 다음과 같이 전한다. "영제(재위: 168~189) 초, 상곡에 오환대인 난루가 있었는데 무리가 9천여 락이었다. 요서에는 구력거라는 자가 있었는데 무리가 5천여 락이었다. 모두 왕을 자칭했다. 또 요동의 소복연은 무리가 1천여 락이었는데 초왕을 자칭했고, 우북평의 오연은 무리가 800여 락이었는데 한로왕을 자칭했다. 모두 용감하고 굳건하며 계책이 많았다. 중평 4년(187)에 전중산태수 장순이 이반하여 구력거의 무리로 들어가서는 스스로 미천안정왕이라 불렀다. 마침내 여러 군의 오환 원수가 되어 청·서·유·기 4주를 노략질하였다. 5년(188)에 유우를 유주목으로 삼았다. [유]우가 현상금을 걸어 [사람을] 불러모아서 [장]순의 목을 베니 북쪽 주가 이내 안정되었다."

• 참고
『後漢書』卷90 烏桓   靈帝初 烏桓大人上谷有難樓者 衆九千餘落 遼西有丘力居者 衆五千餘落 皆自稱王 又遼東蘇僕延 衆千餘落 自稱峭王 右北平烏延 衆八百餘落 自稱汗魯王 並勇健而多計策 中平四年 前中山太守 張純畔 入丘力居衆中 自號彌天安定王 遂爲諸郡烏桓元帥 寇掠青徐幽冀四州 五年 以劉虞爲幽州牧 虞購募斬純首 北州乃定

13

魏武揚旌, 先梟蹋頓, 孫康持[96]節, 遽斬樓班.
위 무제가 깃발을 휘날려, 먼저 답돈을 효수하니, [공]손강은 절개를 지켜, 재빨리 누반을 참수하였다.

後漢書曰: "獻帝初平中, 丘力居死. 子樓班年少, 從子蹋頓有武略, 代立, 總[97]攝三郡, 衆皆從其號令[98]. 後難樓·蘇僕延, 率其部衆, 奉樓班爲單于, 蹋頓爲王. 時袁紹[99]子尙[100], 敗奔蹋頓, 幽·冀吏人奔烏桓者十萬餘戶. 建安十二年, 魏武自征烏桓, 大破蹋頓於柳城斬之, 首虜二十餘萬人. 袁尙與樓班·烏延等, 皆走遼東, 遼東太守公孫康並斬送之. 其餘還[101]萬餘衆[102]落, 悉徙[103]居中國云也."

---

96 원문「枝」. 죽내본 원문대로, 탕천본「持」, 길림본「杖」로 교감. 내용상「持」로 교감.
97 원문「德」. 죽내본·탕천본·길림본「總」으로 교감. 내용상「德」은「總」의 오기가 확실하므로「總」으로 교감.
98 원문「今」. 죽내본·탕천본·길림본「令」으로 교감. 내용상 명령의 의미를 가진「令」으로 교감.
99 원문「昭」. 죽내본 원문대로, 탕천본·길림본「紹」로 교감. 후한 말 인물인 원소의 이름은 다른 사서에서 '袁紹'로 확인됨. 이를 참조하여「紹」로 교감.
100 원문「南」. 죽내본·탕천본·길림본「尙」으로 교감. 원소의 아들 가운데 한 명인 '袁尙'을 가리킴. 이에「尙」으로 교감.
101 원문「還」. 죽내본 원문대로, 탕천본·길림본「衆」으로 교감. 원문대로 두어도 뜻이 통하므로 교감하지 않음.
102 원문「衆」. 죽내본 원문대로, 탕천본·길림본『후한서』와 같이「衆」을 생략. 그러나 원문대로 두어도 뜻이 통하므로 교감하지 않음.

『후한서』에 다음과 같이 전한다. "헌제 초평 연간(190~193)에 구력거가 죽었다. 아들 누반은 나이가 어렸지만 조카 답돈이 무략이 있어 대신 세워 3군을 총관하게 하니 무리가 모두 그의 호령을 따랐다. 이후에 난루·소복연이 그 부의 무리를 이끌고 누반을 받들어 선우로 삼고, 답돈을 왕으로 삼았다. 이때 원소의 아들 [원]상이 패하여 답돈에게 도망쳤으며, 유·기주의 관리로 오환에 도망친 자가 10만여 호였다. 건안 12년(207)에 위 무제가 친히 오환을 정벌하여 유성에서 답돈을 크게 격파하여 그를 참하고, 20여만 인을 죽이거나 사로잡았다. 원상은 누반·오연 등과 모두 요동으로 달아났는데, 요동태수 공손강이 [이들을] 모두 참하여 [경도로] 보냈다. 그밖에 1만여 무리의 락을 돌려보내 모두 중국으로 옮겨 살게 하였다고 한다."

• 참고
『後漢書』卷90 烏桓　獻帝初平中 丘力居死 子樓班年少 從子蹋頓有武略 代立 總攝三郡 衆皆從其號令 建安初 冀州牧袁紹與前將軍公孫瓚相持不決 蹋頓遣使詣紹求和親 遂遣兵助擊瓚 破之 紹矯制賜蹋頓難樓蘇僕延烏延等 皆以單于印綬 後難樓蘇僕延率其部衆奉樓班爲單于 蹋頓爲王 然蹋頓猶秉計策 廣陽人閻柔 少沒烏桓鮮卑中 爲其種人所歸信 柔乃因鮮卑衆 殺烏桓校尉邢擧而代之 袁紹因寵慰柔 以安北邊 及紹子尙敗 奔蹋頓 時幽冀吏人奔烏桓者十萬餘戶 尙欲憑其兵力 復圖中國 會曹操平河北 閻柔率鮮卑烏桓歸附 操卽以柔爲校尉 建安十二年 曹操自征烏桓 大破蹋頓於柳城 斬之 首虜二十餘萬人 袁尙與樓班烏延等皆走遼東 遼東太守公孫康並斬送之 其餘衆萬餘落 悉徙居中國云

103　원문 「從」. 죽내본·탕천본·길림본 「徙」로 교감. 내용상 「徙」로 교감.

鮮卑[1]
―
선비

판독문

依山構²緒 接³派⁴東胡之源

司馬彪⁵續漢書曰 鮮⁶卑者亦東胡之支也 別⁷依鮮卑山 故因号烏⁸ 其言語習俗 与烏桓同也

---

1. 죽내본·길림본 「卑」. 아래의 용례를 통해 「卑」로 판독.
   北魏 元彦墓誌

2. 죽내본·길림본 「構」. 아래의 용례를 통해 「構」로 판독.
   唐 昭仁寺碑

3. 죽내본 「樓」, 길림본 「接」. 아래의 용례를 통해 「接」으로 판독.
   隋 眞草千字文 / 唐 世說新書

4. 죽내본 「派」, 길림본 「流」. 아래의 용례를 통해 「派」로 판독.
   唐 李靖碑 / 北魏 元緒墓誌

5. 죽내본·길림본 「彪」. 아래의 용례를 통해 「彪」로 판독.
   北魏 李超墓誌

6. 죽내본·길림본 「鮮」. 아래의 용례를 통해 「鮮」으로 판독.
   唐 郭虛己墓誌

7. 죽내본·길림본 「別」. 자형에 따라 「別」로 판독.

8. 죽내본 「焉」, 길림본 「烏」. 아래의 용례를 통해 「烏」로 판독.
   北魏 元欽墓誌 / 唐 泉男生墓誌

附塞跣枝 嗣德左賢之胄

王琰宋春秋曰 赫連冒鮮卑別[9]種 本匈奴左賢王後也 祖衛臣仕塞表

地隣遼碣 境[10]接燉[11]煌

續漢書曰 鮮卑 其地東接遼水 西當西城[12] 自爲匈奴冒頓所破 遠[13]竄遼東塞外 与烏桓相接 未甞通中國 光武時 南北單于 更相攻伐 匈奴損耗 而鮮卑逐盛[14] 自燉惶酒[15]泉[16]以東邑落大人 皆詣遼東受客賜

方貴角端 裘珎貂豽

後漢曰 鮮卑地禽獸 異[17]於中國者 有野馬原羊角端牛 以角爲弓 俗謂之角端弓也 又有豹貃貂子

---

9 죽내본·길림본「別」. 아래의 용례를 통해「別」으로 판독.

10 죽내본·길림본「境」. 자형에 따라「境」으로 판독.

11 죽내본·길림본「燉」. 자형에 따라「燉」으로 판독.

12 죽내본「域」, 길림본「城」. 아래의 용례를 통해「城」으로 판독.

13 죽내본「遠」. 길림본은 원문과 같이 판독하였음. 아래의 용례를 통해「遠」으로 판독.

14 죽내본·길림본「盛」. 자형에 따라「盛」으로 판독.

15 죽내본·길림본「酒」. 아래의 용례를 통해「酒」로 판독.

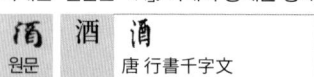

16 죽내본·길림본「泉」. 자형에 따라「泉」으로 판독.

皮毛柔蠕[18] 故天下以爲名求之也

結歡[19]饒[20]浦 素尙髡[21]之姿

後漢書曰 鮮卑与烏桓同 唯婚[22]姻[23]先髮[24]頭 以季春月 大會於饒樂[25]水上 飮宴[26]畢 然後配[27]合者也

---

17 죽내본·길림본「異」. 아래의 용례를 통해「異」로 판독.
  北魏 高貞碑

18 죽내본·길림본「蠕」. 자형에 따라「蠕」으로 판독.

19 죽내본·길림본「歡」. 아래의 용례를 통해「歡」으로 판독.
  唐 金剛經宣演卷上

20 죽내본·길림본「饒」. 아래의 용례를 통해「饒」로 판독.
  唐 世說新書

21 죽내본「髡」, 길림본「髮」. 아래의 용례를 통해「髡」으로 판독.
  唐 五經文字 / 初唐 禮記正義

22 죽내본·길림본「婚」. 아래의 용례를 통해「婚」으로 판독.
  隋 關中本千字文

23 죽내본·길림본「姻」. 아래의 용례를 통해「姻」으로 판독.
  北魏 崔敬邕墓誌

24 죽내본「髡」, 길림본「髮」. 자형에 따라「髮」로 판독.

25 죽내본·길림본「樂」. 아래의 용례를 통해「樂」으로 판독.
  東魏 敬使君碑

26 죽내본·길림본「宴」. 아래의 용례를 통해「宴」으로 판독.
  唐 世說新書

27 죽내본·길림본「配」. 아래의 용례를 통해「配」로 판독.
  唐 張詮墓誌

背役²⁸長城 仍傳緒衣之俗

漢名臣奏曰 鮮卑者 秦始皇遣蒙²⁹恬 策³⁰長城 徒亡³¹出塞 始皇爲人 鮮者少也 卑者陋也 言其種衆少陋也 後稍昌熾 東西有餘里 今其人皆髡頭衣緒 乎³²足³³庫腫 此爲徒人狀也

鳥飛寇掠 猶³⁴歸建武之仁

應劭風俗通曰 鮮卑數爲邊害 未如飛鳥 去如絶弦³⁵ 國家梁以爲憂 後漢書云 光武建武卅年 鮮卑大人於仇³⁶賁滿頭等³⁷ 率³⁸種人詣闕朝賀 慕義內屬³⁹ 帝封於仇賁爲王 滿頭爲侯⁴⁰也

---

28 죽내본·길림본 「役」. 아래의 용례를 통해 「役」으로 판독.

29 죽내본·길림본 「蒙」. 아래의 용례를 통해 「蒙」으로 판독.

30 죽내본·길림본 「策」. 아래의 용례를 통해 「策」으로 판독.

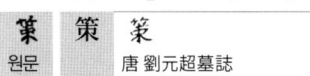

31 죽내본·길림본 「亡」. 아래의 용례를 통해 「亡」으로 판독.

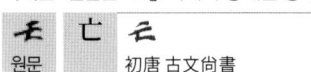

32 죽내본 「手」, 길림본 「乎」. 아래의 용례를 통해 「乎」로 판독.

33 죽내본·길림본 「足」. 아래의 용례를 통해 「足」으로 판독.

34 죽내본·길림본 「猶」. 아래의 용례를 통해 「猶」로 판독.

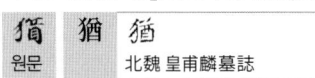

35 죽내본·길림본 「弦」. 아래의 용례를 통해 「弦」으로 판독.

36 죽내본·길림본 「仇」. 아래의 용례를 통해 「仇」으로 판독.

蛾⁴¹聚⁴²貪殘 尙感永平之化

風俗通曰 應奉以爲應奉以ゞ爲奉以爲 秦始皇遣蒙恬 築長城 徒土亡出 依鮮卑山 後逐繁息 因以爲号 起自遼東 西至燉煌万餘里 虫⁴³熾蛾聚 天性忿鷙 易報以惡 無籬落之居君長之師 後漢書曰云 明⁴⁴帝永平元年 鮮卑大人皆來歸附 並詣遼東受容⁴⁵賜 青·徐二州給錢歲⁴⁶二億七千萬爲常 明章二代保塞

---

37 죽내본·길림본 「等」. 아래의 용례를 통해 「等」으로 판독.

38 죽내본·길림본 「率」. 자형에 따라 「率」로 판독.

39 죽내본·길림본 「屬」. 아래의 용례를 통해 「屬」으로 판독.

40 죽내본·길림본 「侯」. 아래의 용례를 통해 「侯」로 판독.

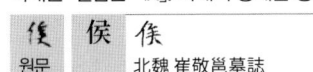

41 죽내본·길림본 「蛾」. 좌변 「虫」의 용례를 통해 자형에 따라 「蛾」로 판독.

42 죽내본·길림본 「聚」. 아래의 용례를 통해 「聚」로 판독.

43 죽내본 「虫」, 길림본 「蟲」. 「虫」은 「蟲」의 속자이며, 자형에 따라 「虫」으로 판독.

44 죽내본·길림본 「明」. 자형에 따라 「明」으로 판독.

明
원문

45 죽내본 「客」, 길림본 「容」. 자형에 따라 「容」으로 판독.

46 죽내본·길림본 「歲」. 아래의 용례를 통해 「歲」로 판독.

祭⁴⁷肜作鎭 納誠款⁴⁸而收⁴⁹功⁵⁰

後漢書曰 建⁵¹武廿一年 鮮卑与匈奴 入遼東 遼東太守祭肜 擊破之 斬獲⁵²殆盡⁵³ 由是震怖 及單于附漢 北虜⁵⁴孤弱⁵⁵ 廿五年 鮮卑始通驛使 其後都護偏何等 詣祭肜 求自効功 因合擊北匈奴老伊育此言部 斬首二千餘級 其級偏何連歲出兵 擊北虜⁵⁶ 輒持⁵⁷首伋詣遼東也

---

47 죽내본·길림본 「祭」. 아래의 용례를 통해 「祭」로 판독.
  원문 | 祭 | 祭 | 唐 春秋穀梁傳集解

48 죽내본 「欸」, 길림본 「款」. 아래의 용례를 통해 「款」으로 판독.
  원문 | 款 | 款 | 北魏 寇憑墓誌

49 죽내본·길림본 「收」. 아래의 용례를 통해 「收」로 판독.
  원문 | 收 | 收 | 唐 等慈寺碑

50 죽내본·길림본 「功」. 아래의 용례를 통해 「功」으로 판독.
  원문 | 功 | 功 | 北周 高昌國墓誌

51 죽내본·길림본 「建」. 아래의 용례를 통해 「建」으로 판독.
  원문 | 建 | 建 | 北魏 敬史君誌

52 죽내본·길림본 「獲」. 아래의 용례를 통해 「獲」으로 판독.
  원문 | 獲 | 獲 | 初唐 古文尙書

53 죽내본·길림본 「盡」. 아래의 용례를 통해 「盡」으로 판독.
  원문 | 盡 | 盡 | 北魏 劉根等造像記

54 죽내본·길림본 「虞」. 아래의 용례를 통해 「虞」로 판독.
  원문 | 虞 | 虞 | 唐 屈元壽墓誌

55 죽내본·길림본 「弱」. 아래의 용례를 통해 「弱」으로 판독.
  원문 | 弱 | 弱 | 初唐 古文尙書

56 죽내본·길림본 「慮」. 아래의 용례를 통해 「慮」로 판독.
  원문 | 慮 | 慮 | 唐 文賦

57 죽내본 「持」, 길림본 「特」. 아래의 용례를 통해 「持」로 판독.
  원문 | 持 | 初唐 禮記正義   원문 | 特 | 唐 孔子廟堂碑

張顯[58]臨邊 違直言而致敗[59]

後漢書言 延[60]平元年 鮮卑復冠漁陽 漁陽太守張顯率數百人 出塞追之 兵馬椽[61]嚴[62]授諫曰 前道險阻 賊勢[63]難量 宜結營 先合輕騎偵視之 顯意甚銳[64] 怒欲斬授 因復進兵 遇虜伏發[65] 士卒悉走 唯授力戰 身被十創 手煞人而死 顯中流失 主薄衛福功曹徐咸皆自役[66]起顯 俱役於陣

---

58 죽내본·길림본 「顯」. 아래의 용례를 통해 「顯」으로 판독.

59 죽내본·길림본 「敗」. 자형에 따라 「敗」로 판독.

60 죽내본·길림본 「廷」. 아래의 용례를 통해 「廷」으로 판독.

61 죽내본 「椽」, 길림본 五經文字와 같이 판독함. 아래의 용례를 통해 「椽」으로 판독.

62 죽내본·길림본 「嚴」. 아래의 용례를 통해 「嚴」으로 판독.

63 죽내본·길림본 「勢」. 자형에 따라 「勢」로 판독.

64 죽내본·길림본 「銳」. 아래의 용례를 통해 「銳」로 판독.

65 죽내본·길림본 「發」. 아래의 용례를 통해 「發」로 판독.

66 죽내본·길림본 「役」. 아래의 용례를 통해 「役」으로 판독.

永初之築二部 醜⁶⁷類⁶⁸猶⁶⁹述

後漢書曰 安帝永初中 鮮卑大人燕⁷⁰荔陽 詣闕朝賀 劉⁷¹大后賜燕荔陽王印⁷²綬赤車騑駕 令止烏桓校尉所治甯城下 通胡市 因築南北南部質館 鮮卑邑落百廿部 各遣入質 是後或降或叛⁷³ 与匈奴烏桓更⁷⁴相攻擊 後遼東鮮卑圍無慮縣 州縣合兵 固保清野 鮮卑無所得 復攻扶⁷⁵犁營 煞長吏之

建光之分⁷⁶兩路 重⁷⁷圍僅解⁷⁸

後漢書曰 建光元年 鮮卑大人烏倫其至鞬復叛 冠吾庸 雲中太子守城嚴之擊 兵敗 鮮卑於是圍烏

---

67 죽내본·길림본 「醜」. 아래의 용례를 통해 「醜」로 판독.

68 죽내본·길림본 「類」. 자형에 따라 「類」로 판독.

69 죽내본·길림본 「猶」. 아래의 용례를 통해 「猶」로 판독.

70 죽내본·길림본 「燕」. 자형에 따라 「燕」으로 판독.

71 죽내본·길림본 「劉」. 자형에 따라 「劉」로 판독.

72 죽내본·길림본 「印」. 아래의 용례를 통해 「印」으로 판독.

73 죽내본·길림본 「叛」. 자형에 따라 「叛」으로 판독.

74 죽내본·길림본 「更」. 아래의 용례를 통해 「更」으로 판독.

75 죽내본·길림본 「扶」. 자형에 따라 「扶」로 판독.

76 죽내본·길림본 「分」. 아래의 용례를 통해 「分」으로 판독.

桓校⁷⁹尉徐常於馬城 度⁸⁰遼將軍耿夔⁸¹与幽州刺史龐參 發廣陽漁陽涿郡卑卒 分爲兩道援⁸²之 常夜得潛出 与夔等并力並進 攻賊圍解

慶隆吞雹⁸³ 方循⁸⁴彈嶺⁸⁵之儀

後漢書曰 桓帝時 鮮卑檀⁸⁶石槐⁸⁷者 其父投鹿⁸⁸侯 初從匈奴軍三年 其妻在家生子 投鹿⁸⁹侯歸 恠煞

---

77 죽내본·길림본「重」. 자형에 따라「重」으로 판독.

78 죽내본·길림본「解」. 아래의 용례를 통해「解」로 판독.

79 죽내본·길림본「校」. 아래의 용례를 통해「校」로 판독.

80 죽내본·길림본「度」. 아래의 용례를 통해「度」로 판독.

81 죽내본·길림본「夔」. 자형에 따라「夔」로 판독.

82 죽내본·길림본「援」. 자형에 따라「援」으로 판독.

83 죽내본「雹」, 길림본「雹」. 자형에 따라「雹」으로 판독.

84 죽내본「循」, 길림본「脩」. 아래의 용례를 통해「循」으로 판독.

85 죽내본·길림본「嶺」. 자형에 따라「嶺」으로 판독.

86 죽내본·길림본「檀」. 아래의 용례를 통해「檀」으로 판독.

87 죽내본·길림본「槐」. 우변「鬼」의 용례를 통해「槐」로 판독.

之 妻言 嘗書行間雷震 仰天視而電入其口 因吞之 遂⁹⁰任女身 十月而產⁹¹ 此子必⁹²有寄異 且宜⁹³ 長視 投鹿侯不聽 逐棄之 妻私⁹⁴語家合牧養烏⁹⁵ 名檀石槐 年十四五 勇健有智略 異部大人抄取其 外家牛羊 檀石槐騎單追擊 所向無前 悉⁹⁶還得所亡者 由是部落畏服 乃施法楚 平曲⁹⁷直 無敢犯者 遂推以爲大人 檀石槐乃立庭於彈汗山歠⁹⁸仇水止 去高柳北三百餘里 兵馬甚盛 東西部大人皆歸

88　죽내본·길림본「鹿」. 아래의 용례를 통해「鹿」으로 판독.
　　[원문 庶 / 鹿 / 庶　北魏 孫遼浮圖銘記]

89　죽내본·길림본「鹿」. 자형에 따라「鹿」으로 판독.
　　[원문 鹿]

90　죽내본·길림본「遂」. 자형에 따라「遂」로 판독.
　　[원문 遂]

91　죽내본·길림본「產」. 아래의 용례를 통해「產」으로 판독.
　　[원문 產 / 產 / 產　唐 九成宮醴川銘]

92　죽내본·길림본「必」. 아래의 용례를 통해「必」로 판독.
　　[원문 必 / 必 / 必　初唐 禮記正義]

93　죽내본「宜」, 길림본「宜」. 아래의 용례를 통해「宜」로 판독.
　　[원문 宜 / 宜 / 宜　唐 泉男生墓誌]

94　죽내본·길림본「私」. 아래의 용례를 통해「私」로 판독.
　　[원문 私 / 私 / 私　唐 神策軍碑]

95　죽내본「烏」, 길림본「焉」. 아래의 용례를 통해「烏」로 판독.
　　[원문 烏 / 烏 / 烏　唐 泉男生墓誌　｜　焉 / 焉　北魏 元欽墓誌]

96　죽내본·길림본「悉」. 아래의 용례를 통해「悉」로 판독.
　　[원문 悉 / 悉 / 悉　唐 圭峰禪師碑]

97　죽내본·길림본「曲」. 아래의 용례를 통해「曲」으로 판독.
　　[원문 曲 / 曲 / 曲　唐 雁塔聖敎序]

98　죽내본·길림본「歠」. 자형에 따라「歠」로 판독.
　　[원문 歠]

焉 因鈔緣邊 北推丁零 東劫夫餘 西擊孫 書據匈奴故地 東西四千里 納南北七十餘里 納羅山川水澤監池也

續表觀[99]魚 自頓秦池之網[100]

後漢書曰 光和元年 鮮鱗卑冠酒[101]泉 緣邊莫不被毒 種衆日多 田畜射獵 不足給良 檀石槐乃自徇行 見焉侯秦水 廣縱數百里 停不流 其中有魚 不能得之 聞倭人善納捕[102] 於是擊倭國 得千餘家 徙[103]置秦水上 令捕魚 以助粮食 光和中 檀石槐死 孫騫曼[104]年少 兄子魁[105]頭立 騫曼長大 与魁頭爭國 象遂離[106]散也

---

99 죽내본·길림본「觀」. 아래의 용례를 통해「觀」으로 판독.

100 죽내본·길림본「網」. 아래의 용례를 통해「網」으로 판독.

101 죽내본·길림본「酒」. 아래의 용례를 통해「酒」로 판독.

102 죽내본·길림본「捕」. 아래의 용례를 통해「捕」로 판독.

103 죽내본「從」, 길림본「從」. 자형에 따라「從」으로 판독.

104 죽내본·길림본「曼」. 아래의 용례를 통해「曼」으로 판독.

105 죽내본·길림본「魁」. 자형에 따라「魁」로 판독.

106 죽내본·길림본「離」. 아래의 용례를 통해「離」로 판독.

교감문 · 역주 · 참고자료

01 **依山構緒, 接[1]派東胡之源,**
산에 의지하여 계통을 이으니, 동호의 근원에서 명맥을 이어갔고,

司馬彪續漢書曰: "鮮卑者亦東胡之支也. 別依鮮卑山, 故因號焉[2]. 其言語習俗, 與烏桓同也."
사마표[3]의 『속한서』[4]에 다음과 같이 전한다. "선비도 동호의 갈래이다. [오환과] 구분되어 선비산에 의거하고 있었기에, 이로 인하여 이름 붙였다. 그 언어와 습속은 오환과 같다."

02 **附塞疏[5]枝, 嗣德左賢之胄.**
장새에 의탁하여 지파를 여니, 좌현왕의 후손에게 공덕을 이어갔다.

王琰宋春秋曰: "赫連冒鮮卑別種, 本匈奴左賢王後也. 祖衛辰[6]仕[苻堅於][7]塞表."
왕염의 『송춘추』에 다음과 같이 전한다. "혁련모는 선비 별종으로, 본래 흉노 좌현왕의 후예이다. 조부 [혁련]위진은 장새의 바깥에서 부견을 섬겼다."

---

1 원문 「接」. 탕천본·길림본 원문대로, 죽내본 「樓」로 교감. 의미상 「接」으로 교감.
2 원문 「烏」. 죽내본·탕천본·길림본 「焉」으로 교감. 내용상 종결의 의미를 가진 「焉」으로 교감.
3 사마표(?~306)는 西晉 宣帝 司馬懿의 여섯째 동생인 司馬進의 손자이다.
4 西晉의 司馬彪가 지은 기전체 역사서. 모두 83권이며 紀, 傳, 志를 갖추고 있었다. 後漢 光武帝부터 孝獻帝까지 약 200년간을 다룬다. 현재는 『후한서』 지에 『속한서』의 흔적이 남아 있다.
5 원문 「疏」. 죽내본은 원문대로, 탕천본·길림본 「疏」로 교감. 의미상 「疏」로 교감.
6 원문 「臣」. 죽내본 원문대로, 탕천본·길림본 「辰」으로 교감. 『진서』 赫連勃勃傳을 참조하여 「辰」으로 교감.
7 원문에는 글자가 없다. 죽내본 원문대로, 탕천본·길림본 「苻堅於」 보입. 의미상 『진서』 혁련발발전을 참조하여 「苻堅於」 보입.

• 참고

『晉書』권130 赫連勃勃　赫連勃勃字屈子 匈奴右賢王去卑之後 劉元海之族也 曾祖武 劉聰世以宗室封樓煩公 拜安北將軍監鮮卑諸軍事丁零中郎將 雄據肆盧川 為代王猗盧所敗 遂出塞表 祖豹子招集種落 復為諸部之雄 石季龍遣使就拜平北將軍左賢王丁零單于 父衛辰入居塞內 苻堅以為西單于 督攝河西諸虜 屯于代來城 … 以其子昌為使持節前將軍雍州刺史 鎮陰密 … 前將軍赫連昌屯兵潼關 … 赫連昌攻齡石及龍驤將軍王敬于潼關之曹公故壘 克之 執齡石及敬送于長安 … 以宋元嘉二年死 子昌嗣偽位 尋為魏所擒

03　地隣遼碣, 境接燉煌,

땅은 요갈에 인접했고, 경계는 돈황에 인접했으며,

續漢書曰: "鮮卑, 其地東接遼水, 西當西城[8]. 自爲匈奴冒頓所破, 遠竄遼東塞外, 與烏桓相接, 未嘗通中國. 光武時, 南·北單于, 更相攻伐, 匈奴損耗[9], 而鮮卑遂[10]盛. 自燉惶·酒泉以東邑落大人, 皆詣遼東受賞[11]賜."

『속한서』에 다음과 같이 전한다. "선비는 그 땅이 동쪽으로 요수에 접하고, 서쪽으로 서성에 닿는다. 흉노 모돈(묵특)에게 격파되고 나서부터, 멀리 요동 새외로 도망쳐, 오환과 서로 접하였으며, 일찍이 중국과 통한 적이 없다. 광무[제] 연간(25~57)에 남·북선우가 다시 서로 공격하고 정벌하여 흉노가 쇠약해지자, 선비가 마침내 웅성했다. 돈황[군]·주천[군]으로부터 동쪽 읍락의 대인은 모두 요동[군]에 와서 상사품을 받았다."

04　弓[12]貴角端, 裘珍顧毳.

활은 각단[궁]을 귀히 여겼고, 가죽옷은 혼자의 모피를 높이 쳤다.

後漢[書][13]曰: "鮮卑地禽獸, 異於中國者, 有野馬·原羊·角端牛. 以角爲弓, 俗謂之角端弓也. 又

8　원문 「城」. 탕천본 원문대로, 죽내본·길림본 「域」으로 교감. 내용을 볼 때, 「城」과 「域」 모두 가능하며, 둘 중에 어느 것이 원전에 가까운지 단언하기 어려움. 이에 교감하지 않고 원문대로 둠.

9　원문 「耗」. 죽내본 원문대로, 탕천본·길림본 「耗」로 교감. 「耗」에는 소모되거나 줄어든다는 의미가 있으므로 원문대로 두어도 뜻이 통함. 이에 원문대로 둠. 참고로 『삼국지』에는 「耗」로 되어 있다.

10　원문 「逐」. 죽내본 원문대로, 탕천본·길림본 「遂」로 교감. 부사적 의미를 지닌 「遂」로 교감.

11　원문 「客」. 죽내본 원문대로, 탕천본·길림본 「賞」으로 교감. 의미상 「賞」으로 교감.

12　원문 「方」. 죽내본 원문대로, 탕천본·길림본 「弓」으로 교감. 내용상 「弓」으로 교감.

有豹[14]·貂·鼲子, 皮毛柔蠕[15], 故天下以爲名裘[16]之也."

『후한서』에 다음과 같이 전한다. "선비 땅의 금수는 중국의 [금수]와 다르니, 야마·원양·각단우가 있다. [각단우의] 뿔로 활을 만들었으므로, 속인들은 이를 각단궁이라 불렀다. 또 표·발·혼자가 있는데, 모피가 부드러우므로, 천하가 이름난 갖옷이라 여겼다."

• 참고
『後漢書』卷90 烏桓鮮卑　鮮卑者 … 又禽獸異於中國者 野馬原羊角端牛 以角爲弓 俗謂之角端弓者 又有貂 豽鼲子 皮毛柔蝡 故天下以爲名裘

05　結歡饒浦, 素尙髠[頭][17]之姿,
요포(요락수)에서 혼인을 맺으니, 미리 머리 깎은 모습을 자랑했고,

後漢書曰: "鮮卑[其言語習俗][18]與烏桓同. 唯婚姻先髠[19]頭, 以季春月, 大會於饒樂水上, 飮宴畢, 然後配合者也."
『후한서』에 다음과 같이 전한다. "선비는 그 언어와 습속이 오환과 같다. 혼인할 때만 곤두(민머리)를 미리 하고, 봄의 마지막 달(3월)에 요락수[20]가에서 대대적으로 모여, 연회를 마친 후에 배우자를 맞이했다."

13　원문에는 글자가 없다. 죽내본·탕천본·길림본「書」보입.『후한서』를 가리킴이 분명하므로「書」보입.
14　원문「豹」. 죽내본 원문대로, 탕천본·길림본「貂」로 교감.『후한서』에는「貂」로 되어 있으나 현전하는『후한서』는 송대 이후의 판본이므로『한원』所引『후한서』와 어느 것이 원전에 가까운지 판단하기 쉽지 않음. 따라서 교감하지 않고 원문대로 둠.
15　원문「蠕」. 죽내본 원문대로, 탕천본「輭」, 길림본「蝡」. 참고자료인『후한서』와 원문의 글자가 동일한 뜻이므로 교감하지 않고 원문대로 둠.
16　원문「求」. 죽내본·탕천본·길림본「裘」로 교감.「求」에도 갖옷의 뜻이 있지만『후한서』와『삼국지』에 모두「裘」로 되어 있다. 이에「裘」로 교감.
17　원문에는 글자가 없다. 죽내본 원문대로, 탕천본·길림본「頭」보입. 사륙의 문장구조나 문맥을 고려했을 때「頭」를 보입하는 것이 자연스러우므로 보입하여 교감.
18　원문「鮮卑」. 죽내본 원문대로, 탕천본「其言語習俗」, 길림본「鮮卑言語習俗」으로 교감.『후한서』와『삼국지』에「其言語習俗」으로 되어 있다. 이러한 구절이나 아래의 내용을 참조했을 때 선비와 오환의 언어 및 습속과 관련된 내용이라는 것이 추정 가능하다. 이에「其言語習俗」을 보입하여 교감.
19　원문「髮」. 죽내본「髠」, 탕천본·길림본「髠」으로 교감. 선비의 풍습을 전하는 다른 기록을 참조하여「髠」으로 교감.
20　弱洛水라고도 하며 현재의 西拉木倫河를 가리킨다.

• 참고

『後漢書』卷90 烏桓鮮卑   鮮卑者 亦東胡之支也 別依鮮卑山 故因號焉 其言語習俗與烏桓同 唯婚姻先髠頭 以季春月大會於饒樂水上 飲讌畢 然後配合

06 背役長城, 仍傳赭衣之俗.

장성에서 역을 버리고 달아나니, 이에 붉은 흙 물든 옷을 입는 풍속을 전하였다.

漢名臣奏曰: "鮮卑者, 秦始皇遣蒙恬, 築[21]長城, 徒亡出塞[22], [依鮮卑山][23]. 〈始皇爲人. 鮮者少也, 卑者陋也, 言其種衆少陋也.〉 後稍昌熾, 東西[萬][24]有餘里. 今其人皆髠頭衣赭, 手[25]足瘡[26]腫, 此爲徒人狀也."

『한명신주』[27]에 다음과 같이 전한다. "선비는 진시황이 몽염을 보내, 장성을 축조하였는데, 노역자들이 도망하여 장새를 나와, 선비산에 의거했[던 것에서 비롯됐]다. 〈시황은 사람됨이 각박했다[28]. 선은 적다는 것이고, 비는 천하다는 것이니, 그 종족의 무리가 적고 천하다는 것을 말한다.〉[29] 후에 점차 번성하여, 동서로 만여 리가 되었다. 지금 그 사람들은 모두 머리를 깎고 붉은 흙 물든 옷을 입으며, 손발이 부르텄는데, 이는 노역자들의 모습이다."

• 참고

『三國志』卷30 烏桓鮮卑   [裴松之注] 魏書曰 鮮卑亦東胡之餘也 別保鮮卑山 因號焉 其言語習俗與烏丸同 其地東接遼水 西當西城 常以季春大會 作樂水上 嫁女娶婦 髠頭飲宴 其獸異於中國者 野馬羱羊端牛 端牛角爲弓 世謂之角端者也 又有貂豽鼲子 皮毛柔蠕 故天下以爲名裘 鮮卑自爲冒頓所破 遠竄遼東塞外 不與餘國爭衡 未有名通於漢 而由自與烏丸相接 至光武時 南北單于更相攻伐 匈奴損耗 而鮮卑遂盛 … 東西萬二千餘里 南北七千餘里 罔羅山川水澤鹽池甚廣

---

21 원문 「策」. 죽내본·탕천본·길림본 「築」으로 교감. 장성을 축조한다는 내용이므로 「築」으로 교감.
22 원문 「徒亡出塞」. 죽내본 원문대로, 탕천본·길림본 「徒土亡出塞」로 「土」를 보입. 참고로 정문 8의 주문에 인용된 『풍속통』에는 「土」가 있다. 그러나 보입하지 않아도 뜻이 통하므로 원문대로 둠.
23 원문에는 해당 구절이 없다. 죽내본 원문대로, 탕천본·길림본 「依鮮卑山」을 보입. 『태평어람』 인용 『풍속통』의 내용이나 『속한서』 등의 내용을 보면, 선비의 기원을 선비산에서 의거한 것에서 찾고 있다. 이에 명확한 의미 전달을 위해 「依鮮卑山」을 보입하여 교감.
24 원문에는 글자가 없다. 죽내본 원문대로, 탕천본 「萬」, 길림본 「萬二千」을 보입. 『삼국지』에는 「萬二千」으로 되어 있는데, 원문에는 『삼국지』와 달리 「有」가 있다. 이를 고려하여 「萬」만 보입.
25 원문 「乎」. 죽내본·탕천본·길림본 「手」로 교감. 바로 뒷글자가 발을 나타내는 「足」임을 감안하여 「手」로 교감.
26 원문 「庫」. 죽내본 원문대로, 탕천본 「瘡」, 길림본 「粗」로 교감. 의미상 「瘡」으로 교감.
27 『隋』 經籍志, 『舊唐書』 經籍志, 『新唐書』 藝文志에서는 梁代의 陳壽가 편찬한 30권의 서책임을 전하고 있다.
28 탕천본·길림본 「刻薄」 보입. 문맥상 보입해서 번역.
29 〈 〉의 내용은 바로 앞의 진시황과 선비의 명칭에 대한 설명으로서 한명신주의 본문에 달린 세주라고 판단하였다.

『太平御覽』卷649 髡　風俗通曰 秦始皇遣蒙恬築長城 徒士犯罪 亡依鮮卑山 後遂繁息 今皆髡頭衣赭 亡徒之明效也

07　鳥飛寇掠[30], 猶歸建武之仁,
새가 날듯 노략질하였으나, 도리어 건무(광무제)의 인의에 귀부했고,

應劭風俗通曰: "鮮卑數爲邊害, 來[31]如飛鳥, 去如絶弦, 國家深[32]以爲憂." 後漢書云: "光武建武三十年, 鮮卑大人於仇賁·滿頭等, 率種人詣闕朝賀, 慕義內屬. 帝封於仇賁爲王, 滿頭爲侯也." 응소[33]의 『풍속통』[34]에 다음과 같이 전한다. "선비는 자주 변방의 해가 되어, [쳐들어]올 때는 새가 날아드는 것과 같고, [돌아]갈 때는 시위를 끊은 것과 같으니, 국가가 심히 걱정으로 여겼다." 『후한서』에 다음과 같이 전한다. "광무[제] 건무 30년(54), 선비대인 어구분·만두 등이 종인을 거느리고 궐에 이르러 조하하고, 인의를 사모하여 내속했다. 황제는 어구분을 왕으로, 만두를 후로 봉했다."

• 참고
『後漢書』卷90 烏桓鮮卑　三十年 鮮卑大人於仇賁滿頭等率種人詣闕朝賀 慕義內屬 帝封於仇賁爲王 滿頭爲侯

08　蛾聚貪殘, 尙感永平之化.
벌레가 모이듯 탐욕스럽고 잔인했으나, 오히려 영평(명제)의 교화에 감응하였다.

風俗通曰[35]: "秦始皇遣蒙恬, 築長城. 徒士亡出, 依鮮卑山, 後遂[36]繁息, 因以爲號. 起自遼東, 西至

30　원문「椋」. 죽내본·탕천본·길림본「掠」으로 교감. 의미상 노략질하다는 뜻을 가진「掠」으로 교감.
31　원문「未」. 죽내본·탕천본·길림본「來」로 교감. 뒷구절의「去」와 대구를 이루므로 온다는 뜻의「來」로 교감.
32　원문「梁」. 죽내본·탕천본·길림본「深」으로 교감. 의미상「深」으로 교감.
33　應劭(153~196)는 汝南郡 南頓縣 출신으로 靈帝 연간(168~188)에 천거되어 中平 6년(189)에 泰山太守가 되었다. 『풍속통』의『한서』잡해 등을 저술하였다.
34　漢代의 민속저작으로 본래는 30권에 부록이 1권이었으나 지금은 10권만이 전한다. 漢代의 풍속과 신앙 등을 반영하고 있다. 현전『풍속통』에는 선비 관련 내용이 보이지 않는다.
35　원문「應奉以爲, 應奉以以爲奉以爲」. 죽내본·탕천본·길림본 연문으로 판단, 해당 내용은 오사처럼 보이므로 연문으로 처리.
36　원문「逐」. 죽내본 원문대로, 탕천본·길림본「遂」로 교감. 문맥상「遂」으로 교감.

燉煌萬餘里. 虫熾蛾³⁷聚, 天性忿鷙, 易報以惡. 無籬³⁸落之居·君長之帥³⁹." 後漢書曰: "明帝永平元年, 鮮卑大人皆來歸附, 並詣遼東受賞⁴⁰賜. 青·徐二州給錢歲二億七千萬爲常, 明·章二代⁴¹保塞⁴²."

『풍속통』에 다음과 같이 전한다. "진시황이 몽염을 보내 장성을 쌓았다. 노역자들이 도망쳐 나와 선비산에 의거하였는데, 후에 마침내 번성하였으므로, 이를 이름으로 삼았다. 요동에서부터 시작하여 서쪽으로 돈황에 이르기까지 만여 리이다. 벌레들이 무성히 모여든 것 같았고, 천성이 잔인하고 사나워, 쉽게 악으로 갚았다. 울타리를 친 거처나 군장의 통솔이 없다." 『후한서』에 다음과 같이 전한다. "명제 영평 원년(58), 선비대인이 모두 와서 귀부하고, 아울러 요동[군]에 나아가 상사품을 받았다. 청·서 2주에서 해마다 2억 7천만 전을 주는 것을 상례로 삼으니, 명·장제 2대(58~88)는 장새를 지켰다."

• 참고
『後漢書』卷90 烏桓鮮卑　永平元年 祭彤復賂偏何擊歆志賁 破斬之 於是鮮卑大人皆來歸附 並詣遼東受賞賜 青徐二州給錢歲二億七千萬爲常 明章二世 保塞無事

09 祭彤作鎭, 納誠款而收功,
채동은 진을 세우고, 정성을 받아들여 공적을 거두었고,

後漢書曰: "建武二十一年, 鮮卑與匈奴, 入遼東, 遼東太守祭彤, 擊破之. 斬獲殆盡, 由是震怖. 及[南]⁴³單于附漢, 北虜⁴⁴孤弱. 二十五年, 鮮卑始通驛使. 其後都護偏何等, 詣祭彤, 求自效功, 因令⁴⁵擊北匈奴左⁴⁶伊育訾⁴⁷部, 斬首二千餘級. 其後⁴⁸偏何連歲出兵, 擊北虜, 輒持首級⁴⁹詣遼東也."

37　원문「蛾」. 죽내본·탕천본 원문대로, 길림본「蟻」로 교감. 교감하지 않아도 뜻이 통하므로 원문대로 둠.
38　원문「籬」. 죽내본 원문대로, 탕천본·길림본「盧」로 교감. 교감하지 않아도 뜻이 통하므로 원문대로 둠.
39　원문「師」. 죽내본 원문대로, 탕천본·길림본「帥」로 교감. 내용상 우두머리라는 뜻의「帥」로 교감.
40　원문「客」. 죽내본 원문대로, 탕천본·길림본「賞」으로 교감. 의미상「賞」으로 교감.
41　원문「代」. 죽내본·길림본 원문대로, 탕천본「世」로 교감. 탕천본은 해당 글자가 당 태종 이세민을 피휘한 것으로 여기고「世」로 교감. 그러나 원문대로 두어도 뜻이 통하므로 교감하지 않음.
42　원문에는 글자가 없다. 죽내본은 원문대로, 탕천본·길림본「無事」보입. 보입하지 않아도 뜻이 통하므로 원문대로 둠.
43　원문에는 글자가 없다. 죽내본·탕천본·길림본「南」보입. 흉노 남선우의 한 귀부 사실을 참조하여「南」을 보입하여 교감.
44　원문「虗」. 죽내본 원문대로, 탕천본·길림본「虜」로 교감. 내용상「虜」의 오사임이 분명하므로「虜」로 교감.
45　원문「合」. 죽내본·탕천본·길림본「令」으로 교감. 문맥상 사역의 의미를 지닌「令」으로 교감.
46　원문「老」. 죽내본·탕천본·길림본「左」로 교감. 左伊育訾를 가리키는 듯하므로「左」로 교감.

『후한서』에 다음과 같이 전한다. "건무 21년(45), 선비와 흉노가 요동에 들어오자, 요동태수 채동이 그들을 격파했다. 거의 다 죽이거나 사로잡으니, 이로 인하여 두려워하였다. 남선우가 한에 귀부하자 북로(북흉노)가 고립되어 약해졌다. 25년(49), 선비가 처음으로 역사(驛使)를 통했다. 그 후 도호 편하 등이 채동에게 나아가 스스로 공로를 드러내길 구하자, 이로 인하여 북흉노 좌이육자의 부를 공격하게 하여, 2천여 급을 참수하였다. 그 후 편하는 해마다 출병하여, 북로(북흉노)를 공격하여, 번번이 수급을 가지고 요동[군]에 나아갔다."

• 참고
『後漢書』卷90 烏桓鮮卑　　建武二十一年 鮮卑與匈奴入遼東 遼東太守祭肜擊破之 斬獲殆盡 事已具肜傳 由是震怖 及南單于附漢 北虜孤弱 二十五年 鮮卑始通驛使 其後都護偏何等詣祭肜求自效功 因令擊北匈奴左伊育訾部 斬首二千餘級 其後偏何連歲出兵擊北虜 還輒持首級詣遼東受賞賜

10　張顯臨邊, 違直言而致敗.
장현은 변경에 부임하였으나, 직언을 멀리하여 패배를 불렀다.

後漢書言[50]: "延平元年, 鮮卑復寇[51]漁陽, 漁陽太守張顯率數百人, 出塞追之. 兵馬掾嚴授諫曰: '前道險阻, 賊勢[52]難量, 宜結營, 先令[53]輕騎偵視之.' 顯意甚銳, 怒欲斬授. 因復進兵, 遇虜伏發, 士卒悉走, 唯授力戰, 身被十創, 手殺[54]人而死. 顯中流失, 主簿[55]衛福 · 功曹徐咸皆自投[56]赴[57]顯, 俱歿[58]於陣."

47　원문 「此」. 죽내본·탕천본·길림본 「訾」로 교감. 左伊育訾를 가리키는 듯하므로 「訾」로 교감.
48　원문 「級」. 죽내본·탕천본·길림본 「後」로 교감. 문맥상 「後」로 교감.
49　원문 「伋」. 죽내본·탕천본·길림본 「級」으로 교감. 적군의 머리인 수급을 의미하므로 「級」으로 교감.
50　원문 「言」. 죽내본·길림본 원문대로, 탕천본 「曰」로 교감. 일반적으로는 「曰」로 되어 있으나 「言」으로 기록한 사례도 있으며, 「言」도 의미가 통하므로 원문대로 둠.
51　원문 「冠」. 죽내본·탕천본·길림본 「寇」로 교감. 노략질하다는 의미의 「寇」로 교감.
52　원문 「勢」. 죽내본·탕천본 원문대로, 길림본 「執」로 교감. 원문대로 두어도 뜻이 통하므로 교감하지 않음.
53　원문 「合」. 죽내본·탕천본·길림본 「令」으로 교감. 문맥상 「令」으로 교감.
54　원문에는 글자가 없다. 죽내본·탕천본·길림본 「數」 보입하였으나 보입하지 않아도 뜻이 통한다. 이에 원문대로 둠.
55　원문 「薄」. 죽내본 원문대로, 탕천본·길림본 「簿」로 교감. 주부라는 관직명을 가리키는 듯하므로 「簿」로 교감.
56　원문 「役」. 죽내본·탕천본·길림본 「投」로 교감. 문맥상 「投」로 교감.
57　원문 「起」. 죽내본·탕천본·길림본 「赴」로 교감. 문맥상 나아오다는 뜻의 「赴」로 교감.
58　원문 「役」. 죽내본 「沒」, 탕천본·길림본 「歿」로 교감. 문맥상 「歿」로 교감.

『후한서』에 다음과 같이 전한다. "연평 원년(106), 선비가 다시 어양[군]을 노략질하자, 어양 태수 장현이 수백 인을 이끌고, 장새를 나가 그들을 추격하였다. 병마연 엄수가 다음과 같이 간언했다. '앞으로 갈 길은 험하고, 적의 형세를 헤아리기 어려우니, 마땅히 진영을 짓고, 먼저 날랜 기병으로 하여금 정탐하도록 해야 합니다.' [장]현의 마음이 심히 급박하여, 화가 나 [엄]수를 참하고자 했다. 이로 인해 다시 병사를 진군시켰는데, 적의 복병을 만나, 사졸은 모두 도망가고, [엄]수만 힘껏 싸우다가, 몸에 10여 곳의 상처를 입었으나, 맨손으로 사람을 죽이고 사망했다. [장]현이 화살에 맞자, 주부 위복과 공조 서함이 모두 자신[의 몸]을 던져 [장]현에게 달려가니, 다함께 진영에서 사망했다.

• 참고
『後漢書』卷90 烏桓鮮卑　延平元年 鮮卑復寇漁陽 太守張顯率數百人出塞追之 兵馬掾嚴授諫曰 前道險阻 賊執難量 宜且結營 先令輕騎偵視之 顯意甚銳 怒欲斬之 因復進兵 遇虜伏發 士卒悉走 唯授力戰 身被十創 手殺數人而死 顯中流矢 主簿衛福功曹徐咸皆自投赴顯 俱歿於陣 鄧太后策書襃歎 賜顯錢六十萬 以家二人爲郎 授福咸各錢十萬 除一子爲郎

11 永初之築二部, 醜類猶迷[59],
영초에 두 부를 세웠으나, 추한 무리는 여전히 혼미하였고,

後漢書曰: "安帝永初中, 鮮卑大人燕荔陽, 詣闕朝賀, 鄧[60]太后賜燕荔陽王印綬·赤車·騈駕, 令止烏桓校尉所治甯城下, 通胡市. 因築南北兩[61]部質館, 鮮卑邑落百二十部, 各遣入質. 是後或降或叛, 與匈奴·烏桓更相攻擊[62]. 後遼東鮮卑圍無慮[63]縣, 州縣[64]合兵, 固保清野, 鮮卑無所得, 復攻扶黎[65]營, 殺長吏之."
『후한서』에 다음과 같이 전한다. "안제 영초 연간(107~113)에 선비대인 연려양이 궐에 이르

59　원문 「述」. 죽내본 원문대로, 탕천본·길림본 「迷」로 교감. 문맥상 「迷」로 교감.
60　원문 「劉」. 죽내본 원문대로, 탕천본·길림본 「鄧」으로 교감. 다른 사서의 기록을 참조하여 「鄧」으로 교감.
61　원문 「南」. 죽내본·탕천본·길림본 「兩」으로 교감. 문맥상 남북 두 부를 가리키는 듯하므로 「兩」으로 교감.
62　원문 「繫」. 죽내본·탕천본·길림본 「擊」으로 교감. 문맥상 「擊」으로 교감.
63　원문 「慮」. 탕천본·길림본 원문대로, 죽내본 「虜」로 교감. 해당 부분은 무려현을 가리킨다. 이에 「慮」로 교감.
64　원문 「縣」. 죽내본 원문대로, 탕천본·길림본 「郡」으로 교감. 『後漢書』에는 「郡」으로 되어 있으나 원문의 「縣」도 뜻이 통하므로 원문대로 둠.
65　원문 「犁」. 죽내본·탕천본·길림본 「黎」로 교감. 요동속국의 속현인 부여영을 가리키는 부분이므로, 「黎」로 교감.

러 조하하자, 등태후가 연려양에게 왕의 인수와 붉은 수레, 참가(세 마리 말이 이끄는 수레)를 하사하고, 오환교위가 다스리는 영성에 머무르며, 호시를 열게 했다. 이로 인하여 남북 양 부의 질관(이민족의 질자를 받아들이던 관사)을 지으니, 선비 읍락 120부가 각자 질자를 들여보냈다. 이후에 항복하기도 하고 이반하기도 하면서, 흉노·오환과 다시 서로 공격했다. 이후 요동 선비가 무려현을 포위하자, 주현이 병사를 합쳐, 굳게 지키고 들을 비우니, 선비는 소득이 없어, 다시 부여[66]영을 공격하여, 장리를 죽였다."

• 참고
『後漢書』卷90 烏桓鮮卑　安帝永初中 鮮卑大人燕荔陽詣闕朝賀 鄧太后賜燕荔陽王印綬 赤車參駕 令止烏桓校尉所居甯城下 通胡市 因築南北兩部質館 鮮卑邑落百二十部 各遣入質 是後或降或畔 與匈奴烏桓更相攻擊 元初二年秋 遼東鮮卑圍無慮縣 州郡合兵固保清野 鮮卑無所得 復攻扶黎營 殺長吏

12 建光之分兩路, 重圍僅解.
건광 연간에 두 길로 나누어 [구원했으니], 두터운 포위가 겨우 풀렸다.

後漢書曰: "建光元年, 鮮卑大人烏倫·其至鞬復叛[67], 寇居[68]庸, 雲中太[69]守成[70]嚴擊之[71], 兵敗. 鮮卑於是圍烏桓校尉徐常於馬城. 度遼將軍耿夔與幽州刺史龐參, 發廣陽·漁陽·涿郡甲[72]卒, 分爲兩道援之. 常夜得潛出, 與夔等并力並進, 攻賊圍解[73]."
『후한서』에 다음과 같이 전한다. "건광 원년(121), 선비대인 오륜·기지건이 다시 이반하여, 거용[관]으로 쳐들어오니, 운중태수 성엄이 그들을 쳤으나, [성엄의] 군대가 패했다. 선비가 이에 오환교위 서상을 마성[현]에서 포위하였다. 도요장군 경기가 유주자사 방삼과 광양·어양·탁군의 갑졸을 선발하여, 두 길로 나누어 구원하게 했다. [서]상은 밤에 몰래 나갈 수 있게

---

66 요동 속국의 속현.
67 원문 「叛」. 죽내본·탕천본 원문대로, 길림본 「畔」. 『후한서』는 「畔」으로 되어 있으며 길림본은 이를 참조하여 교감한 듯하다. 그러나 문맥상 차이가 없으므로 원문대로 둠.
68 원문 「吾」. 죽내본·탕천본·길림본 「居」로 교감. 문맥상 「居」로 교감.
69 원문 「太子」. 죽내본·탕천본·길림본 「子」 생략. 해당 부분은 태수를 가리키는 듯하며, 「子」는 「守」의 오기임이 분명하므로 생략.
70 원문 「城」. 죽내본·탕천본·길림본 「成」으로 교감. 다른 사서의 기록을 참조하여 「成」으로 교감.
71 원문 「之擊」. 죽내본·탕천본·길림본 「擊之」로 교감. 문장 구조를 고려하여 「擊之」로 교감.
72 원문 「卑」. 죽내본·탕천본·길림본 「甲」으로 교감. 문맥상 「卑」는 「甲」의 오사인 듯하므로 「甲」으로 교감.
73 원문에는 글자가 없다. 죽내본 원문대로, 탕천본·길림본 「之」 보입. 보입하지 않아도 뜻이 통하므로 원문대로 둠.

되어, [경]기 등과 힘을 합쳐 함께 진격하여, 공격해 적의 포위를 풀었다."

• 참고
『後漢書』卷90 烏桓鮮卑　　永寧元年 遼西鮮卑大人烏倫其至鞬率衆詣鄧遵降 奉貢獻 詔封烏倫爲率衆王 其至鞬爲率衆侯 賜綵繒各有差 建光元年秋 其至鞬復畔 寇居庸 雲中太守成嚴擊之 兵敗 功曹楊穆以身捍嚴 與俱戰歿 鮮卑於是圍烏桓校尉徐常於馬城 度遼將軍耿夔與幽州刺史龐參發廣陽漁陽涿郡甲卒 分爲兩道救之 常夜得潛出 與夔等并力並進 攻賊圍 解之

13　慶隆吞雹, 方循彈嶺之儀,
복이 성하여 우박을 삼키니, 곧 탄령(탄한산)의 법식을 따랐고,

後漢書曰: "桓帝時, 鮮卑檀石槐者, 其父投鹿侯, 初從匈奴軍三年, 其妻在家生子. 投鹿侯歸, 怪[74][欲]殺[75]之, 妻言: '嘗晝[76]行聞[77]雷震, 仰天視而電[78]入其口. 因吞之, 遂姙[79]身, 十月而産. 此子必有奇[80]異, 且宜長視.' 投鹿侯不聽, 遂[81]棄之, 妻私語家令[82]收[83]養焉[84]. 名檀石槐, 年十四五, 勇健有智略. 異部大人抄取其外家牛羊, 檀石槐單騎[85]追擊[86], 所向無前, 悉還得所亡者. 由是部落畏服. 乃施法禁[87], 平曲直, 無敢犯者. 遂推以爲大人. 檀石槐乃立庭於彈汗山歠仇水上[88], 去高柳北三百餘

74　원문「怌」. 죽내본・탕천본 원문대로, 길림본「怪」로 교감. 원문대로 두어도 뜻이 통하므로 교감하지 않음.
75　원문「殺」. 죽내본「殺」, 탕천본・길림본「欲殺」로 교감. 정확한 내용 전달을 위해『후한서』등을 참고하여「欲殺」로 교감.
76　원문「晝」. 죽내본・탕천본・길림본「晝」. 의미상「晝」로 교감.
77　원문「間」. 죽내본 원문대로, 탕천본・길림본「聞」으로 교감. 문맥상「聞」으로 교감.
78　원문「電」. 죽내본・탕천본・길림본「電」으로 교감.『후한서』에는「電」으로 되어 있으나 동일한 내용이『삼국지』에는「電」으로 되어 있다.『후한서』와『삼국지』의 기록 가운데 어느 것이 원전에 가까운지 판단할 수 없으므로 교감하지 않고 원문대로 둠.
79　원문「任女」. 죽내본・탕천본・길림본「姙」으로 교감. 문맥상「姙」으로 교감.
80　원문「寄」. 죽내본・탕천본・길림본「奇」로 교감. 문맥상 기이하다는 의미의「奇」로 교감.
81　원문「逐」. 죽내본・탕천본・길림본「遂」로 교감. 문맥상「遂」로 교감.
82　원문「合」. 죽내본・탕천본・길림본「令」으로 교감. 문맥상 사역의 의미를 지닌「令」으로 교감.
83　원문「牧」. 죽내본・탕천본・길림본「收」로 교감. 정확한 의미 전달을 위해「收」로 교감.
84　원문「烏」. 죽내본・탕천본・길림본「焉」으로 교감. 문맥상「焉」으로 교감.
85　원문「騎單」. 죽내본 원문대로, 탕천본・길림본「單騎」로 교감. 문장 구조를 고려하여「單騎」로 교감.
86　원문에는 글자가 없다. 죽내본・탕천본 원문대로, 길림본「之」보입. 보입하지 않아도 뜻이 통하므로 원문대로 둠.
87　원문「楚」. 죽내본・탕천본・길림본「禁」으로 교감. 범금을 설명하는 부분인 듯하므로「禁」으로 교감.
88　원문「止」. 죽내본・탕천본・길림본「上」으로 교감. 문맥상 가장자리의 의미를 지닌「上」으로 교감.

里. 兵馬甚盛, 東·西部大人皆歸焉. 因[南][89]鈔[90]緣邊, 北推[91]丁零, 東劫[92]夫餘, 西擊[烏][93]孫, 盡[94]據匈奴故地. 東西[萬][95]四千[餘][96]里, 南北七千[97]餘里, 網[98]羅山川水澤鹽[99]池也."

『후한서』에 다음과 같이 전한다. "환제 연간(146~167)에 선비의 단석괴라는 자는 그 아버지가 투록후로, 앞서 흉노군에 3년을 종사하였는데, 그의 처가 집에서 아들을 낳았다. 투록후가 돌아와, 괴이하게 여겨 죽이려는데, 아내가 다음과 같이 말했다. '일찍이 낮에 다니다가 천둥벼락이 들려, [고개를] 들어 하늘을 보았는데, 번개가 입으로 들어왔습니다. 그것을 삼키니, 마침내 임신하고 열 달 만에 낳았습니다. 이 아이에게는 반드시 기이함이 있을 것이니, 장차 오래 두고 보아야 합니다.' 투록후는 듣지 않고, 결국 그를 버리니, 아내가 몰래 친정에 말하여 거두어 기르게 했다. 이름을 단석괴라 하였는데, 14~15세에 용건하고 지략이 있었다. 다른 부의 대인들이 외가의 소와 양을 노략질해가자, 단석괴가 홀로 말을 타고 추격하였는데, 향하는 곳에 맞서는 자가 없었으므로, 잃어버린 바를 다 얻어서 돌아왔다. 이로 말미암아 부락들이 두려워하여 복종했다. 곧 법금을 시행하여, 옳고 그름을 정하니, 감히 범하는 자가 없었다. 마침내 대인으로 추대되었다. 단석괴는 이내 탄한산 철구수가에 정(庭)을 세우니, 고류[100]에서 북쪽으로 300여 리 거리이다. 병마가 매우 강성하여, 동·서부 대인이 모두 귀부했다. 이로 인해 남쪽으로 변경을 노략질하고, 북쪽으로 정령까지 넓혔으며, 동쪽으로 부여를 위협하고, 서쪽으로 오손을 치니, 흉노의 옛 땅을 대부분 차지했다. 동서로는 1만 4천여 리, 남북으로는 7천여 리로 산천, 수택, 염지를 망라하였다."

• 참고

『後漢書』卷90 烏桓鮮卑　桓帝時 鮮卑檀石槐者 其父投鹿侯 初從匈奴軍三年 其妻在家生子 投鹿侯歸 怪欲

89　원문에는 글자가 없다. 죽내본 원문대로, 탕천본·길림본「南」보입. 남과 북으로 대구를 이루는 부분이므로「南」보입.
90　원문「鈔」. 죽내본·길림본「抄」로 교감. 그러나 교감하지 않아도 뜻이 통하므로 원문대로 둠.
91　원문「推」. 죽내본 원문대로, 탕천본·길림본「拒」로 교감. 원문대로 두어도 뜻이 통하므로 교감하지 않음.
92　원문「劫」. 죽내본 원문대로, 탕천본「却」, 길림본「卻」으로 교감. 원문대로 두어도 뜻이 통하므로 교감하지 않음.
93　원문에는 글자가 없다. 죽내본·탕천본·길림본「烏」보입. 오손을 가리키는 것이 분명하므로「烏」보입.
94　원문「書」. 죽내본·탕천본·길림본「盡」으로 교감. 문맥상「盡」으로 교감.
95　원문에는 글자가 없다. 죽내본 원문대로, 탕천본·길림본「萬」보입. 정확한 내용 전달을 위해『후한서』등을 참조하여「萬」보입.
96　원문에는 글자가 없다. 죽내본 원문대로, 탕천본·길림본「餘」보입. 정확한 내용 전달을 위해『후한서』등을 참조하여「餘」보입.
97　원문「十」. 죽내본·탕천본·길림본「千」으로 교감. 정확한 의미 전달을 위해『후한서』등을 참조하여「千」으로 교감.
98　원문「納」. 죽내본·탕천본·길림본「網」으로 교감. 문맥상「網」으로 교감.
99　원문「監」. 죽내본·탕천본·길림본「鹽」으로 교감.『후한서』나『풍속통』등의 기록을 참조하여「鹽」으로 교감.
100　代郡의 속현.

殺之 妻言嘗晝行聞雷震 仰天視而雹入其口 因吞之 遂姙身 十月而產 此子必有奇異 且宜長視 投鹿侯不聽 遂棄之 妻私語家令收養焉 名檀石槐 年十四五 勇健有智略 異部大人抄取其外家牛羊 檀石槐單騎追擊之 所向無前 悉還得所亡者 由是部落畏服 乃施法禁 平曲直 無敢犯者 遂推以爲大人 檀石槐乃立庭於彈汗山歠仇水上 去高柳北三百餘里 兵馬甚盛 東西部大人皆歸焉 因南抄緣邊 北拒丁零 東卻夫餘 西擊烏孫 盡據匈奴故地 東西萬四千餘里 南北七千餘里 網羅山川水澤鹽池

14 績表觀魚, 自頓秦池之網.

공적이 드러나 물고기를 살피니, 따로 진지(오후진수)의 그물을 놓았다.

後漢書曰: "光和元年, 鮮[101]卑寇[102]酒泉, 緣邊莫不被毒. 種衆日多, 田畜射獵, 不足給食[103]. 檀石槐乃自徇行, 見烏[104]侯[105]秦水, 廣縱數百里, 停不流. 其中有魚, 不能得之. 聞倭人善網[106]捕, 於是[東][107]擊倭國, 得千餘家, 徙置秦水上, 令捕魚, 以助粮食. 光和中, 檀石槐死, 孫騫曼年少, 兄子魁頭立. 騫曼[108]長大, 與魁頭爭國, 衆[109]遂離散也."

『후한서』에 다음과 같이 전한다. "광화 원년(178), 선비가 주천을 노략질하니, 변경에 해를 입지 않은 곳이 없었다. 무리가 날로 많아져, 가축을 기르고 짐승을 사냥해도, 음식을 공급하기에 부족했다. 단석괴가 이내 스스로 순행하다가, 오후진수[110]를 보았는데, 너비가 수백 리였으며, 흐르지 않고 멈춰 있었다. 그 속에 물고기가 있는데, 그것을 잡을 수 없었다. 왜인이 그물질하여 [물고기] 잡기를 잘한다는 것을 듣고서, 이에 동쪽으로 왜국을 쳐서, 천여 가를 얻어, 진수 가에 이주시켜, 물고기를 잡게 하고, 이로써 식량을 조달했다. 광화 연간(178~183)에 단석괴가 죽었는데, 손자인 건만은 어리므로, 형의 아들인 괴두가 뒤를 이었다. 건만이 장성하자, 괴두와 나라를 다퉜으므로, 무리가 마침내 흩어졌다."

---

101 원문 「鮮鱗」. 죽내본·탕천본·길림본 「鮮」으로 교감. 「鱗」은 「鮮」의 오사가 확실하므로 연문 처리하여 「鮮」으로 교감.

102 원문 「冠」. 죽내본·탕천본·길림본 「寇」로 교감. 문맥상 노략질한다는 의미의 「寇」로 교감.

103 원문 「良」. 죽내본·탕천본·길림본 「食」으로 교감. 문맥상 「食」으로 교감.

104 원문 「焉」. 죽내본·탕천본·길림본 「烏」로 교감. 『후한서』와 『삼국지』 등 여러 사서를 참조하여 「烏」로 교감.

105 원문 「侯」. 탕천본·길림본 원문대로, 죽내본 「集」으로 교감. 『후한서』와 『삼국지』 등 여러 사서를 참조하여 「侯」로 교감.

106 원문 「納」. 죽내본·탕천본·길림본 「網」. 문맥상 「網」으로 교감.

107 원문에는 글자가 없다. 죽내본 원문대로, 탕천본·길림본 「東」 보입. 『후한서』와 『삼국지』 등 여러 사서를 참조하여 「東」을 보입.

108 원문 「騫曼」. 죽내본·탕천본·길림본 「後騫曼」으로 교감. 보입하지 않아도 뜻이 통하므로 원문대로 둠.

109 원문 「象」. 죽내본·탕천본·길림본 「衆」으로 교감. 문맥상 「衆」으로 교감.

110 요하 상류의 남쪽 지류인 老哈河를 가리킴.

・참고

『後漢書』卷90 烏桓鮮卑   光和元年冬 又寇酒泉 緣邊莫不被毒 種衆日多 田畜射獵不足給食 檀石槐乃自徇行 見烏侯秦水廣從數百里 水停不流 其中有魚 不能得之 聞倭人善網捕 於是東擊倭人國 得千餘家 徙置秦水上 令捕魚以助糧食 光和中 檀石槐死 時年四十五 子和連代立 和連才力不及父 亦數爲寇抄 性貪淫 斷法不平 衆畔者半 後出攻北地 廉人善弩射者射中和連 即死 其子騫曼年小 兄子魁頭立 後騫曼長大 與魁頭爭國 衆遂離散 魁頭死 弟步度根立 自檀石槐後 諸大人遂世相傳襲

夫餘
부여

판독문

氣降淸旻 入橐離而結孕 祥流穢地 躍淹水以開疆

後漢書曰 夫餘國 本穢地也 初 北夷橐離國王出行 其侍兒於後姙身 王還 欲煞之 侍兒曰 前見天上有氣 大如鷄子 來降我 故有 王囚之 後遂生男 令王置於豕 以口氣噓之 不死 復從[1] 馬蘭 馬亦如之 王以爲神 乃聽母收[2]養 名曰東明[3] 東明長而善射 王忌其猛 復欲煞之 東明奔走 南至掩淹水 以弓擊水 魚鼈皆聚水上 東明乘之得渡 因至夫餘而王之焉子

南接驪 東鄰肅愼

魚芬[4]魏略曰 夫餘國在玄菟長城北 去玄菟千餘里 南楼句驪 東棪挹婁 卽肅愼國者也

四加在列 五穀盈疇 赤玉可珎 黑貂斯貴

後漢書曰 夫餘 於東夷之域最爲平[5]敞 土宜五穀 出名馬赤玉貂豽[6] 大殊如酸棗 以員[7]稱爲城 有宮

---

1 죽내본·길림본「從」. 자형에 따라「從」으로 판독.

원문

2 죽내본「枚」, 길림본「技」. 아래의 용례를 통해「收」로 판독.

| 攺 원문 | 收 | 收 唐 顔師古 等慈寺碑 | 收 唐 王知敬 李靖碑 |

3 죽내본「明」, 길림본「明」. 자형에 따라「明」으로 판독.

원문

4 죽내본·길림본「芬」. 아래의 용례를 통해「芬」으로 판독.

| 芬 원문 | 芬 | 芬 明 王鐸 |

室倉庫牢獄 其人麁大 强勇而謹厚 不爲寇抄 以弓矢刀弟爲兵 以六畜名官 有馬加牛加狗加猪[8]加 其邑落皆屬諸加 魏略曰 衣尙白 衣錦繡文罽 白黑狗爲裘 譯人傳辭[9] 皆跪 手據地 其煞者人死 沒入其家 盜一者 責十二 男女婬婦妬 宜ゝ煞

樂崇近穀 舞詠之趣方遙

後漢書曰 夫餘 食飮用俎豆 會同 拜爵洗爵 捎[10]讓升降 以傷[11]月祭天 大會 連日餘酒歌舞 名曰近皷[12] 是時斷刑獄 解囚從也

兆叶占蹄 吉凶之旨斯見

魏略曰 夫餘俗 有軍事 殺牛祭天 以牛蹄占凶 合者吉 死者 以生人殉葬 居喪去珮 大體與中國相

---

5 죽내본·길림본 「卒」. 아래 용례를 통해 「卒」로 판독.

6 죽내본 「狗」, 길림본 「豹」. 자형에 따라 「狗」로 판독.

7 죽내본 「員」, 길림본 「負」. 아래의 용례를 통해 「員」으로 판독.

8 죽내본 「猪」, 길림본 「猪」. 자형에 따라 「猪」로 판독.

9 죽내본 「辭」, 길림본 「辝」. 아래의 용례를 통해 「辭」로 판독.

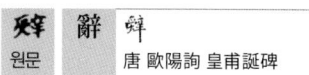

10 죽내본 「梢」, 길림본 「捎」. 자형에 따라 「捎」로 판독.

11 죽내본·길림본 「傷」. 아래의 용례를 통해 「傷」으로 판독.

12 죽내본 「鼓」, 길림본 「皷」. 자형에 따라 「皷」로 판독.

髮[13]髵也 行人無晝夜好歌吟 音聲不絶也

占風入貢 增印紱[14]之榮

後漢書曰 永寧元年 夫餘 乃嗣子尉仇台 諸闕貢獻 天子賜尉仇台印綬金帛等也

沐化來朝 預歌鍾之會

後漢書曰 順帝求和元年 夫餘王來朝京師 帝作黃門皷吹唅[15]牴[16]戲[17]以遣也

---

13 죽내본·길림본 「髮」. 자형에 따라 「髮」로 판독.

원문

14 죽내본 「綬」, 길림본 「紱」. 자형에 따라 「紱」로 판독.

원문

15 죽내본 「唅」, 길림본 「角」. 자형에 따라 「唅」으로 판독.

원문

16 죽내본 「牴」, 길림본 「□」. 아래 용례를 통해 「牴」로 판독.

원문   徐徹墓誌

17 죽내본 「戲」, 길림본 「戲」. 자형에 따라 「戲」로 판독.

원문

교감문·역주·참고자료

01 氣降淸旻, 入橐離而結孕, 祥流穢地, 躍淹水以開疆.
기운이 맑은 하늘에서 내려오니, 탁리[국]에 들어가 잉태하였고, 상서로움이 예의 땅에서 흘러나오니, [엄]제수를 뛰어넘어 나라를 개창했다.

後漢書曰: "夫餘國, 本穢[1]地也. 初, 北夷橐離國王出行, 其侍兒於後姙身. 王還, 欲殺之. 侍兒曰: '前見天上有氣, 大如鷄子. 來降我, 故有[身][2].' 王囚之, 後遂生男. 王令[3]置於豕[牢][4], [豕]以口[5]氣噓之, 不死. 復徙[6]馬蘭[7], 馬亦如之. 王以爲神, 乃聽母收養, 名曰東明. 東明長而善射. 王忌其猛, 復欲殺之. 東明奔走, 南至掩淲水. 以弓擊水, 魚·鼈皆聚[8]水上, 東明乘之得渡. 因至夫餘而王之焉[9]."

『후한서』에 다음과 같이 전한다. "부여국은 본래 예의 땅이다. 옛날에 북이 탁리국[10]왕이 [왕

---

1 원문「穢」. 길림본「濊」로 교감. 예족을 가리키는 표현 중에 어느 것이 타당하다고 단정할 수 없으므로 교감하지 않는다.『後漢書』의 해당 부분은「濊」로 되어 있다.
2 원문「有」. 죽내본「有□」로 교감. 탕천본·길림본「有身」으로 교감. 명확한 의미 전달을 위해『後漢書』를 참고하여「有身」으로 교감.
3 원문「令王」. 탕천본·길림본「王令」으로 교감. 한문 구조상「王令」이 타당하므로『後漢書』를 참고하여「王令」으로 교감.
4 원문「豕」. 죽내본·탕천본·길림본「豕牢」로 교감. 명확한 의미 전달을 위해『後漢書』를 참고하여「豕牢」로 교감.
5 원문「以口」. 죽내본·탕천본·길림본「豕以口」로 교감. 명확한 의미 전달을 위해『後漢書』를 참고하여「豕以口」로 교감.
6 원문「從」. 죽내본·탕천본·길림본「徙」로 교감. 문맥에 맞게『後漢書』를 참고하여「徙」로 교감.
7 원문「馬蘭」. 길림본「於馬蘭」으로 교감. 보입하지 않아도 의미가 통하므로 교감하지 않는다.『後漢書』의 해당 부분은「於馬蘭」으로 되어 있다.
8 원문「聚」. 탕천본·길림본「聚浮」로 교감. 보입하지 않아도 의미가 통하므로 교감하지 않는다.『後漢書』의 해당 부분은「聚浮」로 되어 있다.
9 원문「焉子」. 탕천본·길림본「子」생략. 마지막「子」는 연자로 보이므로 생략.
10 橐離國은『論衡』을 따른 것으로 보인다. 현전하는『後漢書』의 해당 부분은「索離國」으로 되어 있다. 橐離國은 豪離·高離·豪離

궁] 밖으로 행차했는데, 그의 시아가 [왕이 나간] 뒤에 임신하였다. 왕이 환궁하여, 그(시아)를 죽이고자 하였다. 시아가 말하였다. '전에 하늘 위에 기운이 있음을 보았는데, 크기가 달걀만 하였습니다. [기운이] 저에게 내려와 이로 인해 임신하였습니다.' 왕이 그를 가두었는데, 후에 마침내 남자아이를 낳았다. 왕은 [시첩의 아이를 죽이고자] 돼지우리에 두도록 하였지만, 돼지가 입으로 그 [아이]에게 숨을 불어주어 죽지 않았다. 다시 마구간으로 옮겼는데, 말 또한 그(돼지)와 같이 하였다. 왕이 신이하다고 여기고, 곧 [아이의] 어머니가 거두어 기르는 것을 허락하고 동명이라고 이름하였다. 동명은 장성하여 활을 잘 쏘았다. 왕이 그 용맹함을 시기하여 다시 그를 죽이고자 하였다. 동명은 달아나 남쪽으로 엄제수에 이르렀다. [동명이] 활로써 [엄제수의] 수면을 치니, 물고기와 자라가 모두 물가에 모였고, 동명은 그에 올라타고 [엄제수를] 건널 수 있었다. 그리하여 부여에 도착하여 왕이 되었다."

• 참고
『後漢書』卷85 夫餘　夫餘國 在玄菟北千里 南與高句驪 東與挹婁 西與鮮卑接 北有弱水 地方二千里 本濊地也 初 北夷索離國王出行 其侍兒於後繋身 王還 欲殺之 侍兒曰 前見天上有氣 大如雞子 來降我 因以有身 王囚之 後遂生男 王令置於豕牢 豕以口氣嘘之 不死 復徙於馬蘭 馬亦如之 王以爲神 乃聽母收養 名曰東明 東明長而善射 王忌其猛 復欲殺之 東明奔走 南至掩淲水 以弓擊水 魚鼈皆聚浮水上 東明乘之得度 因至夫餘而王之焉

『三國志』卷30 夫餘　魏略曰 舊志又言 昔北方有高離之國者 其王者侍婢有身 王欲殺之 婢云 有氣如雞子來下 我故有身 後生子 王捐之於溷中 豬以喙嘘之 徙至馬閑 馬以氣嘘之 不死 王疑以爲天子也 乃令其母收畜之 名曰東明 常令牧馬 東明善射 王恐奪其國也 欲殺之 東明走 南至施掩水 以弓擊水 魚鼈浮爲橋 東明得度 魚鼈乃解散 追兵不得渡 東明因都王夫餘之地

02 南接[句驪][11], 東鄰肅愼.
남쪽으로 [고]구려와 인접했고, 동쪽으로 숙신과 인접했다.

魚豢[12] 魏略曰: "夫餘國在玄菟[13]長城北, 去玄菟千餘里. 南接句驪, 東接挹婁, 卽肅愼國者也[14]."

(『魏略』), 槀離(『搜神記』), 槀離(『梁書』), 寧禀離(『法苑珠林』), 膏離(『太平御覽』) 등으로도 나타난다.

11 원문 「驪」. 죽내본·탕천본·길림본 「句驪」로 교감. 정문은 4자 대구를 이루고, 주문에 인용된 『魏略』에 「句驪」로 나오므로 「句驪」로 교감. 필사의 과정에서 句가 빠졌을 가능성이 높다.

12 원문 「券」. 죽내본·탕천본·길림본 「豢」으로 교감. 인명이므로 「豢」으로 교감.

13 원문 「苑」. 죽내본·탕천본·길림본 「菟」로 교감. 玄菟는 행정구역 명칭이므로 「菟」로 교감.

어환의 『위략』에 다음과 같이 전한다. "부여국은 현도[15]와 장성의 북쪽에 있는데, 현도에서 천여 리 떨어져 있다. 남쪽으로 [고]구려와 접하고, 동쪽으로 읍루와 접하는데, [읍루는] 바로 숙신국이다."

• 참고

『後漢書』卷85 夫餘　　夫餘國 在玄菟北千里 南與高句驪 東與挹婁 西與鮮卑接 北有弱水 地方二千里 本濊地也

『三國志』卷30 夫餘　　夫餘在長城之北 去玄菟千里 南與高句麗 東與挹婁 西與鮮卑接 北有弱水 方可二千里

03　四加在列, 五穀盈疇. 赤玉可珍, 黑貂斯貴.

사가[16]가 관위에 있고, 오곡이 밭에 가득하다. 적옥이 보배이고, 흑초가 귀중하다.

後漢書曰: "夫餘, 於東夷之域, 最爲平[17]敞, 土宜五穀. 出名馬·赤玉·貂·狗[18], 大珠[19]如酸棗. 以員柵[20]爲城. 有宮室·倉庫·牢獄. 其人麤[21]大, 强[22]勇而謹厚, 不爲寇[23]抄. 以弓·矢·刀·矛[24]爲兵. 以六畜名官, 有馬加·牛加·狗加·猪加[25]. 其邑落皆屬諸加." 魏略曰: "衣尚白[26], 衣錦繡文罽, 白黑貂[27]爲

14　"卽肅愼國者也"를 『魏略』 인용문으로 보기도 하지만(全海宗, 『東夷傳의 文獻的 硏究』, 一潮閣, 1993), 『魏略』 인용문을 "卽肅愼國者也"의 앞까지로 판단하고, 이를 張楚金의 주로 구분하기도 한다(탕천본).

15　이때의 玄菟는 중국 요령성 무순시 일대로 비정되는 이른바 제3현도군이다.

16　四加는 앞의 五穀과 대구를 이룬다. 사방의 加란 의미로, 四出道와 관련 짓기도 한다.

17　원문 「卒」. 죽내본·탕천본·길림본 「平」으로 교감. 문맥에 맞게 『後漢書』를 참고하여 「平」으로 교감.

18　원문 「狗」. 탕천본·길림본 「貃」으로 교감. 원문대로 두어도 의미가 통하므로 교감하지 않는다. 『後漢書』의 해당 부분은 「貀」로 되어 있다.

19　원문 「殊」. 죽내본·탕천본·길림본 「珠」로 교감. 문맥에 맞게 『後漢書』를 참고하여 「珠」로 교감.

20　원문 「稱」. 죽내본·탕천본·길림본 「柵」으로 교감. 문맥에 맞게 『後漢書』를 참고하여 「柵」으로 교감.

21　원문 「龜」. 탕천본 「麤」로 판독, 길림본 「麤」로 교감. 원문대로 두어도 의미가 통하므로 교감하지 않는다. 『後漢書』의 해당 부분은 「麤」로 되어 있다.

22　원문 「强」. 탕천본 「彊」으로 판독, 길림본 「彊」으로 교감. 원문대로 두어도 의미가 통하므로 교감하지 않는다. 『後漢書』의 해당 부분은 「彊」으로 되어 있다.

23　원문 「冠」. 죽내본·탕천본·길림본 「寇」로 교감. 문맥에 맞게 『後漢書』를 참고하여 「寇」로 교감.

24　원문 「弟」. 죽내본·탕천본·길림본 「矛」로 교감. 문맥에 맞게 『後漢書』를 참고하여 「矛」로 교감.

25　원문 「猪加」. 길림본 「猪加」로 판독.

26　원문 「自」. 죽내본·탕천본·길림본 「白」으로 교감. 문맥에 맞게 『三國志』를 참고하여 「白」으로 교감.

27　원문 「狗」. 탕천본·길림본 「貂」로 교감. 원문대로 두어도 의미가 통하지만, 정문은 「貂」로 되어 있으므로 『後漢書』를 참고하여 「貂」로 교감.

裘. 譯人傳辭, 皆跪, 手據地. 其殺人者死[28], 沒入其家[29], 盜一者, 責十二. 男女婬[30], 婦[31]妬, 宜[32] 殺之[33]."

『후한서』에 다음과 같이 전한다. "부여는 동이 지역에서 가장 평평하고 넓으며, 토지는 오곡에 알맞다. 명마·적옥·초·구가 산출되며, 큰 구슬은 [크기가] 멧대추만 하다. 둥근 책으로 성을 삼는다. 궁실·창고·뇌옥이 있다. 그 나라 사람들은 체격이 크고, 굳세고 용맹하지만 조심스럽고 점잖아 노략질하지 않는다. 궁·시·도·모로써 병기를 삼는다. 육축으로 벼슬을 이름 짓는데, 마가·우가·구가·저가가 있다. 그 [나라의] 읍락은 모두 제가에 속한다." 『위략』에 다음과 같이 전한다. "의복은 흰색을 숭상하는데, 화려한 견직품과 모직품을 입고, 흰색과 검은색의 초(담비) 가죽으로 옷을 만든다. 역인(譯人)이 말을 전할 때, 모두 꿇어앉고, 손은 땅을 짚는다. 그 [나라에서] 살인자는 죽이고, 그 가족은 몰입하며, 하나를 도둑질하면 12배를 받아낸다. 남녀가 간음하거나, 부인이 투기하면, 으레 죽인다[34]."

• 참고
『後漢書』卷85 夫餘　於東夷之域 最爲平敞 土宜五穀 出名馬赤玉貂豽 大珠如酸棗 以員柵爲城 有宮室倉庫牢獄 其人麤大彊勇而謹厚 不爲寇鈔 以弓矢刀矛爲兵 以六畜名官 有馬加牛加狗加 其邑落皆主屬諸加 … 男女淫皆殺之 尤治惡妒婦 旣殺 復尸於山上

『三國志』卷30 夫餘　於東夷之域 最平敞 土地宜五穀 不生五果 其人麤大 性彊勇謹厚 不寇鈔 國有君王 皆以六畜名官 有馬加牛加豬加狗加大使大使者使者 邑落有豪民 民下戶皆爲奴僕 諸加別主四出道 大者 主數千家 小者 數百家 … 在國衣尙白 白布大袂 袍袴 履革鞜 出國則尙繒繡錦罽 大人加狐狸狖白黑貂之裘 以金銀飾帽 譯人傳辭 皆跪 手據地竊語 … 以弓矢刀矛爲兵 家家自有鎧仗 … 作城柵皆員 有似牢獄

28　원문「其殺者人死」. 탕천본·길림본「其殺人者死」로 교감. 문맥에 맞게『三國志』를 참고하여「其殺人者死」로 교감.
29　원문「家」. 탕천본·길림본「家人」으로 교감. 보입하지 않아도 의미가 통하므로 교감하지 않는다.『三國志』의 해당 부분은「家人」으로 되어 있다.
30　원문「姪」. 길림본「淫」으로 교감. 원문대로 두어도 의미가 통하므로 교감하지 않는다.『三國志』의 해당 부분은「淫」으로 되어 있다.
31　원문「婦」. 탕천본「婦人」으로 교감. 보입하지 않아도 의미가 통하므로 교감하지 않는다.『三國志』의 해당 부분은「婦人」으로 되어 있다.
32　원문「宜」. 길림본「皆」로 교감. 원문대로 두어도 의미가 통하므로 교감하지 않는다.『三國志』의 해당 부분은「皆」로 되어 있다.
33　원문「彡(宜)煞」. 죽내본「之煞」로 교감, 탕천본·길림본「殺之」로 교감. 문맥에 맞게『삼국지』를 참고하여「殺之」로 교감.
34　여기서 '남녀 간음'의 처벌 대상에 남녀가 모두 포괄되는지, 여성만 해당되는지에 관해서는 이견이 있었다. 단,『三國志』의 해당 부분은「男女淫 婦人妬 皆殺之」로 되어 있는데, 이때「皆」는 '간음과 투기' 두 가지 '모두'란 뜻으로 풀이할 수 있으므로, 위의 처벌대상에는 대체로 여성만 해당된다고 이해된다(李基白, 「夫餘의 妬忌罪」『韓國古代政治社會史硏究』, 一潮閣, 1996, 34쪽).

04 樂崇近皷[35], 舞詠之趣方遙,
근고를 즐기고 받드니, 춤과 노래의 풍취가 모두 아름답고,

後漢書曰: "夫餘, 食[36]用俎豆. 會同, 拜爵洗爵, 揖[37]讓升降. 以臘[38]月祭天, 大會. 連日飮[39]酒歌舞, 名曰近皷[40]. 是時斷刑獄, 解囚徒[41]也."

『후한서』에 다음과 같이 전한다. "부여에서는 식사에 조두를 사용한다. 회동에서 [작을 주고 받을 때], 배세[42]의 예를 표하고, 읍양의 예를 갖추며 [당상에] 오르고 내렸다[43]. 납월(음력 12월)에 하늘에 제사지내어, 크게 모였다. 여러 날 계속해서 술 마시고[44], 노래 부르며 춤을 추었는데, 이름하여 근고(近鼓)라고 하였다. 이때 형옥을 결단하고 죄수를 풀어주었다."

• 참고
『後漢書』卷85 夫餘　以臘月 祭天 大會連日 飮食歌舞 名曰迎鼓 是時斷刑獄 解囚徒
『三國志』卷30 夫餘　以殷正月 祭天 國中大會 連日飮食歌舞 名曰迎鼓 於是時斷刑獄 解囚徒

05 兆叶占蹄, 吉凶之旨斯見.
(소)발굽으로 점치고 마음을 합하니, 길흉의 뜻이 모두 드러났다.

魏略曰: "夫餘俗, 有軍事, 殺牛祭天, 以牛蹄占[吉]凶[45], 合者吉[46]. 死者, 以生人殉葬. 居喪去珮[47],

---

35　원문「近皷」. 죽내본·탕천본·길림본「迎鼓」로 교감. 『後漢書』및 『三國志』의 해당 부분은「迎鼓」로 되어 있다. 정문과 주문에 모두「近皷」로 표기된 점을 고려하여 교감하지 않는다.
36　원문「食」. 탕천본·길림본「食飮」으로 교감. 보입하지 않아도 의미가 통하므로 교감하지 않는다. 『後漢書』의 해당 부분은「食飮」으로 되어 있다.
37　원문「挡」. 죽내본·길림본「揖」으로 교감, 탕천본「揖」으로 판독. 문맥에 맞게『후한서』를 참고하여「揖」으로 교감.
38　원문「傷」. 죽내본·탕천본·길림본「臘」으로 교감. 문맥에 맞게『後漢書』를 참고하여「臘」으로 교감.
39　원문「餘」. 죽내본·탕천본·길림본「飮」으로 교감. 문맥에 맞게『後漢書』를 참고하여「飮」으로 교감.
40　원문「近皷」. 죽내본·탕천본·길림본「迎鼓」로 교감. 『後漢書』및 『三國志』의 해당 부분은「迎鼓」로 되어 있지만, 고유명사는 명칭의 기원과 유래가 명확하지 않을 뿐만 아니라, 정문과 주문에 공히「近皷」로 표기된 점을 고려하여 교감하지 않는다.
41　원문「從」. 죽내본·탕천본·길림본「徒」로 교감. 문맥에 맞게『後漢書』를 참고하여「徒」로 교감.
42　拜洗은 의례의 일종이다. 『禮記』飮酒儀 "拜至 拜洗 拜受 拜送 拜既 所以致敬也〈孔穎達疏 拜洗者 謂主人拜至訖 洗爵而升 賓於西階上北面而拜 拜主人洗也〉."
43　揖讓升降은 의례의 일종이다. 이와 관련하여 다음이 참고된다. 『論語』"子曰 君子無所爭 必也射乎 揖讓而升 下而飮 其爭也君子" 謝禮를 설명한 대목인데, 이를 보아도 會同은 의례와 관련된다고 볼 수 있다.
44　『後漢書』의 해당 부분은「酒」가 아닌「食」으로 되어 있어, '술 마시고'가 아니라 '마시고 먹고'로 풀이된다.
45　원문「凶」. 탕천본·길림본「吉凶」으로 교감. 문맥에 맞게『三國志』를 참고하여「吉凶」으로 교감.

大體與中國相髣[48]髴也. 行人無晝夜好歌吟, 音聲不絕也."

『위략』에 다음과 같이 전한다. "부여의 습속에 전쟁이 있으면 소를 죽여 하늘에 제사하는데, 소의 발굽으로 길흉을 점치며, [발굽이] 합치되면 길하다고 여겼다. 죽은 이는 산 사람으로 순장한다. 상중에는 노리개를 제거하는데, [이는] 대체로 중국과 더불어 서로 비슷하다. 행인은 밤낮을 가리지 않고 노래 부르기를 좋아하여 [노래] 소리가 끊이지 않는다."

• 참고
『後漢書』卷85 夫餘　有軍事 亦祭天 殺牛 以蹄占其吉凶 行人無晝夜 好歌吟 音聲不絕 … 死則有椁無棺 殺人殉葬 多者以百數
『三國志』卷30 夫餘　行道晝夜無老幼皆歌 通日聲不絕 有軍事 亦祭天 殺牛觀蹄 以占吉凶 蹄解者爲凶 合者爲吉 … 其死 夏月皆用冰 殺人徇葬 多者百數 厚葬 有椁無棺 魏略曰 其俗停喪五月 以久爲榮 其祭亡者 有生有熟 喪主不欲速而他人彊之 常諍引以此爲節 其居喪 男女皆純白 婦人着布面衣 去環珮 大體與中國相彷彿也

06　占風入貢, 增印綬[49]之榮,
형세를 점쳐 입공하니, 인수의 영예를 더하였고,

後漢書曰: "永寧元年, 夫餘, 乃[遣][50]嗣子尉仇台, 詣[51]闕貢獻. 天子賜尉仇台印綬·金·帛等也[54]."
『후한서』에 다음과 같이 전한다. "영녕 원년(110)에 부여에서 사자 위구태를 보내 궐에 이르러 공헌하였다. 천자가 위구태에게 인수·금·백 등을 사여하였다."

46　원문 「合者吉」. 탕천본 「蹄解者爲凶 合者爲吉」로 교감. 보입하지 않아도 의미가 통하므로 교감하지 않는다. 『三國志』의 해당 부분은 「蹄解者爲凶 合者爲吉」로 되어 있다.

47　원문 「珮」. 탕천본·길림본 「環珮」로 교감. 보입하지 않아도 의미가 통하므로 교감하지 않는다. 『三國志』 所引 『魏略』의 해당 부분은 「環佩」로 되어 있다.

48　원문 「髮」. 죽내본·탕천본·길림본 「髣」으로 교감. 『三國志』 所引 『魏略』의 해당 부분은 「彷彿」로 되어 있다. 문맥에 맞게 「髣」으로 교감.

49　원문 「紱」. 탕천본·길림본 「綬」로 교감. 주문에 「印綬」가 나오므로 문맥에 맞게 「綬」로 교감.

50　원문 「乃」. 탕천본·길림본 「乃遣」으로 교감. 문맥에 맞게 『後漢書』를 참고하여 「乃遣」으로 교감.

51　원문 「諸」. 죽내본·탕천본·길림본 「詣」로 교감. 문맥에 맞게 『後漢書』를 참고하여 「詣」로 교감.

52　원문 「也」. 길림본 「也」 생략. 생략하지 않아도 의미가 통하므로 교감하지 않는다.

- 참고

『後漢書』卷85 夫餘   永寧元年 乃遣嗣子尉仇台詣闕貢獻 天子賜尉仇台印綬金綵

07 沐化來朝, 預歌鍾之會.
(황제의) 덕화를 입어 내조하니, 노래와 악기소리가 울리는 조회에 참여하였다.

後漢書曰: "順帝永[53]和元年, 夫餘王來朝京師. 帝作黃門鼓吹角抵[54]戲以遣[55]也."
『후한서』에 다음과 같이 전한다. "순제 영화 원년(136)에 부여왕이 경사에 와서 조공하였다. 황제가 [부여왕에게] 황문고취와 각저희를 베풀고 [대우해줘서 돌려]보냈다."

- 참고

『後漢書』卷85 夫餘   順帝永和元年 其王來朝京師 帝作黃門鼓吹角抵戲以遣之

---

53 원문 「求」. 죽내본·탕천본·길림본 「永」으로 교감. 순제의 연호이므로 「永」으로 교감.
54 원문 「哾牴」. 죽내본 「哾牴」로 판독한 후 「哾牴」로 교감, 탕천본·길림본 「角抵」로 교감. 놀이 명칭이므로, 『後漢書』를 참고하여 「角抵」로 교감.
55 원문 「遣」. 탕천본·길림본 「遣之」로 교감. 보입하지 않아도 의미가 통하므로 교감하지 않는다. 『後漢書』의 해당 부분은 「遣之」로 되어 있다.

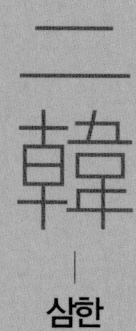

三韓
—
삼한

판독문

境連鯷壑 地接鼇波

魏略曰 韓在帶方南 東西以海爲限 地方四千里 一曰馬韓 二曰辰韓 三曰弁辰 ᘂ韓古之辰國也 馬韓在其西 其人土著 種稻 知作綿布 鯷壑東鯷人居海中州 鼇波俱海也有也

南屆[1]倭人 壯隣穢[2]貊

後漢書曰 韓有三種 馬韓在西 有五十四國 其北与樂浪 南与倭接 辰韓在東 十有二國 其北与穢貊接 弁辰在辰韓之南 亦十有二國 其南亦与倭接 凡七十八國 伯濟[3]是其一國焉之也

---

1 죽내본 「屆」, 길림본 「屆」. 자형에 따라 「屆」로 판독.

2 죽내본·길림본 「穢」. 아래 용례를 통해 「穢」로 판독.

3 죽내본·길림본 「濟」. 아래 용례를 통해 「濟」로 판독.

職摽[4]臣智 都号目支[5]

魏略曰 三韓各有長師 其置官 大者名巨智 次曰邑借 凡有小國五十六 惣十餘万戶 辰王治目支國 支國置官 赤多曰臣智 後漢書云 大者万餘戶 小者數[6]千家 各在山海間 古之辰國也 韓大 共[7]立其種爲辰王 治目支國 盡王三韓之地 其諸國王先皆是馬韓種人焉

飾重綴珠 不珎[8]金罽之美

後漢書曰 馬韓人不貴金寶錦罽 不知騎乘牛馬 唯重瓔珠 以綴衣爲飾 及懸頸垂耳 大率皆魁頭露紛 布抱草履也

居崇仰戶 詎資城郭之華

後漢書曰 馬韓人知田蠶珪 作綿布 出天[9]粟如梨 有長尾雞[10] 尾長五尺 色落雜居 亦無城郭 作室形如冢 開戶在上 不知跪拜 無長幻[11]男女之別

---

4 죽내본「摽」, 길림본「摽」. 자형에 따라「摽」로 판독.

5 죽내본·길림본「支」. 아래 용례를 통해「支」로 판독.
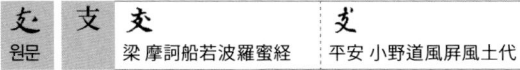
| 원문 | 支 | 梁 摩訶般若波羅蜜経 | 平安 小野道風屛風土代 |

6 죽내본「數」, 길림본「数」. 자형에 따라「數」로 판독.

7 죽내본·길림본「共」. 아래 용례를 통해「共」으로 판독.

| 원문 | 共 | 鄒縣重修孟廟記 | 虞集詩十二首 |

8 죽내본「珍」, 길림본「珎」. 자형에 따라「珎」으로 판독.

9 죽내본「夫」, 길림본「天」. 자형에 따라「天」으로 판독.

10 죽내본「雞」, 길림본「鷄」. 자형에 따라「雞」로 판독.

尚¹²勇摽能¹³貫脊¹⁴之風猶¹⁵扇¹⁶

後漢書曰 馬韓人壯勇 少年有築室作力者 輕¹⁷輒以繩¹⁸貫脊皮 縋以大木 讙呼爲健¹⁹ 不以爲痛也

矜²⁰容表也麗 扁首之俗仍存

魏略曰 辰韓俗喜歌舞彈瑟 瑟形似筑 兒生 欲其頭扁 便以石押其頭 今辰韓人皆扁頭 亦文身 施竈 皆在戶西 其瀆²¹盧國与倭界梭²² 其人形皆大 衣服潔淨也

---

11 죽내본「幼」, 길림본「幻」. 자형에 따라「幻」으로 판독.

12 죽내본「尙」, 길림본「尚」. 자형에 따라「尚」으로 판독.

13 죽내본·길림본「能」. 아래 용례를 통해「能」으로 판독.

14 죽내본「背」, 길림본「脊」. 아래 용례를 통해「脊」로 판독.

15 죽내본·길림본「猶」. 아래 용례를 통해「猶」로 판독.

16 죽내본·길림본「扇」. 아래 용례를 통해「扇」으로 판독.

17 죽내본「輕」, 길림본 누락.

18 죽내본·길림본「繩」. 아래 용례를 통해「繩」으로 판독.

19 죽내본·길림본「健」. 아래 용례를 통해「健」으로 판독.

20 죽내본「矜」, 길림본「矜」. 자형에 따라「矜」으로 판독.

21 죽내본·길림본「瀆」. 아래 용례를 통해「瀆」으로 판독.

鈴皷[23]旣懸 用展接神之禮

後漢書曰 馬韓人常以五月田竟祭鬼神 盡夜酒會 郡聚歌舞 ≳輒[24]數[25]十人相隨[26]蹋地爲節[27] 十月農功畢 亦復如之 諸國邑各以一人祭天神 号爲天君 又立蘇[28]塗 遠[29]大夫以懸鈴皷 事鬼神 蘇塗之義 有似於西方淳[30]啚[31]之

---

22 죽내본 「接」, 길림본 「梭」. 좌변이 '木'이므로 자형에 따라 「梭」으로 판독.

23 죽내본 「鼓」, 길림본 「皷」. 자형에 따라 「皷」로 판독.

24 죽내본 「輙」, 길림본 「輒」. 아래 용례를 통해 「輒」으로 판독. 「輒」은 「輒」의 이체자.

25 죽내본 「數」, 길림본 「数」. 자형에 따라 「數」로 판독.

26 죽내본 「随」, 길림본 「随」. 자형에 따라 「随」로 판독.

27 죽내본 「節」, 길림본 「節」. 아래 용례를 통해 「節」로 판독.

28 죽내본 「蘇」, 길림본 「蘓」. 아래 용례를 통해 「蘓」로 판독.

29 죽내본 「遠」, 길림본 「逺」. 아래 용례를 통해 「遠」으로 판독.

30 죽내본 「浮」, 길림본 「淳」. 자형에 따라 「淳」으로 판독.

31 죽내본 「圖」, 길림본 「啚」. 자형에 따라 「啚」로 판독.

鳥羽[32]仮[33]設 方盡送[34]往之儀

魏略曰 辰韓人常用馬韓人作主 代代相承 其地宜五穀 苦作縑布 服牛乘馬 其俗嫁娶 男女有別 以大鳥羽送死 其意欲使死者飛颺

居城識秦人之風 髡髮驗州胡之俗

後漢書曰 辰韓 耆老自言 秦之亡人 避苦[35]役 適韓國 馬韓割東界地与之 其名國爲邦 弓弧 賊爲冠 行酒爲行觴 相呼爲徒 有似秦語 故或謂之爲秦韓 有城栅屋室 諸小別邑各有渠渠帥 大者名巨智 次有儉側 次有樊祇 次有煞[36]奚 次有邑借 土地肥美 宜五穀 知蠶桑 作縑布 乘駕牛馬 嫁娶以礼 行者讓路 國出鐵 濊倭馬韓並從市之 諸貨易 皆以鐵爲貨 弁辰与辰韓雜居 城郭衣服皆同 言語風俗有異 其人刑[37]形皆長大 美髮 衣服潔淨 而形嚴峻 馬韓之西海島上有州胡國 其人短小 兒頭 衣有上無下 好養牛豕 乘船往來 貨市[38]韓中也

---

32 죽내본·길림본 「羽」. 아래 용례를 통해 「羽」로 판독.

33 죽내본 「攸」, 길림본 「彼」. 자형에 따라 「彼」로 판독.

34 죽내본 「送」, 길림본 「远」. 아래 용례를 통해 「送」으로 판독.

35 죽내본·길림본 「苦」. 아래 용례를 통해 「苦」로 판독.

36 죽내본 「殺」, 길림본 「煞」. 자형에 따라 「煞」로 판독.

37 죽내본 「刑」, 길림본 누락.

38 죽내본·길림본 「市」. 아래 용례를 통해 「市」로 판독.

교감문·역주·참고자료

01 境連鯷壑, 地接鼇波,
경계는 제학[1]에 연접했고, 땅은 오파[2]에 연접했으며,

魏略曰: "韓在帶方南, 東西以海爲限, 地方四千里. 一曰馬韓, 二曰辰韓, 三曰弁辰. 辰韓古之辰國也. 馬韓在其西, 其人[3]土著, 種稻, 知作綿布. 鯷壑東鯷人居海中州, 鼇波[4]俱海也[5]有也[6]."
『위략』에 다음과 같이 전한다. "한은 대방의 남쪽에 있는데, 동서는 바다를 경계로 삼으며, 땅은 사방 4천 리이다. 첫째는 마한, 둘째는 진한, 셋째는 변진이다. 진한은 옛날의 진국이다. 마한은 그 (진한의) 서쪽에 있으며, 그 사람들은 정착민으로, 벼를 재배하며, 면포를 만들 줄 안다. 제학은 동제인이 사는 바다 가운데 섬이고, 오파는 모두 바다로 둘러싸여 있[는 곳이]다[7]."

---

1   鯷壑은 東鯷人이 거주하는 海中의 섬으로 지금의 절강성 앞바다 舟山群島로 비정하기도 하지만 구체적인 위치는 확인하기 어렵다. 「이타인묘지명」에서도 해당 지명이 확인된다.
2   鼇波는 큰 물결(巨浪)이라는 뜻이므로, 바다로 둘러싸여 있는 지형을 가리킨 것으로 보인다. 단, 구체적으로 어느 지역을 지칭하는지 비정하기는 어렵다.
3   원문 「人」. 탕천본 「民」으로 교감. 원문대로 두어도 의미가 통하므로 교감하지 않는다. 『三國志』의 해당 부분은 「民」으로 되어 있다. 원문의 「人」은 당 태종 李世民에 대한 피휘이다.
4   원문 「鼇波」. 탕천본은 뒤의 「有」를 앞으로 옮겨 「有鼇波」로 교감, 길림본은 「有」를 보입하여 「有鼇波」로 교감. 옮기거나 보입하지 않아도 의미가 통하므로 교감하지 않는다.
5   원문 「俱海也」. 탕천본·길림본 「四至」를 보입하여 「四至俱海也」로 교감. 보입하지 않아도 의미가 통하므로 교감하지 않는다.
6   원문 「有也」. 탕천본은 「有」를 앞으로 옮기고 「也」는 생략, 길림본은 「有也」 생략. 원문대로 두어도 의미가 통하므로 교감하지 않는다.
7   길림본은 『魏略』 인용문을 "鯷壑 …" 앞까지로 판단하고, 그 뒷부분은 鯷壑과 鼇波에 대한 雍公叡의 설명주로 구분했지만, 정문에 鯷壑과 鼇波가 등장하므로, 주문에 인용된 『魏略』에 鯷壑과 鼇波에 관한 내용이 있었을 가능성이 높다.

• 참고

『三國志』卷30 韓　韓在帶方之南 東西以海爲限 南與倭接 方可四千里 有三種 一曰馬韓 二曰辰韓 三曰弁韓 辰韓者 古之辰國也 馬韓在西 其民土著 種植 知蠶桑 作縑布

02 南屆倭人, 北⁸隣穢貊.
남쪽으로 왜인에 이르렀고, 북쪽으로 예맥과 이웃했다.

後漢書曰: "韓有三種. 馬韓在西, 有五十四國, 其北與樂浪, 南與倭接. 辰韓在東, 十有二國, 其北與穢⁹貊接. 弁辰在辰韓之南, 亦十有二國, 其南亦與倭接. 凡七十八國, 伯濟是其一國焉之也¹⁰."
『후한서』에 다음과 같이 전한다. "한에는 세 종이 있다. 마한은 서쪽에 있는데, 54국이 있고, 그 북쪽은 낙랑, 남쪽은 왜와 접한다. 진한은 동쪽에 있는데, 12국이 있으며, 그 북쪽은 예맥과 접한다. 변진은 진한의 남쪽에 있는데, 또한 12국이 있으며, 그 남쪽은 또한 왜와 접한다. 모두 78국으로, 백제는 그중 한 나라이다."

• 참고

『後漢書』卷85 韓　韓有三種 一曰馬韓 二曰辰韓 三曰弁辰 馬韓在西 有五十四國 其北與樂浪 南與倭接 辰韓在東 十有二國 其北與濊貊接 弁辰在辰韓之南 亦十有二國 其南亦與倭接 凡七十八國 伯濟是其一國焉

03 職標¹¹臣智, 都號目支.
관직은 신지를 앞세우며, 도읍은 목지라 부른다.

魏略曰: "三韓各有長帥¹². 其置官, 大者名臣¹³智, 次曰邑借. 凡有小國五十六, 總十餘萬戶. 辰王治目支國, [目]支國¹⁴置官, 亦¹⁵多曰臣智." 後漢書云: "大者萬餘戶, 小者數千家, 各在山海間¹⁶.

8　원문 「壯」. 죽내본·탕천본·길림본 「北」으로 교감. 주문에 「其北與穢貊接」이 나오므로 문맥에 맞게 「北」으로 교감.

9　원문 「穢」. 길림본 「濊」로 교감. 예족을 가리키는 표현 중에 어느 것이 타당하다고 단정할 수 없고, 정문에도 「穢」가 있으므로 교감하지 않는다. 『後漢書』의 해당 부분은 「濊」로 되어 있다.

10　원문 「之也」. 탕천본·길림본 「之也」 생략. 생략하지 않아도 의미가 통하므로 교감하지 않는다.

11　원문 「標」. 탕천본·길림본 「標」로 교감. 문맥에 맞게 「標」로 교감.

12　원문 「師」. 죽내본·탕천본·길림본 「帥」로 교감. 『三國志』의 「長帥」와 『後漢書』의 「渠帥」를 참고하여 「帥」로 교감.

13　원문 「巨」. 죽내본·탕천본·길림본 「臣」으로 교감. 정문과 『三國志』, 『後漢書』를 참고하여 「臣」으로 교감.

14　원문 「支國」. 죽내본·탕천본·길림본 「目支國」으로 교감. 국명이므로 「目支國」으로 교감.

古[17]之辰國也. [馬]韓[最]大[18], 共立其種爲辰王, 治[19]目支國, 盡王三韓之地. 其諸國王先皆是馬韓種人焉."

『위략』에 다음과 같이 전한다. "삼한에는 각각 장수가 있다. 그 관을 둘 때, 존귀한 자를 신지라 이름하고 그 다음은 읍차라고 불렀다. 모두 소국 56[국]이 있는데, 총 10여만 호이다. 진왕의 치소는 목지국으로, 목지국에도 官을 두었는데, 또한 신지라고 불렀다." 『후한서』에 다음과 같이 전한다. "큰 [국은] 만여 호, 작은 [국은] 수천 가인데, 각기 산과 바다 사이에 있다. 옛날의 진국이다. 마한이 가장 커서, 그 종족이 함께 왕으로 세워 진왕으로 삼았는데, [진왕의] 치소는 목지국으로, 모든 삼한 지역의 왕으로 군림하였다. 그 [삼한] 제국왕의 선대는 모두 마한 종족의 사람이다."

• 참고

『三國志』卷30 韓　各有長帥 大者自名爲臣智 其次爲邑借 散在山海間 無城郭 … 凡五十餘國 大國萬餘家 小國數千家 總十餘萬戶 辰王治月支國 臣智或加優呼臣雲遣支報安邪踧支濆臣離兒不例拘邪秦支廉之號 其官有魏率善邑君歸義侯中郞將都尉伯長

『後漢書』卷85 韓　大者萬餘戶 小者數千家 各在山海閒 地合方四千餘里 東西以海爲限 皆古之辰國也 馬韓最大 共立其種爲辰王 都目支國 盡王三韓之地 其諸國王先皆是馬韓種人焉

04　飾重綴珠, 不珍金罽之美,

장식은 구슬을 꿰는 것을 중히 여겼고, 금계의 아름다움을 진귀하게 여기지 않았으며,

後漢書曰: "馬韓人不貴金·寶·錦·罽, 不知騎乘牛馬. 唯重瓔珠, 以綴衣爲飾, 及懸頸垂耳. 大率皆魁頭露紒[20], 布袍[21]草履也[22]."

15　원문「赤」. 죽내본·탕천본·길림본「亦」으로 교감. 문맥에 맞게「亦」으로 교감.

16　원문「間」. 길림본「閒」으로 교감. 원문대로 두어도 의미가 통하므로 교감하지 않는다. 『後漢書』의 해당 부분은「閒」으로 되어 있다.

17　원문「古」. 죽내본·탕천본·길림본「皆古」로 교감. 보입하지 않아도 의미가 통하므로 교감하지 않는다. 『後漢書』의 해당 부분은「皆古」로 되어 있다.

18　원문「韓大」. 죽내본·탕천본·길림본「馬韓最大」로 교감. 명확한 의미 전달을 위해 『後漢書』를 참고하여「馬韓最大」로 교감.

19　원문「治」. 탕천본「都」로 교감. 원문대로 두어도 의미가 통하므로 교감하지 않는다. 『後漢書』의 해당 부분은「都」로 되어 있다.

20　원문「紛」. 죽내본·탕천본·길림본「紒」로 교감. 문맥에 맞게 『後漢書』를 참고하여「紒」로 교감.

21　원문「抱」. 죽내본·탕천본·길림본「袍」로 교감. 문맥에 맞게 『後漢書』를 참고하여「袍」로 교감.

22　원문「也」. 길림본「也」생략. 생략하지 않아도 의미가 통하므로 교감하지 않는다.

『후한서』에 다음과 같이 전한다. "마한 사람들은 금·보화·비단·융단을 귀하게 여기지 않으며, 우마를 탈 줄 모른다. 오직 영주[23]를 귀하게 여겨, 옷에 꿰매어 장식으로 삼고, 목에 걸거나 귀에 단다. 대개 모두 머리를 틀어 묶고 상투를 드러내며, 베로 만든 도포를 입고 짚신을 신는다."

• 참고

『後漢書』卷85 韓　不貴金·寶·錦·罽 不知騎乘牛馬 唯重瓔珠 以綴衣爲飾 及縣頸垂耳 大率皆魁頭露紒 布袍草履

05 居崇仰戶, 詎資城郭之華.
거처는 문을 높이는 것을 숭상했고, 성곽의 화려함을 취하지 않았다.

後漢書曰: "馬韓人知田蠶[24], 作綿[25]布. 出大[26]栗[27]如梨, 有長尾雞, 尾長五尺. 邑[28]落雜居, 亦無城郭. 作[土]室[29], 形如冢, 開戶在上. 不知跪拜. 無長幼[30]·男女之別."

『후한서』에 다음과 같이 전한다. "마한 사람들은 밭갈이와 양잠을 할 줄 알며, 면포를 만든다. 큰 밤이 나는데 [그 크기가] 배와 같으며, 꼬리가 긴 닭이 있는데, 꼬리 길이가 5척이다. 읍락에 잡거하며, 또한 성곽이 없다. 토실을 만드는데, 모양이 무덤과 같으며, 문을 낸 곳이 위에 있다. 궤배[31]를 알지 못한다. 장유·남녀의 구별이 없다."

• 참고

『後漢書』卷85 韓　馬韓人知田蠶 作緜布 出大栗如梨 有長尾雞 尾長五尺 邑落雜居 亦無城郭 作土室 形如冢 開戶在上 不知跪拜 無長幼·男女之別

23　瓔珠는 장식품을 만드는 데 쓰이는 옥구슬이다.
24　원문 「替珪」. 죽내본 「蠶珪」로 교감, 탕천본·길림본 「蠶」으로 교감. 문맥에 맞게 『後漢書』를 참고하여 「蠶」으로 교감. 「蠶」을 두 글자로 잘못 파악하여 「替珪」로 표기했을 가능성이 있다.
25　원문 「綿」. 길림본 「緜」으로 교감. 교감하지 않아도 의미가 통하므로 교감하지 않는다. 『後漢書』의 해당 부분은 「緜」으로 되어 있다.
26　원문 「天」. 죽내본·탕천본·길림본 「大」로 교감. 문맥에 맞게 『後漢書』를 참고하여 「大」로 교감.
27　원문 「粟」. 죽내본·탕천본·길림본 「栗」로 교감. 문맥에 맞게 『後漢書』를 참고하여 「栗」로 교감.
28　원문 「色」. 죽내본·탕천본·길림본 「邑」으로 교감. 문맥에 맞게 『後漢書』를 참고하여 「邑」으로 교감.
29　원문 「室」. 탕천본·길림본 「土室」로 교감. 명확한 의미 전달을 위해 『後漢書』를 참고하여 「土室」로 교감.
30　원문 「幻」. 탕천본·길림본 「幼」로 교감. 문맥에 맞게 『後漢書』를 참고하여 「幼」로 교감.
31　跪拜는 꿇어앉아 절하는 것으로, 숭배 혹은 높은 공경의 표시이다.

06 尙勇標³²能, 貫脊之風猶扇,

용감함을 숭상하여 견딤을 자랑했고, 등가죽을 꿰는 풍속이 여전히 성행하였으며,

後漢書曰: "馬韓人壯勇. 少年有築室作力者. 輒³³以繩貫脊皮, 縋以大木, 讙呼爲健, 不以爲痛也³⁴."

『후한서』에 다음과 같이 전한다. "마한 사람들은 강건하고 용감하다. 소년 중에 집 짓는 일에 힘쓰는 자가 있다. 매번 밧줄로 등의 가죽을 꿰어, 큰 나무를 매다는데, 소리 지르는 것을 건강하다고 여기며, 고통으로 여기지 않는다."

• 참고
『後漢書』卷85 韓   其人壯勇 少年有築室作力者 輒以繩貫脊皮 縋以大木 讙呼爲健

07 矜容表也³⁵麗, 扁首之俗仍存.

용모를 자랑하여 화려함을 나타냈고, 머리를 납작하게 하는 풍속이 여전히 남아 있었다.

魏略曰: "辰韓俗喜歌舞彈瑟. 瑟形似筑. 兒生, 欲其頭扁, 便以石³⁶押其頭, 今辰韓人皆扁頭. 亦文身. 施竈皆在戶西. 其犢³⁷盧國與倭界接³⁸. 其人形皆大, 衣服潔淨也."

『위략』에 다음과 같이 전한다. "진한의 풍속은 노래하고 춤추며 瑟 타는 것을 즐긴다. 瑟의 모양은 筑과 흡사하다. 아이가 태어나면, 그 머리를 납작하게 하고자 해서, 태어나자마자 돌로 그 머리를 눌러두니, 지금 진한 사람들은 모두 편두이다. 또한 문신을 한다. 부엌은 모두 문의 서쪽에 둔다. 그 [진한의] 독노국은 왜와 경계가 접한다. 그 [나라] 사람들은 체격이 모두 크

---

32 원문 「摽」. 탕천본·길림본 「標」로 교감. 문맥에 맞게 「標」로 교감.
33 원문 「輕輒」. 죽내본·길림본 「輒」으로 교감. 문맥에 맞게 『後漢書』를 참고하여 「輒」으로 교감. 「輕」은 연자일 가능성이 높다.
34 「不以爲痛也」는 현전하는 『後漢書』에는 없지만, 『三國志』의 해당 부분에 「不以爲痛」으로 되어 있으므로, 宋代 이전 『後漢書』에는 있었을 가능성이 있다.
35 원문 「也」. 탕천본·길림본은 「也」 생략. 사륙 형태의 정문 구성을 생각하면 「也」를 연자로 볼 수도 있으나 찬자의 의도나 생각을 파악할 수 없으므로 교감하지 않는다.
36 원문 「名」. 죽내본·탕천본·길림본 「石」으로 교감. 문맥에 맞게 『三國志』를 참고하여 「石」으로 교감.
37 원문 「續」. 죽내본·탕천본·길림본 「瀆」으로 교감. 해당 국명을 가리키는 표현 중 어느 것이 타당하다고 단정할 수 없으므로 교감하지 않는다. 『三國志』의 해당 부분은 「瀆」으로 되어 있다.
38 원문 「椄」. 탕천본·길림본 「接」으로 교감. 문맥에 맞게 『三國志』를 참고하여 「接」으로 교감.

고, 의복이 깨끗하고 단정하다."

• 참고

『三國志』 卷30 韓　俗喜歌舞飮酒 有瑟 其形似筑 彈之亦有音曲 兒生 便以石壓其頭 欲其褊 今辰韓人皆褊頭 男女近倭 亦文身 … 施竈皆在戶西 其瀆盧國與倭接界 十二國亦有王 其人形皆大 衣服潔淸 長髮 亦作廣幅細布

08　鈴鼓旣懸, 用展接神之禮,
영고[39]가 매달리니, 신(령)을 맞는 예를 펼친 것이고,

後漢書曰: "馬韓人常以五月田竟祭鬼神, 晝[40]夜酒會, 群[41]聚歌舞. 舞輒數十人相隨蹋地爲節. 十月農功畢, 亦復如之. 諸國邑各以一人[主]祭[42]天神, 號爲天君. 又立蘇塗, 建[43]大木[44]以懸鈴鼓, 事鬼神. 蘇塗之義, 有似於西方[45]浮[46]圖[47]之[48]."

『후한서』에 다음과 같이 전한다. "마한 사람들은 항상 5월 씨뿌리기의 끝자락에 귀신에게 제사를 지내는데, 낮이나 밤이나 술자리를 베풀고, 무리지어 노래를 부르며 춤춘다. 춤출 때에는 수십 명이 서로 줄을 서서 땅을 밟으며 장단을 맞춘다. 10월에 농사의 추수를 끝내고, 또 다시 이와 같이 한다. 여러 국읍에 각각 한 사람이 천신의 제사를 주관하는데, 천군이라 부른다. 또 소도를 두어 큰 나무를 세우고 영고를 매달아 귀신을 섬긴다. 소도 의식은 서방의 불교[49]와 유사하다."

39　鈴鼓는 나무로 만든 일종의 타악기로, 한쪽 면에는 짐승의 가죽을 입히고, 주위에 두루 작은 방울을 달아 만든다.
40　원문 「盡」. 죽내본·탕천본·길림본 「晝」으로 교감. 문맥에 맞게 『後漢書』를 참고하여 「晝」로 교감.
41　원문 「郡」. 죽내본·탕천본·길림본 「群」으로 교감. 문맥에 맞게 『後漢書』를 참고하여 「群」으로 교감.
42　원문 「祭」. 탕천본·길림본 「主祭」로 교감. 명확한 의미 전달을 위해 『後漢書』를 참고하여 「主祭」로 교감.
43　원문 「遠」. 죽내본·탕천본·길림본 「建」으로 교감. 문맥에 맞게 『後漢書』를 참고하여 「建」으로 교감.
44　원문 「夫」. 죽내본·탕천본·길림본 「木」으로 교감. 문맥에 맞게 『後漢書』를 참고하여 「木」으로 교감.
45　원문 「方」. 길림본 「域」으로 교감. 원문대로 두어도 의미가 통하므로 교감하지 않는다. 『後漢書』의 해당 부분은 「域」으로 되어 있다.
46　원문 「淳」. 탕천본·길림본 「浮」로 교감. 문맥에 맞게 『三國志』와 『晉書』를 참고하여 「浮」로 교감.
47　원문 「啚」. 탕천본 「圖」로 교감. '부도'는 범어 'Buddha'의 음역이므로 문맥에 맞게 「圖」로 교감.
48　「蘇塗之義 有似於西方浮圖之」는 현전하는 『後漢書』에는 없지만, 『三國志』의 해당 부분에 「有似浮屠」로 되어 있으므로, 宋代 이전 『後漢書』에는 있었을 가능성이 높다. 한편, 『晉書』의 해당 부분에 「其蘇塗之義 有似西域浮屠也」로 되어 있다.
49　浮圖는 범어 'Buddha'의 음역이며, 불교를 가리킨다.

• 참고

『後漢書』卷85 韓　　常以五月田竟祭鬼神 晝夜酒會 羣聚歌舞 舞輒數十人相隨踏地爲節 十月農功畢 亦復如之 諸國邑各以一人主祭天神 號爲天君 又立蘇塗 建大木以縣鈴鼓 事鬼神

09 鳥羽攸[50]設, 方盡送往之儀.
새의 깃털이 갖추어지니, 죽은 자를 보내는 예를 다한 것이다.

魏略曰: "辰韓人常用馬韓人作主, 代代[51]相承. 其地宜五穀, 若[52]作縑布. 服牛乘馬, 其俗嫁娶, 男女有別. 以大鳥羽送死, 其意欲使死者飛颺."

『위략』에 다음과 같이 전한다. "진한 사람들은 항상 마한인으로 군주를 세워, 대대로 계승케 하였다. 그 땅은 오곡을 [심기에] 알맞으며, 겸포[53]를 잘 만든다. 소를 부리고 말을 탄다. 그 풍속에 시집과 장가갈 때, 남녀의 구별이 있다. 큰 새의 깃털로 죽은 사람을 보내는데, 그 뜻은 죽은 자[의 영혼]이 잘 날아가기를 바라는 것이다."

• 참고

『三國志』卷30 韓　　其十二國屬辰王 辰王常用馬韓人作之 世世相繼 辰王不得自立爲王 土地肥美 宜種五穀及稻 曉蠶桑 作縑布 乘駕牛馬 嫁娶禮俗 男女有別 以大鳥羽送死 其意欲使死者飛揚

10 居城識秦人之風, 髠髮驗州胡之俗.
성에 거주하는 것은 진나라 사람의 풍속을 아는 것이며, 머리 깎는 것은 주호의 풍속을 징험한 것이다.

後漢書曰: "辰韓, 耆老自言, 秦之亡人, 避苦役[54], 適韓國, 馬韓割東界地與之. 其名國爲邦, 弓[爲]弧[55],

---

50　원문 「攸」. 탕천본·길림본 「攸」으로 교감. 문맥에 맞게 「攸」로 교감.
51　원문의 「代代」는 당 태종 李世民에 대한 피휘이다. 『三國志』의 해당 부분은 「世世」로 되어 있다.
52　원문 「若」. 길림본 「善」으로 교감. 원문대로 두어도 의미가 통하므로 교감하지 않는다. 『晉書』의 해당 부분은 「善」으로 되어 있다.
53　縑布는 실로 짠 물건으로 과거 화폐로 사용됐다고 한다.
54　원문 「伇」. 탕천본·길림본 「役」으로 교감. 원문대로 두어도 의미가 통하므로 교감하지 않는다. 『後漢書』의 해당 부분은 「役」으로 되어 있다.
55　원문 「弧」. 탕천본·길림본 「爲弧」로 교감. 문맥에 맞게 『後漢書』를 참고하여 「爲弧」로 교감.

賊爲寇⁵⁶, 行酒爲行觴, 相呼爲徒. 有似秦語, 故或謂之爲秦韓. 有城柵屋室. 諸小別邑各有渠⁵⁷帥⁵⁸, 大者名臣⁵⁹智, 次有儉側, 次有樊祇⁶⁰, 次有殺奚, 次有邑借. 土地肥美, 宜五穀, 知蠶桑, 作縑布. 乘駕牛馬, 嫁娶以禮, 行者讓路. 國出鐵, 濊·倭·馬韓並從市之. 諸⁶¹貨⁶²易, 皆以鐵爲貨. 弁辰與辰韓雜居, 城郭衣服皆同, 言語風俗有異. 其人形⁶³皆長大, 美髮, 衣服潔淨. 而刑⁶⁴嚴峻⁶⁵. 馬韓之西海島上有州胡國. 其人短小, 髡⁶⁶頭, 衣有上無下. 好養牛豕, 乘船往來, 貨市韓中也⁶⁷."

『후한서』에 다음과 같이 전한다. "진한은 그 노인들이 스스로 말하기를, 진에서 도망한 사람들로서, 고역을 피하여, 한국에 왔는데, 마한이 그들의 동쪽 경계의 땅을 잘라주었다 한다. 그들은 국을 불러 방이라 하며, 궁은 호라 하고, 적은 구라 하며, 행주를 행상이라 하고, 서로 부르기를 도라 한다. 진의 말과 흡사하기 때문에 혹 그들을 秦韓이라 부르기도 한다. 성책과 가옥이 있다. 여러 작은 별읍에는 각각 거수가 있는데, 존귀한 자는 신지라 이름하고, 그다음은 검측, 그다음은 번기, 그다음은 살해, 그다음은 읍차가 있다. 토지가 비옥하고 좋아, 오곡을 [심기에] 알맞으며, 누에치기와 뽕나무를 가꿀 줄 알고, 겸포를 만든다. 우마를 부리고 타고 다니며, 혼인은 예의에 맞게 하며, 길에 다니는 사람들은 길을 양보한다. 나라에서는 철이 나오는데, 예·왜·마한이 모두 와서 그것을 사간다. 여러 교역에서는, 모두 철을 화폐로 사용한다. 변진은 진한과 잡거하는데, 성곽과 의복은 모두 같으나, 언어와 풍속은 다른 점이 있다. 그 사람들의 모습은 모두 [신체가] 장대하고, 머리카락이 풍성하며, 의복은 깨끗하다. 형벌은 엄격하다. 마한의 서쪽에는 바다 섬 위에 주호국이 있다. 그 사람들은 키가 작고 머리를 깎으며,

---

56 원문 「冠」. 죽내본·탕천본·길림본 「寇」로 교감. 문맥에 맞게 『後漢書』를 참고하여 「寇」로 교감.

57 원문 「渠渠」. 죽내본 「渠」로 교감. 문맥에 맞게 『後漢書』를 참고하여 「渠」로 교감. 줄을 바꾸는 과정에서 중복 표기되었을 가능성이 있다.

58 원문 「師」. 죽내본·탕천본·길림본 「帥」로 교감. 『三國志』의 「長帥」와 『後漢書』의 「渠帥」를 참고하여 「帥」로 교감.

59 원문 「巨」. 죽내본·탕천본·길림본 「臣」으로 교감. 『三國志』와 『後漢書』를 참고하여 「臣」으로 교감.

60 원문 「祇」. 죽내본 「祇」로 교감. 탕천본은 판독을 보류하고 「祇」로 교감. 해당 호칭을 가리키는 표현 중 어느 것이 타당하다고 단정할 수 없으므로 교감하지 않는다. 『後漢書』의 해당 부분은 「祇」로 되어 있다.

61 원문 「諸」. 길림본 「凡諸」로 교감. 보입하지 않아도 의미가 통하므로 교감하지 않는다. 『後漢書』의 해당 부분은 「凡諸」로 되어 있다.

62 원문 「貨」. 죽내본·탕천본·길림본 「貿」로 교감. 원문대로 두어도 의미가 통하므로 교감하지 않는다. 宋代『後漢書』의 해당 부분은 「貨」로 되어 있지만, 淸代 이후 판본에서는 「貿」로 되어 있다.

63 원문 「刑形」. 죽내본 「形」으로 교감. 문맥에 맞게 『後漢書』를 참고하여 「形」으로 교감.

64 원문 「形」. 죽내본·탕천본·길림본 「刑」으로 교감. 문맥에 맞게 『後漢書』를 참고하여 「刑」으로 교감.

65 원문 「嚴峻」. 길림본 「法嚴峻」으로 교감. 보입하지 않아도 의미가 통하므로 교감하지 않는다. 『後漢書』의 해당 부분은 「法嚴峻」으로 되어 있다.

66 원문 「兒」. 탕천본·길림본 「髡」으로 교감. 문맥에 맞게 정문과 『後漢書』를 참고하여 「髡」으로 교감.

67 원문 「也」. 길림본 「也」 생략. 생략하지 않아도 의미가 통하므로 교감하지 않는다.

옷은 상의만 입고 하의는 입지 않는다. 소와 돼지 기르기를 잘하며, 배를 타고 왕래하면서, 한에서 물건을 사고판다."

• 참고

『後漢書』卷85 韓   辰韓 耆老自言秦之亡人 避苦役 適韓國 馬韓割東界地與之 其名國爲邦 弓爲弧 賊爲寇 行酒爲行觴 相呼爲徒 有似秦語 故或名之爲秦韓 有城柵屋室 諸小別邑 各有渠帥 大者名臣智 次有儉側 次有樊祇 次有殺奚 次有邑借 土地肥美 宜五穀 知蠶桑 作縑布 乘駕牛馬 嫁娶以禮 行者讓路 國出鐵 濊·倭·馬韓並從市之 凡諸貨易 皆以鐵爲貨 俗憙歌舞飮酒鼓瑟 兒生欲令其頭扁 皆押之以石 弁辰與辰韓雜居 城郭衣服皆同 言語風俗有異 其人形皆長大 美髮 衣服絜淸 而刑法嚴峻 其國近倭 故頗有文身者 初 朝鮮王準爲衛滿所破 乃將其餘衆數千人走入海 攻馬韓 破之 自立爲韓王 準後滅絶 馬韓人復自立爲辰王 建武二十年 韓人廉斯人蘇馬諟等詣樂浪貢獻 光武封蘇馬諟爲漢廉斯邑君 使屬樂浪郡 四時朝謁 靈帝末 韓濊並盛 郡縣不能制 百姓苦亂 多流亡入韓者 馬韓之西 海島上有州胡國 其人短小 髡頭 衣韋衣 有上無下 好養牛豕 乘船往來貨市韓中

高麗
고려

판독문

靈河演貺 照日暈¹以含胎 伏鼈²摛³祥 叩骨城而闢⁴壞

魏牧魏後漢書曰 高句驪者 出於夫餘 自言先祖朱ゝ蒙 母河伯女 夫餘王閇於室中 爲日所照 引⁵身避之 日影又逐 旣而有孕 生一卵 大如五升 夫餘王弃之与犬食 犬不食 弃之与豕 ゝ又不食 弃之於路 牛馬避之 又弃之於野 鳥以毛茹之 夫餘王剖之 不能破 遂還其母 其母以物裹⁶之 置於暖處 有一男破敚⁷而出 其長也 字之曰朱蒙 其俗言朱蒙者善射也 夫餘國人以朱蒙非人所將 生有異⁸志

---

1. 죽내본 「晷」, 길림본 「暑」. 아래 용례를 통해 「暈」로 판독.

2. 죽내본·길림본 「鼇」. 자형에 따라 「鼈」로 판독.

3. 죽내본·길림본 「摛」. 아래 용례를 통해 「摛」로 판독.

4. 죽내본·길림본 「闢」. 아래 용례를 통해 「闢」으로 판독.

5. 죽내본·길림본 「引」. 아래 용례를 통해 「引」으로 판독.

6. 죽내본 「裹」, 길림본 「裏」. 자형과 문맥에 따라 「裹」로 판독.

7. 죽내본 「敚」, 길림본 연문으로 보고 「殼」으로 교감. 자형에 따라 「敚」로 판독.

請除之 王不聽[9] 命之養馬 朱蒙私試 知有善惡 駿者咸食瘦[10] 駑者善養合[11]肥 夫餘王以肥者自乘 以瘦者給朱蒙 後狩于田 以朱蒙善射 限之一矢 朱蒙雖一矢 殪獸甚多多 夫餘之臣又謀煞[12]之 母 陰知以告朱蒙 ゝ与烏[13]引烏違等二人 弃夫餘東南走 中道遇有大水 欲濟無梁 夫餘人追之甚甚急 蒙告水曰 我是日子 河伯外孫 今日逃走 追兵乘[14]及 如何得濟 於是魚鼈並浮 為之成橋 朱蒙得度 魚鼈乃鮮 追騎不得渡 朱蒙至述水 遇見三人 其一人着麻衣 一人着細衣 一人着水藻衣 与朱蒙至 紇升[15]骨城 遂居焉 号曰髙句驪 因以為氏焉

境連穢[16]貊 地棱扶[17]餘

魚豢魏略曰 髙句驪國 在遼東千里 南接朝鮮穢貊 東接汲[18]沮 北接夫餘也

---

8 죽내본·길림본「異」. 아래 용례를 통해「異」로 판독.

9 죽내본「聽」. 길림본「聽」. 자형에 따라「聽」로 판독.

10 죽내본「廋」. 길림본「瘦」. 자형에 따라「廋」로 판독.

11 죽내본「令」. 길림본「合」. 자형에 따라「合」으로 판독.

12 죽내본·길림본「煞」. 아래 용례를 통해「煞」로 판독.

13 죽내본·길림본「烏」. 아래 용례를 통해「烏」로 판독.

14 죽내본·길림본「乘」. 아래 용례를 통해「乘」으로 판독.

15 죽내본「外」. 길림본「升」. 아래의 용례를 통해「升」으로 판독.

16 죽내본·길림본「穢」. 아래 용례를 통해「穢」로 판독.

帶玄菟以開彊[19]

漢書地理志曰 玄菟郡 武帝元封四年開 属幽州 應邵注云 故眞番 胡鮮國也 領高句驪上殷台西蓋馬三縣 治高句驪 後漢 以遼東之高顯[20]侯[21]城遼陽三縣 來属也

括黏蟬而命色

漢書地志曰 樂浪郡 武帝元封三年開 莽曰樂鮮 属幽州 邵注云 朝鮮國 武王封箕子於朝鮮 訹[22]邯俱[23]水含資黏蟬遂成增地帶方馳望海冥利口長岑屯有昭明鏤方提奚渾繡吞列東暆不而蠶台華麗邪頭昧前莫犮祖廾五縣 治朝鮮也

仁随萬物 自扇九種之風

漢書地志曰 長馹望 封箕子縣也 後書曰 王制云 東方曰夷[24] 〻者柢[25]也 言仁而好生 萬物柢[26]地而

---

17 죽내본 「扶」, 길림본 「肤」. 아래 용례를 통해 「扶」로 판독.

18 죽내본·길림본 「沃」. 자형에 따라 「泆」로 판독.

19 죽내본·길림본 「彊」. 아래 용례를 통해 「彊」으로 판독.

20 죽내본·길림본 「顯」. 아래 용례를 통해 「顯」으로 판독.

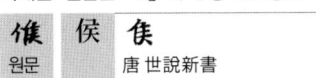

21 죽내본·길림본 「侯」. 아래 용례를 통해 「侯」로 판독.

22 죽내본 「訹」, 길림본 「訊」. 자형에 따라 「訹」로 판독.

23 죽내본 「俱」, 길림본 「溴」. 자형에 따라 「俱」로 판독.

24 죽내본·길림본 「夷」. 아래 용례를 통해 「夷」로 판독.

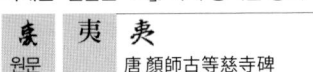

出 故天性柔順 易以道御 至有君子不死之國焉 夷有九種 曰狀[27]夷于方夷黃赤夷風夷陽夷 故孔子欲居九夷也 漢初戀[28]人衛滿 避地朝鮮 因王其國 百有餘歲之

俗[29]異三方 猶祖八條之敎

漢書地理志曰 朝鮮穢貊句麗夷 殷道衰 箕子去之朝鮮 敎其人以禮義 田蠶織作 樂浪朝鮮人犯禁八條[30] 相煞以嘗時儅煞 相傷者 以穀償 相盜者男沒入為其家奴 女為奴婢 欲自贖者 人五十萬 雖免為庶[31]人 猶羞之 嫁娶無所讎 是以其人終[32]不相盜 無門戶之閉 然天性和順 異於三方之外 故孔子悼道不 設桴於海 欲九夷 有心之

官崇九等

髙麗記曰 其國[33]建[34]官有九等 其一曰吐[35]捽 比一品 舊名大對慮[36] 惣知國事 三年一伐 若稱職[37]者

---

25 죽내본·길림본「柢」. 자형에 따라「枨」으로 판독.

26 죽내본「牴」, 길림본「柢」. 자형에 따라「牴」로 판독.

27 죽내본「狀」, 길림본「吠」. 자형에 따라「吠」로 판독.

28 죽내본「燕」, 길림본「戀」. 자형에 따라「戀」으로 판독.

29 죽내본·길림본「俗」. 아래 용례를 통해「俗」으로 판독.
平安 傳橘逸勢伊 都內親王願文

30 죽내본·길림본「條」. 아래 용례를 통해「條」로 판독.
隋 智永眞草千字文

31 죽내본·길림본「庶」. 아래 용례를 통해「庶」로 판독.
平安 興福寺銅燈台銘

32 죽내본·길림본「終」. 아래 용례를 통해「終」으로 판독.
奈良 聖武天皇雜集

不拘³⁸年限 交替之日 或不相牴服 皆勤兵相政 勝者為之 其王但閉³⁹宮自守 不能制禦 次曰太大兄 比二品 一名莫何〻羅支 次鬱折 比從二品 華言主薄⁴⁰ 次大夫使者 比正³³三品 亦名謂謁奢 次皁⁴²衣頭大兄 比從三品 一名中裏皁衣頭大兄 東夷相傳 所謂 皁衣先人者也 以前五官 掌機密謀 改事 徵發⁴³兵 選授官爵 次大使者 比正四品 一名大奢 次大兄加 比正五品 一名繶支 次拔位使者

---

33 죽내본·길림본 「國」. 『한원』에만 존재하는 이체자로 자형에 따라 「國」으로 판독.

34 죽내본·길림본 「建」. 아래 용례를 통해 「建」으로 판독.
飛鳥 聖德太子 法華義疏

35 죽내본·길림본 「吐」. 아래 용례를 통해 「吐」로 판독.
東魏 敬史君碑

36 죽내본·길림본 「慮」. 아래 용례를 통해 「慮」로 판독.
奈良 藥師寺大般若經

37 죽내본·길림본 「軄」. 자형에 따라 「軄」으로 판독.

38 죽내본·길림본 「拘」. 자형에 따라 「拘」로 판독.

39 죽내본·길림본 「閇」. 자형에 따라 「閇」로 판독.

40 죽내본·길림본 「薄」. 아래 용례를 통해 「薄」로 판독.
平安 傳嵯峨天皇 李嶠雜詠

41 죽내본·길림본 「正」. 아래 용례를 통해 「正」으로 판독.
平安 嵯峨天皇 光定戒牒

42 죽내본·길림본 「皁」. 아래 용례를 통해 「皁」로 판독.
漢 居延漢簡

43 죽내본·길림본 「發」. 아래 용례를 통해 「發」로 판독.
唐 貞隱子墓誌

比從五品 一名儒⁴⁴奢 次上位使者 比正六品 一名契達奢使者 一名乙奢 次小兄 比正七品 一名失支 次諸兄 比從七品 一名翳⁴⁵属 一名伊紹 一名河紹還 次過節⁴⁶ 比正八品 次不節 比從八品 次先人 比正九品 一名失元 一名庶人 又有拔古鄒⁴⁷加 掌賓客 比鴻臚卿 以大夫使為之 又有國子博士 大學士舍人通事典容 皆以小兄以上為之 又其諸大城置傉⁴⁸薩 比都督 諸城置處⁴⁹閭区⁵⁰刺史 亦謂之道使 道使治所名之曰備 諸小城置可邏達 比長史 又城置婁肖 比縣令 其武官曰大摸達 比衛將軍 一名莫何邏繡支 一名大幢主 以早衣頭大兄以上為之 次未若 比中郎將 一名郡頭 以大兄以上為之 其領千人 以下各有等級

部貴五宗

魏略曰 其國大有五族 有消奴部順准奴部樓桂樓部 為土 徵弱 桂樓部代之 五部皆貴人之族也 一人內部 即後漢書桂樓部 一名黃部 一名黃部 二曰北部 即絕奴部 即絕奴部 即名後部 一名黑部 三曰東部 即順奴部 一名在部 一名上部 一名青部 四曰南部 即灌奴部 一名前 一名赤部 五曰西部 即消奴部也 一名右部 其北部 如燕內部 姓高 即王族也 高麗稱無姓者 皆內部也 又內部雖為

---

44 죽내본·길림본「儒」. 아래 용례를 통해「儒」로 판독.
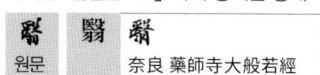

45 죽내본·길림본「翳」. 아래 용례를 통해「翳」로 판독.

46 죽내본「節」, 길림본「茚」. 자형에 따라「節」로 판독.
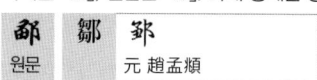

47 죽내본「鄒」, 길림본「鄒」. 아래 용례를 통해「鄒」로 판독.

48 죽내본「辱」, 길림본「傉」. 자형에 따라「傉」으로 판독.

49 죽내본·길림본「處」. 아래 용례를 통해「處」로 판독.

50 죽내본·길림본「區」. 자형에 따라「区」로 판독.

王宗 列在東部之下 其國從事 以東為首故 東部居上

饗帝列東盟之祠 延神宗穟[51]穴之醮

魏略曰 高麗俗好哥舞 其人自喜跪拜 以十月會祭癸天 名曰東盟 有軍事亦各祭天 煞牛觀蹄 以占吉凶 大加主着幘 ≶無後 小加着折風 形如弁 穟穴神 於國東水上祭之 無牢獄 有罪則會諸加平[52] 議 便煞之 沒妻子為奴婢 其俗淫侈 相奔誘 其死葬其椁[53]無棺之

南蘓[54]表成 驗容恪之先鳴

南蘇城在國西北 十六國春秋 前燕錄曰 慕容晃十二年 遣度遼將運慕容恪 攻髙驪南蘇剋之 置戍而還 即此城也 髙麗記云 城在雜城北七十里山上也

平郭開塵[55] 紀馮弘[56]之失策

髙麗記曰 平郭城 今名建安城 在國西 本漢平郭縣也 漢書地理志曰 屬≶遼東郡 有鐵官鹽[57]官 續漢

---

51 죽내본·길림본 「隧」. 자형에 따라 「穟」로 판독.

52 죽내본 「評」. 길림본 「平」. 자형에 따라 「平」으로 판독.

53 죽내본 「椁」. 길림본 「槨」. 자형에 따라 「椁」으로 판독.

54 죽내본 「蘇」. 길림본 「蘓」. 아래 용례를 통해 「蘓」로 판독.

55 죽내본 「墟」. 길림본 「塵」. 「墟」은 「塵」의 이체자로, 아래의 용례를 통해 「塵」으로 판독.

56 죽내본·길림본 「弘」. 「弘」의 좌변을 「弓」 대신 「方」으로 쓰거나 우변을 「厶」 대신 「口」로 쓰는 아래의 용례를 통해 「弘」으로 판독.

57 죽내본·길림본 「監」. 아래의 용례를 통해 「鹽」의 이체자로 보고 「鹽」으로 판독.

書郡國志不改[58] 十六國春秋曰 北燕馮弘 大興[59]六年 爲魏所[60]破 遂奔句驪 處弘于平郭 卽此城也

王傾逐北 銘勳不耐之城

高麗記曰 不耐城 今名國內城 在國東北六百七十里 奔漢不而縣也 漢書地志 不而縣屬樂浪郡 東部都尉治處 後漢省 魏志曰 正始中 母丘儉征[61]高句驪 遂東馬懸車 以登凡都 屠句驪所都 斬獲道虜以于數 六年 復征[62]之 王宮遂奔買溝 儉遣玄菟太守王傾追之 過沃[63]沮[64]千有餘里 至肅愼南界 刻[65]石紀功[66] 刑九都之山 銘不耐之城

---

58 죽내본·길림본 「改」. 자형에 따라 「改」로 판독.

59 죽내본·길림본 「與」. 자형에 따라 「與」로 판독.

60 죽내본·길림본 「所」. 자형에 따라 「所」로 판독.

61 죽내본 「征」, 길림본 「征」. 우변인 「正」을 아래와 같은 형태로 쓴 경우가 여러 차례 보이므로, 자형에 따라 「征」으로 판독.

62 죽내본·길림본 「征」. 앞서 「征」의 경우와 달리 좌변은 「彳」변이 분명하여 자형에 따라 「征」으로 판독.

63 죽내본·길림본 「沃」. 아래의 용례를 통해 「沃」으로 판독.

64 죽내본·길림본 「沮」. 아래의 용례를 통해 「沮」로 판독.

65 죽내본 「刻」, 길림본 「列」. 좌변 획이 「列」로 보기는 어려우며 자형에 따라 「刻」으로 판독.

66 죽내본·길림본 「功」. 아래의 용례를 통해 「功」으로 판독.

燕晃長馳 表績丸都之嶠[67]

十六國春秋曰 前燕錄曰 燕主慕容晃九年 晃代句驪 乘勝[68]長馳 遂[69]入九都 句驪王劉[70]單馬奔竄[71] 竄 乃掘[72]其父墓 載其尸 幷母[73]妻珎[74]寶 掠[75]男女五万餘口 禁[76]其宮室 毀[77]九都而歸[78] 乃不耐城也

---

67 죽내본「嶠」, 길림본「嶠」. 좌변은「山」이 분명하고, 아래의 용례를 통해「嶠」로 판독.

| 원문 | 嶠 | 嶠 唐 敦煌范崇禮墓誌 |

68 죽내본·길림본「勝」. 아래의 용례를 통해「勝」으로 판독.

| 원문 | 勝 | 勝 巴郡太守張納 功德敍 |

69 죽내본「遂」, 길림본「逐」. 자형에 따라「遂」로 판독.

| 원문 | 遂 |

70 죽내본·길림본「劉」. 아래의 용례를 통해「劉」로 판독.

| 원문 | 劉 | 劉 北齊武平七年 造像記 | 劉 唐 賈旺墓誌 |

71 죽내본「竄」, 길림본「竄」. 자형에 따라「竄」으로 판독.

| 원문 | 竄 | 竄 龍龕手鑑 穴部 |

72 죽내본·길림본「掘」. 자형에 따라「掘」로 판독.

| 원문 | 掘 |

73 죽내본「世」, 길림본「毋」. 자형에 따라「毋」로 판독.

| 원문 | 世 |

74 죽내본「珍」, 길림본「珎」.「珎」은「珍」의 속자이며, 자형에 따라「珎」으로 판독.

| 원문 | 珎 | 珎 玉篇 玉部 珍字 |

75 죽내본·길림본「掠」. 아래의 용례를 통해「掠」으로 판독.

| 원문 | 掠 | 掠 龍龕手鑑 手部 |

76 죽내본「焚」, 길림본「禁」. 하변의 자형에 따라「禁」으로 판독.

| 원문 | 禁 | 禁 魏 司馬元興墓誌銘 |

77 죽내본·길림본「毀」. 아래의 용례를 통해「毀」로 판독.

| 원문 | 毀 | 毀 正字通 殳部 | 毀 正字通 殳部 |

淪碑尚在 耿夔[79]播美於遼城

范曄後漢書曰 耿夔遼遷[80]東太守 元年貊人冠郡界 夔追擊 斬其帥渠 案高驪記云 故城南門有碑 年久淪沒 出土數[81]尺 即耿夔碑之者也

冠石存 公孫創基於延[82]里

魏志曰 公孫度 遼東襄平人 董卓時爲遼東太守 初平中襄平延里社[83]生大石 長丈餘 下有三小石爲之足[84] 或謂度曰 此漢宣帝冠石之祥 明[85]當土地 乃分[86]遼東郡爲遼西中遼郡 置太守 越海牧東萊諸縣 置榮州刺史 自立爲遼東侯平州牧 立漢二祖廟 承[87]制設壇墠於襄[88]平城南 郊祀天地 太祖表

---

78 죽내본·길림본「歸」. 아래의 용례를 통해「歸」로 판독.

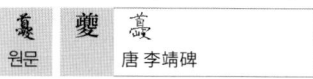

79 죽내본·길림본「夔」. 아래의 용례를 통해「夔」로 판독.

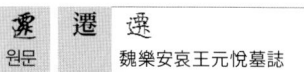

80 죽내본·길림본「遷」. 아래의 용례를 통해「遷」으로 판독.

81 죽내본·길림본「數」. 아래의 용례를 통해「數」로 판독.

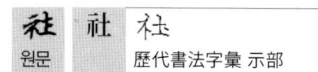

82 죽내본·길림본「延」. 아래의 용례를 통해「延」으로 판독.

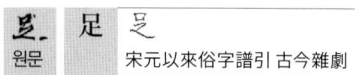

83 죽내본·길림본「社」. 아래의 용례를 통해「社」로 판독.

84 죽내본·길림본「足」. 아래의 용례를 통해「足」으로 판독.

85 죽내본「明」, 길림본「明」. 좌변의 자형에 따라「明」판독.

86 죽내본·길림본「分」. 아래의 용례를 통해「分」으로 판독.

度爲鴌威將[89]軍 永寧[90]鄉侯 度曰 我土遼東 何永寧也 度死至孫淵 以景初元年 自立爲燕王 置百官 二年 遣司馬宣王征 累破 遂進運 造[91]城下爲國[92]塹 起土山修[93]櫓[94] 爲發石連努射城中 深[95]窘忽糧書相食 死者甚多 深遂突[96]國東南走 急擊之 斬其父子 遼東悉[97]平也

---

87 죽내본·길림본「承」. 아래의 용례를 통해「承」으로 판독.

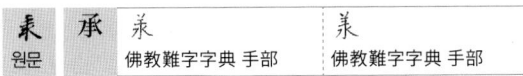

88 죽내본·길림본「襄」. 아래의 용례를 통해「襄」으로 판독.

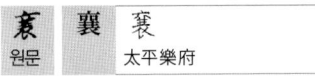

89 죽내본·길림본「將」. 아래의 용례를 통해「將」으로 판독.

90 죽내본·길림본「寧」. 아래의 용례를 통해「寧」으로 판독.

91 죽내본·길림본「造」. 자형에 따라「造」로 판독.

92 죽내본·길림본「國」. 자형에 따라「國」으로 판독.

93 죽내본「脩」, 길림본「修」. 아래의 용례를 통해「修」로 판독.

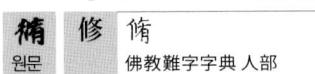

94 죽내본·길림본「櫓」. 자형에 따라「櫓」으로 판독.

95 죽내본·길림본「深」. 자형에 따라「深」으로 판독. 당초본도「深」으로 판독.

96 죽내본·길림본「突」. 아래의 용례를 통해「突」로 판독.

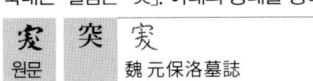

97 죽내본·길림본「悉」. 아래의 용례를 통해「悉」로 판독.

馬巌[98]辟[99] 洞穴以罪雲

高驪記曰 馬多山在國北 高驪之中 此山最[100]大 卅里間 唯[101]通匹[102]馬 雲霧歊蒸 終日不霽 其中多生人參自附子防風細辛 山中有南北路 彡東有石壁 其高數仞 下有石室 可客千人 室中有二穴 莫測深[103]淺 夷[104]人長老相傳玄 高驪先祖朱蒙 從夫餘至此 初未有馬 行至此山 忽見群馬出穴中 形[105]小向[106]酸 因号[107]馬多山也 子有

---

98 죽내본·길림본「巌」. 아래의 용례를 통해「巌」로 판독.

99 죽내본·길림본「辟」. 아래의 용례를 통해「辟」로 판독.

100 죽내본·길림본「最」. 아래의 용례를 통해「最」로 판독.

101 죽내본·길림본「唯」. 자형에 따라「唯」로 판독.

102 죽내본·길림본「匹」. 아래의 용례를 통해「匹」로 판독.

103 죽내본·길림본「深」. 자형에 따라「深」로 판독.

104 죽내본·길림본「夷」. 아래의 용례를 통해「夷」로 판독.

105 죽내본·길림본「形」.『翰苑』의 필사자는 우변「彡」획을 모두 다음과 같이 쓰고 있으므로, 자형에 따라「形」으로 판독.

106 죽내본·길림본「向」. 자형에 따라「向」으로 판독.

107 죽내본·길림본「号」. 아래의 용례를 통해「号」로 판독.

焉骨巉巖 竦二峯而功漢

髙驪記云 焉骨山在國西北 夷[108]言屋山 在平壤西北七百里 東西二嶺 壁立千仞 自足至湏[109] 皆是蒼石 遠望[110]巉巖狀 類荊門三峽[111] 其上無別草木 唯生靑松 擢幹雲表 髙驪於南北硤口 築斷[112]爲城 此卽夷藩 樞要之所也

珣玗挺[113]耀 授色重孿[114]

周礼䐣[115]方曰 東北曰幽州 其山鎭鏧[116]無閭 价退曰 東北之美者 有毉無閭之珣玗琪[117]焉 郭璞注云

---

108 죽내본·길림본「夷」. 아래의 용례를 통해「夷」로 판독.

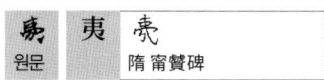

109 죽내본「湏」, 길림본「湏」.『翰苑』 필사자가「氵」변을 흘려 쓰고 있다는 점을 고려하여, 자형에 따라「湏」로 판독.

110 죽내본·길림본「望」. 아래의 용례를 통해「望」으로 판독.

111 죽내본·길림본「峽」. 자형에 따라「峽」로 판독.

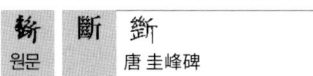

112 죽내본·길림본「斷」. 아래의 용례를 통해「斷」으로 판독.

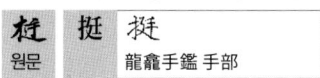

113 죽내본·길림본「挺」. 아래의 용례를 통해「挺」으로 판독.

114 죽내본·길림본「孿」. 자형에 따라「孿」으로 판독.

115 죽내본「職」, 길림본「䐣」. 좌변이「身」이 분명하여 자형에 따라「䐣」으로 판독.

116 죽내본「鏧」, 길림본「鏧」. 아래의 용례를 통해「鏧」으로 판독.

117 죽내본·길림본「琪」. 자형에 따라「琪」으로 판독.

瑿無閭 山名 今在遼東 續漢書日 遼東無慮縣[118] 有瑿無閭山也

銀礫涵[119]輝 凝鮮疊崿

齊[120]書東夷傳日 銀山在國西北 高驪採以爲貨 高驪記云 銀山在安市[121]東北百餘里 有數百家 採之以供國用也

波騰碧瀲[122] 鶩天險以浮刀

後漢書日 地理志日 玄菟郡西盖馬縣 馬縣 馬訾水西北入鹽難水 西南至西安平入海 過郡 行二千一百里 應劭[123]云 馬訾水西入鹽澤[124] 高驪記云 馬訾水 高驪一名淹水 今名鴨淥[125]水 其國相傳云 水漁出東北靺[126]鞨[127]國白 水色似鴨頭 故俗[128]名鴨淥水 去遼東五百里 經[129]國內城南 又西

---

118 죽내본·길림본 「縣」. 아래의 용례를 통해 「縣」으로 판독.

119 죽내본·길림본 「涵」. 자형에 따라 「涵」으로 판독.

120 죽내본·길림본 「齊」. 아래의 용례를 통해 「齊」로 판독.

121 죽내본·길림본 「市」. 자형에 따라 「市」로 판독.

122 죽내본·길림본 「瀲」. 아래의 용례를 통해 「瀲」으로 판독.

123 죽내본·길림본 「劭」. 아래의 용례를 통해 「劭」로 판독.

124 죽내본·길림본 「澤」. 아래의 용례를 통해 「澤」으로 판독.

125 죽내본·길림본 「淥」. 아래의 용례를 통해 「淥」으로 판독.

与一水合 即鹽難也 二水合流 西南至安平城入海 高驪之中 此水最[130]大 波瀾淸泑[131]澈 所經 津[132]濟[133] 皆貯[134]大舩[135] 其國恃此以爲天塹 今案 其水闊[136]三百步[137] 在平壤城西北四百五十里也

---

126 죽내본·길림본「靿」. 아래의 용례를 통해「靿」로 판독.

127 죽내본·길림본「鞨」. 아래의 용례를 통해「鞨」로 판독.

128 죽내본·길림본「俗」. 아래의 용례를 통해「俗」로 판독.

129 죽내본·길림본「經」. 자형에 따라「經」으로 판독.

130 죽내본·길림본「最」. 아래의 용례를 통해「最」로 판독.

131 죽내본「泑」, 길림본 누락. 자형에 따라「泑」로 판독.

132 죽내본·길림본「津」. 우변「聿」의 용례를 통해「津」으로 판독.

133 죽내본·길림본「濟」. 우변의 자형에 따라「濟」로 판독.

134 죽내본·길림본「貯」. 아래의 용례를 통해「貯」로 판독.

135 죽내본「船」, 길림본「舩」. 자형에 따라「舩」으로 판독.

136 죽내본·길림본「闊」. 자형에 따라「闊」로 판독.

137 죽내본·길림본「步」. 아래의 용례를 통해「步」로 판독.

刀 小舩[138]也 舩 毛詩曰 誰何廣 曾不客刀也

浪接黃川 藹樓[139]雉而驚[140]箭

漢書地理志曰 遼東郡 望平縣 大遼水 其水發源西南 流合契丹國黃水 又西南經遼東城西八十里 又南入海 闊百餘步 高驪記云 其水闊百餘步 平流清泬 又多灣[141]潭[142]枝泒[143] 兩岸生長柳[144] 家密可藏[145]兵馬 兩畔弥[146] 惣名遼澤 多生細[147]草雚[148]蒲[149] 毛群羽[150]族 朝夕相霧 湏[151]臾卷斂[152] 狀若樓雉

---

138 죽내본·길림본「船」. 자형에 따라「舩」으로 판독.

원문

139 죽내본·길림본「樓」. 아래의 용례를 통해「樓」로 판독.
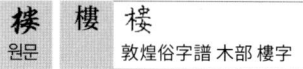
원문 | 樓 | 敦煌俗字譜 木部 樓字

140 죽내본·길림본「驚」. 자형에 따라「驚」으로 판독.

원문

141 죽내본·길림본「灣」. 자형에 따라「灣」으로 판독.

원문

142 죽내본·길림본「潭」. 아래의 용례를 통해「潭」으로 판독.
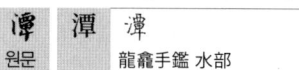
원문 | 潭 | 龍龕手鑑 水部

143 죽내본·길림본「派」. 자형에 따라「泒」로 판독.

원문

144 죽내본·길림본「柳」. 아래의 용례를 통해「柳」로 판독.

원문 | 柳 | 唐 上柱國 邊真墓誌

145 죽내본·길림본「藏」. 아래의 용례를 통해「藏」으로 판독.

원문 | 藏 | 通俗小說

146 죽내본·길림본「弥」. 아래의 용례를 통해「弥」로 판독.

원문 | 弥 | 東魏王方略造須彌塔記

147 죽내본·길림본「細」. 자형에 따라「細」로 판독.

원문

卽漢書所謂蠶[153]氣是

獸珎文豹 器重良弓

高驪記曰 今高國兼[154]有朝鮮穢[155]貊沃沮之地也 後漢書曰 高句驪 多大山梁谷 人隨而爲居 句驪 一名貊 有種 依小水而居 名曰小水貊 出弓 所謂貊弓是也 東沃沮 土也肥美 皆山伺海 宜[156]五穀 若[157]種因 穢[158]出檀弓 又多文豹 有果[159]下馬 又有馬 甚小 登山履陰不疲 以粟[160]米[161]和水飮之 便[162]

---

148 죽내본 「雀」, 길림본 「隹」. 자형에 따라 「隹」로 판독.

원문

149 죽내본·길림본 「蒲」. 자형에 따라 「蒲」로 판독.

원문

150 죽내본·길림본 「羽」. 자형에 따라 「羽」로 판독.

원문

151 죽내본·길림본 「須」. 『한원』 현전본 필사자의 'ㅕ'변을 'ㅣ'변 형태로 흘겨 쓰는 습관을 고려할 때, 이 글자는 「湏」로 판독.

원문

152 죽내본·길림본 「斂」. 아래의 용례를 통해 「斂」으로 판독.

| 원문 | 斂 | 魏定州刺史元湛墓誌 |

153 죽내본·길림본 「蠶」. 자형에 따라 「蠶」으로 판독.

원문

154 죽내본·길림본 「兼」. 아래의 용례에 따라 「兼」으로 판독.

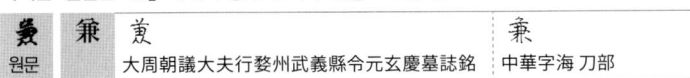

| 원문 | 兼 | 大周朝議大夫行婺州武義縣令元玄慶墓誌銘 | 兼 | 中華字海 刀部 |

155 죽내본·길림본 「穢」. 자형에 따라 「穢」로 판독.

원문

156 죽내본 「冝」, 길림본 「宜」. 아래의 용례에 따라 「宜」로 판독.

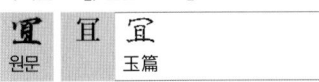

| 원문 | 冝 | 宜 |
| | | 玉篇 |

157 죽내본·길림본 「若」. 아래의 용례를 통해 「若」으로 판독.

| 원문 | 若 | 若 |
| | | 郙閣頌 |

得經日也

佩刀礪而見等威 金羽以明貴賤

魏牧後魏書東夷傳曰 高驪 頭著折風 其形如弁 傍插[163]鳥羽 貴賤有差[164] 立則反拱 蕭[165]子顯[166]齊書恌[167]夷傳曰 高驪俗服窮袴 冠析[168]風一 謂之幘 知讀五經 使人在京師[169] 中書郎王融[170]戲[171]曰 服

---

158 죽내본·길림본 「穢」. 아래의 용례를 통해 「穢」로 판독.

中國書法大字典禾部

159 죽내본·길림본 「菓」. 「果」의 아래와 같은 이체자의 용례가 확인되지만, 자형에 따라 「菓」로 판독.

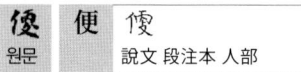
六書正譌 上聲 哿果韻

160 죽내본·길림본 「粟」. 자형에 따라 「粟」로 판독.

字學三正 體製上 古文異體

161 죽내본·길림본 「米」. 자형에 따라 「米」로 판독.

162 죽내본·길림본 「便」. 아래의 용례를 통해 「便」으로 판독.

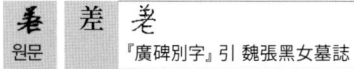
說文 段注本 人部

163 죽내본 「揰」, 길림본 「搥」. 「揰」 혹은 「搥」로 판독하기도 하나, 자형상으로 보아 「插」으로 판독해도 무리가 없다.

164 죽내본 「差」, 길림본 「差」. 아래의 용례에 따라 「差」로 판독.

『廣碑別字』引 魏張黑女墓誌

165 죽내본 「蕭」, 길림본 「蕭」. 아래의 용례에 따라 「蕭」로 판독.

『漢隸字源』引 梁相費汎碑   『碑別字新編』引 漢武班碑

166 죽내본 「顯」, 길림본 「顯」. 아래의 용례에 따라 「顯」으로 판독.

『廣碑別字』引 唐寧州刺史袁彦進墓誌   『中文大辭典』頁部

167 죽내본 「恌」, 길림본 「峨」. 자형상으로 보아 「恌」로 판독.

168 죽내본 「折」, 길림본 「析」. 자형상으로 보아 「析」이 분명하다.

之不衷[172] 身之灾也 頭上定[173]是何物 答[174]曰 此卽古弁之遺象也 其俗拜曳一脚 受令跪 必[175]走 以爲恭 梁[176]元帝職貢圖云 高驪 婦人衣白 而男子衣結錦 鈴以金銀 貴者冠幘 而後以金銀爲鹿耳 加之幘[177]上 賤者冠折風 穿[178]耳以金鐶[179] 上衣白衫[180] 下曰長袴 要有銀帶 左佩礪 而右佩五子刀 足

---

169 죽내본 「師」, 길림본 「師」. 아래의 용례에 따라 「師」로 판독.
원문: 師 / 師 / 『隸辨』引 孔彪碑

170 죽내본 「融」, 길림본 「融」. 아래의 용례에 따라 「融」으로 판독.
원문: 融 / 融 / 『歷代書法字彙』虫部

171 죽내본 「戱」, 길림본 「戱」. 자형에 따라 「戱」로 판독.
원문: 戱 / 戱 / 『干祿字書』去聲

172 죽내본 「喪」, 길림본 「衷」. 아래의 용례에 따라 「衷」으로 판독.
원문: 衷 / 衷 / 『偏類碑別字』引 隋門下坊錄事張相墓誌

173 죽내본 「定」, 길림본 「定」. 아래의 용례에 따라 「定」으로 판독.
원문: 定 / 定 / 『干祿字書』去聲

174 죽내본 「答」, 길림본 「答」. 아래의 용례에 따라 「答」으로 판독.
원문: 答 / 答 / 『隸辨』引 楊君石門頌

175 죽내본 「必」, 길림본 「必」. 자형에 따라 「必」로 판독.
원문: 必 / 必 / 『偏類碑別字』引 唐李公夫人劉氏墓誌

176 죽내본 「梁」, 길림본 「梁」.
원문: 梁 / 梁 / 『偏類碑別字』引 齊靜明造象記

177 죽내본 「幘」, 길림본 「幘」. 좌변의 형태가 '巾' 보다는 '忄'에 가까우나 우변의 형태가 '責'이 분명하여 「幘」으로 판독.
원문: 幘

178 죽내본 「穿」, 길림본 「穿」. 자형에 따라 「穿」으로 판독.
원문: 穿

179 죽내본 「鐶」, 길림본 「鐶」. 아래의 용례에 따라 「鐶」으로 판독.
원문: 鐶 / 鐶 / 『龍龕手鑑』金部

履豆禮鞈[181] 高驪記云 其人亦造錦 紫地纈文者爲上 次有五色錦 次有雲[182]布錦 又造白疊布 靑布 而尤[183]佳 又造鄣[184]曰 華言桵[185]籬[186] 其毛卽靺鞨猪髮[187]也

---

180 죽내본「衫」, 길림본「衫」. 앞서 '狐(形)'과 마찬가지로 우변의 '彡'을 '久'과 같이 쓰고 있다. 이에 자형에 따라「衫」으로 판독.

원문

181 죽내본「鞈」, 길림본「鞈」. '鞈'의 좌변을 '革' 대신 '韋'로 쓰고 있는 것처럼 보인다. 죽내본과 길림본의 판독 및 문맥을 고려할 때, 「鞈」으로 판독함이 타당하다.

원문

182 죽내본「雲」, 길림본「雲」. 아래의 용례에 따라「雲」으로 판독.

원문 雲 『宋元以來俗字譜』雨部 引 通俗小說

183 죽내본「尤」, 길림본「尤」.

원문 尤 『碑別字新編』引 魏李璧墓誌

184 죽내본「鄣」, 길림본「鄣」. 아래의 용례에 따라「鄣」으로 판독.

원문 鄣 『隸辨』引 衡方碑

185 죽내본「接」, 길림본「桵」. 자형으로 보아「桵」에 가깝다.「接」으로 읽는 의견도 있는데,「接」의 이체자로 좌변에 'ㅊ'변 대신 '木'변을 쓰는 사례가 있다. 그러나 여기서는 자형에 따라「桵」으로 판독한다.
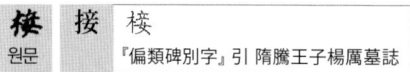
원문 接 桵 『偏類碑別字』引 隋滕王子楊厲墓誌

186 죽내본「籬」, 길림본「籬」. 자형에 따라「籬」로 판독.

원문 籬 『佛敎難字字典』竹部

187 죽내본「髮」, 길림본「髮」. 아래의 용례에 따라「髮」로 판독.

원문 髮 『字彙』長部

교감문 · 역주 · 참고자료

01 | 靈河演貺, 照日暈[1]以含胎, 伏鼇擿祥, 叩骨城而闢壤.
신령한 하백이 널리 은택을 베풀었고, 햇빛을 비추어 아이를 잉태했으며, 엎드린 자라가 상서로움을 널리 알려, [흘승]골성에 이르러서 나라를 열었다.

魏收[2]後魏書[3]曰: "高句驪者, 出於夫餘. 自言先祖朱蒙[4]. 母河伯女. 夫餘王[5]閉於室中, 爲日所照, 引身避之, 日影又逐. 旣而有孕, 生一卵[6], 大如五升. 夫餘王棄之與犬食[7], 犬不食. 棄之與豕, 豕又不食. 棄之於路, 牛馬避之. 又棄之於野, 鳥[8]以毛茹之. 夫餘王剖之, 不能破, 遂還其母. 其母以物裹之, 置於暖處, 有一男破殼[9]而出. 其[10]長也, 字之曰朱蒙. 其俗言朱蒙者善射也. 夫餘國人以朱蒙非人所生, 將[11]有異志, 請除之. 王不聽, 命之養馬. 朱蒙[12]私試, 知有善惡. 駿者減[13]食[14]瘦[15], 駑者善養

---

1   원문 「暈」. 탕천본 판독한 글자는 알 수 없으나 「暈」로 교감했다고 표기함.
2   원문 「牧」. 죽내본 원문대로, 탕천본·길림본 「收」로 교감. 『위서(후위서)』를 편찬한 魏收를 가리키므로 「收」로 교감.
3   원문 「魏後漢書」. 죽내본 원문대로, 탕천본·길림본 「魏」를 생략하고 「後漢書」는 「後魏書」로 교감. 『위서』의 오기로 보이므로, 「後魏書」로 교감.
4   원문 「朱∛蒙」. 죽내본 원문대로, 탕천본·길림본 「朱蒙朱蒙」으로 교감하여 뒤의 '朱蒙'을 뒷구절의 주어로 둠.
5   원문 「夫餘王」. 죽내본·탕천본·길림본 「爲夫餘王」으로 교감. 보입하지 않아도 뜻이 통하므로 원문대로 둠.
6   원문 「卵」. 탕천본 판독한 글자를 알 수 없으나 「卵」으로 교감했다고 표기함.
7   원문 「食」. 죽내본 원문대로, 탕천본 「食」을 연자로 보아 생략. 길림본은 「食」 뒤에 ? 표기를 함. 교감하지 않아도 뜻이 통하므로 원문대로 둠.
8   원문 「鳥」. 길림본 「衆鳥」로 교감. 보입하지 않아도 뜻이 통하므로 원문대로 둠.
9   원문 「其」. 탕천본·길림본 「及其」로 교감. 보입하지 않아도 뜻이 통하므로 원문대로 둠.
10 원문에는 글자가 없다. 죽내본 원문대로, 탕천본·길림본 「及」을 보입. 그러나 보입하지 않아도 뜻이 통하므로 원문대로 둠.
11 원문 「將生」. 죽내본·탕천본·길림본 「生將」으로 교감. 문맥상 「生將」으로 교감.
12 원문에는 글자가 없다. 죽내본 원문대로, 탕천본 「母」를, 길림본 「每」를 보입. 그러나 보입하지 않아도 뜻이 통하므로 원문대로 둠.
13 원문 「咸」. 죽내본·탕천본·길림본 「減」으로 교감. 문맥상 「減」으로 교감

令[16]肥. 夫餘王以肥者自乘, 以瘦者給朱蒙. 後狩于田, 以朱蒙善射, 限之一矢. 朱蒙雖一矢, 殪獸甚多[17]. 夫餘之臣又謀殺之, 母[18]陰知以告朱蒙. 蒙[19]與[20]烏引·烏違等二人, 棄夫餘東南走. 中道遇有大水, 欲濟無梁. 夫餘人追之甚[21]急, 蒙[22]告水曰: '我是日子, 河伯外孫. 今日逃走, 追兵垂[23]及, 如何得濟.' 於是魚鼈並浮, 爲之成橋[24], 朱蒙得渡, 魚鼈乃解, 追騎不得渡[25]. 朱蒙[26]至[普][27]述水, 遇見三人, 其一人著麻衣, 一人著細[28]衣, 一人著水藻衣. 與朱蒙至紇升骨城, 遂居焉. 號曰高句驪, 因以爲氏焉."

위수의 『후한서』에 다음과 같이 전한다. "고구려는 부여에서 나왔다. 스스로 선조가 주몽이라고 했다. [주몽의] 어머니는 하백의 딸이다. 부여왕이 방안에 가두었는데, 햇빛이 비추어서 몸을 돌려 피했지만 햇살이 다시 [그녀를] 쫓아왔다. 이윽고 임신해 알 하나를 낳았는데, 크기가 닷 되만 했다. 부여왕이 이(알)를 버려서 개의 먹이로 주었지만 개가 먹지 않았고, 알을 버려서 돼지에게 주었지만 돼지 또한 먹지 않았으며, 알을 도로에 버렸으나 소와 말이 이를 피했고, 다시 들판에 버렸는데 새가 깃털로 알을 감쌌다. 부여왕이 이 알을 깨트리고자 했지만 깨트릴 수 없었으니, 마침내 그 어머니에게 돌려주었다. 그 어머니가 물건으로 알을 감싸 따뜻한 곳에 두었더니, 사내[아이] 하나가 껍질을 깨고 나왔다. 그가 장성하자 이름하여 주몽이라고 했다. 그 속언에 주몽은 활을 잘 쏜다는 뜻이다. 부여국인은 주몽이 사람의 소생이 아니어서 장차 다른 뜻을 품을 것이라고 여기고 그를 제거하기를 청했다. 왕은 허락하지 않고 그에게 말을 기르도록 명했다. 주몽은 사사로이 시험하여 좋은 [말]과 안 좋은 [말]이 있다는 것을 알았다. 날랜 말은 먹이를 줄여 야위도록 하고, 둔한 말은 잘 먹여서 살찌웠다. 부여왕이 살

---

14 원문에는 글자가 없다. 죽내본 원문대로, 탕천본·길림본 「令」 보입. 보입하지 않아도 뜻이 통하므로 원문대로 둠.
15 원문 「瘦」. 탕천본·길림본 「瘦」로 교감. 문맥상 「瘦」로 교감. 이하에서도 해당 글자는 동일한 원리로 교감.
16 원문 「合」. 탕천본·길림본 「令」으로 교감. 문맥상 「令」으로 교감.
17 원문 「多多」. 탕천본·길림본 한 글자를 연문으로 보고 「多」로 교감. 중복 표기된 연문인 듯하므로 「多」로 교감.
18 원문 「母」. 탕천본·길림본 「朱蒙母」로 교감. 보입하지 않아도 뜻이 통하므로 원문대로 둠.
19 원문 「蒙」. 탕천본·길림본 「朱蒙」으로 교감. 보입하지 않아도 뜻이 통하므로 원문대로 둠.
20 원문 「與」. 길림본 「乃與」로 교감. 보입하지 않아도 뜻이 통하므로 원문대로 둠.
21 원문 「甚甚」. 죽내본·탕천본·길림본 한 글자를 연문으로 보고 「甚」으로 교감. 중복 표기된 연문인 듯하므로 「甚」으로 교감.
22 원문 「蒙」. 탕천본·길림본 「朱蒙」으로 교감. 보입하지 않아도 뜻이 통하므로 원문대로 둠.
23 원문 「乘」. 죽내본·탕천본·길림본 「垂」로 교감. 문맥상 「垂」로 교감.
24 원문 「槗」. 죽내본·탕천본·길림본 「橋」로 교감. 문맥상 「橋」로 교감.
25 원문 「度」. 죽내본 원문대로, 탕천본·길림본 「渡」로 교감. 『위서』 고려전을 참조해 「渡」로 교감.
26 원문에는 글자가 없다. 길림본 「遂」를 보입. 그러나 보입하지 않아도 뜻이 통하므로 원문대로 둠.
27 원문에는 글자가 없다. 죽내본·탕천본·길림본 「普」를 보입. 『위서』 고려전을 참조해 「普」를 보입.
28 원문 「細」. 죽내본 원문대로, 탕천본·길림본 「納」으로 교감.

찐 말은 자신이 타고 야윈 말은 주몽에게 주었다. 이후 들로 사냥 나갔는데, 주몽은 활을 잘 쏘므로 하나의 화살로 제한했다. 주몽은 하나의 화살을 가졌을 뿐이었지만, 죽인 짐승이 상당히 많았다. 부여의 신료는 다시 그를 죽이고자 모의했는데, [주몽의] 어머니가 몰래 알고서 주몽에게 알려주었다. 주몽은 오인·오위 등 두 사람[29]과 함께 부여를 버리고 동남쪽으로 달아났다. 중도에 큰 강을 만났는데 건너고자 했지만 다리가 없었다. 부여인의 추격이 매우 다급해지자 주몽이 강에 고했다. '나는 해의 아들이자 하백의 외손이다. 지금 도망치는데 추격병이 다가왔으니 어찌해야 [강을] 건널 수 있겠는가?' 그러자 물고기와 자라가 모두 떠올라서 그것으로 다리가 만들어져 주몽이 건널 수 있었고, 물고기와 자라가 곧 흩어져서 추격 기병은 건널 수 없었다. 주몽이 보술수[30]에 이르러 세 사람[31]을 만났는데, 그 중의 한 사람은 마의를 입고 있었고, 한 사람은 세의를 입고 있었으며, 한 사람은 수조의를 입고 있었다. 주몽과 함께 흘승골성[32]에 이르러 마침내 [그곳에] 거주했다. [나라] 이름을 고구려라고 하고, 이로써 씨(氏)를 삼았다."

02 境連穢貊, 地接[33]扶[34]餘.

[남쪽의] 경계는 예맥에 닿았고, [북쪽의] 땅은 부여와 접하였다.

魚豢魏略曰: "高句驪國, 在遼東[之東][35]千里. 南接朝鮮·穢貊, 東接沃沮, 北接夫餘也."
어환의 『위략』에 다음과 같이 전한다. "고구려국은 요동의 동쪽 천여 리[떨어진 곳]에 있다. 남쪽으로는 조선과 예맥과 접하고, 동쪽으로는 옥저와 접하며, 북쪽으로는 부여와 접해 있다."

---

29 『위서』 권100, 열전 88, 고구려조에서는 오인·오위 두 사람이 주몽을 수행했다고 했지만, 『북사』 권94, 「열전」 82, 고구려조에서는 이를 '焉違 등 2인'으로 적었다. 『삼국사기』와 『삼국사절요』 및 「동명왕편」(『동국이상국집』 3 고율시)에서는 烏伊·摩離·陜父 세 사람으로 전한다.

30 『삼국사기』 권13 「고구려본기」 1, 동명성왕 즉위년 기사에서는 주몽이 이 세 사람을 만난 곳이 毛屯谷이라 전한다.

31 『삼국사기』 권13 「고구려본기」 1, 동명성왕 즉위년 기사에 따르면 이들 세 사람의 이름은 再思·武骨·默居라고 하며, 주몽은 이들에게 각각 克氏, 仲室氏, 少室氏의 성을 하사했다고 전한다.

32 대체로 지금의 中國 遼寧省 本溪市 桓仁縣 五女山城으로 비정한다.

33 원문 「接」. 길림본 「接」으로 교감.

34 부여에 대한 표기는 '夫餘'와 '扶餘'가 있다. 『史記』, 『漢書』, 『三國志』, 『後漢書』, 「廣開土王碑」, 「牟頭婁墓誌」 등에서는 夫餘라고 하였고, 『晉書』, 『魏書』, 『舊唐書』, 『新唐書』 및 『三國史記』, 『三國遺事』, 「東明王篇」, 『帝王韻紀』 등에서는 扶餘라고 하였다. 『한원』의 해당 주문에서는 『위서』를 인용해 扶餘라 했지만, 이외에는 '夫餘'로 표기하였다.

35 원문에는 글자가 없다. 죽내본 원문대로, 탕천본·길림본 「之東」을 보입. 『삼국지』 권30 고구려전과 『태평어람』 소인 『위략』 기사에 따라 「之東」을 보입.

03 帶玄菟以開彊[36],
현도[군]을 아울러 강역을 개척했고,

漢書地理志曰: "玄菟郡, 武帝元封四年開. 屬幽州. 應劭[37]注云: '故眞番[38], 朝[39]鮮國也.' 領高句驪·上殷台·西蓋馬三縣, 治高句驪. 後漢, 以遼東之高顯·侯城·遼陽三縣[40], 來屬也."
『한서』 지리지에 다음과 같이 전한다. "현도군은 무제 원봉 4년(기원전 107)에 설치했다. 유주에 속했다. 응소[41]의 주에 다음과 같이 전한다. '옛 진번으로 조선국[의 땅]이다.' 고구려·상은대·서개마 3현을 거느렸으며, 고구려[현]에 치소를 두었다. 후한 때에 요동[군]의 고현·후성·요양 3현을 내속시켰다[42]."

• 참고

『漢書』卷28 地理志下 玄菟郡　玄菟郡 武帝元封四年開 高句驪 莽曰下句驪 屬幽州 <應劭曰 故眞番 朝鮮胡國> 戶四萬五千六 口二十二萬一千八百四十五 縣三 高句驪 遼山 遼水所出 西南至遼隊入大遼水 又有南蘇水 西北經塞外 <應劭曰 故句驪 胡> 上殷台 莽曰下殷 <如淳曰 台音鮐 師古曰 音胎> 西蓋馬 馬訾水西北入鹽難水 西南至西安平入海 過郡二 行二千一百里 莽曰玄菟亭

04 括黏蟬而命邑[43].
점제[현]을 받아들여 읍락을 다스렸다.

漢書地[理][44]志曰: "樂浪郡, 武帝元封三年開. 莽曰樂鮮, 屬幽州.[45]劭[46]注云: '朝鮮國[47], 武王封箕

36　원문「彊」. 탕천본 판독한 글자를 알 수 없으나「彊」으로 교감했다고 표기함.
37　원문「邵」. 죽내본 원문대로, 탕천본·길림본「劭」로 교감. 인명이므로「劭」로 교감.
38　원문「番」. 탕천본·길림본 원문대로, 죽내본「蕃」으로 교감.
39　원문「胡」. 죽내본·탕천본·길림본「朝」로 교감. 조선을 지칭하므로「朝」로 교감.
40　원문「懸」. 죽내본·탕천본·길림본「縣」으로 교감. 지방행정단위인 현을 뜻하므로「縣」으로 교감.
41　後漢 말 官吏이자 文人으로 武陵太守, 泰山太守 등을 역임하였다. 말년에는 袁紹에게 의탁하였다가 建安 9년(204)에 숨을 거두었다고 한다. 後漢 建安 元年(196)『漢官禮儀故事』를 저술하여 獻帝에게 바친 일이 유명하며,『中漢輯序』,『風俗通義』 등을 저술하였다고 한다. 특히 班固의『漢書』에 대한 주석서를 저술하였는데, 이는 훗날『漢書』顔師古注에 다수 인용되어 현재까지도 그 일부가 전해지고 있다.
42　고현현은 요동군 소속의 현이었는데, 현도군이 요동으로 밀려나면서 후한 安帝 즉위년(106)에 후성현·요양현과 함께 현도군의 속현이 되었다(『한서』 권28,「지리지」 하, 요동군 ;『후한서』 권23「군국」 5, 현도군).
43　원문「命色」. 죽내본「令邑」, 탕천본「命邑」으로 교감. 주문의 내용을 참조하여「命邑」으로 교감.
44　원문에는 글자가 없다. 죽내본·탕천본·길림본「理」를 보입. 지리지를 가리키는 부분이므로「理」를 보입.

子於朝鮮⁴⁸.' 訷⁴⁹邯·浿⁵⁰水·含資·黏蟬·遂成·增地·帶方·馹⁵¹望·海冥·列⁵²口·長岑·屯有·昭明·鏤方·提奚·渾彌⁵³·吞列·東暆·不而·蠶台·華麗·邪頭昧·前莫·夫祖⁵⁴二十五縣, 治朝鮮也."

『한서』 지리지에 다음과 같이 전한다. "낙랑군은 무제 원봉 3년(기원전 108)에 설치되었다. [왕]망이 낙선[군]이라 하고, 유주에 속하게 했다. [응]소의 주에 다음과 같이 전한다. '조선국은 [주의] 무왕이 기자를 조선에 봉하였[던 일로부터 비롯하였]다.' 남한·패수·함자·점제·수성·증지·대방·사망·해명·열구·장잠·둔유·소명·누방·제해·혼미·탄열·동이·불이·잠태·화려·사두매·전막·부조 등 25현이 있으며 치소는 조선현에 두었다."

• 참고

『漢書』卷28 地理志下 樂浪郡　"樂浪郡 武帝元封三年開 莽曰樂鮮 屬幽州 <應劭曰 故朝鮮國也 師古曰 樂音洛 浪音狼> 戶六萬二千八百一十二 口四十萬六千七百四十八 有雲鄣 縣二十五 朝鮮 <應劭曰 武王封箕子於朝鮮> 訷邯 <孟康曰 訷音男 師古曰 訷音乃甘反 邯音酣> 浿水 水西至增地入海 莽曰樂鮮亭 <師古曰 浿音普大反> 含資 帶水西至帶方入海 黏蟬 <服虔曰 蟬音提> 遂成 增地 莽曰增土 帶方 馹望 海冥 莽曰海桓 列口 長岑 屯有 昭明 南部都尉治 鏤方 提奚 渾彌 <師古曰 渾音下昆反> 吞列 分黎山 列水所出 西至黏蟬入海 行八百二十里 東暆 <應劭曰 音移> 不而 東部都尉治 蠶台 <師古曰 台音胎> 華麗 邪頭昧 <孟康曰 昧音妹> 前莫 夫租"

05　仁隨萬物, 自扇九種之風,
인은 만물에 따르니, 저절로 구이의 풍속을 일으켰고,

漢書地[理]⁵⁵志曰: "長[岑]⁵⁶·馹望, 封箕子縣也." 後[漢]⁵⁷書曰: "王制云, 東方曰夷, 夷者柢⁵⁸也.

45　원문에는 글자가 없다. 죽내본 원문대로, 탕천본 「朝鮮」을 보입. 그러나 보입하지 않아도 뜻이 통하므로 원문대로 둠.
46　원문 「邵」. 죽내본 원문대로, 탕천본·길림본 「劭」로 교감. 인명이므로 「劭」로 교감.
47　원문 「朝鮮國」. 탕천본·길림본 「故朝鮮國也」로 교감. 보입하지 않아도 뜻이 통하므로 원문대로 둠.
48　『漢書』 지리지의 원문은 "朝鮮<應劭曰, 武王封箕子於朝鮮>"이다.
49　원문 「訵」. 죽내본 원문대로, 탕천본 「訷」으로 교감. 『한서』 지리지를 참조해 「訷」으로 교감.
50　원문 「俱」. 죽내본·탕천본·길림본 「浿」로 교감. 『한서』 지리지를 참조해 「浿」로 교감.
51　원문 「馳」. 죽내본·탕천본·길림본 「馹」로 교감. 『한서』 지리지를 참조해 「馹」로 교감.
52　원문 「利」. 죽내본·탕천본·길림본 「列」로 교감. 『한서』 지리지를 참조해 「列」로 교감.
53　원문 「繡」. 죽내본·탕천본·길림본 「彌」로 교감. 『한서』 지리지를 참조해 「彌」로 교감.
54　원문 「友」. 죽내본 「天」. 『한서』 지리지를 참조해 「夫祖」로 수정.
55　원문에는 글자가 없다. 죽내본·탕천본·길림본 「理」를 보입. 지리지를 가리키므로 「理」를 보입.

言仁而好生, 萬物柢⁵⁹地而出. 故天性柔順, 易以道御, 至有君子不死之國焉. 夷有九種, 曰畎⁶⁰夷·于[夷]⁶¹·方夷·黃[夷]⁶²·[白夷]⁶³·赤夷·[玄夷]⁶⁴·風夷·陽夷, 故孔子欲居九夷也. 漢初燕⁶⁵人衛滿, 避地朝鮮. 因王其國, 百有餘歲之⁶⁶."

『한서』 지리지에 다음과 같이 전한다. "장잠[현]·사망[현]은 기자가 봉해진 현이다⁶⁷." 『후한서』에 다음과 같이 전한다. "왕제편에 이르기를 '동방을 이라 한다. 이는 근본이다.' [그 뜻은 이가] 어질어 살아있는 것을 좋아하므로 만물이 땅을 근본하여 나온다는 말이다. 그러므로 [이는] 천성이 유순하며 도로써 다스리기 쉽기 때문에 군자[국]과 불사[국]이 있기에 이르렀다. 이에는 아홉 종류가 있으니, 견이·우이·방이·황이·백이·적이·현이·풍이·양이이다. 그러므로 공자도 구이[의 땅]에 살고 싶어한 것이다. 한 초에 연나라 사람 위만이 조선으로 도망쳤다. [위만이] 그 나라에서 왕 노릇을 하며 100여 년을 다스렸다."

06 俗異三方, 猶祖八條之敎.
습속은 삼방(서남북)과 달라서, 여전히 8조의 법을 받들었다.

漢書地理志曰: "朝鮮·穢貊⁶⁸·句麗⁷⁰夷⁷¹. 殷道衰, 箕子去之朝鮮, 敎其人⁷²以禮義, 田蠶織作. 樂

---

56 원문에는 글자가 없다. 죽내본 원문대로, 탕천본·길림본 「씀」을 보입. 『한서』 지리지를 참조해 「씀」을 보입.
57 원문에는 글자가 없다. 죽내본·탕천본·길림본 「漢」을 보입. 『후한서』를 가리키는 부분이므로 「漢」을 보입.
58 원문 「松」. 죽내본·탕천본·길림본 「柢」로 교감. 『후한서』를 참조해 「柢」로 교감.
59 원문 「柢」. 죽내본 원문대로, 탕천본·길림본 「柢」로 교감. 『후한서』를 참조해 「柢」로 교감.
60 원문 「狀」. 죽내본·탕천본·길림본 「畎」으로 교감. 『후한서』를 참조해 「畎」으로 교감.
61 원문에는 글자가 없다. 죽내본·탕천본·길림본 「夷」 보입. 문장 구조상 「夷」를 보입.
62 원문에는 글자가 없다. 죽내본·탕천본·길림본 「夷」 보입. 문장 구조상 「夷」를 보입.
63 원문에는 글자가 없다. 죽내본·탕천본·길림본 「白夷」 보입. 夷가 아홉이라고 했으므로 하나를 보입해야 하며, 이에 『후한서』를 참조해 「白夷」를 보입.
64 원문에는 글자가 없다. 죽내본·탕천본·길림본 「玄夷」 보입. 夷가 아홉이라고 했으므로 하나를 보입해야 하며, 이에 『후한서』를 참조해 「玄夷」를 보입.
65 원문 「戀」. 길림본 「燕」으로 교감. 위만은 연에서 조선으로 왔다고 전하므로 「燕」으로 교감.
66 원문 「之」. 죽내본 원문대로, 탕천본 「之」를 생략. 그러나 원문대로 두어도 뜻이 통하므로 생략하지 않음.
67 『한서』 지리지에서는 장잠현, 사망현이 직접적으로 기자와 관련되어 있다는 기록을 찾을 수 없다. 다만 "玄菟樂浪 武帝時置 皆朝鮮濊貊句驪蠻夷 殷道衰 箕子去之朝鮮 敎其民以禮義 田蠶織作"이란 기록을 통해서 장잠과 사망을 포함한 낙랑군 지역이 기자와 관련되어 있다는 인식이 보인다.
68 원문 「豹」. 죽내본·탕천본·길림본 「貊」으로 교감. 『한서』 지리지를 참조해 「貊」으로 교감.

浪·朝鮮人犯禁八條, 相殺以當[72]時償[73]殺, 相傷者, 以穀償. 相盜者, 男沒[74]入爲其家奴, 女爲[75]婢. 欲自贖者, 人五十萬. 雖免爲庶人, [俗][76]猶羞之, 嫁娶無所讎[77]. 是以其人終不相盜, 無門戶之閉. 然天性和順, 異於三方之外. 故孔子悼道[78]不[行][79], 設桴於海, 欲[居][80]九夷, 有心之[81]."

『한서』 지리지에 다음과 같이 전한다. "조선·예맥·구려는 오랑캐이다. 은의 도가 쇠하자 기자가 조선으로 가서 그 나라 사람들을 예의로 교화하고, 농사를 짓고 누에를 쳐 길쌈하도록 하였다. 낙랑·조선의 사람들에게 범금 8조가 있는데, 다른 사람을 죽이면 [죽인] 그때 죽임으로써 [죄를] 갚으며, 다른 사람을 상하게 한 자는 곡식으로 [죄를] 갚는다. 다른 사람의 것을 훔친 자는 남자의 경우 적몰하여 [빼앗긴] 집의 노로 삼고, 여자의 경우 비로 삼는다. 스스로 속량하고자 하는 자는 사람마다 50만 전을 내야 한다. 비록 [죄를] 면하여 서인이 되었다고 하더라도 [조선의] 습속에 여전히 [죄를] 부끄러워하여 시집가거나 장가갈 때 짝이 없다. 이 때문에 그 사람들은 끝내 다른 사람의 것을 훔치지 않으니 문을 닫고 사는 일이 없다. 그러므로 천성이 화순하여 다른 세 방향의 오랑캐와는 다르다. 그러므로 공자가 도가 행해지지 않음을 슬퍼하며, 뗏목을 지어 바다로 나아가 구이의 땅에서 살고자 하였으니, [동이에게 이러한] 심성이 있어서 그랬던 것이다."

• 참고

『漢書』 卷28 地理志下   玄菟樂浪 武帝時置 皆朝鮮濊貉句驪蠻夷 殷道衰 箕子去之朝鮮 教其民以禮義 田蠶織作 樂浪朝鮮民犯禁八條 相殺以當時償殺 相傷以穀償 相盜者男沒入爲其家奴 女子爲婢 欲自贖者 人五十萬 雖免爲民 俗猶羞之 嫁取無所讎 是以其民終不相盜 無門戶之閉 婦人貞信不淫辟 其田民飲食以籩豆 都邑

---

69 원문 「麗」. 죽내본·탕천본 원문대로, 길림본 「驪」로 교감.
70 원문 「夷」. 탕천본·길림본 「蠻夷」로 교감. 보입하지 않아도 뜻이 통하므로 원문대로 둠.
71 원문 「人」. 탕천본 「民」으로 교감하였으나 두 글자는 뜻이 통함. 이에 교감하지 않고 원문대로 둠. 이하에서도 탕천본 「人」을 「民」으로 교감함.
72 원문 「嘗」. 죽내본·탕천본·길림본 「當」으로 교감. 문맥상 「當」으로 교감.
73 원문 「儵」. 죽내본·탕천본·길림본 「償」으로 교감. 『한서』 지리지를 참조해 「償」으로 교감.
74 원문 「沒」. 탕천본 판독한 글자를 알 수 없으나 「沒」로 교감했다고 표기함.
75 원문 「奴」. 죽내본 연문으로 생략. 奴와 婢를 구분하고 있으므로 「奴」를 생략하는 것으로 교감.
76 원문에는 글자가 없다. 죽내본 원문대로, 탕천본·길림본 「俗」을 보입. 『한서』 지리지를 참조해 「俗」을 보입.
77 원문 「雠」. 죽내본 「讐」, 탕천본·길림본 「讎」로 교감. 『한서』 지리지를 참조해 「讎」로 교감.
78 원문에는 글자가 없다. 죽내본 원문대로, 탕천본·길림본 「之」를 보입. 그러나 보입하지 않아도 뜻이 통하므로 원문대로 둠.
79 원문에는 글자가 없다. 죽내본·탕천본·길림본 「行」을 보입. 문맥상 「行」을 보입.
80 원문에는 글자가 없다. 죽내본·탕천본·길림본 「居」를 보입. 문맥상 「居」를 보입.
81 원문 「心之」. 죽내본 원문대로, 탕천본 「以也」, 길림본 「以也夫」로 교감.

頗放效吏及內郡買人 往往以杯器食 郡初取吏於遼東 吏見民無閉臧 及買人往者 夜則爲盜 俗稍益薄 今於犯禁浸多 至六十餘條 可貴哉 仁賢之化也 然東夷天性柔順 異於三方之外 故孔子悼道不行 設浮於海 欲居九夷 有以也夫

07 官崇九等,
관은 아홉 등급으로 채웠고,

高麗[82]記曰: "其國建官有九等. 其一曰吐捽, 比一品. 舊名大對盧[83], 總知國事. 三年一代[84], 若稱職者不拘年限. 交替之日, 或不相祗[85]服, 皆勒[86]兵相攻[87], 勝者爲之. 其王但閉宮自守, 不能制禦. 次曰太大兄. 比[正][88]二品, 一名莫何何羅支. 次鬱折. 比從二品, 華言主簿[89]. 次大夫使者. 比正三品, 亦名謂謁奢. 次皁衣頭大兄. 比從三品, 一名中裏皁衣頭大兄. 東夷相傳, 所謂皁衣先人者也. 以前五官 掌機密, 謀政[90]事, 徵發兵[馬][91], 選授官爵. 次大使者. 比正四品, 一名大奢. 次大兄加. 比正五品, 一名纈支. 次拔位使者. 比從五品, 一名儒奢. 次上位使者. 比正六品, 一名契達奢使者, 一名乙奢. 次小兄. 比正七品, 一名失支. 次諸兄. 比從七品, 一名翳屬, 一名伊紹, 一名河紹還. 次過節, 比正八品. 次不節, 比從八品. 次先人. 比正九品, 一名失元, 一名庶人. 又有拔古鄒[92]加, 掌賓客, 比鴻臚卿[93], 以大夫使[者][94]爲之. 又有國子博士[95]·太學博士[96]·通事舍人[97]·典客[99], 皆以小兄以上爲

---

82 원문「麗」, 길림본「驪」로 교감.
83 원문「慮」, 죽내본 원문대로, 탕천본·길림본「盧」로 교감. 大對盧를 가리키는 부분이므로「盧」로 교감.
84 원문「伐」, 죽내본·탕천본·길림본「代」로 교감. 『구당서』, 『신당서』 고려전을 참조해「代」로 교감.
85 원문「衹」, 죽내본 원문대로, 탕천본「祗」로 교감. 문맥상「祗」로 교감.
86 원문「勤」, 탕천본·길림본「勒」으로 교감. 문맥상「勒」으로 교감.
87 원문「政」, 죽내본·탕천본·길림본「攻」으로 교감. 문맥상「攻」으로 교감.
88 원문에는 글자가 없다. 죽내본 원문대로, 탕천본·길림본「正」을 보입. 문장 구조와 뒷 내용을 참조하여「正」을 보입.
89 원문「薄」, 죽내본 원문대로, 탕천본·길림본「簿」로 교감. 『후한서』 등을 참조해「簿」로 교감.
90 원문「攷」, 죽내본·탕천본·길림본「政」으로 교감. 『통전』과 『태평환우기』를 참조해「政」으로 교감.
91 원문에는 글자가 없다. 죽내본 원문대로, 탕천본·길림본「馬」를 보입. 『통전』과 『태평환우기』를 참조해「馬」를 보입.
92 원문「鄒」, 죽내본·탕천본·길림본「鄒」로 교감.
93 원문「鄕」, 홍려경을 가리키는 듯하므로「卿」으로 교감.
94 원문에는 글자가 없다. 죽내본 원문대로, 탕천본·길림본「者」 보입. 사자를 가리키는 부분이므로 이를 고려하여「者」를 보입.
95 원문「土」, 문맥상「士」로 교감. 이하에서도 해당 글자는 동일한 원리를 적용하여 교감.
96 원문「大學土」, 죽내본 원문대로, 탕천본·길림본「太學博士」로 교감. 『신당서』와 『당육전』을 참조하여「太學博士」로 교감.
97 원문「舍人通事」, 죽내본·탕천본·길림본 원문대로 두었으며, 이 경우 사인과 통사로 나누어 보았다. 해당 부분을 두 개의 관으로 나누어 볼 수 있으나 홍려경과 전객과 같은 외교·의례담당 관직과 같이 병렬된 것을 볼 때, '通事舍人'의 오기라고 보인다. 이에「通事舍人」으로 교감.

之. 又其諸大城置傉薩, 比都督. 諸城置處閭近[支]⁹⁹, [比]¹⁰⁰刺史. 亦謂之道使. 道使治所名之曰備. 諸小城置可邏達, 比長史. 又城置婁肖, 比縣令. 其武官曰大模¹⁰¹達, 比衛將軍. 一名莫何邏繡支, 一名大幢主, 以早衣頭大兄以上爲之. 次末¹⁰²若, 比中郎將. 一名郡頭, 以大兄以上爲之. 其¹⁰³領千人. 以下各有等級."

『고려기』에 다음과 같이 전한다.¹⁰⁴ "그 나라는 관을 세움에 9등이 있다. 첫 번째는 토졸이라 하며 1품에 비견된다.¹⁰⁵ 옛 이름은 대대로이며, 국정을 모두 맡는다. 3년마다 교대하는데, 만약 직에 걸맞은 자가 있으면 연한에 구애받지 않는다. 교대할 때에 혹여 서로 승복하지 않으면 다같이 군사를 이끌고 서로 다투어 승자를 대대로로 삼는다. 그 왕은 다만 궁문을 닫아걸고 스스로 지킬 뿐 제어하지 못한다. 그 다음은 태대형이라 한다. 정2품에 비견되며 막하하라 지라고도 한다. 그 다음은 울절이다. 종2품에 비견되며 중화의 말로 주부이다. 그 다음은 대부사자¹⁰⁶이다. 정3품에 비견되며 또한 명칭을 알사라고 하기도 한다. 그다음은 조의두대형이다. 종3품에 비견되며 중리조의두대형이라고도 한다. 동이에 대대로 전해지는 이른바 조의선인이 가려서 제수한다. 앞의 다섯 관[등]은 기밀을 관장하고 정사를 모의하며, 병사와 말을 징발하고 관작을 수여한다. 다음은 대사자이다. 정4품에 비견되며 대사라고도 한다. 다음은 대형가이다. 정5품에 비견되며 힐지라고도 한다. 다음은 발위사자이다. 종5품에 비견되며 유사라고도 한다. 다음은 상위사자다. 정6품에 비견되며 계달사사자나 을사라고도 한다. 다음은 소형이다. 정7품에 비견되며 실지라고도 한다. 다음은 제형이다. 종7품에 비견되며 예속, 이소, 하소환이라고도 한다. 다음은 과절인데, 정8품에 비견된다. 다음은 부절인데, 종8품에 비견된다. 다음은 선인이다. 정9품에 비견되며 실원이나 서인이라고도 한다. 또 발고추가¹⁰⁷가 있는

---

98 원문 「客」. 탕천본 판독한 글자는 알 수 없으나 「客」으로 교감했다고 표기함. 길림본 「客」으로 교감.
99 원문 「區」. 죽내본·탕천본 원문대로, 길림본 「近支」로 교감. 『신당서』 등을 참조해 「近支」로 교감.
100 원문에는 글자가 없다. 죽내본·탕천본·길림본 「比」를 보입. 문장 구조와 『통전』과 『태평환우기』 등을 참조해 「比」를 보입.
101 원문 「摸」. 『신당서』를 참조해 「模」로 교감.
102 원문 「未」. 『구당서』, 『신당서』 등을 참조해 「末」로 교감.
103 원문에는 글자가 없다. 죽내본 원문대로, 탕천본·길림본 「次」를 보입. 보입하지 않아도 뜻이 통하므로 원문대로 둠.
104 『고려기』를 참고한 『한원』에는 이 대목이 있으나 『통전』과 『태평환우기』에는 『고려기』에 대한 언급이 없고, 다만 621년(당 고조 무덕 4년, 고구려 영류왕 4년)에 고구려에서 사신이 왔다는 기사 다음에 붙어있다.
105 『구당서』·『신당서』·『통전』·『태평환우기』에는 중국의 품관 등급과 비교한 내용이 없다. 『구당서』·『신당서』는 『고려기』와 약간 차이나는 12등급으로 설명하고 있고, 『통전』과 『태평환우기』는 중국의 각 품관을 비교한 부분을 삭제하고 9등급이라 하였다.
106 大夫使者, 『주서』, 『수서』, 『북사』, 『신당서』에서는 太大使者로 기록하고 있다. 『통전』과 『태평환우기』에는 太大夫使者라고 기록하고 있다.
107 『후한서』 주석과 『삼국사기』에는 고추대가로 나온다. 『후한서』 장회태자 이현의 주석으로 "古鄒大加 高驪掌賓客之官 如鴻臚也"라는 대목이 있으며, 『책부원구』를 인용한 『삼국사기』 권40 직관하에 "古鄒大加 高句麗掌賓客之官 如大鴻臚也"라는 세주가 달

데 빈객을 담당한다. [중국의] 홍려경[108]에 비견되며, 대부사자로 [이것을] 삼는다. 또 국자박사[109]·태학박사[110]·통사사인[111]·전객[112]이 있는데, 모두 소형 이상으로 [이것을] 삼는다. 또 여러 대성에는 녹살을 두는데, [중국의] 도독[113]에 비견된다. 제성에는 처려근지를 두는데, [중국의] 자사[114]에 비견된다. 또한 도사라 이르기도 한다. 도사가 다스리고 있는 곳의 이름을 비라고 한다. 여러 소성에는 가라달을 두는데, [중국의] 장사[115]에 비견된다. 또 성에는 누초를 두는데, 현령[116]에 비견된다. 무관은 대모달이라고 하는데, [중국의] 위장군[117]에 비견된다. 막하라수지나 대당주라고도 하며, 조의두대형 이상으로 [이것을] 삼는다. 다음은 말약인데, [중국의] 중랑장에 비견된다. 군두라고도 하는데, 대형 이상으로 [이것을] 삼는다. [말약은] 1천 명을 거느린다. 그 이하에도 각각 등급이 있다."

08 部貴五宗[118].
부는 다섯 종을 귀인의 족이라 여겼다.

魏略曰: "其國本[119]有五族, 有消奴部·[絶奴部][122]·順[奴部][123]·灌[124]奴部·[125]桂樓部. [本消奴

려 있다.

108 홍려시의 장으로 사신을 접대하거나 황실의 친족이나 고관들의 상례를 관장하였다. 『신당서』 권48 홍려시에 따르면 종3품에 해당하였다.

109 국자감의 관직으로 『당육전』에 따르면 문무관 3품 이상과 국공의 아들·손자, 종2품 이상의 증손을 대상으로 수업을 담당한다. 정5품상에 해당한다.

110 국자감의 관직으로 『당육전』에 따르면 문무관 5품 이상과 군공·현공의 아들·종3품의 증손을 대상으로 수업하는 관직으로 정6품상에 해당한다.

111 중서성의 관직으로 『당육전』에 따르면 신하가 황제를 알현하거나 표를 올리는 일을 관장하는 일을 담당한다.

112 원문은 典容이나 전객(典客)의 오기로 보아 수정. 『唐六典』에 따르면 秦의 관직으로 제후와 귀부한 이민족을 관장하였고, 한대에 홍려로 고쳐졌다. 당대에는 홍려시의 속관으로 전객서가 설치되었고, 전객령은 귀화한 이민족에 대한 업무를 맡았다.

113 『신당서』 권49하 「외관」에 따르면 도독부를 관장하는 정3품의 외관으로 한대의 자사와 같은 광역지구의 지방관으로, 당고조 무덕(618~626) 초기에 총관을 고쳐 불렀다.

114 『신당서』 권49하 「외관」에 따르면 당 고조 무덕 원년(618)에 태수를 고쳐 불렀으며 종3품에 해당한다.

115 『신당서』 권49하 「외관」에 따르면 주 중에서 격이 높은 상주에만 있는 속관으로 종5품상에 해당한다.

116 『신당서』 권49하 「외관」에 따르면 현을 다스리는 관리로 현의 등급에 따라 정5품상에서 종7품하까지 나뉜다.

117 『신당서』 권49상 「십육위」에 따르면 위장군은 각 위의 대장인 상장군으로 정2품에 해당한다. 만약 이 대모달을 그 아래 대장군이나 장군으로 본다면 각각 정·종3품이 된다. 그러나 여기서는 고구려의 가장 높은 무관이고 또 이 비교는 독자인 중국인의 이해를 돕기 위한 것이므로 상장군으로 보는 것이 좋을 것 같다.

118 원문「宗」. 탕천본 판독한 글자를 알 수 없으나「宗」으로 교감했다고 표기.

119 원문「大」. 죽내본 원문대로, 탕천본·길림본「本」으로 교감. 『삼국지』 고구려전을 참조해「本」으로 교감.

部]¹²⁴爲王¹²⁵, 微弱¹²⁶, [今]¹²⁷桂樓部代之. 五部皆貴人之族也. 一曰¹²⁸內部, 卽後漢時¹²⁹桂樓部. 一名黃部¹³⁰. 二曰北部, 卽絶奴部¹³¹. 一¹³²名後部, 一名黑部. 三曰東部, 卽順奴部. 一名左¹³³部, 一名上部, 一名靑部. 四曰南部, 卽灌奴部. 一名前[部]¹³⁴, 一名赤部. 五曰西部, 卽消奴部也¹³⁵. 一名右部. 其內¹³⁶部, 如燕內部. 姓高, 卽王族也. 高麗稱無¹³⁷姓者, 皆內部也. 又內部雖爲王宗, 列在東部之下. 其國從事, 以東爲首, 故東部居上."

『위략』에 다음과 같이 전한다. "그 나라에는 본래 다섯 개의 족이 있었으니, 소노부·절노부·순노부·관노부·계루부이다. 본래 소노부에서 왕이 되었으나 미약해져 지금은 계루부가 이를 대신한다. 오부는 모두 귀인의 족이다. 첫 번째는 내부인데, 바로 후한 때의 계루부이다. 황부라고도 한다. 두 번째는 북부인데, 바로 절노부이다. 후부라고도 하고 흑부라고도 한다. 세 번째는 동부인데, 바로 순노부이다. 좌부라고도 하고 상부나 청부라고도 한다. 네 번째는 남부인데, 바로 관노부이다. 전부라고도 하며, 적부라고도 한다. 다섯 번째는 서부인데, 바로 소노부이다. 우부라고도 한다. 그 [나라의] 내부는 연의 내부와 같다. 성은 고씨이니, 곧 왕족이

---

120 원문에는 글자가 없다. 죽내본·탕천본·길림본 「絶奴部」를 보입. 5부라고 했으므로 『후한서』 고구려전을 참조해 「絶奴部」 보입.

121 원문에는 글자가 없다. 죽내본·탕천본·길림본 「奴部」를 보입. 문맥상 「奴部」가 누락된 것이 분명하므로 「奴部」를 보입.

122 원문 「准」. 죽내본·탕천본·길림본 「灌」으로 교감. 『후한서』 고구려전을 참조해 「灌」으로 교감.

123 원문 「樓桂樓部」. 죽내본·탕천본·길림본 「樓」를 연문으로 보고 생략. 연문이 확실하므로 「樓」를 생략하여 교감.

124 원문에는 글자가 없다. 죽내본·탕천본·길림본 「本消奴部」를 보입. 문맥을 고려하고 『후한서』 고구려전을 참조해 「本消奴部」를 보입.

125 원문 「土」. 죽내본·탕천본·길림본 「王」으로 교감. 『후한서』 고구려전을 참조해 「王」으로 교감.

126 원문 「微弱」. 죽내본 「微弱」, 탕천본·길림본 「稍微弱」으로 교감. 「稍」를 보입하지 않아도 뜻이 통하므로 보입하지 않고, 「微弱」은 문맥상 「微弱」으로 교감.

127 원문에는 글자가 없다. 죽내본 원문대로, 탕천본·길림본 「今」을 보입. 과거와 현재를 대비하여 서술하고 있는 부분이므로 현시점을 나타내는 「今」을 보입하여 문장의 의미를 살림.

128 원문 「人」. 죽내본 「云」, 탕천본·길림본 「曰」로 교감. 문장 구조상 「曰」로 교감.

129 원문 「卽後漢書」. 죽내본 「曰」을 보입하여 「卽後漢書曰」로 교감. 탕천본·길림본 「卽後漢時」로 교감. 『신당서』 고려전의 문장과 비교해볼 때, 「卽後漢時」 또는 「卽後漢」이 타당하다고 생각한다. 이에 「卽後漢時」로 교감.

130 원문 「一名黃部」. 죽내본·탕천본·길림본은 반복되는 부분을 연문으로 간주. 연문인 듯하므로 「一名黃部」를 생략하여 교감.

131 원문 「卽絶奴部卽絶奴部」. 죽내본·탕천본·길림본은 반복되는 부분을 연문으로 간주. 연문인 듯하므로 「卽絶奴部」를 생략하여 교감.

132 원문 「卽」. 죽내본 원문대로, 탕천본·길림본 「一」로 교감. 앞뒤 문장 구조를 고려했을 때 「一」이 타당하므로 「一」로 교감.

133 원문 「在」. 죽내본·탕천본·길림본 「左」로 교감. 문맥상 「左」로 교감.

134 원문에는 글자가 없다. 죽내본·탕천본·길림본 「部」를 보입. 문장 구조상 「部」를 보입.

135 원문 「也」. 죽내본 원문대로, 탕천본·길림본 「也」를 생략. 원문대로 두어도 의미상 문제가 없으므로 생략하지 않음.

136 원문 「北」. 죽내본 원문대로, 탕천본·길림본 「內」로 교감. 바로 다음에 內部가 나오는 것을 고려하여 「內」로 교감.

137 원문 「稱無」. 죽내본·길림본 원문대로, 탕천본 「無稱」으로 교감. 원문대로 두어도 뜻이 통하므로 교감하지 않음.

다. 고[구]려에 성이 없다고 말하는 자는 모두 내부[사람]이다. 또 내부가 비록 왕의 집안이나 동부보다 아래에 놓인다. 그 나라에서 일을 함에 동쪽을 으뜸으로 여긴다. 그러므로 동부가 상위에 위치한다."

09 饗帝列東盟之祠, 延神宗稼[138]穴之醮.
천제를 제사지내는 것은 동맹의 제사로 따로 했고, 신령을 영접하는 것은 수혈의 고기 든 술로 제사지냈다.

魏略曰: "高麗俗好歌[139]舞, 其人自喜跪[140]拜. 以十月會祭[141]天, 名曰東盟. 有軍事亦各祭天, 殺牛觀蹄, 以占吉凶. 大加主[簿][142]着幘[143], 幘無後. 小加着折風, 形如弁. 稼穴神[144], 於國東水上祭之. 無牢獄, 有罪則會諸加評[145]議, 便殺之, 沒[146]妻子爲奴婢. 其俗淫佚[147], 相奔誘. 其死葬有[148]椁無棺之[149]."
『위략』에 다음과 같이 전한다. "고[구]려 습속은 노래 부르고 춤추는 것을 좋아하며, 그 사람들은 스스로 궤배[150]하는 것을 기쁘게 여긴다. 10월에 모여 하늘에 제사를 지내는데, 이름을 동맹이라 한다. 전쟁이 있으면 또한 각각 하늘에 제를 지내며, 소를 죽여 발굽을 살펴서 길흉을 점친다. 대가와 주부는 책을 썼는데, 책에는 [중국과 달리] 뒤가 없다. 소가는 절풍을 썼는데, 형태가 고깔과 같다. 수혈신에게는 나라의 동쪽 물가에서 제를 지낸다. 뇌옥이 없어 죄가 있으면 곧 제가들이 모여 의논해 바로 죽이고, 처자는 몰수하여 노비로 삼는다. 그 습속은 음

---

138 원문 「稼」. 죽내본 원문대로, 탕천본·길림본 「隧」로 교감. 『삼국지』 고구려전에는 「隧」로 되어 있으나 「稼」의 용례도 확인되므로 교감하지 않고 원문대로 둠. 이하에서도 해당 글자는 교감하지 않고 원문대로 둠.
139 원문 「哥」. 죽내본·탕천본 원문대로, 길림본 「歌」로 교감. 문맥상 「歌」로 교감.
140 원문 「跪」. 탕천본 판독한 글자를 확인할 수 없으나 「跪」로 교감했다고 표기함.
141 원문 「祭癸天」. 죽내본 「祭祭天」으로 판독 후 「祭」를 생략. 탕천본·길림본 「癸」를 생략하여 「祭天」으로 교감.
142 원문에는 글자가 없다. 죽내본 「薄」을, 탕천본·길림본 「簿」를 보입. 『양서』 고려전을 참조해 「簿」를 보입
143 원문 「愼」. 죽내본·탕천본·길림본 「幘」으로 교감. 『양서』 고려전을 참조해 「幘」으로 교감.
144 원문 「稼穴神」. 탕천본 「迎隧穴神」으로 교감. 보입하지 않아도 뜻이 통하므로 원문대로 둠.
145 원문 「平」. 죽내본 원문대로, 탕천본·길림본 「評」으로 교감. 문맥상 「評」으로 교감.
146 원문에는 글자가 없다. 죽내본 원문대로, 탕천본·길림본 「入」을 보입. 그러나 보입하지 않아도 뜻이 통하므로 원문대로 둠.
147 원문 「佟」. 죽내본 원문대로, 탕천본 「多」로 교감. 그러나 원문대로 두어도 뜻이 통하므로 교감하지 않음.
148 원문 「其」. 죽내본·탕천본·길림본 「有」로 교감. 문맥상 「有」로 교감.
149 원문 「之」. 죽내본 원문대로, 탕천본·길림본 「之」를 생략. 그러나 원문대로 두어도 해석상 무리가 없으므로 교감하지 않음.
150 『梁書』 卷54 「高句驪」 "跪拜申一腳 行步皆走."

란하고 난잡하여 [남녀가] 서로 꾀어 야합한다. 죽은 이를 장사지내는데 곽은 있으나 관은 쓰지 않는다."

• 참고
『太平御覽』 卷783 高句麗　俗好歌舞 其人自喜跪拜申一腳 與夫餘異 行步皆走 又以十月會祭天 名曰東盟 有軍事亦祭天 殺牛觀蹄 以占吉凶 大加着幘 如幘無後 其小加着折風 形臺弁 無牢獄 有罪者即會加評議 便殺之 沒入妻子爲奴婢 盜一責十二 婚姻之法 女家作小屋於大屋之後 名爲婿屋 婿暮至女家戶外 自名跪拜 乞得就女宿 女家聽之 至生子 乃將婦歸 其俗淫 多相奔誘 其死葬有槨無棺 停喪百日 好厚葬 積石爲封 列種松柏"

10 南蘇表戍, 驗容恪之先鳴,
남소[성]에는 수자리를 두어 경보를 발하게 했으니, [모]용각이 먼저 공을 세워 두각을 낸 것으로 징험되었고,

南蘇城在國西北. 十六國春秋 前燕錄曰: "慕容晃[151]十二年, 遣度遼將軍[152]慕容恪, 攻高驪南蘇剋之, 置戍而還, 即此城也." 高麗記云: "城在雜[153]城北七十里山上也."

남소성[154]은 나라의 서북쪽에 있다. 『십육국춘추』 전연록에 다음과 같이 전한다. "모용황 12년(345)에 도요장군 모용각을 보내어 고[구]려의 남소성을 공격하여 이기고 수비병을 두고 돌아왔다." [남소성이] 바로 이 성이다. 『고려기』에 다음과 같이 전한다. "[남소]성은 잡성[155]의 북쪽 70리에 있는 산 위에 있다."

• 참고
『삼국사기』 권18 고구려본기6 고국원왕　十五年 冬十月 燕王皝使慕容恪來攻 拔南蘇 置戍而還

---

151 원문 「晃」. 죽내본 원문대로, 탕천본 「皝」으로 교감. 인명인데 사서마다 慕容晃, 慕容皝으로 표기가 다르다. 이에 원문대로 둠.
152 원문 「運」. 죽내본·탕천본·길림본 「軍」으로 교감. 문맥상 「軍」으로 교감.
153 원문 「雜」. 죽내본·탕천본·길림본 「新」으로 교감. 전연과의 관계를 전하는 다른 사료에서 新城이 확인되어 신성일 가능성이 높다. 그러나 雜城일 가능성도 배제할 수 없으므로, 교감하지 않고 원문대로 둠.
154 오늘날 中國 遼寧省 撫順縣 章黨鄕 高麗營子村에 위치한 鐵背山城 혹은 遼寧省 新賓縣 서북 上夾河鎭 五龍河 부근에 위치한 五龍山城 등이 그 후보지로 거론되고 있다.
155 일반적으로 '新城'의 오기로 본다. 죽내본·탕천본·길림본에서도 모두 이를 「新城」으로 교감하였다. 신성은 오늘날 中國 遼寧省 撫順市 高爾山城으로 비정되고 있다.

11 平郭開廛[156], 紀馮弘之失策.
평곽에는 거처를 마련하였으니, 풍홍의 실책이 [여기서] 비롯되었다.

高麗[157]記曰:"平郭城, 今名建安城. 在國西." 本漢平郭縣也. 漢書地理志曰:"屬屬遼東郡. 有鐵官鹽[158]官." 續漢書郡國志不改. 十六國春秋曰:"北燕馮弘[159], 太興[160]六年, 爲魏所破, 遂奔句驪. 處弘[161]于平郭." 卽此城也.

『고려기』에 다음과 같이 전한다. "평곽성은 지금 건안성[162]이라 이름한다. 나라 서쪽에 있다." 본래 한의 평곽현[163]이다. 『한서』 지리지에 다음과 같이 전한다. "요동군에 속한다. 철관과 염관이 있다." 『속한서』 군국지[164]에서도 고치지 않[고 그대로 썼]다.[165] 『십육국춘추』[166]에 다음과 같이 전한다. "북연의 풍홍이 대흥 6년(436) [북]위에게 격파되니 마침내 [고]구려로 도망하였다. [고구려는] [풍]홍을 평곽에 거주하게 하였다[167]." 바로 이 성이다.

---

156 원문 「廛」. 죽내본 「壜」으로 교감. 「廛」과 「壜」은 서로 뜻이 통하므로 원문대로 둠.

157 원문 「麗」. 길림본 「驪」로 교감. 이하에서도 길림본은 「고려기」의 「麗」를 「驪」로 교감.

158 원문 「鹽」. 죽내본·탕천본·길림본 「監」으로 읽고 「鹽」으로 교감.

159 원문 「弘」. 탕천본 원래 판독한 글자는 알 수 없으나 「弘」으로 교감.

160 원문 「大與」. 죽내본·탕천본 「太興」, 길림본 「大興」으로 교감. 이는 北燕 馮弘의 즉위 원년(431)부터 436년까지 사용한 연호 太興을 말하는 것이므로 「太興」으로 교감.

161 원문 「弘」. 탕천본 원래 판독한 글자는 알 수 없으나 「弘」으로 교감.

162 오늘날 중국 遼寧省 蓋州市 靑石嶺鎭 高麗城子村의 高麗城子山城에 비정되고 있다.

163 『漢書』 地理志 및 『後漢書』 郡國志에 모두 遼東郡의 속현으로 기록되어 있다. 이와 관련하여서는 『新唐書』 地理志에 인용된 「道里記」에는 遼陽의 安東都護府를 기점으로 "서쪽으로 建安城까지 3백 리이며 본래의 평곽현이다(渡遼水至安東都護府五百里 府故漢襄平城也 東南至平壤城八百里 西南至都里海口六百里 西至建安城三百里 故平郭縣也)"라는 기록도 유의된다. 蓋州市 시가의 구 蓋縣縣城 하층에서 漢代 고성이 발견되어 이를 평곽현 성지로 추정하는 견해가 있다(東潮·田中俊明,『高句麗の歷史と遺蹟』, 中央公論社, 1995, 371쪽).

164 『續漢書』는 西晉의 司馬彪가 撰한 것으로 모두 18편이었으나 현재는 전하지 않는다. 그런데 현전하는 『後漢書』의 八志는 이를 취해 보충한 것이라 한다. 따라서 『後漢書』 郡國志 또한 『續漢書』의 志를 따서 보충한 것이므로, 『續漢書』 郡國志의 逸文을 『後漢書』 郡國志에서 찾을 수 있다.

165 『後漢書』 郡國志에서는 단지 '有鐵'이라고 하여 '鹽官'의 두 글자는 없다.

166 北魏代 崔鴻이 편찬한 5호16국시대 역사서. 현전하는 『十六國春秋』는 明 萬曆 연간에 屠喬孫·項琳之가 『晉書』, 『北史』, 『冊府元龜』, 『藝文類聚』, 『太平御覽』 등에서 16국의 史事를 집출하여 교정을 보고 100권으로 만들어 저자 崔鴻의 이름을 붙인 것이다. 따라서 현재 僞作 논란이 있다. 그 외 『漢魏叢書』에 보존된 판본으로 16국마다 각각 一錄씩 16권이 따로 전해지고 있으나 이 역시 明代에 『晉書』 載記를 근거로 編寫한 것으로 위작이다. 또 淸代 湯球가 編寫한 『十六國春秋輯補』도 전하는데, 이는 屠喬孫·項琳之에 의해 만들어진 『十六國春秋』를 저본으로 하면서도 재차 각종 유서에 인용된 逸文을 보충하여 완성한 것이다. 여기서는 屠喬孫·項琳之가 각종 사서에서 史事를 집출하여 교정을 본 『十六國春秋』의 원문을 참고자료로 제시하였다(『十六國春秋』 원문 출처는 『欽定四庫全書』).

167 이 사건과 관련하여서는 『十六國春秋』 이외에도 『資治通鑑』 卷123 文帝 元嘉13年 9月조 및 『三國史記』 高句麗本紀 長壽王 26年조에 자세히 기록되어 있어 참고가 된다.

• 참고

『漢書』卷28下 地理志 遼東郡　遼東郡 秦置 屬幽州 戶五萬五千九百七十二 口二十七萬二千五百三十九 … 平郭 有鐵官鹽官

『後漢書』志23 郡國志(『續漢書』郡國志) 遼東郡　遼東郡 秦置 雒陽東北三千六百里 十一城 戶六萬四千一百五十八 口八萬一千七百一十四 襄平新昌無慮望平侯城安市平郭有鐵西安平汶番汗沓氏

『十六國春秋』卷99 北燕錄2　太興六年 … 秋九月 高麗不送弘於魏 遣使奉表稱藩 乞與馮弘 俱奉王化 世祖以高麗故違詔旨 議擊之 初弘至遼東 高麗王遣使勞之曰 龍城王馮君 爰適野次 士馬勞乎 弘慚怒 稱制答讓之 高麗王乃處之於平郭 尋徙北豊

『三國史記』卷18 高句麗本紀6 長壽王　二十六年 春三月 初燕王弘至遼東 王遣使勞之曰 龍城王馮君 爰適野次 士馬勞乎 弘慙怒 稱制讓之 王處之平郭 尋徙北豊

『資治通鑑』卷123 文帝 元嘉 13年 9月　九月 高麗不送燕王於魏 遣使奉表稱 當與馮弘俱奉王化 魏主以高麗違詔 議擊之 將發隴右騎卒 劉絜曰 秦隴新民 且當優復 俟其饒實 然後用之 樂平王丕曰 和龍新定 宜廣修農桑以豐軍實 然後進取 則高麗一舉可滅也 魏主乃止

12　王頎[168]逐北, 銘勳不耐之城,
　　왕기는 북쪽까지 쫓아가, 불내의 성에 공훈을 기록했고,

高麗記曰: "不耐城, 今名國內城. 在國東北六百七十里." 本[169]漢不而縣也. 漢書地[理][170]志: "不而縣屬樂浪郡, 東部都尉治處." 後漢省. 魏志曰: "正始中, 毌丘儉[171]征[172]高句驪, 逐束[173]馬懸車, 以登丸[174]都, 屠句驪所都. 斬獲首[175]虜以千[176]數. 六年, 復征之, 王宮逐奔買溝[177]. 儉遣玄菟太守王頎追之, 過沃沮千有餘里, 至肅慎南界. 刻[178]石紀功. 刊[179]丸都之山, 銘不耐之城."

168　원문「傾」. 죽내본 원문대로, 탕천본·길림본「頎」로 교감. 이는 魏 정시 연간에 관구검을 따라 고구려를 공격했던 현도태수 '王頎'를 지칭하는 것이므로「頎」로 교감. 이하에서도 해당 글자는 동일한 원칙을 적용하여 교감.
169　원문「夲」. 죽내본·탕천본·길림본「本」으로 교감. 문맥상「本」으로 교감.
170　원문에는 글자가 없다. 죽내본·탕천본·길림본「理」보입.『한서』지리지를 말하는 것이므로「理」보입.
171　원문「儉」. 탕천본·길림본「儉」으로 교감.
172　원문「征」. 탕천본·길림본「征」으로 교감.「征」의 오기이므로「征」으로 교감.
173　원문「東」. 죽내본「連」, 탕천본·길림본「束」으로 교감.「束」의 오기이므로『삼국지』관구검전을 참조하여「束」으로 교감.
174　원문「凡」. 길림본「丸」으로 교감.「丸」의 오기임이 분명하므로『삼국지』관구검전에 따라「丸」으로 교감.
175　원문「道」. 죽내본·탕천본·길림본「首」로 교감. 문맥상「首」의 오기로 여겨지며, 이에『삼국지』관구검전을 참조하여「首」로 교감.
176　원문「于」. 죽내본·길림본「千」으로 교감.「千」의 오기로 보이므로『삼국지』관구검전을 참조하여「千」으로 교감.
177　원문「講」. 죽내본·탕천본·길림본「溝」로 교감.「溝」의 오기로 보이므로『삼국지』관구검전을 참조하여「溝」로 교감.
178　원문「刻」. 길림본「刻」으로 교감.
179　원문「刑」. 죽내본·길림본「刊」으로, 탕천본「刋」으로 교감.「刊」의 오기로 보이므로『삼국지』관구검전을 참조하여「刊」으로 교감.

『고려기』에 다음과 같이 전한다. "불내성은 지금 이름은 국내성이다.[181] 나라 동북쪽 670리에 있다." 본래 한의 불이현이다. 『한서』 지리지에 다음과 같이 전한다. "불이현은 낙랑군에 속하며, 동부도위 치소가 있던 곳이다." 후한이 [낙랑군 속현에서] 없앴다. 『위지』에 다음과 같이 전한다. "정시 연간, 관구검이 고구려를 정벌하니, 마침내 말을 묶고 수레를 매달아 환도에 올라 구려의 도읍을 도륙하였다. 참하고 잡은 수급과 포로가 천을 헤아렸다. [정시] 6년(246), 다시 고구려를 정벌하였는데, [고구려]왕 궁은 마침내 매구로 달아났다. [관구]검이 현도태수 왕기를 보내어 이를 쫓게 하니 [왕기는] 옥저를 지나 천여 리를 가서 숙신의 남쪽 경계에 이르렀다. 돌을 새겨 공을 기록하였는데, 환도의 산과 불내의 성에 새겼다."

• 참고

『漢書』 卷28下 地理志 遼東郡   樂浪郡 武帝元封三年開 莽曰樂鮮 屬幽州 戶六萬二千八百一十二 口四十萬六千七百四十八 有雲鄣 縣二十五 朝鮮 … 不而 東部都尉治

『三國志』 卷28 毌丘儉   正始中 儉以高句驪數侵叛 督諸軍步騎萬人出玄菟 從諸道討之 句驪王宮將步騎二萬人 進軍沸流水上 大戰梁口 宮連破走 儉遂束馬縣車 以登丸都 屠句驪所都 斬獲首虜以千數 句驪沛者名得來 數諫宮 宮不從其言 得來歎曰 立見此地將生蓬蒿 遂不食而死 舉國賢之 儉令諸軍不壞其墓 不伐其樹 得其妻子 皆放遣之 宮單將妻子逃竄 儉引軍還 六年 復征之 宮遂奔買溝 儉遣玄菟太守王頎追之 過沃沮千有餘里 至肅慎氏南界 刻石紀功 刊丸都之山 銘不耐之城 諸所誅納八千餘口 論功受賞 侯者百餘人 穿山漑灌 民賴其利

---

180 원문 「九」. 죽내본·길림본 「丸」으로 교감. 「丸」의 오기로 보이므로 『삼국지』 관구검전을 참조하여 「丸」으로 교감.

181 여기서의 不耐는 곧 이어지는 주문에서 나오듯 『漢』 지리지의 不而縣이 있던 곳으로 현재 안변에 비정되고 있다(이병도, 『한국고대사연구(수정판)』, 박영사, 1985, 202쪽). 주문에서 『高麗記』 인용 구절이 "高麗記曰: 不耐城, 今名國內城, 在國東北六百七十里"까지인지, 아니면 그 뒤 "奔漢不而縣也"까지 포함하는지 명확히 알 수는 없지만, 이처럼 不耐城을 國內城과 동일시하고 있는 것은 명백한 오해라 할 수 있다. 때문에 國內城이 본래 不耐城이었다는 위의 서술도 『高麗記』 찬자의 견해일 가능성이 높다. 그런데 이것이 『翰苑』 주문의 찬자에게도 영향을 미쳐 바로 뒤 慕容廆 관련 정문의 주문에서는 『十六國春秋』의 기록을 인용한 다음 『翰苑』의 찬자가 사견을 덧붙이는 형태로 丸都城을 不耐城이라 재차 강조하고 있다. 이처럼 『高麗記』와 『翰苑』의 찬자가 國內城과 不耐城을 동일시한 연유는 아마도 이어지는 주문에 인용된 『三國志』 卷28 毌丘儉의 "刻石紀功 刊丸都之山 銘不耐之城"이라는 구절 때문인 것으로 보인다. 그러나 이는 이들 찬자의 오해에서 비롯된 것으로 『三國志』 관구검전의 해당 구절은 "돌을 새겨 공을 기록하였는데, 환도의 산과 불내의 성에 새겼다"는 의미로 풀이하여 환도산과 불내성 두 곳에 공을 기록한 것으로 보아야 한다. 한편, 不耐는 『三國志』 卷30 濊에서 曹魏에 의해 不耐濊王으로 책봉받는 不耐濊侯가 활동한 지역과 일치하여 이를 國內城과 연결시키기는 어렵다. 245년 관구검이 주도한 曹魏의 고구려 1차 침공이 마무리된 이후 246년 재차 진행된 고구려 2차 침공에서 현도태수 왕기가 이끄는 魏軍은 국내성을 지나 북옥저 방면으로 진격한 반면, 낙랑태수 유무와 대방태수 궁준이 지휘하는 부대는 영동지역의 동옥저 및 동예 지역을 공략하였다(이승호, 「毌丘儉紀功碑의 해석과 高句麗·魏 전쟁의 재구성」 『목간과 문자』 15, 2015, 37~38쪽). 따라서 『魏書』 관구검전에서 "銘不耐之城"하였다는 것은 지금의 강원도 안변에서 군사작전을 전개한 曹魏의 군대에 의해 이루어진 것으로 볼 수 있다. 즉 『高麗記』에서 不耐城을 國內城으로 본 것은 찬자의 오해에서 비롯된 것으로 不而縣은 안변 지역에 위치했다고 보아야 한다.

13 燕晃[182]長駈, 表績丸都之嶠.

연 (모용황)은 거침없이 내달려, 환도의 정상에 공적을 새겼다.

十六國春秋[183]前燕錄曰: "燕主慕容[184]晃九年, 晃伐[185]句驪, 乘勝長駈, 遂[186]入丸[187]都. 句驪王劉[188]單馬奔竄[189]. 乃掘其父墓, 載其尸, 幷[190]母[191]妻珍寶, 掠男女五萬餘口, 焚[192]其宮室, 毀丸都而歸." 乃不耐城也.

『십육국춘추』전연록에 다음과 같이 전한다. "연주 [모용]황 9년(342), 황이 구려를 정벌하니, 승세를 타고 군대를 신속히 진군시켜 마침내 환도에 들어갔다. 구려왕 유[193]는 단마로 달아나 숨었다. 이에 그 아버지 무덤을 파고, 그 주검과 [유의] 어머니와 아내, 값진 보물을 아우르고, 남녀 5만여 구를 약취하였으며, 그 궁실을 불사르고 환도를 허물고 돌아왔다[194]." 곧 불내성이다.

---

182 원문 「晃」. 탕천본·길림본 「皝」으로 교감. 보통 '慕容皝'이라고 쓰지만, 『북사』 등 일부 사서에서는 '慕容晃'이라고 표기한 사례도 있다. 이에 원문대로 둠. 이하에서도 해당 글자는 동일한 원칙을 적용함.

183 원문 「曰」. 죽내본 원문대로, 탕천본·길림본 「曰」을 생략. 해당 부분은 「十六國春秋曰前燕錄曰」이라고 하여 「曰」이 중복 표기되어 있으며, 이때 「曰」은 연문인 듯하므로 생략.

184 원문 「容」. 탕천본 판독한 글자는 알 수 없으나 「容」으로 교감.

185 원문 「代」. 죽내본·탕천본·길림본 「伐」로 교감. 「伐」의 오기로 보이므로 「伐」로 교감.

186 원문 「逐」. 죽내본 「逐」, 탕천본·길림본 「遂」로 교감.

187 원문 「九」. 죽내본·탕천본·길림본 「丸」으로 교감. 이는 高句麗 丸都城을 가리키는 말로 「丸」의 오기임이 확실함. 이에 「丸」으로 교감. 아래에서도 해당 글자는 동일한 원칙을 적용하여 「丸」으로 교감.

188 원문 「劉」. 죽내본 원문대로, 탕천본·길림본 「釗」로 교감. 이를 고구려 고국원왕의 휘인 '釗'를 말하는 것으로 보고 「釗」로 교감하기도 한다. 그러나 원문의 자형은 '劉'의 이체자와 유사하며, 『양서』 고구려전과 『삼국사기』에서도 고국원왕의 휘를 '劉'로 전하고 있어 이를 단순히 오기로만 보기는 어렵다. 이에 원문대로 둠.

189 원문 「竄竄」. 죽내본 원문대로, 탕천본 한 글자를 생략. 같은 글자가 두 번 반복되고 있는데, 그 이유는 알기 어렵다. 이에 죽내본은 이 두 글자를 사이에 두고 앞뒤의 문장을 "驪王劉單馬奔竄, 竄乃掘其父墓"로 끊어 읽기도 한다. 그러나 『한원』 주문에서는 보통 같은 글자를 반복할 때 '〻' 표기를 사용하는 것으로 보아 오기일 가능성이 크며, 사전을 확인해보아도 '竄竄'의 용례는 찾아지지 않으므로 연문으로 보아 한 글자를 생략.

190 원문 「幷」. 탕천본 「幷收」로 「收」를 보입하여 교감. 현전하는 『十六國春秋』에서는 "掘釗父弗利墓 載其尸 並其母妻 收其府庫 累世珍寶"라 기록하고 있고, 『晉書』 권109 慕容皝에서는 "皝掘釗父利墓 載其尸幷其母妻珍寶"라 하고 있다. 이처럼 관련 문헌을 찾아보아도 「收」를 보입할 이유를 찾기 어려우며, 굳이 보입하지 않아도 문의는 통하므로 원문대로 둠.

191 원문 「母」. 죽내본 「世」로 판독, 탕천본·길림본 「母」로 교감. 내용상 「母」로 교감.

192 원문 「禁」. 탕천본·길림본 「焚」으로 교감. 문맥상 「焚」으로 교감.

193 고구려 16대 왕 고국원왕이다. 『三國史記』고국원왕 즉위조를 보면 "諱斯由[或云劉]"라 적고 있다. 이병도는 여기서의 '劉'는 본래 '釗'의 오식으로 『梁書』 고구려전이 '劉'로 오식한 것을 따라 썼던 것으로 이해하며, '斯由'와 '釗'가 서로 음상사한 바, 본래는 '釗'가 옳다고 보았다(이병도, 『역주 삼국사기(개정판)』상, 을유문화사, 1996, 412쪽, 주 1). 그러나 앞서 언급하였듯이 『梁書』 고구려전에서도 고국원왕의 휘를 '劉'로 적고 있어 단순하게 오식으로 치부하기는 어렵다.

194 이 사건과 관련하여서는 『十六國春秋』이외에도 『資治通鑑』 권97 咸康 8年 및 『晉書』 권109 慕容皝조에 자세히 기록되어 있어 참고가 된다. 특히 현전하는 『十六國春秋』의 기록은 『資治通鑑』의 해당 기록과 거의 차이가 없을 정도로 일치한다.

• 참고

『十六國春秋』卷25 慕容皝下　咸康八年 … 十一月 皝親帥勁卒四萬 入自南陝 以伐宇文高句驪 使建威將軍翰及平狄將軍霸爲前鋒 別遣長史王寓等 勒衆萬五千 從北道而進 高句驪王釗謂 皝軍之從北路也 乃遣弟武統精銳五萬拒北道 躬率羸兵以防南陝 翰等先至與釗戰於木底 皝以大衆繼之 左常侍鮮于亮與數騎先犯高句驪陣 所向摧陷 句驪陣動 大衆因而乘之 句驪大敗 左長史韓壽斬其將阿佛和度加 諸軍乘勝追之 遂入丸都 釗單馬遁走 輕車將軍慕輿埿追獲其母周氏及妻而還 會王寓等戰於北道 軍皆敗沒 由是皝不復窮追 遣使招釗 釗不出 皝將還 韓壽曰 高句驪之地 不可戍守 今其主亡民散 潛伏山谷 大軍既去 必復鳩聚 收其餘燼 猶足爲患 請載其父尸 囚其生母而歸 俟其束身自歸 然後返之 撫以恩信 策之上也 皝從之 掘釗父乙弗利墓 載其尸 幷其母妻 收其府庫累世珍寶 掠男女五萬餘口 焚其宮室 毀丸都城而還

『資治通鑑』卷97 咸康8年　咸康八年 … 十一月 皝自將勁兵四萬出南道 [將 即亮翻 下同] 以慕容翰慕容霸爲前鋒 別遣長史王寓等將兵萬五千出北道以伐高句麗 高句麗王釗果遣弟武帥精兵五萬拒北道 自帥羸兵以備南道 [羸 倫爲翻] 慕容翰等先至 與釗合戰 皝以大衆繼之 左常侍鮮于亮曰 臣以俘虜蒙王國士之恩 [事見上卷咸康四年] 不可以不報 今日 臣死日也 獨與數騎先犯高句麗陣 所嚮摧陷 高句麗陣動 [騎 奇寄翻 下同 陣 讀曰陣] 大衆因而乘之 高句麗兵大敗 左長史韓壽斬高句麗將阿佛和度加 [高句麗置官 有相加大加小加] 諸軍乘勝追之 遂入丸都 釗單騎走 輕車將軍慕輿埿追獲其母周氏及妻而還 會王寓等戰於北道 皆敗沒 由是皝不復窮追 [復 扶又翻 下同] 遣使招釗 釗不出 皝將還 韓壽曰 高句麗之地 不可戍守 今其主亡民散 潛伏山谷 大軍既去 必復鳩聚 [鳩 亦聚也] 收其餘燼 [火餘曰燼 猶能復然] 猶足爲患 請載其父尸囚其生母而歸 俟其束身自歸 然後返之 撫以恩信 策之上也 皝從之 發釗父乙弗利墓 載其尸 收其府庫累世之寶 虜男女五萬餘口 燒其宮室 毀丸都城而還 [還 從宣翻 又如字]

『晉書』卷109 慕容皝　咸康七年 皝遷都龍城 率勁卒四萬 入自南陝 以伐宇文高句麗 又使翰及子垂爲前鋒 遣長史王寓等勒衆萬五千 從北置而進 高句麗王釗謂皝軍之從北路也 乃遣其弟武統精銳五萬距北置 躬率弱卒以防南陝 翰與釗戰于木底 大敗之 乘勝遂入丸都 釗單馬而遁 皝掘釗父利墓 載其尸幷其母妻珍寶 掠男女五萬餘口 焚其宮室 毀丸都而歸 明年 釗遣使稱臣於皝 貢其方物 乃歸其父尸

14 淪碑尚在, 耿夔[195]播美於遼城[196],

파묻힌 비석이 아직도 남아 있으니, 경기는 요[동]성에서 미명을 드날렸고,

范曄後漢書曰: "耿夔遷遼[197]東太守, [元興][198]元年, 貊人寇[199]郡界, 夔追擊, 斬其渠帥[201]." 案高驪記

---

195 원문「夔」. 탕천본 판독한 글자를 알지 못하나「夔」로 교감했다는 표시를 해둠. 탕천본은 이하에서도 해당 글자에 교감 표시를 해둠.
196 漢代 遼東郡의 郡治인 襄平城을 가리킨다. 오늘날 중국 遼寧省 遼陽 소재 舊城으로 보는 설이 유력하다.
197 원문「遼遷」. 죽내본·탕천본·길림본「遷遼」로 교감. 문맥상「遷遼」로 교감.
198 원문에는 글자가 없다. 탕천본「元興」을 보입. 정확한 의미 전달을 위해『후한서』를 참조하여「元興」을 보입.
199 원문「冠」. 죽내본·탕천본·길림본「寇」로 교감.『한원』에서는「寇」를「冠」으로 쓴 사례가 다수 확인되며, 문장의 내용을 고려해「寇」로 교감.

云: "故城南門有碑, 年久淪沒. 出土數尺, 卽耿夔碑之者也[201]."

범엽의 『후한서』에 다음과 같이 전한다. "경기가 요동태수로 관직을 옮겼다. 원흥 원년(105)에 맥인이 [요동]군의 경계를 노략질하자, [경]기가 뒤쫓아 공격하여 그 거수를 참하였다." 『고려기』를 살펴보니 다음과 같이 전한다. "옛 성 남문에 비석이 있는데 땅속에 파묻힌 채로 오랜 세월이 흘렀다. 땅에서 몇 척 정도 드러나 있다고 하였으니, 바로 경기의 비석이다."

• 참고

『後漢書』卷4 孝和帝　元興元年春正月戊午 引三署郎召見禁中 選除七十五人 補謁者長相 高句驪寇郡界 … 秋九月 遼東太守耿夔擊貊人 破之

『後漢書』卷85 高句驪　和帝元興元年春 復入遼東 寇略六縣 太守耿夔擊破之 斬其渠帥

15 冠石[猶][202]存, 公孫創基於延里.
관석이 이미 있으니, 공손[탁]은 연리에서 나라를 세웠다.

魏志曰: "公孫度, 遼東襄平人. 董卓時爲遼東太守. 初平中, 襄平延里社生大石, 長丈餘, 下有三小石爲之足. 或謂度曰: '此漢宣帝冠石之祥, 明當[有][203]土地[204].' 乃分遼東郡爲遼西·中遼郡, 置太守, 越海收[205]東萊[206]諸縣, 置營[207]州刺史, 自立爲遼東侯·平州牧. 立漢二祖廟, 承制設壇墠[208]於襄平城南, 郊祀天地. 太祖表度爲武[209]威將軍, [封][211]永寧鄕侯, 度曰: '我王[212]遼東, 何永寧也.' 度

---

200 원문「帥渠」. 죽내본·탕천본·길림본「渠帥」로 교감. 거수를 가리키는 표현이므로「渠帥」로 교감.

201 원문「之者也」. 탕천본「者也」를, 길림본「之者」를 생략함. 그러나 원문대로 두어도 뜻이 통하므로 생략하지 않음.

202 원문에는 글자가 없다. 죽내본 원문대로, 탕천본·길림본「猶」보입. 정문의 자구와 해석을 고려해「猶」를 보입하여 교감.

203 원문에는 글자가 없다. 죽내본 원문대로, 탕천본·길림본「有」를 보입. 동사에 해당하는 글자가 필요하므로 주문에서 인용하고 있는『삼국지』공손도전에 따라「有」보입.

204 원문에는 글자가 없다. 죽내본「而三公爲輔也」가 생략되었음을 지적.

205 원문「牧」. 죽내본·탕천본·길림본「收」로 교감.「收」의 오기이며,『삼국지』공손도전을 참조하여「收」로 교감.

206 원문「菜」. 죽내본·탕천본·길림본「萊」로 교감. 동래를 가리키는 부분이므로『삼국지』공손도전을 참조하여「萊」로 교감.

207 원문「榮」. 죽내본 원문대로, 탕천본·길림본「營」으로 교감. 지명이므로 주문에서 인용하는『삼국지』공손도전을 참조하여「營」으로 교감.

208 원문「憚」. 죽내본·탕천본·길림본「墠」으로 교감.「墠」의 오기임이 분명하며, 이에 주문에서 인용하는『삼국지』공손도전을 참조하여「墠」으로 교감.

209 원문「鶩」. 죽내본·탕천본·길림본「奮」으로 판독하여 교감하지 않음. 주문에서 인용하고 있는『삼국지』공손도전에 따르면 본래「武」자가 와야 함. 이는 오기라기보다는 則天武后로 인해「武」자를 고의로 피휘한 흔적일 가능성을 고려해볼 필요가 있음. 이에『삼국지』공손도전에 따라「武」로 교감.

死至孫淵²¹², 以景初元年, 自立爲燕王, 置百官. 二年, 遣司馬宣王征[淵]²¹³, 累破, 遂進軍²¹⁴, 造城下爲圍²¹⁵塹, 起土山修櫓²¹⁶, 爲發石連弩²¹⁷射城中. 淵窘急²¹⁸, 糧盡²¹⁹[人]²²⁰相食, 死者甚多. 淵遂突圍²²¹東南走, 急擊之, 斬其父子, 遼東悉平也."

『위지』²²²에 다음과 같이 전한다. "공손도는 요동 양평인이다. 동탁 때 요동태수가 되었다. 초평 연간에 양평 연리의 토지신에게 제사하는 곳에서 큰 돌이 나왔는데, 길이가 1장 남짓이었고 밑에는 3개의 작은 돌이 있어 다리처럼 하였다. 어떤 이가 [공손]도에게 다음과 같이 말했다. '이것은 한 선제의 관석의 길조²²³입니다. 분명 땅을 갖게 될 것입니다.' 이에 요동군을 나누어 요서[군]·중료군²²⁴으로 삼고 태수를 두었으며, 바다를 건너 동래의 여러 현을 거두어 영

---

210 원문에는 글자가 없다. 죽내본 원문대로, 탕천본·길림본「封」을 보입. 동사에 해당하는 글자가 필요하므로 주문에서 인용하고 있는 『삼국지』 공손도전에 따라「封」을 보입하여 교감.

211 원문「土」. 죽내본·탕천본·길림본「王」으로 교감.「王」의 오기임이 분명하며 이에 『삼국지』 공손도전을 참조하여「王」으로 교감.

212 원문「楽」. 죽내본·탕천본「淵」으로, 길림본「深」으로 교감. 『한원』 주문 필사자는 「深」자를 '楽' 자 형태로 쓰고 있는 모습이 곳곳에서 확인된다. 또한 주문에서 인용하고 있는 『삼국지』 공손도전에는 「淵」으로 되어 있다. 원문에서는 당 고조 李淵을 피휘하여 「淵」 대신 「楽」나 「深」을 쓴 것으로 보인다. 『삼국지』 공손도전을 참조하여 「淵」으로 교감. 이하에서도 해당 글자는 동일한 원리를 적용하여 「淵」으로 교감.

213 원문에는 글자가 없다. 죽내본 원문대로, 탕천본「淵」을, 길림본「深」을 보입. 주문에서 인용하고 있는 『삼국지』 공손도전에 따라 「淵」을 보입하여 교감.

214 원문「運」. 죽내본·탕천본·길림본「軍」으로 교감.「軍」의 오기임이 확실하며 이에 주문에서 인용하는 『삼국지』 공손도전에 따라 「軍」으로 교감.

215 원문「國」. 죽내본·탕천본·길림본「圍」로 교감. 문맥상으로나 『삼국지』 공손도전을 참조하여 「圍」 교감.

216 원문「檜」. 죽내본·길림본「櫓」로 교감.「櫓」의 오기이므로, 주문에서 인용하는 『삼국지』 공손도전에 따라 '櫓'로 교감.

217 원문「努」. 죽내본·탕천본·길림본「弩」로 교감. 문맥을 고려하여 주문에서 인용하는 『삼국지』 공손도전을 참조해 「弩」로 교감.

218 원문「忽」. 죽내본·길림본「急」으로 판독하여 교감하지 않음.「急」의 오기임이 분명하므로 주문에서 인용하는 『삼국지』 공손도전에 따라 「急」으로 교감.

219 원문「書」. 죽내본·탕천본·길림본「盡」으로 교감. 문맥을 고려하여 주문에서 인용하고 있는 『삼국지』 공손도전에 따라 「盡」으로 교감.

220 원문에는 글자가 없다. 죽내본 원문대로, 탕천본·길림본「人」을 보입. 문맥상 「人」을 보입.

221 원문「國」. 죽내본·탕천본·길림본「圍」로 교감. 문맥상 「圍」로 교감.

222 여기서 말하는 「魏志」란 『三國志』 魏書 公孫度傳을 말하는 것으로 보인다. 그런데 『三國志』 원문과 『翰苑』의 해당 주문을 비교해보면 주문의 문장들은 「公孫度傳」의 서술을 그대로 취하지 않고 『翰苑』 찬자가 나름 「公孫度傳」의 부분 부분을 요약, 인용하고 있음을 알 수 있다.

223 宣帝의 冠石이란 前漢 昭帝 때 있었던 일로 泰山에 冠 모양의 돌이 세워짐으로써 선제의 즉위를 예고하였다고 한다(『漢書』 卷 36 劉向傳). 또 『漢書』 卷75 眭弘傳에 의하면 前漢 昭帝 元鳳 3년(기원전 78)에 泰山 萊蕪山 남쪽에 큰 돌이 서 있는 것을 발견했는데, 높이 1장 5척, 크기 48圍이고 땅 속에 8척 깊이로 박혀 있으며 돌 셋이 발처럼 되어 있었다고 한다. 이에 眭弘이 「春秋」의 뜻을 빌어 당시 上林에서 죽은 버드나무가 일어나는 등의 징조와 함께 이를 "필부가 천자가 된다"는 식으로 해석하였다가 당시 집정하고 있던 霍光의 미움을 사 혹세무민한 죄로 처형을 당하였다. 그 5년 뒤 武帝의 증손인 宣帝가 민가에서 추대되어 즉위하자 이를 그 징조가 증험된 것으로 간주되게 되었다고 한다(『漢書』 卷75 眭弘傳). 이 冠石의 생김새로 보아 이를 당시 요령 지역에 잔존해 있던 고인돌로 추정하는 견해가 있다(권오중, 『요동왕국과 동아시아』, 영남대학교출판부, 2012. 60쪽 및 248쪽, 주 38 참조).

224 이는 '遼西郡과 中遼郡'을 말한다. 즉 요동군을 분할하여 요서군과 중료군을 만들어 요서·중료·요동의 세 개의 군으로 분치되었

주자사를 두었고, 스스로 요동후·평주목이 되었다. 한의 이조묘(二祖廟)²²⁵를 세우고 천자의 뜻을 받들어²²⁶ 양평성 남쪽에 단선²²⁷을 차려 천지에 제사지냈다. 태조가 표를 올려 [공손]도를 무위장군으로 삼고 영녕향후로 봉하니, [공손]도가 다음과 같이 말했다. '내가 요동에서 왕 노릇하고 있는데, 어째서 영녕[향후]인가!' [공손]도가 죽고 손자 [공손]연에 이르러 경초 원년(237)에 스스로 연왕이 되었고 백관을 두었다. [경초] 2년(238), 사마선왕(사마의)을 보내 [공손]연을 정벌하여 여러 번 깨뜨리고 마침내 진군하여 성 아래를 파서 참호를 만들고, 토산과 망루를 일으켜 발석과 연노를 만들고 성안으로 쏘아댔다. [공손]연은 상황이 군핍해지고 위급하였으며²²⁸, 양식은 다하고 사람이 서로를 잡아먹어 죽은 이가 몹시 많았다. [공손]연이 마침내 포위를 뚫고 동남쪽으로 달아나자 이를 급히 쳐서 그 부자를 참하니 요동이 모두 평정되었다."

• 참고

『三國志』 卷8 公孫度   公孫度字升濟 本遼東襄平人也 度父延 避吏居玄菟 任度爲郡吏 時玄菟太守公孫琙 子豹 年十八歲 早死 度少時名豹 又與琙子同年 琙見而親愛之 遣就師學 爲取妻 後擧有道 除尙書郞 稍遷冀州刺史 以謠言免 同郡徐榮爲董卓中郎將 薦度爲遼東太守 度起玄菟小吏 爲遼東郡所輕 先時 屬國公孫昭守襄平令 召度子康爲伍長 度到官 收昭 答殺于襄平市 郡中名豪大姓田韶等宿遇無恩 皆以法誅 所夷滅百餘家 郡中震慄 東伐高句驪 西擊烏丸 威行海外

初平元年 度知中國擾攘 語所親吏柳毅陽儀等曰 漢祚將絶 當與諸卿圖王耳 時襄平延里社生大石 長丈餘 下有三小石爲之足 或謂度曰 此漢宣帝冠石之祥 而里名與先君同 社主土地 明當有土地 而三公爲輔也 度益喜 故河內太守李敏 郡中知名 惡度所爲 恐爲所害 乃將家屬入于海 度大怒 掘其父冢 剖棺焚屍 誅其宗族 分遼東郡爲遼西中遼郡 置太守 越海收東萊諸縣 置營州刺史 自立爲遼東侯平州牧 追封父延爲建義侯 立漢二祖廟 承制設壇墠於襄平城南 郊祀天地 藉田 治兵 乘鸞路 九旒 旄頭羽騎 太祖表度爲武威將軍 封永寧鄕侯 度曰 我王遼東 何永寧也 藏印綬武庫 度死 子康嗣位 以永寧鄕侯封弟恭 是歲建安九年也

十二年 太祖征三郡烏丸 屠柳城 袁尙等奔遼東 康斬送尙首 語在武紀 封康襄平侯 拜左將軍 康死 子晃淵等皆小 衆立恭爲遼東太守 文帝踐阼 遣使卽拜恭爲車騎將軍假節 封平郭侯 追贈康大司馬 初 恭病陰消爲閹人 劣弱不能治國 太和二年 淵脅奪叔位 明帝卽位 拜淵揚烈將軍遼東太守 淵遣使南通孫權 往來賂遺 權遣使張彌許晏等 齎金玉珍寶 立淵爲燕王 淵亦恐權遠不可恃 且貪貨物 誘致其使 悉斬送彌晏等首 明帝於是拜淵大司馬 封樂浪公 持節領郡如故 使者至 淵設甲兵爲軍陳 出見使者 又數對國中賓客出惡言

던 것이다(권오중, 『요동왕국과 동아시아』, 영남대학교출판부, 2012, 66~67쪽).

225 漢高祖 劉邦과 後漢 光武帝 劉秀의 廟를 말한다.
226 천자의 명을 받들어 편의로 권한을 행사함을 말한다. 주로 정식 절차를 거치지 않고 제후가 임의로 관작을 封拜하는 것을 일컫는다.
227 흙을 쌓아 만든 제단과 땅을 고른 제사터.
228 일이 잘 풀리지 않고 꽉 막혀 몹시 급하게 됨을 뜻함.

景初元年 乃遣幽州刺史毌丘儉等齎璽書徵淵 淵遂發兵 逆於遼隧 與儉等戰 儉等不利而還 淵遂自立爲燕王 置百官有司 遣使者持節 假鮮卑單于璽 封拜邊民 誘呼鮮卑 侵擾北方 二年春 遣太尉司馬宣王征淵 六月 軍至遼東 淵遣將軍卑衍楊祚等步騎數萬屯遼隧 圍塹二十餘里 宣王軍至 令衍逆戰 宣王遣將軍胡遵等擊破之 宣王令軍穿圍 引兵東南向 而急東北 即趨襄平 衍等恐襄平無守 夜走 諸軍進至首山 淵復遣衍等迎軍殊死戰 復擊大破之 遂進軍造城下 爲圍塹 會霖雨三十餘日 遼水暴長 運船自遼口徑至城下 雨霽 起土山脩櫓 爲發石連弩射城中 淵窘急 糧盡 人相食 死者甚多 將軍楊祚等降 八月丙寅夜 大流星長數十丈 從首山東北墜襄平城東南 壬午 淵衆潰 與其子脩將數百騎突圍東南走 大兵急擊之 當流星所墜處 斬淵父子 城破 斬相國以下首級以千數 傳淵首洛陽 遼東帶方樂浪玄菟悉平

初 淵家數有怪 犬冠幘絳衣上屋 炊有小兒蒸死甑中 襄平北市生肉 長圍各數尺 有頭目口喙 無手足而動搖 占曰 有形不成 有體無聲 其國滅亡 始度以中平六年據遼東 至淵三世 凡五十年而滅

『漢書』卷36 劉向 物盛必有非常之變先見 爲其人微象 孝昭帝時 冠石立於泰山 仆柳起於上林 而孝宣帝即位 [顏師古注引臣瓚曰 冠山下有石自立 三石爲足 一石在上 故曰冠石也]

『漢書』卷75 眭弘 眭弘字孟 魯國蕃人也 … 孝昭元鳳三年正月 泰山萊蕪山南匈匈有數千人聲 民視之 有大石自立 高丈五尺 大四十八圍 入地深八尺 三石爲足 石立後有白烏數千下集其旁 是時昌邑有枯社木臥復生 又上林苑中大柳樹斷枯臥地 亦自立生 有蟲食樹葉成文字 曰公孫病已立 孟推春秋之意 以爲石柳皆陰類 下民之象 而泰山者岱宗之嶽 王者易姓告代之處 今大石自立 僵柳復起 非人力所爲 此當有從匹夫爲天子者 枯社木復生 故廢之家公孫氏當復興者也 孟意亦不知其所在 即說曰 先師董仲舒有言 雖有繼體守文之君 不害聖人之受命 漢家堯後 有傳國之運 漢帝宜誰差天下 求索賢人 禪以帝位 而退自封百里 如殷周二王後 以承順天命 孟使友人內官長賜上此書 時 昭帝幼 大將軍霍光秉政 惡之 下其書廷尉 奏賜·孟妄設祅言惑衆 大逆不道 皆伏誅 後五年 孝宣帝興於民間 即位 徵孟子爲郎

16 馬[多]²²⁹巖嶭, [□]²³⁰洞穴以霏雲,
마대[산]는 높고 가파르며, 동굴을 … 하여 구름이 피어올랐고,

高驪記曰: "馬多山在國北. 高驪之中, 此山最大, 三十里間, 唯通匹²³¹馬, 雲霧歊蒸, 終日不霽. 其中多生人參·自²³²附子·防風·細辛. 山中有南北路, 路東有石壁, 其高數仞. 下有石室, 可容²³³千人. 室中有二穴, 莫測深²³⁴淺, 夷人長老相傳云²³⁶: '高驪先祖朱²³⁷蒙, 從夫餘至此. 初未有馬, 行至

---

229 원문에는 글자가 없다. 죽내본 원문대로, 탕천본·길림본 「多」를 보입. 주문을 참고하여 「多」를 보입.

230 [□]: "洞穴以霏雲"이라는 문장 앞에 "洞穴"을 받는 동사가 빠져 있다. 『한원』 정문이 대체로 사륙변려체 운문임을 고려할 때 글자의 결락이 있었던 것으로 볼 수 있다. 탕천본 문장 앞에 「深」을, 길림본 「出」을 보입해야 한다고 보지만 확언할 수 없음.

231 원문 「匹」. '輿'로 읽는 의견도 있으나, '匹'의 이체자로 읽는 의견을 따른다(湯淺 83쪽).

232 원문 「自」. 죽내본 원문대로, 탕천본·길림본 「白」으로 교감. 풀의 일종인 백부자를 가리키는 것으로 보이므로 「白」으로 교감.

233 원문 「客」. 죽내본·탕천본·길림본 「容」으로 교감. 전후 맥락으로 보아 「容」의 오기로 보이므로 「容」으로 교감.

234 원문 「粱」. 죽내본·탕천본·길림본 「深」으로 교감. 의미상 「深」으로 교감.

此山, 忽見群馬出穴中. 形小而²³⁷駿²³⁸. 因號馬多山也.' 子有²³⁹."

『고려기』에 다음과 같이 전한다. "마다산²⁴⁰이 나라 북쪽에 있다. 고려에서 이 산이 가장 크니, [그 골짜기] 30리 사이를 필마로만이 다닐 수 있으며, 구름과 안개가 뭉게뭉게 피어올라²⁴¹ 종일 개지 않는다. 산 중에 인삼·백부자²⁴²·방풍²⁴³·세신²⁴⁴이 많이 난다. 산 중에 남북으로 길이 있고 길 동쪽에 절벽이 있는데, 그 높이가 몇 길이다. [절벽] 아래에 돌방이 있는데 천명을 수용할 만하다. 돌방 안에 두 개의 굴이 있는데, 깊이를 헤아릴 수 없다. 이인(고구려인) 장로가 서로 전하여 다음과 같이 말했다. '고려 선조 주몽이 부여로부터 이곳에 이르렀다. 처음에는 말을 가지고 있지 못하였는데, 길을 가다 이 산에 이르러 갑자기 말떼가 굴에서 나오는 것을 보았다. 몸집은 작으나 [생김새는] 빼어났다. 이 때문에 마다산이라 부른다²⁴⁵.' 子有…(이하 궐문)."

17 | 焉骨巉巖, 竦二峯而功²⁴⁶漢.
언골[산]은 가파르고 험준하며, 두 봉우리를 우뚝 세워 한[수]의 형문·삼협처럼 만들어졌고,

高驪記云: "焉骨山在國西北, 夷²⁴⁸言屋山. 在平壤西北七百里, 東西二嶺, 壁立千仞. 自足至頂²⁴⁹,

---

235 원문 「玄」. 죽내본·탕천본·길림본 「云」으로 교감. 문장의 전후 맥락으로 보아 「云」의 오기로 보이므로 「云」으로 교감.
236 원문 「朱」. 길림본 「未」로 판독 후 「朱」로 교감.
237 원문 「向」. 죽내본 「面」, 탕천본 「彊」, 길림본 「而」로 교감. 문맥을 고려하여 「而」로 교감.
238 원문 「酸」. 죽내본·탕천본·길림본 「駿」으로 교감. 전후 맥락으로 보아 「駿」의 오기로 보이므로 「駿」으로 교감.
239 "子有" 이하에는 闕文이 있었던 것으로 보인다.
240 馬多山이 어디를 가리키는지 알 수 없으나, 백두산으로 보는 설이 유력하다. 馬多山은 『三國志』 동옥저전에 나오는 "蓋馬大山"의 '馬大山'과 음상사 면에서나 '馬'와 관련된 유래에서 유사성을 인정할 수 있다(김락기, 『고구려의 東北方 境域과 勿吉 靺鞨』, 경인문화사, 2013, 65쪽).
241 운무가 땅에서 모락모락 피어나는 모습.
242 미나리아재빗과에 속한 여러해살이풀로서, 운동계의 통증을 다스리며 간경에 효험이 있다 하여 주로 약재로 많이 쓰인다.
243 미나릿과에 속한 여러해살이풀로서 운동계를 다스리며, 풍과 열증에 효험이 있다 하여 주로 약재로 많이 쓰인다.
244 족두리풀의 뿌리를 건조시킨 약재로 진통제로 많이 쓰인다.
245 馬多山과 관련한 주몽 전승은 고구려 건국신화에서는 찾아볼 수 없다. 한편 이 산에 얽힌 주몽 전승은 '馬多山'이라는 지명의 유래를 설명하는 전승으로 7세기 중엽 고구려에서 특정 지역을 중심으로 유통되었던 것이라는 견해가 있다(서영대, 「高句麗 王室 始祖神話의 類型」 『동서문화논총(만경 이충희 선생 화갑기념논총)』 2, 1997, 63쪽). 또 『帝王韻紀』, 『世宗實錄地理志』, 『東國輿地勝覽』 등에 보이는 평양 지역에 얽힌 朝天石과 麒麟窟 관련 주몽 전승을 보더라도 고구려 말기에는 각지에 주몽과 얽힌 지명 전승이 다양하게 유통되고 있었음을 추측할 수 있다.
246 원문 「功」. 죽내본·탕천본·길림본 「切」로 교감. 원문대로 두어도 뜻이 통하므로 교감하지 않음.

皆是蒼石. 遠望巉巖狀, 類荊門·三峽. 其上無別[249]草木, 唯生青松, 擢幹[250]雲表. 高驪於南北峽[251]口, 築斷[252]爲城. 此卽夷藩, 樞要之所也."

『고려기』에 다음과 같이 전한다. "언골산은 나라 서북쪽에 있는데, 고구려 말로 '옥산'이라 한다.[253] 평양에서 서북쪽으로 7백 리에 동서로 두 산령이 있는데, 절벽이 천 길 높이로 서 있다. 산 밑에서 산 정상까지 모두 창석이다. 멀리서 바라보면 가파른 바위산의 형상이 형문·삼협[254]과 유사하다. 산 위에 다른 풀과 나무는 없고, 청송만이 자라는데, 줄기를 구름 바깥으로 늘어뜨리고 있다. 고려는 [이 두 산령의] 남북 골짜기 입구에 [성을] 쌓아 [길을] 끊고 성으로 삼는다. 이곳이 바로 고구려의 요충지이다."

18 珣玗[255]挺耀, 授色重巒,
순우[기]는 빛깔이 빼어났으니, 첩첩산중에 색을 보태었고,

周禮職方曰: "東北曰幽州, 其山鎭[曰][256]毉[257]無閭." 爾雅[262]曰: "東北[263]之美者, 有毉無閭之珣玗琪[260]焉." 郭璞注云: "毉無閭, 山名, 今在遼東." 續漢書曰: "遼東無慮縣, 有毉無閭[261]山也."

---

247 원문에는 글자가 없다. 죽내본 원문대로, 탕천본 「人」을 보입. 그러나 보입하지 않아도 뜻이 통하므로 원문대로 둠.
248 원문「湏」. 죽내본·탕천본·길림본 「頂」으로 교감. 문맥상 「頂」으로 교감.
249 원문「無別」. 죽내본·길림본 원문대로, 탕천본 「別無」로 교감. 원문대로 두어도 뜻이 통하므로 교감하지 않음.
250 원문「擢幹」. 죽내본·길림본 원문대로, 탕천본 「幹擢」로 교감. 원문대로 두어도 뜻이 통하므로 교감하지 않음.
251 원문「硤」. 죽내본·길림본·탕천본 원문대로, 전후 맥락으로 보아 '峽'의 오기로 보인다. '峽'으로 교감.
252 원문「斷」. 죽내본 원문대로, 탕천본 「段」으로 교감. 그러나 원문대로 두어도 뜻이 통하므로 교감하지 않음.
253 본문에서 고구려 말로 '屋山'이라고 부른다고도 했던 '焉骨'은 고구려의 烏骨城(또는 屋骨城)을 가리킨다. 『三國史記』고구려본기 본문 기사에서는 烏骨城이라 적고 있으며, 지리지 4의 「목록」에서는 미항성 중 하나로 '屋城州'를 거명하고 있다. 또『三國史記』신라본기 문무왕 10년 3월조에서는 '屋骨(城)'로도 기록하고 있다. 지금의 중국 요녕성 鳳凰山山城으로 비정된다.
254 荊門과 三峽 모두 湖北省 서북쪽 양자강 상류 부근에 위치한 험준한 산 이름이다.
255 원문「玗」. 탕천본·길림본 원문대로, 죽내본 「玗」으로 교감.
256 원문에는 글자가 없다. 죽내본 원문대로, 탕천본·길림본 「曰」 보입. 주문에서 인용하고 있는『주례』에 의거하여 「曰」 보입.
257 원문「鑿」. 죽내본·길림본 「醫」, 탕천본 「毉」로 교감. 같은 주문의 다른 구절에서는 모두 「毉」로 표기하고 있다. 이에 「毉」으로 교감. 이하에서도 길림본은 「鑿」을 「醫」로 교감.
258 원문「退」. 죽내본·탕천본·길림본 「雅」로 교감. 이는『爾雅』를 말하는 것이므로 「雅」로 교감.
259 원문「北」. 죽내본 원문대로, 탕천본·길림본 「方」으로 교감. 그러나 원문대로 두어도 뜻이 통하므로 교감하지 않음.
260 원문「琪」. 탕천본 판독한 글자는 알 수 없으나 「琪」에 교감 표시를 함.
261 원문「閭」. 죽내본·탕천본 원문대로, 길림본 「慮」로 교감.

『주례』 직방²⁶²에 다음과 같이 전한다. "동북쪽을 유주라 한다. 그 산진을 의무려²⁶³라 한다."
『이아』에 다음과 같이 전한다. "동북쪽의 아름다운 것으로 의무려의 순우기²⁶⁴가 있다." [이에 대해] 곽박이 주에서 다음과 같이 말했다. "의무려는 산 이름이다. 지금 요동에 있다." 『속한서』에 다음과 같이 전한다. "요동 무려현²⁶⁵에 의무려산이 있다."

• 참고
『周禮』職方氏　東北曰幽州 其山鎭曰醫無閭
『爾雅』九府　東方之美者 有醫無閭之珣玗琪焉 <晉郭璞注 醫無閭 山名 今在遼東 珣玗琪 玉屬>
『後漢書』志23 遼東屬國　昌遼 故天遼 屬遼西 賓徒 故屬遼西 徒河 故屬遼西 無慮 有醫無慮山 險瀆 房 有青城山

19　銀礫涵輝²⁶⁶, 凝鮮疊崿.
은빛 자갈은 빛깔을 적시었으니, 첩첩 산벼랑에 고운 색을 모았다.

齊書東夷傳曰: "銀山在國西北. 高驪採以爲貨." 高驪記云: "銀山在安市東北百餘里. 有數百家,

262　「軄(職)方」은 『周禮』의 편명이자 官名(夏官) 職方氏의 준말이다. 『周禮』 夏官司馬 下, 職方氏에 따르면 職方氏는 천하의 지도와 사방의 貢賦를 맡았다고 한다.

263　'瞖無閭'에서 '瞖'은 '醫'의 오기로 보인다. 같은 주문의 다른 구절에서는 '醫'로 표기하고 있기 때문이다. 한편 『周禮』 夏官司馬 下 職方氏에서는 "東北曰幽州 其山鎭曰醫無閭"라고 하여 '瞖無閭'를 '醫無閭'라 쓰고 있고, 마찬가지로 『漢書』 地理志上에서도 "東北曰幽州 其山曰醫無閭"라 하고 있으며, 주문에서 인용하고 있는 『續漢書』(『後漢書』 郡國志)에서도 "無慮 有醫無慮山"이라 하고 있다. '瞖'와 '醫'는 음과 뜻이 서로 같은 이형동의자로 곧 '瞖無閭'는 '醫無閭'를 말하는 것이다. 이 醫無閭는 후대에 "醫巫閭"로 표기가 정착되는데, 현재 醫巫閭山은 중국 요령성 錦州市 관할 北鎭市 부근에 위치해 있다. 한편 6세기 말~7세기 초 이 지역에 고구려 武厲城이 세워져 요서에 자리 잡은 고구려 서변의 최전선 군사 거점으로 기능하였다는 견해가 최근 제기된 바 있다(이성제 「高句麗의 西部 國境線과 武厲邏」 『대구사학』 113, 2013, 17~20쪽). 즉 武厲邏(新民市)와 武厲城을 같은 실체로 보던 그간의 이해와 달리 武厲城을 중국의 옛 無慮縣 일대에 설치된 고구려성으로 파악하고 있다. 나아가 고구려는 6세기 전반 요서 일대로 진출하여 이후로 隋代(6세기 말)에 이르기까지 중국과의 경계를 의무려산~대릉하 하류 일대에 두고 있었다는 신설을 잇따라 제기하고 있어 주목된다(이성제, 「高句麗와 北朝의 경계」 『고구려발해연구』 97, 2016, 50~53쪽). 이러한 논의를 경청할 때, 『翰苑』의 주문에서 漢代의 無慮縣과 醫巫閭山을 고구려와 연관시키고 있는 데에는 이 지역이 고구려와 밀접한 관련이 있었다는 인식이 바탕이 되었던 것이 아닐까 한다.

264　醫無閭山에서 나는 玉類로서, 이와 관련하여서는 주문에 인용된 『爾雅』 구절(『爾雅』 九府 "東方之美者 有醫無閭之珣玗琪焉" 【晉郭璞注 醫無閭 山名 今在遼東 珣玗琪 玉屬】) 말고도 『淮南子』 墜形訓의 "東方之美者 有醫母閭之珣玗琪焉", 『說文』 玉部의 "醫無閭之珣玗琪 周書所謂夷玉也" 등의 기록을 볼 수 있다.

265　이 구절은 『後漢書』 郡國志, 幽州 遼東屬國 조에 "無慮, 有醫無慮山"이라 했던 부분을 인용한 것이다. 漢代 無慮縣은 遼東郡의 속현으로서 그 현명은 醫巫閭山에서 비롯되었다고 한다. 漢代 遼東郡의 西部都尉의 치소가 설치(『漢書』 卷23 地理志 遼東郡)되었을 정도로 遼西 동부 지역의 요충지였으며, 오늘날 北鎭市 남쪽 廖屯鄕 大亮甲村 故城止로 비정된다고 한다(孫進己 主編, 『東北歷史地理』 1 1988, 277~278쪽 참조).

266　원문 「輝」. 탕천본·길림본 원문대로, 죽내본 「渾」으로 교감.

採之以供國用也."

『제서』 동이전에 다음과 같이 전한다. "은산이 나라 서북쪽에 있다. 고려는 캐서 화폐로 삼는다[267]." 『고려기』에 다음과 같이 전한다. "은산은 안시[성][268]에서 동북쪽으로 백여 리에 있다. 수백 가가 있어 [은을] 캐어 나라에서 쓰도록 공급한다."

• 참고

『建康實錄』卷16 高句麗 　拜則申一脚 坐則跪 行則走 以爲恭敬 國有銀山 採爲貨 並人參貂皮 重中國綵繡 丈夫衣之 亦重虎皮

20 波騰碧澈, 鶩天險以浮刀,
파도는 짙푸른 물결[269]로 솟아올라, 천험을 질주하니 조각배를 띄웠고,

[270]漢書[271]地理志曰: "玄菟郡西蓋馬縣[272], 馬訾水西北入鹽[273]難水, 西南至西安平入海. 過郡[二][274], 行二千一百里." 應劭云: "馬訾水西入鹽澤." 高驪記云: "馬訾水, 高驪一名淹水, 今名鴨淥水. 其國相傳云: '水源[275]出東北靺鞨國白[山][276]. 水色似鴨頭. 故俗名鴨淥水.' 去遼東五百里, 經國內城

---

267 현전하는 『南齊書』에서는 東南夷列傳의 高麗傳 뒷부분과 이어지는 百濟傳의 앞부분(18行×18字의 1面)이 일실되어 전하지 않는다. 여기서 인용한 『南齊書』 기록은 그 逸文 중 한 구절이다. 그런데 『南齊書』 逸文을 담고 있다고 여겨져 온 『建康實錄』 南齊, 高麗傳에서도 "國有銀山, 採爲貨"라는 구절이 보여 주문의 인용 구절과 유사한 내용이 확인되고 있다. 그럼에도 양자를 비교해보면, 『翰苑』의 해당 구절은 銀山의 위치가 '國西北'이라고 하여 『建康實錄』의 관련 기록보다 상세한 내용을 전하고 있는 점이 눈에 띈다.

268 安市城을 의미한다. 안시성은 오늘날 중국 遼寧省 海城市 소재 英城子山城으로 보는 설이 유력하다.

269 사전을 찾아보면 '짙푸른 물결(湛藍的水波)'이라는 뜻으로 풀이된다.

270 원문 「後」. 죽내본 원문대로, 탕천본·길림본 「後」를 생략. 주문에서 인용하고 있는 내용은 『한서』 지리지이다. 따라서 「後」를 생략.

271 원문 「曰」. 죽내본 원문대로, 탕천본·길림본 「曰」 생략. 문장 구조상 「曰」을 생략.

272 원문 「西盖馬縣馬縣」. 죽내본 원문대로, 탕천본·길림본 「馬縣」을 생략하여 「西盖馬縣」으로 교감. 죽내본은 이를 馬縣馬訾水로 붙여 읽고 '馬縣의 馬訾水'로 풀이하기도 하지만 주문에서 인용하고 있는 『漢書』 지리지를 참조하여 오기로 판단하고 「西盖馬縣」으로 교감.

273 원문 「鹽」. 죽내본·탕천본·길림본 「監」으로 읽고 「鹽」으로 교감. 이하에서도 해당 글자는 동일한 원리를 적용함.

274 원문에는 글자가 없다. 죽내본 원문대로, 탕천본·길림본 「二」 보입. 정확한 내용 전달을 위해 『한서』 지리지의 내용을 참조하여 「二」를 보입.

275 원문 「漁」. 죽내본·탕천본·길림본 「源」으로 교감. 『태평환우기』 권173 고구려 및 『통전』 권186 고구려의 "水源出東北靺鞨白山" 등을 볼 때, 이는 '源'의 오기로 보인다. 따라서 '源'으로 교감.

276 원문에는 글자가 없다. 죽내본 원문대로, 탕천본·길림본 「山」 보입. 『태평환우기』 권173 고구려 및 『통전』 권186 고구려의 "水源出東北靺鞨白山" 등의 구절이나 『신당서』 권220 고려에서의 "有馬訾水出靺鞨之白山" 등의 구절에서 볼 때, "白山"에서 '山'의 결락이 있었던 것으로 보는 것이 타당하므로 보입.

南. 又西與一水合, 即鹽難^{277}也. 二水合流, 西南至安平城入海. 高驪之中, 此水最大, 波瀾清^{278}澈, 所經津濟, 皆貯大船. 其國恃此以爲天塹. 今案, 其水闊三百步, 在平壤城西北四百五十里也." 刀, 小船也^{279}. 毛詩曰: "誰^{280}[謂]^{281}河^{282}廣, 曾不容^{283}刀也."

『한서』 지리지에 다음과 같이 전한다. "현도군 서개마현^{284}의 마자수는 서북쪽으로는 염난수에 들어가며, 서남쪽으로는 서안평^{285}에 이르러 바다로 들어간다^{286}. 두 군^{288}을 지나며 2천 100리

---

277 원문에는 글자가 없다. 죽내본·길림본 원문대로, 탕천본「水」 보입. 보입하지 않아도 뜻이 통하므로 원문대로 둠.
278 원문「㶌」. 죽내본「㶌」로 판독. 탕천본·길림본 해당 글자를 오기로 보아 표기하지 않음. 문맥을 보아도 해당 글자는 오기인 듯하므로 생략하여 교감.
279 원문「小船也船」. 탕천본·길림본「小船也」로 교감. 끝의「船」은 연자로 여겨지므로 생략하여「小船也」로 교감.
280 원문「誰」. 탕천본·길림본 원문대로, 죽내본「詎」로 교감. 원문대로 두어도 뜻이 통하므로 교감하지 않음.
281 원문에는 글자가 없다. 죽내본 원문대로, 탕천본·길림본「謂」 보입. 주문에서 인용하고 있는『詩經』國風, 衛風 河廣 구절에 따라「謂」를 보입.
282 원문「何」. 죽내본·탕천본·길림본「河」로 판독. 문맥과 교감 자료 등을 참고하여「河」로 교감.
283 원문「客」. 죽내본·탕천본·길림본「容」으로 교감. 문맥상「容」으로 교감.
284 『漢書』地理志에 전하는 현도군 屬縣 3縣 중 하나이다. 이때『漢書』地理志의 해당 기록은 기원전 1세기 말의 상황을 반영하는 것으로 즉 여기서의 西蓋馬縣 관련 기록도 제2현도군 시기(기원전 82~75 이후부터 2세기 초반까지)의 상황과 관련이 있다. 일단 西蓋馬라는 이름으로 보아 縣이『三國志』高句麗傳의 蓋馬大山 서쪽에 위치하였음을 알 수 있는데, 그 위치에 대해서는 의견이 분분하다. 오늘날 집안시 집안현성 일대로 비정하는 견해(孫進己 主編,『東北歷史地理』1, 1988, 328쪽), 제1현도군 당시 강계 부근에서 신빈현 목기진 부근 목기토성으로 옮겨졌다는 견해(田中俊明,「玄菟郡と高句麗の興起」『朝鮮文化研究』1, 東京大, 1994, 36쪽), 부이강변으로 보는 견해(李丙燾,「玄菟郡考」『韓國古代史研究(修訂版)』, 博英社, 1985, 185쪽), 자강도 위원-초산 부근으로 비정하는 견해(윤용구,「현도군의 군현 지배와 고구려」『요동군과 현도군 연구』, 동북아역사재단, 2008, 122~123쪽) 등이 제기된 바 있는데, 실상 정설이 없다 할 정도로 가지각색의 견해가 난립해 있는 상황이다.
285 압록강 하류에 위치해 있던 遼東郡의 속현으로 漢·魏·晉代에 걸쳐 존속하였다가, 미천왕 12년(311) 고구려의 공격으로 함락되어 고구려의 영역에 편입된다. 현재 신의주의 북쪽 대안인 中國 丹東市 振安區 九連城鎭 부근 靉河尖古城에서 "安平樂未央"이라 새겨진 명문 와당이 발견됨으로써 이곳에 비정되고 있다. 한편『新唐書』卷220 高麗에서는 같은 부분에서 '西安平'을 '安市'라 적고 있으며,『通典』卷186 高句麗와『太平寰宇記』卷173 高句麗에서는 '安平城'으로 적고 있다. 이로 보아『新唐書』에서 '安市'라 적고 있는 것은 '安平'의 오기로 생각된다.
286 『漢書』地理志의 이 구절에 대해서는 그동안 많은 논란이 있어왔다.『翰苑』에 인용된『高麗記』逸文을 비롯하여『新唐書』와『通典』등 후대 사서에서는 마자수를 압록강이라 하고 있어, 일찍부터 마자수를 압록강으로 염난수를 渾江(佟佳江)으로 비정하는 견해가 받아들여져 왔다(池內宏,「遼東の玄菟郡と其の屬縣」『朝鮮地理歷史研究報告』, 1912;「遼東の玄菟郡と其の屬縣」『滿鮮史硏究』上世第一冊, 吉川弘文館, 1951, 71~73쪽). 그러나 白鳥庫吉이 '압록강은 佟佳江과 합류하기 전까지는 항상 西南流하여 조금도 西北流하는 일이 없다'고 하여 마자수를 渾江(佟佳江)으로, 염난수를 압록강으로 본 이래(白鳥庫吉,「丸都城及國內城考」『史學雜誌』25編 4·5號, 1914;「丸都城及國內城考」『白鳥庫吉全集』3, 1970) 李丙燾 또한 이 견해를 지지함으로써 현재는 염난수를 압록강으로, 마자수를 渾江(佟佳江)으로 비정하는 견해가 주류를 이루고 있다(李丙燾,「玄菟郡考」『韓國古代史研究(修訂版)』, 博英社, 1985, 184쪽; 노태돈,「고구려의 기원과 국내성 천도」『한반도와 중국 동북 3성의 역사 문화』, 서울대학교출판부, 1999, 323쪽; 윤용구,「현도군의 군현 지배와 고구려」『요동군과 현도군 연구』, 동북아역사재단, 2008, 118쪽). 이에 따르면 본 구절은 "馬訾水는 西北으로 흘러 鹽難水로 들어가고, (鹽難水는) 西南으로 흘러 西安平에 이르러 바다로 들어간다"는 풀이가 된다. 그러나 이러한 해석은 문장 중간에 주어를 인위적으로 바꾸어야 하는 부담이 있을 뿐더러『翰苑』에 인용된『高麗記』逸文을 비롯하여『新唐書』와『通典』등 후대 사서에서는 모두 馬訾水를 압록강이라 하며 이 강이 白山(백두산)에서 발원하여 국내성 남쪽을 지나 서류한다는 서술을 일관되게 유지하고 있다. 이로 보아 역시 전통적인 견해에 따라 馬訾水를 압록강으로, 鹽難水를 혼강으로 비정함이 타당하다 생각한다. 따라서 여기서는 "馬訾水는 서북쪽으로는 鹽難水에 들어가며, 서남쪽으로는 西安平에 이르러 바다로 들어간다"고 해석하도록 한다. 즉『漢書』의 이 구절은 압록강(마자수)의 물길이 중간에 혼강

를 흐른다." 응소의 [주에] 다음과 같이 전한다. "마자수는 서쪽으로 흘러 염택으로 들어간다."[288] 『고려기』에 다음과 같이 전한다. "마자수는 고려에서 일명 엄수[289]라고도 하는데, 지금 이름은 압록수이다. 그 나라에 서로 전하여 다음과 같이 말했다. '강물은 동북쪽의 말갈국 백산[290]으로부터 나온다. 물의 색이 오리 머리와 비슷하다. 그러므로 속명을 압록수라 한다.' 요동[성]에서 500리 떨어져 있으며, 국내성 남쪽을 지난다. 또한 서쪽에서 한 물줄기와 합쳐지는데 바로 염난[수]이다. 두 물줄기가 흐름이 합쳐져 서남쪽으로 흘러 안평성에 이르러 바다로 들어간다. 고려 안에서 이 강이 가장 크고 물결이 맑으며 [강물이] 지나는 나루터에는 모두 큰 배를 모아두었다. 그 나라는 이 강에 의지하여 천연의 요새지로 삼는다. 지금 살펴보니[291], 그 강물의 넓이는 300보이며, 평양성 서북쪽 450리에 있다." 도는 작은 배이다. 『모시』[292]에 다음과 같이 전한다. "하수가 넓다고 누가 말했던가? 조각배조차도 띄울 수 없네[293]."

• 참고

『漢書』 卷28下 地理志   玄菟郡 武帝元封四年開 高句驪 莽曰下句驪 屬幽州 <應劭曰 故真番, 朝鮮胡國> 戶四萬五千六 口二十二萬一千八百四十五 縣三 高句驪 遼山 遼水所出 西南至遼隊入大遼水 又有南蘇水 西北經塞外 <應劭曰 故句驪胡> 上殷台 莽曰下殷 <如淳曰 台音鮐 師古曰 音胎> 西蓋馬 馬訾水西北入鹽難水 西南至西安平入海 過郡二 行二千一百里 莽曰玄菟亭

『太平寰宇記』 卷173 高勾麗國   馬砦水 一名鴨綠水 水源出東北靺鞨白山 水色似鴨頭 故名之 去遼東五百里 經國內城南 又西與一水合 即鹽難水也 二水合流西南 至安平城 入高麗之地 以此水最大 波瀾清折 所經津濟

과 합류하는 것을 마치 물길이 두 갈래로 갈라지는 것처럼 이해하였던 것이 아닌가 한다.

287 위에서 본 것처럼 馬訾水는 곧 압록강을 말하며, 당시 玄菟郡 西蓋馬縣과 遼東郡의 西安平縣을 지나 서해바다로 나간 것이니 여기서의 2郡은 玄菟郡과 遼東郡을 말하는 것이 된다.

288 여기에 인용된 "馬訾水가 서쪽으로 흘러 鹽澤으로 들어간다"는 應劭의 注는 현전하는 『漢書』의 注에는 보이지 않는다.

289 『三國史記』高句麗本紀, 東明聖王 즉위조에 보이는 '淹淲水', 「廣開土王陵碑文」의 '奄利大水' 등과 통하는 강 이름이다. 『三國史記』高句麗本紀의 淹淲水 관련 기록 분주에서는 "일명 蓋斯水이니 지금의 鴨綠 東北에 있다"라고 하고 있다. 일반적으로 송화강 혹은 그 어느 지류로 추정한다(이병도, 『역주 삼국사기(개정판)』 상, 을유문화사, 1996, 329쪽, 주 13). 후대 고구려인이 압록강을 淹水라 하였다는 것으로 보아, 이를 통해 평양 천도 이후 주몽신화에 일부 변개가 발생하였음을 추측할 수 있다.

290 백두산을 말한다.

291 '今案' 이하 2구는 『通典』에도 보이기 때문에 『高麗記』의 저자 저술을 그대로 인용한 것으로 판단된다(湯淺 87쪽).

292 『詩經』을 말한다. 『詩經』은 중국 최초의 詩歌 叢集으로 춘추시대에 편성되었다. 모두 305편으로 되어 있고, 儒家에 의해 경전의 반열에 속하게 되었다. 『詩經』의 초전이라 할 수 있는 『三家詩』가 일실되고 宋代 이후로는 고문 경전인 『毛詩』만이 전해지게 되어, 현재 『詩經』이라 함은 곧 『毛詩』를 지칭한다. 『漢書』 藝文志에서는 『三家詩』를 서술한 뒤에 "또 毛公의 學이 있는데 스스로 子夏의 所傳이라 하였다. 河間獻王이 좋아했지만, 學官에 채택되지는 못했다"고 말하고, 『毛詩』 29권·『毛詩故訓傳』 30권을 저록했는데, 이 중 毛公이 訓詁를 붙여 경전의 뜻을 해설한 『毛詩故訓傳』이 오늘날의 『詩經』이다(이기동 역해, 『시경강설』, 성균관대학교출판부, 2004, 28~29쪽).

293 이는 『詩經』 國風, 衛風 河廣 편의 일구이다. '河廣'의 한 구절에서 '刀'를 '조각배(舠)'의 의미로 썼는데, 여기서 이 부분을 지적한 것으로 해석된다.

皆貯大船 其國恃此 以爲天塹 其水凡濶三百步 在平壤城西北四百五十里 遼水東南四百八十里

『通典』卷186 高句麗　馬訾水 一名鴨綠水 水源出東北靺鞨白山 水色似鴨頭 故俗名之 去遼東五百里 經國內城南 又西與一水合 卽鹽難水也 二水合流 西南至安平城 入海 高麗之中 此水最大 波瀾清澈 所經津濟 皆貯大船 其國恃此 以爲天塹 水闊三百步 在平壤城西北四百五十里 遼水東南四百八十里

『新唐書』卷220 高麗　有馬訾水出靺鞨之白山 色若鴨頭 號鴨淥水 歷國內城西 與鹽難水合 又西南至安市 入于海 而平壤在鴨淥東南 以巨艫濟人 因恃以爲塹

『詩經』國風 衛風 河廣　誰謂河廣 一葦杭之　하수가 넓다고 누가 말했던가? 일엽편주로도 건널 수 있네
誰謂宋遠 跂予望之　송나라가 멀다고 누가 말했던가? 발돋움하면 보이는 것을
誰謂河廣 曾不容刀　하수가 넓다고 누가 말했던가? 조각배조차도 띄울 수 없네
誰謂宋遠 曾不崇朝　송나라가 멀다고 누가 말했던가? 아침나절도 안 걸릴 것을

21 浪接黃川, 藹樓[294]雉而驚箭.
파도는 황천에서 서로 부딪쳐, 성벽에 드리우니[295] 화살을 경계했다.

漢書地理志曰: "遼東郡, 望平縣, 大遼水." 其水發源西南[296], 流[297]合契丹國黃水. 又西南經遼東城西八十里. 又南入海. 闊百餘步. 高驪記云: "其水闊百餘步, 平流淸深[298]. 又多灣潭枝汦. 兩岸生長柳, 家密可藏兵馬. 兩畔彌[望][299], 總名遼澤. 多生細草萑[300]蒲, 毛群羽族. 朝夕相[301]霧, 須[302]臾卷斂. 狀若樓雉, 卽漢書所謂蜃氣是[303]."

『한서』 지리지에 다음과 같이 전한다. "요동군 망평현[304]에 대요수[가 있다.][305]" 그 강물은 서

294　원문「樓」. 탕천본·길림본 원문대로, 죽내본「棲」로 교감. 원문대로 두어도 뜻이 통하므로 교감하지 않음. 이하에서도 해당 글자에는 동일한 원칙을 적용.
295　탕천본은 원문의「藹」를 '雲霧'의 뜻을 갖는「靄」로 풀이.
296　원문에는 글자가 없다. 죽내본 원문대로, 탕천본·길림본「山」을 보입. 그러나 보입하지 않아도 뜻이 통하므로 원문대로 둠.
297　원문「流」. 길림본「西南流」로 교감. 보입하지 않아도 뜻이 통하므로 원문대로 둠.
298　원문은「桼」. 죽내본·탕천본·길림본「深」으로 교감. 문장의 전후 맥락으로 보아「深」으로 교감.
299　원문에는 글자가 없다. 죽내본 원문대로, 탕천본「望」보입, 길림본「平」보입. 문맥을 고려해「望」을 보입하여 교감.
300　원문「雀」. 죽내본·탕천본「萑」로 교감.
301　원문「相」. 죽내본·탕천본 원문대로, 길림본「像」으로 교감. 원문대로 두어도 뜻이 통하므로 교감하지 않음.
302　원문「湏」. 죽내본·탕천본·길림본「須」로 판독. 문맥상「須」로 교감.
303　원문에는 글자가 없다. 죽내본 원문대로, 탕천본·길림본「也」를 보입. 종결어미로 보입하지 않아도 뜻이 통함. 이에 원문대로 둠.
304　漢代 遼東郡 18개 속현 중 하나로서 요동군 소속 현들 중 가장 북쪽에 위치해 있었다. 오늘날 중국 요령성 鐵嶺縣 남쪽 新臺子鎭 고성으로 비정되고 있다. 望平縣은 後漢시대에 이르러 遼東郡의 몇몇 속현이 遼東屬國으로 편제되거나 玄菟郡에 이관되는 등 몇 차례 부침을 거치는 과정에서도 계속 요동군의 속현으로 유지되었다(孫進己 主編, 『東北歷史地理』1, 1988, 378~379쪽).
305　『漢書』 지리지에서 인용한 부분은 "遼東郡 望平縣 大遼水" 아홉 글자뿐이고, 뒤에 이어지는 구절은 그 출처가 분명하지 않다.

남쪽에서 발원하며 물길은 거란국의 황수와 합쳐진다. 또 서남쪽으로 요동성 서쪽 80리를 지난다. 또 남쪽으로 바다로 들어간다. 넓이가 100여 보이다. 『고려기』에 다음과 같이 전한다. "그 강물은 넓이가 100여 보이며, 잔잔하게 흐르고 맑고 깊다. 또 물굽이와 연못, [강의] 지류가 많다. 양쪽 물가에 긴 버들이 자라는데, 집을 숨기고 가히 병마를 감출만하다. 양쪽 강변이 아득히 펼쳐져 있는데, 모두 이름하여 요택이라 한다. [못가에는] 잔풀과 억새풀, 온갖 짐승이 많이 산다. 아침저녁으로 안개가 드리워졌다가 금방 걷히곤 하는데, 모양이 누치와 같으니 바로 『한서』에 이른바 신기[306]가 이것이다[307]."

• 참고
『漢書』卷28下 地理志　遼東郡 秦置 屬幽州 戶五萬五千九百七十二 口二十七萬二千五百三十九 縣十八 …
望平 大遼水出塞外 南至安市入海 行千二百五十里 莽曰長說
『漢書』卷26 天文志　海旁蜃氣象樓臺 廣墅氣成宮闕然

22　獸珍文豹, 器重良弓.
짐승은 무늬 있는 표범을 진귀하게 여겼고, 기물은 좋은 활을 중요하게 여겼다.

高驪記曰: "今高[驪][308]國兼有朝鮮·穢貊·沃沮之地也." 後漢書曰: "高句驪, 多大山深[309]谷, 人隨而爲居. 句驪一名貊, 有[別][310]種, 依小水而居, 名曰小水貊[311]. 出[好][312]弓, 所謂貊弓是也. 東沃沮,

---

『漢書』卷28下 遼東郡을 보면, "望平 大遼水出塞外 南至安市入海 行千二百五十里 莽曰長說"이라 하고 있어 이어지는 『翰苑』 주문의 서술과 관련이 없다. 따라서 『翰苑』 주문의 찬자가 인용한 大遼水에 대한 서술은 "後人이 大遼水에 대해서 어떤 사서를 인용하여 『漢書』 본 구절에 細注로 기입한 것이 어느 사이에 본문 중에 섞여들어 가버렸던 것"으로 추정하는 견해가 있다. 또 뒤에 강폭에 대한 서술로 "闊百餘步" 네 글자가 중복하고 있는 것도 이 때문이라 보았으며, "거란국"이라는 호칭이 보이기 때문에 이는 北魏 이후 문헌에서 인용한 것으로 보고 있다(湯淺 88쪽).

306　『漢書』天文志에 "海旁蜃氣象樓臺 廣墅氣成宮闕然"이라는 구절을 빗대어 말한 것이다.
307　여기서 『高麗記』의 인용이 어디까지인지 확실치 않다. 잠정적으로 『漢書』 천문지 인용 기사까지 『高麗記』의 서술로 본 견해를 따른다(湯淺 88쪽).
308　원문에는 글자가 없다. 죽내본·길림본 「驪」, 탕천본 「麗」를 보입. 여러 사서에서 「麗」와 「驪」는 혼용되어 사용되지만, 다른 주문에 인용된 『고려기』에서의 고(구)려 표기를 참조했을 때 「驪」로 교감하는 것이 타당한 듯하다. 이에 「驪」 보입.
309　원문 「桼」, 죽내본·탕천본·길림본 「深」으로 교감. 주문에서 인용된 『후한서』를 참조하여 「深」으로 교감.
310　원문에는 글자가 없다. 죽내본·탕천본·길림본 「別」을 보입. 주문에 인용된 『후한서』를 참조하여 「別」을 보입.
311　원문 「豹」, 죽내본·탕천본·길림본 「貊」으로 교감. 같은 주문의 다른 부분에서도 「貊」으로 표기한 것으로 보아 「貊」의 오기임이 분명함. 이에 「貊」으로 교감.
312　원문에는 글자가 없다. 죽내본·탕천본·길림본 「好」를 보입. 『후한서』의 기록을 참조해 「好」를 보입.

土地³¹³肥美, 背³¹⁴山向³¹⁵海. 宜五穀, 善³¹⁶田種³¹⁷. 穢出檀弓, 又多文豹, 有果³¹⁸下馬." 又有馬,³¹⁹ 甚小, 登山履險³²⁰不疲, 以粟³²¹米和水飮之, 便得經日也.

『고려기』에 다음과 같이 전한다. "지금 고려국은 조선, 예맥, 옥저의 땅을 아우른다."『후한서』에 다음과 같이 전한다. "고구려는 큰 산과 깊은 골짜기가 많으며 사람들이 [산과 계곡을] 따라 거주한다. 구려는 일명 맥이며 별종이 있어 소수에 의지해 거주하니 이름을 소수맥³²²이라 부른다. [소수맥에서는] 좋은 활이 나는데 이른바 맥궁이 그것이다. 동옥저는 땅이 기름지며, 산을 등지고 바다를 향하고 있다. 오곡이 자라기 알맞고 밭작물을 재배하기에도 좋다. 예에서는 단궁이 나며, 또 문표가 많고, 과하마³²³가 있다." 또 말이 있는데, [체구가] 몹시 작아 산에 오름에 험한 곳을 밟아도 지치지 않으며, 조와 쌀을 물에 타서 말에게 먹임으로써 쉽게 일정을 맞출 수 있다³²⁴.

---

313 원문 「也」. 죽내본·탕천본·길림본 「地」로 교감. 문맥을 고려해 「地」로 교감.

314 원문 「皆」. 죽내본·탕천본·길림본 「背」 교감. 문맥상 「背」의 오기처럼 보이므로 『후한서』를 참조하여 「背」로 교감

315 원문 「伺」. 죽내본·탕천본·길림본 「向」으로 교감. 문맥상 「向」의 오기처럼 보이므로 『후한서』를 참조하여 「向」으로 교감.

316 원문 「若」. 죽내본 원문대로, 탕천본·길림본 「善」으로 교감. 문맥과 『후한서』의 기록을 참조하여 「善」으로 교감.

317 원문 「種因」. 죽내본·탕천본·길림본 「田種」으로 교감. 아마도 바로 다음 글자인 「因」이 「田」의 오기로 쓰인 것 같고, 또 이 「種」과 순서도 뒤바뀐 것 같다. 주문에서 인용된 『후한서』의 기록을 참조하여 「田種」으로 교감

318 원문 「果」. 탕천본은 판독한 글자를 알 수 없으나 「果」로 교감했다고 표기함. 길림본 「果」로 교감.

319 원문 「又有馬」. 죽내본·탕천본 연문인가 의심하였으나 원문대로 두어도 뜻이 통한다. 이에 생략하지 않음.

320 원문 「陰」. 죽내본 원문대로, 탕천본·길림본 「險」으로 교감. 전후 문맥을 고려하여 「險」으로 교감.

321 원문 「栗」. 죽내본·탕천본·길림본 「粟」으로 교감. 전후 문맥상 「粟」이 들어가야 하며 이에 「粟」으로 교감.

322 小水貊은 말 그대로 지금의 靉河로 비정되는 서안평 북쪽 '小水' 일대에 거주하던 貊族이다(孫進己 主編, 『東北歷史地理』 1, 1988, 368~369쪽). 『三國志』 魏書30 高句麗에서는 "又有小水貊 麗作國 依大水而居 西安平縣北有小水 南流入海 句麗別種依小水作國 因名之爲小水貊 出好弓 所謂貊弓是也"라고 하고 있어, 당시 고구려가 大水, 즉 압록강에 의지하여 나라를 세웠던 반면 西安平 북쪽에는 大水와 대비되는 小水가 있고 여기에 고구려의 別種 小水貊이 나라를 세웠다고 전하고 있다. 한편 비슷한 견해이지만 이 小水를 靉河 동편의 浦石河로 비정하고 小水貊의 중심지도 浦石河 부근 寬甸縣 일대로 비정하는 견해도 있다(여호규, 「高句麗 初期의 梁貊과 小水貊」 『한국고대사연구』 25, 2002, 100~101쪽).

323 果下馬에 대해서는 『後漢書』의 기록 외에도 『三國志』 魏書30 濊에 "文豹又出果下馬 漢桓時獻之"란 기록이 보이고, 여기에 "臣松之按 果下馬高三尺 乘之可于果樹下行 故謂之果下 見博物志魏都賦"라는 裵松之의 注가 전하고 있다. 또 晉代의 문장가 左思가 지은 「魏都賦」에 劉逵가 注하기를 "漢廐 舊有樂浪所獻果下馬 高三尺 以駕輂車"라 적고 있다. 즉 果下馬는 높이가 3척으로 일반 말보다 체구가 작고 과수 아래를 지나다닐 수 있어 果下馬라 불렸으며, 이것이 漢代에는 樂浪을 거쳐 漢 조정에 바쳐졌음을 알 수 있다.

324 "又有馬" 이하의 구절은 『後漢書』 卷85 東夷에 보이지 않는 구절로서 『三國志』 卷30 東夷를 비롯해 현전하는 여타 문헌기록에서도 일치하는 구절을 찾을 수 없다. 그 서술 내용도 "果下馬" 뒤에 이어지는 "又有馬" 세 글자로 인해 果下馬와 관계없는 다른 말의 종에 대한 설명처럼 덧붙여져 있다. 그러나 '체구가 작다'거나 '산을 오를 때 험준한 곳을 밟아도 지치지 않는다'는 등의 서술은 여타 다른 문헌에 전하는 果下馬 관련 기록의 細注 내용과 통하는 점이 있어 역시 果下馬와 관련된 서술로 보아야 할 것이다. 따라서 이를 衍文으로 이해하는 견해도 있지만(湯淺 89쪽), 일단 풀이는 원문 그대로 따르도록 한다.

• 참고

『後漢書』卷85 高句驪　高句驪 在遼東之東千里 南與朝鮮濊貊 東與沃沮 北與夫餘接 地方二千里 多大山深谷 人隨而爲居 少田業 力作不足以自資 故其俗節於飮食 而好修宮室 … 句驪一名貊 有別種 依小水爲居 因名曰小水貊 出好弓 所謂貊弓是也

『後漢書』卷85 東沃沮　東沃沮在高句驪 蓋馬大山之東 東濱大海 北與挹婁夫餘 南與濊貊接 其地東西夾 南北長 可折方千里 土肥美 背山向海 宜五穀 善田種

『後漢書』卷85 濊　濊北與高句驪·沃沮 南與辰韓接 東窮大海 西至樂浪 濊及沃沮·句驪 本皆朝鮮之地也 … 能步戰 作矛長三丈 或數人共持之 樂浪檀弓出其地 又多文豹 有果下馬
<高三尺 乘之可於果樹下行 惠棟曰 劉逵魏都賦注云 漢廐舊有樂浪所獻果下馬 高三尺 以駕輦車 >
海出班魚 使來皆獻之

『三國志』魏書30 濊　作矛長三丈 或數人共持之 能步戰 樂浪檀弓出其地 其海出班魚皮 土地饒 文豹又出果下馬 漢桓時獻之
<臣松之按 果下馬高三尺 乘之可于果樹下行 故謂之果下 見博物志魏都賦>
<惠棟曰 博物志云 海出斑魚皮 陸出文豹 管子揆度篇云 發朝鮮之文皮 又輕重甲篇云 發朝鮮不朝 請文皮服 而以爲幣乎 一豹之皮 容金而金也 然後八千里之發朝鮮 可得而朝也 爾雅太府云 東北之美者 有斥山之文皮焉 郭璞云 虎豹之屬 皮有縟綵者 是文皮 卽文豹之皮也 劉逵魏都賦注云 漢廐 舊有樂浪所獻果下馬 高三尺 以駕輦車 明 黃洪憲 朝鮮國紀云 產果下馬·長尾雞·貂豽·海豹皮 姜西溟曰 定張車·果下馬 皆宮內所用 >
<臣松之按 果下馬高三尺 乘之可于果樹下行 故謂之果下 見博物志魏都賦 >
<惠棟曰 博物志云 海出斑魚皮 陸出文豹 管子揆度篇云 發朝鮮之文皮 又輕重甲篇云 發朝鮮不朝 請文皮毦服 而以爲幣乎 一豹之皮 容金而金也 然後八千里之發朝鮮 可得而朝也 爾雅太府云 東北之美者 有斥山之文皮焉 郭璞云 虎豹之屬 皮有縟綵者 是文皮 卽文豹之皮也 劉逵魏都賦注云 漢廐 舊有樂浪所獻果下馬 高三尺 以駕輦車 明 黃洪憲 朝鮮國紀云 產果下馬·長尾雞·貂豽·海豹皮 姜西溟曰 定張車·果下馬 皆宮內所用>

23 佩刀礪而見等威, [插][325]金羽以明貴賤.
칼과 숫돌을 차서 지위의 위엄을 보였고, 금 깃털을 꽂아 귀천을 드러냈다.

魏收[326]後魏書東夷傳曰:"高驪, 頭著折風, 其形如弁, 傍插鳥羽, 貴賤有差. 立則反拱." 蕭子顯齊書東[327]夷傳曰:"高驪俗服窮袴, 冠折[328]風一[梁][329], 謂之幘[330]. 知讀五經. 使人在京師, 中書郎王融

---

325 원문에는 글자가 없다. 죽내본 원문대로, 탕천본·길림본「插」을 보입. 앞 구절의 문장 형식을 고려할 때 동사 역할의 글자 하나가 결락되었다고 보아야 함. 주문 내용을 참조하여「插」을 보입.

326 원문「牧」. 죽내본 원문대로, 탕천본·길림본「收」로 교감.『위서』의 찬자인 위수를 가리키며, 이에「收」로 교감.

327 원문「㦲」. 죽내본「戎」, 탕천본·길림본「東」으로 교감. 문맥상「東」의 오기로 보아「東」으로 교감.

328 원문「析」. 탕천본·길림본「折」로 교감.『위서』를 비롯하여 다른 기록을 참조해「折」로 교감.

329 원문에는 글자가 없다. 죽내본 원문대로, 탕천본·길림본「梁」을 보입. 문맥상「梁」을 보입.

330 원문「情」. 죽내본·탕천본·길림본「幘」으로 교감. 고구려의 습속을 묘사한 다른 기록을 참조해「幘」으로 교감. 이하에서도 해당

戲曰: '服之不衷, 身之灾也, 頭上定是何物.' 答曰: '此卽古弁之遺象也.' 其俗拜[331]曳[332]一脚, 受令[333] 跪. [行][334]必走, 以爲恭[335]." 梁元帝職貢圖云: "高驪, 婦人衣白, 而男子衣紅[336]錦, 飾[337]以金銀. 貴 者冠幘, 而[無][338]後以金銀爲鹿耳[339], 加之幘上. 賤者冠折風. 穿耳以金鐶. 上衣白衫, 下白[340]長袴, 腰[341]有銀帶. 左佩礪, 而右佩五子刀. 足履豆禮鞾[342]." 高驪記云: "其人亦造[343]錦, 紫地纈文者爲上, 次有五色錦, 次有雲布錦. 又造白疊布, 靑布而尤佳. 又造鄱日, 華言接䍦, 其毛卽靴韉猪髮也."

위수의 『후위서』 동이전에 다음과 같이 전한다. "고[구]려 [사람은] 머리에 절풍[344]을 쓰는데 그 형태가 고깔과 같으며, [고깔] 옆에 새 깃털을 꽂는데[345], 귀천에 따라 차이가 있다. 설 때는 곧 뒷짐을 진다." 소자현의 『제서』 동이전에 다음과 같이 전한다. "고려 습속은 폭이 좁은 바

글자는 동일한 원리로 교감.

331 원문에는 글자가 없다. 죽내본 원문대로, 탕천본·길림본 「則」 보입. 그러나 보입하지 않아도 뜻이 통하므로 원문대로 둠.

332 원문 「曳」. 죽내본·길림본 원문대로, 탕천본 「申」으로 교감. 탕천본은 『남제서』 고구려전의 일문을 전하고 있다고 알려진 『건강실록』 16, 동이고구려에서 "拜則申一脚"이라고 한 구절에 따라 이를 「申」의 오기로 본 듯함. 한편 현전하는 『건강실록』의 해당 구절이 『한원』 주문의 내용과 다른 부분이 많다는 점에서 이를 그대로 따르기 주저되는 점이 있다. 또 『위서』 및 『수서』 고구려에서 고구려 풍습을 전하는 가운데 모두 "拜則曳一脚"이라 했음을 고려할 때 원문대로 둠.

333 원문에는 글자가 없다. 죽내본 원문대로, 탕천본·길림본 「則」 보입. 그러나 보입하지 않아도 뜻이 통하므로 원문대로 둠.

334 원문에는 글자가 없다. 죽내본 원문대로, 탕천본·길림본 「行」을 보입. 문맥상 「行」을 보입.

335 원문에는 글자가 없다. 죽내본·길림본 원문대로, 탕천본 「敬」을 보입. 그러나 보입하지 않아도 뜻이 통하므로 원문대로 둠.

336 원문 「結」. 죽내본 원문대로, 탕천본·길림본 「紅」으로 교감. 문맥상 「紅」으로 교감. 한편 장경모본의 『직공도』에서는 이 부분이 '袪'로 표기되어 있음.

337 원문 「鈴」. 죽내본 원문대로, 탕천본 「飾」으로 교감. 문맥상 「飾」으로 교감.

338 원문에는 글자가 없다. 죽내본·길림본 원문대로, 탕천본 「無」를 보입. 앞서 9번째 정문에서 "大加主[簿]著幘 無後"라고 했던 부분이나 『양서』 고구려에서 "大加主簿頭所著似幘 而無後"라고 했던 부분을 볼 때, 본문에서는 「無」의 결락이 있었던 것으로 여겨짐. 장경모본 「직공도」에서는 "貴者冠幘 而無復"이라고 하고 있는데, 여기서 '復'을 '後'의 오기로 본다면 이 또한 같음을 알 수 있다. 또 『삼국지』 고구려에서 "大加主簿頭著幘 如幘而無餘"라고 했던 부분이나 『후한서』 고구려에서 "大加主簿皆著幘 如冠幘而無後"라 했던 부분 등을 통해 볼 때, 중국과 달리 幘의 뒤쪽이 없는 형태의 고구려 幘은 그 전통이 상당히 오래된 것임을 알 수 있다.

339 원문 「耳」. 죽내본 원문대로, 탕천본·길림본 「茸」으로 교감. 장경모본 「직공도」나 북송모본 「직공도」에서 모두 "以金銀爲鹿耳"라고 되어 있음. 따라서 원문대로 두어도 무방하므로 교감하지 않음.

340 원문 「曰」. 죽내본 원문대로, 탕천본·길림본 「白」으로 교감. 문맥상 「白」으로 교감.

341 원문 「要」. 죽내본·탕천본·길림본 「腰」로 교감. 「腰」의 오기임이 분명하므로 「腰」로 교감.

342 원문 「鞜」. 죽내본·탕천본·길림본 「鞾」으로 교감.

343 원문 「䢬」. 탕천본 원문에서는 '䢬'로 쓰고 있으나 문맥상 「造」로 교감. 이하에서도 해당 글자는 동일한 원리로 교감.

344 折風은 고구려의 전통적 冠帽로서 이미 3세기대의 기록인 『三國志』 高句麗에서 "大加主簿頭著幘 如幘而無餘 其小加著折風 形如弁"이라고 하여 그 기원이 매우 오래되었음을 알 수 있다.

345 여러 문헌에서 고구려 지배층이 자신들의 관모 양 옆에 새 깃털(鳥羽)을 꽂았음을 전하는데, 「梁元帝職貢圖」를 모사한 「唐閻立本王會圖」에 표현된 고구려 사신의 관모나 「무용총 수렵도」 속 인물이 쓰고 있는 관모에서 잘 나타나 있다. 또한 이처럼 관모 양 옆에 새 깃털을 꽂는 풍습은 고구려뿐만 아니라 백제나 신라에도 있었던 것으로 보인다. 『양직공도』에 그려진 백제 사신의 관모나 「장회태자 이현묘 예빈도」에 그려진 신라 사신의 관모도 새 깃털을 꽂은 조우관임을 확인할 수 있다.

지를 입고 양³⁴⁶이 하나인 절풍을 쓰는데, 이를 책이라 이른다. 오경을 읽을 줄 안다. 경사¹⁹¹에 있던 [고구려] 사신을 중서랑 왕융이 놀리며 다음과 같이 말했다. '복식의 알맞지 않음은 몸의 재앙이거늘³⁴⁸ 머리 위에 놓인 것은 어떤 물건인가?' [고구려 사신이] 다음과 같이 답했다. '이 것은 바로 옛날 고깔의 남은 모습이오.' 그 풍속에, 절 할 때는 곧 한쪽 다리를 끌고 명령을 받을 때는 꿇어앉는다. 다닐 때는 반드시 달리듯하여 이를 공경하는 것이라 여긴다³⁴⁹." 『양원제 직공도』³⁵⁰에 다음과 같이 전한다. "고려의 부녀자는 백의를 입고, 남자는 붉은 비단³⁵¹으로 옷을 입으며 금은으로 치장한다. [신분이] 귀한 자는 책을 쓰는데, 뒤쪽에 금은을 사슴의 귀처럼 만들어 책 위에 더하며, [신분이] 천한 자는 절풍을 쓴다. 귀를 뚫고 금고리를 한다. 위에는 백삼을 입고 아래는 백색의 긴 바지를 입으며 허리에 은대를 한다. [허리띠] 왼쪽에는 숫돌을 차고 오른쪽에는 오자도를 찬다. 발에는 두예탑을 신는다³⁵²." 『고려기』에 다음과 같이 전한다. "그 사람들은 또한 비단을 짜는데, 자색 바탕에 힐로 무늬를 놓은 것을 으뜸으로 치고, 다음으로 오색금이 있고, 그 다음으로 운포금이 있다. 또 백첩포와 청포를 짓는데 더욱 아름답다. 또

---

346 冠帽의 앞면에서부터 꼭대기를 지나 뒷면까지 연결되어 붙여진 금색선을 말하며, 조선시대에는 흔히 그 수에 따라 계급이 구분되었다. 때문에 조복이나 제복을 입을 때 머리에 쓰는 金冠을 梁冠이라고도 하였는데, 예를 들면 1품 관리가 쓰는 금관은 梁이 다섯 개인 오량관을 썼다. 고구려 시대의 관모 형태가 꼭 이와 같았다고 할 수는 없으나 "冠折風一梁 謂之幘"이라 하였던 것으로 보아 고구려의 幘은 梁이 하나였던 것으로 보인다.

347 당시 齊의 수도 建康을 말하는 것으로, 지금의 난징(南京)이다.

348 王融이 고구려 사신의 관모가 독특함을 보고 『春秋左氏傳』 僖公 24년에 보이는 "君子曰 服之不衷 身之災也"란 구절을 인용하여 놀렸던 것이다.

349 현전 『南齊書』 高句麗에서는 "其俗"부터의 4구절을 볼 수 없다. 지금 전해지는 『南齊書』 高麗의 뒷부분과 이어지는 百濟傳의 앞부분(18行×18字의 1面)은 현재 일실되어 전하지 않는데(앞의 주 208 참조) 아마도 사라진 부분의 내용일 것으로 추정되고 있다(湯淺 90쪽). 그런데 본문에서 "其俗拜曳一脚 受令跪 [行]必走 以爲恭[敬]"이라 한 부분과 『南齊書』 東夷高句麗傳의 逸文이라 여겨지는 『建康實錄』 卷16 東夷高句麗의 "拜則申一脚 坐則跪 行則走 以爲恭敬"이란 구절을 비교해보면, 그 내용에 차이가 보여 『翰苑』의 해당 구절이 『南齊書』에서 인용한 것이 맞는지 의심스러운 점도 없진 않다.

350 『梁職貢圖』는 蕭繹(후에 梁 元帝, 508~554)이 荊州刺史 재임(526~539) 시절에 주변국 使臣의 용모를 자필로 묘사한 것을 梁 武帝(502~549)의 재위 40년을 기념하여 결집한 두루마리 그림(畵卷)이다. 현재 그 원본은 남아 있지 않으며 모사본 4종이 전해진다. 즉 北京 中國國家博物館 소장 「北宋代 摹本」, 臺北 故宮博物院 소장 「南唐顧德謙摹梁元帝蕃客入朝圖」와 「唐閻立本王會圖」, 張庚(1685~1760)이 연대 미상의 白描 職貢圖를 1739년에 모사한 것을 淸末 葛嗣浵(1867~1935)이 재록한 「淸張庚諸番職貢圖」(「張庚摹本」)가 그것이다. 「양직공도」 모본 4종 중에 사신도와 해당 국가의 題記가 남아 있는 것은 「北宋代 摹本」뿐이며, 臺北 故宮博物院 소장의 2점은 사신도만 남아 있고, 「張庚摹本」은 제기만 전하고 있다. 또 각각의 모사본은 사신의 수효 및 채색 여부, 題記의 분량 등에서 차이가 있으며, 현존 4종의 摹本과 蕭繹이 그린 「梁職貢圖」 원본 양자 사이에도 적지 않은 차이가 있다. 즉 현존 4종의 「梁職貢圖」 摹本은 梁代 작성된 原文을 충실하게 전하는 것이 아니라 수요자의 요구에 따라 변개되고, 변형된 摹本 사이의 膠着도 예상된다고 한다(윤용구, 「『梁職貢圖』의 流通과 摹本」 『목간과 문자』 9, 2012 참조).

351 「梁職貢圖」 張庚摹本에서는 이를 "袺錦"으로 쓰고 있고, 「梁職貢圖」 北宋代 摹本에서는 "紅錦"으로 쓰고 있는데, 紅錦으로 풀이하는 것이 옳을 듯하다. 현전 「梁職貢圖」 摹本 중 하나인 「唐閻立本王會圖」에 표현된 고구려 사신의 복장을 보면 붉은색 비단옷을 입고 있음을 볼 수 있다. 물론 현재 전하는 「唐閻立本王會圖」가 원본의 회화를 얼마만큼 충실하게 반영하였는지 확단하기 어려운 점이 있다. 「양직공도」 원본 자체가 粉本인지 白描本인지조차 확신할 수 없다고 한다(윤용구, 앞의 논문, 2012 참조).

352 현전하는 「양직공도」 장경모본이나 「양직공도」 북송대모본에서는 볼 수 없는 구절이다.

햇빛가리개도 짓는데, 중국말로 접리라 하며 그 털은 말갈에서 나는 돼지의 털이다."

• 참고
『魏書』卷100 高句麗　其官名有謁奢太奢大兄小兄之號 頭著折風 其形如弁 旁揷鳥羽 貴賤有差 立則反拱 跪拜曳一脚 行步如走 常以十月祭天 國中大會 其公會 衣服皆錦繡 金銀以爲飾

『南齊書』卷58 高句驪　高麗俗服窮袴 冠折風一梁 謂之幘 知讀五經 使人在京師 中書郎王融戲之曰 服之不衷 身之災也 頭上定是何物 答曰 此卽古弁之遺像也

『建康實錄』卷16 高句麗　拜則申一脚 坐則跪 行則走 以爲恭敬 國有銀山 採爲貨 並人參貂皮 重中國綵繡 丈夫衣之 亦重虎皮

『隋書』卷81 高麗　俗好蹲踞 潔淨自喜 以趨走爲敬 拜則曳一脚 立各反拱 行必搖手

『太平寰宇記』卷173 高勾麗國　其俗 節於飮食 而好脩宮室 始以爲夫餘別種 而言語法則多同之 跪拜伸一足 行步皆如走 略

「梁職貢圖」張庚摹本　婦人衣白 男子衣袺錦 飾以金銀 貴者冠幘 而無[復→後]以金銀爲鹿耳 羽加之幘上 賤者冠折風 其形如古之弁 穿耳以金環 上衣曰[表→衫] 下衣曰長袴 腰有銀帶

「梁職貢圖」北宋代 摹本　婦人衣白 男子衣紅錦 飾以金銀 貴者冠幘 而[無]後以金銀爲鹿耳 加之幘上 賤者冠折風 其形如古之弁 穿耳以金鐶 上衣曰衫 下曰長袴 腰有銀帶

新羅
—
신라

판독문

開源¹祐²搆³ 肇基⁴金水之年

栝⁵地志云 案守⁶書 元嘉⁷中 倭王扵⁸自稱使持⁹節¹⁰都督¹¹倭百濟新羅任那¹²秦慕韓六國諸軍事 此則

---

1 죽내본·탕천본 「源」. 자형에 따라 「源」으로 판독.
   源(원문) 源 源 唐 褚遂良 雁塔聖教序

2 죽내본·길림본 「祐」. 자형에 따라 「祐」으로 판독.
   祐(원문) 祐 祐 唐 五經文字

3 죽내본 「構」, 길림본 「搆」. 자형에 따라 「搆」로 판독.
   搆(원문)

4 죽내본·길림본 「基」. 아래의 용례를 통해 「基」로 판독.
   基(원문) 基 基 飛鳥 王勃詩序

5 죽내본 「括」, 길림본 「栝」. 자형에 따라 「栝」로 판독.
   栝(원문)

6 죽내본 「宋」, 길림본 「守」. 자형에 따라 「守」로 판독.
   守(원문)

7 죽내본·길림본 「嘉」. 아래의 용례를 통해 「嘉」로 판독.
   嘉(원문) 嘉 嘉 唐 無上秘要 嘉 南宋 張卽之李伯嘉墓誌銘稿

8 죽내본 「彌」, 길림본 「弥」. 아래 용례에 따르면 「彌」의 이체자이나, 자형에 따라 「扵」로 판독.
   扵(원문) 彌 弥 奈良 藤原夫人發願經 弥 唐 陸柬之 文賦

新羅有國在晉宋之間 且晉宋齊梁[13]普普並無正傳 故其有國所由靡得詳也 金水晉宋之也

宅[14]壤[15]疏[16]彊[17] 創趾卞辰[18]之域

栝地志曰 新羅治金城 本三韓之敦地 范曄後漢書曰 韓有三種 魏志曰 韓在帶方之南 東西以海為限 南与[19]倭接 方可四千里 馬韓在西 辰韓在馬韓之東 其耆老傳言 古之亡人 避秦役[20]韓國 韓割

---

9 죽내본「持」. 길림본「特」. 자형에 따라「持」로 판독.

10 죽내본「節」. 길림본「節」. 아래의 용례를 통해「節」로 판독.

11 죽내본·길림본「督」. 아래의 용례를 통해「督」으로 판독.

12 죽내본·길림본「那」. 아래의 용례를 통해「那」로 판독.

13 죽내본·길림본「梁」. 아래의 용례를 통해「梁」으로 판독.

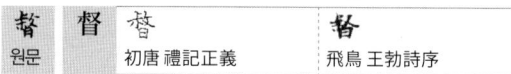

14 죽내본·길림본「宅」. 아래의 용례를 통해「宅」으로 판독.

15 죽내본·길림본「壤」. 아래의 용례를 통해「壤」으로 판독.

16 죽내본「疏」. 길림본「疏」. 자형에 따라「疏」로 판독.

17 죽내본·길림본「彊」. 아래의 용례를 통해「彊」으로 판독.

18 죽내본·길림본「辰」. 아래의 용례를 통해「辰」으로 판독.

東界地与之 今案新羅百濟共有三韓之地 百濟在 即馬韓之地 新羅在東 即食[21]韓卞辰之地也

國苞[22]資路

魏志曰 辰韓亦名秦韓 始有六國 稍分[23]十二國 卞辰亦十二國 有巳私[24]國 卞辰於離陳國 卞辰樓塗[25]國 勤耆國 難離於陳國 卞辰古資於陳國 卞辰古淳是國 冄[26]爰國 卞辰半路國 卞辰樂奴國 軍於國 卞辰於焉[27][28]馬國 如湛國 卞辰甘露尸路國 州鮮國 馬 卞辰拘狗[29]邪國 卞辰走漕[30]馬國 卞

---

19 죽내본·길림본 「与」. 아래의 용례를 통해 「与」로 판독.

20 죽내본·길림본 「伇」. 「役」의 이체자이나 자형에 따라 「伇」으로 판독.

21 죽내본·길림본 「食」. 자형에 따라 「食」으로 판독.

22 죽내본·길림본 「苞」. 아래의 용례를 통해 「苞」로 판독.

23 죽내본·길림본 「分」. 아래의 용례를 통해 「分」으로 판독.

24 죽내본 「私」, 길림본 「柤」. 아래의 용례를 통해 「私」로 판독.

25 죽내본·길림본 「塗」. 아래의 용례를 통해 「塗」로 판독.

26 죽내본·길림본 「冄」. 아래의 용례를 통해 「冄」으로 판독.

27 죽내본·길림본 「焉」. 아래의 용례를 통해 「焉」으로 판독.

28 죽내본·길림본 「邪」. 아래의 용례를 통해 「邪」로 판독.

辰安邪國 卞辰續[31]盧[32]國 優由國 卞辰韓合廿四國 大國四五千處[33]家 小國六七百家之

地惣[34]任那[35]

齊[36]書云 加羅國 三韓種也 今訊新羅耆老云 加羅住[37]那 昔[38]為新羅所滅 其故今並在國南七八百里 此[39]新羅有辰韓卞辰廿四國及任那加羅慕韓之地也

29　죽내본「狗」, 길림본「拘」. 자형에 따라「拘」로 판독.

30　죽내본·길림본「漕」. 아래의 용례를 통해「漕」로 판독.

31　죽내본·길림본「續」. 아래의 용례를 통해「續」으로 판독.

32　죽내본·길림본「盧」. 아래의 용례를 통해「盧」로 판독.

33　죽내본「處」, 길림본 누락. 아래의 용례를 통해「處」로 판독.

34　죽내본·길림본「惣」. 아래의 용례를 통해「惣」으로 판독.

35　죽내본·길림본「那」. 아래의 용례를 통해「那」로 판독.

36　죽내본·길림본「齊」. 아래의 용례를 통해「齊」로 판독.

37　죽내본「任」, 길림본「住」. 자형에 따라「住」로 판독.

38　죽내본·길림본「昔」. 아래의 용례를 통해「昔」으로 판독.

擁叛卒以稱強[40] 承[41]附金而得姓

栝地志曰 新羅王姓金氏 其先所出未之詳也 隨[42]東藩風俗[43]記云 金姓相[44]承卅餘代 某[45]光附庸[46]於百濟 征高驪 ミ人不堪役 相率[47]歸之 遂致[48]強盛 其官有七十等[49] 一曰伊代于 二百[50]伊尺于 三

39　죽내본·길림본 「此」. 아래의 용례를 통해 「此」로 판독.

| 원문 | 此 | 此 대만이체자사전 | 此 唐 陆柬之 文赋 |

40　죽내본 「強」, 길림본 「强」. 자형에 따라 「强」으로 판독.

| 원문 | 强 | 强 初唐 十誦律 | 强 晚唐 摩訶止觀 |

41　죽내본·길림본 「承」. 아래의 용례를 통해 「承」으로 판독.

| 원문 | 承 | 承 唐 泉男産墓地 | 承 飛鳥 王勃詩序 | 承 대만이체자사전 |

42　죽내본 「隨」, 길림본 「随」. 자형에 따라 「随」로 판독.

| 원문 | 随 | 随 隋 智永 真草千字文 |

43　죽내본·길림본 「俗」. 아래의 용례를 통해 「俗」으로 판독.

| 원문 | 俗 | 俗 宋 苏轼 北游帖 | 俗 대만이체자사전 |

44　죽내본·길림본 「相」. 아래의 용례를 통해 「相」으로 판독.

| 원문 | 相 | 相 唐 歐陽詢 千字文 | 相 대만이체자사전 |

45　죽내본 「其」, 길림본 「某」. 아래의 용례를 통해 「某」로 판독.

| 원문 | 某 | 某 漢典書法 王稚登 | 某 宋 张即之 汪氏报本庵记 |

46　죽내본·길림본 「庸」. 아래의 용례를 통해 「庸」으로 판독.

| 원문 | 庸 | 庸 대만이체자사전 | 庸 北魏 郭顯墓誌 |

47　죽내본·길림본 「率」. 아래의 용례를 통해 「率」로 판독.

| 원문 | 率 | 率 元 赵孟頫 千字文 | 率 北魏 元景造石窟記 |

48　죽내본·길림본 「致」. 아래의 용례를 통해 「致」로 판독.

| 원문 | 致 | 致 晋 王羲之 黃庭经 | 致 北魏 元廠墓誌 |

49　죽내본·길림본 「等」. 아래의 용례를 통해 「等」으로 판독.

| 원문 | 等 | 等 唐 欧阳询 千字文 |

日迊[51]干 西四日波珎[52]于 五日大阿于 六日何[53]于 七日乙吉于 八日沙咄于 九日級代于 日大奈麻 十一日奈 十二日大舍 十三日小舍 十四告[54]土[55] 十五日大烏[56] 十六日小烏 十七日造位之

---

50 죽내본·길림본 「百」. 자형에 따라 「百」으로 판독.

51 죽내본 「迊」, 길림본 「迎」. 자형에 따라 「迊」으로 판독.

52 죽내본 「珎」, 길림본 「珎」. 자형에 따라 「珎」으로 판독.

唐 欧阳询 千字文

53 죽내본·길림본 「何」. 우변이 「亻」과 자형은 약간의 차이가 있으나 자획이 유사하므로 「何」로 판독.

54 죽내본·길림본 「吉」. 자형에 따라 「告」로 판독.

55 죽내본 「土」, 길림본 「土」. 자형에 따라 「土」로 판독.

56 죽내본·길림본 「烏」. 아래의 용례를 통해 「烏」로 판독.

唐 李邕 云麾将军碑

교감문·역주·참고자료

01 ▎ 開源拓[1]構,[2] 肇基金水之年,
　　 근원을 열고 왕업을 개척하여, 금수 연간(진·송대)에 나라를 열었고,

括[3]地志云: "案宋[4]書, 元嘉中, 倭王珍[5]自稱使持[6]節·都督·倭·百濟·新羅·任那·秦[韓][7]·慕韓六國諸軍事. 此則新羅有國在晉宋之間. 且晉·宋·齊·梁,[8] 並無正傳. 故其有國所由靡得詳也[9]." 金水晉宋之也[10].

『괄지지』에 다음과 같이 전한다. "『송서』를 살펴보니 원가 연간(424~453)에 왜왕 진이 스스로 사지절·도독·왜·백제·신라·임나·진한·모한육국제군사라 칭하였다. 이는 곧 신라라는 나라가 진과 송의 사이에 있었다는 것이다. [그런데] 또한 『진[서]』·『송[서]』·『제[서]』·『양

1　원문 「祏」. 죽내본·탕천본·길림본 「拓」으로 교감. 의미상 「拓」으로 교감.
2　원문 「搆」. 탕천본 「構」로 교감. 「搆」와 「構」는 동자.
3　원문 「桰」. 죽내본·탕천본 「括」으로 판독. 길림본 「括」로 교감. 『괄지지』를 가리키는 부분으로 「括」로 교감.
4　원문 「守」. 죽내본·탕천본·길림본 「宋」으로 교감. 『송서』를 지칭하므로 「宋」으로 교감.
5　원문 「㺭」. 탕천본·길림본 「珍」으로 교감. 湯淺幸孫은 『宋書』, 『南史』 왜국전을 근거로 왜왕 「珍」으로 판단하였다. 「珍」의 속자인 「珎」와 「彌」의 속자인 「㺭」를 혼용한 것이라 했다(湯淺幸孫, 『翰苑校釋』, 國書刊行會, 1983, 93쪽). 여기에서는 『宋書』, 『南史』 왜국전에 따라 「珍」으로 교감한다.
6　원문 「持」. 길림본 「特」으로 판독하고 「持」로 교감.
7　원문 「秦」. 죽내본·탕천본 원문대로, 길림본 「韓」 추가. 『宋書』의 기록을 참조하여 「韓」을 보입하는 것으로 교감.
8　원문 「普普」. 탕천본은 연문으로 처리. 길림본은 「諸書」의 오사로 교감. 연문인 듯하므로 생략하는 것으로 교감.
9　湯淺幸孫은 「金水晉宋之也」까지를 『괄지지』의 문장으로 파악하였고, 곽승훈은 정문에 「金水之年」이 있으므로 「金水晉宋之也」를 이에 대한 장초금의 보주로 보았다(곽승훈, 「『한원』 신라전 연구」 『한국고대사연구』 43, 2006, 264~265쪽). 그러나 『한원』은 자료가 되는 문장을 모아 정리한 이후에 정문을 작성하는 형태로 기술되었을 가능성도 있기 때문에, 이에 대해서는 세밀한 고찰이 필요하다.
10　원문 「金水晉宋之也」. 탕천본·길림본 「金水在晉宋之間也」로 교감. 원문대로 두어도 의미가 통하므로 교감하지 않는다.

[서]』에 모두 정전(신라전)이 없다[11]. 그러므로 그 나라가 유래한 바를 상세하게 알 수 없다." 金과 水는 晉과 宋[12]이다.

· 참고

『宋書』卷97 倭國　太祖元嘉二年 讚又遣司馬曹達奉表獻方物 讚死 弟珍立 遣使貢獻 自稱使持節都督倭百濟新羅任那秦韓慕韓六國諸軍事安東大將軍倭國王 表求除正 詔除安東將軍倭國王 珍又求除正倭隋等十三人 平西征虜冠軍輔國將軍號 詔並聽

02　托[13]壤疏彊[14], 創趾卞辰之域.
　　땅을 넓히고 강역을 열어, 변진[15]의 영역에 터전을 개창했다.

括[16]地志曰: "新羅治金城, 本三韓之故[17]地." 范曄後漢書曰: "韓有三種." 魏志曰: "韓在帶方之南, 東西以海爲限, 南與倭接, 方可四千里. 馬韓在西, 辰韓在馬韓之東. 其耆老傳[18]言: '古之亡人, 避秦役[19][來適]韓國[20], 韓[21]割東[22]界[23]地與之.'" 今案, 新羅·百濟共有三韓之地, 百濟在[西][24], 即馬韓之地, 新羅在東, 即辰[25]韓·卞辰之地也.

11　현전하는 『梁書』에는 신라전이 수록되어 있다.
12　五行相生說에 근거하는 것으로 이해된다(곽승훈, 앞의 논문, 264~265쪽 참조). 湯淺幸孫은 金水를 진·송 연간에 재위한 신라왕의 이름(奈勿王=川水)을 한문으로 쓴 것이라 하였다(위의 책, 94쪽).
13　원문「宅」. 죽내본·길림본은 원문대로, 탕천본「托」으로 교감. 의미상「托」으로 교감.
14　원문「彊」. 탕천본·길림본「疆」으로 교감. 원문대로 두어도 뜻이 통하므로 원문 형태 유지.
15　신라가 변진에서 기원한다는 인식은 장초금의 오류로 여겨지는데, 그 원인은 주문에 인용하고 있는 『위지』의 인식이 반영된 것이라는 견해(곽승훈, 위의 논문, 269쪽)가 있다. 즉 『위지』에는 "弁辰與辰韓雜居"라 기술하고 있으며, 마한과 달리 진한과 변한은 뚜렷하게 구별할 필요를 느끼지 못하고 있었기 때문이라는 것이다.
16　원문「栝」. 죽내본·탕천본「括」으로 판독. 길림본「括」로 교감.「括」로 교감.
17　원문「敔」. 죽내본·탕천본·길림본「故」로 교감. 내용상「故」로 교감.
18　원문에는 글자가 없다. 길림본은 『三國志』 한전을 참조하여「世自」를 보입하였다. 보입하지 않아도 뜻이 통하므로 원문대로 둠.
19　원문「伇」. 죽내본은 원문대로, 탕천본·길림본「役」으로 교감.
20　원문「韓國」. 죽내본·탕천본은 원문대로 두었으나, 길림본은 『三國志』를 참조하여「避秦役來適韓國」으로 교감하였다. 문맥상 동사가 필요하므로 『三國志』를 참조하여「來適」을 보입하여 교감.
21　원문에는 글자가 없다. 길림본은 『三國志』를 참조하여 앞에「馬」를 보입. 보입하지 않아도 뜻이 통하므로 원문대로 둠.
22　원문에는 글자가 없다. 길림본은 『三國志』 원문에 따라「東」 앞에「其」를 보입. 보입하지 않아도 뜻이 통하므로 원문대로 둠.
23　원문「界」. 탕천본은「海」로 판독.
24　원문에는 글자가 없다. 죽내본은 원문대로, 탕천본·길림본은「西」보입. 문맥상「西」를 보입하는 것으로 교감.
25　원문「食」. 죽내본·탕천본·길림본「辰」으로 교감. 의미상「辰」으로 교감.

『괄지지』에 다음과 같이 전한다. "신라는 금성을 도읍으로 하는데, 본래 삼한의 옛 땅이다." 범엽의 『후한서』에 다음과 같이 전한다. "한에는 세 종족이 있다." 『위지』에 다음과 같이 전한다. "한은 대방의 남쪽에 있고, 동쪽과 서쪽은 바다를 경계로 하고, 남쪽은 왜와 접하니, 방 4천 리 정도이다. 마한은 서쪽에 있고, 진한은 마한의 동쪽에 있다. 그 기로들이 전하기를, '옛 망명인으로 진의 역을 피하여 한국에 왔는데, 한이 동쪽 경계의 땅을 나누어 주었다'고 한다." 지금 살펴보면, 신라와 백제가 삼한의 땅을 공유하는데, 백제는 서쪽에 있으니, 곧 마한의 땅이고, 신라는 동쪽에 있으니, 곧 진한·변진의 땅이다[26].

• 참고
『後漢書』卷85 韓　　韓有三種 一曰馬韓 二曰辰韓 三曰弁辰
『三國志』魏書30 韓　　韓在帶方之南 東西以海爲限 南與倭接 方可四千里 有三種 一曰馬韓 二曰辰韓 三曰弁韓 … 辰韓者 古之辰國也 … 辰韓在馬韓之東 其耆老傳世 自言古之亡人避秦役

03 國苞資路,
국은 자·로[27]를 포괄하였고,

魏志曰: "辰韓亦名秦韓. 始有六國, 稍分[28]十二國. 卞辰亦十二國. 有巳私[29]國[30]. 卞辰於離陳國[31]·卞辰樓[32]塗國·勤耆國·難離於陳國[33]·卞辰古資於[34]陳國·卞辰古淳是國·冉爰國·卞辰半路國·卞辰樂奴國·軍於國. 卞辰於焉邪馬國·如湛國·卞辰甘露尸路國[35]·州鮮國·馬[國][36]·卞辰狗邪

26　현전하는 『삼국지』에는 「今案」 이하가 없다. 「今案」 이하는 정문의 변진을 설명하기 위한 장초금의 自註로 보인다.

27　「資」와 「路」는 변진 소국을 대표하는 국명으로, 각각 卞辰古資於陳國과 卞辰甘露尸路國을(湯淺幸孫, 『翰苑校釋』, 1983, 97쪽), 卞辰古資於陳國과 甘露國, 尸路國(길림본, 160~161쪽)을 가리키는 것이라는 견해가 있으나, 그 이유에 대해서는 구체적으로 언급하지 않았다. 이에 대해서는 추후 고찰이 필요하다.

28　원문에는 글자가 없다. 죽내본은 원문대로, 탕천본·길림본은 『三國志』에 따라 「爲」를 보입. 보입하지 않아도 의미가 통하므로 원문대로 둠.

29　원문 「私」. 길림본 「柢」로 교감. 고유명사이므로 원문 형태 유지.

30　원문 「巳私國」. 죽내본·탕천본·길림본 「巳私國」 뒤에 「不斯國」 보입.

31　원문 「卞辰於離陳國」. 죽내본은 「卞辰彌離陳國」, 탕천본·길림본은 「卞辰彌離彌陳國」으로 교감. 국명을 가리키는 부분이므로 교감하지 않고 원문대로 둠.

32　원문 「樓」. 탕천본 「樓」로, 길림본은 간자인 「楼」로 판독 후 「樓」로 교감.

33　원문 「難離於陳國」. 죽내본은 「難離彌陳國」으로 판독, 탕천본·길림본 「難彌離彌陳國」으로 교감. 국명이므로 교감하지 않고 원문대로 둠.

34　원문 「於」. 탕천본·길림본 「彌」로 교감. 국명이므로 원문대로 둠. 이하에서도 해당 글자를 탕천본·길림본은 모두 「彌」로 교감하였다.

國·卞辰走漕馬國·卞辰安邪國·卞辰續盧國[37]·優由國. 卞辰[辰][38]韓合二十四國. 大國四五千[39]家, 小國六七百家之[40]."

『위지』에 다음과 같이 전한다. "진한(辰韓)은 또한 진한(秦韓)이라고 한다. 처음에 6국이 있었는데, 점차 12국으로 나뉘었다. 변진도 12국이다. 사사국·변진미리진국·변진루도국·근기국·난리미진국·변진고자미진국·변진고순시국·염원국·변진반로국·변진악노국·군미국·변진미언사마국·여담국, 변진감로시로국·주선국·마연국·변진구사국·변진주조마국·변진안사국·변진속로국·우유국이 있다. 변진과 진한은 합하여 24국이다[41]. 대국은 4~5천 가, 소국은 6~7백 가이다."

• 참고

『三國志』卷30 韓 弁辰亦十二國 又有諸小別邑 各有渠帥 大者名臣智 其次有險側 次有樊濊 次有殺奚 次有邑借 有已柢國 不斯國弁辰彌離彌凍國弁辰接塗國勤耆國難彌離彌凍國弁辰古資彌凍國弁辰古淳是國冉奚國弁辰半路國弁辰樂奴國軍彌國[弁軍彌國]弁辰彌烏邪馬國如湛國弁辰甘路國戶路國州鮮國[馬延國]弁辰狗邪國弁辰走漕馬國弁辰安邪國[馬延國]弁辰瀆盧國斯盧國優由國 弁辰韓合二十四國 大國四五千家 小國六七百家 總四五萬戶 其十二國屬辰王 辰王常用馬韓人作之 世世相繼 辰王不得自立為王

04 地總[42]任那.
땅은 임나를 총괄하였다.

齊書云: "加羅國, 三韓種也." 今訊新羅耆老云: "加羅·任[43]那, 昔爲新羅所滅. 其故[地][44]今並在國

---

35 원문「卞辰甘露尸路國」. 죽내본·길림본「卞辰甘路國尸路國」, 탕천본「卞辰甘路國尸路國」으로 교감. 국명이므로 원문대로 둠.
36 원문「馬」. 죽내본·탕천본·길림본 모두「延國」을 보입하여「馬延國」으로 교감. 뒤의「卞辰」이하 새로운 국명이 등자하므로「國」보입.
37 원문「卞辰續盧國」. 죽내본·탕천본·길림본「卞辰續盧國」뒤에「斯盧國」보입.
38 원문에는 글자가 없다. 죽내본은 원문대로, 탕천본·길림본은「辰」이 누락된 것으로 파악하고 보입. 의미상 보입하는 것으로 교감.
39 원문에는「千」뒤에「處」자가 있다. 죽내본·탕천본은 연문 처리하였으며, 길림본은 해당 부분을 생략하였다. 문맥의 흐름을 고려해 연자로 간주하고 생략함.
40 탕천본·길림본은「之」를 연자로 보았다.
41 원문에는 21국만 등장한다. 『삼국지』와 비교하면, 不斯國과 斯盧國이 누락되었고, 卞辰甘路國과 戶路國의 자리에 卞辰甘露尸路國이 있다.
42 원문「惣」. 죽내본은 원문대로, 탕천본·길림본「總」으로 교감. 의미상「總」으로 교감.
43 원문「住」. 죽내본은「任」으로 판독, 탕천본·길림본「任」으로 교감. 임나는 고유명사를 가리키므로「任」으로 교감.

南七八百里." 此新羅有辰韓·卞辰二十四國及任那·加羅·慕韓之地也.

『제서』에 다음과 같이 전한다. "가라국은 삼한의 종이다." 지금 신라의 기로에게 물으니 다음과 같이 말한다. "가라·임나는 옛날에 신라에게 멸망당하였다. 그들의 옛 땅은 오늘날 모두 나라 남쪽 700~800리에 있다[45]." 이는 신라가 진한·변진 24국과 임나·가라·모한의 땅을 가지고 있다는 것이다.[46]

• 참고

『南齊書』卷58 加羅　加羅國 三韓種也 建元元年 國王荷知使來獻 詔曰量廣始登 遠夷洽化 加羅王荷知款關海外 奉贄東遐 可授輔國將軍本國王

05　擁叛卒以稱强, 承附金而得姓.
이반한 무리를 포용하여 강성함을 칭하였고, 부용한 김씨를 이어 [왕]성으로 삼았다.

括[47]地志曰: "新羅王姓金氏, 其先所出未之詳也." 隋[48]東藩風俗記云: "金姓相承三十餘代[49], 其[50]先[51]附庸於百濟.[52] 征[53]高驪, 驪[54]人[55]不堪役[56], 相率歸之, 遂致强盛. 其官有十七[57]等. 一曰伊伐[58]干[59], 二

44　원문에는 글자가 없다. 죽내본·탕천본·길림본 「地」를 보입. 문맥을 고려하여 「地」를 보입.

45　죽내본·길림본은 「其故地今並在國南七八百里」라고 한 반면 탕천본은 「其故地. 今並在國南七八百里.」로 표점을 끊어 "그 고지는 지금 모두 나라 남쪽 700~800리에 있다"로 해석하는 것으로 추측된다. 한편 곽승훈은 "그 고금 모두 나라의 남쪽 700~800리에 있다"로 해석하였다(위의 논문, 271쪽).

46　「今訊新羅耆老云 … 此新羅有辰韓·卞辰廿四國及任那·加羅·慕韓之地也」는 현전하는 『南齊書』에 없다. 『翰苑』 주기자의 自注로 보는 견해도 있다(김종완, 「『한원』의 문헌적 검토」 『于湖全海宗先生九旬紀念韓中關係史硏究-한중관계 2000년 동행과 공유의 역사-』 2008, 346쪽).

47　원문 「栝」. 죽내본·탕천본 「括」으로 판독. 길림본 「括」로 교감. 「括」로 교감.

48　원문 「随」. 죽내본·탕천본·길림본 「隋」로 교감. 국명에 해당하며 이에 「隋」로 교감.

49　원문 「代」. 탕천본 「世」로 교감. 탕천본은 『한원』의 찬자가 당태종 이세민의 이름을 피휘하여 「世」를 「代」로 썼다고 간주하고 해당 글자를 모두 「世」로 교감하였다.

50　원문 「某」. 죽내본은 「其」로 판독하였으나, 탕천본·길림본 「其」로 교감. 의미상 「其」로 교감.

51　원문 「光」. 죽내본·탕천본·길림본 「先」으로 교감. 「先」의 오사로 보이므로 「先」으로 교감.

52　죽내본은 「征高驪」 옆에 괄호로 ·「隋」가 빠진 것인가라고 표기.

53　원문 「征」. 죽내본·탕천본은 원문대로, 길림본은 「征」으로 판독한 후 「征」으로 교감.

54　원문 「々」. 죽내본 원문대로, 탕천본 「高麗」로, 길림본은 「高驪」로 각각 교감. 원문대로 두어도 의미 전달이 가능하므로 교감하지 않음. 다만 기호 대신 해당 글자인 「驪」로 표기함.

55　원문 「人」. 탕천본은 『한원』의 찬자가 당태종 이세민의 이름을 피휘하여 「民」을 「人」으로 썼다고 간주하고 해당 글자를 모두 「民」으로 교감.

56　원문 「役」. 탕천본·길림본 「役」으로 교감.

曰[60]伊尺干, 三曰迊干[61], [62]四曰波珍干, 五曰大阿[63]干, 六曰阿[64]干, 七曰乙吉干, 八曰沙咄干, 九曰級伐[65]干, [十][66]曰大奈麻, 十一曰奈[麻][67], 十二曰大舍, 十三曰小舍, 十四[曰][68]吉士[69], 十五曰大烏, 十六曰小烏, 十七曰造位之."

『괄지지』에 다음과 같이 전한다. "신라 왕성은 김씨인데, 그 선조가 나온 바는 자세하지 않다." 수대의 『동번풍속기』에 다음과 같이 전한다. "김씨 성이 서로 계승한 것이 30여 대였는데, 그들의 선조는 백제에 부용하였다. 고려를 정벌하자[70] [고]려인이 역을 감당하지 못하고 서로 이끌고 귀부하니, 드디어 강성하게 되었다. 관에는 17등급이 있다. 첫 번째는 이벌간, 두 번째는 이척간, 세 번째는 잡간, 네 번째는 파진간, 다섯 번째는 대아간, 여섯 번째는 아간, 일곱 번째는 을길간, 여덟 번째는 사돌간, 아홉 번째는 급벌간, 열 번째는 대나마, 열한 번째는 나마, 열두 번째는 대사, 열세 번째는 소사, 열네 번째는 길사, 열다섯 번째는 대오, 열여섯 번째는 소오, 열일곱 번째는 조위이다.[71]"

---

57 원문 「七十」. 죽내본·탕천본·길림본 모두 「十七」로 교감. 원문은 오사인 듯하며, 「十七」로 교감.

58 원문 「代」. 길림본은 원문대로, 탕천본은 「代」로 교감하였다는 표기를 해두었다. 한편 죽내본은 「伐」로 교감. 「代」는 「伐」의 오사인 듯하며, 이에 「伐」로 교감.

59 원문 「于」. 죽내본·탕천본·길림본은 「于」로 판독하거나 교감하여 「于」로 일괄 표기함. 원문에 기록된 고유명사는 교감하지 않는 것이 원칙이지만, 해당 부분은 신라의 관등을 표기한 다른 자료들을 참조했을 때 「干」의 오기로 여겨진다. 따라서 「干」으로 교감. 이하에서도 「于」는 모두 「干」으로 교감하였다. 원문에는 세번째 迊'干' 외에는 모두 「于」로 표기하였다.

60 원문 「百」. 죽내본·탕천본·길림본 「曰」로 교감. 문장 구조를 고려하여 「曰」로 교감.

61 원문 「迊干」. 죽내본은 원문대로, 탕천본은 「迎于」로 교감. 길림본은 앞글자는 「迎」으로 판독하고, 뒷글자는 「于」로 교감.

62 원문 「西」. 죽내본·탕천본·길림본 연문으로 간주하였다. 연문인 듯하므로 생략.

63 원문에는 글자가 없다. 탕천본·길림본은 「尺」을 보입. 보입하지 않아도 뜻이 통하므로 원문대로 둠.

64 원문 「何」. 죽내본 「阿」의 오사로 간주, 탕천본·길림본은 「阿尺」으로 교감. 「何」는 「阿」의 오사인 듯하나 「尺」의 보입은 확언할 수 없다. 이에 보입하지 않고 「阿」로만 교감

65 원문 「代」. 탕천본·길림본은 원문대로, 죽내본은 「伐」로 교감. 「代」는 「伐」의 오사인 듯하며, 이에 「伐」로 교감.

66 원문에는 글자가 없다. 죽내본·탕천본·길림본 「十」 보입. 문장의 흐름상 「十」을 보입.

67 원문에는 글자가 없다. 죽내본·탕천본·길림본 「麻」 보입. 나마를 가리키는 듯하며, 이에 「麻」 보입.

68 원문에는 글자가 없다. 죽내본·탕천본·길림본 「曰」 보입. 문장 구조상 「曰」을 보입.

69 원문 「告土」. 죽내본·탕천본은 「吉士」로 판독, 길림본은 「吉士」로 판독하고 「吉土」로 교감. 「吉士」의 오사로 보이므로 교감.

70 竹內理三은 주체를 隋로 파악하였고(竹內理三, 『翰苑』, 大宰府 天滿宮文化研究所, 1977, 42쪽) 湯淺幸孫은 백제로 보았다(위의 책, 99쪽). 곽승훈은 『隋書』, 『北史』, 『太平寰宇記』 원문에 백제가 명시됨을 근거로 백제로 보는 것이 옳다고 하였고, 그 시점에 대해서는 장수왕대 이후 백제와 신라가 연합하여 고구려의 남쪽을 압박한 때라고 하였다. 북진 과정에서 고구려인들이 신라로 귀부, 망명했는지는 의문시하면서 한강 유역을 신라가 점령한 사실을 의미하는 것으로 파악하였다(곽승훈, 위의 논문, 277쪽).

- **참고**

『**太平寰宇記**』卷174 新羅　　按隋東藩風俗記云 金姓相承三十餘葉 文帝拜爲樂浪郡公新羅王 又按其先 附庸於百濟 後因百濟征高麗 人不堪戎役 相率歸之 遂致强盛 因襲加羅任那諸國滅之 並三韓之故地也 其西北界大牙出高麗百濟之間 官有十七等 其一曰 伊罰干貴相如 次伊尺干 次迎干 次破彌干 次大阿尺干 次阿尺干 次吉干 次沙咄干 次及伏干 次大奈摩干 次奈摩干 次大吉 次小吉 次吉土 次大烏 次小烏 次造位外 外有郡縣 其文字甲兵 同於中國 選人之壯健者 悉入軍鋒戍邏 俱有營屯步伍 風俗者 刑政衣服 畧與高麗百濟同

『**隋書**』卷81 新羅　　傳祚至金眞平 開皇十四年 遣使貢方物 高祖拜眞平爲上開府樂浪郡公新羅王 其先附庸於百濟 後因百濟征高麗 高麗人不堪戎役 相率歸之 遂致强盛 因襲百濟附庸於迦羅國

71　참고

등위	隋書 (636)	北史 (627~659)	梁書 (629~636)	南史 (627~649)	通典 (766~801)	太平寰宇記 (10C~11C)
1	伊罰干	伊罰干	子賁旱支	子賁旱支	伊罰于	伊罰干
2	伊尺干	伊尺干	齊旱支	齊旱支	伊尺于	伊尺干
3	迎干	迎干	謁旱支	謁旱支	迎于	迎干
4	破彌干	破彌干	壹告支	壹告支	破彌于	破彌干
5	大阿尺干	大阿尺干	奇貝旱支	奇貝旱支	大河尺于	大阿尺干
6	阿尺干	阿尺干		壹旱支	河尺于	阿尺干
7	乙吉干	乙吉干			乙吉于	吉干
8	沙咄干	沙咄干			沙咄于	沙咄干
9	及伐干	及伐干			及伏于	及伏干
10	大奈摩干	大奈摩干			大奈摩	大奈摩干
11	奈摩	奈摩			大舍	奈摩干
12	大舍	大舍			小舍	大吉
13	小舍	小舍			吉土	小吉
14	吉土	吉士			大烏	吉土
15	大烏	大烏			小烏	大烏
16	小烏	小烏			達位	小烏
17	造位	造位				造位

百濟
—
백제

판독문

國¹鎭馬韓² 地苞狗素

東夷³記曰 百濟治建居狄城 本馬韓之也 范曄後漢書東夷傳曰 韓有三種 凡七十八國 百濟是其爲⁴
魏志曰 馬韓有羊皮國狗素有也

陵楚山而廓宇 帶桑水䟽彊⁵

魏志曰 馬韓在西 散在山海間 無城郭 有爰⁶襄⁷國牟襄水國桑水國小石索國大石索國優休牟涿⁸國

---

1 죽내본·길림본 「國」. 아래의 용례를 통해 「國」으로 판독.

2 죽내본·길림본 「韓」. 자형에 따라 「韓」으로 판독.

3 죽내본·길림본 「夷」. 아래의 용례를 통해 「夷」로 판독.

4 죽내본 「爲」, 길림본 「烏」. 자획에 결실이 있지만, 자형에 따라 「爲」로 판독.

5 죽내본 「彊」, 길림본 「疆」. 「疆」은 「彊」의 이체자이며, 자형에 따라 「彊」으로 판독.

6 죽내본 「爰」, 길림본 「爰」. 아래의 용례를 통해 「爰」으로 판독.

臣僕沾國伯濟國速盧不斯國日華國古誕者國古雜國怒⁹藍國目¹⁰支¹¹國資離牟盧國素謂乾國古愛¹²國英¹³盧卑離國古卑離田臣疊國支侵支狗盧國卑弥國監奚卑離古滿致¹⁴利鞠¹⁵國兒¹⁶林國駟盧國內卑離感奚國邁盧國群卑離國田斯烏且國一離國不弥國挺¹⁷盧國牟盧離國臣蘇¹⁸塗國莫盧國

---

7   죽내본·길림본 「襄」. 자형에 따라 「襄」으로 판독.

8   죽내본·길림본 「湅」. 자형에 따라 「湅」으로 판독.

9   죽내본·길림본 「怒」. 자형에 따라 「怒」로 판독.

10 죽내본·길림본 「自」. 아래의 용례를 통해 「目」으로 판독.

晩唐 摩訶止觀

11 죽내본·길림본 「支」. 아래의 용례를 통해 「支」로 판독.

宋 米芾

12 죽내본 「受」, 길림본 「愛」. 아래의 용례를 통해 「愛」로 판독.

隋 董美人墓志

13 죽내본·길림본 「莫」. 아래의 용례를 통해 「英」으로 판독.

北魏 張猛龍碑

14 죽내본·길림본 「致」. 아래의 용례를 통해 「致」로 판독.

唐 钟绍京 灵飞经

15 죽내본·길림본 「鞠」. 자형에 따라 「鞠」으로 판독.

16 죽내본 「兒」, 길림본 「兌」. 자형에 따라 「兒」로 판독.

17 죽내본·길림본 「挺」. 아래의 용례를 통해 「挺」으로 판독.

北魏 元怀墓志

古櫛[19]國臨素半國臣雲新國如來卑離國楚山塗卑離一國難國狗奚國不雲國不斯濆邪奚他馬國楚離國 凡五十餘國 大國万餘家 小馬[20]數千家 又島上有州朝國也

奉仇台之祠 纂夫餘之曹

後魏書曰 百濟國其先出自夫餘 又百濟王上表於魏曰 臣与高驪源出扶[21]餘 宋書曰 晉義熙[22]十二年 以百濟王餘暎 爲使特節督都百濟諸軍事鎭東將軍 高祖踐[23]祚 進号鎭東大將軍 犬嘉七年 以餘暎爵号 授百濟王餘毗〻死子慶代立 括地志曰 百濟城立其祖仇台廟 四時祠之也

八族殊胤 五部分司

括[24]地志曰 随間皇中 其王名昌〻死子餘宣 子死餘悼立 其國有沙氏燕氏刕[25]氏解氏眞氏木氏首氏

18　죽내본「蘇」, 길림본「蕪」. 아래의 용례를 통해「蘇」로 판독.

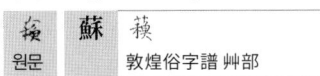

19　죽내본「櫛」, 길림본「擳」. 아래의 용례를 통해「櫛」로 판독.

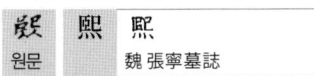

20　죽내본「馬」, 길림본「國」. 자형에 따라「馬」로 판독.

21　죽내본「扶」, 길림본「肤」. 자형에 따라「부」로 판독.

22　죽내본·길림본「熙」. 아래의 용례를 통해「熙」로 판독.

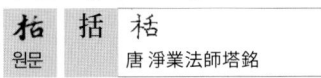

23　죽내본·길림본「踐」. 아래의 용례를 통해「踐」으로 판독.

24　죽내본「括」, 길림본「恬」. 아래의 용례를 통해「括」로 판독.

25　죽내본「刕」, 길림본「刕」. 자형에 따라「刕」로 판독.

此八族 其大姓也 其官有六等 左[26]平五人第一等 達率[27]卅人第二 恩率以下無員第三 德率第四 扞率第五 奈率第六 ﹜等以上 冠飾銀花 將德第七 紫帶 施德第八 皂帶 固德第九 赤帶 季德第十 青帶 對德第十一 以下皆黃帶 文督[28]第十二 武督第十三 以下皆白帶 佑軍第十四 膸[29]武第十五 尅虞第十六 又其內官有前內部穀部內部椋部功德部藥部木部法後宮部 又有將長外官 有司軍部司從部司空[30]部司寇部點口部客部外舍部綢部白官部 凡此衆官各有宰 官長在任皆三年一伐[31] 王所都悈[32]內 又為五都 皆建率領之 又城中五巷 士庶居焉 又有五方 若中夏之都督 方皆建率領之 每方管郡 多者至[33]十 小者六七 郡將皆恩率為之 郡縣置道使 亦悈名主

西據安城 南隣[34]巨海

括地志曰 百濟王城 方一里半 北面 累石為之 悈水[35] 可方[36]餘家 即五部之所也 一部有兵五百人

---

26 죽내본·길림본 「左」. 아래의 용례를 통해 「左」로 판독.

27 죽내본·길림본 「率」. 아래의 용례를 통해 「率」로 판독.

28 죽내본·길림본 「督」. 아래의 용례를 통해 「督」으로 판독.

29 죽내본 「據」, 길림본 「膸」. 자형에 따라 「膸」로 판독.

30 죽내본·길림본 「空」. 아래의 용례를 통해 「空」으로 판독.

31 죽내본·길림본 「伐」. 자획에 결실이 있지만, 자형에 따라 「伐」로 판독.

32 죽내본 「城」, 길림본 「悈」. 자형에 따라 「悈」으로 판독.

33 죽내본 「巫」, 길림본 판독 보류. 자형에 따라 「至」로 판독.

又國南二百六十里 有古沙㘽 ₰方百五十里步³⁷ 此其中方也 方繞³⁸兵千二百人 國東南百里 有得安㘽 ₰方一里 此其東方也 國南三百六十里 有卞城 ₰方一百卅步 此其南方也 國西三百五十里 有力光城 ₰方二百步 此其西也 國東北六十里 有能³⁹津城 一名固麻城 ₰方一里半 此其北方也 其諸方之城 皆憑山險爲之 亦有累石者 其兵多者千人 少者七八百人 㘽中戶多者千人 少者七八百人 㘽中戶多者至五百家 諸城左右亦各小城 皆統⁴⁰諸方 又國南海中 有大鳥⁴¹十五所 皆置城邑 有人居之

鷄山東峙 貫四序以同華

括地志曰 烏山在國北界 大山也 草木鳥獸与中夏同 又國東有鷄藍⁴²山 ₰南又有祖粗山 又國南界

---

34 죽내본「隣」, 길림본「臨」. 아래의 용례를 통해「隣」으로 판독.

35 죽내본·길림본「水」. 자형에 따라「水」로 판독.

36 죽내본·길림본「步」. 아래의 용례를 통해「步」로 판독.

37 죽내본·길림본「步」. 아래의 용례를 통해「步」로 판독.

38 죽내본·길림본「繞」. 아래의 용례를 통해「繞」로 판독.

39 죽내본·길림본「能」. 아래의 용례를 통해「能」으로 판독.

40 죽내본·길림본「統」. 자형에 따라「統」으로 판독.

41 죽내본·길림본「鳥」. 아래의 용례를 통해「鳥」로 판독.

42 죽내본·길림본「藍」. 아래의 용례를 통해「藍」으로 판독.

有霧⁴³五山 其山草木冬夏常榮 又有且⁴⁴那山 在國西界 又有山且山禮母山 並石 在國南之也

熊水西流侶百川百⁴⁵齊鶩⁴⁶

括也⁴⁷志曰 熊津河⁴⁸源出國東界 西南流 經國北百里 又西流入海 廣處⁴⁹三百步 其水至清 又有基汶河在國 源出其國 源⁵⁰出國南山 東南流入大海 其中水族與中夏同

因四仲而昭敬 隨⁵¹六甲以標年

括地志曰 百濟四仲之月 祭天及五帝之神 冬夏用跋⁵²角奏歌舞 春秋奏歌而已 解陰陽五行 用宋元

43　죽내본·길림본 「霧」. 아래의 용례를 통해 「霧」로 판독.

44　죽내본 「旦」, 길림본 「且」. 아래의 용례를 통해 「且」으로 판독.

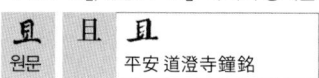

45　죽내본·길림본 「百」. 자형에 따라 「百」으로 판독.

46　죽내본·길림본 「鶩」. 아래의 용례를 통해 「鶩」로 판독.

47　죽내본·길림본 「也」. 자형에 따라 「也」로 판독.

48　죽내본 「河」, 길림본 「阿」. 아래의 용례를 통해 「河」로 판독.

49　죽내본·길림본 「處」. 아래의 용례를 통해 「處」로 판독.

50　죽내본·길림본 「源」. 아래의 용례를 통해 「源」으로 판독.

51　죽내본·길림본 「隨」. 아래의 용례를 통해 「隨」로 판독.

嘉曆[53] 其紀[54]年無別号[55] 但數[56]六甲爲次弟[57] 亦解[58]醫[59]療蓍[60]龜占相 婚[61]姻之礼 略於華[62] 喪父母及夫 皆制[63]服三年 餘親葬訖卽徐 其葬亦有置屍於山中者 亦有埋殯之

---

52 죽내본·길림본 「皷」. 아래의 용례를 통해 「皷」로 판독.
東漢 張景碑

53 죽내본·길림본 「曆」. 아래의 용례를 통해 「曆」으로 판독.
晋 王羲之 孝女曹娥碑

54 죽내본·길림본 「紀」. 아래의 용례를 통해 「紀」로 판독.
唐 怀仁集 王羲之圣教序

55 죽내본·탕천본 「号」. 아래의 용례를 통해 「号」로 판독.
管氏碑

56 죽내본 「數」, 길림본 「数」. 아래의 용례를 통해 「數」로 판독.
唐 钟绍京 灵飞经

57 죽내본 「第」, 길림본 「弟」. 자형에 따라 「弟」로 판독.

58 죽내본 「解」, 길림본 「觧」. 아래의 용례를 통해 「解」로 판독.
隋 龍藏寺碑

59 죽내본 「醫」, 길림본 「毉」. 아래의 용례를 통해 「醫」로 판독.
集韻 平聲 之韻

60 죽내본·길림본 「蓍」. 아래의 용례를 통해 「蓍」로 판독.
初唐 禮記正義

61 죽내본·길림본 「婚」. 아래의 용례를 통해 「婚」으로 판독.
隋 張俚墓誌

62 죽내본·길림본 「華」. 아래의 용례를 통해 「華」로 판독.
魏 涇州刺史 奚康生造寺碑

63 죽내본·길림본 「制」. 아래의 용례를 통해 「制」로 판독.
唐 戴令言墓誌

文吏兼能 碁射雙美

括地志曰 百濟俗⁶⁴尙騎射 有文字能吏事 以兩手據⁶⁵地爲敬 有僧尼無道士 甚多寺塔⁶⁶ 其戲⁶⁷有投壺⁶⁸圍碁⁶⁹樗⁷⁰蒲⁷¹厄⁷²雙反弄⁷³珠等雜戲也

---

64 죽내본·길림본 「俗」. 아래의 용례를 통해 「俗」으로 판독.

65 죽내본·길림본 「據」. 아래의 용례를 통해 「據」로 판독.

66 죽내본·길림본 「塔」. 아래의 용례를 통해 「塔」으로 판독.

67 죽내본·길림본 「戲」. 아래의 용례를 통해 「戲」으로 판독.

68 죽내본·길림본 「壺」. 아래의 용례를 통해 「壺」로 판독.

69 죽내본·길림본 「樗」. 아래의 용례를 통해 「樗」로 판독.

70 죽내본·길림본 「蒲」. 자형에 따라 「蒲」로 판독.

71 죽내본·길림본 「厄」. 아래의 용례를 통해 「厄」으로 판독.

72 죽내본·길림본 「反」. 아래의 용례를 통해 「反」으로 판독.

73 죽내본·길림본 「弄」. 자형에 따라 「弄」으로 판독.

교감문 · 역주 · 참고자료

01 **國鎭馬韓, 地苞狗素[1].**
나라는 마한을 다스리며, 땅은 구소[국]을 포괄했다.

東夷記曰: "百濟治建居狄城, 本馬韓之地[2]." 范曄後漢書東夷傳曰: "韓有三種, 凡七十八國, 百濟是其[一國]焉[3]." 魏志曰: "馬韓有羊皮國 · 狗素國[4]也."

『동이기』에 다음과 같이 전한다. "백제는 건거적성[5]에 도읍하였는데, 본래 마한의 땅이다." 범엽의 『후한서』 동이전에 다음과 같이 전한다. "한은 3종이 있는데, 모두 78국이며, 백제는 그 중 한 나라이다." 『위지』에 다음과 같이 전한다. "마한에는 양피국[6] · 구소국이 있다."

• 참고
『三國志』卷30 韓   韓 … 有三種 一曰馬韓 二曰辰韓 三曰弁韓
『後漢書』卷85 韓   韓有三種 一曰馬韓 二曰辰韓 三曰弁辰 馬韓在西 有五十四國 其北與樂浪 南與倭接 辰韓在東 十有二國 其北與濊貊接 弁辰在辰韓之南 亦十有二國 其南亦與倭接 凡七十八國 伯濟是其一國焉

---

1   죽내본에서는 "國鎭馬韓地 苞狗素"로, 길림본에서는 "國鎭馬韓 地苞狗素"로 띄어쓰기를 하였다. 길림본의 경우가 한문의 문장 구조상 보다 자연스럽기 때문에 여기서는 길림본에 따른다.
2   원문 「也」. 죽내본·탕천본·길림본 「地」로 교감. 문맥에 맞게 「地」로 교감.
3   원문 「其爲」. 죽내본 「其爲一國」으로 교감, 탕천본 「其一國」으로 교감, 길림본 「其一國焉」으로 교감. 명확한 의미 전달을 위해 『後漢書』를 참고하여 「其一國焉」으로 교감.
4   원문 「有」. 탕천본·길림본 「國」으로 교감. 『三國志』에서 마한 54국 중 하나로 狗素國이 확인되므로 문맥에 맞게 「國」으로 교감.
5   「建居狄城」은 『通典』에서는 「建居拔城」으로, 『太平寰宇記』에서는 「俱尸拔城」으로 되어 있다. 한편, 『隋書』와 『北史』에서는 「居拔城」으로 되어 있다.
6   『魏志』를 인용하여 '羊皮國'을 언급하고 있으나, 『三國志』 卷30 韓에는 '羊皮國'이 보이지 않는다.

02 | 陵楚山而廓宇, 帶桑水跣彊.
초산(도비리국)을 넘어 영토를 넓혔고, 상수[국]을 아울러서 강토를 열었다.

魏志曰: "馬韓在西, 散在山海間. 無城郭. 有爰襄國·牟襄水國·桑水國·小石索國·大石索國·優休牟淥國·臣僕[7]沾國·伯濟國·速盧不斯國·日華國·古誕者國·古離國·怒藍國·目[8]支國·資離牟盧國·素謂乾國·古愛國·英[9]盧·卑離國·古卑離國[10]·臣疊國·支侵[11]·支[12]狗盧國·卑彌國·監奚卑離[13]·古滿[14]·致利鞠國[15]·兒[16]林國·駟盧國·內卑離[17]·感奚國·邁盧國·群卑離國·田斯烏旦[18]國·一離國·不彌國[19]·挺[20]盧國·牟盧離國[21]·臣蘇塗國·莫盧國·古櫛[22]國·臨素半國·臣雲新國·如來卑離國·楚山塗卑離國·一[23]難國·狗奚國·不雲國·不斯濆邪[24]·奚他[25]·[乾]馬國[26]·楚離國.

---

7 원문 「僕」. 탕천본 「濆」으로 교감. 해당 국명의 기원과 유래가 명확하지 않으므로 교감하지 않는다. 『三國志』의 해당 부분은 「濆」으로 되어 있다.

8 원문 「目」. 죽내본 「自」로 판독 후 「目」으로 교감. 탕천본·길림본 「自」로 판독.

9 원문 「英盧」. 죽내본·탕천본·길림본 「莫盧」로 판독 후 「莫盧國」으로 교감. 보입하지 않아도 의미가 통하므로 교감하지 않는다.

10 원문 「田」. 죽내본·탕천본·길림본 「國」으로 교감. 『三國志』의 해당 부분에 따르면, 앞 글자 「離」는 대체로 국명의 어미이므로 문맥에 맞게 「國」으로 교감.

11 원문 「支侵」. 죽내본·탕천본·길림본 「支侵國」으로 교감. 보입하지 않아도 의미가 통하므로 교감하지 않는다.

12 원문 「支」. 길림본 「國」으로 교감. 해당 국명의 기원과 유래가 명확하지 않으므로 교감하지 않는다.

13 원문 「監奚卑離」. 죽내본·탕천본·길림본 「監奚卑離國」으로 교감. 보입하지 않아도 의미가 통하므로 교감하지 않는다.

14 원문 「古滿」. 죽내본·탕천본·길림본 「古滿國」으로 교감. 보입하지 않아도 의미가 통하므로 교감하지 않는다.

15 탕천본과 길림본은 「致利鞠國」에 뒤이어 「冉路國」 보입. 보입하지 않아도 의미가 통하므로 교감하지 않는다. 『三國志』의 해당 부분에는 「冉路國」이 있다.

16 원문 「兒」. 길림본 「兌」으로 판독 후 「兒」로 교감. 『三國志』의 해당 부분은 「兒」로 되어 있다.

17 원문 「內卑離」. 죽내본·탕천본·길림본 「內卑離國」으로 교감. 보입하지 않아도 의미가 통하므로 교감하지 않는다.

18 원문 「且」. 길림본 「旦」으로 교감. 해당 국명의 기원과 유래가 명확하지 않으므로 교감하지 않는다. 『三國志』의 해당 부분은 「旦」으로 되어 있다.

19 길림본은 「不彌國」에 뒤이어 「支半國」 보입. 보입하지 않아도 의미가 통하므로 교감하지 않는다.

20 원문 「挺」. 탕천본 「捷」로 교감. 해당 국명의 기원과 유래가 명확하지 않으므로 교감하지 않는다.

21 원문 「牟盧離國」. 길림본 「牟盧卑離國」으로 교감. 해당 국명의 기원과 유래가 명확하지 않으므로 교감하지 않는다. 『三國志』의 해당 부분은 「牟盧卑離國」으로 되어 있다.

22 원문 「櫛」. 길림본 「猟」로 판독 후 「櫛」로 교감.

23 원문 「一國」. 죽내본·탕천본·길림본 「國一」로 교감. 「楚山塗卑離國」의 마지막 글자와 「一難國」의 첫 글자 사이에 착란이 일어난 것으로 보이므로 『三國志』를 참고하여 「國一」로 교감.

24 원문 「不斯濆邪」. 죽내본·탕천본·길림본 「不斯濆邪國」으로 교감. 보입하지 않아도 의미가 통하므로 교감하지 않는다.

25 원문 「奚他」. 죽내본·탕천본·길림본 「奚他國」으로 교감. 보입하지 않아도 의미가 통하므로 교감하지 않는다.

26 원문 「馬國」. 죽내본·탕천본·길림본 「乾馬國」으로 교감. 앞부분과 이어서 「奚他馬國」 등으로 보거나 「馬國」으로 볼 수도 있지만, 국명으로서 「馬國」은 어색하다는 점과 『三國志』를 참고하여 「乾馬國」으로 교감.

凡五十餘國, 大國萬餘家, 小國²⁷數千家. 又島上有州胡²⁸國也."

『위지』에 다음과 같이 전한다. "마한은 서쪽에 있으며, 산과 바다 사이에 흩어져 있다. 성곽이 없다. 원양국·모양수국²⁹·상수국³⁰·소석색국·대석색국·우휴모록국³¹·신복첨국³²·백제국·속로불사국·일화국·고탄자국·고잡국³³·노람국·목지국³⁴·자리모로국·소위건국·고애국³⁵·영로[국]·비리국·고비리국³⁶·신첩국³⁷·지침[국]·지구로국³⁸·비미국·감해비리[국]·고만[국]³⁹·치리국국·아림국⁴⁰·사로국·내비리[국]·감해국·매로국·군비리국⁴¹·전사오차국⁴²·일리국·불미국·정로국⁴²·모로리국⁴³·신소도국·막로국·고즐국⁴⁴·임소반국·신운신국⁴⁵·여래

---

27 원문「馬」. 탕천본·길림본「國」으로 교감. 문맥에 맞게『三國志』를 참고하여「國」으로 교감.

28 원문「朝」. 죽내본·탕천본·길림본「胡」로 교감. 해당 국명의 기원과 유래가 명확하지 않고, 현전하는『後漢書』와『翰苑』기록 가운데 어느 것이 원전에 가까운 형태인지 현재로서는 파악이 어렵지만,『翰苑』「三韓」의『後漢書』를 인용한 해당 부분(정문 10의 주문)은「胡」로 되어 있다는 점을 참고하여「胡」로 교감.

29 『三國志』卷30 韓에는 '牟水國'으로 되어 있다.

30 『三國志』卷30 韓에는 '桑外國'으로 되어 있다.

31 『三國志』卷30 韓에는 '優休牟涿國'으로 되어 있다.

32 『三國志』卷30 韓에는 '臣濆活(혹은 沽)國'으로 기록되어 있으며,『通志』卷94 馬韓에는 '臣濆沽國'으로 기록되어 있다. 臣僕沽國(臣濆活國, 臣濆沽國)은 대방군 설치 이후 마한과 대방군과의 충돌을 보여주는 崎離營전투를 주도한 것으로 보기도 한다. 기리영전투의 성격과 주체에 대해서는 다양한 견해가 충돌하고 있다.

　　『三國志』卷30 韓에 따르면 部從事 吳林이 辰韓 8국을 나누어 낙랑에 주려 하였으나, 통역 과정에서 문제가 생겨 '臣智激韓忿'하여 대방군과 기리영에서 전투를 벌인 것으로(『三國志』卷30 韓 "部從事吳林 以樂浪本統韓國 分割辰韓八國以與樂浪 吏譯轉有異同 臣智激韓忿 攻帶方郡崎離營") 되어 있다. 그런데 여기서 보이는 '臣智激韓忿'이『三國志』의 판본에 따라 서로 다르게 기록되어 있어 문제가 된다. 通行本 魏志에서는「臣智激韓忿」이라고 기록된 것과는 달리 百衲本 魏志에는「臣幘沾韓忿」이라고 기록되고 있는 것이다. 이와 관련해서는『通志』의 기록과『三國志』판본의 발행 시기에 따른 비교 분석을 통해 '臣智激韓'을 '臣濆活韓'으로 보는 것이 타당하다는 견해가 제시되었다(尹龍九,「三韓의 對中交涉과 그 性格」『國史館論叢』, 1999, 101~105쪽). 이에 근거하여 기리영전투의 주체를 臣濆沽國으로 보아야 한다는 견해가 다수 제시되었다. 그러나 이와는 달리 여전히 '臣智激韓忿'으로 보아야 한다는 주장도 있다(鄭載潤,「魏의 對韓政策과 崎離營 전투」『중원문화연구』5, 2001, 32~35쪽). 한편 이와 함께 기리영전투의 주체와 관련해서는 여전히 논란이 있다. 앞서 살펴보았듯 기리영전투의 주체를 臣濆沽國으로 보아야 한다는 주장이 다수를 이루고 있으나, 한편으로는 전투를 이끌었던 신지는 당시 마한에서 가장 영향력이 있었던 목지국의 진왕으로 보아야 한다는 견해도 있다(盧重國,「馬韓의 成立과 變遷」『馬韓·百濟文化』10, 1987, 37쪽; 兪元載,「晋書의 馬韓과 百濟」『韓國上古史學報』17, 1994, 147쪽).

33 『三國志』卷30 韓에는 '古離國'으로 되어 있다.

34 『三國志』卷30 韓에는 '月支國'으로 되어 있다.

35 『三國志』卷30 韓에는 '古爰國'으로 되어 있다.

36 『三國志』卷30 韓에는 '占離卑國'으로 되어 있다.

37 『三國志』卷30 韓에는 '臣釁國'으로 되어 있다.

38 『三國志』卷30 韓에는 '狗盧國'으로 되어 있다.

39 『三國志』卷30 韓에는 '古蒲國'으로 되어 있다.

40 『三國志』卷30 韓에는 '兒林國'으로 되어 있다.

41 『三國志』卷30 韓에는 '辟卑離國'으로 되어 있다.

42 『三國志』卷30 韓에는 '臼斯烏旦國'으로 되어 있다.

비리국·초산도비리국·일난국·구해국[47]·불운국·불사분사[국]·해타[국][48]·[건]마국·초리국이 있다.[49] 모두 50여 국이며, 대국은 만여 가이고, 소국은 수천 가이다. 또한 섬 위에 주호국이 있다."

• 참고

『三國志』卷30 韓   馬韓在西 … 有爰襄國牟水國桑外國小石索國大石索國優休牟涿國臣濆沽國伯濟國速盧不斯國日華國古誕者國古離國怒藍國月支國咨離牟盧國素謂乾國古爰國莫盧國卑離國占離卑國臣釁沽國支侵國狗盧國卑彌國監奚卑離國古蒲國致利鞠國冉路國兒林國駟盧國內卑離國感奚國萬盧國辟卑離國臼斯烏旦國一離國不彌國支半國狗素國捷盧國牟盧卑離國臣蘇塗國莫盧國古臘國臨素半國臣雲新國如來卑離國楚山塗卑離國一難國狗奚國不雲國不斯濆邪國爰池國乾馬國楚離國 凡五十餘國 大國萬餘家 小國數千家 總十餘萬戶

03 奉仇台之祠, 纂[50]夫餘之胄[51].
구태의 제사를 받들고,[52] 부여의 혈통을 이었다.

後魏書曰: "百濟國其先出自夫餘." 又百濟王上表於魏曰: "臣與高驪[52]源出扶[53]餘." 宋書曰: "晉義

---

43 『三國志』卷30 韓에는 '捷盧國'으로 되어 있다.

44 『三國志』卷30 韓에는 '牟盧卑離國'으로 되어 있다.

45 『三國志』卷30 韓에는 '占臘國'으로 되어 있다.

46 臣雲新國은 영산강 유역의 주요한 세력 중 하나로 지칭되고 있다. 이와 관련하여 주목되는 사료로는 『三國志』의 '신지는 혹 우대하는 臣雲遣支報 安邪踧支 濆臣離兒不例 拘邪秦支廉의 호칭을 더한다는 기사(『三國志』卷30 韓 "辰王治月支國臣智 或加優呼臣雲遣支報安邪踧支 濆臣離兒不例拘邪秦支之號")가 있다. 여기서 보이는 臣雲遣支報가 바로 신운신국의 수장으로 보고 있는 것이다(李丙燾, 「三韓問題의 新考察」『震檀學報』4, 1936, 38쪽). 신운신국의 위치는 마한 諸國의 기술 순서에 따라 지금의 전라남도 광산군이나 나주군 일대로 추정하거나(이병도, 『韓國史-古代』, 乙酉文化社, 1959, 300쪽) 해남 백포만 일대로 보기도 한다(문안식, 「榮山江流域 土着社會의 成長과 聯盟體 形成」『史學研究』68, 2002, 8쪽). 신운신국은 1~3세기 단계에 중국 군현과 한반도, 일본 열도를 잇는 교통로의 중심지에 위치해 있음으로써 영산강 유역의 주요한 세력으로 성장할 수 있었다(정재윤, 「삼국시대 나주와 영산강 유역 세력의 동향」『歷史學研究』62, 2016, 30쪽).

47 『日本書紀』卷9 神功 49년조에 보이는 古奚津과 동일한 곳으로 보기도 한다. 위치는 전남 강진 일대로 비정한 견해(李丙燾, 『韓國古代史研究』, 博英社, 1976, 512쪽), 해남 일대로 보는 견해(全榮來, 「百濟南方境域의 變遷」『千寬宇先生還曆紀念韓國史學論叢』, 正音文化社, 1985, 141쪽)가 있다.

48 『三國志』卷30 韓에는 '爰池國'으로 되어 있다.

49 『三國志』의 해당 부분에 제시된 마한 소국은 총 55개이고, 『翰苑』의 해당 부분은 53개이다.

50 원문 「纂」. 죽내본 「慕」로 교감. 원문대로 두어도 의미가 통하므로 교감하지 않는다.

51 원문 「曺」. 죽내본·탕천본·길림본 「冑」로 교감. 문맥에 맞게 「冑」로 교감.

52 백제 건국 시조로 仇台가 기록된 것은 『周書』와 『隋書』가 최초이며, 이후 『通典』, 『翰苑』, 『唐會要』, 『冊府元龜』 등에 보이고 있다. 구태에 대해서는 고이왕설, 온조설, 위구태설, 구수왕설, 비류왕설, 근초고왕설, 우태설, 주몽설 등 다양한 주장이 제시되었다(김경화, 「백제의 국가제사 연구」, 인하대학교 대학원 박사학위논문, 2016, 154~157쪽).

熙十二年, 以百濟王餘暎, 爲使持⁵⁵節·都督⁵⁶·百濟諸軍事·鎭東將軍. 高祖踐祚, 進號鎭東大將軍. 元⁵⁷嘉七年, 以餘暎爵號, 授百濟王餘毗, 毗死子慶代立." 括地志曰: "百濟城立其祖仇台廟, 四時祠之也."

『후위서』⁵⁸에 다음과 같이 전한다. "백제국은 그 선조가 부여로부터 나왔다." 또 백제왕이 [북]위에 표를 올려 다음과 같이 말했다. "신과 고[구]려는 근원이 부여에서 나왔습니다⁵⁹." 『송서』에 다음과 같이 전한다. "[동]진 의희 12년(416), 백제왕 여전⁶⁰을 사지절·도독·백제제군사·진동장군으로 삼았다. 고조가 즉위하여, 진동대장군으로 진호하였다. 원가 7년(430), 여전의 작호를, 백제왕 여비⁶¹에게 주었으며, 비가 죽은 뒤 아들 경⁶²이 지위를 계승하였다." 『괄지지』에 다음과 같이 전한다. "백제는 [왕]성에 그 조상 구태의 묘를 세우고, 사시(四時)로 제사지낸다."

• 참고

『周書』卷49 百濟　其王以四仲之月 祭天及五帝之神 又每歲四祠其始祖仇台之廟

『隋書』卷81 百濟　東明之後 有仇台者 篤於仁信 始立其國于帶方故地 漢遼東太守公孫度以女妻之 漸以昌盛 爲東夷强國

『宋書』卷97 百濟　元嘉二年 太祖詔之曰 皇帝問使持節都督百濟諸軍事鎭東大將軍百濟王 累葉忠順 越海効誠 遠王纂戎 聿修先業 慕義旣彰 厥懷赤款 浮桴驪水 獻賝執贄 故嗣位方任 以藩東服 勉勗所蒞 無墜前蹤 今遣兼謁者 閭丘恩子兼副謁者丁敬子等宣旨慰勞稱朕意 其後每歲遣使奉表 獻方物 七年 百濟王 餘毗復修貢職 以映爵號授之 二十七年 毗上書獻方物 私假臺使馮野夫 西河太守 表求易林式占腰弩 太祖並與之 毗死 子慶代立

53　원문「高驪」. 길림본「高句驪」로 교감. 보입하지 않아도 의미가 통하므로 교감하지 않는다.
54　원문「扶」. 탕천본「夫」로 교감, 길림본「肤」로 판독 후「扶」로 교감. 원문대로 두어도 의미가 통하므로 교감하지 않는다.
55　원문「特」. 죽내본·탕천본·길림본「持」로 교감. 관명이므로 문맥에 맞게「持」로 교감.
56　원문「督都」. 죽내본·탕천본·길림본「都督」으로 교감. 관명이므로 문맥에 맞게「都督」으로 교감.
57　원문「犬」. 죽내본「大」로 교감, 탕천본·길림본「元」으로 교감. 宋의 연호 중「犬嘉」나「大嘉」는 확인되지 않으므로「元」로 교감.
58　唐代에『魏書』를 대신하여 張太素, 元澹 등이 편찬한 것으로, 총 100권이라고 하나 현재는 전하지 않는다.
59　『魏書』卷100 百濟에 백제 개로왕이 472년 北魏 孝文帝에게 보낸 상표문에서 "臣與高句麗源出夫餘"라는 구절이 있다. 따라서『後魏書』를 인용한 부분은 여기까지일 가능성이 있다.
60　『宋書』卷97 百濟에서는 餘映으로 되어 있으나「梁職貢圖」에는 映으로, 『通典』에는 腆으로 되어 있다. 이를 통해 볼 때 腆支王으로 추정된다.
61　毗는 연대상으로 보아 毗有王으로 보인다. 그런데 비유왕의 前代는 久爾辛王이며, 腆支王은 419년에 죽은 것으로 기록되어 있어 비유왕이 전지왕의 號를 이었다고 하는 것은 문제가 있다. 이에 대해『三國史記』百濟本紀에서는 "毗有王久爾辛王之長子 [或云腆支王庶子, 未知孰是]"라고 하여 그 출자에 대해 불분명한 점이 있음을 전하고 있다.
62　蓋鹵王을 말한다. 『三國史記』百濟本紀에는 慶司로 되어 있다.

04 | 八族殊胤, 五部分司.
팔족이 자손을 이었고, 오부가 직무를 나누었다.

括[63]地志曰: "隋[64]開[65]皇中, 其王名昌. 昌死, 子餘宣立, 死, [子][66]餘璋[67]立. 其國有沙氏·燕氏·刕氏·解氏·眞氏·[□氏][68]·木氏·首氏, 此八族, 其大姓也. 其官有[十][69]六等, 左平五人, 第一等, 達率三十人, 第二. 恩率以下無員[70], 第三. 德率第四, 打[71]率第五, 奈率第六, 六等以上, 冠飾銀花. 將德第七, 紫帶. 施德第八, 皂帶. 固德第九, 赤帶. 季德第十, 青帶. 對德第十一, 以下皆黃帶. 文督第十二, 武督第十三, 以下皆白帶, 佑[72]軍第十四, 膝[73]武第十五, 尅虞第十六. 又其內官有前內部·穀部·內[74]部·椋[75]部[76]·功德部·藥部·木部·法[部][77]·後宮部. 又有將長. 外官有司軍部·司從[78]

---

63 원문「括」. 길림본「栝」로 판독 후「括」로 교감. 이하 동일.
64 원문「隨」. 죽내본·탕천본·길림본「隋」로 교감. 국명이므로「隋」로 교감. 단, 당 초기까지「隨」와「隋」는 혼용되기도 했다(미야자키 이치사다 지음·전혜선 옮김, 『수양제』, 역사비평사, 2014, 233~238쪽)
65 원문「間」. 죽내본·탕천본·길림본「開」로 교감. 수의 연호 중 間皇은 없으며, 開皇이 확인되므로「開」로 교감.
66 원문「子死」. 탕천본·길림본「立死子」로 교감.「立」을「子」로 오식하여 생긴 연문일 가능성이 있고, 명확한 의미 전달을 위해「立死子」로 교감.
67 원문「憧」. 탕천본·길림본「璋」으로 교감. 인명으로, 『隋書』와 『三國史記』를 참고하여「璋」으로 교감.
68 원문 누락. 탕천본·길림본「國氏」를 보입. 뒤에서 八族이라고 했으므로「□氏」가 누락되었을 가능성이 높다. 『隋書』와 『北史』의 해당 부분은「國氏」로 되어 있지만, 「國」인지는 확신하기 어렵다.
69 원문「六」. 탕천본·길림본「十六」으로 교감. 백제의 관등은 16관등일 뿐만 아니라, 해당 주문에서도 뒤이어 16관등에 대한 설명이 이어지므로「十六」으로 교감.
70 원문「員」. 탕천본「常員」으로 교감. 보입하지 않아도 의미가 통하므로 교감하지 않는다. 『周書』와 『北史』에는「常員」으로 되어 있다.
71 원문「打」. 죽내본「扜」으로 교감, 탕천본「扞」으로 교감, 길림본「杅」로 교감. 관명의 기원과 유래를 확인하기 어려우므로 교감하지 않는다. 『周書』에는「扞」으로 되어 있고, 『隋書』와 『北史』에는「杅」로 되어 있다.
72 원문「佑」. 탕천본·길림본「佐」로 교감. 관명의 기원과 유래를 확인하기 어려우므로 교감하지 않는다. 『周書』와 『隋書』, 『北史』에는「佐」로 되어 있다.
73 원문「膝」. 죽내본·탕천본·길림본「振」으로 교감. 관명의 기원과 유래를 확인하기 어려우므로 교감하지 않는다. 『周書』와 『隋書』, 『北史』에는「振」으로 되어 있다.
74 원문「內」. 탕천본「肉」으로 교감. 관부명의 기원과 유래를 확인하기 어려우므로 교감하지 않는다. 『周書』에는「肉」으로 되어 있다.
75 원문「椋」. 탕천본·길림본「內椋」으로 교감. 관명의 기원과 유래를 확인하기 어려우므로 교감하지 않는다. 『周書』와 『北史』에는「內椋」으로 되어 있다.
76 탕천본·길림본은「內椋部」에 뒤이어「外椋部·馬部·刀部」를 보입. 보입하지 않아도 의미가 통하므로 교감하지 않는다. 『周書』와 『北史』에는「外椋部·馬部·刀部」가 있다.
77 원문「法」. 죽내본·탕천본·길림본「法部」로 교감. 문맥에 맞게 『周書』와 『北史』를 참고하여「法部」로 교감.
78 원문「從」. 탕천본·길림본「徒」로 교감. 관부명의 기원과 유래를 확인하기 어려우므로 교감하지 않는다. 『周書』와 『北史』에는「徒」로 되어 있다.

部·司空部·司寇部·點口部·客部·外舍部·綢部·白[79]官部[80], 凡此衆官各有宰. 官長在任皆三年一代[81]. 王所都城[82]內. 又爲五都[83], 皆達[84]率領之. 又城中五巷, 士庶居焉. 又有五方, 若中夏之都督, 方皆達率領之. 每方管郡, 多者至[85]十, 少[86]者六七. 郡將皆恩[87]率爲之. 郡縣置道使, 亦名城[88]主."

『괄지지』에 다음과 같이 전한다. "수 개황(581~600) 연간에, 그 [나라] 왕의 이름은 창(위덕왕)이었다. 창이 죽자, 아들 여선(법왕)이 왕위를 이었고, [여선이] 죽자, 아들 여장(무왕)[89]이 왕위를 이었다.[90] 그 나라에는 사씨·연씨·이씨·해씨·진씨[91]·□씨·목씨·수씨[92]가 있는데, 이들 여덟 족속이 대성이다. 그 관은 16등이 있는데, 좌평은 5인으로, 제1등이며, 달솔[93]은 30인으로 제2[등]이다. 은솔 이하는 정원이 없으며, [은솔은] 제3[등]이다. 덕솔은 제4[등], 타솔[94]은 제5[등], 나솔은 제6[등]으로, 6등 이상은, 관을 은화로 장식한다. 장덕은 제7[등]으로, 자

---

79 원문 「白」. 탕천본 「日」로 교감, 길림본 「日」로 판독. 관부명의 기원과 유래를 확인하기 어려우므로 교감하지 않는다. 『周書』와 『北史』에는 「日」로 되어 있다.

80 「日官部」에 뒤이어 탕천본은 「市部」를 보입, 길림본은 「都市部」를 보입. 원문대로 두어도 의미가 통하므로 교감하지 않는다. 『周書』에는 「都市部」로 되어 있고, 『北史』에는 「市部」로 되어 있다.

81 원문 「伐」. 죽내본·탕천본·길림본 「代」로 교감. 문맥에 맞게 『隋書』와 『北史』를 참고하여 「代」로 교감.

82 원문 「𢨋」. 탕천본·길림본 「城」으로 교감. 문맥에 맞게 「城」으로 교감.

83 원문 「都」. 죽내본·탕천본·길림본 「部」로 교감. 5부를 지칭하는 것으로 보이지만, 원문대로 두어도 의미가 통하므로 교감하지 않는다. 『周書』와 『北史』에는 「分爲五部」로 되어 있고, 『隋書』에는 「畿內爲五部」로 되어 있다.

84 원문 「建」. 죽내본·탕천본·길림본 「達」로 교감. 관등을 가리키는데, 백제 관등에 「建率」은 보이지 않으므로, 『周書』와 『北史』를 참고하여 「達」로 교감. 「建」은 「達」의 오식일 가능성이 있다.

85 원문 「至」. 죽내본 「巫」로 판독, 탕천본·길림본 「至」로 교감. 문맥에 맞게 「至」로 교감.

86 원문 「小」. 탕천본·길림본 「少」로 교감. 앞의 「多」와 대구이므로 명확한 의미 전달을 위해 「少」로 교감.

87 원문 「恩」. 탕천본·길림본 「德」으로 교감. 郡長의 관등에 관한 부분으로 『周書』와 『北史』에는 「德」으로 되어 있지만, 현재로서 판단하기 어려우므로 교감하지 않는다.

88 원문 「城名」. 탕천본·길림본 「名城」으로 교감. 정확한 의미 전달을 위해 「名城」으로 교감.

89 『三國史記』 백제본기에는 '扶餘璋'으로 되어 있다.

90 위덕왕~무왕 대에 이르는 시기의 출계 관계는 사서에 따라 다르게 나타나고 있다. 『三國史記』 백제본기에 의하면 법왕은 惠王의 長子로 기록되어 있으며, 무왕은 법왕의 아들로 기록되어 있다. 이에 반해 『三國遺事』에서는 무왕을 과부인 어머니가 池龍과 교합하여 낳은 것으로 기록하고 있어 그 출계가 불분명하다. 한편 『北史』에서는 무왕을 위덕왕의 아들로 기록하기도 하였다. 이렇듯 위덕–혜왕–법왕–무왕으로 이어지는 시기의 출계 관계가 불분명한 것은 우선 혜왕과 법왕이 각각 1년여 밖에 즉위하지 않으면서 이 과정에서 중국에서 이들의 관계를 명확하게 인식하지 못하고 있었기 때문일 가능성이 있다. 또한 위덕왕 사후 왕위 계승 과정에서 방계인 혜왕이 왕위에 오르게 되면서 새로운 왕계가 형성되고, 이 과정에서 출계 관념이 명확하게 정리되지 않은 채 후대에 전승되었을 가능성도 생각해 볼 수 있다.

91 『隋書』에는 「貞氏」로 되어 있고, 『北史』에는 「眞氏」로 되어 있다.

92 『隋書』에는 「苩氏」로 되어 있고, 『北史』에는 「苗氏」로 되어 있다.

93 『隋書』에는 「大率」로 되어 있다.

94 『周書』에는 「扞率」로 되어 있고, 『隋書』와 『北史』에는 「扞率」로 되어 있다.

대를 한다. 시덕은 제8[등]으로, 조대를 한다. 고덕은 제9[등]으로, 적대를 한다. 계덕[95]은 제10[등]으로, 청대를 한다. 대덕은 제11[등]이며, [대덕] 이하는 모두 황대를 한다. 문독은 제12[등]이고, 무독은 제13[등]이며, [무독] 이하는 모두 백대를 한다. 우군[96]은 제14[등], 거무[97]는 제15[등], 극우[98]는 제16[등]이다. 또 그 내관에는 전내부·곡부·내부[99]·량부[100]·공덕부·약부·목부·법부·후궁부[101]가 있다[102]. 또 장장이 있다. 외관에는 사군부·사종부·사공부·사구부·점구부·객부·외사부·주부·백관부가 있으며[103], 대체로 이러한 여러 관에는 각각 재가 있다. 관의 장은 임기가 있으니 모두 3년에 한번 교대한다. 왕의 거처는 도성 안[이다]. 또 5도를 두는데[104], 모두 달솔이 다스린다. 또 성 안에는 5항이 있는데, 사서(士庶)가 여기에 거주한다. 또 5방이 있는데, 중국의 도독과 같으며, 방은 모두 달솔이 다스린다. 각 방은 군을 다스리는데, 많은 것은 열 개 [군]에 이르고, 적은 것은 예닐곱 개[군]이다. 군장은 모두 은솔로 삼는다[105], 군현에는 도사를 두었는데, 또한 성주라고 하였다."

・참고

『三國史記』卷27 武王　武王諱璋 法王之子 風儀英偉 志氣豪傑 法王即位翌年薨 子嗣位

『三國遺事』卷2 武王　武王 第三十武王名璋 母寡居築室扵京師南池邊 池龍文通而生小名薯童 器量難測 常掘薯蕷賣爲活業. 國人因以爲名

『北史』卷94 百濟　隋 開皇初 餘昌又遣使貢方物 拜上開府帶方郡公百濟王 平陳之歲 戰船漂至海東耽牟羅國 其船得還 經于百濟 昌資送之甚厚 幷遣使奉表賀平陳 文帝善之 下詔曰 彼國懸隔 來往至難 自今以後 不須年別入貢 使者舞蹈而去 十八年 餘昌使其長史王辯那來獻方物 興遼東之役 遣奉表請爲軍導 帝下詔 厚其使而遣之 高麗頗知其事 兵侵其境 餘昌死 子餘璋立

95　『隋書』에는 「李德」으로 되어 있다.
96　『周書』와 『隋書』, 『北史』에는 「佐軍」으로 되어 있다.
97　『周書』와 『隋書』에는 「振武」로 되어 있다.
98　『周書』에는 「克虞」로 되어 있다.
99　『周書』에는 「肉部」로 되어 있고, 『北史』에는 앞의 「穀部」가 따로 없이, 「穀內部」로 되어 있다.
100　『周書』와 『北史』에는 「內掠部」와 「外掠部」로 나누어 기록되어 있다.
101　『周書』에는 「後官部」로 되어 있고, 『北史』에는 「後宮部」로 되어 있다.
102　『周』, 『北史』와 달리 여기서는 「內掠部」와 「外掠部」가 「掠部」로 통칭되어 있고, 『周書』와 『北史』에 나오는 「馬部」와 「刀部」가 여기에는 빠져 있다.
103　『周書』와 『北史』에 나오는 「都市部」 혹은 「市部」가 여기에는 빠져 있다.
104　백제의 경우, 도성은 5부 5항으로 나뉘며, 지방은 5방과 그 휘하의 郡·城으로 나뉘었다. 지방의 방-군 관련 기사는 다음 정문의 주문에 별도로 기재되어 있으므로, 여기서는 도성 내의 행정구획에 대한 설명이다. 『周書』와 『北史』에는 上部·前部·中部·下部·後部의 5부가 나온다. 한편, 『隋書』에서는 도성이 아닌, 畿內를 나누어 5부를 둔다고 한다.
105　『周書』와 『北史』 등에는 '郡將은 3인으로, 德率이 그것을 맡았다'라고 되어 있다.

『隋書』卷81 百濟　國中大姓有八族 沙氏燕氏刕氏解氏貞氏國氏木氏苩氏

『三國史記』卷24 古爾王　二十七年春正月 置內臣佐平掌宣納事 內頭佐平掌庫藏事 內法佐平掌禮儀事 衛士佐平掌宿衛兵事 朝廷佐平掌刑獄事 兵官佐平掌外兵馬事 又置達率恩率德率扞率奈率及將德施德固德季德對德文督武督佐軍振武克虞 六佐平並一品 達率二品 恩率三品 德率四品 扞率五品 奈率六品 將德七品 施德八品 固德九品 季德十品 對德十一品 文督十二品 武督十三品 佐軍十四品 振武十五品 克虞十六品 二月 下令六品已上服紫 以銀花餙冠 十一品已上服緋 十六品已上服青

『周書』卷49 百濟　官有十六品 左平五人一品 達率三十人二品 恩率三品 德率四品 扞率五品 奈率六品 六品已上 冠飾銀華 將德七品 紫帶 施德八品 皂帶 固德九品 赤帶 李[季]德十品 青帶 對德十一品 文督十二品 皆黃帶 武督十三品 佐軍十四品 振武十五品 克虞十六品 皆白帶 自恩率以下 官無常員 各有部司 分掌衆務 內官有前內部穀部肉部內椋部外椋部馬部刀部功德部藥部木部法部後官部 外官有司軍部司徒部司空部司寇部點口部客部外舍部綢部日官部都市部

『隋書』卷81 百濟　官有十六品 長曰左平 次大率 次恩率 次德率 次扞率 次奈率 次將德 服紫帶 次施德 皂帶 次固德 赤帶 次李德 青帶 次對德以下 皆黃帶 次文督 次武督 次佐軍 次振武 次剋虞 皆用白帶 其冠制並同 唯奈率以上飾以銀花 長史 三年一交代 畿內爲五部 部有五巷 士人居焉 五方各有方領一人 方佐貳之 方有十郡 郡有將 其人雜有新羅高麗倭 亦有中國人

05 西據安城, 南隣巨海.
서쪽으로 안성에 거했고, 남쪽으로 큰 바다에 인접했다.

括地志曰: "百濟王城, 方一里半. 北面, 累石爲之. 城下[106]可萬[107]餘家, 卽五部之所[□][108]也. 一部有兵五百人. 又國南二百六十里, 有古沙城, 城方百五十步[109], 此其中方也. 方繞[110]兵千二百人. 國東南百里, 有得安城, 城方一里, 此其東方也. 國南三百六十里, 有卞城, 城方一百三十步, 此其南方也. 國西三百五十里, 有力光城, 城方二百步, 此其西[方][111]也. 國東北六十里, 有熊[112]津城, 一名

---

106 원문「水」. 탕천본「下」로 교감, 길림본「內」로 교감. 문맥에 맞게『周書』와『北史』를 참고하여「下」로 교감.

107 원문「方」. 죽내본·탕천본·길림본「萬」으로 교감. 문맥에 맞게『周書』와『北史』를 참고하여「萬」으로 교감.「方」은「萬」의 속자인「万」의 오식일 가능성이 있다.

108 원문「所」. 탕천본·길림본「所居」로 교감. 문장에 동사가 없으므로 보입이 필요하지만,「居」로만 단정할 수 없으므로「所□」으로 교감.

109 원문「里步」. 탕천본·길림본「步」로 교감. 앞서 설명한 도성의 크기가 방 1리 반임을 감안하면,「里」는 연자일 가능성이 높으므로「步」로 교감.

110 원문「繞」. 길림본「統」으로 교감. 원문대로 두어도 의미가 통하므로 교감하지 않는다.

111 원문「西」. 죽내본·탕천본·길림본「西方」으로 교감. 5방 중 하나를 가리키므로 문맥에 맞게「西方」으로 교감.

112 원문「能」. 죽내본·탕천본·길림본「熊」으로 교감. 지명이므로『周書』와『北史』,『三國史記』등을 참고하여「熊」으로 교감.「能」은「熊」의 오식일 가능성이 있다.

固麻城. 城方一里半, 此其北方也. 其諸方之城, 皆憑山險爲之, 亦有累石者. 其兵多者千人, 少者七八百人. 城中戶多者千人, 少者七八百人[113]. 城中戶多者至五百家. 諸城左右亦各[□][114] 小城, 皆統諸方. 又國南海中, 有大島[115] 十五所, 皆置城邑, 有人居之."

『괄지지』에 다음과 같이 전한다. "백제 왕성은, 사방 1리 반이다. 북면하며, 돌을 쌓아 만들었다. 성 아래에는 만여 가 정도가 있는데, [이곳이] 바로 5부가 □□하는 곳이다. 한 부에는 병사 500인이 있다. 또한 나라 남쪽 260리에, 고사성이 있는데, 성은 사방 150보이며, 이것이 그 [나라의] 중방이다[116]. 방은 병사 1,200인이 둘러싸고 있다. 나라 동남쪽 100리에는, 득안성이 있는데, 성은 사방 1리이며, 이것이 그 [나라의] 동방이다. 나라 남쪽 360리에는, 변성이 있는데, 성은 사방 130보이며, 이것이 그 [나라의] 남방이다. 나라 서쪽 350리에는, 역광성이 있는데, 성은 사방 200보이며, 이것이 그 [나라의] 서방이다. 나라 동북쪽 60리에는, 웅진성이 있는데, 일명 고마성이라고도 한다. 성은 사방 1리 반이며, 이것이 그 [나라의] 북방이다. 여러 방의 성은, 모두 산의 험함에 기대어 쌓았으며, 돌로 쌓은 것도 있다. 그 [가운데] 병사는 많은 것은 1,000인, 적은 것은 700~800인이다. 성 가운데 호가 많은 것은 1,000인[이고], 적은 것은 700~800인[이다][117]. 성 가운데 호가 많은 것은 500가에 이른다. 여러 성 좌우에는 또한 각각 소성을 □□했는데, 모두 각 방이 통솔한다. 또 나라 남쪽 바다 가운데, 큰 섬 15개가 있는데, 모두 성읍을 두어, 사람들이 그곳에 거주한다."

---

113 원문 「城中戶多者千人 少者七八百人」. 탕천본·길림본 생략. 바로 뒤이어서 상충되는 내용처럼 보이는 「城中戶多者至五百家」가 나오기는 하지만, 「人」과 「家」의 차이를 유의하면 원문대로 두어도 의미가 통하므로 교감하지 않는다.

114 원문 「各」. 탕천본·길림본 「各有」로 교감. 문장에 동사가 없으므로 보입이 필요하지만, 「有」로만 단정할 수 없으므로 「各□」으로 교감.

115 원문 「烏」. 죽내본·탕천본·길림본 「島」로 교감. 문맥에 맞게 「島」로 교감. 「烏」는 「島」의 오식일 가능성이 있다.

116 백제의 도성과 5방에 대해서는 사서별로 약간의 차이를 보인다. 이를 정리하면 다음과 같다.

	『周書』	『北史』	『翰苑』所引『括地志』
都城	固麻城	居拔城 일명 固麻城	
中方	古沙城	古沙城	古沙城
東方	得安城	得安城	得安城
南方	久知下城	久知下城	卞城
西方	刀先城	刀先城	力光城
北方	熊津城	熊津城	熊津城 일명 固麻城

117 성안의 戶의 숫자를 기록한 것이나 호의 숫자가 앞서 나오는 병사의 숫자와 동일하다는 점에서 오기로 보인다. 『周書』에 '方統兵一千二百人以下, 七百人以上'이라 한 점을 통해 볼 때 이 기록은 성안의 戶에 대한 기록이라기보다는 병사에 대한 기록으로 보아야 한다.

• 참고

『周書』卷49 百濟　治固麻城 其外更有五方 中方曰古沙城 東方曰得安城 南方曰久知下城 西方曰刀先城 北方曰熊津城 … 都下有萬家 分爲五部 曰上部前部中部下部後部 統兵五百人 五方各有方領一人 以達率爲之 郡將三人 以德率爲之 方統兵 一千二百人以下 七百人以上 城之內外民庶及餘小城 咸分肄[隸]焉

『北史』卷94 百濟　其都曰居拔城 亦曰固麻城 其外更有五方 中方曰古沙城 東方曰得安城 南方曰久知下城 西方曰刀先城 北方曰熊津城 … 都下有萬家 分爲五部 曰上部前部中部下部後部 部有五巷 士庶居焉　部統兵五百人 五方各有方領人 以達率爲之 方佐貳 方有十郡 郡有將三人 以德率爲之 統一千二百人以下 七百人以上

06　鷄山東峙, 貫四序以同華,
계[람]산[118]은 동쪽에 우뚝 솟았으니, 사계절 내내 중화와 같았고,

括地志曰: "烏山在國北界, 大山也. 草木鳥獸與中夏同. 又國東有鷄藍山, 山南又有祖粗山. 又國南界有霧五山. 其山草木冬夏常榮. 又有且那山, 在國西界. 又有山且山·禮母山, 並石[119], 在國南之[120]也."

『괄지지』에 다음과 같이 전한다. "오산[121]은 나라 북쪽 경계에 있으며 대산이다. 초목과 조수가 중국과 같다. 또 나라 동쪽에 계람산이 있고 [계람]산 남쪽에 또 조조산이 있다. 또 나라 남쪽 경계에 무오산[122]이 있다. 그 산의 초목은 겨울이든 여름이든 항상 무성하였다. 또 차나산[123]이 있는데, 나라 서쪽 경계에 있다. 또 산차산·예모산이 있는데, 모두 돌로 [되어 있으며] 나라 남쪽에 있다[124]."

118　계룡산을 가리키는 것으로 보인다. 계룡산은 鷄藍山·翁山·西嶽·中嶽·鷄嶽 등으로 불리었다. 신라 중대 이후에는 '5악' 중의 西嶽이었다(『三國史記』卷32 祭祀 "中祀 五岳 東吐含山[大城郡] 南地理山[菁州] 西雞龍山[熊川州] 北太伯山[奈已郡] 中父岳[一云公山 押督郡]).『括地志』에서 백제의 동쪽에 있다고 하는 '계람산' 역시 계룡산으로 볼 수 있다.

119　원문「石」. 탕천본·길림본「石山」으로 교감. 원문대로 두어도 의미가 통하므로 교감하지 않는다.

120　원문「南之」. 탕천본「南」으로 교감, 길림본「之南」으로 교감. 원문대로 두어도 의미가 통하므로 교감하지 않는다.

121　『三國史記』祭祀條의 中祀 중 하나로 기록된 烏西岳으로 보인다(채미하, 「백제의 산천제사와 그 整備」『동국사학』48, 2009, 36쪽).

122　『三國史記』祭祀條에서 전하는 中祀의 하나로 남악인 지리산을 가리키는 것으로 추정된다(채미하, 위의 논문, 2009, 36쪽).

123　『三國史記』祭祀條에서 전하는 小祀의 하나인 월나악(또는 태안의 나산)으로 추정된다(채미하, 위의 논문, 2009, 36쪽).

124　이도학은 3산을 수도 사비의 日山(現 金城山), 吳山(現 염창리 오석산), 浮山이라고 하였다. 5岳의 경우 中岳을 제외하고 東岳으로써 鷄龍山, 西岳으로써 月出山, 南岳으로써 智異山, 北岳으로써 烏棲山이 5岳로 설정되었다고 추정하였다. 5악의 성립은 국토의 진호와 국가의 군사적 의지 등을 반영한다고 보았다(李道學, 「泗沘時代 百濟의 四方界山과 護國寺刹의 成立」『百濟研究』20, 1989, 121~126쪽).

07 　熊水西流, 侶百川而[125]齊騖.
　　웅수가 서쪽으로 흘렀으니, 여러 강과 더불어 가지런히 흘렀다.

括地[126]志曰: "熊津河源出國東界, 西南流, 經國北百里, 又西流入海. 廣處三百步, 其水至淸. 又有基汶河在國[127], 源出其國[128]南山, 東南流入大海. 其中水族與中夏同."
『괄지지』에 다음과 같이 전한다. "웅진하(금강)는 원류가 나라 동쪽 경계에서 나오는데, 서남쪽으로 흐르다가, 나라 북쪽으로 백리를 지나, 다시 서쪽으로 흘러 바다로 들어간다. 넓은 곳은 300보이며, 그 물은 지극히 맑다. 또 기문하[129]가 [그] 나라에 있는데, 원류는 나라 남쪽 산[130]에서 나오며, 동남쪽으로 흘러 큰 바다로 들어간다. 그 [강] 속의 수생동물은 중국과 같다."

08 　因四仲而昭敬, 隨六甲以標年.
　　사중[지월]에 공경함을 밝혔고, 육갑에 따라서 해를 기록했다.

括地志曰: "百濟四仲之月, 祭天及五帝之神. 冬夏用鼓角奏歌舞, 春秋奏歌而已. 解陰[131]陽五行, 用宋元嘉曆. 其紀年無別號, 但數六甲爲次第[132]. 亦解醫療蓍[133]龜占相. 婚姻之禮, 略[134]於華. 喪父

125　원문 「百」. 탕천본·길림본 「而」로 교감. 앞 정문의 「以」와 대구를 이루면서 문맥에 맞게 「而」로 교감. 「百」은 「而」의 오식일 가능성이 있다.
126　원문 「也」. 죽내본·탕천본·길림본 「地」로 교감. 『괄지지』를 가리키므로 「地」로 교감.
127　원문 「在國」. 길림본 생략. 원문대로 두어도 의미가 통하므로 교감하지 않는다.
128　원문 「源出其國 源出其國」. 이 경우 필사 과정에서 「源出其國」이 중복된 것으로 보이므로 「源出其國」으로 교감.
129　『日本書紀』에 보이는 己汶 지역에 흐르는 강으로 추정할 수 있다. 기문 지역에 대해서는 今西龍이 남원으로 비정한 이래 대체로 남원과 임실을 중심으로 한 전라도 동부 지역에서 찾는 견해가 주를 이룬다. 그러나 이와는 달리 開寧(경상북도 김천)을 비롯한 낙동강 유역으로 비정하는 견해도 있다. 이와 관련한 諸說의 자세한 검토는 위가야, 「백제의 기문·대사 진출과정에 대한 재검토」 『史林』 58, 2016, 189쪽 주 53 참고. 뒤에 이어지는 기문하가 '동남쪽으로 흘러 큰 바다로 들어간다'는 기록을 통해 볼 때 섬진강일 가능성이 크다고 보인다.
130　여기에 기록된 南山의 위치는 정확하게 알 수 없다. 다만 앞에서 언급했듯이, 백제의 南岳을 霧五山[지리산]으로 보기도 하는데, 기문하를 섬진강으로 볼 경우 섬진강의 원류는 전라북도 진안군 백운면과 장수군 장수읍의 경계인 八公山이기 때문에 다소 차이가 있다.
131　원문 「陰」. 길림본 「險」으로 판독한 후 「陰」으로 교감.
132　원문 「弟」. 탕천본 「第」로 판독, 길림본 「第」로 교감. 문맥에 맞게 「第」로 교감.
133　원문 「蓍」. 탕천본 「蓍」로 교감, 길림본 「著」로 판독한 후 「耆」로 교감. 원문대로 두어도 의미가 통하므로 교감하지 않는다.
134　원문 「略」. 탕천본·길림본 「略同」으로 교감. 보입하지 않아도 의미가 통하므로 교감하지 않는다. 『周書』와 『北史』에는 「略同」으로 되어 있다.

母及夫[135], 皆制服三年, 餘親葬訖卽除[136]. 其葬亦有置屍於山中者, 亦有埋殯之[137]."

『괄지지』에 다음과 같이 전한다. "백제는 사중의 달[138]에, 하늘과 오제의 신에게 제사지낸다.[139] 겨울과 여름에는 고각을 이용하여 가무를 바치고, 봄과 가을에는 노래만 바칠 뿐이다. 음양오행을 해석하며, 송 원가력[140]을 사용한다. 그 [나라의] 기년에는 별도로 연호가 없고, 다만 육갑을 세어서 차례로 삼는다[141]. 또한 의료, 시구, 점상을 해석하였다. 혼인의 예는 중국보다 간략하다[142]. 부모와 지아비의 상을 지낼 때는, 모두 3년 복을 제도로 하였고[143], 나머지 친속[의 경우에는] 매장을 마치면 바로 [복을] 벗었다. 장례를 지낼 때, 산속에 시신을 두기도 하며, 매빈[144]하기도 한다."

• 참고

『周書』卷49 百濟　　用宋元嘉曆 以建寅月爲歲首 … 賦稅以布絹絲麻及米等 量歲豊儉 差等輸之 其刑罰 反叛 退軍及殺人者 斬盜者流 其贓兩倍徵之 婦人犯姦者 沒入夫家爲婢 婚娶之禮 畧同華俗 父母及夫死者 三年治服 餘親則葬訖除之 土田下濕 氣候溫暖 五穀雜果菜蔬 及酒醴餚饌藥品之屬 多同於內地 唯無馳驢騾羊鵝鴨等 其王以四仲之月 祭天及五帝之神

『北史』卷94 百濟　　其王每以四仲月 祭天及五帝之神

『隋書』卷81 百濟　　行宋元嘉曆 以建寅月爲歲首 … 婚娶之禮 略同於華 喪制如高麗 有五穀牛猪雞 多不火食 厥田下濕 人皆山居 有巨栗 每以四仲之月 王祭天及五帝之神

135　원문 「夫」. 탕천본·길림본 「夫者」로 교감. 보입하지 않아도 의미가 통하므로 교감하지 않는다.

136　원문 「徐」. 죽내본·탕천본·길림본 「除」로 교감. 문맥에 맞게 『周書』와 『北史』를 참고하여 「除」로 교감.

137　원문 「之」. 탕천본·길림본 「之者」로 교감. 보입하지 않아도 의미가 통하므로 교감하지 않는다.

138　四仲之月은 2월, 5월, 8월, 11월을 가리킨다.

139　백제가 천과 五帝神에게 제사지냈음은 정현설의 영향에 의한 것으로 보기도 한다. 다만 백제에서는 감생제가 보이지 않기 때문에 백제가 제사지냈던 천과 오제신의 성격에 대해서는 논란이 있다. 최근 연구에 따르면 백제의 천과 오제신은 각각 교사와 명당제사에서 제사지내는 신격을 의미하는 것으로 보기도 한다(김경화, 「백제의 국가제사 연구」, 인하대학교 대학원 박사학위논문, 2016, 128~131쪽).

140　송나라 河承天이 만든 것으로 송에서는 445년부터 쓰였다. 『周書』와 『隋書』에도 백제가 원가력을 사용하였음을 기록하고 있다.

141　백제의 경우 고구려나 신라에서 보이는 年號가 보이지 않는 특징을 가지고 있다. 「武寧王誌石」에 기록된 무령왕의 사망 시점을 '癸卯年'으로 기록한 것이나, 왕흥사 사리함에 기록된 왕흥사의 창건 시점도 '丁亥年'으로 기록되어 있어 백제는 연호를 대신하여 간지를 사용하였음을 확인할 수 있다.

142　『周書』와 『北史』에는 공히 「婚娶之禮 略同華俗」으로 되어 있어 '혼인의 예가 중국의 풍속과 거의 같다'로 해석되지만, 여기서는 「同」이 없으므로 오히려 '혼인의 예는 중국보다 간략하다'라는 전혀 다른 의미이다.

143　『隋書』에 따르면 백제는 고구려와 喪制는 같았던 것으로 기록되어(喪制如高麗) 있는데, 『隋書』 고구려전에는 "사람이 죽으면 집안에 안치하여 두었다가, 3년이 지난 뒤에 좋은 날을 가려 장사를 지낸다. 부모 및 남편의 喪에는 모두 3년服을 입고, 형제는 3개월간 입는다(死者殯於屋內 經三年擇吉日而葬. 居父母及夫之喪 服皆三年 兄弟三月)."고 하여 고구려의 상제를 전하고 있다.

144　埋殯은 일반적으로 埋葬과 殯葬을 말한다(『水經注·汳水』 "(灵寿光)死于江陵 胡冈家, 冈殯埋之"). 다만 여기서는 가매장을 의미하는 것으로 보인다.

09 文吏兼能, 碁射雙美.
문장과 실무에 모두 능통했고, 바둑과 활쏘기가 전부 뛰어났다.

括地志曰: "百濟俗尙騎射. 有文字, 能吏事. 以兩手據地爲敬. 有僧尼, 無道士, 甚多寺塔. 其戲有投壺·圍碁·樗蒲·厄雙及[145]弄珠等雜戲也."

『괄지지』에 다음과 같이 전한다. "백제의 풍속은 말타기와 활쏘기를 숭상한다. 문자가 있으며, 실무 일에 능하다. 양손으로 땅을 짚어 공경하였다. 승니는 있으나, 도사는 없고, 사탑이 매우 많다. 그 [나라의] 놀이로는 투호, 바둑, 저포[146], 액쌍 및 농주 등의 잡희가 있다[147]."

• 참고
『周書』 卷49 百濟　俗重騎射 兼愛墳史 其秀異者 頗解屬文 又解陰陽五行 用宋元嘉曆 以建寅月爲歲首 亦解醫藥卜筮占相之術 有投壺樗蒲等雜戲 然尤尙奕棊 僧尼寺塔甚多 而無道士

『北史』 卷94 百濟　俗重騎射 兼愛墳史 而秀異者頗解屬文能吏事 又知醫藥蓍龜 與相術陰陽五行法 有僧尼 多寺塔 而無道士 有鼓角箜篌筝竽篪笛之樂 投壺摴蒲弄珠握槊等雜戲 尤尙奕棊

『隋書』 卷81 百濟　俗尙騎射 讀書史能吏事 亦知醫藥蓍龜占相之術 以兩手據地爲敬 有僧尼 多寺塔 有鼓角箜篌筝竽篪笛之樂 投壺圍棊樗蒲握槊弄珠之戲

---

145 원문「厄雙反」. 죽내본「厄雙及」으로 교감, 탕천본「握槊雙陸」으로 교감, 길림본「握槊雙陸及」으로 교감. 놀이에 관한 부분으로, 고대 놀이의 명칭에 대한 기원과 유래를 확인하기 어렵다. 단「反」은「及」의 오식일 가능성이 높으므로「厄雙及」으로 교감. 『隋書』의 해당 부분은「握槊」으로 되어 있다.

146 백제 때 놀이의 하나이다. 주사위 같은 것을 나무로 만들어 던져서 그 이기고 짐을 겨루던 것으로 윷과 비슷하다.

147 백제의 놀이에 관해서, 『周書』에는 投壺와 樗蒲가, 『隋書』에는 投壺, 圍棊, 樗蒲, 握槊, 弄珠가, 『北史』에는 投壺, 樗蒲, 弄珠, 握槊이 나온다.

肅愼
숙신

판독문

彎弧縱毒 帶臣壑以偸安 禦吹塗膏 穴幽巖而自逸

後漢書曰 挹婁 古肅愼之國也 在夫餘東北千餘里 濱大海 種衆雖少而多象力 處力處[1]山險 又善射 發能入人因[2] 弓長四尺 力如弩 矢用楛 長一尺八寸 青石爲鏃[3] 〻皆施毒 中人卽死 便乘船 好寇盜 鄰國畏患 而卒不能服 東夷飮食類 皆用俎豆 唯挹[4]婁挹[5]獨無 法洛[6]最無綱紀 人形似夫餘 而言語各異 有五穀麻布 出赤玉好貂 無居長 其邑落各有大人 處於林之間 土氣極寒 無城郭 衣山林穴居 好養貊[7] 食其肉衣其皮 冬月 以膏塗身 以扞風寒 夏則裸袒[8] 以尺布敬其前後 穴以深爲貴 犬[9]家至

---

1 죽내본 「處」, 길림본 「處」. 「處」로도 판독될 수 있지만, 아래의 용례를 통해 「處」로 판독. 당초본도 「處」로 판독.

2 죽내본 「因」, 길림본 「曰」. 아래의 용례를 통해 「因」으로 판독. 당초본도 「因」으로 판독.

3 죽내본 「鏃」, 길림본 「鉄」. 자형에 따라 「鏃」로 판독. 당초본은 「鏃」으로 판독했지만, 우변을 「族」의 이체로 보기는 어렵다.

4 죽내본 「患」, 길림본 누락.

5 죽내본 「挹」, 길림본 「挹」. 아래의 용례를 통해 「挹」으로 판독. 당초본도 「挹」으로 판독.

6 죽내본 「俗」, 길림본 「洛」. 자형에 따라 「洛」으로 판독. 당초본은 「俗」으로 판독했지만, 우변을 「谷」의 이체로 보기는 어렵다.

7 죽내본·길림본 「猪」. 자형에 따라 「貊」로 판독. 당초본은 「猪」로 판독했지만, 좌변을 「豕」의 이체로 보기는 어렵다.

接¹⁰九梯之也

北窮弱水 南界沃沮

魏略曰 肅愼氏 其地在夫餘國北十日行 東濱大海 西接冠漫¹¹行國 北極弱水 其土界廣數襄十里 居梁山窮谷 夏則巢居 冬則穴處 父子代爲居長 無文¹²黑 以言語爲約束 績貂毛以爲布 挾而噉之 得陳內坐其止令臘 地土無監鐵 燒木作灰 灌取汁食

挿羽申交 婚姻之首爰適

肅愼國記曰 肅愼俗 嫁娶之法 男以毛羽挿女頭 女和則持歸 然後置礼娉 婦貞而女姪 貴壯而賤老 寡居終身不嫁 性凶悼¹³ 以無憂哀相向也

灌繩知止 送終之礼攸陳

肅愼記曰 肅愼俗 父母死 男子不哭泣 有泣者謂之不壯 死卽日便¹⁴葬於野 以繩繫於樟頭 出土以

8　죽내본「衵」, 길림본「袒」. 아래의 용례를 통해「袒」으로 판독. 당초본은「袒」으로 판독.

원문	且	且
		平安 道澄寺鐘銘

9　죽내본「犬」, 길림본「大」. 자형에 따라「犬」으로 판독. 당초본도「犬」으로 판독.

원문 大

10　죽내본「接」, 길림본「楼」. 아래의 용례를 통해「接」으로 판독. 당초본도「接」으로 판독.

원문	接	接	接
		初唐 禮記正義	奈良 光明皇后 杜家立成雜書要略

11　죽내본·길림본「漫」. 우변이 아래와 같이「曼」으로 판독되므로, 「漫」으로 판독. 당초본도「漫」으로 판독.

원문	曼	曼
		唐 顔眞卿 東方朔畵贊碑

12　죽내본「文」, 길림본「父」. 아래의 용례를 통해「文」으로 판독. 당초본도「文」으로 판독.

원문	文	父	父
		唐 李懷琳 絶交書	初唐 禮記正義

13　죽내본「悍」, 길림본「悼」. 자형에 따라「悼」로 판독. 당초본은「悍」으로 판독했지만, 우변을「旱」의 이체로 보기는 어렵다.

원문 悼

14　죽내본·길림본「便」. 시차는 있지만, 아래의 용례를 통해「便」으로 판독. 당초본도「便」으로 판독.

원문	便	便	便
		齊員外郎馬少敏墓誌	前漢 馬王堆帛書

酒灌 繩腐而止 無四時祭祀之也

周業斯隆 姖[15]誦銘其入賀

肅愼記曰 昔武王克商 通道九夷百蠻 使各以其賄來貢 使無忘職業 於是肅愼貢楛矢石砮 其長尺有咫 先王欲昭其合德之致遠也 以示後人 使永監焉 故銘其括[16]曰 肅氏之貢矢 王又以賜陳胡公 成王時復入賀 王使榮伯作賄肅愼之命也 誦成王名之

漢風尙阻[17] 劉徹嗟其未通

肅愼記曰 漢武帝時 肅愼不至 策詔慷慨 根不能致之也 徹武帝名

馬首知歸 明大邦之可謁

陸歲郊[18]中記曰 肅愼在鄴之東北 去鄴五万里 遣使四年乃達 獻石砮楛矢 問使者緣來此 答六牛馬西南向眠三年 則知有大國所在 故來耳 恒以此爲候也

雒常入用 驗聖道之逾隆

山海經曰 曰[19]不咸山有肅愼國 肅愼國在自人北 有樹名曰雒常 先人伐帝 於此取衣 璞曰 其俗無衣服 中國有聖帝伐立 則此木生皮也可衣也

---

15 죽내본 「姬」, 길림본 「姖」. 단, 길림본은 「姖」를 「姬」의 이체자로 파악한다. 자형에 따라 「姖」로 판독. 당초본은 「姬」로 판독했지만, 우변을 「匠」의 이체로 보기는 어렵다.

원문

16 죽내본 「栝」, 길림본 「括」. 아래의 용례를 통해 「括」로 판독. 당초본은 「栝」로 판독.

17 죽내본·길림본 「阻」. 우변이 아래와 같이 「且」로 판독되므로, 「阻」로 판독. 당초본도 「阻」로 판독.

18 죽내본 「祁」, 길림본 「郊」. 좌변이 아래와 같이 「糸」로 판독되므로, 「郊」로 판독. 당초본은 「鄴」으로 판독했지만, 좌변을 「業」의 이체로 보기는 어렵다.

19 죽내본 「日」, 길림본 「曰」. 「日」로도 판독될 수 있지만, 자형 상 앞의 「曰」과 같으므로 「曰」로 판독. 당초본은 판독에서 「日」과 「曰」을 구분하지 않음.

원문

교감문 · 역주 · 참고자료

01　彎弧縱毒, 帶巨¹壑以偸安, 禦吹塗膏, 穴幽巖²而自逸.
　　활을 당기어 독을 쏘았고, 큰 골짜기를 둘러서 안녕을 도모하였으며, 바람³을 막고자 기름을 발랐고, 깊은 굴에 혈거하면서 스스로 편안히 했다.

後漢書曰: "挹婁, 古肅愼之國也. 在夫餘東北千餘里, 濱⁴大海. 種衆, 雖少而多勇⁵力. 處⁶山險. 又善射, 發能入人目⁷. 弓長四尺, 力如弩, 矢用楛, 長一尺八寸. 青石爲鏃⁸, 鏃皆施毒, 中人即死. 便乘船, 好寇⁹盜, 鄰國畏患, 而卒不能服. 東夷¹⁰飮食類, 皆用俎豆, 唯¹¹挹婁¹²獨無, 法俗¹³最無綱

1　원문 「臣」. 죽내본·탕천본·길림본 「巨」로 교감. 문맥에 맞게 「巨」로 교감.
2　원문 「嚴」. 죽내본·탕천본·길림본 「巖」으로 교감. 문맥에 맞게 「巖」으로 교감.
3　「吹」를 「冷」으로 교감하여, '추위'로 해석하기도 한다(김육불).
4　원문 「濱」. 죽내본·탕천본 「濱」으로 판독, 길림본 「東濱」으로 교감. 보입하지 않아도 의미가 통하므로 교감하지 않는다. 『三國志』의 해당 부분은 「濱」으로 되어 있고, 『後漢書』의 해당 부분은 「東濱」으로 되어 있다.
5　원문 「象」. 죽내본·탕천본·길림본 「勇」으로 교감. 문맥에 맞게 『三國志』와 『後漢書』를 참고하여 「勇」으로 교감.
6　원문 「處力處」. 죽내본·탕천본·길림본 「處」로 교감. 문맥에 맞게 『後漢書』를 참고하여 「處」로 교감. 연문일 가능성이 있다.
7　원문 「因」. 죽내본·탕천본·길림본 「目」으로 교감. 문맥에 맞게 『三國志』와 『後漢書』를 참고하여 「目」으로 교감.
8　원문 「鐵」. 죽내본·탕천본·길림본 「鏃」으로 교감. 문맥에 맞게 『三國志』와 『後漢書』를 참고하여 「鏃」으로 교감.
9　원문 「冠」. 죽내본·탕천본·길림본 「寇」로 교감. 문맥에 맞게 『三國志』와 『後漢書』를 참고하여 「寇」로 교감.
10　원문 「東夷」. 죽내본·탕천본 「東夷」로 판독, 길림본 「東夷夫餘」로 교감. 보입하지 않아도 의미가 통하므로 교감하지 않는다. 『三國志』의 해당 부분은 「東夷」로 되어 있고, 『後漢書』의 해당 부분은 「東夷夫餘」로 되어 있다.
11　원문 「唯患」. 죽내본·탕천본 「唯」로 교감, 길림본 「患」 누락. 문맥에 맞게 『三國志』와 『後漢書』를 참고하여 「唯」로 교감. 「患」은 다음 글자 「婁」의 오식으로 인한 연문이었을 가능성이 높다.
12　원문 「婁挹」. 죽내본 「婁桓」으로 판독, 탕천본·길림본 「挹婁」로 교감. 국명 혹은 종족명이므로 『三國志』와 『後漢書』를 참고하여 「挹婁」로 교감.
13　원문 「澘」. 죽내본·탕천본 「俗」으로 판독, 길림본 「俗」으로 교감. 문맥에 맞게 『三國志』와 『後漢書』를 참고하여 「俗」으로 교감.

紀. 人形似夫餘, 而言語各異. 有五穀麻布, 出赤玉好貂. 無君[14]長, 其邑落各有大人. 處於林[15]之間, 土氣極寒[16]. 無城郭, 依[17]山林穴居[18]. 好養豬[19], 食其肉, 衣其皮. 冬月, 以膏塗身, 以扞風寒. 夏則裸袒[20], 以尺布蔽[21]其前後. 穴以深爲貴, 大[22]家至接[23]九梯之也[24]."

『후한서』에 다음과 같이 전한다. "읍루는, 옛 숙신국이다. 부여의 동북쪽 천여 리에 있으며, 큰 바다에 잇닿아 있다. 종족의 무리는, 비록 수가 적으나 용력있는 자가 많다. 산이 험한 곳에 산다. 또한 활을 잘 쏘는데, 쏘면 사람의 눈에 맞출 수 있다. 활의 길이는 4척으로, 위력이 쇠뇌와 같고, 화살은 초(楛)를 사용하는데, 길이가 1척 8촌이다. 청석(靑石)으로 촉을 만들고, 촉에는 모두 독을 발라, 사람을 맞히면 바로 죽는다. 배를 잘 타고, 노략질을 좋아해서, 이웃 나라가 두려워하고 근심하지만, 끝내 복속시킬 수 없었다. 동이의 음식에는, 모두 조두를 사용하는데, 오직 읍루만 홀로 [조두가] 없으니, 법속은 [동이 중] 가장 기강이 없다. 사람의 외형은 부여와 비슷하지만, 언어는 서로 다르다. 오곡과 마포가 있고, 붉은 옥과 좋은 담비가 산출된다. 군장[25]이 없고, 그 읍락마다 각각 대인이 있다. 산림에 사는데, 땅의 기운이 매우 차다. 성곽이 없고[26], 산림에 의지하여 혈거한다. 돼지를 잘 기르며, 그 고기를 먹고, 그 가죽을 입는다. 겨울철에는, [돼지] 기름을 몸에 바름으로써, 바람과 추위를 막는다. 여름철이면 벌거벗고, 작은 포로 그 앞뒤를 가린다. 움집은 깊을수록 귀하게 여기는데, 대가는 아홉 단[의 사다리를 타고

14　원문 「居」. 죽내본·탕천본·길림본 「君」으로 교감. 문맥에 맞게 『三國志』와 『後漢書』를 참고하여 「君」으로 교감. 단, 『三國志』의 해당 부분은 「大君」으로 되어 있다.

15　원문 「林」. 죽내본 「林」으로 판독, 탕천본·길림본 「山林」으로 교감. 보입하지 않아도 의미가 통하므로 교감하지 않는다. 『三國志』과 『後漢書』의 해당 부분은 「山林」으로 되어 있다.

16　원문 「塞」. 죽내본·탕천본·길림본 「寒」으로 교감. 문맥에 맞게 『三國志』와 『後漢書』를 참고하여 「寒」으로 교감.

17　원문 「衣」. 죽내본·탕천본·길림본 「依」로 교감. 문맥에 맞게 「依」로 교감.

18　탕천본·길림본에서는 「依山林穴居」에 이어서 뒤 부분의 「穴以深爲貴 大家至接九梯」를 이어 붙여, 문장 순서를 조정하였다. 『後漢書』의 기술 순서를 존중한 것인데, 현전하는 『後漢書』는 宋代 이후의 판본이므로 『翰苑』 所引 『後漢書』과 어느 것이 원전에 가까운 것인지 판단하기 쉽지 않다. 따라서 현전 『後漢書』에 근거한 문장 순서 조정은 보류한다.

19　원문 「豬」. 죽내본·길림본 「豬」로 판독, 탕천본 「豬」로 교감. 『三國志』와 『後漢書』의 해당 부분은 각각 「豬」·「家」로 되어 있으므로 의미에 맞게 「豬」로 교감.

20　원문 「袒」. 길림본 「袒」으로 교감. 문맥에 맞게 『三國志』와 『後漢書』를 참고하여 「袒」으로 교감.

21　원문 「敬」. 죽내본 「敝」으로 교감, 탕천본 「敝」로 교감, 길림본 「蔽」으로 교감. 문맥에 맞게 『三國志』와 『後漢書』를 참고하여 「蔽」로 교감.

22　원문 「犬」. 죽내본 「大」로 교감, 탕천본·길림본 「大」로 판독. 문맥에 맞게 『三國志』와 『後漢書』를 참고하여 「大」로 교감. 당초본도 「犬」으로 판독하고 「大」로 교감.

23　원문 「接」. 죽내본·탕천본 「接」으로 판독, 길림본 「接」으로 교감. 『後漢書』의 해당 부분은 「接」으로 되어 있다.

24　원문 「之也」. 탕천본·길림본 「之也」 생략. 생략하지 않아도 의미가 통하므로 교감하지 않는다.

25　『三國志』에는 '대군장'이 없다고 전한다.

26　'無城郭'은 『後漢書』에 나오지 않는 내용이다.

서야] 이를 수 있다."

• 참고

『三國志』卷30 挹婁　挹婁在夫餘東千餘里 濱大海 南與北沃沮接 未知其北所極 其土地多山險 其人形似夫餘 言語不與夫餘句麗同 有五穀牛馬麻布 人多勇力 無大君長 邑落各有大人 處山林之間 常穴居 大家深九梯 以多爲好 土氣寒 劇於夫餘 其俗好養豬 食其肉 衣其皮 冬以豬膏塗身 厚數分 以禦風寒 夏則裸袒 以尺布隱其前後 以蔽形體 其人不絜 作溷在中央 人圍其表居 其弓長四尺 力如弩 矢用楛 長尺八寸 靑石爲鏃 古之肅愼氏之國也 善射 射人皆入因 矢施毒 人中皆死 出赤玉好貂 今所謂挹婁貂是也 自漢已來 臣屬夫餘 夫餘責其租賦重 以黃初中叛之 夫餘數伐之 其人衆雖少 所在山險 鄰國人畏其弓矢 卒不能服也 其國便乘船寇盜 鄰國患之 東夷飮食類皆用俎豆 唯挹婁不法俗 最無綱紀也

『後漢書』卷85 挹婁　挹婁古肅愼之國也 在夫餘東北千餘里 東濱大海 南與北沃沮接 不知其北所極 土地多山險 人形似夫餘 而言語各異 有五穀麻布 出赤玉好貂 無君長 其邑落各有大人 處於山林之間 土氣極寒 常爲穴居 以深爲貴 大家至接九梯 好養豕 食其肉衣其皮 冬以豕膏塗身 厚數分 以禦風寒 夏則裸袒 以尺布蔽其前後 其人臭穢不絜 作廁於中 圜之而居 自漢興已後 臣屬夫餘 種衆雖少而多勇力 處山險 又善射 發能入人目 弓長四尺 力如弩 矢用楛 長一尺八寸 靑石爲鏃 鏃皆施毒 中人卽死 便乘船 好寇盜 鄰國畏患 而卒不能服 東夷夫餘飮食類 皆用俎豆 唯挹婁獨無 法俗最無綱紀者也

02　北窮弱水, 南界沃沮.
북쪽으로 약수까지 도달하였고, 남쪽으로 옥저와 경계하였다[27].

魏略曰: "肅愼氏, 其地在夫餘國北十[28]日行, 東濱大海, 西接寇漫行國, 北極弱水. 其土界廣袤數千[29]里, 居深[30]山窮谷. 夏則巢居, 冬則穴處. 父子代[31]爲君[32]長. 無文[33]墨[34], 以言語爲約束. 績[35]豬[36]毛

27　정문의 '南界沃沮'에 해당하는 내용이 주문에는 없다.

28　원문 「十」. 죽내본 「十」으로 판독, 탕천본·길림본 「六十」으로 교감. 보입하지 않아도 의미가 통하므로 교감하지 않는다. 『後漢書』의 해당 부분은 「六十」으로 되어 있다.

29　원문 「數襄十」. 죽내본 「數襄十」으로 판독, 탕천본·길림본 「袤數千」으로 교감. 문맥에 맞게 『晉書』를 참고하여 「袤數千」으로 교감.

30　원문 「粱」. 죽내본·탕천본·길림본 「深」으로 교감. 문맥에 맞게 『晉書』를 참고하여 「深」으로 교감.

31　원문 「代」. 죽내본·길림본 「代」로 판독, 탕천본 「世」로 교감. 원문대로 두어도 의미가 통하므로 교감하지 않는다. 원문의 「代」는 당 태종 李世民에 대한 피휘이다. 『晉書』와 『太平御覽』 所引 『肅愼國記』, 『冊府元龜』의 해당 부분은 「世」로 되어 있다.

32　원문 「居」. 죽내본·탕천본·길림본 「君」으로 교감. 문맥에 맞게 『晉書』와 『太平御覽』 所引 『肅愼國記』, 『冊府元龜』를 참고하여 「君」으로 교감.

33　원문 「文」. 죽내본 「文」으로 판독, 탕천본·길림본 「文」으로 교감. 『晉書』와 『太平御覽』 所引 『肅愼國記』, 『冊府元龜』의 해당 부분은 「文」으로 되어 있다.

34　원문 「黑」. 죽내본 「字」로 교감, 탕천본·길림본 「墨」으로 교감. 문맥에 맞게 『晉書』와 『太平御覽』 所引 『肅愼國記』, 『冊府元龜』

以爲布. [以足]挾[肉]而³⁷噉之. 得凍肉³⁸坐其上³⁹令暖⁴⁰. 地土⁴¹無鹽⁴²鐵, 燒木作灰, 灌取汁食⁴³."
『위략』⁴⁴에 다음과 같이 전한다. "숙신씨는, 그 땅이 부여국에서 북쪽으로 10일 가면 있는데, 동쪽으로는 큰 바다에 잇닿아 있고, 서쪽으로는 관만행국⁴⁵에 접하며, 북쪽으로는 약수에 이른다. 그 땅의 면적⁴⁶은 수천 리이고, 깊은 산 궁벽한 골짜기에 산다. 여름에는 나무 위에 집을 짓고 살고, 겨울에는 움집에서 산다. 부자가 대를 이어 군장이 된다⁴⁷. 문자가 없어, 언어로 약속한다. 돼지 털을 짜서 천을 만든다. 발에 고기를 끼고 그것을 먹는다. 언 고기를 얻으면 그 위에 앉아서 그것을 녹인다. 땅에 소금과 철이 없으니, 나무를 태워 재를 만들고, 물에 적셔 즙을 내어서 먹는다."

를 참고하여 「墨」으로 교감.

35 원문 「績」. 죽내본 「績」으로 판독, 탕천본·길림본 「績」으로 교감. 문맥에 맞게 『晉書』와 『太平御覽』 所引 『肅愼國記』, 『冊府元龜』를 참고하여 「績」으로 교감.

36 원문 「貂」. 죽내본·탕천본 「貂」로 판독, 길림본 「猪」로 교감. 『晉書』와 『冊府元龜』에는 「績毛以爲布」라고 기록되어 있는데, 앞의 내용이 「多畜猪(혹은 豬) 食其肉 衣其皮」이므로 「猪(혹은 豬)毛」로 베를 만들었음을 알 수 있다. 한편, 『太平御覽』 所引 『肅愼國記』에는 '績猪毛以爲布'라고 기재되어 있다. 담비의 털을 엮어 베를 만든다는 것은 상상하기 어려우므로 「猪」로 교감.

37 원문 「挾而」. 죽내본 「挾而」로 판독, 탕천본·길림본 「以足挾肉而」로 교감. 『晉書』와 『太平御覽』 所引 『肅愼國記』, 『冊府元龜』의 해당 부분은 각각 「以足挾肉而」·「足挾肉而」·「以足夾肉而」로 되어 있다. 이를 참고하여 명확한 의미 전달을 위해 「以足挾肉而」로 교감.

38 원문 「陳內」. 죽내본 「陳內」로 판독, 탕천본·길림본 「凍肉」으로 교감. 문맥에 맞게 『晉書』와 『太平御覽』 所引 『肅愼國記』를 참고하여 「凍肉」으로 교감. 『冊府元龜』의 해당 부분은 「陳肉」으로 되어 있다.

39 원문 「止」. 죽내본·탕천본·길림본 「上」으로 교감. 문맥에 맞게 『晉書』와 『太平御覽』 所引 『肅愼國記』, 『冊府元龜』를 참고하여 「上」으로 교감.

40 원문 「臑」. 죽내본 「臑」로 판독, 탕천본·길림본 「暖」으로 교감. 문맥에 맞게 『晉書』와 『冊府元龜』를 참고하여 「暖」으로 교감. 한편, 『太平御覽』 所引 『肅愼國記』의 해당 부분은 「煖」으로 되어 있다.

41 원문 「地土」. 죽내본 「地土」로 판독, 탕천본·길림본 「土地」로 교감. 『晉書』와 『太平御覽』 所引 『肅愼國記』, 『冊府元龜』의 해당 부분은 각각 「土」·「土地」·「土」로 되어 있다. 의미가 통하므로 교감은 보류한다.

42 원문 「監」. 죽내본·탕천본·길림본 「鹽」으로 교감. 문맥에 맞게 『晉書』와 『太平御覽』 所引 『肅愼國記』, 『冊府元龜』를 참고하여 「鹽」으로 교감.

43 원문 「灌取汁食」. 죽내본 「灌取汁食」으로 판독, 탕천본·길림본 「灌取汁食之」로 교감. 보입하지 않아도 의미가 통하므로 교감하지 않는다. 『晉書』와 『太平御覽』 所引 『肅愼國記』, 『冊府元龜』의 해당 부분은 각각 「灌取汁而食之」·「灌取汁食之」·「灌取汁而食之」로 되어 있다.

44 이하의 내용을 『魏略』의 기록으로 전하고 있지만, 『晉書』 및 『太平御覽』 所引 『肅愼國記』와 내용상 밀접한 관련이 있기 때문에 이때의 『魏略』은 『肅愼國記』의 잘못으로 보기도 한다(內藤湖南, 「影印本 『翰苑』 跋」 『京都帝國大學文學部景印唐鈔本』 第1集, 京都帝國大學文學部, 1922; 池內宏, 「肅愼考」 『滿鮮史硏究』 上世 第1冊, 祖國社, 1951, 405쪽).

45 『晉書』의 해당 부분에는 「寇漫汗國」으로 되어 있다.

46 廣은 동서를, 袤는 남북을 가리켜 넓이·면적을 의미한다.

47 『三國志』에는 「無大君長」으로 되어 있고, 『後漢書』에는 「無君長」으로 되어 있는 반면, 여기서는 군장이 있다고 전한다.

• 참고

『晉書』卷97 肅愼氏 肅愼氏一名挹婁 在不咸山北 去夫餘可六十日行 東濱大海 西接寇漫汗國 北極弱水 其土界廣袤數千里 居深山窮谷 其路險阻 車馬不通 夏則巢居 冬則穴處 父子世爲君長 無文墨 以言語爲約 有馬不乘 但以爲財産而已 無牛羊 多畜猪 食其肉 衣其皮 績毛以爲布 有樹名雒常 若中國有聖帝代立 則其木生皮可衣 無井竈 作瓦鬲 受四五升以食 坐則箕踞 以足挾肉而啖之 得凍肉 坐其上令暖 土無鹽鐵 燒木作灰 灌取汁而食之

『太平御覽』卷784 肅愼 所引『肅愼國記』 肅愼氏 其地在夫餘國北可六十日行 東濱大海 夏則巢居 冬則穴處 父子世爲君長 無文墨 以言語爲約 其畜有馬猪牛羊 不知乘馬 以爲財産而已 猪放山谷中 食其肉 坐其皮 績猪毛以爲布 無井竈 人作瓦鬲 四五升以食 坐則箕踞 足袂肉而啖之 得凍肉 坐其上 令煥 土地無鹽 燒木作灰 灌取汁食之

『册府元龜』卷959 外臣部4 土風 肅愼國 夏則巢居 冬則穴處 父子世爲君長 無文墨 以語言爲約 有馬不乘 但以爲財産而已 無牛羊 多畜豬 食其肉 衣其皮 績毛以爲布 有樹名洛嘗 若中國有聖帝代立 則其木生皮可衣 無井竈 作瓦鬲 受四五升以食 坐則箕踞 以足夾肉而煖之 得陳肉 坐其上令暖 土無鹽鐵 燒木作灰 灌取汁而食之

03 挿羽申交, 婚姻之首[48]爰適,
깃을 꽂아 교제를 알렸으니, 혼인의 시작[49]이 이에 맞았고,

肅愼國記曰:"肅愼俗, 嫁娶之法, 男以毛羽插女頭, 女和則持歸, 然後置禮娉[50]. 婦貞而女婬, 貴壯而賤老. 寡居終身不嫁. 性凶悍[51], 以無憂哀相尙[52]也."

『숙신국기』[53]에 다음과 같이 전한다. "숙신의 풍속 중, 혼인의 예법에, 남자는 짐승의 털을 여

---

48 원문「首」. 죽내본「首」로 판독, 탕천본·길림본「道」로 교감. 원문대로 두어도 의미가 통하므로 교감하지 않는다.

49 「首」를 다음 정문의 '送終之禮' 중「禮」와 통하도록, 「道」로 교감하여 '혼인의 법도'로 해석하거나(탕천행손, 장중주·장건우), 「旨」로 교감하여 '혼인의 뜻'으로 해석하기도 한다(김육불).

50 원문「置禮娉」. 죽내본「置禮娉」으로 판독, 탕천본「置娉禮」로 교감, 길림본「置禮聘」으로 교감. 원문대로 두어도 의미가 통하므로 교감하지 않는다. 『晉書』와『太平御覽』所引『肅愼國記』, 『冊府元龜』의 해당 부분은 각각「致禮娉」·「致禮娉」·「致禮聘」로 되어 있다.

51 원문「悼」. 죽내본「悍」으로 판독, 탕천본·길림본「悍」으로 교감. 문맥에 맞게『晉書』와『太平御覽』所引『肅愼國記』, 『冊府元龜』를 참고하여「悍」으로 교감.

52 원문「向」. 죽내본「問」으로 교감, 탕천본·길림본「尙」으로 교감. 문맥에 맞게『晉書』와『太平御覽』所引『肅愼國記』, 『冊府元龜』를 참고하여「尙」으로 교감.

53 『肅愼國記』는『隋書』「經籍志」와『舊唐書』「經籍志」, 『新唐書』「藝文志」에 기록되어 있지 않은 책이다. 따라서 그 저자 및 편찬 연대를 알기 어려운데, 현재 전하는『肅愼國記』의 내용은 대체로 秦漢代부터 晉代까지의 전승 기록을 轉載하고 있다. 편찬 연대와 관련해서는 晉代까지의 정보를 전달하고 있다는 점과 267년에 西晉에 조공한 '冠漫行國' 관련 기록을 주목함과 동시에 東晉代 기록인『鄴中記』가『肅愼國記』대신 한 차례 인용되었다는 점 등을 근거로 그 편찬 연대를 西晉代로 추정하기도 한다(池內宏, 「肅愼考」, 『滿鮮史硏究』上世 第1冊, 祖社, 1951). 다만, 『肅愼國記』라는 서명이 唐代 이후에만 확인된다는 점이 주목된다. 『翰苑』외에는 983년에 정리된『太平御覽』과 張守節이 집필한『史記正義』(8세기 중반), 『後漢書』에 달린 李賢의 주석(7세기 중반)에서만 확인된다. 이를 통해『肅愼國記』의 편찬 연대가 唐代까지 내려올 가능성이 제기되기도 했다(고미야 히데타

자의 머리에 꽂고, 여자가 승낙하면 [그 깃털을] 지니고 돌아가며, 그러한 이후에 예를 갖추어 혼인한다[54]. 부인은 정숙하나 처녀는 음탕하고, 젊은이는 귀하게 여기나 늙은이는 천하게 여긴다[55]. 과부로 지내게 되어도 종신토록 재가하지 않는다. 성질은 흉악하고 사나우며, 걱정하고 슬퍼하지 않는 것을 서로 숭상한다[56]."

• 참고

『晉書』卷97 肅愼氏　將嫁娶 男以毛羽挿女頭 女和則持歸 然後致禮娉之 婦貞而女淫 貴壯而賤老 死者其日卽葬之於野 交木作小槨 殺猪積其上 以爲死者之糧 性凶悍 以無憂哀相尙

『太平御覽』卷784 肅愼 所引『肅愼國記』　嫁娶之法 男以毛羽挿女頭 女和則持歸 然後致禮娉之 婦貞而女淫 貴壯賤老 寡居終身不嫁 性凶悍 以無憂喪相尙

『冊府元龜』卷959 外臣部4 土風　將嫁娶 男以毛羽挿女頭 女和則持歸 然後致禮聘之 婦貞而女淫 貴壯而賤老 死者其日卽葬之於野 交木作小槨 殺猪積其上 以爲死者之糧 性凶悍 以無憂哀相尙

04　灌繩知止, 送終之禮攸陳.
끈에 [술을] 부어 그칠 줄 알았으니, 송종의 예가 여기에 펼쳐졌다.

肅愼記曰: "肅愼俗, 父母死, 男子不哭泣. 有泣者謂之不壯. 死卽日便葬於野. 以繩繫於槨頭, 出土[上][57]以酒灌, 繩腐而止. 無四時祭祀之也."

『숙신기』에 다음과 같이 전한다. "숙신의 풍속에서, 부모가 죽어도, 남자는 소리 내어 슬피 울지 않는다. 우는 자가 있으면 씩씩하지 못하다고 여긴다. 죽으면 그 날 바로 들에 장사를 지낸다. 끈을 곽 상부에 묶고, 흙 위로 나온 부분에 술을 붓는데, 끈이 썩어야 그친다. 사시(四時)제사가 없다."

카, 「한국 고대국가의 「국기(國記)」에 대하여」『동서인문학』 50, 2015).

54　『晉書』와『太平御覽』所引『肅愼國記』,『冊府元龜』의 해당 부분은 각각「致禮娉」·「致禮娉」·「致禮聘」로 되어 있는데,「置禮娉」와 마찬가지로 '예를 갖추어 혼인하다'는 뜻으로 해석된다.

55　농경사회에서 기로의 풍부한 경험을 중시하는 것과 달리, 수렵사회에서는 사냥을 위한 젊음을 중시한다.

56　『太平御覽』所引『肅愼國記』의 해당 부분은「以無憂喪相尙」으로 되어 있다.

57　원문「出土」. 죽내본·길림본「出土」로 판독, 탕천본「出土上」으로 교감. 문맥에 맞게『太平御覽』所引『肅愼國記』를 참고하여「出土上」으로 교감.

• 참고

『晉書』卷97 肅愼氏　死者其日卽葬之於野 交木作小椁 殺猪積其上 以爲死者之糧 性凶悍 以無憂哀相尙 父母死 男子不哭泣 哭者謂之不壯

『太平御覽』卷784 肅愼 所引『肅愼國記』　父母死 男子不哭 哭者謂之不壯 相盜 贓物無多少 盡誅殺之 雖野處而不相犯 死者卽日便葬於野 交木作小椁 殺猪積椁上 富室數百 貧者數十 以爲死者之粮 以土覆之 以繩繫於椁頭 出土上以酒灌酹 纔繩腐而止 無時祭祀也

『册府元龜』卷959 外臣部4 土風　死者其日卽葬之於野 交木作小椁 殺猪積其上 以爲死者之糧 性凶悍 以無憂哀相尙 父母死 男子不哭泣 哭者謂之不壯

05　周業斯隆, 姬[58]誦銘其入賀,

주의 왕업이 바야흐로 융성하였으니, 희송(주 성왕)은 숙신이 입조하여 하례한 것을 새겼고,

肅愼記[59]曰: "昔武王克商, 通道九夷百蠻, 使各以其[方][60]賄來貢, 使無忘職業. 於是肅愼[61]貢楛矢石砮[62], 其長尺有[63]咫. 先王欲昭其令[64]德之致遠也, 以示後人, 使永監焉. 故銘其括[65]曰, '肅[愼]氏[66]之貢矢'. 王又以賜陳胡公. 成王時復入賀, 王使榮伯作賄肅愼之命也." 誦, 成王名之[67].

『숙신기』에 다음과 같이 전한다. "옛날에 무왕[68]이 상을 이기고, 구이[69]와 백만[70]에 길이 통하게

58　원문「姬」. 죽내본「姬」로 판독, 탕천본·길림본「姬」로 교감. 인명이므로 문맥에 맞게「姬」로 교감.
59　원문「肅愼記」. 죽내본·탕천본「肅愼記」로 판독, 길림본「肅愼國記」로 교감. 원문대로 두어도 의미가 통하므로 교감하지 않는다.
60　원문「其」. 죽내본「其」로 판독, 탕천본·길림본「其方」으로 교감. 문맥에 맞게『國語』를 참고하여「其方」으로 교감.
61　원문「肅愼」. 죽내본·탕천본「肅愼」으로 판독, 길림본「肅愼氏」로 교감. 원문대로 두어도 의미가 통하므로 교감하지 않는다.『國語』의 해당 부분은「肅愼氏」로 되어 있다.
62　원문「砮」. 죽내본「弩」로 교감, 탕천본·길림본「砮」로 판독. 원문대로 두어도 의미가 통하므로 교감하지 않는다.『國語』의 해당 부분은「砮」로 되어 있다.
63　원문「尺有」. 죽내본「有尺」으로 교감, 탕천본·길림본「尺有」로 판독. 원문대로 두어도 의미가 통하므로 교감하지 않는다.『國語』의 해당 부분은「尺有」로 되어 있다.
64　원문「合」. 죽내본·탕천본·길림본「令」으로 교감. 문맥에 맞게『國語』를 참고하여「令」으로 교감.
65　원문「括」. 죽내본·탕천본「栝」로 판독, 길림본「括」로 판독. 원문대로 두어도 의미가 통하므로 교감하지 않는다.『國語』의 해당 부분은「栝」로 되어 있는데,『國語』에 주를 단 韋昭는 이때의「栝」을 화살과 화살 깃 사이로 파악하였다. 당초본은「栝」로 판독하고「栝」로 교감.
66　원문「肅氏」. 죽내본「肅氏」로 판독, 탕천본·길림본「肅愼氏」로 교감. 종족명이므로『國語』를 참고하여「肅愼氏」로 교감.
67　원문「之」. 죽내본「之」로 판독, 탕천본「之」생략, 길림본「也」로 교감. 원문대로 두어도 의미가 통하므로 교감하지 않는다.
68　주 무왕 희발은 문왕 희창의 차남으로, 기원전 1046년에 상을 멸망시키고 주 왕조를 세웠다.
69　「夷」는 동쪽의 오랑캐를 일컫는다.『禮記』에는 '九夷, 八蠻, 六戎, 五狄'으로 등장하고,『爾雅』에는 '九夷, 八狄, 七戎, 六蠻'으로 나와,「九」가 실제 '아홉'을 뜻하는 것처럼 보인다. 이에 따라 구이의 구체적인 명칭으로『後漢書』에서는 畎夷·于夷·方夷·黃夷·白夷·赤夷·玄夷·風夷·陽夷 등으로 설명하기도 한다. 반면,『論語』의 '子欲居九夷',『肅愼記』가 인용한『國語』및『史記』의 '通

하여, 그들에게 각각 방회[71]를 가져와 바치게 함으로써, 직분과 본업을 잊지 않게 하였다. 이에 숙신은 호시와 석노를 바쳤는데, 그 길이가 한 자 여덟 치였다. 선왕이 그 아름다운 덕이 멀리까지 이르렀음을 밝히고, 후인에게 보여, 길이 거울삼도록 하였다. 그러므로 그 오늬(화살에 활시위를 끼우는 부분)[72]에 새겨 말하길, '숙신씨가 공납한 화살[肅愼氏之貢矢]'이라고 하였다. 왕이 또 진호공[73]에게 이를 하사하였다.[74] 성왕 때 다시 들어와 하례하니, 왕이 영백[75]에게 '회숙신지명[76]'을 짓게 하였다[77]." 송은 성왕의 이름이다.

• 참고

『國語』 卷5 魯語下   仲尼在陳 有隼極于陳侯之庭而死 楛矢貫之 石砮其長尺有咫 陳惠公使人以隼如仲尼之館問之 仲尼曰 隼之來也遠矣 此肅愼氏之矢也 昔武王克商 通道于九夷百蠻 使各以其方賄來貢 使無忘職業 于是肅愼氏貢楛矢石砮 其長尺有咫 先王欲昭其令德之致遠也 以示後人 使永監焉 故銘其栝曰 肅愼氏之貢矢 以分大姬 配虞胡公而封諸陳 古者 分同姓以珍玉 展親也 分異姓以遠方之職貢 使無忘服也 故分陳以肅愼氏之貢 君若使有司求諸故府 其可得也 使求 得之金櫝 如之

『尙書』「周官」   武王旣伐東夷 肅愼來賀 王俾榮伯作賄肅愼之命

『史記』 卷4「周本紀」   成王旣伐東夷 息愼來賀 王賜榮伯作賄息愼之命

『晉書』 卷97 肅愼氏   周武王時 獻其楛矢石砮 逮於周公輔成王 復遣使入賀

『太平御覽』 卷784 肅愼 所引『肅愼國記』   其檀弓三尺五寸 括矢長尺有咫 石砮皮骨申

道於九夷百蠻', 『韓非子』의 '大難攻 小易服 不如服衆小易劫大 乃攻九夷 而商蓋服矣' 등에서는 「九」가 실제 '아홉'의 의미가 아니라 '많다'는 뜻의 형용사로 쓰였다. 특히, 『韓非子』에서는 「九」가 「衆」의 의미로 쓰였음을 확인할 수 있다. 여기서도 「九夷」 뒤의 「百蠻」과 함께 '많은 오랑캐'의 의미로 해석된다.

70 「蠻」은 남쪽의 오랑캐를 일컫는다. 「百」은 '많다'는 뜻의 형용사로 많이 쓰였으므로, 앞의 「九夷」와 함께 '많은 오랑캐'의 의미로 해석된다. 한편, 『尙書』는 『肅愼記』가 인용한 『國語』와 비슷한 내용을 전하면서도, 이 부분을 「八蠻」으로 적고 있다. 『周禮』의 '四夷, 八蠻, 八閩, 九貉, 五戎, 六狄'과, 『禮記』의 '九夷, 八蠻, 六戎, 五狄'에도 「八蠻」이 등장하는데, 이 경우 「八」은 실제 '여덟'을 의미하는 것으로 해석될 수 있다.

71 방회는 그 지방에서 산출되는 재화와 방물을 가리킨다. 『國語』에 주를 단 韋昭는 방회를 '各以所居之方所出貨賄 爲貢也(각기 거주하는 지방에서 나는 재화를 바쳤다)'라는 주를 달아 설명하였다.

72 括은 '오늬'를 말하는데, 오늬는 화살에 활시위를 끼는 부분이다.

73 주 무왕이 상을 멸망시킨 후 舜의 후손을 찾아 큰 딸 大姬와 혼인시키고 陳에 봉하였는데, 그가 진호공이다. 『國語』의 해당 부분은 '以分大姬 配虞胡公而封諸陳 古者 分同姓以珍玉 展親也 分異姓以遠方之職貢 使無忘服也 故分陳以肅愼氏之貢'으로 되어 있다. 즉, 진호공에게 「숙신씨지공시」가 새겨진 화살을 하사한 이유는 먼 지방의 직공을 나누어 줌으로써 복속됨을 잊지 않게 하기 위함이었다.

74 "옛 무왕이~하사하였다." 이 부분은 『國語』 卷5 魯語下의 「孔子論楛矢」와 『史記』의 「孔子世家」, 『說苑』 및 『孔子家語』의 「辨物」, 『漢書』 卷27 「五行志」에도 전한다.

75 영백은 주 성왕대의 기내제후로, 경대부를 지냈다.

76 『史記』「周本紀」의 해당 부분은 '賄息愼之命'으로 되어 있다.

77 "성왕 때~짓게 하였다." 이 부분은 『尙書』「周官」과 『史記』의 「周本紀」에도 전한다.

06 漢風尙阻, 劉徹嗟其未通.
한의 위풍이 도리어 막혔으니, 유철(한 무제)은 숙신이 통하지 못함을 한탄하였다.

肅愼記[78]曰: "漢武帝時, 肅愼不至, 策詔慷慨, 恨[79]不能致之也." 徹, 武帝名.
『숙신기』에 다음과 같이 전한다. "한 무제 때, 숙신이 이르지 않자, 조서를 내려 슬피 개탄하며, [숙신이] 이르지 못함을 한탄하였다[80]." 철은 무제의 이름이다.

• 참고
『晉書』卷97 肅愼氏　爾後千餘年 雖秦漢之盛 莫之致也

07 馬首知歸, 明大邦之可謁,
말머리는 귀의할 곳을 알려, 큰 나라에 알현해야 함을 밝혔고,

陸翽[81]鄴[82]中記曰: "肅愼在鄴之東北, 去鄴五萬里. 遣使四年乃達, 獻石砮[83]楛矢. 問使者[何]緣[84]來此. 答云[85], '牛馬西南向眠三年, 則知有大國所在. 故來耳.'" 恒以此爲候也.
육홰의 『업중기』[86]에 다음과 같이 전한다. "숙신은 업[87]의 동북쪽에 있고, 업에서 5만 리 떨어

78　원문 「肅愼記」. 죽내본·탕천본 「肅愼記」로 판독, 길림본 「肅愼國記」로 교감. 원문대로 두어도 의미가 통하므로 교감하지 않는다.
79　원문 「根」. 죽내본·탕천본·길림본 「恨」으로 교감. 정문을 참고하여 문맥에 맞게 「恨」으로 교감.
80　이 때 무제가 책조한 내용은 다음을 참고. 『漢書』卷6「武帝紀」"元光元年(기원전 134) … 五月 詔賢良曰 朕聞昔在唐虞 畫象而民不犯 日月所燭 莫不率俾 周之成康 刑錯不用 德及鳥獸 敎通四海 海外肅眘 北發渠搜 氐羌徠服 星辰不孛 日月不蝕 山陵不崩 川谷不塞 麟鳳在郊藪 河洛出圖書 嗚虖 何施而臻此 今朕獲奉宗廟 夙興以求 夜寐以思 若涉淵水 未知所濟 猗與偉與 何行而可以章先帝之洪業休德 上參堯舜 下配三王 朕之不敏 不能遠德 此子大夫之所睹聞也 賢良明於古今王事之體 受策察問 咸以書對 著之於篇 朕親覽焉."
81　원문 「歲」. 죽내본 「歲」로 판독, 탕천본·길림본 「翽」로 교감. 인명이므로 문맥에 맞게 「翽」로 교감.
82　원문 「鄒」. 죽내본·탕천본·길림본 「鄴」으로 교감. 서명이므로 문맥에 맞게 「鄴」으로 교감.
83　원문 「砮」. 죽내본 「弩」로 교감, 탕천본·길림본 「砮」로 판독. 원문대로 두어도 의미가 통하므로 교감하지 않는다.
84　원문 「緣」. 죽내본 「緣」으로 판독, 탕천본·길림본 「何緣」으로 교감. 문맥에 맞게 「何緣」으로 교감.
85　원문 「六」. 죽내본·탕천본·길림본 「云」으로 교감. 문맥에 맞게 「云」으로 교감.
86　『隋書』「經籍志」에 따르면, 『鄴中記』는 3권으로 구성되었고 晉의 國子助敎 陸翽가 편찬하였다고 한다. 後趙의 3번째 황제 石虎(재위 기간, 334~349)에 관해 기록한 책인데, 그 원본은 이미 망실되었고 『영락대전』에 산견하는 몇몇 구절들을 모아 1권으로 만든 武英殿聚珍板全書本의 『업중기』에는 해당 내용이 없다.
87　업성은 213년에 조조가 위공에 오르며 수도로 삼은 이래, 조위, 후조, 염위, 전연, 동위, 북제 등 여섯 왕조의 도성이었다가 577년 북제가 멸망하며 궁전이 허물어졌고, 580년 수 문제가 위지형의 반란을 평정하는 과정에서 주거지역 대부분이 파괴되었다.

져 있다. [숙신이] 보낸 사자가 4년 만에 도달하여, 석노와 호시를 바쳤다. 사자에게 무슨 이유로 여기에 왔냐고 물었다. 답하길, '소와 말이 서남쪽을 향해 잠들기를 3년이니, 곧 대국이 있다는 것을 알았습니다. 그러므로 왔을 뿐입니다'라고 하였다." [숙신은] 항상 이것을 [대국에 갈] 징후로 여겼다[88].

• 참고
『晉書』卷97 肅愼氏 至成帝時 通貢於石季龍 四年方達 季龍問之 答曰 每候牛馬向西南眠者三年矣 是知有大國所在 故來 云

08 雒常入用, 驗聖道之逾隆.
낙상[수]가 쓰임을 바쳐[89], 성도가 한층 융성함을 징험하였다.

山海經曰: "[大荒之中有山, 名]曰[90]不咸山, 有肅愼國. 肅愼國在白[91]民[92]北. 有樹, 名曰雒常, 先人代[93]帝[94], 於此取衣." 璞[95]曰: "其俗無衣服, 中國有聖帝代[96]立[97], 則此木生皮[98], 可衣也."

하북성 한단시 임장현에서 서남쪽으로 약 20km 지점에 위치하며, 남북 방향으로 연결된 업북성과 업남성으로 구성되어 있다.

88 "사자에게~뿐입니다'라고 하였다." 이 부분은 『晉書』에도 전한다. 단, 주문의 마지막 구절 「恒以此爲候也」는 『晉書』에 없으므로 『鄴中記』에도 없었을 가능성이 높다. 단, 『晉書』의 해당 부분 글자 중 「每」와 「候」가 이 구절의 「恒」과 「候」로 착종되었을 가능성이 있으므로, 이 부분까지 『鄴中記』의 내용이었을 가능성도 없지 않다.

89 「入用」은 '소용됨', '필요함'의 뜻으로 해석된다. 『晉書』卷22 樂志와 『魏書』卷109 樂志의 "聖者因天然之有 爲入用之物" 참고.

90 원문 「曰」. 죽내본 「日」로 판독, 탕천본·길림본 「大荒之中有山曰」로 교감. 「曰」을 연문으로 볼 수도 있지만, 명확한 의미 전달을 위해 『山海經』을 참고하여 「大荒之中有山曰」로 교감.

91 원문 「自」. 죽내본 「自」로 판독, 탕천본·길림본 「白」으로 교감. 종족명 혹은 지명이므로 『山海經』을 참고하여 「白」으로 교감.

92 원문 「人」. 죽내본·길림본 「人」으로 판독, 탕천본 「民」으로 교감. 종족명 혹은 지명이므로 『山海經』을 참고하여 「民」으로 교감. 원문의 「人」은 당 태종 李世民에 대한 피휘이다.

93 원문 「伐」. 죽내본 「伐」로 판독, 탕천본·길림본 「代」로 교감. 『山海經』의 해당 부분도 「伐」로 되어 있다. 단, 『山海經』에 주석을 단 郭璞은 해당 글자를 「代」로 이해하였다. 문맥에 맞게 『山海經』郭璞注와 『晉書』를 참고하여 「代」로 교감.

94 원문 「帝」. 죽내본 「常」으로 교감, 탕천본·길림본 「帝」로 판독. 원문대로 두어도 의미가 통하므로 교감하지 않는다. 『山海經』과 『晉書』의 해당 부분은 「帝」로 되어 있다.

95 원문 「璞」. 죽내본 「㒒」으로 교감, 탕천본·길림본 「璞」으로 판독. 인명이므로 교감하지 않는다.

96 원문 「伐」. 죽내본·탕천본·길림본 「代」로 교감. 문맥에 맞게 『山海經』郭璞注와 『晉書』를 참고하여 「代」로 교감.

97 원문 「立」. 죽내본·길림본 「立」, 탕천본 「立者」로 판독. 보입하지 않아도 의미가 통하므로 교감하지 않는다. 『山海經』郭璞注의 해당 부분은 「立者」로 되어 있다.

98 원문 「皮也」. 죽내본 「皮也」로 판독, 탕천본·길림본 「皮」로 교감. 문맥에 맞게 『山海經』郭璞注와 『晉書』를 참고하여 「皮」로 교감.

『산해경』[99]에 다음과 같이 전한다. "대황[100] 중에 산이 있으니, 이름은 불함산[101]이라 하며, [그 산에] 숙신국이 있다[102]. 숙신국은 백민[103] 북쪽에 있다. 나무가 있으니, 낙상[104]이라고 하는데, 옛 사람들은 제위가 바뀌면, 여기에서 옷을 취하였다[105]." [곽]박[106]이 말하길, "그 풍속에 의복이 없는데, 중국에서 성제가 새로 제위에 오르면, 곧 이 나무에서 皮가 나니, 옷 해 입을 수 있다[107]."라고 하였다.

• 참고
『山海經』卷17「大荒北經」 大荒之中有山 名曰不咸 有肅愼氏之國
『山海經』卷7「海外西經」 肅愼之國 在白民北 有樹名曰雄常 先入伐帝 於此取之 其俗舞衣服 中國有聖帝代立者 則此木生皮可衣也
『晉書』卷97 肅愼氏 有樹名雒常 若中國有聖帝代立 則其木生皮可衣

---

99 『山海經』은 「산경」과 「해경」으로 구성되어 있는데, 성립시기에 따라 「해경」의 「대황경」 4권과 독편 「해내경」 1권은 별도로 취급하기도 한다. 내용은 고대신화와 지리, 동물, 식물, 민속, 종교 등을 망라하고 있어 신화서이자 지리서로 평가된다. 『山海經』의 성립 시기에 대해서는 부분에 따라 가장 이르게는 서주 초기(기원전 12세기)부터 가장 늦게는 위진시기(3~4세기)까지 큰 시차를 두고 성립되었을 것으로 본다. 따라서 편찬자를 특정하기도 어렵다.

100 「荒」은 변방을 뜻하므로, 「大荒」은 매우 멀리 떨어진 변방을 의미한다.

101 백두산을 가리킨다. 『晉書』 卷97 「肅愼氏」에는 '肅愼氏一名挹婁 在不咸山北'이라고 전한다.

102 "대황 중에~숙신국이 있다." 이 부분은 『山海經』卷17 「大荒北經」에 전한다.

103 백민은 『山海經』에 두 차례 등장하는데, 하나는 『山海經』卷7 「海外西經」의 '肅愼之國' 바로 앞에 다음과 같이 전한다. "白民之國在龍魚北 百神被髮 有乘黃 其狀如狐 其背上有角 乘之壽二千歲" 위의 백민은 이를 가리킨다. 다른 하나는 『山海經』卷14 「大荒東經」의 "有白民之國 帝俊生帝鴻生帝鴻生白民 白民銷姓 黍食 使四鳥 虎豹熊羆"에서 등장한다. 전자는 「海外西經」에서, 후자는 「大荒東經」에서 등장하므로 양자가 같은 존재로 볼 수 있는지 판단하는 것은 쉽지 않다.

104 『山海經』의 해당 부분에는 「雄常」으로 되어 있다.

105 "숙신국은~옷을 취하였다." 이 부분은 『山海經』卷7 「海外西經」 및 『晉書』 卷97 「肅愼氏」에도 전한다.

106 곽박(276~324)은 『遊仙詩』 14수로 유명한 시인이자 『山海經』을 비롯하여 『爾雅』, 『楚辭』, 『方言』 등에 주석을 다는 등 동진을 대표하는 문인이다.

107 "중국에서~껍질이 난다." 이 부분은 『晉書』 卷97 「肅愼氏」에도 전한다.

倭國
왜국

판독문

憑山負海 鎭馬臺以建都

後漢書曰 倭在朝東南大海中 依山島居 凡百餘國 自武帝滅朝鮮 使譯通漢於者州[1]餘國 稱王 其大倭王治邗臺 樂浪郡徼[2] 去其國万二千里 甚地大較在會稽東与珠雀儋耳相近 魏志曰 倭人在帶方東南 灸問倭地 絶在海中洲島之山 或絶或連 周旋可五千餘里 四面俱抵[3]海 自營州東南 經新羅 至其國也

分職命官 統女王而列部

魏略曰 從帶方至倭 循[4]海岸水行 曆韓國 到拘[5]耶韓國 七十餘里 始度一海 千餘里 至對馬國 其大官曰卑拘 副曰卑奴 無良田 南北布糴[6] 南度海 至一支國 置官至對同 地方三百里 又度海千餘里 至未廬曰 人善捕魚 能浮沒水取之 東南五東里 到伊都國 戶万餘 置曰爾支 副曰洩溪觚柄渠觚 其

---

1 죽내본 「州」, 길림본 「卅」. 자형에 따라 「州」로 판독.

2 죽내본 「徵」, 길림본 「徼」. 아래 용례를 통해 「徼」로 판독.
   唐 歐陽詢 九成宮醴泉銘

3 죽내본 「拒」, 길림본 「柘」. 아래 용례를 통해 「抵」로 판독. 당초본도 「抵」로 판독.
   唐 顏眞卿 峽州帖

4 죽내본 「循」, 길림본 「脩」. 아래 용례를 통해 「循」으로 판독. 당초본도 「循」으로 판독.
   唐 王知敬 李靖碑

5 죽내본 「拘」, 길림본 「抅」. 아래 용례를 통해 「拘」로 판독. 당초본도 「拘」로 판독.
   奈良 聖武天皇 雜集

國王 皆屬王女也

卑⁷彌⁸妖⁹惑 翻叶群情 臺¹⁰與幼齒 方諧衆望

後漢書曰 安帝永初元年 有倭面上國王師升¹¹至 桓遷之間 倭國大乱 更¹²相攻伐 歷年無主 有一女子 名曰卑¹³彌呼 死¹⁴更立男王 國中不服 更相誅殺¹⁵ 復立卑彌呼宗女臺與年十三爲王 國中遂定 其國官有伊支馬 次曰弥馬升 次曰彌馬獲 次曰奴佳鞮之也

---

6 죽내본「耀」, 길림본「櫂」. 아래 용례를 통해「糶」으로 판독. 당초본은「糴」으로 판독하였지만,「糶」의 이체자에서 비슷한 모양을 찾을 수 없음.

耀	糶	櫂
원문		漢 居延漢簡

7 죽내본「卑」, 길림본「早」. 아래 용례를 통해「卑」로 판독.

早	卑	早
원문		初唐 禮記正義

8 죽내본「彌」, 길림본「弥」. 아래 용례를 통해「彌」로 판독. 당초본도「彌」로 판독.

祢	彌	弥
원문		唐 老子德經下

9 죽내본「娥」, 길림본「妖」. 아래 용례를 통해「妖」로 판독. 당초본도「妖」로 판독.

娥	妖	妖
원문		隋 美人董氏墓誌

10 죽내본·길림본「臺」. 아래 용례를 통해「臺」로 판독. 당초본도「臺」로 판독.

臺	臺	臺
원문		唐 顔眞卿 裴將軍詩

11 죽내본·길림본「升」. 아래 용례를 통해「升」으로 판독.

外	升	外		外
원문		唐 虞世南 孔子廟堂碑		奈良 聖武天皇 雜集

12 죽내본·길림본「更」. 아래 용례를 통해「更」으로 판독.

叓	更	叓
원문		唐 玄宗 石台孝經

13 죽내본·길림본「卑」. 아래 용례를 통해「卑」로 판독. 당초본도「卑」로 판독.

早	卑	早
원문		唐 高宗 李勣碑

14 죽내본·길림본「死」. 아래 용례를 통해「死」로 판독. 당초본도「死」로 판독.

死	死	死
원문		唐 南華眞經

15 죽내본「煞」, 길림본「殺」. 아래 용례를 통해「殺」로 판독. 당초본은「煞」로 판독했으나 같은 글자임.

敓	殺	敓
원문		飛鳥 聖德太子 法華義疏

文身點面 猶稱太伯之苗

魏略曰 女王之南 又有狗奴國 女男子爲王 其官曰拘右智卑狗 不屬女王也 自帶方至女國万二千餘里 其俗男子皆點而文 聞其舊語 自謂太伯之後 昔夏后小康之子 封於會稽 斷髮文身以避蛟龍之吾 今倭人亦文身以厭水害[16]也

阿輩[17]雞彌 自表天兒之稱

宋死弟 宋書曰 永初中 倭國有王 曰讚 至元嘉中 讚死 弟珎立 自稱使時節[18]都督安東大將軍倭國王 順帝時 遣使上表云 自昔禰[19] 東征[20]毛人五十五國 西服衆夷[21]六 渡平海北九十五國 今案 其王姓阿每 國号爲阿輩雞 華言天兒也 父子相傳王 有宮女六七百人 王長子号和[22]哥弥多弗利 華言太子

---

16 죽내본 「害」, 길림본 「吾」. 아래 용례를 통해 「害」로 판독. 당초본도 「害」로 판독.

17 죽내본 「輩」, 길림본 「輩」. 자형에 따라 「輩」로 판독. 당초본도 「輩」로 판독.

18 죽내본 「節」, 길림본 「節」. 아래 용례를 통해 「節」로 판독. 당초본도 「節」로 판독.

19 죽내본 「禰」, 길림본 「祢」. 禰와 祢는 같은 글자. 「禰」로 판독. 당초본도 「禰」로 판독.

20 죽내본 「征」, 길림본 「征」. 아래 용례를 통해 「征」으로 판독. 당초본도 「征」으로 판독.

21 죽내본·길림본 「夷」. 아래 용례를 통해 「夷」로 판독. 당초본도 「夷」로 판독.

22 죽내본·길림본 「和」. 죽내본은 '붉은 글씨[朱書]'로 「和」라 적힌 것으로 판독. 길림본과 탕천본은 별다른 언급 없이 「和」로 판독. 号와 哥 사이에 끼어들어간 것이 글자인지 판독 불가. 문맥에 따라 「和」로 판독.

因禮義而標[23]秩[24] 即智信以命官

括地志曰 倭國 其官有十二等 一曰麻卑兜[25]吉寐 華言大德 二曰小德 三曰大仁 四曰小仁 五曰六義 六曰小義 七曰大礼 八曰小禮 九曰大智 十曰小智 十一曰大信 十二曰小信

邪屆伊都 傍連斯馬

廣志曰 倭國東南陸行五百里 到伊都國 又南至邪馬嘉國 百女國以北 其戶數道里可得略載 次斯馬國 次巴百支國 次伊邪國 安 倭西南海行一日 有伊邪分國 無布帛以革爲衣 盖伊耶國也

中元之際 紫綬之榮

漢書地志曰 夫餘樂浪海中有倭人 分爲百餘國 以歲時獻見 後漢書 光武中元年二 倭國奉貢朝賀 使人自稱大夫 光武賜以印綬 安帝初元年 倭王師升等獻生口百六十

景初之辰 恭文錦之獻

槐志曰 景初三年 倭女王遣大夫難升未利等 獻男生口四人 女生六人 玨布二疋二尺 詔以爲新魏倭王 假金印紫綬 正始四年 倭王復遣大夫伊聲耆振邪拘等八人 上獻生口也

---

23 죽내본「標」, 길림본「標」. 아래 용례를 통해「標」로 판독. 당초본도「標」로 판독.
   원문「標」 / 標 / 標 唐 裴休 圭峰禪師碑

24 죽내본·길림본「秩」. 아래 용례를 통해「秩」로 판독. 당초본은「秩」로 판독하였음.
   원문「秩」 / 秩 / 秩 唐 張少悌 屈元壽墓誌

25 죽내본「兠」, 길림본「兜」. 兠와 兜는 같은 글자. 아래 용례를 통해「兜」로 판독. 당초본도「兜」로 판독.
   원문「兠」 / 兜 / 兜 北宋 米芾

교감문·역주·참고자료

01 憑山負海, 鎭馬臺以建都,
　　산에 의지하고 바다에 기대어, [야]마대를 진수하여 도읍을 세웠으며,

後漢書曰: "倭在韓¹東南大海中. 依山島居². 凡百餘國. 自武帝滅朝鮮, 使譯³通於漢⁴者, 三十⁵餘⁶國, 稱王⁷. 其大倭王治⁸邪馬臺⁹. 樂浪郡徼, 去其國萬二千里. 其¹⁰地, 大較在會稽東¹¹, 與珠¹²崖¹³儋

---

1   원문「朝」. 죽내본은「朝鮮」으로 교감. 탕천본·길림본은「韓」으로 교감. 현전『後漢書』원문을 따라「韓」으로 교감.
2   원문「居」. 탕천본·길림본은 현전『後漢書』원문을 따라「爲居」로「爲」를 보입해서 교감. 죽내본은 원문 그대로 씀. 현전『後漢書』는 宋代 이후의 판본이므로『翰苑』所引『後漢書』와 어느 것이 원전에 가까운 것인지 판단하기 쉽지 않음. 해석에 크게 무리가 없으므로 원문 그대로「居」로 씀. 이후 동일한 원칙을 적용함.
3   원문「譯」. 죽내본·탕천본·길림본 모두 원문 그대로 씀. 현전『後漢書』원문은「驛」.「譯」과「驛」은 '번역하다'는 뜻에서 통용되는 글자이며,「使譯」의 용례가 있으므로 원문 그대로「譯」이라 씀.
4   원문「漢於」. 죽내본·탕천본·길림본 모두 현전『後漢書』원문을 따라「於漢」으로 교감.『後漢書』원문을 따라「於漢」으로 교감.
5   원문「州」. 죽내본·탕천본은「卅」으로 교감. 길림본은 현전『後漢書』원문을 따라「三十」으로 교감.「卅」으로 보이므로「卅」으로 교감. 다만 본문에서는 보다 통용되는「三十」으로 표기.
6   원문「餘」. 죽내본·탕천본·길림본 모두 원문 그대로 씀. 현전『後漢書』원문은「驛」. 문맥상 큰 문제가 없으므로 원문 그대로「餘」로 씀.
7   길림본은 현전『後漢書』원문을 따라「稱王」앞에「國皆」를 보입. 문맥상 큰 문제가 없으므로 원문 그대로 두고 보입하지 않음.
8   원문「治」. 죽내본·탕천본·길림본 모두 원문 그대로 씀. 현전『後漢書』원문은「居」.「居」에도 '다스리다'는 뜻이 있고, 문맥상 큰 문제가 없으므로 원문 그대로「治」로 씀.
9   원문「邦臺」. 죽내본·탕천본·길림본 모두 현전『後漢書』원문을 따라「邪馬臺」로 교감.「邪馬臺」의 誤寫 및 脫漏로 보이므로「邪馬臺」로 교감. 단『後漢書』원문은「邪馬臺國」으로「國」이 부가되어 있음.
10 원문「甚」. 죽내본·탕천본·길림본 모두 현전『後漢書』원문을 따라「其」로 교감.「其」의 誤寫가 확실하므로「其」로 교감.
11 길림본은 현전『後漢書』원문을 따라「東」뒤에「冶之東」을 보입. "회계(군)의 동쪽"이든 "회계(군) 동야(현)의 동쪽"이든 대체적인 위치에 큰 차이는 없으므로, 원문 그대로 씀.
12 원문은「珠」. 죽내본·탕천본·길림본 모두 원문 그대로 씀. 현전『後漢書』원문은「朱」.「珠」과「朱」는 '붉다'는 뜻에서 통용되는 글자이므로 원문 그대로「珠」로 씀.
13 원문「雀」. 죽내본·탕천본·길림본 모두 현전『後漢書』원문을 따라「崖」로 교감.「崖」의 誤寫가 확실하므로「崖」로 교감.

耳相近." 魏志曰: "倭人在帶方東南, 參[14]問倭地, 絶在海中洲島之山[15], 或絶或連, 周旋可五千餘里." 四面俱抵海, 自營州東南, 經新羅, 至其國也.

『후한서』에 다음과 같이 전한다. "왜는 한의 동남쪽 큰 바다 가운데에 있다. 산이 많은 섬에 의지하여 산다. 모두 백여 국이다. 한 무제(재위: 기원전 141~기원전 87)가 조선을 멸망시키고 나서부터 사신과 통역관이 한(漢)에 왕래한 것이 삼십여 국이었고 왕을 칭했다. 그중 대왜왕의 치소는 야마대이다. 낙랑군의 경계는 그 국에서 만이천 리 떨어져 있다. 그 땅이 대략 회계[군] 동쪽에 있고 주애[군]·담이[군]과 서로 가깝다." 『위지』에 다음과 같이 전한다. "왜인은 대방의 동남쪽에 있다. 왜의 땅을 탐문하니[16] 바다 가운데 섬의 산에 아득히 멀리 떨어져 있는데[17], 어느 곳은 끊어져 있고 어느 곳은 이어져 있어, 둘레가 대략 5천여 리이다[18]." 사면이 모두 바다와 맞닿아 있고 영주의 동남쪽으로부터 신라를 거쳐야 그 나라에 이른다.

• 참고

『後漢書』卷85 倭　倭在韓東南大海中 依山島爲居 凡百餘國 自武帝滅朝鮮 使驛通於漢者三十許國 國皆稱王 世世傳統 其大倭王居邪馬臺國 樂浪郡徼 去其國萬二千里 去其西北界拘邪韓國七千餘里 其地大較在會稽東冶之東 與朱崖儋耳相近 故其法俗多同

『三國志』卷30 倭　倭人在帶方東南大海之中 依山島爲國邑 … 參問倭地 絶在海中洲島之上 或絶或連 周旋可五千餘里

02 **分職命官, 統女王而列部.**
직무를 나누어 관직을 임명했고, 여왕에게 통솔되어 부를 나누었다.

魏略曰: "從帶方[19]至倭, 循海岸水行, 曆[20]韓國, 到拘[21]耶[22]韓國, 七千[23]餘里. 始度一海, 千餘里, 至

14　원문 「炙」. 죽내본·탕천본은 현전 『三國志』 원문을 따라 「參」으로 교감. 길림본은 판독 원문 그대로 씀. 「炙」의 뜻을 '가르침을 받다'로 보면 문맥이 통함. 길림본은 「炙文」 이하를 현행 『三國志』에 실전되어 없는 내용으로 보았으므로 문맥이 통한다고 여긴 부분은 따로 교감하지 않은 것으로 추정됨. 현전 『三國志』 원문과 좀 더 자연스러운 문맥을 따라 「參」이라 교감.

15　원문 「山」. 탕천본은 현전 『三國志』 원문을 따라 「上」으로 교감. 길림본은 탕천본을 따라 「上」으로 교감. 죽내본은 원문 그대로 씀. 「山」으로 교감해도 문맥에 큰 무리는 없고 오히려 정문의 「山」과 조응한다는 점을 생각해 원문 그대로 씀.

16　參問에 '질문하다'라는 뜻이 있음.

17　이때 絶은 '아득히 멀다, 멀리 떨어져 있다'로 해석할 수 있다. 〈예〉 "吳絶在江漢之表"(『三國志』 魏志 劉曄傳)

18　湯淺은 여기까지가 『三國志』 위지의 내용이라 하였음. 현전 『三國志』 원문에서 이후의 내용은 찾을 수 없음.

19　현전 『三國志』 원문은 「郡」이지만, 죽내본·탕천본·길림본 모두 원문 그대로 「帶方」이라 쓰고 있음. 주석자가 『魏略』의 다른 판본을 보았을 가능성을 생각하여 판독 원문 그대로 씀.

對馬國. 其大官曰卑拘[24], 副曰卑奴. 無良田, [乘船]南北[25]市糴[26]. 南度[27]海[28], 至一支[29]國. 置官與對馬同[30]. 地方三百里. 又度海[31]千餘里, 至末[32]廬[33]國[34]. 人善[35]捕魚, 能浮沒水[36]取之. 東南[陸行][37]

20 원문 「曆」. 죽내본·탕천본·길림본 모두 현전 『三國志』를 따라 「歷」으로 교감. 하지만 「曆」은 「歷」과 통용하는 글자이므로 원문 그대로 씀.
21 원문 「拘」. 죽내본·탕천본·길림본은 「拘」로 교감. 이 글자는 '구'의 음차일 것이며, 주석자가 『魏略』의 다른 판본을 보았을 가능성을 생각하여 원문 그대로 씀. 이하 음차한 글자는 동일한 기준으로 교감.
22 현전 『三國志』 원문은 「邪」이지만, 죽내본·탕천본·길림본 모두 원문 그대로 「耶」라 쓰고 있음. 이 글자는 '야'의 음차일 것이므로 판독 원문 그대로 씀.
23 원문은 「十」. 죽내본·탕천본·길림본 모두 현전 『三國志』 원문을 따라 「千」으로 교감. 대방군(황해도)에서 구야한국(김해)까지의 거리를 생각하면 둘 다 정확하지 않지만 70여 리보다는 7천여 리가 적절함. 따라서 「千」으로 교감.
24 원문은 「拘」. 현전 『三國志』 원문은 「狗」. 죽내본·탕천본·길림본은 원문 그대로 씀. 이 글자는 '구'의 음차일 것이므로 원문 그대로 씀.
25 길림본은 현전 『三國志』 원문을 따라 「南北」 앞에 「乘船」을 보입. 죽내본·탕천본은 보입하지 않음. 이 부분의 『三國志』 원문은 "無良田 食海物自活 乘船南北市糴"인데, 「乘船」을 보입하지 않으면 문맥이 어색해짐. 따라서 현전 『三國志』 원문과 문맥을 따라 「乘船」을 보입.
26 원문 「布糴」. 현전 『三國志』 원문 또한 「市糴」. 탕천본·길림본도 동일. 죽내본은 「市糶」으로 교감하였지만, 「市糴」으로 해석하고 있음. 현전 『三國志』 원문과 문맥을 따르고, 「市糴」의 용례가 있으므로 원문 그대로 씀.
27 원문 「度」. 현전 『三國志』 원문은 「渡」이나 죽내본·탕천본·길림본 모두 원문 그대로 씀. 「渡」와 「度」는 통용되는 글자이므로 원문 그대로 「度」라 씀.
28 현전 『三國志』 원문에는 「海」 앞에 「一」이 있으나, 죽내본·탕천본·길림본 모두 보입하지 않았음. 보입하지 않아도 해석에는 무리가 없음. 하지만 『三國志』 왜전은 많은 경우 「渡海」를 「渡一海」로 서술해서 각각의 바다를 구분하고 있고(중국을 오고가는 일을 설명할 때와 여왕국 동쪽의 왜종 소인국·나국·흑치국의 위치를 서술할 때는 「渡海」로 표기). 이는 일본열도의 지리적 형세를 반영한 것으로 생각되므로 주의할 필요가 있음.
29 현전 『三國志』 원문은 「大」이지만, 죽내본·탕천본·길림본 모두 원문 그대로 「支」라 쓰고 있음. 『三國志』 원문의 誤記로 파악하므로(『三國志·晉書 外國傳 譯註』, 동북아역사재단, 2009, 81쪽) 원문 그대로 씀.
30 원문 「置官至對同」. 이 부분의 현전 『三國志』 원문은 "官亦曰卑狗 副曰卑奴母離"이므로 『翰苑』의 주문과 완전히 다른데, 「卑狗」와 「卑奴」에 관한 서술에 앞서 나왔으므로 주석자가 반복 서술을 피해 간략하게 정리하였을 가능성이 있고, 기존의 교감도 그 가능성을 염두에 두고 진행된 것으로 생각됨. 죽내본·탕천본은 「置官同對馬」로 교감. 길림본은 「置官與對馬同」으로 교감. 길림본을 따라 교감.
31 원문 「度海」. 현전 『三國志』 원문은 「渡一海」이나, 죽내본·탕천본·길림본 모두 원문 그대로 씀. 앞과 동일한 기준을 적용하여 교감.
32 원문 「未」. 죽내본은 「末」로 판독하고 동일하게 교감함. 탕천본·길림본은 현전 『三國志』 원문을 따라 「末」로 교감. 「末」의 誤寫가 확실하므로 「末」로 교감.
33 원문은 「廬」. 죽내본·탕천본·길림본은 판독 원문 그대로 씀. 현전 『三國志』 원문은 「盧」. 「廬」는 「蘆」와 통용되는 글자로 『三國志』 원문의 「盧」와 다르지만, 모두 '노'의 음차일 것이므로 원문 그대로 씀.
34 원문 「曰」. 죽내본은 「國」으로 판독하고 동일하게 교감. 탕천본·길림본은 현전 『三國志』 원문을 따라 「國」으로 교감. 「國」의 誤寫가 확실하므로 「國」으로 교감.
35 원문 「善」. 현전 『三國志』 원문은 「好」이나, 죽내본·탕천본·길림본 모두 원문 그대로 씀. 문맥상 큰 문제가 없으므로 원문 그대로 「善」이라 씀.
36 길림본은 「水」 뒤에 「中」을 보입. 현전 『三國志』 원문은 "好捕魚鰒 水無深淺 皆沈沒取之"로 『翰苑』의 주문과 차이가 있음. 보입하지 않더라도 해석에 무리가 없으므로 원문 그대로 씀. 단 주석자가 『三國志』 원문의 「鰒」을 「能」으로 잘못 읽었거나 잘못 판각된 판본을 보고 문장을 이치에 맞게 다시 썼을 가능성도 있음.
37 원문 「東南」. 『三國志』 원문은 「東南」 뒤에 「陸行」이 있으나, 죽내본·탕천본·길림본 모두 보입하지 않음. 「陸行」은 「水行」·「度海」와 짝을 이루는 문구일 것이므로, 「陸行」이 빠진 것은 『翰苑』 주석자의 誤記로 생각됨. 따라서 「陸行」을 보입.

五百[38]里, 到伊都國. 戶萬餘[39]. 置[官][40]曰爾支, 副曰洩溪[41]觚·柄渠觚. 其國王[42], 皆屬女王[43]也."
『위략』에 다음과 같이 전한다. "대방에서부터 왜에 이르려면 해안을 따라 물길로 가는데, 한의 나라를 지나 구야한국에 도착하는 거리가 7천여 리이다. 처음 바다 하나를 건너 천여 리를 가면 대마국에 이른다. 그 [나라에서] 대관을 비구라 하고 다음은 비노라 한다. 기름진 농경지가 없어 배를 타고 남북으로 가서 식량을 사들인다. 남쪽으로 바다를 건너면 일지국에 이른다. 관직을 설치한 것이 대마와 같다. 땅은 사방 3백 리이다. 다시 바다를 건너 천여 리를 가면 말로국에 이른다. 사람들이 물고기잡이를 잘해서 헤엄치고 잠수하여 그것을 잡는 데에 능하다[44]. 동남쪽으로 육상길로 오백리를 가면 이도국에 도착한다. 만여 호이다. 관직을 설치해서 이지라 하고 다음은 설계고·병거고라 했다. 그 나라의 왕은 모두 여왕에게 속하였다."

• 참고
『三國志』卷30 倭　從郡至倭 循海岸水行 歷韓國 乍南乍東 到其北岸狗邪韓國 七千餘里 始度一海 千餘里至對馬國 其大官曰卑狗 副曰卑奴母離 所居絶島 方可四百餘里 土地山險 多深林 道路如禽鹿徑 有千餘戶 無良田 食海物自活 乖船南北市糴 又南渡一海千餘里 名曰瀚海 至一大國 官亦曰卑狗 副曰卑奴母離 方可三百里 多竹木叢林 有三千許家 差有田地 耕田猶不足食 亦南北市糴 又渡一海 千餘里至末盧國 有四千餘戶 濱山海居 草木茂盛 行不見前人 好捕魚鰒 水無深淺 皆沈沒取之 東南陸行五百里 到伊都國 官曰爾支 副曰泄謨觚·柄渠觚 有千餘戶 世有王 皆統屬女王國 郡使往來常所駐
『三國志』卷30 倭　其行來渡海詣中國 恆使一人 … 女王國東渡海千餘里 復有國 皆倭種

38　원문「東」. 죽내본·탕천본·길림본 모두 현전『三國志』원문을 따라「百」으로 교감.「百」의 誤寫가 확실하므로「百」으로 교감.
39　『三國志』원문은 이도국의 관직을 설명한 후에「有千餘戶」로 인구를 서술하고 있으므로,『翰苑』주문과는 서술 순서와 인구수가 다름. 탕천본에서 이 차이를 지적하고 있지만 교감하지 않았음. 주석자의 오류일 가능성이 높지만,『魏略』의 다른 판본을 보았을 가능성도 있으므로 일단 원문 그대로 씀.
40　원문「置」. 현전『三國志』원문은「官」. 죽내본·탕천본·길림본 모두 현전『三國志』원문의「官」을 보입.「官」을 보입하지 않으면 해석이 매끄럽지 않으므로 보입하여 교감.
41　원문은「洩溪」. 현전『三國志』원문은「泄謨」이나 죽내본·탕천본·길림본 모두 원문 그대로 씀.「洩」과「泄」은 같은 음을 음차한 것으로 볼 수 있지만,「溪」와「謨」는 음이 다름. 혹시 글자 모양이 비슷하기 때문에 생긴 誤寫일 가능성도 있음. 하지만『魏略』의 다른 판본을 보았을 가능성도 있으므로 원문 그대로 씀.
42　현전『三國志』원문은「世有王」.
43　원문은「屬王女」. 현전『三國志』원문은「統屬女王國」. 죽내본·탕천본·길림본은『三國志』원문을 따라「屬女王」으로 교감.「屬女王」으로 교감.
44　이 부분의 현전『三國志』원문은 "好捕魚鰒 水無深淺 皆沈沒取之"로 물고기를 잡는 상황에 대한 설명이『翰苑』에 인용된 것과 조금 다름.

03 　卑彌妖惑[45], 翻叶群[46]情, 臺與[47]幼齒, 方諧衆望.

비미[호]는 미혹함이 삿되었으나, 도리어 무리의 마음을 모았고, 대여는 나이가 어렸으나, 오히려 무리의 바람에 부합했다.

後漢書曰: "安帝永初元年, 有倭面上國王師升[48]至. 桓靈[49]之間, 倭國大亂. 更相攻伐, 歷年無主. 有一女子, 名曰卑弥呼[50]. 死, 更立男王, 國中不服, 更相誅殺. 復立卑彌呼宗女臺與年十三爲王. 國中遂定. 其國官有伊支馬, 次曰弥馬升, 次曰彌馬獲, 次曰奴佳鞮[51]."

『후한서』에 다음과 같이 전한다. "안제 영초 원년(107)에 왜의 면상국왕[52] 사승이 온 일이 있었다. 환제와 영제 때(151~188)에 왜국에 큰 난리가 났다. 서로가 공격하여 토벌하니 여러 해가 지나도록 군주가 없었다. 한 여자가 있었는데 이름을 비미호라고 했다. [비미호가] 죽고 다시 남자왕을 세웠으나 나라 안이 복종하지 않고, 다시 서로 살육하였다. 다시 비미호의 종녀 대여를 세웠으니 나이 열세 살에 왕이 되었다. 나라 안이 드디어 안정되었다. 그 나라의 관(官)은 이지마가 있고 다음은 미마승이라고 하고, 다음은 미마획이라[53] 하며, 다음은 노가제라고 한다."

『後漢書』卷85 倭　安帝永初元年 倭國王帥升等獻生口百六十人 願請見.桓·靈閒 倭國大亂 更相攻伐 歷年無主 有一女子名曰卑彌呼 年長不嫁 事鬼神道 能以妖惑衆 於是共立爲王

『三國志』卷30 倭　官有伊支馬 次曰彌馬升 次曰彌馬獲支 次曰奴佳鞮 … 卑彌呼以死 大作冢 徑百餘步 狥葬者奴婢百餘人 更立男王 國中不服 更相誅殺 當時殺千餘人 復立卑彌呼宗女壹與 年十三爲王 國中遂定

45　현전『後漢書』의 해당 원문으로 추정되는 "年長不嫁 事鬼神道 能以妖惑衆 於是共立爲王"은 注文에 인용되어 있지 않음. 탕천본에서는 注文의 "名曰卑弥呼"와 "死" 사이에『後漢書』원문과 비슷한 문구가 있었을 것으로 추정하였음.

46　원문은「群」. 길림본은「羣」으로 교감. 같은 글자이므로 원문 그대로 씀.

47　현전『三國志』원문은「壹與」이나『通典』에는「臺與」로 되어 있음. 주석자는『三國志』를 참고해서 注文을 구성한 것으로 생각되는데,「臺與」는 통전을 따랐음. 원문 그대로「臺與」로 씀.

48　현전『後漢書』원문은「帥升」이나『通典』·『冊府元龜』에는「師升」으로 되어 있음. 주석자의 誤記일 수도 있지만, 탕천본·길림본에서 추측하고 있는 것처럼 주석자가 범엽의『後漢書』가 아닌 다른『後漢書』를 보고 注文을 구성했을 가능성도 있으므로, 원문 그대로「師升」으로 씀.

49　원문「遷」. 죽내본·길림본·탕천본 모두「靈」으로 교감. 誤記가 확실하므로「靈」으로 교감.

50　현전『後漢書』에는 이 이후의 내용이 없고,『三國志』에 산발적으로 나옴. 탕천본·길림본은 주석자가 본『後漢書』가 唐代까지 남아 있던 또 다른『後漢書』였을 가능성이 있다고 추정하였음. 하지만 "名曰卑弥呼" 이후로 이어지는 내용의 시점은『三國志』에 따르면 위나라 제왕 방 정시 연간(240~248)의 일로『後漢書』가 다룰 수 있는 시점을 벗어난다는 문제가 있음.

51　현전『三國志』원문은 "次曰奴佳鞮". 죽내본·길림본·탕천본 모두 衍文으로 보고 교감하였음. 마지막 관직의 이름을「奴佳鞮之」로 읽을 수 있다면 앞의 관직 이름이『三國志』원문에는「彌馬獲支」이므로 조응한다고 할 수도 있음. 하지만 衍文일 가능성도 높음. 일단은 衍文으로 처리해 둠.

52　현전『後漢書』원문에는 "倭國王"으로 되어 있음. "面上"은『三國志』에 기재된 국명 중에도 없음.

53　현전『三國志』원문에는「彌馬獲支」로 되어 있음.

『通典』卷185 倭　　安帝永初元年 倭國王帥升等獻生口百六十人 桓靈間 倭國大亂 更相攻伐 歷年無主 有一女子名曰卑彌呼 年長不嫁 事鬼道 能以妖惑衆 於是共立爲王 … 齊王正始中 卑彌呼死 立其宗女臺興爲王

『册府元龜』外臣部　　安帝永初元年十月 倭國王帥升等遣使奉獻生口百六十人 願請見

04　文身黥[54]面, 猶稱太伯之苗,

문신하고 얼굴에 먹물을 새겼는데, 이 때문에 태백의 후손이라 칭했고,

魏略曰: "女王[國][55]之南, 又有狗奴國, 男[56]子爲王. 其官曰拘古[57]智卑狗, 不屬女王也. 自帶方至女[王]國[58]萬二千餘里. 其俗, 男子皆黥面[59]文[身][60]. 聞其舊語, 自謂太伯之後. 昔夏后少[61]康之子, 封於會稽, 斷髮文身以避蛟龍之害. 今倭人亦文身以厭水禽[62]也."

『위략』에 다음과 같이 전한다. "여왕국의 남쪽에 또 구노국이 있는데, 남자를 왕으로 삼는다. 그 나라의 관은 구고지비구라고 하고 여왕에 속하지 않는다. 대방에서부터 여왕국에 도달하는 거리가 만이천여 리이다. 그 나라의 풍속에 남자는 모두 얼굴에 먹물을 새기고 문신을 한다. 그 나라의 옛 이야기를 들으니 스스로 태백의 후손이라고 한다. 옛적에 하후 소강의 아들이 회계에 봉해지자 머리를 자르고 문신을 하여 蛟龍[63]의 재난을 피하려 했다. 지금 왜인이 문신하는 것도 바다짐승을 꺼리기 때문이다."

• 참고

『三國志』卷30 倭　　其南有狗奴國 男子爲王 其官有狗古智卑狗 不屬女王 自郡至女王國萬二千餘里 男子無

54　원문「點」. 죽내본·탕천본은「黥」으로 교감. 길림본은「鯨」으로 교감.『三國志』와『晉書』원문에 따라「黥」으로 교감.
55　원문「女王」. 이 부분의 현행『三國志』원문은 "其南有狗奴國"으로「女王」에 해당하는 부분은 "其"임. 탕천본은 문맥에 따라 '國'을 보입했고, 길림본도 이를 따랐음. 타당하다고 생각하므로「女王國」으로 교감.
56　원문「女男」. 죽내본「以男」으로 교감, 탕천본·길림본「女」를 연자로 파악한 후「男」으로 교감. 현전『三國志』원문에 따라「男」으로 교감.
57　원문「右」. 길림본은「古」로 교감. 비슷한 자형에 따른 誤記일 가능성이 높다고 생각하므로 현전『三國志』원문에 따라「古」로 교감.
58　원문「女國」. 죽내본·길림본·탕천본 모두「王」을 보입하여「女王國」으로 교감. 타당하다고 생각하므로「女王國」으로 교감.
59　원문「點而」. 죽내본·탕천본은「黥面」으로 길림본은「鯨面」으로 교감. 비슷한 자형에 따른 誤記일 가능성이 높다고 생각하므로 현전『三國志』와『晉書』원문에 따라「黥面」으로 교감.
60　원문「文」. 죽내본·길림본·탕천본 모두「身」을 보입하여「文身」으로 교감. 正文에 반영된 注文이라고 생각하므로 현전『三國志』와『晉書』원문에 따라「文身」으로 교감.
61　원문「小」. 길림본·탕천본은「少」로 교감. 현전『三國志』와『晉書』원문에 따라「少」로 교감.
62　원문「害」. 탕천본은「禽」으로 교감. 이 부분의 원자료였을『晉書』원문이 "亦文身以厭水禽"이기 때문에「禽」으로 교감했을 것으로 추정. 앞뒤 문맥상 "水禽 (바다짐승)"이 타당하다고 생각하므로「禽」으로 교감.
63　蛟龍은 깊은 물 속에 사는 전설적인 동물을 가리킴. 蛟는 홍수를 일으킬 수 있다고 하며, 龍은 구름과 비를 부를 수 있다고 전함.

大小皆黥面文身 自古以來 其使詣中國 皆自稱大夫 夏后少康之子封於會稽 斷髮文身以避蛟龍之害 今倭水人 好沈沒捕魚蛤 文身亦以厭大魚水禽 後稍以爲飾

『晉書』卷97 倭 男子無大小 悉黥面文身 自謂太伯之後 又言上古使詣中國 皆自稱大夫 昔夏少康之子封於 會稽 斷髮文身以避蛟龍之害 今倭人好沈沒取魚 亦文身以厭水禽

05 阿輩雞彌, 自表天兒之稱.
아배계미는, 스스로 천손이라는 칭호를 표방했다.

宋書[64]曰: "永初中, 倭國有王, 曰讚. 至元嘉中, 讚死, 弟珍立, 自稱使持[65]節·都督·安東大將軍· 倭國王. 順帝時, 遣使上表云: '自昔[祖]禰[66], 東征毛人五十五國, 西服衆夷六[十六國][67], 渡平海北 九十五國.'" 今案, 其王姓阿每, 國號爲阿輩雞彌[68]. 華言天兒也. 父子相傳王. 有宮女六七百人. 王 長子號和哥弥多弗利, 華言太子.

『송서』에 다음과 같이 전한다. "영초 연간(420~422)에 왜국에 왕이 있었는데 찬이라고 했다. 원가 연간(424~453)에 이르러 찬이 죽고 동생 진이 즉위하였는데 사지절·도독·안동대 장군·왜국왕을 자칭했다. 순제 때(477~479)에 사신을 보내 표문을 올려 말했다. '옛적의 조 상으로부터[69] 동쪽으로 모인 55국을 정벌하고, 서쪽으로 중이 66국을 복종시켰으며, 해북 95 국을 [바다를] 건너 평정했습니다[70].'" 지금 살펴보니[71] 그 나라의 왕은 성이 아매이고 나라 이 름을 아배계미라고 했다. 중화의 말로 하늘의 자식이다. 부자가 대대로 왕위를 전한다. 궁녀 600~700인이 있다. 왕의 장자를 와카미타후리라고 부르는데, 중화의 말로 태자이다.

---

64 원문「宋死弟宋書」. 죽내본「宋死弟立宋書」로 교감. 알려진 왜왕의 이름 중「宋」이 없으므로 따르기 어렵다. 「宋死弟」를 衍文으로 판단하여「宋書」로 교감.

65 원문「時」. 죽내본·길림본·탕천본 모두「持」로 교감. 비슷한 자형에 따른 誤記가 확실하므로「持」로 교감.

66 원문「禰」. 죽내본은 원문 그대로 씀. 길림본 탕천본은「祖」를 보입하여「祖禰」로 교감. 현전『宋書』원문에 따라「祖」를 보입하여 교감.

67 원문「六」. 죽내본은「十六」을 길림본·탕천본은「十六國」을 보입하여 교감. 현전『宋書』원문에 따라「十六國」을 보입하여 교감.

68 원문「雞」. 죽내본·길림본·탕천본 모두「彌」를 보입해 교감. 정문을 보면 脫字임이 확실하므로 현전『隋書』원문을 따라「雞彌」 로 교감.

69 「祖禰」의 뜻은 ① 祖廟와 父廟를 함께 이르는 말, ② 돌아가신 할아버지와 아버지, 또는 조상을 두루 이르는 말인데, 할아버지와 아버지라는 뜻을 따라 해석하고 같은 조서의 "渡平海北九十五國"과 연관지어 5세기 초·중반 왜의 한반도 諸國 정벌을 입증하 는 근거로 제시하기도 함.

70 이때 바다를 건너 평정한 나라를 한반도의 諸國으로 보기도 하지만(武田幸男, 「平西將軍倭隋の理解-五世紀の倭國政權にふれ て-」『朝鮮學報』77, 1975), 일본에서 한반도를 가리키는 방위는 西이며, 이 때 건넌 바다는 세토 내해로 볼수 있으므로 이 표 문의 北은 九州 지역을 가리킨다는 주장(노중국,『백제의 대외 교섭과 교류』, 지식산업사, 2012)이 최근 제기되었음.

71 주석자의 기술. 현전『隋書』와『通典』의 내용과 같은 부분이 많지만, "父子相傳王"은 기존의 사료에서 찾아지지 않는 내용.

• 참고

『宋書』卷97 倭   永初二年 詔曰 倭讚萬里修貢 遠誠宜甄 可賜除授 太祖元嘉二年 讚又遣司馬曹達奉表獻方物 讚死 弟珍立 遣使貢獻 自稱使持節都督倭百濟新羅任那秦韓慕韓六國諸軍事安東大將軍倭國王 … 順帝昇明二年 遣使上表曰 封國偏遠 作藩于外 自昔祖禰 躬擐甲冑 跋涉山川 不遑寧處 東征毛人五十五國 西服衆夷六十六國 渡平海北九十五國

『通典』卷185 倭   隋文帝開皇二十年 倭王姓阿毎 名多利思比孤 其國號阿輩雞彌 華言天兒也 遣使詣闕

『隋書』卷81 倭   開皇二十年 倭王姓阿毎 字多利思比孤 號阿輩雞彌 遣使詣闕 上令所司訪其風俗 使者言倭王以天爲兄 以日爲弟 天未明時出聽政 跏趺坐 日出便停理務 云委我弟 高祖曰 此太無義理 於是訓令改之 王妻號雞彌 後宮有女六七百人

『册府元龜』外臣部   晉安帝時 倭王贊死 弟彌立 彌死 子濟立 宋元嘉二十年 濟死 世子興立 興死 弟武立 隋開皇二十年 其王姓阿毎 字多利思比孤 號河輩鷄彌 遣使朝貢

06 因禮義而標秩[72], 即智信以命官.
예의에 따라 관질을 표시하고, 지신에 따라 관위에 임명했다.

括地志曰: "倭國, 其官[73]有十二等. 一曰麻卑兜吉寐, 華言大德. 二曰小德, 三曰大仁, 四曰小仁, 五曰大[74]義, 六曰小義, 七曰大禮, 八曰小禮, 九曰大智, 十曰小智, 十一曰大信, 十二曰小信."

『괄지지』에 다음과 같이 전한다. "왜국은 그 관에 12등급이 있다. 첫 번째는 마비아길매인데[75] 중화의 말로 대덕이다. 두 번째는 소덕, 세 번째는 대인, 네 번째는 소인, 다섯 번째는 대의, 여섯 번째는 소의, 일곱 번째는 대례, 여덟 번째는 소례, 아홉 번째는 대지, 열 번째는 소지, 열한 번째는 대신, 열두 번째는 소신이다."

• 참고

『隋書』卷81 倭   內官有十二等 一曰大德 次小德 次大仁 次小仁 次大義 次小義 次大禮 次小禮 次大智 次小智 次大信 次小信 員無定數

---

72 원문 「秩」. 죽내본·길림본은 「袟」로 판독하고 그대로 인정. 「秩」이 문맥에 부합하므로 원문 그대로 둠.

73 현전 『隋書』 원문은 「內官」으로 되어 있으나 원문 그대로 둠.

74 원문 「六」. 죽내본·길림본·탕천본 모두 「大」로 교감. 비슷한 자형에 따른 誤記가 확실하므로 현전 『隋書』 원문에 따라 「大」로 교감.

75 현전 『隋書』 원문에 보이지 않음. 탕천본에서는 「아히토기미」로 읽음.

07 邪屈伊都, 傍連斯馬.
구불구불하게 이도[국]에 이르렀고, 주변으로 사마[대국]과 이어졌다.[76]

廣志曰: "倭國東南陸行五百里, 到伊都國. 又南至邪馬臺[77]國. 自[78]女[王]國[79]以北, 其戶數道里可得略載. 次斯馬國, 次巴百支國, 次伊邪國." 案[80], 倭西南海行一日, 有伊邪分國, 無布帛以革爲衣. 蓋伊耶國也.

『광지』에[81] 다음과 같이 전한다. "왜국[82] 동남쪽 육상으로 오백리를 가면 이도국에 도착한다. 다시 남쪽으로 사마대국에 이른다. 여왕국으로부터 이북은 그 나라의 호수와 노정을 대략 기재할 수 있다. 다음은 사마국, 다음은 파백지국[83], 다음은 이사국이다. 살펴보니[84] 왜 서남쪽 바다로 하루를 가면 이사분국이 있는데, 포와 백이 없고 가죽으로 옷을 만든다. 아마도 이야국일 것이다."

• 참고
『三國志』卷30 倭　　又渡一海 千餘里至末盧國 有四千餘戶 濱山海居 草木茂盛 行不見前人 好捕魚鰒 水無深淺 皆沈沒取之 東南陸行五百里 到伊都國 官曰爾支 副曰泄謨觚柄渠觚 有千餘戶 世有王 皆統屬女王國 郡使往來常所駐 東南至奴國百里 官曰兕馬觚 副曰卑奴母離 有二萬餘戶 東行至不彌國百里 官曰多模 副曰卑奴母離 有千餘家 南至投馬國 水行二十日 官曰彌彌 副曰彌彌那利 可五萬餘戶 南至邪馬壹國 女王之所都 水行十日 陸行一月 官有伊支馬 次曰彌馬升 次曰彌馬獲支 次曰奴佳鞮 可七萬餘戶 自女王國以北 其戶數道里可得略載 其餘旁國遠絕 不可得詳 次有斯馬國 次有已百支國 次有伊邪國

76　길림본은 「邪」를 「邪馬臺國」을 줄인 말로 보았음. 이를 따르면 「邪屈伊都」는 "사마대국에서 이도국에 다다르고"로 해석할 수 있음. 죽내본 역시 같은 맥락에서 "邪는 이도에 이르고"로 해석. 반면에 탕천본은 「邪」를 「斜」와 같다고 하였음. 注文의 「東南」을 보면 탕천본의 견해가 타당, 正文의 대구도 이쪽이 어울림.

77　원문 「嘉」. 죽내본·길림본·탕천본 모두 「臺」로 교감. 비슷한 자형에 따른 誤記가 확실하므로 현전 『後漢書』 원문에 따라 「臺」로 교감. 「邪馬臺國」은 현전 『三國志』 원문에는 「邪馬壹國」으로 되어 있음.

78　원문 「百」. 죽내본·길림본·탕천본 모두 「自」로 교감. 비슷한 자형에 따른 誤記가 확실하므로 현전 『三國志』 원문에 따라 「自」로 교감.

79　원문 「女國」. 죽내본·길림본·탕천본 모두 「王」을 보입하여 「女王國」으로 교감. 문맥과 현전 『三國志』 원문에 따라 「女王國」으로 교감.

80　원문 「安」. 죽내본·길림본·탕천본 모두 「案」으로 교감. 문맥에 따라 「案」으로 교감.

81　『廣志』는 『隋書』 經籍志에 서명이 보이는 책으로 郭義恭이 편찬한 것으로 알려져 있음. 편찬 연대는 당대 이전일 것이라고 추정할 뿐임. 注文에 인용된 내용은 『三國志』 원문과 대부분 일치하지만 「邪馬臺國」은 『後漢書』와 일치. 『廣志』에 대해서는 杉本直治郎의 글(「郭義恭の『廣志』－南北朝時代の驃國史料として」 『東洋史研究』 23-3, 1964)에 상세함.

82　현전 『三國志』 원문의 문맥에 따르면 末盧國.

83　현전 『三國志』 원문에는 「已百支國」.

84　탕천본에서는 「案」 이하를 곽의공의 말로 보았음. 왜에 대한 여러 기록(後漢書, 三國志, 晉書, 宋書, 南齊書, 梁書, 隋書) 중에서 같은 내용을 찾기 어려움.

『後漢書』卷85 倭　　倭在韓東南大海中 依山島爲居 凡百餘國 自武帝滅朝鮮 使驛通於漢者三十許國 國皆稱王 世世傳統 其大倭王居邪馬臺國 樂浪郡徼 去其國萬二千里 去其西北界拘邪韓國七千餘里 其地大較在會稽東冶之東 與朱崖儋耳相近 故其法俗多同

08 ｜ 中元之際, □紫綬之榮[85],
중원 연간에, 자색 인수의 영광을 … 하였고,

漢書地[理]志[86]曰: "樂浪[87]海中有倭人, 分爲百餘國, 以歲時[來][88]獻見." 後漢書[曰][89]: "建武中元[90]二年[91], 倭國奉貢朝賀, 使人自稱大夫. 光武賜以印綬. 安帝[永]初[92]元年, 倭王師升等獻生[93]口百六十[人][94]."

『한서』 지리지에 다음과 같이 전한다. "낙랑의 바다 가운데 왜인이 있는데, 나뉘어서 백여 국이었고 세시로 와서 [공물을] 바치고 알현하였다." 『후한서』에 다음과 같이 전한다. "건무 중원 2년(57)에 왜국이 공물을 바치고 조하하였는데, 사신이 대부라 자칭하였다. 광무[제]가 인수[95]를 내려주었다. 안제 영초 원년(108)에 왜왕 사승 등이 생구 160인을 바쳤다."

• 참고
『漢書』卷28下 地理志下　　樂浪海中有倭人 分爲百餘國 以歲時來獻見
『後漢書』卷85 倭　　建武中元二年 倭奴國奉貢朝賀 使人自稱大夫 倭國之極南界也 光武賜以印綬 安帝永初元年 倭國王帥升等獻生口百六十人 願請見

85　원문「紫綬之榮」. 아래 정문과 대구가 맞지 않음. 때문에 길림본은 요해본을 따라「鷹」을 보입하여 교감. 탕천본은 注文의 내용을 참고하여「賜」를 보입. 판단의 기준이 없으므로 □으로 처리하였음.

86　원문「漢書地志」. 죽내본·길림본·탕천본 모두「理」를 보입하여「漢書地理志」로 교감. 타당하다고 생각하므로「漢書地理志」로 교감.

87　원문「夫餘樂浪」. 길림본·탕천본은「夫餘」를 衍文으로 보고「樂浪」으로 교감. 현전『漢書』원문을 따라「樂浪」으로 교감.

88　원문「以歲時」. 길림본·탕천본은「來」를 보입하여「以歲時來」로 교감. 현전『漢書』원문을 따라「以歲時來」로 교감.

89　원문「後漢書」. 길림본·탕천본은「曰」을 보입하여「後漢書曰」로 교감. 타당하다고 생각하므로「後漢書曰」로 교감.

90　원문「光武中元」. 길림본·탕천본은「建武中元」으로 교감. 현전『後漢書』원문을 따라「建武中元」으로 교감.

91　원문「年二」. 죽내본·길림본·탕천본 모두「二年」으로 교감. 도치된 것이 확실하므로「二年」으로 교감.

92　원문「初」. 죽내본·길림본·탕천본 모두「永」을 보입하여「永初」로 교감. 현전『後漢書』원문을 따라「永初」로 교감.

93　원문「主」. 죽내본·길림본·탕천본 모두「生」으로 교감. 비슷한 자형에 따른 誤記가 확실하므로 현전『後漢書』원문을 따라「生」으로 교감.

94　원문은「六十」. 길림본·탕천본은「六十人」으로 교감. 현전『後漢書』원문을 따라「六十人」으로 교감.

95　1784년 일본 규슈 후쿠오카현에서 출토된 "漢委奴國王" 명문 金印으로 추정.

09 景初之辰, 恭文錦之獻.
경초 연간에, 수놓은 비단의 헌상을 받들었다.

魏[96]志曰: "景初三年, 倭女王遣大夫難升未利等, 獻男生口四人, 女生[口][97]六人, 班[98]布二疋二丈[99]. 詔以爲親[100]魏倭王, 假金印紫綬. 正始四年, 倭王復遣大夫伊聲耆·振邪拘[101]等八人, 上獻生口也."

『위지』에 다음과 같이 전한다. "경초 3년(239)에[102] 왜 여왕이 대부 난승미리 등을 보내 남자 생구 4인, 여자 생구 6인, 수놓은 베 2필 2장을 바쳤다. 조서를 내려 친위왜왕으로 삼고 금인과 자수를 주었다. 정시 4년(243)에 왜왕이 다시 대부 이성기와 진사구[103] 등 8인을 보내 생구를 바쳤다."

• 참고
『三國志』 卷30 倭 景初二年六月 倭女王遣大夫難升米等詣郡 求詣天子朝獻 太守劉夏遣吏將送詣京都 其年十二月 詔書報倭女王曰 制詔親魏倭王卑彌呼 帶方太守劉夏遣使送汝大夫難升米次使都市牛利奉汝所獻男生口四人 女生口六人班布二匹二丈 以到 汝所在踰遠 乃遣使貢獻 是汝之忠孝 我甚哀汝 今以汝爲親魏倭王 假金印紫綬 裝封付帶方太守假授汝 … 其四年 倭王復遣使大夫伊聲耆掖邪狗等八人 上獻生口倭錦絳青縑綿衣帛布丹木㺃短弓矢 掖邪狗等壹拜率善中郎將印綬

---

96 원문 「槐」. 죽내본·길림본·탕천본 모두 「魏」로 교감. 誤記가 확실하므로 「魏」로 교감.
97 원문 「生」. 죽내본·길림본·탕천본 모두 「口」를 보입하여 「生口」로 교감. 현전 『三國志』 원문을 따라 「生口」로 교감.
98 원문 「玨」. 죽내본은 「斑」으로 길림본·탕천본은 「班」으로 교감. 현전 『三國志』 원문을 따라 「班」으로 교감.
99 원문 「尺」. 길림본·탕천본은 「丈」으로 교감. 현전 『三國志』 원문을 따라 「丈」으로 교감.
100 원문 「新」. 죽내본·길림본·탕천본 모두 「親」으로 교감. 비슷한 자형에 따른 誤記가 확실하므로 현전 『三國志』 원문에 따라 「親」으로 교감.
101 원문 「拘」. 길림본은 「狗」로 교감. 탕천본은 「㺃」로 판독한 듯. 이 글자는 '구'의 음차일 것이므로 원문 그대로 둠.
102 현전 『三國志』 원문에는 「景初二年」. 길림본·탕천본에 따르면 『太平御覽』에 인용된 『三國志』 원문에는 「景初三年」으로 되어 있음. 동북아역사재단 편, 『三國志』 왜인전 주석에서는 『日本書紀』에 인용된 『三國志』와 『梁書』의 기록을 근거로 「景初二年」을 「景初三年」의 誤記라고 하였음(동북아역사재단 편, 『삼국지·진서 외국전 역주』, 2009, 99쪽, 주 512).
103 현전 『三國志』 원문에는 「掖邪狗」.

南蠻
남만

판독문

犬¹戎縱²暴³ 克展槃瓠之功 帝女降嬪 仍搆⁴蠻方之緒
范曄後漢書曰 昔⁵高辛氏有犬戎之冠⁶ 帝患其侵暴 而征⁷伐之不剋 乃訪募天下 有能得戎將吳⁸將軍頭者 購黃千溢⁹ 邑万家 又妻以少¹⁰女 時帝有畜狗 其毛五采 名曰槃瓠 下令¹¹之後 槃瓠遂銜¹²人

---

1 죽내본·길림본 「犬」. 자형에 따라 「犬」으로 판독.
 大 원문

2 죽내본·길림본 「縱」. 자형에 따라 「縱」으로 판독.
 縱 원문

3 죽내본·길림본 「暴」. 자형에 따라 「暴」으로 판독.
 暴 원문

4 죽내본 「構」, 길림본 「搆」. 자형에 따라 「搆」로 판독.
 搆 원문

5 죽내본·길림본 「昔」. 자형에 따라 「昔」으로 판독.
 昔 원문

6 죽내본·길림본 「冠」. 자형에 따라 「冠」으로 판독.
 冠 원문

7 죽내본·길림본 「征」. 아래의 용례를 통해 「征」으로 판독.
 征 원문 征 伍 대만이체자사전

8 죽내본·길림본 「吳」. 아래의 용례를 통해 「吳」로 판독.
 吳 원문 吳 吳 대만이체자사전

頭造¹³闕下 辞¹⁴臣恠¹⁵而詠¹⁶之 乃吳將軍首也 帝大喜 而計槃瓠不可妻之以女 又無封爵之首 議欲有報而未知所宜¹⁷ 女聞之 以爲帝皇下令 不可違¹⁸信 因請行 帝不得已 乃以女配¹⁹槃瓠 槃瓠得女負而走入南山石室中 所家險絶 人跡不至 於是女解²⁰去衣裳 爲僕監之髻²¹ 著獨力之衣 帝悲思 遣

---

9 죽내본·길림본 「溢」. 자형에 따라 「溢」로 판독.

원문

10 죽내본·길림본 「少」. 자형에 따라 「少」로 판독.

원문

11 죽내본·길림본 「合」. 아래의 용례를 통해 「令」으로 판독.

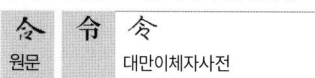
원문 　令
　　　대만이체자사전

12 길림본「衙」, 죽내본「衙」. 자형에 따라 「衙」로 판독.

원문

13 죽내본·길림본 「造」. 자형에 따라 「造」로 판독.

원문

14 죽내본은 「辞」, 길림본 「辭」. 「辞」는 「辭」의 이체자이며, 자형에 따라 「辞」로 판독.

원문 　辭　辞
　　　대만이체자사전

15 죽내본·길림본 「恠」. 「恠」는 「怪」의 이체자이며, 자형에 따라 「恠」로 판독.

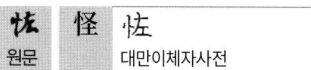
원문 　怪　恠
　　　대만이체자사전

16 죽내본·길림본 「詠」. 자형에 따라 「詠」으로 판독.

원문

17 죽내본「置」, 길림본「宜」. 「宜」는 「宜」의 이체자이며 자형에 따라 「宜」로 판독.

원문 　宜　宜
　　　대만이체자사전

18 죽내본·길림본 「違」. 아래의 용례를 통해 「違」로 판독.

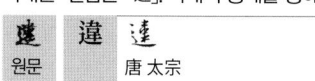
원문 　違　違
　　　唐 太宗

19 죽내본·길림본 「配」. 아래의 용례를 통해 「配」로 판독.

원문 　配　配
　　　대만이체자사전

使尋求 輒²²愚²³遇風雨辰²⁴晦 使者不得進 經年生子十二人 六男六女 槃瓠死後 因自相夫妻 織續²⁵木皮 染以草寶²⁶ 好五色衣服 製哉²⁷皆有尾形 其母後歸²⁸ 以狀白帝 於是使迎致諸子 衣裳班²⁹闌 語言珠³⁰離 好人山壑 不樂平曠 帝順其意 賜以名山廣澤 其後瀍³¹夢 号曰蠻夷

20 죽내본·길림본「解」. 아래의 용례를 통해「解」로 판독.

21 죽내본·길림본「髻」. 아래의 용례를 통해「髻」로 판독.

22 죽내본「輒」, 길림본「輒」. 아래의 용례를 통해「輒」으로 판독.

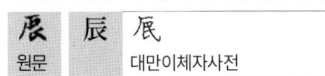

23 죽내본·길림본「愚」. 자형에 따라「愚」로 판독.

24 죽내본·길림본「辰」. 아래의 용례를 통해「辰」으로 판독.

25 죽내본·길림본「續」. 아래의 용례를 통해「續」으로 판독.

26 죽내본「寶」, 길림본「實」. 자형에 따라「寶」로 판독.

27 죽내본·길림본은「哉」. 아래의 용례를 통해「哉」로 판독.

28 죽내본·길림본「歸」. 자형에 따라「歸」로 판독.

29 죽내본·길림본「班」. 아래의 용례를 통해「班」으로 판독.

30 죽내본「珠」, 길림본「朱」. 자형에 따라「珠」로 판독.

31 죽내본「瀍」, 길림본「滋」. 자형에 따라「瀍」로 판독.

獺³²冠表飾³³ 精夫之号³⁴斯傳

後漢書曰 蠻外癡³⁵內黠 安土重舊³⁶ 以先³⁷文有政 母帝之女 田作賈飯³⁸ 無關³⁹渠⁴⁰符傳租稅之賦 有邑居長 皆賜印綬 冠用⁴¹皮 名渠師曰精夫 相呼爲娉⁴²徙⁴³金長沙武⁴⁴蠻是也

---

32 죽내본·길림본 「獺」. 자형에 따라 「獺」로 판독.

33 죽내본 「飾」. 길림본 「飾」. 아래의 용례를 통해 「飾」으로 판독.
   五代 大毗盧經

34 죽내본·길림본 「号」. 아래의 용례를 통해 「号」로 판독.
   대만이체자사전

35 죽내본·길림본 「癡」. 아래의 용례를 통해 「癡」로 판독.
   晚唐 摩訶止觀

36 죽내본·길림본 「舊」. 아래의 용례를 통해 「舊」로 판독.
   初唐 古文尙書

37 죽내본 「先」. 길림본 「光」. 아래의 용례를 통해 「先」으로 판독.
   初唐 古文尙書

38 죽내본·길림본 「販」. 아래의 용례를 통해 「飯」로 판독.
   대만이체자사전

39 죽내본 「關」. 길림본 「關」. 자형에 따라 「關」으로 판독.

40 죽내본·길림본 「渠」. 아래의 용례를 통해 「渠」로 판독.
   東魏 王僧墓誌

41 죽내본·길림본 「獺」. 아래의 용례를 통해 「獺」으로 판독.
   대만이체자사전

42 죽내본 「娊」. 길림본 「娉」. 아래의 용례를 통해 「娉」으로 판독.
   대만이체자사전

賨⁴⁵布申誠 武⁴⁶之部爰⁴⁷置

後漢書曰 吳悼王 南幷蠻起⁴⁸ 遂有洞庭⁴⁹蒼梧 秦昭王使起伐楚 略取蠻夷 始置黔中郡 漢與⁵⁰改爲武歲⁵¹令大人輸布一匹⁵² 小曰二尺 是謂⁵³賨⁵⁴布 雖時冠盜 而不足爲患也

---

43 죽내본「徙」, 길림본「徙」. 아래의 용례를 통해「徙」로 판독.

44 죽내본·길림본「陵」. 아래의 용례를 통해「陵」으로 판독.

45 죽내본「賨」, 길림본「賨」. 아래의 용례를 통해「賨」으로 판독.

46 죽내본·길림본「武」. 아래의 용례를 통해「武」로 판독.「武」자는 모두 위에 한 획이 탈락된 이체자를 사용한다.

47 죽내본·길림본「爰」. 아래의 용례를 통해「爰」으로 판독.

48 죽내본·길림본「起」. 아래의 용례를 통해「起」로 판독.

49 죽내본·길림본「庭」. 아래의 용례를 통해「庭」으로 판독.

50 죽내본·길림본「與」. 아래의 용례를 통해「與」로 판독.

51 죽내본·길림본「歲」. 아래의 용례를 통해「歲」로 판독.

52 죽내본·길림본「匹」. 아래의 용례를 통해「匹」로 판독.

53 죽내본「謂」, 길림본「爲」. 자형에 따라「謂」로 판독.

武威鞠[55]旅[56]阻危徑以亡[57]軀

後漢書曰 光武[58]與[59] 武蠻夷特[60]盛 建武廿三年 精夫相單程等[61]據[62]其險隘 大冠郡縣 遣武威將軍 劉尚 發[63]南郡長沙沙 武兵萬餘人 乘[64]訴[65]沅水入武谿[66]擊[67]之 尙輕敵[68]入險 山深[69]水疾 舟船[70]不得

---

54 죽내본「賨」, 길림본「賝」. 아래의 용례를 통해 좌변이「宗」밑변으로 내려온 것으로 보고「賨」으로 판독.

55 죽내본·길림본「鞠」. 아래의 용례를 통해「鞠」으로 판독.

56 죽내본·길림본「旅」. 아래의 용례를 통해「旅」로 판독.

57 죽내본·길림본「亡」. 아래의 용례를 통해「亡」으로 판독.

58 죽내본·길림본「陵」. 아래의 용례를 통해「陵」으로 판독.

59 죽내본「興」, 길림본「與」. 아래의 용례를 통해「與」로 판독.

60 죽내본·길림본「持」. 아래의 용례를 통해「特」으로 판독.

61 죽내본·길림본「等」. 아래의 용례를 통해「等」으로 판독.

62 죽내본·길림본「據」. 아래의 용례를 통해「據」로 판독.

63 죽내본·길림본「發」. 아래의 용례를 통해「發」로 판독.

64 죽내본·길림본「乘」. 아래의 용례를 통해「乘」으로 판독.

上 蠻知尙粮少入遠 又不曉⁷¹道徑 遂屯⁷²聚⁷³守隘⁷⁴ 尙食盡引還 蠻緣路儌⁷⁵戰 尙軍大也

伏波臨式 因炎雲而致命

後漢書曰 建武廿十四年 相單程等下攻臨沅 明⁷⁶年遣伏波特軍馬援 中郎將⁷⁷劉匡馬武等將兵至臨

---

65 죽내본·길림본 「訴」. 아래의 용례를 통해 「訴」로 판독.

66 죽내본 「奴」. 길림본 「谿」. 아래의 용례를 통해 「谿」로 판독.

67 죽내본·길림본 「擊」. 아래의 용례를 통해 「擊」으로 판독.

68 죽내본·길림본 「敵」. 아래의 용례를 통해 「敵」으로 판독.

69 죽내본·길림본 「深」. 아래의 용례를 통해 「深」으로 판독.

70 죽내본 「船」, 길림본 「船」. 자형에 따라 「船」으로 판독.

71 죽내본·길림본 「曉」. 아래의 용례를 통해 「曉」로 판독.

72 죽내본 「亡」, 길림본 「屯」. 아래의 용례를 통해 「屯」으로 판독.

73 죽내본 「聚」, 길림본 「據」. 아래의 용례를 통해 「聚」로 판독.

74 죽내본·길림본 「隘」. 아래의 용례를 통해 「隘」로 판독.

75 죽내본·길림본 「儌」. 아래의 용례를 통해 「儌」로 판독.

阮 擊破之 單程等飢困乞降 會援庫卒 謂者宗均聽⁷⁸悉⁷⁹受降 爲置吏司 郡蠻遂平

詹山振⁸⁰拒 尙銜應奉之恩

後漢書曰 桓帝時 武蠻詹山等四千餘人反 拘執縣令 屯結深⁸¹山 永與元年 太守應奉以恩信招誘 皆散降散

象林趙⁸²赳 猶⁸³感祝良之惠

後漢書 順帝時 日南象林儌外蠻夷區憐等數⁸⁴千人 燒惐⁸⁵寺 殺⁸⁶長吏 用李固議 拜祝良九眞太守

76　죽내본「明」. 길림본「明」. 자형에 따라「明」으로 판독.

77　죽내본·길림본「將」. 아래의 용례를 통해「將」으로 판독.

78　죽내본「聽」, 길림본「聽」. 자형에 따라「聽」으로 판독.

79　죽내본·길림본「悉」. 아래의 용례를 통해「悉」로 판독.

80　죽내본·길림본「振」. 아래의 용례를 통해「振」으로 판독.

81　죽내본·길림본「染」. 아래의 용례를 통해「深」으로 판독.

82　죽내본·길림본「赳」. 자형에 따라「赳」로 판독.

83　죽내본·길림본「猶」. 아래의 용례를 통해「猶」로 판독.

84　죽내본「數」. 길림본「數」.「数」는「數」의 이체자이며, 자형에 따라「數」로 판독.

張喬爲交阯刺[87]吏 喬至開下慰誘 並皆降散[88] 良到九眞 單車入賊中 設方略 招以威信 降者數万人 皆爲良築[89]起符寺 由是領外復平也

彫題列儌 傍帶甘人之鄕

後漢書日 礼記稱南方日蠻 彫題交[90] 其俗男女同川而浴 故交阯 其西有噉人之國 生首子輒解而食之 謂之宜弟 味旨 則以貴其 喜而黨[91]其父 取妻美 則讓其先[92] 今烏辯人是也 楚祠招魂日[93] 彼皆甘人 魂往必適也

---

85 죽내본·길림본「城」. 자형에 따라「悈」으로 판독.

원문

86 죽내본·길림본「殺」. 아래의 용례를 통해「殺」로 판독.

원문   대만이체자사전

87 죽내본「刺」, 길림본「散」. 아래의 용례를 통해「刺」로 판독.
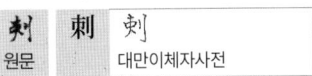
원문   대만이체자사전

88 죽내본「參」, 길림본「散」. 자형에 따라「散」으로 판독.

원문

89 죽내본·길림본「築」. 아래의 용례를 통해「築」로 판독.
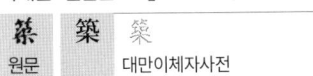
원문   대만이체자사전

90 죽내본·길림본「阯」. 자형에 따라「仳」로 판독.

원문

91 죽내본·길림본「黨」. 아래의 용례를 통해「黨」으로 판독.
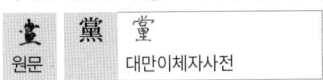
원문   대만이체자사전

92 죽내본「兄」, 길림본「先」. 자형에 따라「先」으로 판독.

원문

93 죽내본「日」, 길림본「曰」. 자형에 따라「日」로 판독.

원문

交阯開邊 前贍獻雉之國

後漢書曰 交阯亦南有越常國 周公君[94]攝[95]六年 制胤[96]作樂 天下和平 本越常以象以象 重譯[97]而獻[98]白雉曰 道路悠遠 山川阻籴 音使不通 故重譯而朝 成王以歸[99]周公 ㇏[100]曰 德不加焉 則君子不[101]響[102]其贄 賢[103]政不施焉 則君子不臣其遠 吾何以獲此賜也 其使諸曰 吾受命吾國之黃苟[104]曰

---

94 죽내본「居」, 길림본「君」. 아래의 용례를 통해「君」으로 판독.

95 죽내본·길림본「攝」. 아래의 용례를 통해「攝」으로 판독.

96 죽내본「胤」. 길림본 누락. 아래의 용례를 통해「胤」으로 판독.

97 죽내본·길림본「譯」. 아래의 용례를 통해「譯」으로 판독.

98 죽내본·길림본「獻」. 아래의 용례를 통해「獻」으로 판독.

99 죽내본·길림본「歸」. 아래의 용례를 통해「歸」로 판독.

100 죽내본「㇏」, 길림본「周公」. 자형에 따라「㇏」로 판독.

101 「不」자는 뒤에 가필한 듯「子」와「響」사이가 아닌 오른쪽에 치우쳐 쓰였다.

102 죽내본「響」, 길림본「嚮」. 아래의 용례를 통해「響」으로 판독.

103 죽내본·길림본「賢」. 자형에 따라「賢」으로 판독.

104 죽내본·길림본「耇」. 아래의 용례를 통해「苟」로 판독.

分[105]矣 天之無烈風雷雨 意者中國有聖人乎 有則盡往朝之 周公乃歸之於王 稱先王之神致 以子宗廟也

玄犀[106]薦[107]祉 通譯元始之年

後漢書曰 王莽[108]車改[109] 元始二年 日亡南之南黃支[110]國來獻[111]犀牛 几[112]交[113]阯所統 雖置郡縣 而言語各異 重譯乃通 人如禽獸 長幼[114]無別 湏[115]髻徒[116]跣 以布貫頭而著之 後頗徒中國罪人 使新

---

105 죽내본·길림본 「分」. 아래의 용례를 통해 「分」으로 판독.

106 죽내본·길림본 「犀」. 아래의 용례를 통해 「犀」로 판독.

107 죽내본·길림본 「薦」. 아래의 용례를 통해 「薦」으로 판독.

108 죽내본·길림본 「莽」. 아래의 용례를 통해 「莽」으로 판독.

109 죽내본·길림본 「改」. 아래의 용례를 통해 「改」로 판독.

110 죽내본·길림본 「支」. 아래의 용례를 통해 「支」로 판독.

111 죽내본·길림본 「獻」. 아래의 용례를 통해 「獻」으로 판독.

112 죽내본 「凡」, 길림본 「几」. 자형에 따라 「几」로 판독.

113 죽내본·길림본 「交」. 아래의 용례를 통해 「交」로 판독.

114 죽내본 「幼」, 길림본 「朸」. 아래의 용례를 통해 「幼」로 판독.

居其間 乃猶[117]知言語 漸見礼化也

白菟初祥 懷仁建武之歲

後漢書曰 光武中興 錫光爲交阯 延[118]守九眞 於是教其耕[119]稼 制爲冠履 初設媒娉 始知姻[120]娶 建立學校 尊[121]之礼義 建武十二年 九眞徼外蠻張游[122] 蠻率種[123]人恭[124]慕化內屬[125] 封爲貴漢里君 明年 南越敫蠻夷獻白菟也

---

115 죽내본「湏」, 길림본「湏」. 아래의 용례를 통해「湏」로 판독.

116 죽내본「徒」, 길림본「徒」. 아래의 용례를 통해「徒」로 판독.

117 죽내본「猶」, 길림본「指」.「猶」의 이체자와 유사하므로 자형에 따라「猶」로 판독.

118 죽내본·길림본「延」. 아래의 용례를 통해「延」으로 판독.

119 죽내본·길림본「耕」. 자형에 따라「耕」으로 판독.

120 죽내본·길림본「姻」. 아래의 용례를 통해「姻」으로 판독.

121 죽내본·길림본「尊」. 아래의 용례를 통해「尊」으로 판독.

122 죽내본·길림본「游」. 아래의 용례를 통해「游」로 판독.

123 죽내본·길림본「種」. 아래의 용례를 통해「種」으로 판독.

124 죽내본「恭」, 길림본 누락. 아래의 용례를 통해「恭」으로 판독.

徵側叛[126]換 合浦申馬援之功

後漢書曰 建武十六年 交阯女子徵側及其妹徵貳反 徵則者 麊[127]泠[128]佺[129]縣雒將之 嫁朱鳶[130]人詩索妻 甚雄勇 交阯太守蘇[131]定[132]以法繩[133]之 側忿 故返 於是九眞日南合浦蠻里皆應之 凡略六十五城 自立爲王 交阯吏剌及諸太守僅得自守 十八年 乃遣伏波將軍馬援 樓船將軍髮志 發長沙桂楊[134]零陵蒼梧兵万餘人 討之 明年月 援破阯 斬側徵貳等 餘皆降散 進擊九眞賊都陽等 破降[135]之

---

125 죽내본「属」, 길림본「屬」. 아래의 용례를 통해「屬」으로 판독.

126 죽내본·길림본「叛」. 아래의 용례를 통해「叛」으로 판독.

127 죽내본「麊」, 길림본「麊」. 자형에 따라「麊」로 판독.

128 죽내본「浴」, 길림본「俗」. 남만전 11번째 주문 중「游」앞에「氵」변을 감안해서「浴」으로 판독.

129 죽내본「洽」, 길림본「冷」. 자형에 따라「佺」으로 판독. 당초본은「洽」으로 판독.

130 죽내본「鶯」, 길림본「鳶」. 아래의 용례를 통해「鶯」로 판독. 당초본은「鳶」으로 판독.

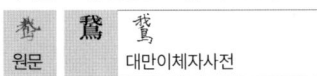

131 죽내본「蘇」, 길림본「蘓」. 자형에 따라「蘓」로 판독.

132 죽내본·길림본「定」. 아래의 용례를 통해「定」으로 판독.

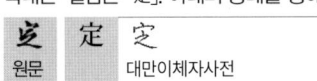

133 죽내본·길림본「繩」. 아래의 용례를 통해「繩」으로 판독.

134 죽내본「楊」, 길림본「陽」. 자형에 따라「楊」으로 판독.

135 죽내본·길림본「降」. 아래의 용례를 통해「降」으로 판독.

徙其渠師三百餘口於零陵也

朱達憑[136]淩 日南著[137]侯[138]方之績
後漢書日 桓帝永壽三年 居風貧異無渡[139] 縣人朱達等及蠻夷相聚娶 政[140]敕縣令 進政九眞 屯據 日南 衆轉强盛 延嘉三年 詔拜夏侯万[141]爲交阯刺史 威惠素[142]著 日南宿賊聞之 二万餘人 相率詣 方降 方開思[143]詔誘之也

土[144]舟旣驚[145] 用興巳氏[146]之宋
後漢書日 巴馺[147]南郡蠻本有五姓 巴[148]氏樊氏暉氏相氏 皆出於武落鍾離山 其有山赤黑[149]二穴

---

136 죽내본·길림본 「憑」. 아래의 용례를 통해 「憑」으로 판독.

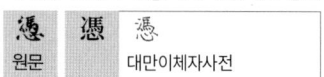

137 죽내본·길림본 「著」. 아래의 용례를 통해 「著」로 판독.

138 죽내본·길림본 「侯」. 아래의 용례를 통해 「侯」로 판독.

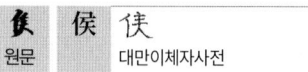

139 죽내본 「度」, 길림본 「渡」. 자형에 따라 「渡」로 판독.

140 죽내본 「攻」, 길림본 「政」. 아래의 용례를 통해 「政」으로 판독.

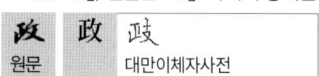

141 죽내본 「方」, 길림본 「万」. 자형에 따라 「万」으로 판독.

142 죽내본·길림본 「素」. 아래의 용례를 통해 「素」로 판독.

143 죽내본 「思」, 길림본 「恩」. 자형에 따라 「思」로 판독. 당초본은 「恩」으로 판독.

144 죽내본·길림본 「土」. 아래의 용례를 통해 「土」로 판독.

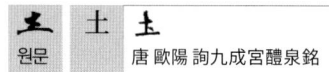

巴[150]氏之子生於赤穴 四姓之子皆生黑光 未有君長 俱事鬼神 乃共[151]擲劍於石穴 約能中者 奉以爲君 巴氏子務[152]相乃獨中之 衆皆歎[153] 又合各乘[154]土船 約其浮者 當以爲君 餘姓悉沉 唯務相獨浮 因共立之 是爲是廩君也

---

145 죽내본·길림본 「驚」. 자형에 따라 「驚」으로 판독.

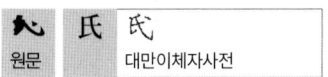

146 죽내본·길림본 「氏」. 아래의 용례를 통해 「氏」로 판독.

147 죽내본·길림본 「皷」. 자형에 따라 「皷」로 판독.

148 죽내본·길림본 「巴」. 자형에 따라 「巴」로 판독.

149 죽내본·길림본 「黑」. 아래의 용례를 통해 「黑」으로 판독.

150 죽내본 「巴」, 길림본 「巳」. 자형에 따라 「巳」로 판독.

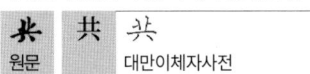

151 죽내본·길림본 「共」. 아래의 용례를 통해 「共」으로 판독.

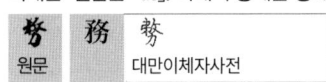

152 죽내본·길림본 「務」. 아래의 용례를 통해 「務」로 판독.

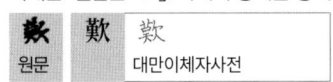

153 죽내본·길림본 「歎」. 아래의 용례를 통해 「歎」으로 판독.

154 죽내본 「垂」, 길림본 누락. 아래의 용례를 통해 「垂」로 판독. 당초본도 「垂」로 판독.

鹽[155]神且亡 寔啓夷城之祚

後漢書曰 廩君乃乘[156]土船 從夷水下至監水 有神女 謂廩君曰 此地廣大 魚監所出 願[157]留[158]共居 廩君不許[159] 監神暮輒來宿 且卽化爲虫 与諸虫群飛 掩蔽日光 天地晦冥[160] 積十餘日 廩君伺其便 曰[161]射殺之 天乃開明 廩君於是居乎夷城 四姓皆臣之 廩君死 魂魄爲白獸 巴氏以獸餘人□[162]故 遂以人祠焉 及秦惠王□[163]巴中 以巴氏爲蠻夷君長 代[164]尙奏女 其人爵比不處[165] 有罪得以爵陰

---

155 죽내본·길림본「鹽」. 아래의 용례를 통해「鹽」으로 판독.

156 죽내본·길림본「乘」. 아래의 용례를 통해「乘」으로 판독.

157 죽내본·길림본「願」. 아래의 용례를 통해「願」으로 판독.

158 죽내본·길림본「留」. 아래의 용례를 통해「留」로 판독.

159 죽내본·길림본「許」. 아래의 용례를 통해「許」로 판독.

160 죽내본·길림본「冥」. 아래의 용례를 통해「冥」으로 판독.

161 죽내본「因」, 길림본「日」. 자형에 따라「曰」로 판독.

162 죽내본「血」, 길림본 미상자. 판독할 수 없는 글자라 □로 표기.

163 죽내본「井」, 길림본「井」.「及秦惠王」뒤부터 12자가 뚜렷하지 않아 판독할 수 없는 글자는 □로 표기.

164 죽내본「伐」, 길림본「代」. 아래의 용례를 통해「代」로 판독.

登樓騁[166]伎[167] 方呈白獸之功 刻石銘勳 爰表黃[168]龍之誓[169]

後漢書曰 板楯[170]蠻夷者 秦[171]昭襄[172]王有一白獸[173] 常從群獸遊秦蜀巴漢之境 傷害千餘人 昭王乃重募國中有能[174]煞獸者 賞邑万家 金百溢 時有巴郡閬中夷人 能怡白竹之弩 乃登樓射殺白獸 昭王嘉之 而以夷人 不欲加封 乃刻石盟要 復夷人頃[175]田不租[176] 十妻不筭 傷人者諸 殺人得以錢贖

---

165 죽내본「處」, 길림본「更」. 아래의 용례를 통해 「處」로 판독. 당초본도 「處」로 판독.

166 죽내본·길림본「騁」. 아래의 용례를 통해 「騁」으로 판독.

167 죽내본·길림본「伎」. 아래의 용례를 통해 「伎」로 판독.

168 죽내본·길림본「黃」. 아래의 용례를 통해 「黃」으로 판독.

169 죽내본·길림본「誓」. 아래의 용례를 통해 「誓」로 판독.

170 죽내본·길림본「楯」. 아래의 용례를 통해 「楯」으로 판독.

171 죽내본「秦」, 길림본「奏」. 자형에 따라 「奏」로 판독.

172 죽내본·길림본「襄」. 아래의 용례를 통해 「襄」으로 판독. 北宋 蘇軾 中山松醪賦

173 죽내본·길림본「獸」. 아래의 용례를 통해 「獸」로 판독.

174 죽내본·길림본「能」. 아래의 용례를 통해 「能」으로 판독. 北魏 崔敬邕墓誌

175 죽내본「頃」, 길림본「項」. 자형에 따라 「頃」으로 판독. 당초본도 「頃」으로 판독.

死 盟曰 秦犯夷 輸¹⁷⁷黃龍一雙 夷犯秦 輸淸酒¹⁷⁸一鍾 夷人安之 至高祖爲漢王 發夷人還代¹⁷⁹〻¹⁸⁰ 地旣¹⁸¹定 乃遣還巴中 復其渠師羅朴¹⁸²鄂度夕龔七姓 不輸租賦 餘戶乃歲入賨¹⁸³錢 口卌 代号爲板楯蠻夷之也

---

176 죽내본·길림본 「租」. 자형에 따라 「租」로 판독.

177 죽내본 「輸」, 길림본 「輪」. 자형에 따라 「輸」으로 판독.

178 죽내본·길림본 「酒」. 아래의 용례를 통해 「酒」로 판독.

179 죽내본·길림본 「代」. 아래의 용례를 통해 「代」로 판독.

180 죽내본 「〻」, 길림본 「秦」. 반복부호 「〻」로 판독.

181 죽내본 「旣」, 길림본 「旣」. 자형에 따라 「旣」로 판독.

182 죽내본 「朴」, 길림본 「補」. 자형에 따라 「朴」로 판독. 당초본은 「朴」으로 판독.

183 죽내본 「賨」, 길림본 「實」. 아래의 용례를 통해 「賨」로 판독. 당초본은 「寶」로 판독.

교감문·역주·참고자료

01 犬戎縱暴, 克展槃瓠之功, 帝女降嬪, 仍搆蠻方之緒.
견융이 맹렬히 변란을 일으켜, 반호의 공적을 펼칠 수 있었고, 황제의 딸을 시집보내, 이에 만방의 시작을 얽었다.

范曄後漢書曰: "昔高辛氏有犬戎之寇[1]. 帝患其侵暴, 而征伐之不剋. 乃訪募天下, 有能得[犬][2]戎將吳將軍頭者, 購黃[金][3]千鎰[4], 邑萬家, 又妻以少女. 時帝有畜狗, 其毛五采, 名曰槃瓠. 下令[5]之後, 槃瓠遂銜[6]人頭造闕下. 群[7]臣怪而診[8]之, 乃吳將軍首也. 帝大喜, 而計槃瓠不可妻之以女, 又無封爵之道[9]. 議欲有報而未知所宜[10]. 女聞之, 以爲帝皇下令, 不可違信, 因請行, 帝不得已, 乃以女配槃瓠. 槃瓠得女, 負而走入南山石室中. 所處[11]險絕, 人跡不至. 於是女解去衣裳, 爲僕鑒[12]之髻,

---

1 원문 「冠」. 죽내본·탕천본·길림본 「寇」로 교감. 『後漢書』도 「寇」. 문맥상 「寇」로 교감.
2 원문에는 글자가 없다. 죽내본은 원문대로, 탕천본·길림본은 「犬」 보입. 여기서는 『後漢書』와 해석의 명확성을 위해 「犬」을 보입하여 교감.
3 원문에는 글자가 없다. 죽내본·탕천본·길림본 「金」 보입. 문맥상 「金」을 보입하여 교감.
4 원문 「溢」. 황금의 무게 단위로서의 「鎰」이 더 타당하다. 탕천본·길림본과 동일하게 「鎰」로 교감.
5 원문 「令」. 탕천본 「令」으로 교감.
6 원문 「衛」. 죽내본·탕천본·길림본 「銜」으로 교감.
7 원문 「辞」. 죽내본·탕천본 「群」, 길림본 「羣」으로 교감. 여기서는 『後漢書』와 원문의 이체자에 의거해 「群」으로 교감.
8 원문 「詠」. 죽내본·탕천본·길림본 『後漢書』와 같이 「診」으로 교감. 내용상 「診」으로 교감.
9 원문 「首」. 죽내본·탕천본·길림본 「道」로 교감. '방법'이라는 의미의 「道」로 교감.
10 원문 「宜」. 죽내본 「置」로 판독하고 교감했으나, 해석상 탕천본·길림본과 같이 「宜」로 교감.
11 원문 「家」. 죽내본·탕천본 원문대로 보았다. 해석상 「家」로 해석해도 무방하나 보다 적절한 해석을 위해 길림본 교감과 같이 「處」로 교감.
12 원문 「監」. 죽내본·탕천본 원문대로 보았다. 한편 길림본은 「鑒」으로 교감. 여기서는 최근 연구성과를 반영해 「鑒」으로 교감.

著獨力之衣. 帝悲思, 遣使尋求, 輒遇¹³風雨震¹⁴晦, 使者不得進. 經年生子十二人, 六男六女. 槃瓠死後, 因自相夫妻. 織積¹⁵木皮, 染以草實¹⁶. 好五色衣服, 製裁¹⁷皆有尾形. 其母後歸, 以狀白帝, 於是使迎致諸子. 衣裳班蘭, 語言侏¹⁸離, 好人山壑, 不樂平曠. 帝順其意, 賜以名山廣澤. 其後滋¹⁹蔓²⁰, 號曰蠻夷."

범엽의 『후한서』에 다음과 같이 전한다. "옛날 고신씨 때에 견융의 침입이 있었다. 황제가 그 침략의 난폭함을 걱정하여 그들을 정벌하였으나 이기지 못하였다. 이에 천하에서 [인물을] 모집하고 구하여, 견융의 장수인 오장군의 머리를 가져올 수 있는 자에게 황금 1천 일과 읍 1만 가, 그리고 [황제의] 어린 딸을 처로 삼는 것을 현상으로 내걸었다. 이때 황제가 키우던 개가 있었는데, 그 털이 오색을 띠고 있어 이름을 반호라 하였다. 명령을 내린 후, 반호가 마침내 사람 머리를 물고 궐 아래에 이르렀다. 여러 신하들이 괴이하게 여기며 그것을 살펴보니 바로 오장군의 머리였다. 황제가 크게 기뻐하였으나, 반호에게 딸을 처로 삼게 할 수도 없고, 또한 봉작할 방법이 없다고 여겼다. [그러면서도] 보답을 주고자 논의하였으나 마땅한 바를 알지 못했다. 딸이 그것을 듣고, 황제가 엄숙히 내린 명령은 신의를 어겨서는 안된다고 여기고, 이로 인하여 행할 것을 청하니, 황제가 마지못해 딸을 반호의 배필로 삼았다. 반호가 딸을 업고서 달려가 남산의 석실 안으로 들어갔다. 거처하는 곳이 험준하여 인적이 이르지 못했다. 이에 딸은 옷을 벗어 버리고 복감²¹의 상투를 하고 독력의 옷을 입었다²². 황제가 슬퍼하고 그리워하며 사신을 보내어 찾게 하였으나 번번이 비바람과 천둥과 어둠을 만나²³ 사자가

---

13 원문 「愚遇」. 죽내본·탕천본·길림본 모두 「愚」를 연문 처리하였다. 해석상 「愚」 생략.
14 원문 「辰」. 죽내본은 원문대로, 탕천본·길림본 「震」으로 교감. 여기에서는 「震」으로 교감.
15 원문 「績」. 죽내본·탕천본·길림본 「積」으로 교감. 『後漢書』를 참조하여 「積」으로 교감.
16 원문 「寶」. 죽내본·탕천본·길림본 「實」로 교감. 『後漢書』를 참조하여 「實」로 교감.
17 원문 「哉」. 죽내본·탕천본·길림본 「裁」로 교감. 해석상 「裁」로 교감.
18 원문 「珠」. 탕천본 원문대로, 죽내본 「殊」, 길림본 「朱」로 교감. 뜻으로 볼 때 「侏」나 「朱」로 교감해야 하는데 여기서는 『後漢書』에 의거해 「侏」로 교감.
19 원문 「濨」. 죽내본 「濨」로 판독. 탕천본·길림본 「滋」로 교감. 타당한 해석을 위해 『後漢書』 및 기타 교감본에 의거해 「滋」로 교감.
20 원문 「夢」. 죽내본·탕천본·길림본 「蔓」으로 교감. 문맥을 고려하여 「蔓」으로 교감.
21 李賢의 주석 이래로 그 의미를 파악하지 못한 것으로 알려져 왔으나 최근 韋聖敏의 壯族語 연구를 통해 '僕鑒'이 '동굴 속에 사는 사람'이라는 뜻으로 해석됨이 밝혀졌다(동북아역사재단 편, 『後漢書 外國傳 譯註』 上, 2009, 51쪽, 주 11).
22 동북아역사재단 편, 『後漢書 外國傳 譯註』 上, 2009, 51쪽, 각주 11)에서는 "동굴에서 사는 사람들이 하는 모양으로 머리를 묶고 어린애와 같은 (蠻夷의 짧은) 옷을 입었다"로 해석할 수 있으나, 언어학적 기원과 계승의 문제가 분명하게 확인되지 않고 단어 역시 발음에 따른 추정에 의한 것이라 확정할 수 없다고 보고, 본문 해석은 "복감식으로 머리를 묶고 독력의 옷을 입었다"로 해석하고 있다.
23 죽내본처럼 「辰」으로 교감하여 해석할 경우는 '날이 어두어지다'로, 길림본·탕천본·『後漢書』와 같이 「震」으로 교감하여 해석할 경우는 '천둥과 어두움'으로 해석하면 되므로 큰 차이는 없다. 여기에서는 '천둥과 어둠을 만나'로 해석하였다.

나아가지 못하였다. 해가 지나 자[녀] 열둘을 낳았으니, 6남 6녀였다. 반호가 죽은 뒤, 곧 서로 남편과 아내가 되었다. [이들은] 나무껍질로 직조하고, 풀 열매로 염색하였다. 오색 의복을 좋아하며, 옷을 만들 때 모두 꼬리 형상이 있었다. 그 어미가 후에 돌아와 상황을 황제에게 아뢰니, 이내 여러 자[녀]들을 불러 맞이하도록 하였다. 의상은 화려하고 찬란하였으며, 언어는 의미가 통하지 않았다[24]. 사람들은 산골짜기를 좋아하였고, 평평하고 넓은 곳을 좋아하지 않았다. 황제가 그 뜻을 따라서 이름난 산과 넓은 늪지를 하사하였다. 그 후에 점점 뻗어나가 만이라 불렀다."

• 참고
『後漢書』卷86 南蠻西南夷列傳76 昔高辛氏有犬戎之寇 帝患其侵暴 而征伐不剋 乃訪募天下 有能得犬戎之將吳將軍頭者 購黃金千鎰 邑萬家 又妻以少女 時帝有畜狗 其毛五采 名曰槃瓠 下令之後 槃瓠遂銜人頭造闕下 羣臣怪而診之 乃吳將軍首也 帝大喜 而計槃瓠不可妻之以女 又無封爵之道 議欲有報而未知所宜 女聞之 以爲帝皇下令 不可違信 因請行 帝不得已 乃以女配槃瓠 槃瓠得女 負而走入南山 止石室中 所處險絕 人跡不至 於是女解去衣裳 爲僕鑒之結 著獨力之衣 帝悲思之 遣使尋求 輒遇風雨震晦 使者不得進 經三年 生子一十二人 六男六女 槃瓠死後 因自相夫妻 織績木皮 染以草實 好五色衣服 製裁皆有尾形 其母後歸 以狀白帝 於是使迎致諸子 衣裳班蘭 語言侏離 好入山壑 不樂平曠 帝順其意 賜以名山廣澤 其後滋蔓 號曰蠻夷

02 獺冠表飾, 精夫之號斯傳,
달관으로 장식을 표하니, 정부의 호칭이 이에 전하였고,

後漢書曰: "蠻外癡內黠, 安土重舊. 以先父[25]有功[26], 母帝之女. 田作賈販[27], 無關梁[28]符傳租[29]稅之賦. 有邑君[30]長, 皆賜印綬. 冠用獺皮. 名渠帥[31]曰精夫, 相呼爲姎徒[32]. 今[33]長沙·武陵蠻, 是也."

---

24 동북아역사재단 편, 『後漢書 外國傳 譯註』 上, 2009, 51쪽, 주 12)에서 '侏離'는 蠻夷 언어의 발음이 잘 구분되지 않아 알아듣기 힘든 것을 설명하는 의성어라 함. 이에 따라 '언어는 의미가 통하지 않았다'로 해석하였다.
25 원문 「文」. 죽내본·탕천본·길림본 「父」로 교감. 해석을 고려하여 여타 교감본 및 『後漢書』와 같이 「父」로 교감.
26 원문 「政」. 죽내본·길림본·탕천본 「功」으로 교감. 해석을 감안할 때 『後漢書』와 같이 「功」으로 교감.
27 원문 「皈」. 죽내본·탕천본·길림본 「販」으로 교감. 『後漢書』와 같이 「販」으로 교감.
28 원문 「渠」. 죽내본 원문대로, 탕천본 「梁」으로 판독. 길림본 「梁」으로 교감. 여기서는 관문과 교량이라는 뜻을 가진 「關梁」이라는 단어가 있기 때문에 이에 따라 「梁」으로 교감.
29 원문 「袒」. 죽내본·탕천본·길림본 「租」로 교감. 해석상 「租」로 교감.
30 원문 「居」. 죽내본·탕천본·길림본 「君」으로 교감. 의미상 「君」으로 교감.
31 원문 「師」. 죽내본은 원문대로, 탕천본·길림본은 「帥」로 교감. 여기서는 해석상 「帥」로 교감.
32 원문 「娉徒」. 죽내본·탕천본·길림본 「姎徒」로 교감. 고유 명칭이므로 『後漢書』를 감안해서 「姎徒」로 교감.

『후한서』에 다음과 같이 전한다. "만은 겉으로는 어리석어 보이나 속으로는 간교하며, 토착을 편히 여기고 옛것을 중시한다. 죽은 아버지가 공이 있었으므로, 어머니는 황제의 딸이었다. 농사짓고 장사할 때, 관문과 교량의 부신과 조세의 부과가 없게 했다. 읍에 군장이 있는데 모두에게 인수를 하사했다. 관은 수달 가죽을 사용한다. 거수를 이름하길 정부라 하였으며, 서로 부르기를 앙도라 하였다. 지금[34]의 장사·무릉의 만이 이들이다."

• 참고

『後漢書』卷86 南蠻西南夷列傳76　外癡內黠 安土重舊 以先父有功 母帝之女 田作賈販 無關梁符傳 租稅之賦 有邑君長 皆賜印綬 冠用獺皮 名渠帥曰精夫 相呼爲姎徒 今長沙武陵蠻是也

03　寶布申誠, 武陵之部爰置.
종포[35]로 정성을 펴니, 무릉의 부가 이에 설치되었다.

後漢書曰: "吳[起相][36]悼王, 南幷蠻越[37], 遂有洞庭·蒼梧. 秦昭王使[白][38]起伐楚, 略取蠻夷, 始置黔中郡. 漢興[39], 改爲武陵. 歲令大人輸布一匹, 小口[40]二丈[41], 是爲賨布. 雖時[42]寇[43]盜, 而不足爲患也."
『후한서』에 다음과 같이 전한다. "오기가 도왕의 재상이 되어, 남쪽으로 만월[44]을 병합하여 마침내 동정[46]과 창오[47]를 가졌다. 진소왕은 백기로 하여금 초를 정벌하고 만이를 탈취하게 하

---

33 원문 「金」. 죽내본·탕천본·길림본 「今」. 해석상 「今」으로 교감.
34 여기서 말하는 「今(지금)」은 『後漢書』의 기록을 그대로 가져온 것을 전제로 할 때 『後漢書』가 편찬된 劉宋 시기로 볼 수 있다고 한다(동북아역사재단 편, 『後漢書 外國傳 譯註』上, 2009, 52쪽, 주 16).
35 『說文解字』에 남만의 賦로, 전국 말 진한대~晉대까지 州郡의 민에게 부과되는 부세와 대치하여 이민족에 대해 戶 단위로 부과된 조세를 지칭한다고 한다(『賨布』에 대한 설명은 동북아역사재단 편, 『後漢書 外國傳 譯註』上, 2009, 59쪽, 주 42).
36 원문에는 글자가 없다. 탕천본·길림본 『後漢書』의 기록에 근거해 「起相」을 보입. 해석상 이에 따름.
37 원문 「起」. 죽내본 원문대로, 탕천본·길림본 「越」로 교감. 『後漢書』 기록 및 해석을 감안해 「越」로 교감.
38 원문에는 글자가 없다. 죽내본 원문대로, 탕천본·길림본 「白」을 보입하여 교감. 인명이므로 여기서도 「白」을 보입하여 교감.
39 원문 「與」. 죽내본·탕천본·길림본 「興」으로 교감. 여기서도 해석을 감안해 「興」으로 교감.
40 원문 「曰」. 죽내본·탕천본·길림본 「口」로 교감. 해석을 고려하여 「口」로 교감.
41 원문 「尺」. 죽내본·탕천본·길림본 「丈」으로 교감. 내용상 「丈」으로 교감.
42 원문에는 글자가 없다. 죽내본 원문대로, 탕천본·길림본 『後漢書』와 같이 「爲」자를 보입. 해석상 보입하지 않아도 크게 문제가 되지 않아서 여기서는 원문대로 둠.
43 원문 「冠」. 죽내본·탕천본·길림본 『後漢書』와 같이 「寇」로 교감. 해석상 「寇」로 교감.
44 죽내본은 「蠻」까지 앞 문장에 붙여서 해석 후 「起」는 뒤쪽 문장에 붙여서 해석하였으나, 『後漢書』의 기록에 근거해 「蠻越」로 붙여서 해석하였다.

고, 비로소 검중군을 설치하였다. 한이 흥하자 [검중군을] 고쳐서 무릉[군]으로 삼았다. 해마다 대인에게는 포 1필을, 소구에게는 [포] 2장[47]을 바치도록 하니, 이것을 종포라 한다. 비록 때때로 노략질하였으나, 우환이 되기에는 부족했다."

• 참고

『後漢書』卷86 南蠻西南夷列傳76　 及吳起相悼王 南并蠻越 遂有洞庭蒼梧 秦昭王使白起伐楚 略取蠻夷 始置黔中郡 漢興 改爲武陵 歲令大人輸布一匹 小口二丈 是謂賓布 雖時爲寇盜 而不足爲郡國患

04 武威鞠旅, 阻危徑以亡軀,
무위[장군 유상]이 장병들을 격려했으나[48], 위태롭고 좁은 길에 가로막혀 목숨을 잃었고,

後漢書曰: "光武中[49]興[50], 武陵蠻夷特[51]盛. 建武二十三年, 精夫·相單程等據其險隘, 大寇[52]郡縣. 遣武威將軍劉尚, 發南郡·長沙[53]·武陵兵萬餘人, 乘[船][54]泝[55]沅水入武谿[56]擊之. 尚輕敵入隘, 山深水疾, 舟船不得上. 蠻知尚粮[57]少入遠, 又不曉道徑, 遂屯[58]聚[59]守隘. 尚食盡引還, 蠻緣路儌[62]戰.

45　현재의 湖南과 湖北에 걸쳐져 있는 洞庭湖를 의미하나 여기서는 특히 동정호 서남단에서 유입되는 沅水 유역을 지칭하는 것으로 파악하였다(동북아역사재단 편, 『後漢書 外國傳 譯註』上, 2009, 58쪽 주 36).

46　현재 廣西省 동부 蒼梧縣을 지칭한다(동북아역사재단 편, 『後漢書 外國傳 譯註』上, 2009, 58쪽 주 37).

47　丈은 10尺의 길이로 약 3m 정도의 길이.

48　『漢韓大字典』에 의하면 「鞠旅」는 전쟁 전에 병사에게 맹세를 고하는 것을 말한다. 「旅」는 500인 단위로 하는 군대 편성 단위이다.

49　원문 「陵」. 죽내본·탕천본·길림본 「中」으로 교감. 『後漢書』 등을 참조하여 「中」으로 교감.

50　원문 「與」. 죽내본 「興」으로 판독. 탕천본·길림본 「興」으로 교감. 『後漢書』 원문과 해석을 근거로 「興」으로 교감.

51　원문 「特」. 죽내본·탕천본·길림본 모두 「持」로 판독 후, 「特」으로 교감. 원문 및 해석을 고려하여 「特」으로 교감.

52　원문 「冠」. 죽내본·탕천본·길림본 「寇」로 교감. 『後漢書』 원문 및 해석을 고려하여 「寇」로 교감.

53　원문 「沙沙」. 죽내본·탕천본·길림본 한 글자를 衍文으로 파악해 생략. 『後漢書』에 근거해볼 때 「長沙」와 「武陵」이 지명이므로 「沙」자는 탈락시켜 교감.

54　원문에는 글자가 없다. 죽내본 「舟」, 탕천본·길림본 「船」을 보입. 어떤 글자라도 의미가 같기 때문에 큰 문제는 없다. 다만, 『後漢書』에서 「船」이라고 되어 있는 것에 근거해 「船」을 보입하여 교감.

55　원문 「訴」. 죽내본 원문대로, 탕천본·길림본 「泝」로 교감. 문맥상 '거슬러 올라가다'는 뜻의 「泝」로 교감.

56　원문 「豁」. 죽내본·탕천본·길림본 「谿」로 교감. 「武谿」는 지명이므로 여기서도 『後漢書』와 동일하게 「谿」로 교감.

57　원문 「粮」. 길림본만 「粮」으로 판독 후 「糧」으로 교감. 동일한 뜻이므로 원문대로 둠.

58　원문 「屯」. 죽내본 「亡」으로 판독하고, 바로 앞 문장에 붙여 「又不曉道徑遂亡, 聚守隘」로 끊어 읽었다. 탕천본·길림본 원문대로 「屯」으로 보았으며, 「又不曉道徑, 遂屯聚(據)守隘」로 끊어 읽음. 여기서는 원문대로 둠.

59　원문 「聚」. 길림본만 「據」로 판독. 『後漢書』의 원문과 해석 등을 고려해 원문대로 둠.

尚軍大[敗]⁶¹也."

『후한서』에 다음과 같이 전한다. "광무[제](재위: 25~57)가 중흥하였을 때, 무릉의 만이가 매우 번성하였다. 건무 23년(47), 정부와 상단정 등이 그 좁고 험함에 의지하여 군현을 대대적으로 노략질하였다. 무위장군 유상을 보내 남군·장사·무릉의 병사 1만여 인을 징발하여, 배를 타고 원수⁶²를 거슬러 올라가 무계⁶³로 들어가 그들을 공격하였다. [유]상이 적을 가벼이 여겨 좁은 곳으로 들어갔는데, 산이 깊고 물[의 유속]이 빨라 배가 올라갈 수 없었다. 만[이]는 [유]상이 군량은 적은데 깊이 들어왔고, 또 길에 밝지 못함을 알고, 무리를 모아서 좁은 곳에서 지켰다. [유]상이 식량이 다하여 [병사를] 이끌고 돌아가는데, 만[이]가 길을 따라오며 공격하여 싸웠다. [유]상의 군대가 크게 패하였다."

• 참고

『後漢書』卷86 南蠻西南夷列傳76　光武中興 武陵蠻夷特盛 建武二十三年 精夫相單程等據其險隘 大寇郡縣 遣武威將軍劉尚發南郡長沙武陵兵萬餘人 乘船泝沅水入武谿擊之 尚輕敵入險 山深水疾 舟船不得上 蠻氏知尚糧少入遠 又不曉道徑 遂屯聚守險 尚食盡引還 蠻緣路徼戰 尚軍大敗 悉爲所沒

05　伏波臨式, 因炎雲而致命.

복파[장군 마원]이 식⁶⁴에 임하였으나, 열병으로 인하여 목숨을 잃었다.

後漢書曰: "建武二十四年, 相單程等下攻臨沅. 明年遣伏波將⁶⁵軍馬援, 中郎將劉匡·馬武等, 將兵至臨沅⁶⁶, 擊破之. 單程等飢困乞降. 會援病⁶⁷卒, 謁⁶⁸者宗均聽悉受降, 爲置吏司. 郡⁷¹蠻遂平."

60　원문 「徼」. 죽내본 원문대로, 탕천본·길림본 「徼」로 교감. 동일한 뜻이므로 원문대로 둠.
61　원문에 글자가 빠져 있는 듯 비워져 있다. 죽내본 「敗」 보입. 탕천본·길림본 『後漢書』와 같이 「敗, 悉爲所沒」 5자를 보입하여 교감. 여기서는 여백 부분 등을 고려하여 「敗」만을 보입하여 교감.
62　현재 호남성 서북부에서 동정호로 흘러들어가는 강을 지칭한다(동북아역사재단 편, 『後漢書 外國傳 譯註』 上, 2009, 60쪽, 주 46).
63　武陵의 五溪 중 하나로 沅水 유역에 위치한 강이라고 한다(동북아역사재단 편, 『後漢書 外國傳 譯註』 上, 2009, 60쪽, 주 47).
64　式은 수레 위에 설치한 표목이다.
65　원문 「特」. 죽내본·탕천본·길림본 「將」으로 교감. 將軍 직책이므로 「將」으로 교감. 같은 문장 뒤쪽에 나오는 「將」은 모두 동일한 원칙을 적용하였다.
66　원문 「阮」. 죽내본·탕천본·길림본 「沅」으로 교감. 지명임을 고려해 「沅」으로 교감.
67　원문 「庫」. 죽내본·탕천본·길림본 「病」으로 교감. 문맥상 「病」으로 교감.
68　원문 「謂」. 죽내본·탕천본·길림본 「謁」로 교감. 직책명인 「謁者」를 지칭하므로 「謁」로 교감.

『후한서』에 다음과 같이 전한다. "건무 24년(48), 상단정 등이 내려와 임원을 공격하였다. 다음해(49), 복파장군 마원과 중랑장 유광·마무[70] 등을 보내, 병사를 거느리고 임원에 이르러 그들을 격파하였다. [상]단정 등이 굶주리고 고달파하며 항복을 청하였다. 때마침 [마]원이 병으로 죽고, 알자 종균[71]이 항복을 받아들일 것을 모두 허락하고, 이사[72]를 설치하였다. 군의 만[이]가[73] 드디어 평정되었다."

• 참고

『後漢書』卷86 南蠻西南夷列傳76　二十四年 相單程等下攻臨沅 遣謁者李嵩中山太守馬成擊之 不能剋 明年春 遣伏波將軍馬援中郎將劉匡馬武孫永等 將兵至臨沅 擊破之 單程等飢困乞降 會援病卒 謁者宗均聽悉受降 爲置吏司 羣蠻遂平

06　詹山振[74]拒, 尚銜應奉之恩,

첨산이 세차게 저항하였으나[75], 오히려 응봉[76]의 은혜에 감격하였고,

後漢書曰: "桓帝時, 武陵蠻詹山等四千餘人反, 拘執縣令, 屯結深[77]山. 永[78]興[79]元年, 太守應奉以恩信招誘, 皆悉[80]降散."

69　원문 「郡」. 죽내본 「群」으로 교감. 탕천본·길림본은 원문처럼 판독. 문맥상 원문대로 둠.

70　마원과 마무는 『後漢書』에 열전이 입전되어 있다.

71　『後漢書』 열전에는 「宋均」으로 수록되어 있으나 『자치통감』 호삼성 주에 송균의 원래 성이 「宗」인데 「宋」으로 잘못 기록한 것으로 파악하고 있다(동북아역사재단 편, 『後漢書 外國傳 譯註』上, 2009, 62쪽, 주 57).

72　『後漢書』 宋均 열전에 「吏司」는 「長吏」로 되어 있어 지방 속관을 지칭하는 용어임을 알 수 있다(동북아역사재단 편, 『後漢書 外國傳 譯註』上, 2009, 62쪽, 주 58).

73　「郡蠻」으로 교감할 경우 '郡의 만이'가 되며, 「羣蠻」으로 교감할 경우는 '여러 만이들'이 된다. 여기서는 「郡蠻」으로 교감해서 '郡에 속해 있는 만이'로 해석하였다.

74　원문 「振」. 죽내본은 원문대로, 탕천본·길림본은 『後漢書』 마원 열전 및 이현의 주에 근거해 「旅」로 교감. 해석상 변경하지 않아도 무리가 없으므로 원문대로 둠.

75　「旅拒」로 교감할 경우 단순히 '막다, 저항하다'의 의미이나 「振拒」로 교감하여 '세차게 저항하다' 혹은 '떨려 일어나 저항하다'로 해석할 수 있다. 후자가 원문에 충실하면서도 의미상 더 타당하여 「振拒」로 해석하였다.

76　『後漢書』 응봉 열전에 관련 내용이 상세히 서술되어 있다(동북아역사재단 편, 『後漢書 外國傳 譯註』上, 2009, 67쪽, 주 82 참고).

77　원문 「深」. 죽내본·탕천본·길림본 「柒」로 판독 후 「深」으로 교감.

78　원문 「永」. 길림본 「至永」으로 교감. 보입하지 않아도 뜻이 통하므로 원문대로 둠.

79　원문 「與」. 죽내본·탕천본·길림본 「興」으로 교감. 『後漢書』에 따라 「興」으로 교감. 한편 탕천본의 경우 「興」의 다음 글자인 「元」에 교감 표시가 되어있는데, 다른 전거와 대조해 볼 때 기호의 위치가 잘못된 듯하다.

80　원문 「散」. 죽내본·탕천본·길림본 「悉」로 교감. 『後漢書』를 참조하여 「悉」로 교감.

『후한서』에 다음과 같이 전한다. "환제(재위: 146~167) 시기에 무릉의 만 첨산 등 4천여 인이 반하여, 현령을 사로잡고 깊은 산에 결집하여 주둔하였다. 영흥 원년(153), [무릉]태수 응봉이 은혜와 신의로써 불러 달래니, 모두 다 항복하고 흩어졌다."

• 참고
『後漢書』卷86 南蠻西南夷列傳76　桓帝元嘉元年秋 武陵蠻詹山等四千餘人反叛 拘執縣令 屯結深山 至永興元年 太守應奉以恩信招誘 皆悉降散

07　象林趑趄, 猶感祝良之惠.
상림이 두 마음을 품고 머뭇거렸으나, 끝내 축량의 은혜에 감복하였다.

後漢書[曰][81]: "順帝時, 日南象林徼[82]外蠻夷區憐等數千人, 燒城[83]寺, 殺長吏. 用李固議, 拜祝良[爲][84]九真太守, 張喬爲交阯刺史[85]. 喬至, 開示[86]慰誘, 並皆降散. 良到九真, 單車入賊中, 設方略, 招以威信, 降者數萬人. 皆爲良築起府[87]寺, 由是嶺[88]外復平也."

『후한서』에 다음과 같이 전한다. "순제(재위: 126~143) 시기에 일남[군] 상림[현] 변방의 만이 구련 등 수천인이 성과 관청을 불사르고 장리를 살해하였다. 이고의 논의를 받아들여, 축량을 배하여 구진태수로 삼고, 장교를 교지자사로 삼았다. [장]교가 [그곳에] 이르러 위무와 회유를 보이기 시작하니, 모두 항복하여 흩어졌다. [축]량은 구진에 도달해 수레 한 대로 적중에 들어가 방략을 말하고 위엄과 신의로써 초유하니, 항복하는 자가 수만 인이었다. 모두 [축]량을 위해[89] 관부를 쌓아 세우니, 이로 말미암아 영외가 다시 평정되었다."

81　원문에는 글자가 없다. 『한원』의 전반적인 용례를 볼 때, 죽내본·탕천본·길림본과 같이 「曰」을 보입하여 교감.
82　원문 「僥」. 죽내본은 원문대로, 탕천본·길림본은 「徼」로 교감. 원문인 「僥」로 두어도 뜻이 같으므로 원문대로 둠.
83　원문 「械」. 죽내본·탕천본·길림본 『後漢書』와 같이 「城」으로 교감. 해석상 성곽과 관청을 뜻하는 용어이므로 「城」으로 교감.
84　원문에는 글자가 없다. 죽내본은 원문대로, 탕천본·길림본은 「爲」를 보입. 바로 뒤의 張喬의 임명 용례를 참고하여 「爲」를 보입하여 교감.
85　원문 「吏」. 죽내본·탕천본·길림본 「史」로 교감. 관직명임을 감안하여 「史」로 교감.
86　원문 「下」. 죽내본·탕천본·길림본 「示」로 교감. 『후한서』를 참조하여 「示」로 교감.
87　원문 「符」. 죽내본·탕천본·길림본 「府」로 교감. 관부를 뜻하는 곳이므로 「府」로 교감.
88　원문 「領」. 죽내본 원문대로, 탕천본·길림본 「嶺」으로 교감. 의미상 「嶺」으로 교감.
89　「爲良」은 '(축)량을 위해'로 해석할 수도 있으나 '양민이 되어' 혹은 '어질어져서'로 해석할 수도 있다.

• 참고

『後漢書』卷86 南蠻西南夷列傳76　永和二年 日南象林徼外蠻夷區憐等數千人攻象林縣 燒城寺 殺長吏 … 四府悉從固議 即拜祝良爲九眞太守 張喬爲交阯刺史 喬至 開示慰誘 並皆降散 良到九眞 單車入賊中 設方略 招以威信 降者數萬人 皆爲良築起府寺 由是嶺外復平

08　彫⁹⁰題列儌, 傍帶甘人之鄕,

이마에 [문신을] 새기고 변방에 흩어져 살면서, 주변에 사람을 맛보는 땅과 잇닿아 있고,

後漢書曰: "禮記稱南方曰蠻, 彫題交阯⁹¹. 其俗男女同川而浴. 故[曰]⁹²交阯. 其西有噉人之國, 生首子輒解而食. 謂之宜弟. 味旨則以遺⁹³其[君], [君]⁹⁴喜而賞⁹⁵其父. 取妻美則讓其兄⁹⁶. 今烏滸⁹⁷人是也." 楚辭⁹⁸招魂曰⁹⁹: "彼皆甘人, 魂往必適也."

『후한서』에 다음과 같이 전한다. "『예기』에서는 남방을 일러 만이라 하였는데, 이마에 [문신을] 새기고 [남녀가] 다리를 [서로] 교차한다. 그 습속에 남녀가 개울을 같이 쓰며 목욕한다. 그러므로 교지라 한다. 그 서쪽에 사람을 먹는 나라가 있는데, 첫째 아이가 태어나면 항상 갈라서 먹는다. 이를 의제라고 한다. 맛이 좋으면 그 군주에게 보내니, 군주는 기뻐하며 그 아비에게 상을 내렸다. 맞이한 아내가 아름다우면 그 형에게 양보한다. 지금의 오호인이 이들이다." 『초사초혼』¹⁰⁰에 다음과 같이 전한다. "저들은 모두 사람을 맛보나니 혼이 갈 때 반드시 만나리라."

90　원문 「彫」. 죽내본은 원문대로, 탕천본·길림본 『後漢書』와 동일하게 「雕」로 교감. 뜻이 같으므로 원문대로 둠.
91　원문 「阯」. 죽내본·탕천본·길림본 『後漢書』와 동일하게 「阯」로 교감. 지명이므로 「阯」로 교감.
92　원문에는 글자가 없다. 죽내본은 원문대로, 탕천본·길림본 「曰」을 보입. 정확한 의미 전달을 위해 「曰」을 보입.
93　원문 「貴」. 죽내본·탕천본·길림본 「遺」으로 교감. 의미상 「遺」으로 교감.
94　원문에는 「君君」 두 글자가 빠져 있다. 죽내본·탕천본·길림본 「君君」 두 자를 보입하여 교감. 문맥의 흐름을 위해 「君君」을 보입하여 교감.
95　원문 「黨」. 죽내본·탕천본·길림본 「賞」으로 교감. 해석상 「賞」으로 교감.
96　원문 「先」. 죽내본·탕천본·길림본 「兄」으로 교감. 『후한서』와 문맥을 참조하여 「兄」으로 교감.
97　원문 「辯」. 죽내본·탕천본·길림본 「滸」로 교감. 지명에 해당하는 부분으로 「滸」로 교감.
98　원문 「祠」. 죽내본은 원문대로, 탕천본은 「祠」로 교감. 길림본 「祠」로 판독하고 「辭」로 교감. 서적명이므로 「辭」로 교감.
99　원문 「日」. 죽내본은 원문대로, 탕천본·길림본 「曰」로 교감. 바로 앞쪽에 있는 같은 注文에 쓰인 용례와 비교하여 「曰」로 교감.
100　楚詞招魂의 작자와 관련해 屈原의 저작이라는 설과 宋玉의 저작이라는 2가지 설이 있는데 굴원의 저작으로 보는 것이 대다수라 한다(張中澍·張建宇 校譯, 『翰苑·蕃夷部』, 吉林文史出版社, 2015, 203쪽, 校釋 7).

• 참고

『後漢書』卷86 南蠻西南夷列傳76 禮記稱 南方曰蠻 雕題交阯 其俗男女同川而浴 故曰交阯 其西有噉人國 生首子輒解而食之 謂之宜弟 味旨 則以遺其君 君喜而賞其父 取妻美 則讓其兄 今烏滸人是也

09 交阯開邊, 前贍[101]獻雉之國.
교지에서 변경이 개척되니, 먼저 꿩을 공헌한 나라를 안정시켰다.

後漢書曰:"交阯之[102]南有越裳[103]國. 周公居[104]攝六年, 制禮[105]作樂, 天下和平. 本越裳以[106]象[107], 重譯而獻白雉, 曰:'道路悠遠, 山川阻[108]深[109], 音使不通. 故重譯而朝.' 成王以歸周公, 公[110]曰:'德不加焉, 則君子不饗[111]其質, 賢政不施焉, 則君子不臣其遠. 吾何以獲此賜也.' 其使請[112]曰:'吾受命吾國之黃耇[113]曰. 久[114]矣. 天之無烈風雷雨. 意者中國有聖人乎, 有則盍[115]往朝之.' 周公乃歸之於王, 稱先王之神致, 以[薦][116]于[117]宗廟也."

『후한서』에 다음과 같이 전한다. "교지[군]의 남쪽에 월상국[118]이 있다. 주공이 섭정하고 6년이 되어, 예악을 제정하니 천하가 화평하였다. 본래 월상[국]은 코끼리를 [거느리고 와서] 통

---

101 원문「瞻」. 죽내본·탕천본 교감은 원문과 같음. 길림본은「贍」으로 교감. 원문대로 두어도 의미가 통하므로 교감하지 않는다.
102 원문「亦」. 죽내본은 연문으로 보았으며, 탕천본·길림본「之」로 교감. 문맥상「之」로 교감.
103 원문「常」. 죽내본·탕천본·길림본「裳」으로 교감. 고유명사이므로「裳」으로 교감.
104 원문「君」. 죽내본·탕천본·길림본「居」로 교감. 의미상「居」로 교감.
105 원문「胤」. 죽내본·탕천본·길림본「禮」로 교감. 『후한서』와 내용의 흐름을 고려하여「禮」로 교감.
106 원문에는「三」이 없다. 죽내본·탕천본·길림본 모두「三」을 보입하여 교감. 해석상「三」이 빠져도 문제가 없으므로 원문대로 둠.
107 원문에는「以象」이 한 번 더 들어가 있다. 죽내본·탕천본·길림본 모두 연문으로 파악하여 빼고 교감. 해석상 이에 따라 교감.
108 원문「阻」. 죽내본·탕천본은 원문대로, 길림본은「岨」로 교감. 두 단어의 뜻이 동일하므로 여기서는 원문대로 둠.
109 원문「柰」. 죽내본·탕천본·길림본「深」으로 교감. 해석을 고려하여「深」으로 교감.
110 길림본은「周公」으로 교감. 일반적으로 한문에서 앞선 이름이나 호칭을 받을 때 두 자가 아닌 한 자만을 받는 용례를 감안해「公」으로 교감.
111 원문「響」. 죽내본·탕천본·길림본「饗」으로 교감. 문맥상「饗」으로 교감.
112 원문「諸」. 죽내본·탕천본·길림본「請」으로 교감. 문맥상「請」으로 교감.
113 원문「苟」. 죽내본·길림본「耇」로, 탕천본은「耈」로 교감. 여기서는 『後漢書』를 참조하여「耇」로 교감.
114 원문「分」. 죽내본·탕천본·길림본「久」로 교감. 해석을 고려하여「久」로 교감.
115 원문「盡」. 죽내본·탕천본·길림본「盍」로 교감. 문맥상「盍」으로 교감.
116 원문에는 글자가 없다. 죽내본·탕천본·길림본「薦」을 보입하여 교감. 해석상「薦」을 보입하여 교감.
117 원문「子」. 죽내본·탕천본·길림본「于」로 교감. 의미상「于」로 교감.
118 월상국의 입조가 공식적으로 나타나는 것은 『漢書』卷12「平帝紀」뿐이지만, 『尙書大傳』, 『韓詩外傳』, 『說苑』, 『論衡』 등에 周代 헌상 기록이 있다고 한다(동북아역사재단 편, 『後漢書 外國傳 譯註』上, 2009, 71쪽, 주 99 참고.).

역을 거듭하며 흰꿩을 바치면서 다음과 같이 말했다. '도로가 아득히 멀고 산천이 험하고 깊어, 소식과 사신이 통하지 않습니다. 그러므로 통역을 거듭하며 입조하였습니다.' 성왕이 이를 주공에게 보내니 [주]공이 다음과 같이 말했다. '덕이 더해지지 않았다면 군자는 그 예물을 흠향할 수 없고, 어진 정치가 베풀어지지 않았다면 군자는 그 먼 곳[에 있는 자]를 신하로 삼을 수 없습니다. 제가 어찌 이 사여품을 얻겠습니까.' 그 사신이 청하며 다음과 같이 말했다. '제가 우리 나라 황구(기조)에게 명을 받았는데, [그들이] 다음과 같이 말했습니다. 오래되었다. 하늘의 맹렬한 바람과 뇌우가 없은지가. 생각건대 중국에 성인이 있는 것이니, 있다면 어찌 가서 조공하지 않겠는가.' 주공이 이에 [성]왕에게 그를 돌려보내고, 선왕의 신운한 마음을 칭송하며 종묘에 헌상하였다."

• 참고

『後漢書』 卷86 南蠻西南夷列傳76 　交阯之南有越裳國 周公居攝六年 制禮作樂 天下和平 越裳以三象重譯而獻白雉 曰 道路悠遠 山川阻深 音使不通 故重譯而朝 成王以歸周公 公曰 德不加焉 則君子不饗其質 政不施焉 則君子不臣其人 吾何以獲此賜也 其使請曰 吾受命吾國之黃耇曰 久矣 天之無烈風雷雨 意者中國有聖人乎 有則盍往朝之 周公乃歸之於王 稱先王之神致 以薦于宗廟 周德既衰 於是稍絕

10 玄犀薦祉, 通譯元始之年,
검은 무소가 상서로움을 바쳐, 원시 연간부터 통역하며 소통했으며,

後漢書曰: "王莽輔政[119], 元始二年, 日[120]南之南黃支國來獻犀牛. 凡[121]交阯所統, 雖置郡縣, 而言語各異, 重譯乃通. 人如禽獸, 長幼[122]無別, 項[123]髻徒[124]跣, 以布貫頭而著之. 後頗徙中國罪人, 使雜[125]居其間[126], 乃稍知言語, 漸見禮化也."

---

119 원문「車改」. 죽내본·탕천본·길림본「輔政」으로 교감. 의미상「輔政」으로 교감.
120 원문「亡日」. 죽내본·탕천본·길림본「亡」을 연문으로 파악하여 빼고 교감.「日南」이 고유명사이므로 동일하게「亡」자를 탈락시켜 교감.
121 원문「几」. 죽내본·탕천본·길림본「凡」으로 교감. 의미상「凡」으로 교감.
122 원문「幼」. 길림본「紉」로 판독하고「幼」로 교감.
123 원문「湏」. 죽내본·탕천본·길림본「項」으로 교감한 것을 참조하여「項」으로 교감.
124 원문「徒」. 탕천본은 원문대로 판독, 죽내본·길림본은「徙」로 교감. 해석을 고려해「徒」로 교감.
125 원문「新」. 죽내본·탕천본·길림본「雜」으로 교감. 해석을 고려하여「雜」으로 교감.
126 원문「間」. 길림본은「閒」으로 교감하였으나 두 글자는 동일한 뜻이다. 이에 원문대로 둠.

『후한서』에 다음과 같이 전한다. "왕망이 보정하던 원시 2년(2), 일남[군] 남쪽의 황지국[의 사신]이 와서 무소를 바쳤다. 대체로 교지[군]이 관할하는 곳은 비록 군현이 설치되었으나 언어가 각각 달라 통역을 거듭해야 겨우 통하였다. 사람이 금수와 같아 장유의 구별이 없고, 목덜미에 상투를 틀고, 맨발로 다니며, 베를 [구멍을 뚫어] 머리에 꿰어 입었다. 후에 중국 죄인을 상당수 옮겨 그 사이에 섞여 살게 하니, 이에 조금씩 언어를 알게 되어 점차 예로 교화되었다."

• 참고
『後漢書』卷86 南蠻西南夷列傳76　逮王莽輔政 元始二年 日南之南黃支國來獻犀牛 凡交阯所統 雖置郡縣 而言語各異 重譯乃通 人如禽獸 長幼無別 項髻徒跣 以布貫頭而著之 後頗徙中國罪人 使雜居其間 乃稍知言語 漸見禮化

11 | 白菟初祥, 懷仁建武之歲.
백토가 상서로움을 처음 [가져오니], 건무 연간부터 인을 품었다.

後漢書曰: "光武中興[127], 錫光爲交阯, [任][128]延守九眞. 於是教其耕[129]稼, 制爲冠履, 初設媒娉, 始知姻娶, 建立學校, 導[130]之禮義. 建武十二年, 九眞徼[131]外蠻[132]張游, 率[133]種人慕化[134]內屬, 封爲貴漢里君. 明年, 南越徼[135][外][136]蠻夷獻白菟[137]也."

『후한서』에 다음과 같이 전한다. "광무제가 중흥하였을 때, 석광을 교지[태수]로 삼고, 임연을

127　원문「與」. 죽내본·탕천본·길림본「興」으로 교감. 『後漢書』를 참조하여「興」으로 교감.
128　원문에는 글자가 없다. 죽내본·탕천본·길림본「任」자 보입하여 교감. 인명에 해당하는 부분이므로『後漢書』를 참조하여「任」을 보입하여 교감.
129　원문「耕」. 죽내본·탕천본·길림본「耕」으로 판독. 이를 고려하여「耕」으로 교감.
130　원문「尊」. 죽내본·탕천본·길림본「導」로 교감. 해석상「導」로 교감.
131　원문「徼」. 탕천본·길림본「徼」로 교감. 해석상『후한서』를 참고하여「徼」로 교감.
132　원문에는 글자가 없다. 죽내본은 원문대로, 탕천본·길림본은『後漢書』를 참조하여「里」를 보입하여 교감. 보입하지 않아도 뜻이 통하므로 원문대로 둠.
133　원문「游蠻率」. 죽내본·탕천본·길림본「蠻」을 연문으로 보아「蠻」자를 빼고 교감. 연문인듯 하므로 이에 따라「蠻」을 생략하여「游率」로 교감.
134　원문「恭慕化」. 죽내본·탕천본은 원문대로 두었으나, 길림본은「恭」을 연문으로 파악하여 생략. 원문의 글씨체로 보건대 바로 다음의「慕」자를 잘못해서 한 번 더 쓴 것으로 보인다. 이에 생략하여「慕化」로 교감.
135　원문「敫」. 죽내본·탕천본·길림본「徼」로 교감. 해석상「徼」로 교감.
136　원문에는 글자가 없다. 죽내본·탕천본·길림본「外」를 보입하여 교감. 해석상「外」를 보입하여 교감.
137　원문「獻白菟」. 죽내본·탕천본은 원문대로 하였으나 길림본은「白雉」를 보입하여「獻白雉白菟」교감. 보입하지 않아도 뜻이 통하므로 원문대로 둠.

구진 [태]수로 [삼았다]¹³⁸. 이때 그들에게 농사짓는 법을 가르치고 관리¹⁴⁰를 제정하였으며, 처음으로 매빙을 설치하여, 비로소 [예에 맞게] 혼인하는 것을 알게 하였으며, 학교를 건립하여 그들에게 예와 의를 가르쳤다. 건무 12년(36), 구진[군] 요외의 만 장유가 종인을 이끌고 [황제의] 덕화를 사모하여 내속해오니, 봉하여 귀한리군으로 삼았다. 이듬해(37), 남월 요외의 만이가 백토를 바쳤다."

• 참고

『後漢書』卷86 南蠻西南夷列傳76   光武中興 錫光爲交阯 任延守九眞 於是教其耕稼 制爲冠履 初設媒娉 始知姻娶 建立學校 導之禮義 建武十二年 九眞徼外蠻里張游 率種人慕化內屬 封爲歸漢里君 明年 南越徼外蠻夷獻白雉白菟

12 徵側叛換, 合浦申馬援之功,
징측이 배반하였지만, 합포에서 마원의 공적이 펼쳐졌고,

後漢書曰: "建武十六年, 交阯女子徵側及其妹徵貳反¹⁴⁰. 徵側¹⁴¹者, 麊¹⁴²泠¹⁴³縣雒¹⁴⁴將之[女也]¹⁴⁵, 嫁[爲]¹⁴⁶朱䳒¹⁴⁷人詩索妻, 妻¹⁴⁸雄勇. 交阯太守蘇定以法繩之, 側忿, 故反¹⁴⁹. 於是九眞 · 日南 · 合¹⁵⁰

---

138 『後漢書』卷17 「馮岑賈列傳」 岑彭조와 『後漢書』 卷76 「循吏列傳」 任延조에 석광은 교지태수, 임연은 구진태수였다고 함(동북아역사재단 편, 『後漢書 外國傳 譯註』 上, 2009, 77쪽, 주 122, 123 참고.).
139 『漢韓大字典』에 의하면 「冠履」는 갓과 신이라는 뜻으로, 상하존비 신분 질서의 비유적 표현이다.
140 원문에는 글자가 없다. 죽내본·탕천본은 원문대로, 길림본은 「功郡」을 보입하여 교감하였다. 해석상 「功郡」이 없어도 무리가 없으므로 원문대로 둠.
141 원문 「則」, 죽내본은 원문대로, 탕천본·길림본「側」으로 교감. 인명이므로 「側」으로 교감.
142 원문 「麋」, 죽내본은 원문대로, 탕천본·길림본「麊」로 교감. 지역명이므로 「麊」로 교감.
143 원문 「浴洽」, 원문에는 「浴」자가 더 들어가 있으나 죽내본·탕천본·길림본「浴」자를 연문으로 처리. 또한 「洽」는 「泠」으로 교감. 지역명이므로 「浴」은 생략하고 「泠」으로 교감.
144 원문 「碓」, 죽내본은 원문대로, 탕천본·길림본「雒」으로 교감. 지역명임을 고려하여 「雒」으로 교감.
145 원문에는 글자가 없다. 죽내본·탕천본 「女」를 보입, 길림본 「女也」를 보입해 교감하였다. 해석상 「女也」를 보입하여 교감.
146 원문에는 글자가 없다. 탕천본·길림본 「嫁」 뒤에 「爲」자를 보입하여 교감. 보다 정확한 의미 전달을 위해 「爲」를 보입하여 교감.
147 원문 「鴛」, 죽내본 원문대로, 탕천본 「䳒」로, 길림본은 「鳶」으로 판독. 고유명사이므로 「䳒」로 교감.
148 원문 「妻 ㆍ」. 앞구와 뒷구에 같은 글자가 반복되어 원문에는 기호로 표기되어 있다. 죽내본은 반복 표시를 원문대로 두었다. 탕천본·길림본 「甚」을 보입·교감하였는데, 탕천본 「妻甚」으로, 길림본 「妻妻甚」으로 교감. 해석상 「甚」자는 없어도 무방하므로 「妻妻」로 교감.
149 원문 「返」, 죽내본은 원문대로, 탕천본·길림본 「反」으로 교감. 문장의 의미를 고려하여 「反」으로 교감.
150 원문 「令」, 죽내본·탕천본·길림본 「合」으로 교감. 지명이므로 「合」으로 교감.

浦蠻里皆應之, 凡略六十五城. 自立爲王. 交阯刺史[151]及諸太守僅得自守. 十八年, 乃遣伏波將軍馬援·樓船將軍段[152]志, 發長沙·桂陽·零陵·蒼梧兵萬餘人, 討之. 明年[夏四][153]月, 援破[交][154]阯, 斬[徵][155]側徵貳等, 餘皆降散. 進擊九眞賊都陽等, 破降之. 徙其渠帥[156]三百餘口於零陵也."

『後漢書』에 다음과 같이 전한다. "건무 16년(40), 교지의 여자 징측과 그 여동생 징이가 이반하였다. 징측은 미령현 낙장의 딸로, 주원 사람 시색에게 시집가 [그의] 아내가 되었는데, 아내이면서도 매우 용맹하였다. 교지태수 소정이 법으로 그를 옭아매니, [징]측이 분노하여 고로 이반하였다. 이에 구진[군]·일남[군]·합포[군]의 만리가 모두 그에 응하니 모두 대략 65성이었다. 자립하여 왕이 되었다. 교지자사와 여러 태수는 간신히 스스로만을 지킬 뿐이었다. 18년(42), 복파장군 마원과 누선장군 단지를 보내, 장사[군]·계양[군]·영릉[군]·창오[군]의 병사 1만여 인을 징발하여 그들을 토벌하였다. 이듬해(43) 여름 4월, [마]원이 교지를 격파하여 징측과 징이 등을 참수하자 나머지는 모두 항복하거나 흩어졌다. 나아가 구진의 적 도양 등을 쳐서, 그들을 격파하고 항복시켰다. 그 거수 300여 명을 영릉[군]으로 사민시켰다."

• 참고

『後漢書』卷86 南蠻西南夷列傳76　至十六年 交阯女子徵側及其妹徵貳反 攻郡 徵側者 麊泠縣雒將之女也 嫁爲朱䳒人詩索妻 甚雄勇 交阯太守蘇定以法繩之 側忿 故反 於是九眞日南合浦蠻里皆應之 凡略六十五城 自立爲王 交阯刺史及諸太守僅得自守 光武乃詔長沙合浦交阯具車船 修道橋 通障谿 儲糧穀 十八年 遣伏波將軍馬援樓船將軍段志 發長沙桂陽零陵蒼梧兵萬餘人討之 明年夏四月 援破交阯 斬徵側徵貳等 餘皆降散 進擊九眞賊都陽等 破降之 徙其渠帥三百餘口於零陵 於是領表悉平

13 朱達憑淩, 日南著侯方[157]之績.

주달이 함부로 침범하였지만, 일남에서 [하]후방의 공적이 드러났다.

後漢書曰: "桓帝永壽三年, 居風[令][158]貪暴[159]無度[160], 縣人朱達等及蠻夷相聚[161], 攻[162]殺[163]縣令, 進

151　원문「吏刺」. 죽내본·탕천본·길림본과「刺史」로 교감. 관직명이므로「刺史」로 교감.
152　원문「髪」. 죽내본·탕천본·길림본「段」으로 교감. 인명이므로「段」으로 교감.
153　원문에는 글자가 없다. 죽내본·탕천본은「四」를 보입해서 교감하였으나, 길림본과 같이 『後漢書』를 참조하여「夏四」두 자를 보입하여 교감.
154　원문에는 글자가 없다. 죽내본·탕천본·길림본 같이「交」자 보입하여 교감. 지역명이므로「交」자 보입하여 교감.
155　원문에는 글자가 없다. 앞서 나온 이름이기 때문에「徵」을 생략해도 되지만, 바로 뒤에 이어지는「徵貳」를 고려해 죽내본·탕천본·길림본과 동일하게「徵」자를 보입하여 교감.
156　원문「師」. 죽내본은 원문대로 두었다. 그러나「渠帥」를 지칭하므로, 탕천본·길림본과 동일하게「帥」로 교감.

攻¹⁶⁴九眞, 屯據日南, 衆轉强¹⁶⁵盛. 延熹¹⁶⁶三年, 詔¹⁶⁷拜夏侯方¹⁶⁸爲交阯刺史. 威惠素著, 日南宿賊聞之, 二萬餘人相率詣方降. 方開恩¹⁶⁹招¹⁷⁰誘之也."

『後漢書』에 다음과 같이 전한다. "환제 영수 3년(157), 거풍[현]령이 탐욕스럽고 포학하기가 헤아릴 수 없어, 현인 주달 등과 만이가 서로 모여, 현령을 공격하여 죽이고 구진[군]으로 진격하고 일남에 주둔하여 지키니 무리가 점점 강성해졌다. 연희 3년(160), 조를 내려 하후방을 배하여 교지자사로 삼았다. [그는] 위엄과 은혜는 본래 유명했으므로, 일남 숙적이 그것을 듣고, 2만여 인이 연이어 [하후]방에게 나아가 항복하였다. [하후]방이 은혜를 펼쳐 그들을 초유하였다."

• 참고

『後漢書』卷86 南蠻西南夷列傳76   桓帝永壽三年 居風令貪暴無度 縣人朱達等及蠻夷相聚 攻殺縣令 衆至四五千人 進攻九眞 九眞太守兒式戰死 詔賜錢六十萬 拜子二人爲郎 遣九眞都尉魏朗討破之 斬首二千級 渠帥猶屯據日南 衆轉彊盛 延熹三年 詔復拜夏方爲交阯刺史 方威惠素著 日南宿賊聞之 二萬餘人相率詣方降

---

157 원문 「侯方」. 『後漢書』에는 「夏方」으로 되어 있음. 인명이므로 「侯」를 「夏」로 고쳐 교감해야 하나, 주문에는 또 「夏侯方」으로 되어 있어 원문대로 둠.
158 원문에는 글자가 없다. 죽내본·탕천본·길림본 「令」을 보입하여 교감. 문맥상 「令」을 보입하여 교감.
159 원문 「貧異」. 죽내본·탕천본·길림본 「貪暴」으로 교감. 해석상 「貪暴」으로 교감.
160 원문 「渡」. 죽내본·탕천본·길림본 「度」로 교감. 의미상 「度」로 교감.
161 원문 「聚娶」. 『後漢書』에 근거해 죽내본·탕천본·길림본 연문으로 파악. 해석상 연문으로 간주하여 「娶」는 탈락시키고 교감.
162 원문 「政」. 죽내본·탕천본·길림본 「攻」으로 교감. 문맥상 「攻」으로 교감.
163 원문 「赦」. 죽내본·탕천본·길림본 「殺」로 교감. 의미상 「殺」로 교감.
164 원문 「政」. 죽내본·탕천본·길림본 「攻」으로 교감. 문맥상 「攻」으로 교감.
165 원문 「强」. 죽내본·탕천본 원문대로, 길림본 「彊」으로 교감. 두 글자는 뜻이 서로 통하므로 원문대로 둠.
166 원문 「嘉」. 죽내본은 원문대로 두었으나 후한 桓帝의 연호임을 감안해 탕천본·길림본과 같이 「熹」로 교감.
167 원문에는 글자가 없다. 길림본은 「復」를 보입하여 교감하였으나 해석상 큰 차이가 없으므로 원문대로 둠.
168 원문 「夏侯万」. 죽내본·탕천본·길림본 「夏侯方」으로 교감. 참고자료인 『後漢書』 본기와 남만서남이열전에는 「夏方」으로만 되어 있다. 정문에 「侯方」이라고 되어 있으므로 「夏侯方」으로 교감.
169 원문 「思」. 죽내본·탕천본·길림본 「恩」으로 교감. 해석상 「恩」으로 교감.
170 원문 「詔」. 죽내본은 원문대로 둠. 탕천본·길림본과 같이 「招」로 교감. 해석상 「招」로 교감.

14 土舟既鶩,[171] 用興巴[172]氏之宗,

토주[173]가 바로 뜨니, 비로소 파씨의 종족이 흥기하였고,

後漢書曰: "巴郡[174]·南郡蠻本有五姓, 巴氏·樊氏·瞫[175]氏·相氏·[鄭氏][176]. 皆出於武落鍾離山. 其山有[177]赤·黑二穴, 巴氏之子生於赤穴, 四姓之子皆生黑穴[178]. 未有君長, 俱事鬼神. 乃共擲劍於石穴, 約能中者, 奉以爲君. 巴氏子務相乃獨中之, 衆皆歎. 又令[179]各乘[180]土船, 約能[181]浮者, 當以爲君. 餘姓悉沉, 唯務相獨浮. 因共立之, 是爲廩君也[182]."

『後漢書』에 다음과 같이 전한다. "파군과 남군의 만은 본래 5성이 있었으니, 파씨·번씨·담씨·상씨·정씨이다. 모두 무락 종리산[183]에서 나왔다. 그 산에는 붉고 검은 두 개의 동굴이 있는데, 파씨의 자손은 붉은 동굴에서 나왔고, 4성의 자손은 모두 검은 동굴에서 나왔다. 군장이 아직 없을 때, 모두 귀신을 섬겼다. 그러다가 함께 동굴에서 칼을 던져 적중시킬 수 있는 자를 받들어 군주로 삼기로 약속하였다. 파씨의 자손 무상이 홀로 그것을 적중시키니, 무리가 모두 감탄하였다. 또 각자 토선을 타서 뜰 수 있는 자를 마땅히 군주로 삼기로 약속하였다. 나머지 성씨는 모두 가라앉았으나 오직 무상이 홀로 떴다. 이로 인해 함께 그를 [군주로] 세우니, 이가 늠군이다."

• 참고
『後漢書』卷86 南蠻西南夷列傳76   巴郡南郡蠻 本有五姓 巴氏 樊氏 瞫氏 相氏 鄭氏 皆出於武落鍾離山 其山

---

171 원문「鶩」. 죽내본·탕천본「鶩」로 판독. 길림본은「鶩」으로 교감. 형상이나 뜻을 고려하여「鶩」로 교감.
172 원문「巳」. 죽내본·탕천본·길림본「巴」로 교감. 내용을 고려하여「巴」로 교감. 이하에서도 해당 글자는 동일한 원칙을 적용하여 교감.
173 「土舟」는 흙으로 만든 배인지, 토착인이 만들어 사용하는 배라는 뜻인지 확실하지 않다.
174 원문「郍」. 죽내본·탕천본·길림본「郡」으로 교감. 내용상「郡」으로 교감.
175 원문「暉」. 죽내본·탕천본은 원문대로, 길림본「瞫」로 교감. 성씨이므로『後漢書』에 근거해「瞫」으로 교감.
176 원문에는 글자가 없다. 죽내본·탕천본·길림본「鄭氏」가 탈락된 것으로 보고 두 글자를 보입하여 교감. 바로 앞 문장에 5姓이라 했으므로 성씨 하나가 더 포함되는 것이 타당하기 때문에 보충자료인『後漢書』와 같이「鄭氏」를 보입하여 교감.
177 원문「有山」. 죽내본·탕천본·길림본과 같이「山有」로 교감. 해석상「山有」로 교감.
178 원문「光」. 죽내본·탕천본·길림본「穴」로 교감. 내용상「穴」로 교감.
179 원문「合」. 죽내본·탕천본·길림본「令」으로 교감. 문맥상「令」으로 교감.
180 원문「垂」. 죽내본·탕천본·길림본과 같이「乘」으로 교감. 해석상「乘」으로 교감.
181 원문「其」. 죽내본 원문대로, 탕천본·길림본「能」으로 교감. 해석을 고려하여「能」으로 교감.
182 원문「是爲是廩君也」. 죽내본 원문대로, 탕천본은「是爲廩君也」, 길림본은「是爲廩君」로 교감. 해석상 참고자료인『後漢書』에 따라서「爲」자 뒤의「是」는 빼고「是爲廩君也」로 교감.
183 종리산은 현재 湖北省 長陽縣에 있는 산이다(동북아역사재단 편,『後漢書 外國傳 譯註』上, 2009, 90쪽, 주 170).

有赤黑二穴 巴氏之子生於赤穴 四姓之子皆生黑穴 未有君長 俱事鬼神 乃共擲劍於石穴 約能中者 奉以爲君 巴氏子務相乃獨中之 衆皆歎 又令各乘土船 約能浮者 當以爲君 餘姓悉沈 唯務相獨浮 因共立之 是爲廩君

15 鹽神且[184]亡, 寔啓夷城之祚.
염신이 또한 죽으니, 이에 이성의 왕위가 열렸다.

後漢書曰: "廩君乃乘土船, 從夷水下至鹽[185]水. 有神女, 謂廩君曰: '此地廣大, 魚鹽所出. 願留共居.' 廩君不許. 鹽神暮輒來宿, 旦[186]即化爲虫[187], 與諸蟲群飛, 掩蔽日光, 天地晦冥. 積十餘日, 廩君伺其便, 因射殺之, 天乃開明. 廩君於是君[188]乎夷城, 四姓皆臣之. 廩君死, 魂魄[189]爲白獸. 巴氏以獸飲[190]人血[191], 故遂以人祠焉. 及秦惠王幷[192]巴中, 以巴氏爲蠻夷君長, 代尚秦[193]女. 其民[194]爵比不更[195], 有罪得以爵除[196]."

『後漢書』에 다음과 같이 전한다. "늠군이 이에 토선을 타고 이수를 따라 내려가다 염수에 이르렀다. 신녀가 있었는데 늠군에게 다음과 같이 말했다. '이 땅은 광대하고, 어염이 나는 곳입니다. 머물러 함께 살기를 원합니다.' 늠군이 허락하지 않았다. 염[수]신[녀]는 날이 저물면 갑자기 와서 잤다가, 아침이 되면 바로 벌레로 변하여 여러 벌레들과 무리지어 날면서 일광을 가리니 천지가 어두워졌다. 10일 동안 계속되자 늠군은 [적합한] 때를 엿보아 활을 쏴 그것을 죽이니 하늘이 이에 맑게 개었다. 늠군이 이에 이성에서 군주를 칭하니, 4성이 모두 신하가 되

---

184 원문 「且」. 죽내본 원문대로, 탕천본·길림본은 「旦」으로 교감. 주문의 내용상 염신이 벌레로 화하는 것은 새벽이지만 죽은 시기가 새벽인지는 알 수 없다. 또한 14번 정문의 「旣」와 대구를 이루므로, 「且」일 가능성이 높다. 이에 원문대로 둠.
185 원문 「監」. 죽내본·탕천본·길림본 「鹽」으로 교감. 내용상 「鹽」으로 교감. 정문의 「鹽」자의 오른쪽 자획이 다르나 같은 글자를 오기한 것으로 보인다. 이하에서도 해당 글자는 모두 「鹽」으로 교감.
186 원문 「且」. 죽내본은 원문대로, 탕천본·길림본 「旦」으로 교감. 앞 구절의 「暮」와 대비되는 구절이므로 「旦」으로 교감.
187 원문 「虫」. 죽내본은 원문대로, 탕천본·길림본 「蟲」으로 교감. 해석상 뜻에 차이가 없으므로 원문대로 둠.
188 원문 「居」. 죽내본·탕천본·길림본 「君」으로 교감. 직명이므로 『後漢書』에 따라 「君」으로 교감.
189 원문에는 글자가 없으나 길림본은 「魂魄」 뒤에 「世」를 보입하여 교감. 해석상 큰 차이가 없으므로 원문대로 둠.
190 원문 「餘」. 죽내본·탕천본·길림본 「飲」으로 교감. 해석상 「飲」으로 교감.
191 원문 미상자. 죽내본·탕천본·길림본 「血」로 판독. 해석상 「血」로 교감.
192 원문 미상자. 죽내본·탕천본·길림본 「幷」으로 판독. 해석상 『후한서』를 참고하여 「幷」으로 교감.
193 원문 「奏」. 죽내본·탕천본·길림본 「秦」으로 교감. 내용상 「秦」으로 교감
194 원문 「人」. 죽내본·길림본 원문대로, 탕천본 「民」으로 교감. 당태종 이세민의 피휘를 위해 「民」을 「人」으로 표기한 듯하며, 탕천본은 이를 참조하여 「民」으로 교감한 듯하다. 해당 부분은 民을 대상으로 한 爵制의 설명이므로 『後漢書』에 의거해 「民」으로 교감.
195 원문 「處」. 受爵 등급 중 하나의 명칭이므로 죽내본·탕천본·길림본과 같이 「更」으로 교감.
196 원문은 「陰」. 죽내본·길림본·탕천본은 「除」로 교감. 해석상 「除」로 교감.

었다. 늠군이 죽자 [그의] 혼백은 백수가 되었다. 파씨는 짐승이 사람의 피를 먹는다고 여겼다. 그러므로 마침내 사람으로 제사지냈다. 진 혜왕(기원전 337~310)이 파중을 병합하였을 때, 파씨를 만이의 군장으로 삼고, 대대로 진녀에게 장가들게 하였다. 그들의 민작[197]은 불갱[198]에 견줄만하였는데, 죄가 있어도 작으로 면제 받을 수 있었다."

• 참고

『後漢書』卷86 南蠻西南夷列傳76　乃乘土船 從夷水至鹽陽 鹽水有神女 謂廩君曰 此地廣大 魚鹽所出 願留共居 廩君不許 鹽神暮輒來取宿 旦即化爲虫 與諸蟲羣飛 掩蔽日光 天地晦冥 積十餘日 廩君伺其便 因射殺之 天乃開明 廩君於是君乎夷城 四姓皆臣之 廩君死 魂魄[世]爲白虎 巴氏以虎飮人血 遂以人祠焉 及秦惠王幷巴中 以巴氏爲蠻夷君長 世尙秦女 其民爵比不更 有罪得以爵除

16　登樓騁伎, 方呈白獸[199]之功, 刻石銘勳, 爰表黃龍之誓.

누각에 올라 재주를 펼치니, 곧 백수의 공을 드러냈고, 돌을 깎아 훈을 새기니, 이에 황룡의 맹서를 나타냈다.

後漢書曰: "板楯蠻夷者. 秦[200]昭襄王[時][201]有一白[202]獸, 常從群獸[203]遊秦·蜀·巴·漢之境, 傷害千餘人. 昭王乃重募國中有能殺獸者, 賞邑萬家, 金百鎰[204]. 時有巴郡閬中夷人, 能作[205]白[206]竹之弩, 乃登樓射殺白獸. 昭王嘉之, 而以[207]夷人, 不欲加封. 乃刻石盟要, 復夷人頃[209]田不租[210], 十妻

197　戰國시대에 秦나라 商鞅이 만든 授爵制로 士兵이 적을 죽였을 때 적의 수급 하나에 한 등급씩 작위를 수여했던 제도로 작위에 따라 경작지, 주택, 임관 등과 같은 특권이 규정되어 있었으며, 작위는 모두 12등급으로 나뉘어 있었다고 한다(張中澍·張建宇 校譯, 2015, 『翰苑·蕃夷部』, 吉林文史出版社, 212쪽, 校譯 4).

198　不更은 爵에서 아래에서 4번째 등급에 해당한다(동북아역사재단 편, 『後漢書 外國傳 譯註』上, 2009, 91쪽, 주 178; 張中澍·張建宇 校譯, 『翰苑·蕃夷部』, 吉林文史出版社, 2015, 212쪽, 校譯 4).

199　원문 「獸」. 탕천본은 원문에 상관없이 『後漢書』를 따라 「獸」를 모두 「虎」로 교감. 의미상 큰 차이가 없으므로 원문대로 둠.

200　원문 「奏」. 죽내본·탕천본·길림본 「秦」으로 교감. 내용상 「秦」으로 교감.

201　원문에는 글자가 없다. 죽내본 원문대로, 탕천본·길림본 「時」를 보입하여 교감. 해석상 『後漢書』에 따라 「時」를 보입하여 교감.

202　원문 「百」. 죽내본·탕천본·길림본 「白」으로 교감. 앞의 「有一」을 고려하여 「白」으로 교감. 이하에서도 해당 글자는 동일한 원리를 적용하여 교감.

203　길림본은 『後漢書』와 동일하게 「獸」 뒤에 「數」를 보입하였으나 해석상 큰 차이가 없어 원문대로 둠.

204　원문 「溢」. 금의 단위임을 감안해 탕천본·길림본과 같이 「鎰」로 교감.

205　원문 「怡」. 탕천본·길림본 「作」으로 교감. 해석상 「作」으로 교감.

206　원문 「日」. 죽내본·탕천본·길림본은 「白」으로 교감. 이전 내용을 참조하여 「白」으로 교감.

207　원문에는 글자가 없다. 죽내본·탕천본 원문대로, 길림본 「其」를 보입하여 교감. 여기서는 해석에 큰 문제가 없으므로 원문대로 둠.

不筭. 傷人者論²¹⁰, 殺人[者]²¹¹得以²¹²錢贖死. 盟曰: '秦犯夷, 輸²¹³黃龍一雙, 夷犯秦, 輸淸酒一鍾.' 夷人安之. 至高祖爲漢王, 發夷人還伐²¹⁴[三秦]²¹⁵. 秦²¹⁶地旣定, 乃遣還巴中. 復其渠帥²¹⁷羅·朴²¹⁸·[督]²¹⁹·鄂·度·夕·龔七姓, 不輸租²²⁰賦, 餘戶乃歲入賨²²¹錢, 口四十. 代²²²號爲板楯蠻夷之也."

『後漢書』에 다음과 같이 전한다. "판순만이. 진 소양왕 때 한 마리 백수가 있어 항상 여러 짐승을 거느리고 진·촉·파·한의 경계를 돌아다니며 천여 인을 다치게 하였다. 소왕이 이에 거듭 나라 안에 짐승을 죽일 수 있는 자를 모집하면서 읍 만가와 금 백일을 상으로 내걸었다. 이때 파군 낭중에 하얀 대나무로 쇠뇌를 잘 만드는 이인이 있었는데, 이에 누각에 올라 백수를 쏴 죽였다. 소왕이 그를 가상히 여겼으나 이인이었기 때문에 봉작을 주려고 하지 않았다. 이에 돌에 맹약을 새겼으니, 이인[이 경작하는] 경전(頃田)에는 조를 부과하지 않고, 처가 열 명이라도 산을 부과하지 않으며, 사람을 상하게 한 자는 논죄하고, 사람을 죽인 자는 돈으로써 죽음을 면할 수 있게 하였다. 맹약하여 다음과 같이 말했다. '진이 이를 범하면 황룡 한 쌍을 보내고, 이가 진을 범하면 청주 1종을 보낸다.' 이인이 안정되었다. 고조가 한왕이 되기에 이르자, 이인을 징발하여 도리어 삼진을 정벌하였다. 진의 땅이 대개 안정되자 이에 파중으로 돌려보냈다. 그 거수인 라·박·독·악·도·석·공 7성에게는 조세와 부역을 거두지 않았으며, 나머지 호에게는 해마다 종전을 내도록 하였는데, 구당 40[전]이었다. 대대로 판순만이라고

---

208 원문「頌」. 죽내본·탕천본·길림본「頃」으로 교감. 문맥상「頃」으로 교감.
209 원문「柤」. 죽내본·탕천본·길림본「租」로 교감. 해석상「租」로 교감.
210 원문「諸」. 죽내본·탕천본·길림본「論」으로 교감. 의미상「論」으로 교감.
211 원문에는 글자가 없다. 탕천본·길림본「者」를 보입하여 '殺人者'로 교감. 보다 정확한 의미 전달을 위해「者」를 보입하여 교감.
212 원문에는 글자가 없다. 탕천본·길림본「錢」앞에「倓」자를 보입. 그러나 없어도 해석에 무리가 없으므로 원문대로 둠.
213 원문「輪」. 죽내본·탕천본·길림본「輸」로 교감. 해석상「輸」로 교감.
214 원문「代」. 죽내본·탕천본·길림본「伐」로 교감. 맥락상「伐」로 교감.
215 원문에는 글자가 없다. 죽내본·탕천본·길림본「三秦」이 누락된 것으로 보고 보입하여 교감. 정확한 의미 전달을 위해「三秦」을 보입하여 교감.
216 원문「〻」. 이 경우 바로 앞에 나오는 글자를 받기 때문에「三秦」이 누락되었다고 보아야 한다. 이에 탕천본·길림본과 같이「秦」으로 교감.
217 원문「師」. 죽내본·탕천본·길림본「帥」로 교감. 의미상「帥」로 교감.
218 원문「朴」. 죽내본·탕천본「朴」으로, 길림본「樸」으로 교감. 원문은「樸」의 이체자이지만 필사자의 오류로 보임. 성씨이므로『後漢書』를 참조하여「朴」으로 교감.
219 원문에는 글자가 없다. 탕천본·길림본「督」을 보입하여 교감. 뒤에「七姓」이라는 표현이 나오므로『後漢書』에 따라「督」을 보입하여 교감.
220 원문「柤」. 죽내본·탕천본·길림본「租」로 교감. 내용상「租」로 교감.
221 원문「寶」. 앞서 남만에 부과하는 세포를「賨布」라 하였음을 감안해 탕천본·길림본과 같이「賨」으로 교감.
222 원문「代」.『後漢書』에는「世」로 되어 있음. 당태종 이세민의 피휘로「代」를 사용한 것으로 보임. 해석상 큰 차이가 없으므로 원문대로 둠.

호칭하였다."

• 참고

『後漢書』卷86 南蠻西南夷列傳76   板楯蠻夷者 秦昭襄王時有一白虎 常從羣虎數遊秦蜀巴漢之境 傷害千餘人 昭王乃重募國中有能殺虎者 賞邑萬家 金百鎰 時有巴郡閬中夷人 能作白竹之弩 乃登樓射殺白虎 昭王嘉之 而以其夷人 不欲加封 乃刻石盟要 復夷人頃田不租 十妻不筭 傷人者論 殺人者得以倓錢贖死 盟曰 秦犯夷 輸黃龍一雙 夷犯秦 輸淸酒一鍾 夷人安之 至高祖爲漢王 發夷人還伐三秦 秦地旣定 乃遣還巴中 復其渠帥羅朴督鄂度夕龔七姓 不輸租賦 餘戶乃歲入賨錢 口四十 世號爲板楯蠻夷

西南夷

서남이

판독문

夜郞啓搆[1] 爰[2]契浮竹之靈

後漢書曰 西南夷者 皆在蜀都激外 有夜郞國 東接交[3]阯 西愼國 愼國北有功[4]都國 各立君長 其人 皆推髻[5]左柱[6] 邑聚而居 能[7]耕田 其外有布爲[8]昆明[9]諸落 西極[10]同師[11] 東北至葉楡 地方數千里 無

---

1 죽내본 「搆」, 길림본 「搆」. 아래의 용례를 통해 「搆」로 판독.

2 죽내본·길림본 「爰」. 아래의 용례를 통해 「爰」으로 판독.

3 죽내본·길림본 「交」. 자형의 차이가 있지만 아래의 용례에서 보이는 「交」와 자획이 유사하므로 「交」로 판독.

4 죽내본 「功」, 길림본 「切」. 좌변이 「工」으로 판독되므로 자형에 따라 「功」으로 판독.

5 죽내본·길림본 「髻」. 아래의 용례를 통해 「髻」로 판독.

6 죽내본 「柱」, 길림본 「枉」. 좌변이 「木」으로 판독되므로 자형에 따라 「柱」으로 판독.

7 죽내본·길림본 「能」. 아래의 용례를 통해 「能」으로 판독.

8 죽내본 「爲」, 길림본 「爲」. 아래의 용례를 통해 「爲」로 판독.

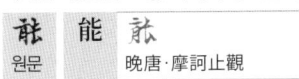

君長 辯[12]髪[13] 随[14]畜遷徙[15]無常 自布巂東北有莋[16]都國 莋都國東北有冉[17]駹國 夷土著 或随畜遷徙 自冉駹東北有白[18]馬國 互種也 此三國亦有君長 夜郎者 初有女子兒[19]於豚[20]水 有三節[21]大竹浮入

---

9 죽내본·길림본「明」. 자형에 따라「明」으로 판독.
   初唐·古文尙書

10 죽내본·길림본「極」. 아래의 용례를 통해「極」으로 판독.
   五代·大毗盧經

11 죽내본·길림본「師」. 아래의 용례를 통해「師」로 판독.
   初唐·古文尙書

12 죽내본「辨」, 길림본「辯」. 아래의 용례를 통해「辯」으로 판독. 당초본도「辯」으로 판독.
   奈良 聖武天皇 雜集 / 飛鳥 王勃詩序

13 죽내본·길림본「髪」. 자형에 따라「髪」로 판독.
   魏張寧墓誌

14 죽내본「随」, 길림본「随」. 자형에 따라「随」로 판독.
   初唐·十誦律

15 죽내본·길림본「徙」. 아래의 용례를 통해「徙」로 판독.
   隋張妻涫善相利墓誌

16 죽내본·길림본「莋」. 아래의 용례를 통해「莋」로 판독.
   漢·居延漢簡

17 죽내본·길림본「冉」. 아래의 용례를 통해「冉」으로 판독.
   初唐·禮記正義

18 죽내본·길림본「白」. 자형은 약간의 차이가 있지만 자획이 유사하므로 아래의 용례를 통해「白」으로 판독.
   五代·大毗盧經

19 죽내본「兒」, 길림본「況」. 아래의 용례를 통해「兒」로 판독.
   大字詩贊

20 죽내본「豚」, 길림본「遯」. 자형에 따라「豚」으로 판독.

足²² 聞²³其中有號²⁴聲 剖竹視之 得一男兒 歸²⁵而養之 乃長 有才武 自立爲夜郎侯²⁶ 以竹爲姓 武帝元鼑²⁷六年²⁸ 西南夷 爲牂²⁹柯³⁰郡 夜郎侯³¹返降 天子賜其王印綬 後遂煞之

---

21 죽내본·길림본 「節」. 아래의 용례를 통해 「節」로 판독.

22 죽내본·길림본 「足」. 아래의 용례를 통해 「足」으로 판독.

23 죽내본 「間」, 길림본 「聞」. 자형에 따라 「聞」으로 판독.

24 죽내본·길림본 「號」. 아래의 용례를 통해 「號」로 판독.
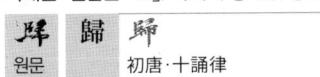

25 죽내본·길림본 「歸」. 아래의 용례를 통해 「歸」로 판독.

26 죽내본·길림본 「侯」. 원문에 약간의 결실이 있지만 아래의 용례를 통해 「侯」로 추독.

27 죽내본 「鼑」, 길림본 「鼑」. 자형에 따라 「鼑」으로 판독. 「鼑」은 「鼎」의 이체자.

28 죽내본·길림본 「年」. 아래의 용례를 통해 「年」으로 판독.
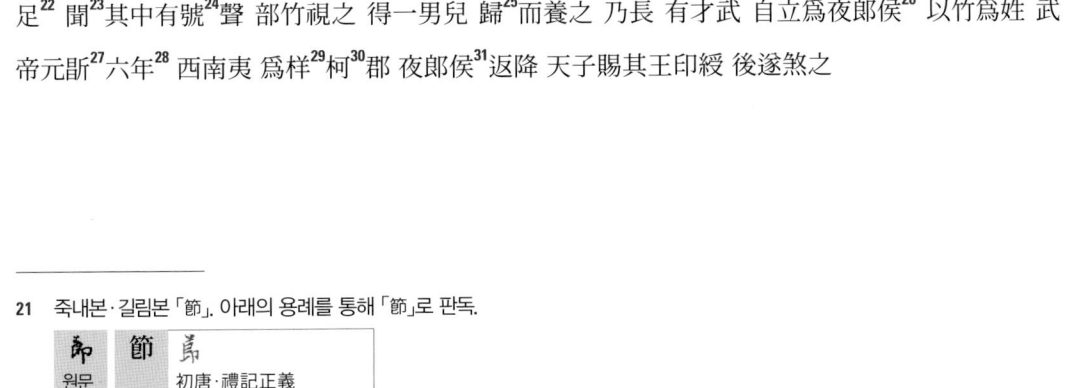

29 죽내본 「牂」, 길림본 「樣」. 자형에 따라 「牂」으로 판독. 「牂」은 「樣」의 간자.

30 죽내본 「柯」, 길림본 「祠」. 아래의 용례를 통해 「柯」로 판독.
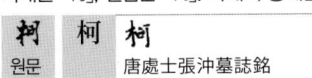

31 죽내본·길림본 「侯」. 아래의 용례를 통해 「侯」로 판독.
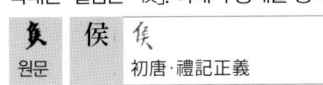

哀[32]牢創基 寔符沉[33]木之胤[34]

後漢書曰 哀牢夷者 其先有婦人名沙壹 居于牢山 當捕魚水中 觸沈水有若減 固[35]懷 十月 産[36]子 男十人 後沈木化爲龍 出水上 沙壹忽聞 龍語曰 若爲我生十子 今悉[37]何在 九子見龍驚[38]走 獨子 不能去 背[39]龍曰[40]舐之 其母鳥語 背爲九 謂坐爲隆 曰名山子曰九隆 及後長大 諸兄以九隆[41]能[42]爲

---

32 죽내본·길림본 「哀」. 아래의 용례를 통해 「哀」로 판독.

33 죽내본 「沈」, 길림본 「沉」. 자형에 따라 「沉」으로 판독. 「沉」은 「沈」의 이체자.

34 죽내본·길림본 「胤」. 아래의 용례를 통해 「胤」으로 판독.

35 죽내본 「固」, 길림본 「曰」. 자형에 따라 「固」로 판독.

36 죽내본·길림본 「産」. 「生」의 획이 뭉개진 것으로 보이며, 아래의 용례를 통해 「産」으로 판독.

37 죽내본·길림본 「悉」. 아래의 용례를 통해 「悉」로 판독.

38 죽내본·길림본 「驚」. 아래의 용례를 통해 「驚」으로 판독.

39 죽내본·길림본 「背」. 아래의 용례를 통해 「背」로 판독.

40 죽내본 「因」, 길림본 「曰」. 자형에 따라 「曰」로 판독.

41 죽내본 「隆」, 길림본 「龍」. 아래의 용례를 통해 「隆」으로 판독.

42 죽내본·길림본 「能」. 아래의 용례를 통해 「能」으로 판독.

父[43]所舐而點 遂共推以爲三

三侯[44]並建[45] 旣配饗於牂柯

後漢書曰 夜[46]郎侯[47]竹王 夷撩或[48]以竹王非血[49]氣所生 甚重之 求爲立後 牂柯太守吳霸以 文子乃 封其三子爲侯 死[50] 配食父 夜郎縣有竹王三郎神也 初 楚頃襄[51]王時 遣將[52]在豪從[53]牁水 伐之夜郎

---

43 죽내본·길림본「父」. 아래의 용례를 통해「父」로 판독.

44 죽내본·길림본「侯」. 아래의 용례를 통해「侯」로 판독.

45 죽내본·길림본「建」. 아래의 용례를 통해「建」으로 판독.

46 죽내본·길림본「夜」. 아래의 용례를 통해「夜」로 판독.

47 죽내본·길림본「侯」. 좌변이 진하게 그어졌으나 아래의 용례를 통해「侯」로 판독.

48 죽내본·길림본「或」. 아래의 용례를 통해「或」으로 판독.

49 죽내본·길림본「血」. 아래의 용례를 통해「血」로 판독.

50 죽내본「宛」, 길림본「死」. 아래의 용례를 통해「死」로 판독.

51 죽내본·길림본「襄」. 아래의 용례를 통해「襄」으로 판독.

52 죽내본·길림본「將」. 아래의 용례를 통해「將」으로 판독.

軍至且蘭 掾⁵⁴舩⁵⁵於岸⁵⁶而步⁵⁷戰 旣威夜郎 以且蘭有椓船牂柯處⁵⁸家⁵⁹ 乃改其名爲牂柯

十子分⁶⁰曹 竟馳誠於越嶲⁶¹

後漢書曰 窂山下有一夫一婦 復生十子女 哀窂夷⁶²九隆兄弟一人皆取以爲妻 後漸相滋長 種人皆刻書⁶³其身 象龍文 衣皆著⁶⁴尾 九隆死 伐〻相繼⁶⁵ 乃分置小王 往〻邑居 散在谿若 絶忧⁶⁶荒外 山

---

53 죽내본·길림본 「從」. 아래의 용례를 통해 「從」으로 판독.

54 죽내본·길림본 「掾」. 아래의 용례를 통해 「掾」으로 판독.

55 죽내본 「船」, 길림본 「舩」. 자형에 따라 「舩」으로 판독. 「舩」은 「船」의 이체자.

56 죽내본·길림본 「岸」. 아래의 용례를 통해 「岸」으로 판독.

57 죽내본·길림본 「步」. 아래의 용례를 통해 「步」로 판독.

58 죽내본 「處」, 길림본 「康」. 아래의 용례를 통해 「處」로 판독.

59 죽내본 「處」, 길림본 「康」. 자형에 따라 「家」로 판독.

60 죽내본·길림본 「分」. 아래의 용례를 통해 「分」으로 판독.

61 죽내본 「雋」, 길림본「嶲」. 아래의 용례를 통해 「嶲」로 판독.

62 죽내본·길림본 「夷」. 아래의 용례를 통해 「夷」로 판독.

63 죽내본·길림본 「書」. 아래의 용례를 통해 「書」로 판독.

川阻深 生人以來 未嘗交通中國 武廿[67]三年 其王賢栗遣兵 擊[68]附塞夷鹿茤[69] 人弱[70]爲所禽[71]獲 於是震[72]雷疾雨[73] 南風飄越 水爲逆[74]流 翻涌二百餘里 哀牢之衆 溺死者數千人 賢栗復遣其六王 將万餘人攻鹿茤 鹿茤王与[75]戰 殺其六王 哀牢耆老共[76]埋六王 夜獸復出其尸而食之 餘衆驚怖引去

---

64 죽내본·길림본 「著」. 아래의 용례를 통해 「著」으로 판독.

65 죽내본·길림본 「繼」. 아래의 용례를 통해 「繼」로 판독.

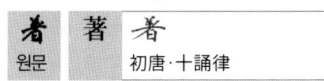

66 죽내본 「城」, 길림본 「恍」. 자형에 따라 「恍」으로 판독.

67 죽내본·길림본 「廿」. 자획의 결실이 있지만 자형에 따라 「廿」으로 판독.

68 죽내본·길림본 「擊」. 아래의 용례를 통해 「擊」으로 판독.

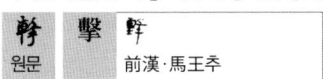

69 죽내본·길림본 「茤」. 아래의 용례를 통해 「茤」로 판독.

70 죽내본·길림본 「弱」. 아래의 용례를 통해 「弱」으로 판독.

71 죽내본·길림본 「禽」. 아래의 용례를 통해 「禽」으로 판독.

72 죽내본·길림본 「震」. 아래의 용례를 통해 「震」으로 판독.

73 죽내본·길림본 「雨」. 아래의 용례를 통해 「雨」로 판독.

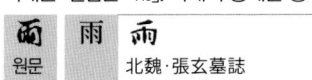

74 죽내본·길림본 「逆」. 아래의 용례를 통해 「逆」으로 판독.

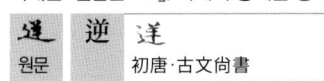

賢栗乃惶恐[77] 謂其耆老曰 我曹之寒 自古有之 今攻鹿茤 輒被天誅 中國其有聖帝乎 天祐助之 何其明也 賢栗遂率種人 詔[78]越巂太守鄭鴻降 求內屬 光武封賢栗等[79]爲君長

莊[80]豪之將楚卒 遂王滇池

後漢書曰 滇王者 莊豪之後也 初 楚頃襄王時 遣將在豪從沅水 代夜郭滅之 因留[81]王滇池 元封二年 武帝之 以其地爲益州[82]郡 割牂柯越巂各數縣配[83]之 後之後數年 復幷昆明池 皆以屬之此郡 有池周迴[84]二百餘里 水源柒廣 而更淺狹 有似倒流 故謂之滇池 河王平敞 多出鸚鵡孔雀 有鹽池田漁之饒 金銀畜産之富也

---

75 죽내본·길림본「与」. 아래의 용례를 통해「与」로 판독.

76 죽내본·길림본「共」. 아래의 용례를 통해「共」으로 판독.

77 죽내본·길림본「恐」. 아래의 용례를 통해「恐」으로 판독.

78 죽내본·길림본「詔」. 아래의 용례를 통해「詔」로 판독.

79 죽내본·길림본「等」. 아래의 용례를 통해「等」으로 판독.

80 죽내본·길림본「莊」. 아래의 용례를 통해「莊」으로 판독.

81 죽내본·길림본「留」. 아래의 용례를 통해「留」로 판독. 당초본도「留」로 판독.

82 죽내본·길림본「州」. 아래의 용례를 통해「州」로 판독.

83 죽내본·길림본「配」. 아래의 용례를 통해「配」로 판독.

長貴之戮[85]枝根 乃居印澤

後漢書曰 印都夷者 武帝所開 以爲印都縣 無夷而地陷爲汗澤 因名爲印池 南人以爲印向 後復反叛 元鼎六年 漢兵自越巂水伐之 以爲越郡 其土地平源 有稻[86]田 蜻縣同禺山有碧雞金鳥 光景時ゝ出見 俗多遊[87]蕩 而喜謳歌 略與牂柯相類 豪師[88]放縱 難得制[89]禦[90] 王莽時 郡守枚根調卭人長貴 以爲軍候 更史始二年 貴率[91]種人攻[92]煞枚根 自爲印穀王 領太守事 光武對長貴爲卭穀王 後又授越巂太守卭[93]綬之也

84　죽내본「廻」, 길림본「迴」. 자형에 따라「迴」로 교감.「迴」는「廻」의 이체자.

85　죽내본·길림본「戮」. 아래의 용례를 통해「戮」으로 판독.

86　죽내본·길림본「稻」. 아래의 용례를 통해「稻」로 판독.

87　죽내본「遊」, 길림본「遊」. 자형에 따라「遊」로 판독.「遊」는「遊」의 이체자.

88　죽내본·길림본「師」. 아래의 용례를 통해「師」로 판독.

89　죽내본·길림본「制」. 아래의 용례를 통해「制」로 판독.

90　죽내본「禦」, 길림본「御」. 자형에 따라「禦」로 판독.

91　죽내본·길림본「率」. 아래의 용례를 통해「率」로 판독.

92　죽내본·길림본「攻」. 아래의 용례를 통해「攻」으로 판독.

93　죽내본·길림본「印」. 자형에 따라「卭」으로 판독.

仇池沒[94]部 飡和 仇池沒部 飡和於元鼎[95]之年

後漢書曰 白馬氐[96]者 武帝元鼎六年開 分廣漢西部 合以爲武都郡 土池險阻 有麻田 出名馬牛羊 漆[97]蜜 氐人男贛牴[98]置 貪貨死利 居於何池 一名仇地 方百須 四面斗絶 數爲邊寇 冉駹夷者 武帝所開 元鼎六年 以爲汶山部 王地至節[99]三年 人夷以立郡賦重 帝乃省 幷蜀郡爲北部都尉 其山有六夷七羌九氐 各有部落 其留王侯頗知書 而法俗嚴重 婦人 黨母施 死則燒[100]其尸 土氣多寒 夏楯水凍也

槃木白狼 慕化於永平之祭

後漢書曰 莋都夷者 武帝所開 以爲莋都縣 其人皆被髦[101]左袵 言語多好辟類 居處略與汶山夷同 土長年神藥 仙人山圓[102]所居焉 祝鼎六年 以爲沉梨郡 至天漢四年 幷蜀爲西部 置兩部尉 一治施

---

94 죽내본·길림본 「沒」. 아래의 용례를 통해 「沒」로 판독.

95 죽내본 「鼎」, 길림본 「鼎」. 아래의 용례를 통해 「鼎」으로 판독. 「鼎」은 「鼎」의 이체자.

96 죽내본 「弖」, 길림본 「氐」. 아래의 용례를 통해 「氐」로 판독. 당초본도 「氐」로 판독.

97 죽내본·길림본 「漆」. 아래의 용례를 통해 「涞」로 판독. 「涞」는 「漆」의 이체자.

98 죽내본 「牞」, 길림본 「抵」. 자형에 따라 「牴」로 판독.

99 죽내본 「節」, 길림본 「節」. 자형에 따라 「節」로 판독.

100 죽내본·길림본 「燒」. 아래의 용례를 통해 「燒」로 판독.

101 죽내본·길림본 「髦」. 아래의 용례를 통해 「髦」로 판독.

牛 主儌外夷 一治靑衣 主溪人 永平中平 益州刺[103]史梁國朱輔 好立功名 州數歲[104] 宗示漢德 威懷遠夷 自改山西以 前代所不至 正[105]朔[106]所不加 白狼槃[107]木廆皷等百有餘國 戶百卅餘万 口六百万以上 擧種奉貢也

懷仁動詠 覃[108]帝澤[109]於夷都

後漢書曰 益州刺史朱輔上䟽 稱莋都夷慕化義[110] 任詩三章 一曰 大漢是治 与天合意 吏澤平端 不從我來 聞風向化 所見異 多賜繒[111]布 甘美酒[112]食 徦[113]樂肉飛 屈申悉備 蠻夷貧薄 無所報副

---

102 죽내본 「圓」, 길림본 「圓」. 자형에 따라 「圓」으로 판독. 「圓」은 「圓」의 이체자.

103 죽내본 「刺」, 길림본 「刺」. 자형에 따라 「刺」로 판독.
晚唐·摩訶止觀

104 죽내본·길림본 「歲」. 아래의 용례를 통해 「歲」로 판독.
北魏 元羽墓誌

105 죽내본·길림본 「正」. 아래의 용례를 통해 「正」으로 판독.
初唐·禮記正義

106 죽내본·길림본 「朔」. 아래의 용례를 통해 「朔」으로 판독.
唐·孫氏妻宋夫人墓誌

107 죽내본·길림본 「槃」. 아래의 용례를 통해 「槃」으로 판독.
奈良 中阿含経

108 죽내본·길림본 「覃」. 아래의 용례를 통해 「覃」으로 판독.
唐 昭仁寺碑

109 죽내본·길림본 「澤」. 아래의 용례를 종합하여 「澤」으로 판독.
漢 武威漢簡 / 平安 宇多天皇周易抄

110 죽내본·길림본 「義」. 아래의 용례를 통해 「義」로 판독.
北宋黃庭堅王史二墓誌

111 죽내본·길림본 「繒」. 아래의 용례를 통해 「繒」으로 판독.
奈良大字妙法蓮花経

願[114]主長壽 子孫昌熾 二曰 蠻夷所處 日入之部 慕義向化 歸日出主 聖德恩深[115] 与人畜厚 冬多雪[116] 夏多和雨 寒溫時適 部人多有 沙范歷險 不遠万里 去俗歸德 心歸慈母 三曰 荒服之外 去地境[117]埆 食宍衣皮 不見監穀 吏譯傳風 大漢安樂[118] 携角歸仁 觸置險津[119] 高山殿峻 緣[120]崖磻石 木薄發[121]家 百宿到洛 父子同賜 懷恅込帛 傳吉[122]種人 長願巨僕[123]

---

112 죽내본·길림본「酒」. 아래의 용례를 통해「酒」로 판독.

113 죽내본「偈」, 길림본「偈」. 아래의 용례를 통해「偈」로 판독.

114 죽내본·길림본「願」. 아래의 용례를 통해「願」으로 판독.

115 죽내본·길림본「深」. 아래의 용례를 통해「深」으로 판독.

116 죽내본·길림본「雪」. 아래의 용례를 통해「雪」로 판독.

117 죽내본「堯」, 길림본「境」. 아래의 용례를 통해「境」로 판독.

118 죽내본·길림본「樂」. 아래의 용례를 통해「樂」으로 판독.

119 죽내본·길림본「津」. 아래의 용례를 통해「津」으로 판독.

120 죽내본·길림본「緣」. 아래의 용례를 통해「緣」으로 판독.

121 죽내본·길림본「發」. 아래의 용례를 통해「發」로 판독.

122 죽내본「告」, 길림본「吉」. 자형에 따라「吉」로 판독.

沐德興謠 漸皇猷於倉水

後漢書曰 明帝永平十二年 置哀牢博南二縣[124] 割[125]益州郡西部都尉所領六縣 合[126]爲永昌郡 始通博南山 度蘭倉水 行者苦之 歌曰 漢德廣 開不賓 度博南 越蘭津 度蘭倉 他人 哀牢人皆穿[127]鼻儋耳 其渠師自謂王者 耳皆不眉三寸 凡人則至肩而已 土地沃[128]美 宜五穀蠶桑也

楊竦高績 託[129]像於丹靑

後漢書曰 安帝 永昌益州夷皆叛[130] 乃遣從事蜀郡楊竦 將兵至楪楡擊之 賦盛未敢進 先以詔書告示 重其購[131]賞 乃進与封離等戰 大破之 斬首三万餘級 獲級財四千餘万 以賞軍士 封離等惶怖 斬

---

123 죽내본·길림본 「僕」. 아래의 용례를 통해 「僕」으로 판독.

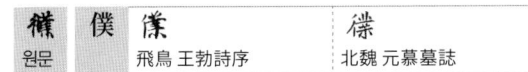

124 죽내본·길림본 「縣」. 아래의 용례를 통해 「縣」으로 판독.

125 죽내본·길림본 「割」. 아래의 용례를 통해 「割」로 판독.

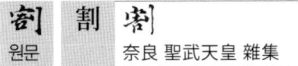

126 죽내본 「令」, 길림본 「合」. 자형에 따라 「合」으로 판독.

127 죽내본 「穿」, 길림본 「牢」. 아래의 용례의 「穿」으로 판독.

128 죽내본·길림본 「沃」. 아래의 용례를 통해 「沃」으로 판독.

129 죽내본·길림본 「託」. 아래의 용례를 통해 「託」으로 판독.

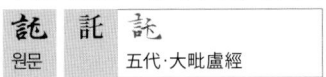

130 죽내본·길림본 「叛」. 아래의 용례를 통해 「叛」으로 판독.

131 죽내본 「購」, 길림본 「購」. 자형에 따라 「購」로 판독.

其同講渠師 詔¹³²竦乞降 竦厚如慰納 其餘卅六種皆來伯降 竦因奏長史矸楯¹³³徼犯蠻夷者九十人 州中論功未及上 會竦病瘡卒 益州刺史張喬¹³⁴傃痛惜之 刻¹³⁵石勒銘 圖書像焉

張¹³⁶翕深仁 表靈於祠宇

後漢書曰 張翕爲巴郡太守 政化政淸平 得夷人和 在位十七年 卒 人夷愛慕 如喪父母 蕉祁¹³⁷斯叟 二百餘人 齎¹³⁸羊送喪 至翕本安漢 起墳祭祀 詔書 憙爲立祠堂 云云

교감문·역주·참고자료

01 夜郞啓搆, 爰契浮竹之靈,
야랑이 왕업을 열었으니, 이는 떠내려 온 대나무 정기에 합치된 것이었고,

後漢書曰: "西南夷者, 皆在蜀郡徼¹外. 有夜郞國, 東接交阯, 西濵²國, 濵國北有邛³都國, 各立君長. 其人皆椎⁴髻左衽⁵, 邑聚而居, 能耕田. 其外有布嶲·昆明諸落, 西極同師, 東北至葉楡, 地方數千里. 無君長, 辮⁶髮, 隨畜遷徙無常. 自布嶲東北有莋⁷都國, 莋都國東北有冉駹國. 或⁸土著, 或隨畜遷徙. 自冉駹東北有白馬國, 氐⁹種也. 此三國亦有君長. 夜郞者, 初有女子浣¹⁰於遯¹¹水, 有三節大竹浮入足[閒]¹², 聞其中有號聲, 剖¹³竹視之, 得一男兒, 歸而養之. 及¹⁴長, 有才武, 自立爲夜郞侯,

---

1 원문「都徼」. 죽내본·탕천본·길림본「郡徼」으로 교감. 문맥에 맞게『後漢書』를 참고하여「郡徼」으로 교감.
2 원문「愼」. 죽내본·탕천본·길림본「濵」으로 교감. 국명 혹은 지명이므로『後漢書』를 참고하여「濵」으로 교감. 이하「愼」은「濵」으로 동일하게 교감.
3 원문「功」. 죽내본「卭」으로 교감, 탕천본·길림본「邛」으로 교감. 국명 혹은 지명이므로『後漢書』를 참고하여「邛」으로 교감.
4 원문「推」. 죽내본「堆」로 교감, 탕천본·길림본「椎」로 교감. 문맥에 맞게『後漢書』를 참고하여「椎」로 교감.
5 원문「衽」. 죽내본·탕천본「衽」으로 교감, 길림본「紝」으로 교감. 문맥에 맞게『後漢書』를 참고하여「衽」으로 교감.
6 원문「辯」. 탕천본「辮」으로 교감. 문맥에 맞게『後漢書』를 참고하여「辮」으로 교감.
7 원문「莋」. 죽내본·탕천본·길림본「莋」으로 교감. 국명 혹은 지명이므로『後漢書』를 참고하여「莋」으로 교감. 이하「莋」은「莋」으로 동일하게 교감.
8 원문「夷」. 죽내본·탕천본·길림본「或」으로 교감. 문맥에 맞게『後漢書』를 참고하여「或」으로 교감.
9 원문「互」. 탕천본·길림본「氐」로 교감. 족명이므로『後漢書』를 참고하여「氐」로 교감.
10 원문「兒」. 탕천본·길림본「浣」으로 교감. 문맥에 맞게『後漢書』를 참고하여「浣」으로 교감.
11 원문「脙」. 탕천본·길림본「遯」으로 교감. 지명이므로『後漢書』를 참고하여「遯」으로 교감.
12 원문「足」. 탕천본「足間」으로 교감, 길림본「足閒」으로 교감. 문맥에 맞게『後漢書』를 참고하여「足閒」으로 교감.「間」과「閒」은 통한다.
13 원문「部」. 죽내본·탕천본·길림본「剖」로 교감. 문맥에 맞게『後漢書』를 참고하여「剖」로 교감.

以竹爲姓. 武帝元鼎六年, [平]西南夷[15], 爲牂[16]柯郡. 夜郞侯迎[17]降, 天子賜其王印綬, 後遂殺之."
『후한서』에 다음과 같이 전한다. "서남이는 모두 촉군 새외에 있다. 야랑국[18]이 있는데, 동쪽으로는 교지와 접하고 서쪽으로는 전국[19]과 [접하며], 전국 북쪽에 공도국이 있는데, 각각 군장을 세운다. 그 사람들은 모두 상투를 틀고 좌임[20]을 하며, 읍에 모여서 살고, 밭을 경작할 수 있다. 그 바깥에는 포수[21]와 곤명 여러 부락이 있는데, 서쪽으로는 동사[22]에 이르고, 동북쪽으로는 엽유[23]까지 이르러, 땅이 방 수천 리이다. 군장이 없으며, 변발을 하고, 가축을 따라 옮겨 다녀 상주하는 곳이 없다. 포수에서 동북쪽에 작도국이 있고, 작도국 동북쪽에는 염방국이 있다. 일부는 정착생활을 하고, 일부는 가축을 따라 옮겨 다닌다. 염방에서 동북쪽에 백마국[24]이 있는데, 저 종족이다. 이 세 나라는 또한 군장이 있다. 야랑은 일찍이 한 여자가 둔수에서 몸을 씻을 때, 세 마디의 커다란 대나무가 다리 사이로 흘러들어왔는데, 그 속에서 부르는 소리가 들려 대나무를 쪼개어 [속을] 보니, 한 남자아이를 얻어 [데리고] 돌아와 길러진 인물이었다. 장성하자 무예에 재능이 있어, 자립하여 야랑후라 하고, 죽을 성으로 삼았다. 무제 원정 6년(기원전 111)에 서남이를 평정하여[25] 장가군로 삼았다. 야랑후가 [무제를] 맞아 투항하자, 천자가 그에게 왕의 인수를 사여하였다가, 후에 마침내 그를 죽였다."

14 원문 「乃」. 죽내본·탕천본·길림본은 「及」으로 교감. 문맥에 맞게 『後漢書』를 참고하여 「及」으로 교감.
15 원문 「西南夷」. 탕천본 「平南夷」로 교감, 길림본 「平西南夷」로 교감. 단, 길림본은 '교감문에서는 「平」을 보입했지만, '校釋'에서는 「西」를 보입한다고 설명하는 착란이 있다. 문장 구조상 술어가 필요하므로 『後漢書』를 참고하여 「平西南夷」로 교감. 『後漢書』의 해당 부분은 「平南夷」로 되어 있다.
16 원문 「牂」. 탕천본·길림본 「牂」으로 교감. 행정구역명이므로 『後漢書』를 참고하여 「牂」으로 교감.
17 원문 「返」. 탕천본·길림본 「迎」으로 교감. 문맥에 맞게 『後漢書』를 참고하여 「迎」으로 교감.
18 야랑국의 위치와 강역에 대해서는 이견이 있어 왔다. 크게 둘로 구분되는데, 하나는 한대 장가군의 강역에 해당한다는 견해이고, 다른 하나는 장가군을 포함한 여러 군에 해당한다는 견해이다. 대체로 현재 귀주 서남과 서북, 운남의 동북과 동남 그리고 광서 북부 일부를 포괄한다. 자세한 사항은 동북아역사재단, 2009, 『譯註 中國 正史 外國傳 1 史記 外國傳 譯註』, 동북아역사재단, 212~213쪽 참고. 이하 『사기』 「서남이열전」 역주로 약칭.
19 전국은 운남의 별칭이다. 전국의 강역은 대체로 후한대 익주군에서 서부도위 관할 지역을 제외한 지역에 해당했을 것으로 보인다. 자세한 내용은 『사기』 「서남이열전」 역주 214쪽 참고.
20 생머리를 말아 올려 위로 상투를 틀고 윗옷을 왼쪽으로 여민 형태를 말하는데, 특정한 종족의 특성이라기보다 漢族과 다른 풍속이라는 점을 강조하면서 대부분의 異民族 풍속에서 이러한 표현을 쓰고 있다(동북아역사재단, 2009, 『譯註 中國 正史 外國傳 3 後漢書 外國傳 譯註』, 동북아역사재단, 100쪽. 이하 『후한서』 「남만서남이이열전」 역주로 약칭).
21 『後漢書』에는 「布」가 생략되어 있다. 단, 이현의 주에 따르면, 「布舊昆明」의 용례가 많으므로 모든 「舊」는 「布舊」의 오기라고 한다. 전승 과정에서 착란이 있었을 가능성이 있다.
22 현 雲南省 保山 일대.
23 현 雲南省 大理 일대.
24 현 四川 成縣. 각 위치에 대한 자세한 내용은 『사기』 「서남이열전」 역주 참조.
25 『後漢書』에는 '남이를 평정하여'로 되어 있다.

• 참고

『後漢書』卷86 西南夷　　西南夷者 在蜀郡徼外 有夜郎國 東接交阯 西有滇國 北有邛都國 各立君長 其人皆椎結左衽 邑聚而居 能耕田 其外又有嶲昆明諸落 西極同師 東北至葉榆 地方數千里 無君長 辮髮 隨畜遷徙無常 自嶲東北有莋都國 東北有冉駹國 或土著 或隨畜遷徙 自冉駹東北有白馬國 氐種是也 此三國亦有君長 夜郎者 初有女子浣於遯水 有三節大竹流入足間 聞其中有號聲 剖竹視之 得一男兒 歸而養之 及長 有才武 自立爲夜郎侯 以竹爲姓 武帝元鼎六年 平南夷 爲牂柯郡 夜郎侯迎降 天子賜其王印綬 後遂殺之

『史記』卷116 西南夷　　西南夷君長以什數 夜郎最大 其西靡莫之屬以什數 滇最大 自滇以北君長以什數 邛都最大 此皆魋結 耕田 有邑聚 其外西自同師以東 北至楪榆 名爲嶲昆明 皆編髮 隨畜遷徙 毋常處 毋君長 地方可數千里 自嶲以東北 君長以什數 徙筰都最大 自筰以東北 君長以什數 冉駹最大 其俗或土箸 或移徙 在蜀之西 自冉駹以東北 君長以什數 白馬最大 皆氐類也 此皆巴蜀西南外蠻夷也

02 哀牢[26]創基, 寔符沈木之胤.

애로가 기업을 세웠으니, 이는 침목의 후사임을 증명한 것이었다.

後漢書曰: "哀牢夷者. 其先有[27]婦人名沙壹, 居于牢山. 嘗[28]捕魚水中, 觸沈木[29]有若感[30], 因[31]懷[32]. 十月, 産子男十人. 後沈木化爲龍, 出水上. 沙壹忽聞, 龍語曰: '若爲我生十子, 今悉何在.' 九子見龍驚走, 獨[小]子[33]不能去, 背龍[而坐][34], 因[35]舐之. 其母鳥語, [謂][36]背爲九, 謂坐爲隆. 因名小[37]子

26　원문「窂」. 길림본「牢」로 교감. 『後漢書』의 해당 부분은「牢」로 되어 있지만, 고유명사는 명칭의 기원과 유래가 명확하지 않을 뿐만 아니라, 정문과 주문에 공히「窂」로 표기된 점을 고려하여 교감하지 않는다.

27　원문「布ゝ」. 죽내본·탕천본·길림본「有」로 교감. 문맥에 맞게『後漢書』를 참고하여「有」로 교감.

28　원문「當」. 탕천본·길림본「嘗」으로 교감. 문맥에 맞게『後漢書』를 참고하여「嘗」으로 교감.

29　원문「水」. 죽내본·탕천본·길림본「木」으로 교감. 문맥에 맞게 정문과『後漢書』를 참고하여「木」으로 교감.

30　원문「有若減」. 죽내본「有若感」으로 교감, 탕천본·길림본「若有感」으로 교감. 『後漢書』의 해당 부분은「若有感」으로 되어 있지만, 「若」에 있는 '해신(바다귀신)'이라는 뜻을 고려하면, 「若」과「有」의 순서를 바꾸지 않고 원문대로 두어도 의미가 통하므로 교감하지 않는다. 단, 원문의「減」은 문맥에 맞게『後漢書』를 참고하여「感」으로 교감.

31　원문「固」. 죽내본·탕천본「因」으로 교감. 길림본은「因」의 이체자인「囙」으로 판독. 문맥에 맞게『後漢書』를 참고하여「因」으로 교감.

32　원문「懷」. 죽내본·탕천본·길림본「懷姙」으로 교감. 보입하지 않아도 의미가 통하므로 교감하지 않는다. 『後漢書』의 해당 부분은「懷姙」으로 되어 있다.

33　원문「子」. 죽내본·탕천본·길림본「小子」로 교감. 명확한 의미 전달을 위해 뒤에 이어지는 내용과『後漢書』를 참고하여「小子」로 교감.

34　원문「背龍」. 죽내본「背龍坐」로 교감, 탕천본·길림본「背龍而坐」로 교감. 명확한 의미 전달을 위해『後漢書』를 참고하여「背龍而坐」로 교감. 한편, 『華陽國志』에서는「陪龍而坐」로 되어 있는데, 「陪」가 자형이 비슷한「倍」로 와전되고, 「倍」와 통하는「背」가 되었을 것으로 추정하기도 한다(탕천본, 137쪽).

35　원문「因」. 길림본「龍因」으로 교감. 보입하지 않아도 의미가 통하므로 교감하지 않는다. 『後漢書』의 해당 부분은「龍因」으로 되어 있다.

曰九隆. 及後長大, 諸兄以九隆能爲父所舐而黠[38], 遂共推以爲王[39]."

『후한서』에 다음과 같이 전한다. "애로이. 옛날에 사일[40]이라 이름하는 부인이 있었는데, 로산에 살았다. 일찍이 물속에서 고기를 잡을 때 침목[41]에 닿자 해신의 감응이 있었고, 이로 인해 임신하였다. 10개월 후 아들 열 명을 낳았다. 후에 침목이 변하여 용이 되어 물 위로 나왔다. 사일이 돌연 [나타난 이유를] 묻자, 용이 말하기를, '네가 나를 위해 열 자식을 낳았는데, 지금 모두 어디에 있느냐?'라고 하였다. 아홉 명의 아들들은 용을 보고 놀라 도망쳤는데, 홀로 어린 아들만이 도망갈 수가 없어 용을 등지고 앉으니, 인하여 [용이] 그를 핥았다. 그 어머니[가 사용하는] 조어[42]에서는 배를 구라 하고, 좌를 융이라고 하였다. 이 때문에 어린 아들을 구륭이라 불렀다. 후에 장성하자 여러 형들이 구륭의 능력이 부친이 핥아 주었기에 영리하다고 여겨 마침내 함께 추대하여 왕으로 삼았다."

• 참고

『後漢書』卷86 哀牢　哀牢夷者 其先有婦人名沙壹 居于牢山 嘗捕魚水中 觸沈木若有感 因懷妊 十月 産子男十人 後沈木化爲龍 出水上 沙壹忽聞龍語曰 若爲我生子 今悉何在 九子見龍驚走 獨小子不能去 背龍而坐 龍因舐之 其母鳥語 謂背爲九 謂坐爲隆 因名子曰九隆 及後長大 諸兄以九隆能爲父所舐而黠 遂共推以爲王

03　三侯並建, 既配饗於牂[43]柯,
　　셋째 [아들] 후가 나란히 세워져, 이윽고 장가[군]에 배향되었고,

後漢書曰: "夜郞侯竹王, 夷獠[44]或[45]以竹王非血氣所生, 甚重之, 求爲立後. 牂柯太守吳霸[46]以

36　원문「背」. 탕천본·길림본「謂背」로 교감. 뒤에 문맥에 맞게『後漢書』를 참고하여「謂背」로 교감.
37　원문「山」. 죽내본·탕천본·길림본「小」로 교감. 문맥에 맞게 앞의 내용을 참고하여「小」로 교감.
38　원문「點」. 죽내본·탕천본·길림본「黠」로 교감. 문맥에 맞게『後漢書』를 참고하여「黠」로 교감.
39　원문「三」. 죽내본·탕천본·길림본「王」으로 교감. 문맥에 맞게『後漢書』를 참고하여「王」으로 교감.
40　『華陽國志』에서는「沙壺」,『水經注』에서는「沙臺」로 되어 있다.
41　『양서』「제이전」임읍조에 보면, "沉木者 土人斫斷之 積以歲年 朽爛而心節獨在 置水中則沉 故名曰沉香"이라고 언급하기도 하였다.
42　알아듣기 힘든 말을 지칭하는 것으로, 이민족의 언어 중 특히 南方民族의 언어나 중국의 南方 방언에 대해 칭하는 말이다.
43　원문「样」. 탕천본·길림본「牂」로 교감. 행정구역명이므로『後漢書』를 참고하여「牂」으로 교감. 이하「样」은「牂」으로 동일하게 교감.
44　원문「撩」. 죽내본·탕천본·길림본「獠」로 교감. 종족명이므로『後漢書』를 참고하여「獠」로 교감.
45　원문「或」. 탕천본·길림본「咸」으로 교감. 원문대로 두어도 의미가 통하므로 교감하지 않는다.『後漢書』의 해당 부분은「咸」으로

[聞]⁴⁷, 天⁴⁸子乃封其三子爲侯. 死, 配食父. [今]夜郎縣⁴⁹有竹王三郞神也⁵⁰. 初, 楚頃⁵¹襄王時, 遣將莊⁵²豪從沅⁵³水, 伐之夜郎. 軍至且蘭, 椓⁵⁴船於岸而步戰. 旣滅⁵⁵夜郎, 以且蘭有椓船牂柯處⁵⁶, 乃改其名爲牂柯."

『후한서』에 다음과 같이 전한다. "야랑후 죽왕[에 대하여], 이료⁵⁷들은 혹 죽왕이 [인간] 피의 기운으로 태어난 자가 아니라고 여겨 그를 매우 중시하니, 후사로 세워줄 것을 청하였다. 장가태수 오패가 아뢰니, 천자가 이에 그 셋째 아들을 봉하여 후로 삼았다. [그가] 죽자, 아버지에게 배향하였다. 지금도 야랑현에 죽왕삼랑신⁵⁸이 있다. 앞서 초나라 경양왕⁵⁹ 때, 장수 장호를 보내 원수⁶⁰를 따라 야랑을 정벌하였다. [당시] 군대가 차란⁶¹에 이르자, 물가에 배를 고정시켜 두고 보병전을 치렀다. 이윽고 야랑을 멸하니, 차란은 배를 묶었던 말뚝이 있었던 곳이므로, 이에 그 이름을 고쳐 장가라고 하였다⁶²."

되어 있다.

46 원문 「霜」. 죽내본·탕천본·길림본 「霸」로 교감. 인명이므로 『後漢書』를 참고하여 「霸」로 교감.

47 원문 「以」. 죽내본·탕천본·길림본 「以聞」으로 교감. 문맥에 맞게 『後漢書』를 참고하여 「以聞」으로 교감.

48 원문 「文」. 죽내본 「天」으로 교감, 탕천본 「天」으로 판독, 길림본은 원문의 「文」을 「聞」으로 교감하고 「天」을 보입. 문맥에 맞게 『後漢書』를 참고하여 「天」으로 교감.

49 원문 「夜郎縣」. 탕천본·길림본 「今夜郎縣」으로 교감. 명확한 의미 전달을 위해 『後漢書』를 참고하여 「今夜郎縣」으로 교감.

50 원문 「也」. 죽내본·탕천본·길림본 「是也」로 교감. 일반적으로 「是」는 「今」과 호응하여 하나의 문장을 구성하지만, 보입하지 않아도 의미가 통하므로 교감하지 않는다. 『後漢書』의 해당 부분은 「是也」로 되어 있다.

51 원문 「湏」. 죽내본 「傾」으로 교감, 탕천본·길림본 「頃」으로 교감. 인명이므로 『後漢書』를 참고하여 「頃」으로 교감.

52 원문 「在」. 죽내본 「庄」으로 교감, 탕천본·길림본 「莊」으로 교감. 인명이므로 『後漢書』를 참고하여 「莊」으로 교감.

53 원문 「阮」. 죽내본·탕천본·길림본 「沅」으로 교감. 강명이므로 『後漢書』를 참고하여 「沅」으로 교감.

54 원문 「掾」. 탕천본·길림본 「椓」으로 교감. 문맥에 맞게 『後漢書』를 참고하여 「椓」으로 교감.

55 원문 「威」. 죽내본·탕천본·길림본 「滅」로 교감. 문맥에 맞게 『後漢書』를 참고하여 「滅」로 교감.

56 원문에는 「處家」. 죽내본 「處處」로 판독, 탕천본·길림본 「處」로 교감. 문맥에 맞게 『後漢書』를 참고하여 「處」로 교감. 자형이 비슷하므로 글자를 교정하고자 다시 적었을 가능성이 있다.

57 夷獠는 주로 공간적으로 지금의 四川 동부에서 雲南 廣西 교계지역, 시간적으로 후한 말에서 남북조시기에 주로 활동했던 종족으로, 사료에는 '獠' 혹은 '夷獠'로 등장한다.

58 이현의 주에 따르면, 『한서』「지리지」와 『화양국지』를 인용하며, 야랑현에는 遯水가 있는 동으로 廣鬱에까지 다다르며 이때 遯水는 鬱林을 지나는데 三郎祠가 있으며 모두 신령한 소리가 나고, 竹王이 들판에 버린 부서진 대나무가 죽림을 이루었는데, 오늘날 王祠竹林이라고 하였다.

59 전국시기 楚의 군주로, 재위 기간은 기원전 298년~기원전 263년이었다.

60 이현의 주에 따르면, 원수는 牂柯郡, 즉 옛 且蘭 동북에서부터 辰州·潭州·岳州를 거쳐 洞庭湖를 지나 長江에 들어간다고 하였다(沅水出牂柯故且蘭東北, 經辰州·潭州·岳州, 經洞庭湖入江也).

61 차란은 현재 福泉, 黃平, 貴定 일대이며, 치소는 舊州였다. 『한서』에서 처음 보인다. "楚頃襄王遺將莊礄卒循沅水而上, 經黔中代夜郎, 軍至且蘭椓船於船而步戰, 滅且蘭伐夜郎, 夜郎迎降."

62 정문 03은 『후한서』에서 야랑에 관하여 야랑후를 칭하고 죽을 성으로 삼아 무제 원정 6년 인수를 받은 내용(정문 01의 내용) 바로 뒤에 이어지는 부분이다. 그러나 『한원』에서는 내용을 나누어, 그 사이에 애로(애뢰)에 관한 내용(정문 02의 내용)을 서술

• 참고

『後漢書』卷86 夜郎　　夜郎者 初有女子浣於遯水 有三節大竹流入足閒 聞其中有號聲 剖竹視之 得一男兒 歸而養之 及長 有才武 自立爲夜郎侯 以竹爲姓 武帝元鼎六年 平南夷 爲牂柯郡 夜郎侯迎降 天子賜其王印綬 後遂殺之 夷獠咸以竹王非血氣所生 甚重之 求爲立後 牂柯太守 霸以聞 天子乃封其三子爲侯 死 配食其父 今夜郎縣有竹王三郎神是也 初 楚頃襄王時 遣將莊豪從沅水伐夜郎 軍至且蘭 椓船於岸而步戰 旣滅夜郎 因留王滇池 以且蘭[有]椓船牂柯處 乃改其名爲牂柯

04　十子分曹, 竟馳誠於越嶲.

열 명의 자녀가 무리를 나누어, 마침내 월수[군]에 정성을 다하였다.

後漢書曰: "牢山下有一夫一婦, 復生十子女. 哀牢夷九隆兄弟一人皆取以爲妻, 後漸相滋長. 種人皆刻畫[63]其身, 象龍文, 衣皆著尾. 九隆死, 代代[64]相繼, 乃分置小王, 往往邑居, 散在谿谷[65]. 絶域[66]荒外, 山川阻深[67], 生人以來, 未嘗[68]交通中國. [建]武[69]二十三年, 其王賢栗遣兵, 擊附塞夷鹿茤, 人弱爲所禽獲. 於是震雷疾雨, 南風飄起[70], 水爲逆流, 翻涌二百餘里, 哀牢之衆, 溺死者數千人. 賢栗復遣其六王, 將萬餘人攻鹿茤, 鹿茤王與戰, 殺其六王. 哀牢耆老共埋六王, 夜獸復出其尸而食之, 餘衆驚怖引去. 賢栗乃惶恐, 謂其耆老曰: '我曹入塞[71], 自古有之. 今攻鹿茤, 輒被天誅, 中國其有聖帝乎. 天祐助之, 何其明也.' 賢栗遂率種人, 詣[72]越嶲太守鄭鴻降, 求內屬. 光武封賢栗等爲君長."

『후한서』에 다음과 같이 전한다. "로산 아래에 한 부부가 있었는데, 거듭 열 자녀를 낳았다. 애로이인 구릉의 형제가 한 사람씩 모두 취하여 처로 삼으니, 후에 점차 서로 많아졌다. [애로이] 종족 사람들은 모두 그 몸에 그림을 새겼는데 용의 문양을 본떴으며, 옷에는 모두 꼬리를

하고 있다. 결과적으로, 『한원』에서는 정문 01~04에 야랑과 애로(애뢰)에 관한 내용이 번갈아 배치되었다.

63　원문「書」. 탕천본·길림본「畫」로 교감. 문맥에 맞게 『後漢書』를 참고하여「畫」로 교감.
64　원문의「代代」는 당 태종 李世民에 대한 피휘이다. 『後漢書』의 해당 부분은「世世」로 되어 있다.
65　원문「難若」. 죽내본·탕천본·길림본「谿谷」으로 교감. 문맥에 맞게 『後漢書』를 참고하여「谿谷」으로 교감.
66　원문「恓」. 죽내본·탕천본·길림본「域」으로 교감. 문맥에 맞게 『後漢書』를 참고하여「域」으로 교감.
67　원문「枀」. 죽내본·탕천본·길림본「深」으로 교감. 문맥에 맞게 『後漢書』를 참고하여「深」으로 교감.
68　원문「當」. 죽내본·탕천본·길림본「嘗」으로 교감. 문맥에 맞게 『後漢書』를 참고하여「嘗」으로 교감.
69　원문「武」. 죽내본·탕천본·길림본「建武」로 교감. 연호이므로 『後漢書』를 참고하여「建武」로 교감.
70　원문「越」. 탕천본·길림본「起」로 교감. 문맥에 맞게 『後漢書』를 참고하여「起」로 교감.
71　원문「之寒」. 죽내본「之寒」으로 교감, 탕천본·길림본「入塞」로 교감. 문맥에 맞게 『後漢書』를 참고하여「入塞」로 교감.
72　원문「詔」. 죽내본·탕천본·길림본「詣」로 교감. 문맥에 맞게 『後漢書』를 참고하여「詣」로 교감.

붙였다. 구륭이 죽은 뒤에도 대대로 계속 이어지다가[73], 비로소 나뉘어 소왕을 두고, 이따금 마을을 이루거나 계곡에 흩어져 살았다. 멀리 떨어진 황외이며 산천이 험하고 깊어, 사람이 난 이래 중국과 교통한 적이 없었다. [그런데] 건무 23년(47)에 그 왕 현률이 병사를 보내 새에 붙어사는 오랑캐인 녹다[74]를 공격했는데, [녹다] 사람들이 약하여 사로잡히게 되었다. 이때 천둥과 벼락·폭풍우가 치고 남풍이 회오리처럼 일어나 물이 역류하여 날아 솟구친 것이 이백여 리나 되니, 애로[이]의 무리들 가운데 물에 빠져 죽은 자가 수천 명이었다. 현률은 다시 그 [나라의] 여섯 왕을 보내 만여 명을 이끌고 녹다를 공격하였는데, 녹다왕이 [그들과] 싸워 그 여섯 왕을 죽였다. 애로[이]의 기로들이 함께 여섯 왕을 땅에 묻었으나, 밤에 짐승이 그 시체를 다시 꺼내서 그를 먹으니, 나머지 무리들은 놀라고 두려워하며 퇴각하였다. 현률이 이에 황공하여, 그 기로들에게 일컬어 말하기를 '우리가 변방을 침입하는 것은 옛날부터 있었던 일이다. [그런데] 지금 녹다를 공격하여 갑자기 하늘의 형벌을 받았으니, 중국에 성제가 있는 듯하구나. 하늘이 그들을 돕는 것이 어찌 이리도 분명한가'라고 하였다. 현률이 마침내 종족 사람들을 이끌고 월수태수 정홍에 이르러 항복하고 내속을 구하였다[75]. 광무[제]는 현률 등을 봉하여 군장으로 삼았다[76]."

• 참고

『後漢書』卷86 哀牢　　後牢山下有一夫一婦 復生十女子 九隆兄弟皆娶以爲妻 後漸相滋長 種人皆刻畫其身 象龍文 衣皆著尾 九隆死 世世相繼 乃分置小王 往往邑居 散在谿谷 絶域荒外 山川阻深 生人以來 未嘗交通 中國 建武二十三年 其王賢栗遣兵乘箄船 南下江漢 擊附塞夷鹿茤 鹿茤人弱 爲所禽獲 於是震雷疾雨 南風飄起 水爲逆流 翻涌二百餘里 箄船沈沒 哀牢之衆 溺死數千人 賢栗復遣其六王將萬人以攻鹿茤 鹿茤王與戰 殺其六王 哀牢耆老共埋六王 夜虎復出其尸而食之 餘衆驚怖引去 賢栗惶恐 謂其耆老曰 我曹入邊塞 自古有之 今攻鹿茤 輒被天誅 中國其有聖帝乎 天祐助之 何其明也 二十七年 賢栗等遂率種人戶二千七百七十 口萬七千六百五十九 詣越巂太守鄭鴻降 求內屬 光武封賢栗等爲君長

73　이현의 주에서는 『애뢰전』을 인용하여 설명하고 있다. "九隆이 대대로 [그 지위를] 서로 전하였으나 [그 임금의] 이름을 알고 따져 볼 수 없으며 禁高에 이르러서야 비로소 그 기록을 알 수 있다. 禁高가 죽자 아들인 吸이 뒤를 이었고, 吸이 죽자 아들인 建非가 이었으며, 建非가 죽자 아들인 哀牢가 이었고, 哀牢가 죽자 아들인 桑藕가 이었고, 桑藕가 죽자 아들인 柳承이 이었으며, 柳承이 죽자 아들인 柳貌가 뒤를 잇고, 柳貌가 죽자 아들인 扈粟이 대를 이었다."

74　이현의 주에서는 그 종족은 唐代에도 많이 있다고 하였는데, 『後漢書疏證』에서는 『南夷志』를 인용하여 東蠻烏蠻이 이들이라고 설명하고 있다.

75　『후한서』에는 정홍에게 내속을 구하러 갈 때 이끌고 간 호구수가 기재되어 있다. 『후한서』 권86 서남이 "二十七年 賢栗等遂率種人戶二千七百七十 口萬七千六百五十九."

76　정문 04는 『후한서』에서 애뢰(애로)에 관하여 구륭의 유례와 왕으로 삼은 내용(정문 02의 내용) 바로 뒤에 이어지는 부분이다. 그러나 『한원』에서는 내용을 나누어, 그 사이에 야랑에 관한 내용(정문 03의 내용)을 서술하고 있다. 결과적으로, 『한원』에서는 정문 01~04에 야랑과 애로(애뢰)에 관한 내용이 번갈아 배치되었다.

05 莊豪之將楚卒, 遂王滇池,
장호가 초나라 군졸을 거느리니, 마침내 전지에서 왕 노릇했고,

後漢書曰: "滇王者, 莊豪之後也. 初, 楚頃[77]襄王時, 遣將莊[78]豪從沅[79]水, 伐[80]夜郎[81]滅之. 因留王滇池. 元封二年, 武帝之, 以其地爲益州郡, 割牂柯越嶲各數縣配之. 後[82]數年, 復幷昆明地[83], 皆以屬之此郡. 有池周廻二百餘里, 水源深[84]廣, 而[末][85]更淺狹, 有似倒流, 故謂之滇池. 河土[86]平敞, 多出鸚鵡孔雀, 有鹽池田漁之饒, 金銀畜産之富也."

『후한서』에 다음과 같이 전한다. "전왕은 장호[87]의 후손이다. 앞서 초나라 경양왕 때, 장수 장호를 보내 원수를 따라 야랑을 정벌하여 그들을 멸했다. 이로 인하여 [장호가] 전지에서 머물며 왕 노릇하였다. 원봉 2년(기원전 109)에 무제가 가서 그 땅을 익주군으로 삼고, 장가[군]과 월수[군]에서 각각 여러 개의 현을 분할하여 그에 배속시켰다. 수년 후에 다시 곤명의 땅을 병합하여, 모두 이 군에 속하게 하였다. [그곳에] 둘레가 2백여 리인 못이 있는데, 물이 발원하는 곳은 깊고 넓으나 끝[나는 곳]은 도리어(혹은 반대로) 얕고 좁아져, 마치 [물이] 역류하는 것처럼 보였으니, 이 때문에 그 [못]을 부르길 전지라고 하였다. 물가의 땅이 평평하고 넓고 앵무새와 공작새가 많이 나며, 염지와 사냥하고 고기 잡는 풍요로움과 금은과 가축을 기르는 풍부함이 있다."

• 참고

『後漢書』卷86 滇 滇王者 莊蹻之後也 元封二年 武帝平之 以其地爲益州郡 割牂柯越嶲各數縣配之 後數年 復幷昆明地 皆以屬之此郡 有池 周回二百餘里 水源深廣 而末更淺狹 有似倒流 故謂之滇池 河土平敞 多出鸚

---

77 원문「滇」. 죽내본「傾」으로 교감. 탕천본·길림본「頃」으로 교감. 인명이므로『後漢書』를 참고하여「頃」으로 교감.
78 원문「在」. 죽내본「庄」으로 교감. 탕천본·길림본「莊」으로 교감. 인명이므로 정문과『後漢書』를 참고하여「莊」으로 교감.
79 원문「阮」. 죽내본·탕천본·길림본「沅」으로 교감. 강명이므로『後漢書』를 참고하여「沅」으로 교감.
80 원문「代」. 죽내본·탕천본·길림본「伐」로 교감. 문맥에 맞게『後漢書』를 참고하여「伐」로 교감.
81 원문「郭」. 죽내본·탕천본·길림본「郞」으로 교감. 국명 혹은 지명이므로『後漢書』를 참고하여「郞」으로 교감.
82 원문「後之後」. 죽내본「後之」로 교감. 탕천본·길림본「後」로 교감. 연문으로 보이므로 문맥에 맞게『後漢書』를 참고하여「後」로 교감.
83 원문「池」. 탕천본·길림본「地」로 교감. 문맥에 맞게『後漢書』를 참고하여「地」로 교감.
84 원문「突」. 죽내본·탕천본·길림본「深」으로 교감. 문맥에 맞게『後漢書』를 참고하여「深」으로 교감.
85 원문「而」. 탕천본·길림본「而末」로 교감. 명확한 의미 전달을 위해『後漢書』를 참고하여「而末」로 교감.
86 원문「王」. 죽내본·탕천본·길림본「土」로 교감. 문맥에 맞게『後漢書』를 참고하여「土」로 교감.
87 『後漢書』에는「莊豪」로 되어 있는데,『史記』와『漢書』,『華陽國志』에도「莊蹻」로 되어 있다.『辭通』에 따르면, '豪와 蹻는 소리의 유사함이 많아, 실은 한 사람이다'라고 한다.

鵝孔雀 有鹽池田漁之饒 金銀畜產之富

06 長貴之戮枚[88]根, 乃居[89]邛[90]澤.
장귀가 매근을 도륙하니, 이에 공택에 정착했다.

後漢書曰: "邛都夷者, 武帝所開, 以爲邛都縣. 無幾[91]而地陷爲汙[92]澤, 因名爲邛池. 南人以爲邛河[93]. 後復反叛, 元鼎六年, 漢兵自越巂水伐之, 以爲越郡. 其土地平原[94], 有稻田. 靑[蛉][95]縣禺同山[96]有碧鷄·金馬[97], 光景時時出見. 俗多遊蕩, 而喜謳歌, 略與牂柯相類. 豪帥[98]放縱, 難得制禦[99]. 王莽時, 郡守枚根調邛人長貴, 以爲軍候. 更[100]始二年, 貴率種人攻殺枚根, 自爲邛穀王, 領太守事. 光武封[101]長貴爲邛穀王, 後又授越巂太守印[102]綬之也[103]."

『후한서』에 다음과 같이 전한다. "공도이는 무제가 개척한 바, 공도현이 되었다. 얼마 지나지 않아서 땅이 함몰되어 늪지가 되어 이에 공지라고 이름하였다. 남인들은 공하로 여겼다[104]. 후에 다시 반란하자, 원정 6년(기원전 111)에 한의 병사가 월수수[105]에서부터 이들을 정벌하여, 월군

---

88 원문「枝」. 죽내본·탕천본·길림본「枚」로 교감. 인명이므로 주문과『後漢書』를 참고하여「枚」로 교감.
89 원문「居」. 죽내본·탕천본「君」으로 교감. 원문대로 두어도 의미가 통하므로 교감하지 않는다.
90 원문「印」. 죽내본·탕천본·길림본「邛」으로 교감. 지명이므로『後漢書』를 참고하여「邛」으로 교감. 한편, 원문에서는 해당 지명으로서「邛」과「印」이 같이 쓰이고 있는데,「印綬」가「邛綬」로 되어 있는 점을 고려하면, 필사과정의 착란일 가능성이 높다. 이하 해당 지명으로서의「印」은「邛」으로 동일하게 교감.
91 원문「夷」. 죽내본·탕천본·길림본「幾」로 교감. 문맥에 맞게『後漢書』를 참고하여「幾」로 교감.
92 원문「汗」. 죽내본·탕촌본·길림본「汙」로 교감. 문맥에 맞게『後漢書』를 참고하여「汙」로 교감.
93 원문「向」. 죽내본·탕천본·길림본「河」로 교감. 문맥에 맞게『後漢書』를 참고하여「河」로 교감.
94 원문「源」. 탕천본·길림본「原」으로 교감. 문맥에 맞게『後漢書』를 참고하여「原」으로 교감.
95 원문「蜻」. 죽내본「蜻蛉」으로 교감. 탕천본·길림본「靑蛉」으로 교감. 행정구역명이므로『後漢書』를 참고하여「靑蛉」으로 교감.
96 원문「同禺山」. 죽내본·탕천본·길림본「禺同山」으로 교감. 산명이므로『後漢書』를 참고하여「禺同山」으로 교감.
97 원문「鳥」. 탕천본·길림본「馬」로 교감. 문맥에 맞게『後漢書』를 참고하여「馬」로 교감.
98 원문「師」. 죽내본·탕천본·길림본「帥」로 교감. 문맥에 맞게『後漢書』를 참고하여「帥」로 교감.
99 원문「禦」. 길림본「御」로 교감. 원문대로 두어도 의미가 통하므로 교감하지 않는다.『後漢書』의 해당 부분은「御」로 되어 있다.
100 원문「更史」. 죽내본·탕천본·길림본「更」으로 교감. 연호이므로『後漢書』를 참고하여「更」으로 교감.
101 원문「對」. 죽내본·탕천본·길림본「封」으로 교감. 문맥에 맞게『後漢書』를 참고하여「封」으로 교감.
102 원문「邛」. 죽내본·탕천본·길림본「印」으로 판독. 문맥에 맞게『後漢書』를 참고하여「印」으로 교감.
103 원문「之也」. 탕천본·길림본「之也」생략. 생략하지 않아도 의미가 통하므로 교감하지 않는다.
104 이현은 다음과 같이 설명한다. "오늘날 雟州 越雟縣 동남쪽에 있다.『南中八郡志』에 따르면, 邛河는 강안을 따라 20여 리 정도 들어가며 깊이는 백여 장이다. 큰 물고기가 많은데 길이는 1, 2장으로 머리 부분이 특히 크고 멀리서 보면 쇠도끼를 이고 있는 모습이다."

으로 삼았다. 그 토지가 평원하고 논과 밭이 있다. 청령현[106] 우동산[107]에 벽계와 금마가[108] 있어, [신비한] 광경이 때때로 드러난다. [그] 풍속에는 방탕하게 노는 것이 많고 노래 부르기를 좋아하니, 장가와 거의 서로 유사하다. 호수들은 방종하여 이들을 제어하기 어렵다. 왕망 때, 군수 매근이 공인 장귀를 선발하여 군후로 삼았다. 경시 2년(24)에 [장]귀가 [그] 종족 사람을 이끌고 매근을 공격해 죽이고, 스스로 공곡왕이 되어 태수의 일을 맡았다. 광무[제]가 장귀를 봉하여 공곡왕으로 삼고, 후에 또한 월수태수의 인수를 주었다[109].˝

• 참고

『後漢書』卷86 邛都　邛都夷者 武帝所開 以爲邛都縣 無幾而地陷爲汙澤 因名爲邛池 南人以爲邛河 後復反叛 元鼎六年 漢兵自越巂水伐之 以爲越巂郡 其土地平原 有稻田 青蛉縣禺同山有碧雞金馬 光景時時出見 俗多游蕩 而喜謳歌 略與牂柯相類 豪帥放縱 難得制御 王莽時 郡守枚根調邛人長貴 以爲軍候 更始二年 長貴率種人攻殺枚根 自立爲邛穀王 領太守事 又降於公孫述 述敗 光武封長貴爲邛穀王 建武十四年 長貴遣使上三年計 天子卽授越巂太守印綬

07 │ 仇[110]池汶[111]郡[112], 飡[113]和於元鼎之年[114],

구지와 문산[군]은, 원정 연간에 융합되었고,

後漢書曰: ˝白馬氏者, 武帝元鼎六年開, 分廣漢西部, 合以爲武都郡. 土地[115]險阻, 有麻田, 出名馬

---

105 이현의 주에 따르면, 巂水는 당시 巂州 邛部縣 서남쪽에 있는 巂山 아래에서 발원한다. 『漢書』 「地理志」에서는 巂山을 넘어가서 군을 설치했으므로 그렇게 명명한 것이라고 하였다.
106 현재 雲南省 大姚縣 부근이다.
107 현재 雲南 大姚縣 東北 紫丘山이다.
108 王褒의 「碧雞頌」에서 ˝持節使 王褒가 남쪽 산벼랑을 보고 금빛 눈동자를 가진 신마와 푸른 닭을 공손히 옮겨 남쪽의 황무지에 안치하였네. 계곡으로 깊이 들어가 산골짜기로 돌아드니 인간의 마을 아니네. 귀의하고 귀의하리니 한실의 덕이 무궁하기 때문이라네. 당우의 덕을 겸비하였고 그 은택은 삼황과 짝을 이루는 구나.˝라고 읊었다. 『華陽國志』에는 ˝푸른 닭의 모습은 사람들이 자주 본다˝고 하였고, 『漢書音義』에서는 ˝금과 같은 모습은 말과 유사하며, 청옥과 같은 모습은 닭과 비슷하다˝고 하였다(王褒碧雞頌曰: ˝持節使王褒謹拜南崖, 敬移金精神馬縹碧之雞, 處南之荒, 深谿回谷, 非土之鄉, 歸來歸來, 漢德無疆, (廉平)[廉乎]唐虞, 澤配三皇˝. 華陽國志曰: ˝碧雞光景, 人多見之˝. 前書音義曰: ˝金形似馬, 碧形似雞也.˝). 이에 동북아역사재단 『후한서』「남만서남이열전」 역주에서는 碧雞神과 金馬社로 해석하였다.
109 『후한서』에 따르면 ˝건무 14년(38) 장귀가 사신을 보내어 3년의 計帳을 보고하니, 천자는 월수 태수의 인수를 수여하였다˝고 한다.
110 원문 「仇」. 죽내본·탕천본·길림본 「仇」로 판독. 종족명 혹은 지명이므로 주문과 『後漢書』를 참고하여 「仇」로 교감.
111 원문 「沒」. 죽내본·탕천본·길림본 「汶」으로 교감. 행정구역명이므로 주문과 『後漢書』를 참고하여 「汶」으로 교감.
112 원문 「部」. 죽내본·탕천본·길림본 「郡」으로 교감. 주문의 汶山郡을 가리키므로 문맥에 맞게 「郡」으로 교감.
113 원문 「飡」. 탕천본 「餐」으로 교감. 원문대로 두어도 의미가 통하므로 교감하지 않는다.

牛·羊·漆[116]·蜜. 氐人勇戇[117]抵冒[118], 貪貨死利. 居於河[119]池, 一名仇池[120]. 方百頃[121], 四面斗絶. 數爲邊寇[122]. 冉駹夷者, 武帝所開, 元鼎六年, 以爲汶山郡[123]. 至地節[124]三年, 夷人[125]以立郡賦重, 帝[126]乃省, 幷蜀郡爲北部都尉. 其山有六夷·七羌·九氐, 各有部落. 其王[127]侯頗知書[128], 而法俗嚴重. [貴]婦[129]人, 黨母族[130], 死則燒其尸, 土氣多寒, 夏猶[131]水[132]凍也."

『후한서』에 다음과 같이 전한다. "백마저는 무제 원정 6년(기원전 111)에 개척하고 광한 서부를 나눈 후 합하여 무도군으로 삼은 곳이다. 토지가 험하고 좁으며, 마전이 있고 좋은 말·소·양·옻·꿀이 난다. 저인은 용감하나 어리석고 과감하나 무모하며, 재물을 탐하며 이익에 목숨을 건다. 못[가]에 거주하니, 일명 구지[133]이다. [크기는] 방 백 경이며, 사면이 막혀 있다. 자주 변경을 침략하였다. 염방이는 무제가 개척한 바, 원정 6년(기원전 111)에 문산군[134]이 되었다.

---

114 원문은 연문으로, 앞의 교감을 반영하면 「仇池汶郡 淪和 仇池汶郡 淪和於元鼎之年」으로 되어 있다. 「仇池汶郡 淪和」이 반복된 셈인데, 4*7의 정문 문장 구조와 앞의 「仇池汶郡 淪和」 이후 줄이 바뀌는 점 등을 고려하여 「仇池汶郡 淪和於元鼎之年」으로 교감.
115 원문 「池」. 죽내본·탕천본·길림본 「地」로 교감. 문맥에 맞게 『後漢書』를 참고하여 「地」로 교감.
116 원문 「涞」. 죽내본·탕천본·길림본 「漆」로 판독. 문맥에 맞게 『後漢書』를 참고하여 「漆」로 교감.
117 원문 「男贛」. 죽내본·탕천본·길림본 「勇戇」으로 교감. 문맥에 맞게 『後漢書』를 참고하여 「勇戇」으로 교감.
118 원문 「牴置」. 죽내본·탕천본·길림본 「抵冒」로 교감. 문맥에 맞게 『後漢書』를 참고하여 「抵冒」로 교감.
119 원문 「何」. 죽내본·탕천본·길림본 「河」로 교감. 문맥에 맞게 『後漢書』를 참고하여 「河」로 교감.
120 원문 「地」. 죽내본·탕천본·길림본 「池」로 교감. 지명이므로 『後漢書』를 참고하여 「池」로 교감.
121 원문 「須」. 죽내본·탕천본·길림본 「頃」으로 교감. 문맥에 맞게 『後漢書』를 참고하여 「頃」로 교감.
122 원문 「冠」. 죽내본·탕천본·길림본 「寇」로 교감. 문맥에 맞게 『後漢書』를 참고하여 「寇」로 교감.
123 원문 「部」. 죽내본·탕천본·길림본 「郡」으로 교감. 행정단위이므로 『後漢書』를 참고하여 「郡」으로 교감.
124 원문 「王地至節」. 죽내본 「王至地節」로 교감, 탕천본·길림본 「至地節」로 교감. 「地節」이 연호이므로 문맥에 맞게 『後漢書』를 참고하여 「至地節」로 교감.
125 원문 「人夷」. 죽내본·탕천본·길림본 「夷人」으로 교감. 문맥에 맞게 『後漢書』를 참고하여 「夷人」으로 교감.
126 원문 「帝」. 탕천본·길림본 「宣帝」로 교감. 보입하지 않아도 의미가 통하므로 교감하지 않는다. 『後漢書』의 해당 부분은 「宣帝」로 되어 있다.
127 원문 「留王」. 죽내본·탕천본·길림본 「王」으로 교감. 문맥에 맞게 『後漢書』를 참고하여 「王」으로 교감.
128 원문 「書」. 탕천본·길림본 「文書」로 교감. 보입하지 않아도 의미가 통하므로 교감하지 않는다. 『後漢書』의 해당 부분은 「文書」로 되어 있다.
129 원문 「婦」. 탕천본·길림본 「貴婦」로 교감. 문맥에 맞게 『後漢書』를 참고하여 「貴婦」로 교감.
130 원문 「施」. 죽내본·탕천본·길림본 「族」으로 교감. 문맥에 맞게 『後漢書』를 참고하여 「族」으로 교감.
131 원문 「楢」. 죽내본·탕천본·길림본 「猶」로 판독. 문맥에 맞게 『後漢書』를 참고하여 「猶」로 교감.
132 원문 「水」. 길림본 「冰」으로 교감. 원문대로 두어도 의미가 통하므로 교감하지 않는다. 『後漢書』의 해당 부분은 「夏冰猶不釋」으로 되어 있다.
133 구지는 山名이다. 일명 '瞿堆', 혹은 '百頃山'이라고도 한다. 仇池는 後漢시대 氐族 楊騰이 부중을 이끌고 이곳에 와서 정착하였다(김용덕, 앞의 책, 129쪽).
134 치소는 汶江縣으로, 지금 四川 茂縣北에 있다.

지절 3년(기원전 67)에 이르러 이인(夷人)이 군이 설립되어 부세가 무거워졌다고 여기자, 황제가 이내 [군을] 폐하고 촉군과 병합하여 북부도위로 삼았다. 그 산에는 육이·칠강·구저가 있는데, 각각 부락을 가지고 있다. 그 왕후는 제법 책을 이해할 수 있었고, 법속이 엄중하였다. 부인을 귀히 여겨, 모계를 중심으로 무리를 이룬다. 죽으면 곧 그 시신을 태운다. 지역의 기후가 매우 추워서, 여름에도 심지어 물이 언다."

• 참고

『後漢書』 卷86 白馬氐   白馬氐者 武帝元鼎六年開 分廣漢西部 合以爲武都 土地險阻 有麻田 出名馬牛羊漆蜜 氐人勇戇抵冒 貪貨死利 居於河池 一名仇池 方百頃 四面斗絶 數爲邊寇 郡縣討之 則依固自守

『後漢書』 卷86 冄駹   冄駹夷者 武帝所開 元鼎六年 以爲汶山郡 至地節三年 夷人以立郡賦重 宣帝乃省幷蜀郡爲北部都尉 其山有六夷七羌九氐 各有部落 其王侯頗知文書 而法嚴重 貴婦人 黨母族 死則燒其尸 土氣多寒 在盛夏冰猶不釋 故夷人冬則避寒 入蜀爲傭 夏則違暑 反其衆邑

08 筰木白狼, 慕化於永平之際[135].
반목과 백랑은, 영평 연간에 모화되었다.

後漢書曰: "筰都夷者, 武帝所開, 以爲筰都縣. 其人皆被髮[136]左衽[137], 言語多好譬[138]類. 居處略與汶山夷同. 土長年神藥, 仙人山圖[139]所居焉. 元鼎[140]六年, 以爲沈黎[141]郡, 至天漢四年, 幷蜀爲西部, 置兩部[142]尉, 一治旄[143]牛, 主徼[144]外夷, 一治青衣, 主漢[145]人. 永平中[146], 益州刺史梁國朱輔, 好立功名,

---

135 원문「祭」. 죽내본·탕천본·길림본「際」로 교감.「年」과 대구를 이루므로 문맥에 맞게「際」로 교감.
136 원문「髻」. 탕천본·길림본「髮」로 교감. 원문대로 두어도 의미는 통하지만,「左衽」과 함께 이른바 미개한 습속에 대한 표현이므로 문맥에 맞게『後漢書』를 참고하여「髮」로 교감.
137 원문「袥」. 죽내본「衽」으로 교감. 탕천본·길림본「衽」으로 교감. 문맥에 맞게『後漢書』를 참고하여「衽」으로 교감.
138 원문「辟」. 죽내본·탕천본·길림본「譬」로 교감. 문맥에 맞게『後漢書』를 참고하여「譬」로 교감.
139 원문「圓」. 죽내본·탕천본·길림본「圖」로 교감. 인명이므로『後漢書』를 참고하여「圖」로 교감.
140 원문「祝斳」. 죽내본「元斳」으로 교감, 탕천본·길림본「元鼎」으로 교감. 연호이므로『後漢書』를 참고하여「元鼎」으로 교감.
141 원문「梨」. 죽내본·탕천본·길림본「黎」로 교감. 행정구역명이므로『後漢書』를 참고하여「黎」로 교감.
142 원문「部」. 죽내본·탕천본·길림본「都」로 교감. 部都尉의 약칭일 가능성이 있으므로 교감하지 않는다.『後漢書』의 해당 부분은「都尉」로 되어 있다.
143 원문「施」. 죽내본·탕천본·길림본「旄」로 교감. 행정구역명이므로『後漢書』를 참고하여「旄」로 교감.
144 원문「僥」. 탕천본·길림본「徼」로 교감. 문맥에 맞게『後漢書』를 참고하여「徼」로 교감.
145 원문「溪」. 죽내본·탕천본·길림본「漢」으로 교감. 문맥에 맞게『後漢書』를 참고하여「漢」으로 교감.
146 원문「永平中平」. 죽내본·탕천본·길림본「永平中」으로 교감. 연문으로 보이므로『後漢書』를 참고하여「永平中」으로 교감.

[在]州[147]數歲, 宣[148]示漢德, 威懷遠夷. 自汶[149]山以西[150], 前代所不至, 正朔所不加. 白狼槃木廓[151]敢等百有餘國, 戶百三十餘萬, 口六百萬以上, 舉種奉貢也."

『후한서』에 다음과 같이 전한다. "착도이는 무제가 개척한 바, 착도현이 되었다. 그 사람들은 모두 머리를 풀어헤치고 좌임을 하며, 언어는 비유하는 것을 더 좋다고 여긴다. 거처는 대체로 문산이[152]와 같다. [그] 땅에는 오래 살 수 있는 신비한 약이 자라는데, 선인 산도[153]가 사는 곳이다. 원정 6년(기원전 111)에 심려군으로 삼았다가 천한 4년(기원전 97)에 이르러 촉군과 병합하여 서부로 삼고 두 명의 부위[154]를 두었는데, 한 사람은 모우[155]를 다스리며[156] 요외(변방)의 오랑캐를 관장하였으며, [다른] 한 사람은 청의[157]를 다스리며 한인을 주관하였다. 영평 연간(58~75)에 익주자사인 양국 [사람] 주보가 공명 세우기를 좋아하였으니, [익]주에서 여러 해[를 지내며] 한의 덕을 널리 보이고, 먼 곳의 오랑캐를 위엄으로 회유하였다. 문산으로부터 서쪽은 이전에도 이르지 못한 곳이며, 정삭도 더해지지 못한 곳이다[158]. [이때] 백랑·반목·묘추 등 백여 국이, 호 130여 만, 인구 600만 이상이었는데, 종족을 들어 공물로 바쳤다[159]."

• 참고

『後漢書』 卷86 莋都夷　莋都夷者 武帝所開 以爲莋都縣 其人皆被髮左衽 言語多好譬類 居處略與汶山夷同 土出長年神藥 仙人山圖所居焉 元鼎六年 以爲沈黎郡 至天漢四年 幷蜀爲西部 置兩都尉 一居旄牛 主徼外夷 一居青衣 主漢人 … 永平中 益州刺史梁國朱輔 好立功名 慷慨有大略 在州數歲 宣示漢德 威懷遠夷 自汶山以西 前世所不至 正朔所未加 白狼槃木唐敢等百餘國 戶百三十餘萬 口六百萬以上 舉種奉貢

147　원문 「州」. 죽내본 「□州」로 교감, 탕천본·길림본 「在州」로 교감. 문맥에 맞게 『後漢書』를 참고하여 「在州」로 교감.
148　원문 「宗」. 죽내본·탕천본·길림본 「宣」으로 교감. 문맥에 맞게 『後漢書』를 참고하여 「宣」으로 교감.
149　원문 「改」. 죽내본·탕천본·길림본 「汶」으로 교감. 지명이므로 『後漢書』를 참고하여 「汶」으로 교감.
150　원문 「西以」. 죽내본·탕천본·길림본 「以西」로 교감. 문맥에 맞게 『後漢書』를 참고하여 「以西」로 교감.
151　원문 「廍」. 죽내본·탕천본·길림본 「唐」으로 교감. 해당 국명의 유래와 기원은 명확하지 않으므로 교감하지 않는다. 『後漢書』의 해당 부분은 「唐」으로 되어 있다.
152　汶山은 漢武帝 때 西南夷를 정벌하고 武都, 牂柯, 越巂, 沈黎와 함께 설치한 郡이다. 현재 四川省 茂汶羌族自治縣이다.
153　『列仙傳』에 이르길 "山圖는 隴西 사람이다. 말타기를 좋아하여 말에서 제기를 차고 놀다 다리가 부러졌는데, 산중의 도사가 지황, 당귀, 강활, 현삼들을 복용하게 하여 복용한지 1년이 지나자 먹는 것을 즐기지 않게 되었고 병은 나았으며 몸이 가벼워졌다"고 한다.
154　전한과 후한, 위, 서진 시기 一部의 治安을 담당한 관리이다. 『漢書』 「尹翁歸傳」에 다음과 같은 部尉의 용례가 확인된다. "謂河東郡二十八縣, 分爲兩部. 西漢長安, 東漢洛陽, 各有四尉, 即兩城各分四部, 設四部尉."
155　旄牛縣을 지칭한 것이다. 모우현은 元鼎 6년(前111년) 설치된 것으로, 치소는 지금 四川省 漢源縣 西北九襄鎭이이다.
156　『後漢書』의 해당 부분은 '다스린다'는 의미의 「治」가 아닌, '거주한다'는 의미의 「居」로 되어 있다.
157　靑衣江을 지칭한 것이다. 청의강은 오늘날 四川 서부에 위치한 大渡河의 최대 지류이다.
158　정삭은 曆法이며 이것이 전해지지 못한 것은 풍속의 교화가 미치지 못하여 실제 직접적인 통제를 할 수 없는 상태를 묘사한 것이다.
159　『後漢書』 권2, 「明帝紀」에 의하면 永平 17년(74)의 일이다. 이들은 唐代 四川省 西南部에 분포하였다.

09 懷仁動詠, 覃帝澤於夷都,
인을 품어 시가에 감응하니, 황제의 은택이 이도까지 미쳤고,

後漢書曰: "益州刺史朱輔上疏, '稱莋都夷慕化[歸]義[160], 作[161]詩三章. 一曰, 大漢是治, 與天合意, 吏譯[162]平端, 不從我來. 聞風向化, 所見[奇]異[163], 多賜繒布, 甘美酒食, 倡[164]樂肉飛, 屈申悉備. 蠻夷貧薄, 無所報嗣[165], 願主長壽, 子孫昌熾. 二曰, 蠻夷所處, 日入之部. 慕義向化, 歸日出主. 聖德深恩[166], 與人富[167]厚. 冬多[霜]雪[168], 夏多和雨, 寒溫時適, 部人多有. 涉危[169]歷險, 不遠萬里, 去俗歸德, 心歸慈母. 三曰, 荒服之外, 土[170]地磽埆, 食肉衣皮, 不見鹽[171]穀. 吏譯傳風, 大漢安樂, 携負[172]歸仁. 觸冒[173]險陝[174], 高山岐[175]峻, 緣崖磻石. 木薄發家, 百宿到洛. 父子同賜, 懷抱[176]匹[177]帛, 傳告[178]種人, 長願臣[179]僕.'"

『후한서』에 다음과 같이 전한다. "익주자사 주보가 상소하기를, '작도이라 불리는 자가 모화되고 귀의하여, 시 3장을 지었습니다. 1장, 위대한 한은 바르게 다스리니, 하늘과 뜻이 합치되고, 관리의 통역은 공평·정직하니, 우리가 오는 것을 근심하지 않는다. 덕으로 나아간다는 소

---

160 원문「義」. 죽내본·탕천본·길림본「歸義」로 교감. 문맥에 맞게『後漢書』를 참고하여「歸義」로 교감.
161 원문「任」. 죽내본·탕천본·길림본「作」으로 교감. 문맥에 맞게『後漢書』를 참고하여「作」으로 교감.
162 원문「澤」. 죽내본·탕천본·길림본「譯」으로 교감. 문맥에 맞게『後漢書』를 참고하여「譯」으로 교감.
163 원문「所見異」. 죽내본·탕천본·길림본「所見奇異」로 교감. 문맥에 맞게『後漢書』를 참고하여「所見奇異」로 교감.
164 원문「偈」. 죽내본·길림본「倡」으로 교감, 탕천본「昌」으로 교감. 문맥에 맞게「倡」으로 교감.「偈」와「倡」의 자형이 비슷하므로 필사과정에서의 오류일 가능성이 있다.『後漢書』의 해당 부분은「昌」으로 되어 있다.
165 원문「副」. 죽내본·탕천본·길림본「嗣」로 교감. 문맥에 맞게『後漢書』를 참고하여「嗣」로 교감.
166 원문「恩深」. 탕천본·길림본「深恩」으로 교감. 문맥에 맞게『後漢書』를 참고하여「深恩」으로 교감.
167 원문「畜」. 탕천본·길림본「富」로 교감. 문맥에 맞게『後漢書』를 참고하여「富」로 교감.
168 원문「雪」. 죽내본·탕천본·길림본「霜雪」로 교감. 문맥에 맞게『後漢書』를 참고하여「霜雪」로 교감.
169 원문「沙范」. 죽내본·탕천본·길림본「涉危」로 교감. 문맥에 맞게『後漢書』를 참고하여「涉危」로 교감.
170 원문「去」. 죽내본·탕천본·길림본「土」로 교감. 문맥에 맞게『後漢書』를 참고하여「土」로 교감.
171 원문「監」. 죽내본·탕천본·길림본「鹽」으로 교감. 문맥에 맞게『後漢書』를 참고하여「鹽」으로 교감.
172 원문「角」. 죽내본·탕천본·길림본「負」로 교감. 문맥에 맞게『後漢書』를 참고하여「負」로 교감.
173 원문「置」. 죽내본·탕천본·길림본「冒」로 교감. 문맥에 맞게『後漢書』를 참고하여「冒」로 교감.
174 원문「津」. 탕천본·길림본「陝」으로 교감. 문맥에 맞게『後漢書』를 참고하여「陝」으로 교감.
175 원문「殿」. 죽내본·탕천본·길림본「岐」로 교감. 문맥에 맞게『後漢書』를 참고하여「岐」로 교감.
176 원문「怉」. 죽내본·탕천본·길림본「抱」로 교감. 문맥에 맞게『後漢書』를 참고하여「抱」로 교감.
177 원문「込」. 죽내본·길림본「匹」로 판독, 탕천본「匹」로 교감. 문맥에 맞게『後漢書』를 참고하여「匹」로 교감.
178 원문「吉」. 죽내본「告」로 판독, 탕천본·길림본「告」로 교감. 문맥에 맞게『後漢書』를 참고하여「告」로 교감.
179 원문「巨」. 죽내본·탕천본·길림본「臣」으로 교감. 문맥에 맞게『後漢書』를 참고하여「臣」으로 교감.

식을 듣고, 기특하게 여기셔서, 비단과 베, 맛있는 술과 음식을 두터이 사여하시니, 부르는 노래와 날아오르는 몸짓에, 굽히고 펴짐(혹은 나아가고 물러섬)이 모두 갖추어졌다. 만이는 빈곤하고 척박하여, 보답할 길이 없으나, 황제가 장수하시고, 자손이 번창하기를 바라옵니다. 2장, 만이가 처하는 곳은, 태양이 들어가는 곳인데, 의를 사모하고 덕을 향하여, 해가 뜨는 곳의 황제에게 귀의하니, 성덕의 깊은 은혜가, 다른 사람들과 더불어 풍성하고 윤택하다. 겨울에는 눈서리 많고, 여름에는 가랑비 많으나, 춥거나 따뜻한 때가 알맞으니, 부의 사람들이 번창한다. 위험을 무릅쓰고 험준한 곳을 지나, 만 리를 멀다 하지 않고, 풍속을 버리고 덕에 귀의하니, 마음이 자애로운 어머니에게로 돌아가는 듯하다. 3장, 황복의 바깥은, [예로부터] 토지가 척박하여, 짐승을 잡아먹고 가죽으로 옷을 지어 입으나, 소금과 곡식은 보지도 못하였다. 관리가 통역하며 소문을 전하기를, 위대한 한은 안락하다고 하니, [이에 서로] 이끌고 의지하며 인에 귀의하였다. 험한 골짜기를 무릅쓰니, 높은 산은 험준하고, 가장자리 벼랑은 우뚝한데, 질박하게 집을 떠나, 백 일만에 낙양에 이르렀다. 부자가 동시에 사여받아, 여러 필의 비단을 품고서, 종족 사람들에게 고하여 전하니, 장구히 신하가 되기를 원하노라.'"

• 참고

『後漢書』卷86 莋都夷　1장 ― 遠夷樂德歌詩曰　大漢是治(堤官隗搆)　與天合意(魏冒踰糟)
吏譯平端(罔驛劉脾)　不從我來(旁莫支留)
聞風向化(微衣隨旅)　所見奇異(知唐桑艾)
多賜(贈)[贈]繒(邪毗紺)　甘美酒食(推潭僕遠)
昌樂肉飛(拓拒蘇(使)[便])　屈申悉備(局後仍離)
蠻夷貧薄(偻讓龍洞)　無所報嗣(莫支度由)
願主長壽(陽雒僧鱗)　子孫昌熾(莫稚角存)
2장 ― 遠夷慕德歌詩曰
蠻夷所處(偻讓皮尼)　日入之部(且交陵悟)
慕義向化(繩動隨旅)　歸日出主(路旦揀雛)
聖德深恩(聖德渡諾)　與人富厚(魏菌度洗)
冬多霜雪(綜邪流藩)　夏多和雨(莋邪尋螺)
寒溫時適(藐瀆瀘灘)　部人多有(菌補邪推)
涉危歷險(辟危歸險)　不遠萬里(莫受萬柳)
去俗歸德(術疊附德)　心歸慈母(仍路孳摸)
3장 ― 遠夷懷德歌曰
荒服之外(荒服之儀)　土地墝埆(犁籍憐憐)
食肉衣皮(阻蘇邪犂)　不見鹽穀(莫碭麤沐)

吏譯傳風(罔譯傳微)　大漢安樂(是漢夜拒)
攜負歸仁(蹤優路仁)　觸冒險陝(雷折險龍)
高山岐峻(倫狼藏幢)　緣崖磻石(扶路側祿)
木薄發家(息落服淫)　百宿到洛(理歷髟雒)
父子同賜(捕苴菌毗)　懷抱匹帛(懷稿匹漏)
傳告種人(傳室呼敕)　長願臣僕(陵陽臣僕)

10 沐德興謠, 漸皇猷於倉水.
덕에 젖어 가요에 흥겨워하니, 황제의 법도가 창수까지 스몄다.

後漢書曰: "明帝永平十二年, 置哀牢·博南二縣, 割益州郡西部都尉所領六縣, 合爲永昌郡. 始通博南山, 度蘭倉水, 行者苦之. 歌曰: '漢德廣, 開不賓, 度博南, 越蘭津, 度蘭倉, [爲]他人[180].' 哀牢人皆穿鼻儋耳, 其渠帥[181]自謂王者, 耳皆下肩[182]三寸, 凡[183]人[184]則至肩而已. 土地沃美, 宜五穀·蠶桑也."

『후한서』에 다음과 같이 전한다. "명제 영평 12년(69), 애로·박남 두 현을 설치하였는데, 익주군 서부도위[185]가 거느린 6현[186]을 분할해 [두 현과] 합하여 영창군으로 삼았다. [이에] 비로소 박남산[187]과 통하고 난창수[188]를 건넜으나 다니는 사람들은 고통스러워하였다. 노래하기를 '한의 덕이 널리 퍼져, 귀부하지 않던 곳까지 깨우치니, 박남[산]을 건너고 난[창]진을 넘었는데, 난창[수]를 건너면 타인이 되는구나'라고 하였다. 애로인들은 모두 코를 뚫고 귓불을 늘어뜨리는데, 스스로를 왕이라 칭하는 그 거수는 귀가 모두 어깨 아래로 3촌이나 늘어지지만, 일

180　원문 「他人」. 죽내본·탕천본·길림본 「爲他人」으로 교감. 문맥에 맞게 『後漢書』를 참고하여 「爲他人」으로 교감.
181　원문 「師」. 탕천본·길림본 「帥」로 교감. 문맥에 맞게 『後漢書』를 참고하여 「帥」로 교감.
182　원문 「不眉」. 죽내본·탕천본·길림본 「下肩」으로 교감. 문맥에 맞게 『後漢書』를 참고하여 「下肩」으로 교감.
183　원문 「凡」. 길림본 「庶」로 교감. 원문대로 두어도 의미가 통하므로 교감하지 않는다. 『後漢書』의 해당 부분은 「庶」로 되어 있다.
184　원문 「人」. 탕천본 「民」으로 교감. 원문대로 두어도 의미가 통하므로 교감하지 않는다. 『後漢書』의 해당 부분은 「民」으로 되어 있다. 원문의 「人」은 당 태종 李世民에 대한 피휘이다.
185　益州郡 西部都尉는 屬國都尉의 하나이다. 後漢代 屬國은 郡에서 멀리 떨어진 縣을 분리하여 설치한 것으로 원래 蠻夷들이 복속해 왔을 때 설치한 지방관이었다(『後漢書』「百官」5, 『漢書』권5「百官公卿表」).
186　『續漢志』에 따르면 6縣은 不韋, 巂唐, 比蘇, 楪楡, 邪龍, 雲南이다.
187　현재의 四川省 永平縣에 소재한 산으로 大理에서 西藏을 통하여 인도로 이어지는 이른바 '博南古道'가 이 산을 끼고 지나가고 있다. 張騫 西域 원정시 확인하였다는 蜀布와 邛竹杖이 바로 이 博南古道를 통하여 거래된 것으로 알려져 있다.
188　현재의 蘭倉江으로 雲南 서부 橫斷山脈을 가로질러 博南山과 羅岷山의 사이로 흐르는 강이다.

반 사람은 어깨까지만 이르게 할 뿐이다. 토지는 비옥하여, 오곡과 잠상에 적합하다."

• 참고

『後漢書』卷86 哀牢夷　永平十二年 哀牢王柳貌遣子率種人內屬 其稱邑王者七十七人 戶五萬一千八百九十 口五十五萬三千七百一十一 西南去洛陽七千里 顯宗以其地置哀牢博南二縣 割益州郡西部都尉所領六縣 合爲永昌郡 始通博南山 度蘭倉水 行者苦之 歌曰 漢德廣 開不賓 度博南 越蘭津 度蘭倉 爲它人　哀牢人皆穿鼻儋耳 其渠帥自謂王者 耳皆下肩三寸 庶人則至肩而已 土地沃美 宜五穀蠶桑

11　楊竦高績, 託像於丹青,
양송은 공적을 높였으니, 단청에 초상을 의탁하였고,

後漢書曰: "安帝[189], 永昌·益州夷皆叛. 乃遣從事蜀郡楊竦, 將兵至楪楡擊之, 賊[190]盛未敢進. 先以詔書告示, 重其購[191]賞, 乃進與封離等戰, 大破之. 斬首三萬餘級, 獲資[192]財四千餘萬, 以[193]賞軍士. 封離等惶怖, 斬其同謀[194]渠帥[195], 詣[196]竦乞降, 竦厚加[197]慰納. 其餘三十六種皆來伯降[198]. 竦因奏長吏[199]姦[200]猾[201]徼[202]犯蠻夷者九十人. 州中論功未及上, 會竦病瘡卒. 益州刺史張喬深[203]痛惜之, 刻石

189　원문 「安帝」. 탕천본 「安帝元初六年」으로 교감, 길림본 「安帝時」로 교감. 원문대로 두어도 의미가 통하므로 교감하지 않는다. 『後漢書』에 따르면, 「安帝元初六年」의 일이다.

190　원문 「賦」, 죽내본·탕천본·길림본 「賊」으로 교감. 문맥에 맞게 『後漢書』를 참고하여 「賊」으로 교감.

191　원문 「購」. 죽내본 「購」로 판독, 탕천본·길림본은 「購」로 교감. 문맥에 맞게 『後漢書』를 참고하여 「購」로 교감.

192　원문 「級」. 죽내본·탕천본·길림본 「資」로 교감. 문맥에 맞게 『後漢書』를 참고하여 「資」로 교감.

193　원문 「以」. 길림본 「悉以」로 교감. 원문대로 두어도 의미가 통하므로 교감하지 않는다. 『後漢書』의 해당 부분은 「悉以」로 되어 있다.

194　원문 「講」. 죽내본·탕천본·길림본 「謀」로 교감. 문맥에 맞게 『後漢書』를 참고하여 「謀」로 교감.

195　원문 「師」. 죽내본·탕천본·길림본 「帥」로 교감. 문맥에 맞게 『後漢書』를 참고하여 「帥」로 교감.

196　원문 「詔」. 탕천본·길림본 「詣」로 교감. 문맥에 맞게 『後漢書』를 참고하여 「詣」로 교감.

197　원문 「如」. 죽내본·탕천본·길림본 「加」로 교감. 문맥에 맞게 『後漢書』를 참고하여 「加」로 교감.

198　원문 「伯降」. 탕천본 「降附」로 교감, 길림본 「納降」으로 교감. 원문대로 두어도 의미가 통하므로 교감하지 않는다. 『後漢書』의 해당 부분은 「降附」로 되어 있다.

199　원문 「史」. 죽내본·탕천본·길림본 「吏」로 교감. 특정한 직임을 가리키는 長史보다 범칭인 長吏가 합당한 듯하므로, 『後漢書』를 참고하여 「吏」로 교감.

200　원문 「奸」. 탕천본 「奸」으로 교감, 길림본 「姦」으로 교감. 원문대로 두어도 의미가 통하므로 교감하지 않는다. 『後漢書』의 해당 부분은 「姦」으로 되어 있다.

201　원문 「猾」. 죽내본·탕천본·길림본 「猾」로 교감. 문맥에 맞게 『後漢書』를 참고하여 「猾」로 교감.

202　원문 「徼」. 탕천본·길림본 「侵」으로 교감. 원문대로 두어도 의미가 통하므로 교감하지 않는다. 『後漢書』의 해당 부분은 「侵」으로 되어 있다.

勒銘,圖畫²⁰⁴像²⁰⁵焉."

『후한서』에 다음과 같이 전한다. "안제 [때에], 영창·익주의 오랑캐들이 모두 반란하였다.²⁰⁶ 이에 종사 촉군 [사람] 양송을 보내 병사를 이끌고 접유에 이르러 그들을 공격하였으나, 적이 강성하여 미처 감히 나아가지 못하였다. 먼저 조서를 고시하여 현상(懸賞)을 거듭하니, 이내 진군하여 봉리 등과 싸워 그들을 크게 격파하였다. [이때] 참수한 것이 3만여 급이었으며 재물로 획득한 것이 4천여 만이었는데, 이로써 군사들에게 포상하였다. 봉리 등은 놀라고 두려워하여, 함께 모의하였던 거수를 참수하고 [양]송에게 가서 항복을 구걸하니, [양]송은 후하게 위로를 베풀고 받아들였다. 그 나머지 36개 종족도 모두 와서 항복[할 뜻]을 드러냈다. [양]송이 인하여 장리에게 만이를 간악하고 교활하게 침범하였던 90인을 아뢰었다.²⁰⁷ [그런데] 주 안에서 논한 공이 왕에 이르기도 전에 공교롭게도 [양]송은 병이 들어 죽었다. 익주자사 장교²⁰⁸는 이것이 심히 애통하고 애석하여, 돌을 깎아 명문을 새기고 그의 모습을 그렸다."

• 참고

『後漢書』卷86 邛都夷　安帝元初三年　郡徼外夷大羊等八種　戶三萬一千　口十六萬七千六百二十　慕義內屬　時郡縣賦斂煩數　五年　卷夷大牛種封離等反畔　殺遂久令　明年　永昌益州及蜀郡夷皆叛應之　衆遂十餘萬　破壞二十餘縣　殺長吏　燔燒邑郭　剽略百姓　骸骨委積　千里無人　詔益州刺史張喬選堪能從事討之　喬乃遣從事楊竦　將兵至楪楡擊之　賊盛未敢進　先以詔書告示三郡　密徵求武士　重其購賞　乃進軍與封離等戰　大破之　斬首三萬餘級　獲生口千五百人　資財四千餘萬　悉以賞軍士　封離等惶怖　斬其同謀渠帥　詣竦乞降　竦厚加慰納　其餘三十六種皆來降附　竦因奏長吏姦猾侵犯蠻夷者九十人　皆減死　州中論功未及上　會竦病創卒　張喬深痛惜之　乃刻石勒銘　圖畫其像

203　원문「桼」. 죽내본·탕천본·길림본「深」으로 교감. 문맥에 맞게『後漢書』를 참고하여「深」으로 교감.

204　원문「書」. 죽내본·탕천본·길림본「畫」로 교감. 문맥에 맞게『後漢書』를 참고하여「畫」로 교감.

205　원문「像」. 탕천본·길림본「其像」으로 교감. 원문대로 두어도 의미가 통하므로 교감하지 않는다.『후한서』의 해당 부분은「其像」으로 되어 있다.

206　『후한서』에 기재된 내용이 생략되어 있다. "安帝元初三年, 郡徼外夷大羊等八種, 戶三萬一千, 口十六萬七千六百二十, 慕義內屬. 時郡縣賦斂煩數, 五年, 卷夷大牛種封離等反畔, 殺遂久令. 明年, 永昌·益州及蜀郡夷皆叛應之, 衆遂十餘萬, 破壞二十餘縣, 殺長吏, 燔燒邑郭, 剽略百姓, 骸骨委積, 千里無人."

207　『後漢書』에는「皆減死」가 더 있다.

208　張喬는 이후 安帝 元初 6년(119) 益州刺史로서 越巂夷를, 順帝 永和 3년(138)에는 交阯刺史로서 日南叛蠻을 토벌하였다(『後漢書』권5,「安帝紀」; 권6「質帝紀」).

12 張翕深仁, 表靈於祠宇.
장흡은 인을 두터이했으니, 사당에 영령을 나타내었다.

後漢書曰: "張翕爲巴郡[209]太守, 政化[210]淸平, 得夷人和. 在位[211]十七年, 卒, 夷人[212]愛慕, 如喪父母. 蘇祈[213]叟二百餘人, 齎羊[214]送喪, 至翕本[215]安漢, 起墳祭祀. 詔書, 喜[216]爲立祠堂." 云云

『후한서』에 다음과 같이 전한다. "장흡이 파군태수가 되자 정치와 교화가 분명하고 공평하여, 이인과 화합하는 데 이르렀다. [그] 지위에서 17년간 재직하다 사망하자, 이인들이 애도하기를 부모를 장사지내는 것과 같았다. 소기[217]의 노인 200여 명이, 양을 갖추어 상례를 치르고, [장]흡의 본[향]인 안한[218]에 이르러, 분묘를 세우고 제사를 지냈다. [황제는] 조서를 내려, 기쁘게 사당을 세웠다"라고 한다.

• 참고
『後漢書』卷86 邛都夷   永平元年 姑復夷復叛 益州刺史發兵討破之 斬其渠帥 傳首京師 後太守巴郡張翕 政化淸平 得夷人和 在郡十七年 卒 夷人愛慕 如喪父母 蘇祈叟二百餘人 齎牛羊送喪 至翕本縣安漢 起墳祭祀 詔書嘉美 爲立祠堂

---

209 원문 「都」. 죽내본·탕천본·길림본 「郡」으로 교감. 행정단위이므로 『後漢書』를 참고하여 「郡」으로 교감.
210 원문 「政化政」. 죽내본·탕천본·길림본 「政化」로 교감. 연문이므로 『後漢書』를 참고하여 「政化」로 교감.
211 원문 「位」. 탕천본 「郡」으로 교감. 원문대로 두어도 의미가 통하므로 교감하지 않는다. 『後漢書』의 해당 부분은 「郡」으로 되어 있다.
212 원문 「人夷」. 죽내본·탕천본·길림본 「夷人」으로 교감. 문맥에 맞게 『後漢書』를 참고하여 「夷人」으로 교감.
213 원문 「祁斯」. 탕천본·길림본 「祈」로 교감. 문맥에 맞게 『後漢書』를 참고하여 「祈」로 교감. 「祁」와 「斯」은 자형이 비슷하므로 연문일 가능성이 있다.
214 원문 「羊」. 탕천본·길림본 「牛羊」으로 교감. 원문대로 두어도 의미가 통하므로 교감하지 않는다. 『後漢書』의 해당 부분은 「牛羊」으로 되어 있다.
215 원문 「本」. 죽내본·탕천본·길림본 「本縣」으로 교감. 보입하지 않아도 의미가 통하므로 교감하지 않는다. 『後漢書』의 해당 부분은 「本縣」으로 되어 있다.
216 원문 「喜」. 탕천본·길림본 「嘉美」로 교감. 원문대로 두고, 보입하지 않아도 의미가 통하므로 교감하지 않는다. 『後漢書』의 해당 부분은 「嘉美」로 되어 있다.
217 蘇祈는 越嶲郡의 屬縣으로 현재 四川省 西昌市이다.
218 安漢은 巴郡의 屬縣. 현재 四川省 南充市 北淸泉坝인데, 西漢시기 처음 설치되었다가 王莽 때에 安新縣으로 바뀌었다가 후한에 다시 복원되었다. 後漢 初平 원년(189) 巴郡의 통치를 받다가 建安 6년(201)에는 巴西郡에 통괄되었다. 자세한 사항은 『후한서』 「남만서남이이열전」, 118쪽 참조.

兩越・西域

양월·서역

판독문

南浦開基 趙[1]他構[2]其遙[3]緒

漢書日 南越王越[4]他 真之人 秦并天下 略[5]之[6]楊[7]越 置桂林南海象郡 秦末[8] 南海尉[9]任[10]囂[11]病

---

1 죽내본·길림본「趙」. 아래의 용례를 통해「趙」로 판독.

   원문 | 趙 | 趙 隋, 智永 眞草千字文

2 죽내본「構」, 길림본「搆」. 아래의 용례를 통해「構」로 판독.

3 죽내본·길림본「遙」. 자형에 따라「遙」로 판독.

   遙 원문

4 죽내본·길림본「越」. 아래의 용례를 통해「越」로 판독.

   원문 | 越 | 越 初唐 十誦律

5 죽내본·길림본「略」. 아래의 용례를 통해「略」으로 판독.

   원문 | 略 | 略 初唐 禮記正義

6 죽내본·길림본「定」.「乄」은「定」의 이체자이며, 자형에 따라「乄」로 판독.

   乄 원문

7 죽내본「楊」, 길림본「揚」. 아래의 용례를 통해「楊」로 판독.

8 죽내본「末」, 길림본「末」. 아래의 용례를 통해「末」로 판독.

   원문 | 末 | 末 五代 大毗盧經 | 末 | 末 五代 大毗盧經

且[12]死 召[13]龍川[14]令趙他語 間陳勝等[15]作乱[16] 豪[17]桀叛[18]秦相立 南海辟遠[19] 恐[20]盜兵侵此 吾欲興[21]兵

9　죽내본·길림본「尉」. 아래의 용례를 통해「尉」로 판독.
　　初唐 古文尙書

10　죽내본·길림본「任」. 아래의 용례를 통해「任」으로 판독.
　　初唐 古文尙書

11　죽내본·길림본「囂」. 아래의 용례를 통해「任」으로 판독.
　　初唐 古文尙書

12　죽내본·길림본「且」. 아래의 용례를 통해「且」로 판독.
　　初唐 禮記正義

13　죽내본·길림본「召」. 아래의 용례를 통해「召」로 판독.
　　初唐 古文尙書

14　죽내본·길림본「川」. 아래의 용례를 통해「川」으로 판독.
　　明 姚綬

15　죽내본·길림본「等」. 아래의 용례를 통해「等」으로 판독.
　　初唐 般若經

16　죽내본·길림본「乱」. 아래의 용례를 통해「乱」으로 판독.
　　初唐 禮記正義

17　죽내본·길림본「豪」. 자형에 따라「豪」로 판독.

18　죽내본·길림본「叛」. 아래의 용례를 통해「叛」로 판독.
　　初唐 毛詩傳

19　죽내본「遠」, 길림본「逺」.「逺」은「遠」의 이체자이며, 자형에 따라「逺」로 판독.
　　隋 智永 眞草千字文

20　죽내본·길림본「恐」.「恐」은「恐」의 이체자이며, 자형에 따라「恐」로 판독.
　　初唐 禮記正義

阮[22]新道[23] 自俻[24]侍諸侯[25]變[26] 會[27]病且甚 故召公告[28]之 即[29]被書 行南海尉事 囂死 他即移檄告橫浦陽山湟[30]谿[31]開日 盜兵且至 急絶道聚兵自守 秦滅 他即[32]擊[33]并桂林象郡 自立南越[34]武[35]王 高[36]

---

21 죽내본·길림본 「興」. 아래의 용례를 통해 「興」로 판독.
    원문: 興 / 興 / 興 初唐 毛詩傳

22 죽내본 「阬」, 길림본 「阮」. 아래의 용례를 통해 「阮」로 판독.
    원문: 阬 / 阮 唐 歐陽詢 行書千字文 / 阮 阮 北宋 黃庭堅 寒山子龐居士詩

23 죽내본·길림본 「道」. 아래의 용례를 통해 「道」로 판독.
    원문: 道 / 道 / 道 初唐. 般若經

24 죽내본 「備」, 길림본 「俻」. 「俻」은 「備」의 이체자이며, 자형에 따라 「俻」로 판독.
    원문: 俻 / 俻 / 俻 初唐 禮記正義

25 죽내본·길림본 「侯」. 아래의 용례를 통해 「侯」로 판독.
    원문: 侯 / 侯 / 侯 初唐 古文尙書

26 죽내본·길림본 「變」. 아래의 용례를 통해 「變」로 판독.
    원문: 變 / 變 / 變 初唐 般若經

27 죽내본·길림본 「會」. 아래의 용례를 통해 「會」로 판독.
    원문: 會 / 會 / 會 初唐 毛詩傳

28 죽내본 「吉」, 길림본 「告」. 아래의 용례를 통해 「告」로 판독.
    원문: 吉 / 告 / 吉 初唐 古文尙書 / 吉 吉 初唐 禮記正義

29 죽내본 「卽」, 길림본 「即」. 「即」은 「卽」의 이체자이며, 자형에 따라 「即」로 판독.
    원문: 卽 / 即 / 即 初唐 十誦律

30 죽내본 「湟」, 길림본 「潢」. 자형에 따라 「湟」로 판독.
    원문: 湟

31 죽내본·길림본 「谿」. 자형에 따라 「谿」로 판독.
    원문: 谿

32 죽내본 「即」, 길림본 「郎」. 아래의 용례를 통해 「即」로 판독.
    원문: 郎 / 即 即 北魏 金光明経 卷二 / 郎 初唐 禮記正義 / 郎

帝已³⁷之天下 遣陸賈 立³⁸他爲南越王 与部符通使∽和輯³⁹百 母爲邊宮⁴⁰也

東甌⁴¹闢⁴²壤⁴³ 句踐疏⁴⁴其濬⁴⁵源⁴⁶

漢書曰 閩越王無諸及越東海王搖⁴⁷ 其先皆越王句踐之後也 姓駱⁴⁸氏 秦并⁴⁹天下 癈⁵⁰爲君長 以其

---

33 죽내본·길림본 「擊」. 아래의 용례를 통해 「擊」로 판독.

원문 / 初唐 毛詩傳

34 죽내본 「越」, 길림본 「粤」. 아래의 용례를 통해 「越」로 판독.

원문 / 初唐 十誦律

35 죽내본·길림본 「武」. 자형에 따라 「武」로 판독.

원문

36 죽내본·길림본 「髙」. 「髙」은 「高」의 이체자이며, 자형에 따라 「高」로 판독.

원문 / 初唐 古文尙書

37 죽내본·길림본 「巳」. 아래의 용례를 통해 「巳」로 판독.

원문 / 初唐 古文尙書

38 죽내본·길림본 「立」. 아래의 용례를 통해 「立」로 판독.

원문 / 初唐 古文尙書

39 죽내본 「輯」, 길림본 「轄」. 아래의 용례를 통해 「轄」로 판독.

원문

40 죽내본·길림본 「宮」. 「宮」은 「害」의 이체자이며, 자형에 따라 「宮」로 판독.

원문 / 初唐 古文尙書

41 죽내본·길림본 「甌」. 아래의 용례를 통해 「甌」로 판독.

원문 / 飛鳥 王勃詩序

42 죽내본·길림본 「闢」. 아래의 용례를 통해 「闢」로 판독.

원문 / 初唐 古文尙書

43 죽내본·길림본 「壤」. 아래의 용례를 통해 「壤」로 판독.

원문 / 唐 褚遂良 哀冊

地[51]爲閩中郡 及[52]諸侯叛秦 無諸及搖率[53]越歸[54]番[55]陽令吳[56]芮[57]從諸侯滅秦 擊項籍[58] 無諸桯[59]師[60]

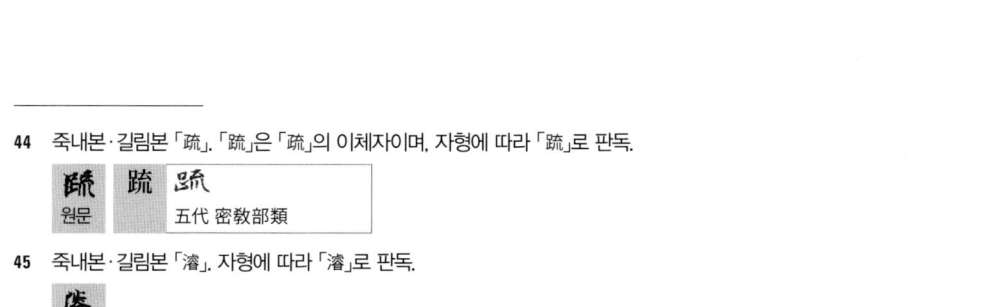

44 죽내본·길림본「疏」.「疏」은「疏」의 이체자이며, 자형에 따라「疏」로 판독.

45 죽내본·길림본「濬」. 자형에 따라「濬」로 판독.

46 죽내본·길림본「源」. 아래의 용례를 통해「源」로 판독.

47 죽내본·길림본「摇」. 아래의 용례를 통해「源」로 판독.

48 죽내본「騷」, 길림본「駱」. 아래의 용례를 통해「駱」로 판독.

49 죽내본「井」, 길림본「並」.「井」은「井」의 이체자이며, 자형에 따라「井」로 판독.

50 죽내본「癡」. 아래의 용례를 통해「癡」로 판독.

51 죽내본·길림본「地」. 아래의 용례를 통해「地」로 판독.

52 죽내본·길림본「及」. 아래의 용례를 통해「及」로 판독.

53 죽내본·길림본「率」. 아래의 용례를 통해「率」로 판독.

54 죽내본·길림본「歸」. 아래의 용례를 통해「歸」로 판독.

55 죽내본·길림본「番」. 아래의 용례를 통해「番」로 판독.

越人佐漢 ゞ復立無諸爲閩越王 閩中故地 揺爲東海王 都東甌也

陸⁶¹子馳軒 僭⁶²擬⁶³之名斯替

漢書曰 髙右時 有司諸禁⁶⁴南越開市⁶⁵鐵器⁶⁶ 趙他及自算⁶⁷號⁶⁸爲南武帝 發⁶⁹兵攻⁷⁰長沙東西⁷¹万餘

---

56 죽내본 「吴」, 길림본 「吳」. 아래의 용례에 따라 「吳」로 판독.

57 죽내본 「芮」, 길림본 판독 안함. 아래의 용례를 통해 「芮」로 판독.

58 죽내본·길림본 「籍」. 아래의 용례를 통해 「籍」로 판독.

59 죽내본 「桯」, 길림본 「捏」. 아래의 용례에 따라 「桯」로 판독.

60 죽내본·길림본 「師」. 아래의 용례를 통해 「師」로 판독.

61 죽내본·길림본 「陸」. 아래의 용례를 통해 「陸」으로 판독.

62 죽내본 「僭」, 길림본 「僭」. 아래의 용례를 통해 「僭」로 판독.

63 죽내본·길림본 「擬」. 아래의 용례를 통해 「擬」로 판독.

64 죽내본·길림본 「禁」. 아래의 용례를 통해 「禁」로 판독.

65 죽내본·길림본 「市」. 아래의 용례를 통해 「市」로 판독.

66 죽내본·길림본 「器」. 아래의 용례를 통해 「器」로 판독.

里 乃乘⁷²黃屋尤⁷³矗⁷⁴ 稱制⁷⁵ 与中侔⁷⁶ 父⁷⁷帝初 乃爲他親⁷⁸家在直之 置⁷⁹守邑 召其從⁸⁰昆⁸¹弟 算官

67 죽내본·길림본 「尊」. 아래의 용례를 통해 「尊」로 판독.

68 죽내본·길림본 「號」. 아래의 용례를 통해 「號」로 판독.

69 죽내본·길림본 「發」. 아래의 용례를 통해 「發」로 판독.

70 죽내본·길림본 「攻」. 아래의 용례를 통해 「攻」으로 판독.

71 죽내본·길림본 「西」. 아래의 용례를 통해 「西」로 판독.

72 죽내본·길림본 「乘」. 아래의 용례를 통해 「乘」로 판독.

73 죽내본·길림본 「左」. 아래의 용례에 따라 「尤」로 판독.

74 죽내본·길림본 「矗」. 아래의 용례를 통해 「矗」로 판독.

75 죽내본·길림본 「制」. 아래의 용례를 통해 「制」로 판독.

76 죽내본·길림본 「侔」. 아래의 용례를 통해 「侔」로 판독.

77 죽내본 「文」, 길림본 「父」. 아래의 용례에 따라 「父」로 판독.

78 죽내본·길림본 「親」. 아래의 용례를 통해 「親」로 판독.

厚賜寵[82]之 乃名陸賈爲太中大夫 使賜 他乃書 頓[83]首謝 願[84]之也

[西羌]

[西域]

眩人入獻[85]表 安息遝[86]通[87]

漢書曰 安息國[88] 王番兜城 去長安一万一千六百里 北与康居 東与焉戈山離[89] 西与條[90]支[91]接[92] 武帝

79　죽내본·길림본「置」. 아래의 용례를 통해「置」로 판독.

80　죽내본·길림본「從」. 자형에 따라「從」로 판독.

81　죽내본·길림본「昆」. 자형에 따라「昆」로 판독.

82　죽내본·길림본「寵」. 아래의 용례를 통해「寵」로 판독.

83　죽내본·길림본「頓」. 아래의 용례를 통해「頓」로 판독.

84　죽내본·길림본「願」. 아래의 용례를 통해「願」로 판독.

85　죽내본·길림본「獻」. 아래의 용례를 통해「獻」으로 판독.

86　죽내본·길림본「遝」. 아래의 용례를 통해「遝」로 판독.

87　죽내본·길림본「通」. 아래의 용례를 통해「通」로 판독.

始遣使至安息 王令將[93]ミ二万騎 迎於東界 東界去王都千里 行比[94]至過[95]數[96]十城[97] 人相属[98] 回[99]發

---

88 죽내본·길림본 「國」. 아래의 용례를 통해 「國」로 판독.

원문	國	初唐 十誦律

89 죽내본·길림본 「離」. 아래의 용례를 통해 「離」로 판독.

원문	離	隋唐 房山 雲居寺石經

90 죽내본·길림본 「條」. 아래의 용례를 통해 「條」로 판독.

원문	條	初唐, 毛詩傳

91 죽내본·길림본 「支」. 아래의 용례를 통해 「支」로 판독.

원문	支	初唐 般若經

92 죽내본 「接」, 길림본 「椄」. 아래의 용례를 통해 「椄」로 판독.

원문	椄	初唐 禮記正義	接	北魏 張玄墓誌

93 죽내본·길림본 「將」. 아래의 용례를 통해 「將」로 판독.

원문	將	初唐 毛詩傳

94 죽내본·길림본 「比」. 아래의 용례를 통해 「比」로 판독.

원문	比	唐 玄宗 鶺鴒頌

95 죽내본·길림본 「過」. 아래의 용례를 통해 「過」로 판독.

원문	過	唐 張朗樊氏墓誌

96 죽내본 「數」, 길림본 「数」. 「数」은 「數」의 이체자이며, 자형에 따라 「數」로 판독.

원문	數	飛鳥 王勃詩序

97 죽내본·길림본 「城」. 아래의 용례를 통해 「城」로 판독.

원문	城	初唐 十誦律

98 죽내본 「屬」·길림본 「属」. 아래의 용례를 통해 「屬」로 판독.

원문	屬	初唐 古文尚書

99 죽내본·길림본 「因」. 「回」은 「因」의 이체자이며, 자형에 따라 「回」로 판독.

원문	回	初唐 古文尚書

使随[100]漢使者 来親漢地 以大鳥及爪阝[101]犁軒[102]眩人 獻於天子 天子大說[103]也

㚶[104]降烏孫 泣[105]對[106]旃[107]裘之俗

漢書曰 烏孫國大昆[108]彌[109]赤谷城 去長安八千九百里 与匈奴 西北与康居 西与大苑[110] 南与城郭

---

100 죽내본·길림본 「随」. 아래의 용례를 통해 「隨」로 판독.

원문 | 隨 | 初唐 十誦律

101 죽내본 「爪阝」, 길림본 판독 안함. 자형에 따라 「爪阝」로 판독.

원문

102 죽내본·길림본 「軒」. 자형에 따라 「軒」로 판독.

원문

103 죽내본·길림본 「說」. 아래의 용례를 통해 「說」로 판독.

원문 | 說 | 初唐 古文尚書

104 죽내본 「㚶」, 길림본 「㚷」. 아래의 용례를 통해 「㚶」로 판독.

원문 | 㚶 | 飛鳥 王勃詩序

105 죽내본·길림본 「泣」. 아래의 용례를 통해 「泣」로 판독.

원문 | 泣 | 晩唐 摩訶止觀

106 죽내본·길림본 「對」. 아래의 용례를 통해 「對」로 판독.

원문 | 對 | 初唐 古文尚書

107 죽내본 「旃」, 길림본 「旃」. 아래의 용례를 통해 「旃」로 판독.

원문 | 旃 | 奈良 聖武天皇 雜集

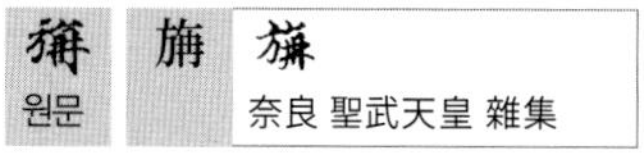

108 죽내본·길림본 「昆」. 자형에 따라 「昆」로 판독.

원문

109 죽내본 「彌」, 길림본 「彌」. 좌변 「糸」의 자형에 따라 「彌」로 판독.

원문

110 죽내본 「苑」, 길림본 「宛」. 아래의 용례를 통해 「苑」로 판독.

원문 | 苑 | 平安 傳嵯峨天皇 李嶠雜詠

諸國接 本塞[111]地也 武帝令張[112]騫齎[113]金幣[114]往賜 元封中 以沖都王建[116]女細居爲公主以妻烏 賜乘[116]興服御[117]物 昆莫年老 語言不通 公主悲愁 自爲作歌曰 吾家嫁我子天一万[118] 遠記異國子烏孫王 穹[119]盧爲室 子㫰[120]爲檣[121] 以肉爲食子酪[122]爲漿[123] 居常土思子心內傷 願爲黃鵠子歸故鄉[124]

---

111 죽내본·길림본「塞」. 아래의 용례를 통해「塞」로 판독.

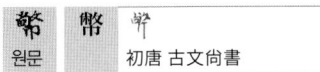

112 죽내본·길림본「張」. 아래의 용례를 통해「張」로 판독.

113 죽내본·길림본「齎」. 자형에 따라「齎」로 판독.

114 죽내본·길림본「幣」. 아래의 용례를 통해「幣」로 판독.

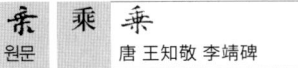

115 죽내본·길림본「建」. 아래의 용례를 통해「建」로 판독.

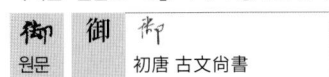

116 죽내본·길림본「乘」. 아래의 용례를 통해「乘」로 판독.

117 죽내본·길림본「御」. 아래의 용례를 통해「御」로 판독.

118 죽내본「方」, 길림본「万」. 자형에 따라「万」로 판독.

119 죽내본·길림본「穹」. 아래의 용례를 통해「穹」로 판독.

120 죽내본·길림본「㫰」. 아래의 용례를 통해「㫰」로 판독.

121 죽내본·길림본「檣」. 아래의 용례를 통해「檣」로 판독.

夢傳天竺[125] 欣覩金色之容

後漢書曰 天竺國一名身毒 在月氏東南至西數千里 俗[126]与月氏同 脩[127]浮[128]畾[129]道 不殺伐 遂[130]以俗 從月氏 高附國以西南至般[131]起國 皆身毒之地 身毒別城有數百城 宜[132]數百 國數十國置王 雖

---

122 죽내본·길림본 「酪」. 아래의 용례를 통해 「酪」로 판독.

123 죽내본·길림본 「漿」. 아래의 용례를 통해 「漿」로 판독.

124 죽내본·길림본 「鄕」. 아래의 용례를 통해 「鄕」로 판독.

125 죽내본·길림본 「竺」. 아래의 용례를 통해 「竺」로 판독.

126 죽내본·길림본 「俗」. 아래의 용례를 통해 「俗」로 판독.

127 죽내본 「循」, 길림본 「脩」. 아래의 용례를 통해 「脩」로 판독.

128 죽내본·길림본 「浮」. 아래의 용례를 통해 「浮」로 판독.

129 죽내본·길림본 「圖」. 「畾」은 「圖」의 이체자이며, 자형에 따라 「畾」로 판독.

130 죽내본·길림본 「遂」. 아래의 용례를 통해 「遂」로 판독.

131 죽내본·길림본 「般」. 아래의 용례를 통해 「般」로 판독.

132 죽내본·길림본 「宜」. 아래의 용례를 통해 「宜」로 판독.

各小異 而居以身毒爲名 土出犀[133]象[134]瑇瑁金銀銅鈆[135] 錫 西与大秦通 明[137]帝夢見人 廣[138]大頂[139]有光明 以問群[139]臣 夷[140]曰 西方有神 名曰佛 不形[141]長丈六尺 面黃金色 辛[142]於是遣使天竺 問佛道法 遂於中國圖畫[143]形象焉 楚王英[144]始信其術 中國內此有奉道者

---

133 죽내본·길림본 「犀」. 아래의 용례를 통해 「犀」로 판독.

134 죽내본 「象」, 길림본 「象」. 「象」은 「象」의 이체자이며, 자형에 따라 「象」로 판독.

135 죽내본 「鈆」, 길림본 「鈆」. 「鈆」은 「鉛」의 이체자이며, 자형에 따라 「鈆」로 판독.

136 죽내본 「明」, 길림본 「明」. 「明」은 「明」의 이체자이며, 자형에 따라 「明」로 판독.

137 죽내본·길림본 「廣」. 아래의 용례를 통해 「廣」로 판독.

138 죽내본·길림본 「頂」. 아래의 용례를 통해 「頂」로 판독.

139 죽내본·길림본 「群」. 아래의 용례를 통해 「群」로 판독.

140 죽내본·길림본 「夷」. 아래의 용례를 통해 「夷」로 판독.

141 죽내본·길림본 「形」. 아래의 용례를 통해 「形」로 판독.

142 죽내본 「辛」, 길림본 「帝」. 아래의 용례를 통해 「辛」로 판독.

143 죽내본 「畵」, 길림본 「盡」. 아래의 용례를 통해 「盡」로 판독.

綏撫[145]有方 龜[146]茲以之入賀

漢書曰 龜茲國 王治延[147]城 去[城]長安七千四百[148]八十里 元康元[149]年[150] 龜茲王[151]来朝賀 王及夫人印綬 夫人號稱公主 賜以車騎旗[152]皷[153] 歌吹數十人 綺[154]繡[155]雜[156]繪琦[157]珎[158] 凡數千万 留[159]且一

年 厚贈送¹⁶⁰之 後數来朝賀 樂¹⁶¹漢衣服制¹⁶²度 歸其治宮室 作徽¹⁶³道¹⁶⁴國衛 出入傳呼撞¹⁶⁵鐘皷 如漢家儀 外國胡人皆曰 驢¹⁶⁶馬龜茲王 所¹⁶⁷謂¹⁶⁸贏¹⁶⁹也 王死¹⁷⁰ 其子羕¹⁷¹德自漢外孫 成哀¹⁷²時住¹⁷³

155 죽내본·길림본 「繡」. 아래의 용례를 통해 「繡」로 판독.
初唐 毛詩傳

156 죽내본 「雜」, 길림본 「雜」. 아래의 용례를 통해 「雜」로 판독.
初唐 古文尚書

157 죽내본 「琦」·길림본 「琦」. 「琦」은 「琦」의 이체자이며, 자형에 따라 「琦」로 판독.

158 죽내본 「珍」, 길림본 「珎」. 「珎」은 「珍」의 이체자이며, 자형에 따라 「珎」로 판독.
隋 智永 眞草千字文

159 죽내본·길림본 「留」. 자형에 따라 「留」로 판독.

160 죽내본·길림본 「送」. 아래의 용례를 통해 「送」로 판독.
飛鳥 王勃詩序

161 죽내본·길림본 「樂」. 아래의 용례를 통해 「樂」로 판독.
初唐 禮記正義

162 죽내본·길림본 「制」. 자형에 따라 「制」로 판독.
五代 大毗廬經

163 죽내본·길림본 「徽」. 자형에 따라 「徽」로 판독.
唐 歐陽詢 九成宮禮泉銘

164 죽내본·길림본 「道」. 아래의 용례를 통해 「道」로 판독.
初唐 古文尚書

165 죽내본·길림본 「撞」. 아래의 용례를 통해 「撞」로 판독.
唐 魏栖梧 善才寺碑

166 죽내본·길림본 「驢」. 자형에 따라 「驢」로 판독.

来尤數 漢過之亦甚 親蜜也

招[174]携以禮[175] 疏勒[176]於是[177]来王

後漢書曰 疏勒 去洛[178]陽[179]万三百里 順帝時 王臣盤使奉獻[180] 帝拜臣磐[181]爲漢大都尉 兄子臣勳爲

守國司馬 五年 臣磐遣侍子 与大宛莎車使但[182]詣闕貢獻 陽嘉二年 臣磐復獻師子 封牛[183]等

---

178 죽내본·길림본 「洛」. 아래의 용례를 통해 「洛」로 판독.
　원문: 洽 / 洛 / 洽　飛鳥 王勃詩序

179 죽내본·길림본 「陽」. 아래의 용례를 통해 「陽」로 판독.
　원문: 陽 / 陽 / 陽　初唐 古文尙書

180 죽내본·길림본 「獻」. 아래의 용례를 통해 「獻」로 판독.
　원문: 獻 / 獻 / 獻　初唐 古文尙書

181 죽내본 「盤」, 길림본 「磐」. 아래의 용례를 통해 「磐」로 판독.
　원문: 磐 / 磐 / 磐　隋 智永 關中本千字文

182 죽내본·길림본 「但」. 자형에 따라 「但」로 판독.
　원문: 但

183 죽내본·길림본 「牛」. 아래의 용례를 통해 「牛」로 판독.
　원문: 牛 / 牛 / 牛　初唐 古文尙書

교감문 · 역주 · 참고자료

01 南浦開基, 趙佗¹構其遙緒,

남포²에서 기업을 열었으니, 조타는 멀리 후손을 이어갔고,

漢書曰: "南越王趙³佗, 眞[定]⁴之人. 秦并天下, 略定揚⁵越, 置桂林 · 南海 · 象郡. 秦末⁶ 南海尉任囂病且死, 召龍川令趙佗語⁷: '聞⁸陳勝等作亂, 豪桀⁹叛秦相立. 南海辟遠, 恐盜兵侵此. 吾欲興兵絶¹⁰新道, 自備待¹¹諸侯變. 會病且甚, 故召公告之.' 卽被¹²書, 行南海尉事. 囂死, 佗卽移檄告橫浦 · 陽山 · 湟谿關¹³曰: '盜兵且至, 急絶道聚兵自守'. 秦滅, 佗卽擊幷桂林 · 象郡, 自立南越武王. 高帝已定天下, 遣陸賈立佗爲南越王. 與剖¹⁴符通使. 使和輯¹⁵百[越]¹⁶, 毋爲邊害也."

---

1 원문 「他」. 죽내본 원문대로, 탕천본 · 길림본 「佗」로 교감. 조타라는 인물을 가리키므로 『한서』를 참조하여 「佗」로 교감.
2 南浦는 현재 광동성 동관시에 해당된다.
3 원문 「越」. 죽내본 · 탕천본 · 길림본 「趙」로 교감. 인명이므로 『한서』를 참조하여 「趙」로 교감.
4 원문에는 글자가 없다. 죽내본 · 탕천본 · 길림본 「定」을 보입. 진정이라는 조타의 출생지를 지칭하는 부분이므로 「定」을 보입.
5 원문 「楊」. 죽내본 · 탕천본 「揚」로 교감. 『한서』의 기록을 참조하여 「揚」로 교감.
6 원문 「未」. 길림본 「末」로 교감. 문맥상 「末」로 교감.
7 원문에는 글자가 없다. 탕천본 · 길림본 「曰」 보입. 그러나 보입하지 않아도 뜻이 통하므로 보입하지 않음.
8 원문 「間」. 죽내본 · 탕천본 · 길림본 「聞」으로 교감. 문맥상 「聞」으로 교감.
9 원문 「桀」. 죽내본 「傑」로 교감. 원문대로 두어도 뜻이 통하므로 교감하지 않음.
10 원문 「阮」. 탕천본 · 길림본 「絶」로 교감. 의미상 끊는다는 뜻의 「絶」로 교감.
11 원문 「侍」. 죽내본 · 탕천본 · 길림본 「待」로 교감. 의미상 「待」로 교감.
12 원문에는 글자가 없다. 길림본 「佗」 보입. 그러나 보입하지 않아도 뜻이 통하므로 원문대로 둠.
13 원문 「開」. 죽내본 · 탕천본 · 길림본 「關」으로 교감. 내용상 「關」으로 교감.
14 원문 「部」. 죽내본 · 탕천본 · 길림본 「剖」로 교감. 『한서』의 기록을 참조하여 「剖」로 교감.
15 원문 「輶」. 탕천본 · 길림본 「輯」 교감. 의미상 「輯」로 교감.
16 원문에는 글자가 없다. 죽내본 · 길림본 「粤」 보입. 『漢書』에 따라 「越」 보입.

『한서』에 다음과 같이 전한다. "남월왕 조타[17]는 진정[18]사람이다. 진이 천하를 병합하고 양월[19]을 공략하여 평정하고, 계림[군][20]·남해[군][21]·상군[22]을 설치하였다. 진말에 남해위 임오가 병들어 죽음에 임박해서, 용천[현]령[23] 조타를 불러 다음과 같이 말하였다. '진승 등이 난을 일으키고, 호걸들은 진을 배반하고 서로 일어난다고 들었소. 남해[군]은 멀리 치우쳐 있지만, 도적떼 같은 군사들이 이곳을 칠까 두렵소. 내가 군사를 일으켜 신도[24]를 끊고 스스로 방비하여 제후들이 [일으킨] 변고에 대비하고자 하였으나, 때마침 병이 들어 이처럼 깊어지니, 고로 이를 공에게 알라고자 불렀소.' 즉시 [조타에게] 조서로 남해위 일을 행하게 했다. [임]오가 죽자 [조]타는 곧 횡포[관][25]·양산[관][26]·황계관[27]에 격문을 돌려 포고하여 다음과 같이 말했다. '도적

---

17 『史記』에는 '尉佗'라고 기록되어 있다(동북아역사재단 편,『漢書 外國傳 譯註』下, 동북아역사재단, 2009, 297쪽).

18 眞定은 顔師古『漢書』 注에 의거하면, 진정은 본래 초의 현이었다고 한다. 또 『史記索隱』에 인용된 韋昭에 따르면, 처음에는 군명이었는데 뒤에 현으로 바뀌었다고 한다. 전한 초에 설치되어 常山郡에 속하였다. 漢武帝 元鼎 4년(기원전 113)에 眞定國으로 바뀌었으며, 치소는 현재 河北省 正定 남쪽에 있다(동북아역사재단 편, 위의 책, 297쪽).

19 越과 粤은 통용자이며 고대 강남 토착인들은 '人'이라는 발음을 '粤'로 발음하였으므로 越은 人이라는 뜻을 가지고 있다.『史記』에는 南越이라 표기되어 있으며『漢書』에는 南粤이라 표기되어 있다. 원래는 族名이었으나, 趙佗가 세운 國名이 되었다. 강역은 현재 廣東과 廣西 지구를 포함하여 남쪽으로는 월남 북부까지, 북쪽으로는 湖南省과 貴州省 남부까지 해당한다. 秦이 6國을 통일한 뒤 이 지역에 桂林·南海·象郡 3군을 설치하여 관리하였다.『史記正義』는 廣州 南海縣에 도읍하였다고 전하고 있는데, 秦始皇 33년에 嶺南을 통일한 뒤 南海郡을 설치하였다. 군 치소는 番禺城이었다. 현재 廣州市 越秀區 내에 속한다(동북아역사재단 편, 위의 책, 297~298쪽).

20 桂林郡은 秦始皇 33년(기원전 214)에 설치되었다. 현재 廣西 대부분 지역을 포괄한다. 郡의 治所는 布山縣(현재 廣西省 貴港市) 혹은 현재의 廣西省 桂平市 西南이라고 하여 불분명하다.『索隱』은『漢書』地理志를 인용하여 桂林郡이 武帝 때 鬱林郡으로 개명되었다고 전한다(동북아역사재단 편, 위의 책, 298쪽).

21 南海郡은 秦始皇 33년(기원전 214)에 설치되었다. 4개의 현(番禺, 四會, 博羅, 龍川) 또는 6개 현(番禺, 四會, 博羅, 龍川, 冽江, 揭揚)을 관할했다고 전한다. 郡의 治所는 番禺(현재 廣州)였으며, 주요 관할 지역은 현재 廣東省에 있다.

22 象郡은『索隱』에 따르면, 秦始皇 33년(기원전 214) 陸梁의 땅을 공략하여 이곳에 南海, 桂林, 象郡을 설치하면서부터 있었다고 하는데, 또「地理志」에는 武帝 때 日南郡으로 개명하였다고 전한다. 그 治所가 어디에 있었는가에 대해서는 첫째, 漢代 日南郡이 곧 秦代 象郡이라는 설과 둘째, 秦代 설치된 후 漢 昭帝元鳳 5년 가을에 폐지하고 그 땅에 郁林, 柯 두 郡을 설치했다는 郁林설이 있다(李龍章,「秦汉象郡新析」『秦俑秦文化研究』). 郡 치소는 臨塵(현 廣西省 崇左)이었으며, 일설에는 象林(현재 越南 維州 南茶轎) 또는 盧容(현재의 越南 順化 東北)이었다고 한다.

23 『顔師古注』에서 "龍川은 南海郡 소속의 縣으로, 현재 순주(龍川, 南海之縣也, 卽今之循州)"라고 하였다. 그 지명의 유래에 대해서는, 南宋의 裴淵이 편찬한『廣州記』(『史記正義』에 인용)에, 원래 博羅縣의 東鄉이었는데, 용이 땅에서 나온 뒤 그 구멍에서 샘이 흘러나와 龍川이라 부르게 되었다고 전하고 있다.『史記』「主父偃傳」에 따르면, 秦이 百越을 평정할 때 조타와 屠睢가 군을 이끌었는데, 도수의 군대는 서쪽 서구 지역에서 참패하여 시체가 수십 만에 이르렀으나 동쪽 조타의 군대는 越人의 지지를 얻으며 진군하니 閩越 일대를 확고하게 장악하였다. 秦始皇 33년(기원전 214)에 마침내 임오가 장군이 되고 조타가 그 보좌로서 백월을 평정하니, 임오는 남해군위에, 조타는 龍川令에 임명되었다고 전한다. 唐代『元和郡縣志』卷34 '河源縣'조에 보면, "용천고성은 하원현 동북수로 175리에 있다. 진의 용천현이다. 진의 남해위 임오가 병들자 용천령 조타를 불러 그에게 정사를 맡겼는데, 바로 이곳이다"라고 하였다(동북아역사재단 편, 앞의 책, 299쪽).

24 顔師古注에 따르면, "진이 개척한 월로 통하는 도로(秦所開越道也)"이다. 즉 秦이 嶺南에 개척한 南海郡 등 3郡과 연결된 도로를 말한다(동북아역사재단 편, 앞의 책, 299쪽).

25 현재의 廣東省 南雄縣 동북에서 江西省 大餘縣 西南 大庾嶺 위에 있는 梅關을 말하며 秦關이라고도 한다. 대유령에서 횡포관으로 이어지는 關道는 江西와 廣東을 잇는 가장 중요한 교통로 중의 하나였다(史爲樂 主編,『中國歷史地名大辭典』, 中國社會科學出版社, 2005).『索隱』에 인용된『南康記』에 따르면, 南野縣 大庾嶺 30리에서 橫浦에 이르는 사이에 秦代 설치된 關이 있었

때 같은 군대가 장차 들이닥칠 터이니, 서둘러 길을 끊고 병사들을 소집하여 스스로 지키도록 하라.' 진이 망하자 [조]타는 곧 계림[군]과 상군을 쳐서 병합하고 스스로 남월무왕에 즉위하였다. 고제(기원전 202~195)가 천하를 평정한 후 육가를 보내어 [조]타를 남월왕으로 삼았다. 부를 나누어주어 사신을 왕래토록 하였다. [조타로] 하여금 백월을 평화롭게 모아 변경에 해가 되지 않도록 하였다."

• 참고

『漢書』卷95 兩粵　南粵王趙佗 眞定人也 秦幷天下 略定揚粵 置桂林 南海 象郡 以適徙民與粵雜處 十三歲 至二世時 南海尉任囂病且死 召龍川令趙佗 語日 聞陳勝等作亂 豪桀叛秦相立 南海辟遠 恐盜兵侵此 吾欲興兵絶新道 自備待諸侯變 會疾甚 且番禺負山險阻 南北東西數千里 頗有中國人相輔 此亦一州之主 可爲國 郡中長吏亡足與謀者 故召公告之 卽被佗書 行南海尉事 囂死 佗卽移檄告橫浦 陽山 湟谿關 曰盜兵且至 急絶道聚兵自守 因稍以法誅秦所置吏 以其黨爲守假 秦已滅 佗卽擊幷桂林 象郡 自立爲南粵武王 高帝已定天下 爲中國勞苦 故釋佗不誅 十一年 遣陸賈立佗爲南粵王 與剖符通使 使和輯百粵 毋爲南邊害 與長沙接境

02　東甌闢壤, 句踐疏其濬源.

동구에서 땅을 개척했으니, 구천은 깊은 근원을 틔었다.

漢書曰: "閩越王無諸及越東海王搖[28], 其先皆越王句踐之後也. 姓駱[29]氏. 秦幷天下, 廢[30]爲君長, 以

다고 하는데, 그 아래의 지방 사람들은 이를 '塞上'이라 불렀다고 한다.

26　『索隱』에 인용된 「地理志」에 따르면, 揭陽郡에 陽山縣이 있는데, 이 縣 상류 백여 리쯤에 있다는 騎田嶺이 바로 陽山關이라고 한다. 현재의 廣東省 陽山 서북쪽에 있다.

27　『集解』에 인용된 徐廣에 따르면, 桂陽郡에 있으며 南海郡 소속인 四會縣과 연결된다고 하였다. 『索隱』은 황계를 날계(涅谿)라고 하였는데, 『漢書』가 '湟谿'라 하였고, 안사고주도 '湟音皇'이라 하여 황으로 읽었다. 「衛靑傳」과 「南粵傳」에 '出桂陽, 下湟水'에도 '황'으로 되어 있다. 그런데 姚察은 『史記』에 '涅'이라 되어 있다고 하고 鄒誕 역시 '涅'이라고 한 것으로 보아 '涅'이 조금 옛날에 가까울 것으로 추정하고 있다(索隱 "涅谿. 鄒氏 劉氏本並作 '涅', 音年結反. 漢書作 '湟谿', 音皇. 又 [衛靑傳] [南粵傳]云 '出桂陽, 下湟水' 是也. 而姚察云史記作 '涅', 今本作 '湟', 涅及湟不同, 良由隨聞則輒改故也. 水經云含匯縣南有匯浦關, 未知孰是. 然鄒誕作 '涅', 漢書作 '湟', 蓋近於古"). 실제로 涅水는 현재 세 곳으로 추정된다. 첫째, 지금 河南省 陳平縣 서쪽과 鄧縣 東越河이고, 둘째, 지금의 山西省 武鄕縣 서쪽이며, 셋째, 지금 廣東省 英德 서남쪽, 즉 廣東의 東江이다. 남월과 관련해서는 세 번째가 가장 유력한데, 문헌자료로는 『水經注』 「浪水注」의 "其餘水又東至龍川縣爲涅水"라고 하였다. 청대 전조망은 용천이 날수일 것으로 추정하고 있다(史爲樂 主編, 『中國歷史地名大辭典』, 中國社會科學出版社, 2005). 황수 또한 세 곳으로 추정되는데, 첫째, 하남성 공의시 서쪽, 둘째, 湟水로 廣東省 連州市 동남쪽 連江, 셋째, 洛都水, 樂都水 또는 西寧河로 靑海省 동부의 황하 상류의 지류이다. 이중 남월과 비교적 근접한 것은 두 번째 湟水로 여기에서 말하는 湟谿關은 廣東 連州 서북쪽에 설치한 關으로 보고 있다(史爲樂 主編, 위의 책, 2618쪽).

28　원문 「搖」. 죽내본·길림본 「搖」로 교감. 의미상 「搖」로 교감.

其地爲閩中郡. 及諸侯叛秦, 無諸及搖率越歸番陽令吳芮[31], 從諸侯滅秦. 擊項籍, 無諸·搖[32]帥[33]越人佐漢. 漢復立無諸爲閩越王, [王][34]閩中故地, [立][35]搖爲東海王, 都東甌也."

『한서』에 다음과 같이 전한다. "민월왕 무제와 월의 동해왕 요는 그 선조가 모두 월왕 구천의 후손이다. 성은 낙씨이다. 진이 천하를 병합할 때, 폐하여 군장으로 삼고 그 땅을 민중군으로 삼았다. 제후들이 진에 반기를 들자 무제와 요는 월 [백성]을 이끌고 파양[현]령 오예에게 귀부하여, 제후를 따라 진을 멸하였다. 항적을 공격할 때, 무제와 요는 월인을 통솔하여 한을 도왔다. 한은 다시 무제를 민월왕으로 즉위시켜 민중의 옛 땅에서 왕 노릇하게 하고, 월은 동해왕으로 즉위시켜 동구에 도읍하게 하였다."

・참고

『漢書』卷95 兩粵   閩粵王無諸及粵東海王搖 其先皆粵王句踐之後也 姓騶氏 秦幷天下 廢爲君長 以其地爲閩中郡 及諸侯畔秦 無諸 搖率粵歸番陽令吳芮 所謂番君者也 從諸侯滅秦 當是時 項羽主命 不王也 以故不佐楚 漢擊項籍 無諸 搖帥粵人佐漢 漢五年 復立無諸爲閩粵王 王閩中故地 都冶 孝惠三年 擧高帝時粵功 曰閩君搖功多 其民便附 乃立搖爲東海王 都東甌 世號曰東甌王

03 陸子馳軒, 僭擬之名斯替.
육자(육가)가 수레를 내달리니, 참람되이 견주었던 명호가 이에 바뀌었다.

漢書曰: "高后[36]時, 有司諸[37]禁南越關市鐵器. 趙佗乃[38]自尊[39]號爲南武帝, 發兵攻長沙. 東西萬餘

---

29 원문 「駱」. 탕천본·길림본 원문대로, 죽내본 「騶」로 교감. 『集解』에 인용된 徐廣에 따르면, 騶는 '駱'으로도 되어 있다. 『索隱』도 徐廣설을 인용하여 '歐駱'을 말하며 姓이 騶씨는 아니라고 하였다. 陳直도 『史記新證』에서 騶氏는 齊나라의 大姓으로 閩越에 이 성이 있었다는 말을 듣지 못했다고 하며 와전된 듯하다고 추정하고 있다(동북아역사재단 편, 앞의 책, 335쪽). 이를 참조하여 원문대로 둠.

30 원문 「癈」. 죽내본·탕천본·길림본 「廢」로 교감. 의미상 『한서』를 참조하여 「廢」로 교감.

31 원문 「芮」. 죽내본·탕천본·길림본 「芮」로 교감. 인명이므로 『한서』를 참조하여 「芮」로 교감.

32 원문 「㮨」. 죽내본·탕천본 「搖」로, 길림본 「揺」로 교감. 정문과 주문의 앞부분을 참조하여 「搖」로 교감.

33 원문 「師」. 죽내본 원문대로, 탕천본·길림본 「帥」로 교감. 문맥상 「帥」로 교감.

34 원문에는 글자가 없다. 탕천본·길림본 「王」 보입. 문장 구조상 동사의 역할을 할 수 있는 「王」을 보입.

35 원문에는 글자가 없다. 탕천본·길림본 「立」 보입. 앞 구절의 문장 구조를 참조하여 「立」을 보입.

36 원문 「右」. 죽내본·길림본 「后」로 교감. 유방의 황후인 고황후를 가리키는 듯하다. 이에 『한서』를 참조하여 「后」로 교감.

37 원문 「諸」. 죽내본·탕천본·길림본 「請」으로 교감. 그러나 교감하지 않아도 뜻이 통하므로 원문대로 둠.

38 원문 「及」. 죽내본 원문대로, 탕천본·길림본 「乃」로 교감. 문맥상 「乃」로 교감.

39 원문 「算」. 죽내본·탕천본·길림본 「尊」으로 교감. 의미상 높힌다는 뜻의 「尊」으로 교감.

里. 乃乘黃屋左[40]纛, 稱制, 與中[國][41]侔. 文[42]帝[43]初[44], 乃爲佗親冢在眞[45]定, 置守邑, 召[46]其從昆弟, 尊官厚賜寵之. 乃召[47]陸賈爲太中大夫, [往][48]使賜, 佗乃[49]書頓首謝, 願之也[50]."

『한서』에 다음과 같이 전한다. "고후 때 유사가 [모든] 남월의 관시에서 철기[의 교역]를 금지했다. 조타는 이에 스스로를 높여 남무제라 하고 군사를 일으켜 장사를 공격했다. [월은] 동서로 만 여리가 되었다. 이내 황옥과 좌독[을 갖춘 수레]를 타고 칭제하며 중국과 같이 따랐다. 문제(재위: 기원전 180~기원전 157) 초에, [조]타의 선친 무덤이 진정에 있었기 때문에 수읍을 설치하고, 그의 종형제를 불러 높은 관직을 높이고 후하게 하사하며 그들을 총애하였다. 그리고 육가를 불러 태중대부로 삼고 [조타에게] 사신으로 가게 하여 [서신을] 내리니, [조]타가 이내 머리를 조아려 사죄하고, 그렇게 하기를 바랐다."

• 참고

『漢書』卷95 兩粵　高后時 有司請禁粵關市鐵器 佗曰 高皇帝立我 通使物 今高后聽讒臣 別異蠻夷 隔絶器物 此必長沙王計 欲倚中國 擊滅南海幷王之 自爲功也 於是佗乃自尊號爲南武帝 發兵攻長沙邊 敗數縣焉 高后遣將軍隆慮侯竈擊之 會暑溼 士卒大疫 兵不能隃領 歲餘 高后崩 卽罷兵 佗因此以兵威財物賂遺閩粵 西甌駱 役屬焉 東西萬餘里 乃乘黃屋左纛 稱制 與中國侔 文帝元年 初鎭撫天下 使告諸侯四夷從代來卽位意 諭盛德焉 乃爲佗親冢在眞定置守邑 歲時奉祀 召其從昆弟 尊官厚賜寵之 詔丞相平擧可使粵者 平言陸賈先帝時使粵 上召賈爲太中大夫 謁者一人爲副使 賜佗書曰皇帝謹問南粵王 甚苦心勞意 朕 高皇帝側室之子 棄外奉北藩于代 道里遼遠 壅蔽樸愚 未嘗致書 高皇帝棄羣臣 孝惠皇帝卽世 高后(白)[自]臨事 不幸有疾 日進不衰 以故誖暴乎治 諸呂爲變故亂法 不能獨制 乃取它姓子爲孝惠皇帝嗣 賴宗廟之靈 功臣之力 誅之已畢 朕以王侯吏不釋之故 不得不立 今卽位 乃者聞王遺將軍隆慮侯書 求親昆弟 請罷長沙兩將軍 朕以王書罷將軍博陽侯 親昆弟在眞定者 已遣人存問 脩治先人冢 前日聞王發兵於邊 爲寇災不止 當其時長沙苦之 南郡尤甚 雖王之國 庸獨利乎 必多殺士卒 傷良將吏 寡人之妻 孤人之子 獨人父母 得一亡十 朕不忍爲也 朕欲定地犬牙相入者 以問吏 吏曰 高皇帝所以介長沙土也 朕不得擅變焉 吏曰 得王之地不足以爲大 得王之財不足以爲富 服領以南 王

40　원문「尤」. 죽내본·탕천본·길림본「左」로 교감. 내용상 황제의 수레 장식인 좌독을 가리키는 듯하므로「左」로 교감.

41　원문에는 글자가 없다. 탕천본·길림본「國」보입. 중국을 가리키는 듯하므로『한서』의 내용을 참조하여「國」보입.

42　원문「父」. 죽내본·탕천본·길림본「文」으로 교감. 내용상 한 문제를 가리키는 듯하므로「文」으로 교감.

43　원문에는 글자가 없다. 탕천본「元年」보입하였으나 보입하지 않아도 뜻이 통함. 이에 원문대로 둠.

44　원문에는 글자가 없다. 탕천본「鎭撫天下」를 보입. 보입하지 않아도 뜻이 통하므로 원문대로 둠.

45　원문「直」. 죽내본·탕천본·길림본「眞」으로 교감. 정문 1과『한서』의 내용을 참조하여「眞」으로 교감.

46　원문「召」. 탕천본 원문대로, 죽내본·길림본「名」으로 교감. 원문대로 두어도 뜻이 통하므로 교감하지 않음.

47　원문「名」. 죽내본 원문대로, 탕천본·길림본「召」로 교감. 문맥상 부른다는 의미의「召」로 교감.

48　원문에는 글자가 없다. 탕천본·길림본「往」보입. 정확한 의미 전달을 위해『한서』의 기록을 참조하여「往」을 보입.

49　원문「乃」. 길림본 원문대로, 죽내본 연문으로 간주함. 원문대로 두어도 뜻이 통하므로 교감하지 않음.

50　원문「之也」. 죽내본 원문대로, 탕천본·길림본「之也」를 생략하고「奉明詔」보입. 탕천본·길림본은『한서』의 기록을 참조하여 교감한 듯하다. 교감하면 명확한 의미 전달이 가능하나 원문대로 두어도 뜻이 통하지 않는 것은 아니므로 교감하지 않음.

自治之 雖然 王之號爲帝 兩帝並立 亡一乘之使以通其道 是爭也 爭而不讓 仁者不爲也 願與王分棄前患 終今以來 通使如故 故使賈馳諭告王朕意 王亦受之 毋爲寇災矣 上褚五十衣 中褚三十衣 下褚二十衣 遺王 願王聽樂娛憂 存問鄰國 陸賈至 南粵王恐 乃頓首謝 願奉明詔 長爲藩臣 奉貢職[51]

[西羌][52]

[西域][53]

01 眩人入獻表, 安息遐通.
환인이 입조해 표를 바치니, 안식[국]까지 편안하게 통하였다.

漢書曰: "安息國, 王[治][54]番兜城, 去長安一萬一千六百里. 北與康居, 東與烏[55]弋[56]山離, 西與條支接[57]. 武帝始遣使至安息, 王令將將二萬騎, 迎於東界. 東界去王都[數][58]千里, 行比至過數十城, 人[59]相屬. 因發使隨漢使者, 來觀[60]漢地. 以大鳥卵[61]及犁軒眩人, 獻於天子, 天子大說也."
『한서』에 다음과 같이 전한다. "안식국의 도읍은 번두성[62]이며, 장안과의 거리는 1만 1천 600리이다[63]. 북쪽으로는 강거, 동쪽으로는 오익산리, 서쪽으로는 조지와 접한다. 무제(재위: 기원전

---

51 『한서』 및 『후한서』의 「양월전」 부분을 참고했을 때 양월 뒷부분은 누락되었다고 생각된다.
52 『한원』 목차에 따르면 「西羌傳」에 대한 내용이 있어야 하나 후대에 전하는 과정에서 누락된 것으로 보인다.
53 『한서』 및 『후한서』의 「서역전」에서는 「婼羌國」·「拘彌國」으로 시작하며, 『한원』은 「서역전」에 전하는 국가 중 안식국이 가장 먼저 등장한다. 목차에서 표기된 '西域'의 내용이 없다는 점을 미루어 보면 현재 전하는 『翰苑』 「西域」의 앞부분 중 일부가 후대 필사하는 과정에서 누락된 것으로 보인다.
54 원문에는 글자가 없다. 탕천본·길림본 「治」 보입. 문맥상 「治」 보입.
55 원문 「焉」. 죽내본·탕천본·길림본 「烏」로 교감. 지명이므로 『한서』를 참조하여 「烏」로 교감.
56 원문 「戈」. 죽내본·탕천본·길림본 「弋」으로 교감. 지명이므로 『한서』를 참조하여 「弋」으로 교감.
57 원문 「棱」. 죽내본·길림본 「接」으로 교감. 문맥상 인접하다는 뜻의 「接」으로 교감.
58 원문에는 글자가 없다. 탕천본·길림본 「數」 보입. 정확한 의미 전달을 위해 『한서』를 참조하여 「數」 보입.
59 원문에는 글자가 없다. 탕천본·길림본 「民」 보입하였으나 보입하지 않아도 뜻이 통한다. 이에 원문대로 둠.
60 원문 「親」. 죽내본·탕천본·길림본 「觀」으로 교감. 문맥상 「觀」으로 교감.
61 원문 「邜」. 죽내본 원문대로, 탕천본·길림본 「卵」으로 교감. 『한서』의 기록을 참조하여 「卵」으로 교감.
62 番兜城: Parthia를 音寫한 것으로 보인다. 한편 『後漢書集解』에 安息의 수도는 和櫝(yua-d'uk)이며, 동쪽 변경지역에 木鹿(muk-luk)이라는 도시가 있고 小安息이라고 불리기도 했다고 하는데, 和櫝은 Hecatompylos를, 木鹿는 Muru 즉 현재의 Merv를 옮긴 것으로 추정되고 있다(Hulsewé, 1979, 115~116쪽).
63 "장안에서 11,600리"라고 하면 장안에서 大月氏까지의 거리와 동일한 셈인데, 大月氏에서 서쪽으로 49日行하면 安息에 도달한다는 大月氏國條의 기록과 배치된다(동북아역사재단 편, 앞의 책, 392쪽).

141~기원전 87)가 처음으로 사신을 보내 안식[국]에 이르자, 왕은 장수에게 2만의 기병을 거느리고 동쪽 경계에서 맞이하게 하였다. 동쪽 경계는 왕도에서 수천 리 떨어져 있어서, 가는 길에 수십 성을 지나야 이르며, 사람들은 잇달아 이어졌다. 이로 인해 한의 사신을 따라 사신을 보내어 한의 땅에 와서 보게 했다. [또한] 큰 새의 알과 이헌[64]의 환인을 천자에게 바치니 천자는 크게 기뻐하였다."

• 참고

『漢書』卷96 安息國   安息國 王治番兜城 去長安萬一千六百里 不屬都護 北與康居 東與烏弋山離 西與條支接 土地風氣 物類所有 民俗與烏弋 罽賓同 亦以銀爲錢 文獨爲王面 幕爲夫人面 王死輒更鑄錢 有大馬爵 其屬小大數百城 地方數千里 最大國也 臨嬀水 商賈車船行旁國 書革 旁行爲書記 武帝始遣使至安息 王令將將二萬騎迎於東界 東界去王都數千里 行比至 過數十城 人民相屬 因發使隨漢使者來觀漢地 以大鳥卵及犁軒眩人獻於漢 天子大說 安息東則大月氏

『史記』卷123 大宛   初 漢使至安息 安息王令將二萬騎迎於東界 東界去王都數千里 行比至 過數十城 人民相屬甚多 漢使還 而後發使隨漢使來觀漢廣大 以大鳥卵及黎軒善眩人獻于漢 及宛西小國驩潛 大益 宛東姑師 扜罙 蘇薤之屬 皆隨漢使獻見天子 天子大悅

02 妙[65]降烏孫, 泣對旃裘之俗,

미인이 오손[국]으로 시집가니, 울면서 전구의 풍속을 대하였고,

漢書曰: "烏孫國, 大昆彌[66][治][67]赤谷城, 去長安八千九百里. [東][68]與匈奴, 西北與康居, 西與大宛[69], 南與城郭諸國相接. 本塞地也. 武帝令張騫齎金幣往[70]賜. 元封中, 以江[71]都王建女細君[72]爲公主以妻焉[73], 賜乘輿[74]服御物. 昆莫年老, 語言不通, 公主悲愁, 自爲作歌曰: '吾家嫁我, 兮[75]天

---

64 犁軒은 大秦의 별칭으로 파르티아제국과 아라비아반도 서쪽에 위치해 있다.
65 원문「妣」. 길림본「妙」로 교감. 문맥상「妙」로 교감.
66 원문「繡」. 죽내본·탕천본·길림본「彌」로 교감. 국명이므로『한서』를 참조하여「彌」로 교감.
67 원문에는 글자가 없다. 탕천본·길림본「治」보입. 문맥상「治」보입.
68 원문에는 글자가 없다. 죽내본·탕천본·길림본「東」보입. 사방으로 접한 국가를 설명하는 부분이며, 東에 해당하는 글자가 없으므로「東」보입.
69 원문「苑」. 길림본「宛」으로 교감. 대완국이라는 국명이므로『한서』를 참조하여「宛」으로 교감.
70 원문에는 글자가 없다. 탕천본·길림본「致」보입. 그러나 교감하지 않아도 뜻이 통하므로 원문대로 둠.
71 원문「沖」. 탕천본·길림본「江」으로 교감.『한서』를 참조하여「江」으로 교감.
72 원문「居」. 죽내본·탕천본·길림본「君」으로 교감. 화번공주 중 한 명인 세군의 내용이므로 이를 참조하여「君」으로 교감.
73 원문「烏」. 죽내본·탕천본·길림본「焉」으로 교감. 문맥상「焉」으로 교감.

一方⁷⁶, 遠託⁷⁷異國, 兮⁷⁸烏孫王. 穹盧爲室, 兮旃爲牆⁷⁹, 以肉爲食, 兮酪爲漿. 居常土思, 兮心內傷, 願爲黃鵠, 兮歸故鄕.'"

『한서』에 다음과 같이 전한다. "오손국 대곤미⁸⁰의 도읍은 적곡성⁸¹이다. 장안과의 거리가 8천 900리이다. 동쪽으로는 흉노와, 서북쪽으로는 강거와, 서쪽으로는 대완과, 남쪽으로는 성곽이 있는 여러 나라들과 서로 접해 있다. 본래 변방의 땅이었다. 무제가 장건에게 금과 비단을 가지고 가서 하사하게 했다. 원봉 연간(기원전 110~기원전 105)에 강도왕 건의 딸 세군을 공주로 삼아 [오손왕에게] 시집을 보내고,⁸² 수레와 의복 등 황실의 물건을 하사했다. [오손의] 곤막은 늙었으며, [공주와] 언어가 통하지 않아, 공주는 슬퍼하여 스스로 노래를 지으니 [그 내용은] 다음과 같다. '나의 집에서는 나를 하늘 끝으로 시집보내어 멀리 이국 오손왕에게 맡겼다네. 궁려를 집으로 삼고 모포를 담장으로 삼으며, 고기를 밥으로 여기고 유즙을 국으로 삼았네. 항상 고향을 생각하는 그리움에 속마음은 상하니, 원컨대 누런 고니가 되어 고향에나 돌아가고파.'

• 참고
『漢書』 卷96 烏孫國　烏孫國 大昆彌治赤谷城 去長安八千九百里 戶十二萬 口六十三萬 勝兵十八萬八千八百人 相 大祿 左右大將二人 侯三人 大將 都尉各一人 大監二人 大吏一人 舍中大吏二人 騎君一人 東

74　원문 「興」. 죽내본·탕천본·길림본 「輿」로 교감. 문맥상 「輿」로 교감.
75　원문 「子」. 탕천본·길림본 「兮」로 교감. 시의 어구를 맞추기 위해 「兮」를 사용하므로 「兮」로 교감.
76　원문 「万」. 탕천본·길림본 「方」으로 교감. 문맥상 「方」으로 교감.
77　원문 「記」. 죽내본·탕천본·길림본 「託」으로 교감. 문맥상 「託」으로 교감.
78　원문 「子」. 죽내본 「于」, 탕천본·길림본 「兮」로 교감. 시의 어구를 맞추기 위해 「兮」를 사용하므로 「兮」로 교감. 이하 [子]는 「兮」로 교감.
79　원문 「檣」. 탕천본·길림본 「牆」으로 교감. 문맥상 「牆」으로 교감.
80　『史記』에서는 昆莫으로 표기되어 있으나, 『漢書』에서는 昆莫·昆彌가 혼용되고 있다. 顔師古는 昆莫을 昆彌라고 표기하게 된 연유에 대해서, 昆莫에서 昆을 취하고 獵驕靡에서 靡를 취했기 때문이며, 彌와 靡는 音이 서로 같아서 후일 昆彌와 靡가 통용되면서 그렇게 된 것이라고 하였다. 여기서 '大'昆彌라는 칭호가 사용된 것은 甘露 元年(전53) 漢이 烏孫을 分治하면서 大·小 昆彌의 구분이 생겨났기 때문이다(동북아역사재단 편, 앞의 책, 407쪽).
81　余太山은 이 말이 고대 중국의 少昊의 거처인 暘谷과 관련이 있다고 보았다. 즉 暘은 '밝다'는 뜻으로 동쪽 골짜기에 해가 뜨면서 밝아지기 때문에 暘谷이라는 이름이 붙여진 것으로 이것이 곧 赤谷과 같으며, 위치상으로는 이식 쿨 호 동남쪽 나린(Narin)河 상류역에 해당된다고 주장했다. 淸代의 徐松 역시 이 말을 意譯으로 간주하여 악수(Aqsu) 북쪽의 北鹽이라는 산이 붉은색이기 때문에 '赤谷'이라는 이름이 붙여졌을 것으로 추측했다. 그러나 Hulsewe는 赤谷이라는 말은 意譯이라기보다는 音譯일 가능성이 높은 것으로 보았다(동북아역사재단 편, 앞의 책, 407쪽).
82　『漢書』「匈奴傳上」에는 "한나라의 사신 楊信이 匈奴에 사신으로 갔는데, 그 당시 한나라는 동쪽으로 濊貊과 朝鮮을 정벌하여 郡으로 만들고, 또한 서쪽으로는 酒泉郡을 설치하여 胡와 羌 사이의 교통로를 隔絶시켰으며, 더 서쪽으로 月氏·大夏와 교통하여 翁主를 烏孫王의 妻로 삼게 함으로써 匈奴 西方의 援國들을 분열시켰다"는 기사가 보인다. 이로 미루어볼 때 楊信이 흉노에 사신으로 간 元封 4년(전107)년에는 이미 細君이 烏孫으로 시집을 간 것으로 볼 수 있을 것이다. 余太山 참조(동북아역사재단 편, 앞의 책, 413쪽).

至都護治所千七百二十一里 西至康居蕃內地五千里 地莽平 多雨 寒 山多松樠 不田作種樹 隨畜逐水草 與匈奴同俗 國多馬 富人至四五千匹 民剛惡 貪(狼)[狼]無信 多寇盜 最爲彊國 故服匈奴 後盛大 取羈屬 不肯往朝會 東與匈奴 西北與康居 西與大宛 南與城郭諸國相接 本塞地也 大月氏西破走塞王 塞王南越縣度 大月氏居其地 後烏孫昆莫擊破大月氏 大月氏徙西臣大夏 而烏孫昆莫居之 故烏孫民有塞種 大月氏種云 始張騫言烏孫本與大月氏共在敦煌間 今烏孫雖彊大 可厚賂招 令東居故地 妻以公主 與爲昆弟 以制匈奴 語在張騫傳 武帝卽位 令騫齎金幣往 昆莫見騫如單于禮 騫大慚 謂曰 天子致賜 王不拜 則還賜 昆莫起拜 其它如故 … 匈奴聞其與漢通 怒欲擊之 又漢使烏孫 乃出其南 抵大宛 月氏 相屬不絕 烏孫於是恐 使使獻馬 願得尙漢公主 爲昆弟 天子問羣臣 議許曰 必先內聘 然後遣女 烏孫以馬千匹聘 漢元封中 遣江都王建女細君爲公主 以妻焉 賜乘輿服御物 爲備官屬宦官侍御數百人 贈送甚盛 烏孫昆莫以爲右夫人 匈奴亦遣女妻昆莫 昆莫以爲左夫人 公主至其國 自治宮室居 歲時一再與昆莫會 置酒飲食 以幣帛賜王左右貴人 昆莫年老 語言不通 公主悲愁 自爲作歌曰 吾家嫁我兮天一方 遠託異國兮烏孫王 穹廬爲室兮旃爲牆 以肉爲食兮酪爲漿 居常土思兮心內傷 願爲黃鵠兮歸故鄉 天子聞而憐之 間歲遣使者持帷帳錦繡給遺焉

03 夢傳天竺, 欣覩金色之容.
꿈이 천축에서 전해지니, 기뻐하며 금색의 얼굴을 바라봤다.

後漢書曰: "天竺國一名身毒. 在月氏東南數千里. 俗與月氏同. 脩浮圖道, 不殺[83]伐, 遂以[84]俗. 從月氏高附國以西南至磐[85]起國, 皆身毒之地. 身毒別城有數百[86], 國[87]數十國置王. 雖各小異, 而俱[88]以身毒爲名. 土出犀·象·瑇瑁·金·銀·銅[89]·錫. 西與大秦通. 明帝夢見[金][90]人, 長[91]大頂有光明. 以問羣臣. 或[92]曰: '西方有神, 名曰佛. 其[93]形長丈六尺, 面黃金色.' 帝[94]於是遣使天竺, 問佛道法, 遂於中國圖畫形象焉. 楚王英始信其術, 中國因[95]此[96]有奉[97]道者."

---

83 원문「赦」. 죽내본·길림본「殺」로 교감. 문맥상『후한서』를 고려하여「殺」로 교감.
84 원문에는 글자가 없다. 죽내본·길림본「成」보입. 그러나 보입하지 않아도 뜻이 통하므로 원문대로 둠.
85 원문「般」. 죽내본·길림본「磐」으로 교감. 국명이므로『후한서』를 참조하여「磐」으로 교감.
86 원문「身毒別城有數百城宜數百」. 죽내본 원문대로, 탕천본「身毒有別城數百」, 길림본「身毒別城有數百城置長」으로 교감. 원문의 마지막 4자「城宜數百」은 연문으로 판단되므로「身毒別城有數百」으로 교감.
87 원문「國」. 죽내본 원문대로, 탕천본·길림본「別國」으로 교감. 보입하지 않아도 의미가 통하므로 원문대로 둠.
88 원문「居」. 죽내본「各」으로, 길림본「俱」로 교감. 문맥상「俱」로 교감.
89 원문에는 글자가 없다. 길림본「鐵鉛」을 보입하였으나 보입하지 않아도 뜻이 통하므로 원문대로 둠.
90 원문에는 글자가 없다. 죽내본·길림본「金」보입. 내용을 고려하여『후한서』에 따라「金」보입.
91 원문「廣」. 죽내본·길림본「長」으로 교감. 의미상「長」으로 교감.
92 원문「夷」. 죽내본·길림본「或」으로 교감. 의미상「或」으로 교감.
93 원문「不」. 죽내본·길림본「其」로 교감. 문맥상「其」로 교감.
94 원문「辛」. 죽내본·길림본「帝」로 교감. 의미상「帝」로 교감.

『후한서』에서 다음과 같이 전한다. "천축국은 일명 신독이라고도 한다. 월지의 동남쪽에서 수천리 되는 곳에 있다. 습속은 월지와 같다. 불교를 신봉하여 [사람을] 죽이거나 정벌하지 않았는데, 마침내 풍속이 되었다. 월지 고부국에서부터 서남쪽으로 [가면] 반기국[98]에 이르는데, 모두 신독의 땅이다. 신독은 별도의 성이 수백이 있으며, 국은 수십 국인데 왕을 두었다. 비록 각각 조금씩 다르지만 모두 신독을 이름으로 삼았다. [그] 땅에서는 물소·코끼리·대모·금·은·동·주석 등이 난다. 서쪽으로는 대진과 통한다. 명제(재위: 57~75)가 꿈에 금인을 보았는데, 장대하고 정수리에는 밝은 빛이 있었다. 이를 여러 신하들에게 물어보니, 혹자가 다음과 같이 말했다. '서방에 신이 있는데 이름은 부처라고 합니다. 그 형상은 키가 1장 6척이고, 얼굴은 황금색이라 합니다.' 황제가 이에 사신을 천축[국]에 보내 불도의 법을 물으니, 마침내 중국에서 [부처의] 형상을 그리게 된 것이다. 초왕 영[99]이 그 술법을 처음으로 믿었고, 중국에서는 이로 인하여 그 도를 받드는 자들이 생겼다."

• 참고
『後漢書』卷88 天竺　天竺國一名身毒 在月氏之東南數千里 俗與月氏同 而卑溼暑熱 其國臨大水 乘象而戰 其人弱於月氏 脩浮圖道 不殺伐 遂以成俗 從月氏 高附國以西 南至西海 東至磐起國 皆身毒之地 身毒有別城數百 城置長 別國數十 國置王 雖各小異 而俱以身毒爲名 其時皆屬月氏 月氏殺其王而置將 令統其人 土出象 犀玳瑁 金 銀 銅 鐵 鉛 錫 西與大秦通 有大秦珍物 又有細布 好毾㲪 諸香石蜜 胡椒 薑 黑鹽 … 世傳明帝夢見金人 長大 頂有光明 以問群臣 或曰 西方有神 名曰佛 其形長丈六尺而黃金色 帝於是遣使天竺問佛道法 遂於中國圖畫形像焉 楚王英始信其術 中國因此頗有奉其道者 後桓帝好神 數祀浮圖 老子 百姓稍有奉者 後遂轉盛

04　綏撫有方, 龜茲以之入賀,
먼 곳을 편안히 어루만지니, 구자[국]이 이에 조하하였고,

漢書曰: "龜茲國王治延城. 去長安七千四百八十里. 元康元年, 龜茲王[100]來朝賀. 王及夫人[皆

95　원문 「內」. 죽내본 원문대로, 길림본 「因」으로 교감. 문맥상 「因」으로 교감.
96　원문에는 글자가 없다. 길림본 「頗」를 보입했으나 보입하지 않아도 뜻이 통하므로 원문대로 둠.
97　원문에는 글자가 없다. 길림본 「其」를 보입했으나 보입하지 않아도 뜻이 통하므로 원문대로 둠.
98　『魏略』에 나오는 盤越과 같은 것으로 보이며, 베트남이나 미얀마에 위치했던 것으로 추정된다(동북아역사재단 편, 앞의 책, 256쪽).
99　초왕 영(?~71)은 광무제의 아들이며 후한 명제의 이복형제였다.
100　원문 「玉」. 탕천본 「王」으로 교감. 내용상 「王」으로 교감.

賜]¹⁰¹印綬. 夫人號稱公主, 賜以車騎·旗·鼓·歌吹數十人, 綺繡·雜繒·琦珍凡數千萬. 留且一年, 厚贈送之. 後數來朝賀, 樂漢衣服制度, 歸其國治宮室. 作徼道周¹⁰²衛, 出入傳呼撞鐘鼓, 如漢家儀. 外國胡人皆曰: '驢[非驢]¹⁰³, 馬[非馬]¹⁰⁴, [若]¹⁰⁵龜茲王, 所謂贏¹⁰⁶也.' 王死, 其子丞¹⁰⁷德自[謂]¹⁰⁸漢外孫. 成·哀[帝]¹⁰⁹時往¹¹⁰來尤數, 漢遇¹¹¹之亦甚親密¹¹²也."

『한서』에 다음과 같이 전한다. "구자국의 왕은 연성에 도읍했다. 장안과의 거리는 7천 480리이다. 원강 원년(기원전 65), 구자왕이 와서 조하하였다. [선제는] 왕과 부인에게 모두 인수를 하사했다¹¹³. 부인을 공주라고 부르고, 수레와 말, 깃발, 북, 노래 부르는 자와 악사 수십 명과 수놓인 비단과 여러 종류의 비단 및 귀한 진품 등 대략 수천만[전에 달하는 물품들]을 하사하였다. [또한] 1년간 머무르게 한 뒤 후한 선물을 주어 보냈다. 이후에 자주 와서 조하하며, 한의 의복과 제도를 즐기고 그 나라로 돌아가 궁실을 꾸몄다. [또한] 주위를 순찰하는 도로를 만들어, 출입할 때에는 서로 부르면서 종과 북을 치니 한 나라의 의례와 같았다. 외국의 호인들이 모두 다음과 같이 말했다. '나귀이나 [나귀가 아니며], 말이나 [말이 아닌 것이] 마치 구자왕 같으니 이른바 노새로구나.' 왕이 죽고 그 아들 승덕이 스스로 한의 외손이라고 말하였다. 성제·애제 연간(기원전 33~기원전 1)에 왕래한 것이 매우 빈번했는데, [그때마다] 한이 그를 대하는 것도 매우 친밀했다."

• 참고

『漢書』卷96 龜茲國　龜茲國 王治延城 去長安七千四百八十里 戶六千九百七十 口八萬一千三百一十七 勝兵二萬一千七十六人 大都尉丞 輔國侯 安國侯 擊胡侯 卻胡都尉 擊車師都尉 左右將 左右都尉 左右騎君 左右力輔君各一人 東西南北部千長各二人 卻胡君三人 譯長四人 南與精絕 東南與且末 西南與扜彌 北與烏孫 西

101　원문에는 글자가 없다. 죽내본 「賜」를, 길림본 「皆賜」를 보입. 문장 구조상 동사가 필요하며, 이에 『한서』를 참조하여 「皆賜」를 보입.
102　원문 「國」. 죽내본·길림본 「周」로 교감. 문맥상 「周」로 교감.
103　원문에는 글자가 없다. 길림본 「非驢」 보입. 『한서』를 참조하여 「非驢」 보입.
104　원문에는 글자가 없다. 길림본 「非馬」 보입. 『한서』를 참조하여 「非馬」 보입.
105　원문에는 갈자가 없다. 길림본 「若」 보입. 『한서』를 참조하여 「若」 보입.
106　원문 「贏」. 죽내본·탕천본 원문대로, 길림본 「騾」로 교감. 원문대로 두어도 뜻이 통하므로 교감하지 않음.
107　원문 「承」. 죽내본·탕천본 원문대로, 길림본 「丞」으로 교감. 『한서』에 따라 「丞」로 교감.
108　원문에는 글자가 없다. 죽내본·길림본 「謂」 보입. 내용을 고려하여 「謂」 보입.
109　원문에는 글자가 없다. 길림본 「帝」 보입. 보입하면 정확한 의미 전달이 가능하므로 『한서』를 참조하여 「帝」 보입.
110　원문 「住」. 길림본 「往」으로 교감. 문맥상 「往」로 교감.
111　원문 「過」. 죽내본·길림본 「遇」로 교감. 문맥상 「遇」로 교감.
112　원문 「蜜」. 죽내본·탕천본·길림본 「密」로 교감. 문맥상 「密」로 교감.
113　『漢書』「宣帝紀」에는 해당 사실이 기록되지 않았다.

與姑墨接 能鑄冶 有鉛 東至都護治所烏壘城三百五十里 … 元康元年 逐來朝賀 王及夫人皆賜印綬 夫人號稱公主 賜以車騎旗鼓 歌吹數十人 綺繡雜繒琦珍凡數千萬 留且一年 厚贈送之 後數來朝賀 樂漢衣服制度 歸其國 治宮室 作徼道周衛 出入傳呼 撞鐘鼓 如漢家儀 外國胡人皆曰 驢非驢 馬非馬 若龜茲王 所謂贏也 絳賓死 其子丞德自謂漢外孫 成 哀帝時往來尤數 漢遇之亦甚親密

05 招携[114]以禮, 疏勒於是來王.

예로써 불러 이끄니, 소륵이 이에 내조하였다.

後漢書曰: "疏勒,[115] 去洛陽萬三百里. 順帝時, 王臣磐[116]使奉獻, 帝拜臣磐[117]爲漢大都尉, 兄子臣勳爲守國司馬. 五年, 臣磐遣侍子 與大宛·莎車使俱[118]詣闕貢獻. 陽嘉二年, 臣磐復獻師子·封牛等."

『후한서』에 다음과 같이 전한다. "소륵[국]은 낙양과의 거리가 1만 300리이다. 순제 연간(125~144)에 왕 신반이 사신을 보내 헌상물을 바치니, 황제가 신반을 한대도위로 삼고, [그] 형의 아들 신훈을 수국사마로 삼았다[119]. [순제] 5년(130), 신반이 시자를 보내어 대완·사거의 사신과 함께 궐에 나아와 공물을 바쳤다[120]. 양가 2년(133), 신반이 다시 사자와 봉우 등을 바쳤다[121]."

• 참고
『後漢書』卷88 疏勒國　疏勒國去長史所居五千里 去洛陽萬三百里 領戶二萬一千 勝兵三萬餘人 … 帝永建二年 臣磐遣使奉獻 帝拜臣磐爲漢大都尉 兄子臣勳爲守國司馬 五年 臣磐遣侍子與大宛 莎車使俱詣闕貢獻 陽嘉二年 臣磐復獻師子 封牛 至靈帝建寧元年 疏勒王漢大都尉於獵中爲其季父和得所射殺 和得自立爲王 (五)[三]年 涼州刺史孟佗遣從事任涉將敦煌兵五百人 與戊(己)司馬曹寬 西域長史張晏 將焉耆 龜茲 車師前後部合三萬餘人 討疏勒 攻楨中城 四十餘日不能下 引去 其後疏勒王連相殺害 朝廷亦不能禁

---

114 원문 「携」. 죽내본·탕천본 원문대로, 길림본 「攜」로 교감. 두 글자는 뜻이 통하므로 원문대로 둠.
115 원문에는 글자가 없다. 탕천본·길림본 「國」 보입. 그러나 보입하지 않아도 뜻이 통하므로 원문대로 둠.
116 원문에는 글자가 없다. 탕천본·길림본 「遣」 보입하였으나 「使」에 동사적 의미도 있으므로 보입하지 않고 원문대로 둠.
117 원문 「盤」. 죽내본·길림본 「磐」으로 교감. 신반이 인명이므로 『한서』를 참조하여 「磐」으로 교감.
118 원문 「但」. 죽내본·탕천본·길림본 「俱」로 교감. 문맥상 「俱」로 교감.
119 『後漢書』「順帝紀」에 의하면 永建 2년(127) 三月.
120 『後漢書』「順帝紀」에 의하면 永建 5년(130) 正月.
121 『後漢書』「順帝紀」에 의하면 陽嘉 2년(133) 六月.

後敍
— 후서

판독문

敍曰 余以大唐顯慶¹五年²三月十二日祭³丑 晝寢⁴于并⁵州太原縣⁶之廉⁷平里焉 夢先⁸聖孔丘被服坐於堂⁹皇之上 余伏於座前而問之曰 夫子胡爲而制春秋乎 余兄越石在側 曰 夫子感麟¹⁰而作耳 余

---

1 죽내본·길림본「慶」. 아래의 용례를 통해「慶」으로 판독.
   慶 慶 慶 初唐 古文尙書

2 죽내본·길림본「年」. 아래의 용례를 통해「年」으로 판독.
   年 年 年 飛鳥 王勃詩序

3 죽내본「癸」, 길림본「祭」. 아래의 용례를 통해「祭」로 판독.
   祭 祭 祭 唐 春秋穀梁傳集解   癸 癸 唐 春秋穀梁傳集解

4 죽내본·길림본「寢」. 아래의 용례를 통해「寢」으로 판독.
   寢 寢 寢 隋 美人董氏墓誌

5 죽내본「幷」, 길림본「并」. 자형에 따라「并」으로 판독.
   幷

6 죽내본·길림본「縣」. 아래의 용례를 통해「縣」으로 판독.
   縣 縣 縣 初唐 禮記正義

7 죽내본·길림본「廉」. 아래의 용례를 통해「廉」으로 판독.
   廉 廉 廉 唐 老子德經下

8 죽내본·길림본「先」. 아래의 용례를 통해「先」으로 판독.
   先 先 先 唐 褚遂良 伊闕佛龕碑

對[11]曰 夫子徒以感麟爲名耳 其深[12]旨[13]何必[14]在麟耶 子曰 然 于時政道陵[15]夷[16] 禮樂[17]交喪 故因時事 裒[18]善貶過 以示一王之法 豈專在於麟乎 余又問 論語云[19] 浴乎[20]沂 風乎舞雩[21] 詠而歸 敢問何

---

9 죽내본·길림본 「堂」. 아래의 용례를 통해 「堂」으로 판독.
奈良 粟原寺鑪盤銘

10 죽내본·길림본 「麟」. 아래의 용례를 통해 「麟」으로 판독.
北魏 元願平妻王氏墓誌

11 죽내본·길림본 「對」. 아래의 용례를 통해 「對」로 판독.
唐 世說新書

12 죽내본·길림본 「深」. 아래의 용례를 통해 「深」으로 판독.
唐 歐陽詢 行書千字文

13 죽내본·길림본 「旨」. 아래의 용례를 통해 「旨」로 판독.
唐 世說新語

14 죽내본·길림본 「必」. 아래의 용례를 통해 「必」로 판독.
奈良 大字妙法蓮華經

15 죽내본·길림본 「陵」. 아래의 용례를 통해 「陵」으로 판독.
唐 褚遂良 溫彦博碑

16 죽내본·길림본 「夷」. 아래의 용례를 통해 「夷」로 판독.
唐 褚遂良 溫彦博碑

17 죽내본·길림본 「樂」. 아래의 용례를 통해 「樂」으로 판독.
初唐 毛詩傳

18 죽내본「裒(?)」, 길림본「褒」. 아래의 용례를 통해 「裒」로 판독.
唐 玄言新記明老部 / 唐 段志玄碑

19 죽내본·길림본 「云」. 아래의 용례를 통해 「云」으로 판독.
初唐 毛詩傳

20 죽내본·길림본 「乎」. 아래의 용례를 통해 「乎」로 판독.
唐 歐陽詢 行書千字文

謂也 子曰 亦各言其志也 余又問曰 人之生²²也 有夭²³壽乎 子曰 尒²⁴ 謂古之聖今之愚²⁵ 爲壽乎 爲夭乎 對曰 古今一死也 孰²⁶知其夭壽 子曰 然 夫不死不生者 自絶²⁷云住在生死之域 則彭祖与²⁸殤子 亦無以異也 余又問曰 夫子周人也 奚爲尙也存乎 夫子覠²⁹然而哭³⁰曰 非尒所及也 余又問曰 夫子聖者也 亦有居止之所乎 乃指³¹東牖³²下曰 吾居是矣³³ 余顧³⁴東牖前 有玄縵朱³⁵裏床上 似鋪

---

21 죽내본·길림본 「䨖」. 아래의 용례를 통해 「䨖」로 판독.

22 죽내본·길림본 「生」. 아래의 용례를 통해 「生」으로 판독.

23 죽내본·길림본 「夭」. 아래의 용례를 통해 「夭」로 판독.

24 죽내본「爾」, 길림본「尔」. 자형에 따라 「尒」로 판독.

25 죽내본·길림본 「愚」. 아래의 용례를 통해 「愚」로 판독.

26 죽내본「就」, 길림본「孰」. 아래의 용례를 통해 「孰」으로 판독.

27 죽내본·길림본 「絶」. 아래의 용례를 통해 「絶」로 판독.

28 죽내본·길림본 「与」. 자형에 따라 「与」로 판독.

29 죽내본「覠」, 길림본「覠」. 아래 「辰」의 용례를 통해 「覠」으로 판독.

30 죽내본「哭」, 길림본「笑」. 자형에 따라 「哭」로 판독.

31 죽내본·길림본 「指」. 아래의 용례를 통해 「指」로 판독.

緋耨³⁶ 有二侍者立於前 言終而寤³⁷ 懼焉³⁸而興 喟然而歎曰 昔夫子大聖也 尙稱曰 吾衰³⁹也久矣 不復夢見周公 余小 何子知焉 而神交於將聖 感而有述 遂著是書焉

32　죽내본·길림본「牖」. 아래의 용례를 통해「牖」로 판독.

33　죽내본·길림본「矣」. 아래의 용례를 통해「矣」로 판독.

34　죽내본「顧」, 길림본「頋」.「頋」는「顧」의 간체자이며, 자형에 따라「顧」로 판독.

35　죽내본·길림본「朱」. 아래의 용례를 통해「朱」로 판독.

36　죽내본·길림본「耨」. 자형에 따라「耨」로 판독.

37　죽내본·길림본「寤」. 아래의 용례를 통해「寤」로 판독.

38　죽내본「焉」, 길림본「然」. 자형에 따라「焉」으로 판독.

39　죽내본·길림본「衰」. 아래의 용례를 통해「衰」로 판독.

교감문 · 역주 · 참고자료

敍曰, 余以大唐顯慶五年三月十二日癸[1]丑, 晝寢于幷州太原縣之廉平里焉. 夢先聖孔丘被服坐於堂皇之上. 余伏於座前而問之曰: "夫子胡爲而制春秋乎." 余兄越石在側, 曰: "夫子感麟而作耳." 余對曰: "夫子徒以感麟爲名耳. 其深旨何必在麟耶." 子曰: "然. 于時政道陵夷, 禮樂交喪. 故因時事, 襃[2]善貶過, 以示一王之法, 豈專在於麟乎." 余又問[3]: "論語云: '浴乎沂, 風乎舞雩, 詠而歸.' 敢問何謂也." 子曰: "亦各言其志也." 余又問曰: "人之生也, 有夭壽乎." 子曰: "爾, 謂古之聖今之愚, 爲壽乎, 爲夭乎." 對曰: "古今一死也, 孰知其夭壽." 子曰: "然. 夫不死不生者, 自絶云[4]住在生死之域, 則彭祖與殤子, 亦無以異也." 余又問曰: "夫子周人也, 奚爲尙也存乎." 夫子顭[5]然而嘆[6]曰: "非爾所及也." 余又問曰: "夫子聖者也, 亦有居止之所乎." 乃指東牖下曰: "吾居是矣." 余顧東牖前, 有玄縵朱裏床上, 似鋪緋縟[7]. 有二侍者立於前, 言終而寤. 懼焉而興, 喟然而歎曰: "昔夫子大聖也. 尙稱曰: '吾衰也久矣, 不復夢見周公.' 余小, 子何[8]知焉. 而神交於將聖." 感而有述, 遂著是書焉.

서문은 다음과 같다. 내가 대당 현경 5년(660) 3월 12일 계축일에 병주 태원현 염평리에서 낮잠을 잤다. 옛 성인 공자께서 옷을 입고 관리가 집무하는 청사의 당상에 앉아 있는 꿈을 꾸었다. 나는 자리 앞에 엎드려서 그에게 물었다. "선생께서는 무엇 때문에 『춘추』를 지으셨습니까?" 내 형 월석이 옆에 있다가 말하였다. "선생께서는 기린이 잡힌 일에[9] 감응하여 지으셨

---

1 원문 「祭」. 죽내본·탕천본·길림본 「癸」. 문맥에 따라 「癸」로 교감.
2 원문 「哀」. 죽내본·길림본 「褒」, 탕천본 「襃」. 문맥과 자형에 따라 「襃」로 교감.
3 원문 「問」. 죽내본·길림본 원문대로, 탕천본 「問曰」. 보입 없이도 뜻이 통하므로 보입하지 않음.
4 원문 「絶云」. 죽내본·길림본 원문대로, 탕천본 「云絶」. 그대로 두어도 뜻이 통하므로 교감하지 않음.
5 원문 「顭」. 죽내본·탕천본 원문대로, 길림본 「矙」. 동일한 의미이므로 교감하지 않음.
6 원문 「嘆」. 죽내본·탕천본·길림본 「笑」. 동일한 의미이므로 교감하지 않음.
7 원문 「耨」. 죽내본 원문대로, 탕천본·길림본 「褥」. 문맥과 자형에 따라 「縟」으로 교감.
8 원문 「何子」. 죽내본 원문대로, 탕천본·길림본 「子何」. 문맥에 따라 「子何」로 교감.
9 麟은 '獲麟'의 줄임말. 춘추시대 魯 哀公 14년에 기린이 잡힌 일을 가리킨다. 孔子가 이 소식을 듣고 『春秋』의 저술을 마쳤다고

을 따름이다." 내가 대답하였다. "선생께서는 단지 기린이 잡힌 일에 감응하였다는 것을 명분으로 삼았을 뿐입니다. 그 깊은 뜻이 어찌 반드시 기린이 잡힌 일에 있었겠습니까?" 공자께서 말씀하셨다. "그렇다. 당시에 정사와 도는 점차 쇠퇴하였고[10] 예와 음악은 쇠락하였다. 그러므로 당시의 일로 인하여 잘한 것을 칭찬하고 잘못한 것을 꾸짖어서 한 왕의 법을 보여주었으니, 어찌 오로지 기린[이 잡힌 일]에 있겠는가?" 내가 또 물었다. "『논어』에서 '기수에서 목욕하고 무우에서 바람쐬며 시를 읊고 돌아간다'고 하였는데, 감히 묻건대 무엇을 말하는 것입니까?" 공자께서 말씀하셨다. "또한 각각 그 뜻을 말한 것이다." 내가 또 물었다. "사람이 태어나서 일찍 죽고 장수함이 있습니까?" 공자께서 말씀하셨다. "그대는 옛 성스러움과 지금의 어리석음을 장수한다고 말하는가? 일찍 죽는다고 말하는가?" 대답하였다. "예나 지금이나 한결같이 죽으니, 누가 그 일찍 죽고 장수함을 알겠습니까?" 공자께서 말씀하셨다. "그렇다. 대체로 죽지도 않고 살지도 않는 것이 저절로 사라져서 생사의 영역에 살고 있다고 한다면, [장수한] 팽조와 단명한 사람도 차이가 없는 것이다." 내가 또 물었다. "선생님께서는 주나라 때 사람인데 어째서 여전히 존재하고 계십니까?" 선생님께서 크게 웃으며 말하였다. "그대가 도달할 바가 아니다." 내가 또 물었다. "선생님께서는 성인이신데, 또한 살고 계시는 곳이 있습니까?" 곧 동쪽으로 난 창 아래를 가리키며 말하였다. "나는 여기에 거처한다." 내가 동쪽으로 난 창 앞을 돌아보니, 평상 위에 검은 무늬 없는 비단과 붉은 색의 안감이 있어 붉은 요를 펴 놓은 것 같았다. 두 명의 시자가 있어 앞에 서 있었는데, 말이 끝나자 잠에서 깨었다. 걱정하며 일어나서 한숨 쉬며 탄식하고 말하였다. "옛날에 선생님께서는 큰 성인이셨는데도 오히려 '나는 쇠퇴하고 오래되었다. 다시 꿈에서 주공을 뵐 수 있겠는가?'라고 말씀하셨다. 나는 보잘 것 없는데 선생님께서 어찌 [나를] 아셨겠는가? [타고나신] 성현을 신령함으로 뵈었다." 감응하여 서술했으니, 마침내 이 책을 저술하였다.

한다.

10 陵夷는 처음에는 번성하다가 나중에는 쇠퇴함을 이르는 말. 『漢書』 卷10 成帝紀에 "帝王之道日以陵夷"라는 구절이 있고, 해당 부분의 顔師古注에 "陵 丘陵也 夷 平也 言其頹替若丘陵之漸平也"라고 되어 있다.

翰苑

『한원』 원문은 맨 뒤에서부터 시작합니다.

欤而歎曰昔夫子大聖也尚稱曰吾衰也
久矣不復夢見周公余小何子知焉而神交
於將聖感而有述遂著是書焉

其夭壽子曰然夫不死不生者自飽去任
在死之域則彭祖与殤子亦無以異也余
人問曰夫子周人也奚為尚也存字夫子顰
然而嘆曰非介所及也余又問曰夫子聖者
也亦有居止之所字乃指東牖下曰吾居是
矣余顧東牖前有玄綟朱裹床上似鋪緋
䄄有二侍者立於前言終而寤懼焉而興嘗

以感麟為名耳其深有何必在麟耶子
曰然于時政道陵夷禮樂交喪故因時事
裏善貶過以示一王之法豈專在於麟字
余人問論語玄浴乎沂風乎舞雩詠而歸
敢問何謂也子曰亦各言其志也余人問曰
人之生也有夭壽乎子曰尒謂古之聖今之
愚為壽乎為夭乎對曰古今一死也孰知

三百里順帝時王臣磐便奉獻帝拜臣鷖爲漢大都尉
兄子臣勳爲守國司馬五年臣磐遣侍子与大宛莎車便倶
詣闕貢獻陽嘉二年臣
磐復獻師子封牛等

敞曰余以大唐顯慶五年三月十二日癸丑
畫寢于幷州太原縣之康平里焉夢先聖
孔丘被脹坐於堂皇之上余伏於座前
而問之曰夫子胡爲而制春秋乎余兄趨
石在側曰夫子感麟而作耳余對曰夫子徒

國數十國置王雖谷小異而居以身毒為名士出犀象毒瑁金銀銅鉄錫西與大秦通明帝夢見人廣大頂有光明以問群臣或曰西方有神名曰佛不取長丈六尺而黃金色辛於是遣使天竺問佛道法遂於中國圖畫形象焉楚王英始信其術中國內綏撫有方龜茲以之入賀漢書此有奉道者

茲國王治延城去城長安七千四百八十里元康元年龜茲王來朝賀王及夫人卯綬夫人號稱公主賜以車騎旗鼓歌吹數十人綺繡雜繒琦珎凡數千萬留且一年厚贈送之後數來朝賀樂漢衣服制度歸其治宮室作徼道

周衛出入傳呼撞鍾鼓如漢家儀外國朝人皆曰驢馬龜茲王所謂驢非驢也王死其子承德自漢外孫成袁時任來九

數漢過之亦柏攜以禮跡勒於是來王

甚親蜜也 後漢書曰跡勒去洽陽方

東界去王都千里行北至過魏十城人相屬曰葵使隨漢
使者來觀漢地以大鳥及郎鞬眩人獻於天子天子
大說 媲降為孫涇 對獼裘之俗 漢書曰烏孫國
也 去長安八千九百里与匈奴西北与康居西与大苑南与
城郭諸國接本塞地也武帝令張騫齎金幣往賜元封
中以仲都王建女細君為公主妻以妻烏孫昆弥御物昆
莫年老語言不通公主悲愁自為作歌曰吾家嫁我兮天
一方遠記異國兮為孫王穹廬為室兮旃為牆以肉為食
子酪為漿居常土思兮心内傷願為黃鵠兮歸故鄉
夢傳天笁欣觀金色姿容 後漢書曰天笁國一名身
毒在月氏東南至西數千
里俗与月氏同俯浮圖道不殺伐遂以倍從月氏高附國以
西南至䏶起國皆身毒之地身毒別城有數百城宜數百

漢書曰閩越王無諸及越東海王搖其先皆越王句踐之後也姓騶氏秦并天下癈爲君長以其地爲閩中郡及諸侯畔秦無諸及搖率越歸鄱陽令吳芮從諸侯滅秦擊項籍無諸捏帥越人佐漢乙復立無諸爲閩越王閩中故地搖爲東海王都東甌也

漢書曰高右時有司謹禁南越關市鐵器趙他及旬尊䍐稱爲南武帝蕟兵攻長沙東西萬餘里乃乘黃屋无盡稱制与中侔父帝初乃爲他親家在直定置守邑曰其從昆弟尊官厚賜寵臣乃名陸賈爲太中大夫使賜他乃書他乃頓之也

眠人入獻表安息邅通國王番兜城

漢書曰安息去長安一万一千六百里北与康居東与焉戈山離西与條交楼武帝始遣使至安息王令将乚二万騎迎於東界

人和在位十七年卒人庚愛慕如襲父母蘩郡斯吏二百餘人廟羊送喪至俞李安漢起墳祭祀詔書書爲立祠堂云乙

兩越

南浦開基趙他攬其遙緒 漢書曰南越王趙他真定人秦并天下略定楊越置桂林南海象郡秦末南海尉任囂病且死召龍川令趙他語囚陳勝等作亂豪桀叛秦相立南海僻遠恐盜兵侵此吾欲興兵阮新道自備侍諸侯變會病且甚故乃公吉之即被書行南海尉事囂死他即移檄吉橫浦陽山湟谿關曰盜兵且至急絶道聚兵自守秦賊他即擊并桂林象郡自立南越武王高帝已定天下遣陸賈立他爲南越王与部符通使乙和輯百毋爲邊害也 東甌關孃句踐踪其階源

十二年置萑牢博南二縣割益州郡西部都尉所領
六縣合為永昌郡始通博南山度蘭倉永行者若之
歌曰漢德廣開不賓度博南越蘭津度蘭倉他人襄軍
人甘辛苦鼻僨耳其渠帥自謂王者耳骨不眉三寸凡人則
至肩而巴地淡羮
置五穀蠶桑也
後漢書曰安帝永昌益州夷皆叛乃遣從事蜀郡楊竦
將兵至楪榆擊之賦盛未敢進先以詔書告示重其
購賞乃進兵斬首三万餧級獲級馼
降疎等惶怖斬其同講渠帥誼竦气
四千餘万以賞軍工封離等慣怖
降疎厚以慰納其餘卅六種能来伯降竦因奏長史折
槢傲犯蠻夷者九十人卅中論切未及上會疎病瘴
卒益州刺史張喬痛惜之刻石勒銘圖書像焉
張倉深仁表靈於祠宇　後漢書曰張倉為巴郡
太守政化情平得衆

楊竦高績託像於丹青

白狼槃木腐蕨等百有餘國戶百卅
餘万口六百万以上擧種奉貢世懷仁慕
帝偉於夷都 後漢書曰益州刺史朱輔上疏稱莋都
夷慕化羲任詩三章一曰大漢是治与
天合意吏偉平端不從我来開邪向化所見異多賜
繒布甘美酒食偶驤肉飛尽申悲備蠻夷貪薄無所
報副顎王長壽子孫昌熾二曰蠻夷所豪日入之部慕
義向化歸日出至晬德恩深与人富厚冬多雪夏多和
雨寒温時適部人多有沙砲歷險不遠万里去俗歸德
心歸慈母三曰荒服之外去地狀埠食衆長皮不見鹽
穀史譯傳風大漢安樂携角歸仁觸置除津高山崎峻
蘇崖磧石木薄菆家有宿到洛父子同賜懷怛泟邜傳
吉種人長 沐德興謠漸皇猷於倉水 後漢書曰
頗巨礦 明帝永平

開分廣漢西部合以為武都郡土地險阻有麻田出名
馬牛羊漆蜜五人里頗置貪貨死利居於偭池一名
仇池方百頃四面斗絕數為邊冠毋耻夷者咸率所開
元斯六年以為汶山郡主地至節三年人夷以五部賊
重帝乃省并蜀郡為北部都尉其山有六夷七羌九
五咨有部落其留王僕頗知書而法俗嚴重婦人黨
毋姊死則燒其尸土
氣多寒夏積水凍也 榺水曰狼慕化於永平之際
後漢書曰莋都夷者武帝所開以為莋都縣其人悍敢
惛左祚言語多好辟頗居象畧与汶山夷同土長牟神
藥仙人山圓所居焉祝斯六年以為沅梨郡至天漢四年
并罰為西部置兩部尉一治牛主僥外夷一治青衣主
漢人永平中益州刺史梁國朱輔好立功名州數徼宗
亦漢德威懷遠夷自攺山西以前代所不至正朔所不加

周迴二百餘里水源深廣而更逶狹有似倒流故謂之滇池
河王平敞乃出鸚鵡孔雀有鹽池田漁之饒金銀畜產之
富 長貴之裁枝根乃居印澤 後漢書曰印都夷者
也 後漢書曰印都
縣無夷而地脂為汗澤曰名為印池南人以為印向後
及牧元斯六年漢無自越雟水伐之以為越郡其土地平
源有橘曰頻縣同賜山有碧鸊金烏光景時之止見俗歲
遊陽而喜謳歌略与祥柯相類豪師敍繼難得制黎王
莽時郡守拕根調印人長貴以為軍候更史始二年
貴章鍾人改殺拕根自為印穀王後
武對長貴為印穀王後
又授越雟太守印綬之世 仇池没部飡和
仇池没部飡和於元斯之年 後漢書曰自馬五
者武帝元斯二年

置小王往之邑居散在谿谷絶愧荒外山川阻深生人以來未嘗交通中國武丁三年其王賢粟遣兵輕附塞威麕夢人猶為所禽獲於是震雷疾雨南風颯越水為道流翻淹二百餘里長寧之衆滿死者數千人賢粟復進其六王將万餘人改麕夢麕夢王与戰敗其六王長寧者委棄埋亓王夜歠復出其尸而食之餘衆驚怖引去賢粟乃惶恐謂其耆老曰我曹之寒自古有之今攻麕夢輙被天誅中國其有聖帝于天祐助之何其明也賢粟遂牽摧人詔越循太守鄭鴻降來內屬光武封賢粟等為君長 牂牁象之將楚牽

遂王滇池

後漢書曰滇王者牂牁之後也初楚須襄王時進將在豪從阮水代苁郡戚之因留王滇池元封二年武帝之以其地為益湖郡割掸柯越嶲各數縣龍之後數年復苓昆明池皆以爲之此郡有池

男十人後忧木化為龍出水上沙壹忽聞龍語曰若為我
生十子今悉何在九子見龍驚走獨子不能去背龍曰
䬣之真毋鳥語背為九謂坐為隆曰名山子曰九隆及後
長大諸兄以九隆能為父所䚟而黠遂共推以為三
三矦益達既配饗於牂柯 後漢書曰夜郎有䇿竹王
厥坐甚重乆求為立後牂柯太守吳霸以文子乃封其三
子為矦死配食父夜郎縣有竹王三郎神也而楚頃襄
王時遣特在豪後阮水伐之夜郎旱至且蘭䑿松牂牁
尖戦既盛戾郎以且蘭有豚䑿松牂柯䘮衆乃改其名為
牂 後漢書曰牢山下有
十子分曹竟馳誠於越裳 一夫一婦復生十子女
柯
筴牢武九隆兄弟第一人皆東以為妻後衛相繼長種人皆
刻畵其身象龍文長皆者尾九隆死佗之相継乃分

夜郎啓攬受契浮竹之靈　後漢書曰西南夷者皆在蜀都徼外有夜郎
國東樓受阯西慎國慎國北有竹都國各立居長其人守
推髻左枉邑張而居皆耕田其外有布彊昆明諸諾西
極同師東北至葉榆地方數千里無君長辭歆隨畜遷
從無常自布彊東北有荏都國往都國東北有冉駹
國冉駹土者戒隨畜遷徙自毋歆東北有封爲國五種也此三
國亦有君長夜郎者初有女子浣於豚水有三節大竹
浮入足間其中有號聲部竹視之得一男歸而養之乃
長有才武自立爲夜郎矣以竹爲姓武帝元鼎六年西南
夷爲牂柯郎夜郎侯逸降天長寧劉基虔符侃木
子賜其王卬綬後遂敕之
之亂　後漢書曰長寧夷者其先布之婦人名沙壹居于
牢山當捕魚水中觸沉水有若滅因懷十月產子

西南夷

輸祖賦餘戶乃歲入賨錢口卌代方為枝楯蠻夷之也
乙地既定乃遣還巴中復其渠師羅朴鄂度夕襲七姓不
犯秦輸清酒一鍾夷人安之至高祖為漢王叢夷人還伐
箠傷人者諸妝人得以錢贖死盟曰秦犯夷輸黃龍一雙夷
之而以夷人不歟加封乃刻石盟要復夷人頃田不租十妻不
有巴郡閬中夷人䣝怡日竹之怒乃登樓射殺百獸昭王嘉
餘人昭王乃重募國中有能然獸者賞邑万家金百溢時
獸常從群獸遊秦蜀巴漢之境傷害千
表黃龍之擔 後漢書曰枝楯蠻夷者秦昭襄王有一白
得以爵隂 登樓騁俠方呈白獸之功刻石銘勳夔
不豪有罪

威惠素著曰南痾賊聞之二万餘人相率詣方開恩詔譬之也土舟既散焉用興巴氏之宋 後漢書曰巴郡南郡蠻本有五姓巴氏樊氏暉氏相氏鄭氏皆出於武落鍾離山其有山赤黑二穴巴氏之子生於赤穴四姓之子皆生黑光未有君長俱事鬼神乃共擲劍於石穴能中者奉以為君巴氏子勢相乃獨中之眾皆歡又合各乘土舡釣其浮者當以為君餘姓悉沈唯勢相獨浮因共立之是為廩君也 鹽神

且巨寇啟豪城之祚 後漢書曰廩君乃乘土舡從戎水下至監水有神女謂廩君曰此地廣大魚監所出土願留共居廩君不許監神暮輒來宿且即化為蟲與諸蟲群飛掩蔽日光天地晦冥積十餘日廩君何其便旦曰射殺之天乃開明廩君於是居乎夷城四姓皆臣之廩君死魂魄為白獸巴氏以獸飲餘人乘故逐以人祠焉

九真徼外蠻張游臺華徵人蔡慕化內屬
封爲貴漢里君明年南越數蠻歐自屬也　徵側牧換合浦
申馬援之切
後漢書曰建武十六年交阯女子徵側及其妹
徵貳反徵側者麊泠縣雒將之女嫁朱䳒
人詩索妻乙雄勇交阯太守蘇定以法䋲之側怒故反於是
九真日南合浦蠻里皆應之凡略六十五城自立爲王交阯刺
史及諸太守僅得自守十八年乃遣伏波特軍馬援樓船
特軍段志發長沙桂陽零陵蒼梧兵萬餘人討之明年
月援破阯斬側徵貳餘皆降散進擊九真賊都陽等破
降之從真渠師三百餘口於零陵也

朱達憑俀曰南著貢方之績
後漢書曰桓帝永
無度縣人朱達等及蠻戚相慕要攻敚縣令進政九眞
壽三年居風鳳兵
七擾曰南衆轉強威䖏嘉三年詔拜䖏負萬爲交阯刺史

制儀作樂天下和平本越裳以象重譯而獻曰歸日
道路悠邈山川阻深音使不通故重譯而朝成王以歸
周公之曰德不加焉則君子不饗其質政不施焉則
君子不臣其邁吾何以獲此賜也其使諸曰吾受命
吾國之黃耇曰久矣天之無烈風雷雨意者中國有聖人乎
有則盍往朝之周公乃歸之於王播先王之神致以子宗廟

玄犀膺祉通譯元始之年 後漢書曰平帝改元始二
年日南之黃交國來
獻犀牛凡交阯所統雖置郡縣而言語各異重譯乃通人如
禽獸長幼無別滇髁徒跣以布貫頭而著之後頗徙中國
罪人使雜居其間乃稍 曰莨初祥懷仁建武之歲 漢故
知書語漸見禮化也

書曰光武中興錫光為交阯逐守九真於是教其耕稼制為
冠履初設媒妁始知姻娶建立學校導之禮義建武十二年

之恩 後漢書曰桓帝時武陵蠻廣山等四千餘人反梅軛
縣令亡結梁山承興元年太守應奉以恩信招誘
皆散 象林趙趙獮感稅良之惠 後漢書順帝時日南
降散 等數十人燒城寺敬長史用李固議拜稅良到九真單
喬為交阯刺史喬開下慰諭蓋皆降散良到九真單
車入賊中設方略招以威信降首數萬
人皆為良築起符奇曲是領外復平也
甘人之郷 後漢書曰禮記稱南方曰蠻彫題交阯其俗男女同
川而浴故交阯其西有敞人之國土首子輒辭而
食之謂之宜弟味旨則以貴其善而當其父取妻美則讓
其兄今烏鄉人是也楚祠柏魂曰彼皆甘人魂往必適也
交阯開邊前膽獻雉之國 後漢書曰交阯木南有
越常國周公居攝六年

起遂有洞庭蒼梧秦昭王使起伐楚略取蠻夷始置黔中
郡漢與改為武陵歲令大人輸布一疋小口二尺是謂賨
布雖時冦盗而不是為患也 武威翰猴阻危徑以三軀食漢書日光武
陵蠻武陵蠻夷特歲建武廿三年精夫相單程等攘其險
隘大冠郡縣遣武威將軍劉尚發南郡長沙汝武陵兵萬
餘人訴沅水入武谿轝之尚輕敵入臨山深水疾船舫
不得上蠻知尚糧少入遠又不曉道徑遂七聚守隘尚
食盡引還蠻緣路 伏波臨式因炎雲而致命後漢
徼戰尚軍大也 書日
達武廿四年相單程等下攻臨沅明年遣伏波將軍馬援
中郎將劉匡馬武寺將兵至臨阮擊破之軍程等飢困
乞降會援庫卒謂者宗均聽
患受降為置吏司郡蠻遂平 詹山振拒尚衡應奉

買女聞之以為帝皇下令不可違信乃
以女配縣魃得女貞而走入南山石室中斯家險
絕人跡不至於是女解去衣裳為傜驗之類著獨力之
衣帝悲恩遣使尋求輒懸遇風雨晦暝使者不得進
經年生子十二人六男六女縣魃死後因目相夫妻織繪木
皮染以草實好五色衣服製裁皆有尾形其毋後歸以秋日
帝於是便迎致諸子衣裳班蘭語言侏離好入山壑不樂平
曠帝順其意賜以名山廣澤其後滋蔓芳曰蠻夷
　　　　　　　　　　後漢書曰蠻外癥內
獺冠表飾精夫之号斯傳　點妥土重舊以先文
　　　　　　　　　　有政母帝之女田作賈販無關漂符傳租稅之職百邑
　　　　　　　　　　菅長皆賜印綬冠用獺皮名渠師曰精夫相等為婢徒
金長沙武　　　　　　後漢書曰吳
陵蠻是也 賓布申誠武陵之部憂置 悼王南并蠻

魏志曰景初三年倭女王遣大夫難升米利寺獻男生口四人女生六人班布二疋二尺詣以為新魏倭王假金印紫綬正始四年倭王復遣大夫伊聲耆掖邪狗等八人上獻生口也

南蠻

大我縱暴克展臲劓之功帝女降嬪仍攙

臺方之緒

范曄後漢書曰昔高辛氏有犬戎之冠帝患其侵暴而征伐之不剋乃訪募天下有能得戎將吳將軍頭者購黃千鎰邑萬家又妻以少女時帝有畜狗其毛五采名曰槃瓠下令之後槃瓠遂銜人頭造闕下辭佐而詠之乃吳將軍首也帝大喜而計槃瓠不可妻之以女又無封爵之首議欲有報而未知服瓠

女六七百人王長子芳哥

因禮義而標袟即智信以命官

旅多帶刺華言太子

栝地志曰倭國其官有十二等一曰麻早兎吉探華言大德
二曰小德三曰大仁四曰小仁五曰大義六曰小義七曰大礼
八曰小礼九曰大智十曰小
智十一曰大信十二曰小信

邪屋伊都傍連斯馬 倭國東
廣志曰

南陸行五百里到伊都國又南至邪馬嘉國百女國以北其
戶數道里可得略載次斯馬國次巴百女國次伊邪國安
倭西南海行一日有伊邪分國無布帛以華萬衣盖伊邪

中元之際紫綬之榮
漢書地志曰夫樂浪海中
有倭人分為百餘國以歲時
獻見後漢書光武中元年二倭國奉貢朝賀使人自稱大夫光

武賜以印綬安帝初元年
倭王師外寺獻至口百六十

景初之展恭文錦之獻

乱变相攻伐歴年無主有一女子名曰卑弥呼死更立男王國中
不服更相誅殺復立卑弥呼宗女臺與年十三為王國中逐定
其國官有伊支馬次曰弥馬外
次曰弥馬獲次曰奴佳鞮之也
文聞其驚語自謂太伯之後昔夏后小康之子封於會稽斷
髪文身以避蛟龍之害今
倭人亦文身以厭水害也
使時節都督安東大將軍倭國王順帝時遣使上表云自昔
祖禰躬擐甲冑跋渉山川西服衆夷六十六國東征毛人五十五國
其王姓阿毎國号為阿輩雞彌華言天兒也文子相傳王有宮

文身點面猶稱太伯之苗

親昭日女王之南又有狗奴國女男子為王其官曰狗右智卑狗
不屬女王也目帯方至女國萬二千餘里其俗男子皆點而

阿輩雞弥自表天兒之稱宋

求書日承詔中倭國有王日讃至元嘉中讃死弟珎立自稱

國自武帝滅朝鮮使譯通漢者卅餘國稱王其大倭王
治邦臺樂浪郡儌去其國萬二千里甚地大較在會替
東与珠崖儋耳相近魏志曰倭人在帶方東南矢間
倭地絕在海中洲島之山或絕或連周旋可五千餘里
四西俱柜海自營襧

東南經新羅至其國也 分職命官統女王而列部 魏略
帶方至倭循海岸水行歷韓國到狗耶韓國七十餘里始
度一海千餘里至對馬國其大官曰早奴拘副曰早奴無良
田南北布耀南度海至一交國置官至對同地方三百里
又度海千餘里至末盧國人善捕魚能浮沒水取之東南
五束里到伊都國戶万餘置曰爾攴刷
日淲漢儞柄渫儱其國王皆屬王女也

臺奧幼齒方諧架塋 後漢書曰安帝承初元年有倭國
上國王帥升至桓遷之間倭國大

早抹媺感劂吋群情

漢風尚阻劉徹嗟其未通肅慎記曰漢武帝時
慨恨不能致之　肅慎不至策詔慷徹武帝名
也徹武帝名　馬首知歸朋大邦之可謂記曰肅慎
在鄭之東北去鄭五萬里遣使四年乃連獻石砮矢問便
者緣來此荅六牛馬西南向眠三年則知有大國所在故
炎耳恆以雖常入用驗聖道之逾隆山海經曰日不
此為倭也
國肅慎國在白人北有樹名曰雖常先人伐帝於此取衣璞
曰其佰無衣服中國有聖帝代立則此木生皮也可衣也

倭國　後漢書曰倭在朝東南

憑山負海鎮馬臺以達都　大海中依山島居凡百餘

計橋羽申交婚姻之首愛適 肅慎國記曰肅慎佰嫁
食 女和則持歸跎後置礼妤婦貞而女姪貴壯而賤老寡居娶之法男以毛則挿女頭
身不嫁乃悼以無憂裏相問也
灌繩知止送終之礼佽陳 肅慎記曰肅慎佰父母
灌繩腐而已無四時祭祀之也死男子不哭泣有泣於樽頭出土以酒
者謂之不壯死卽日便葬於野以纏
周業斯隆姫誦銘其入賀 肅慎記曰背武王克商
其賄来貢使無怠職業於是肅慎貢楛矢石砮其長尺通道九夷百蠻使各以
有欤先王欲昭其令德之致遠世以示後人使永監焉故
銘其栝曰肅愼氏之貢矢王又以賜陳胡公成王時復入賀
王使榮伯作賄肅慎之命也誥成王名之

而自逸後漢書曰挹婁古肅慎之國也在夫餘東北千餘里濱大海種衆雖少而多勇力處山險又入下射發皆入人目弓長四尺力如弩矢用楛長一尺八寸青石為鏃皆施毒中人即死便乘骯好寇盜鄰國畏患而卒不能服東夷飲食類皆用俎豆惟挹婁獨無法俗最無綱紀人形似夫餘而言語異有五穀麻布出赤玉好貂無君長其邑落有大人處於林之間土氣極寒無城郭處山林間居好養豬食其肉衣其皮冬月以膏塗身以扞風寒夏則裸袒以尺布蔽其前後穴以深為貴大家至樓九梯之也 北窮弱水南界沃沮 魏略曰甫慎氏其地在夫餘國北十日行東濱大海西接寇漫行國北接鰷水其土界廣數裏十里居梁山窮谷夏則巢居冬則穴處父子代為居長無父黑以言語為約束續貂毛以為布挾而嗽之得陳肉尘其止全臕地土無監鐵燒木作灰灌取

其中木簇因四仲而賑敦随六甲以摽年　栢杝志曰百
与中夏同　濟四仲之月
祭天及五帝之神仝夏用獻角奏歌舞春秋奏歌而巳
辭儉陽五行用宋元嘉曆其起年無別号但數六甲為次
第亦解醫療善龜占相婚姻之礼略於華喪父母及夫婿
剔服三年餘親衆訖即徐其葬亦有置屍於山中者亦
有埋
文史善碁射雙美　栢杝志曰百濟俗尚騎射
續之　　　　　　有文字能吏事以兩手
懷杝為敦有僧尼無道士甚多寺塔其戲有投
壼圍碁摴蒱弄尼雙弋弄珠等雜戲也
肅愼

彎弧繼毒帶臣輕以偷安禦吠塗賨穴鵰巖

城山方一百卅步此其南方也國西三百五十里有功光城之
方二百步此其西北也國東北六十里有能漢城一名國麻城
之方一里半此其北方也其諸方之城皆處山險為之亦有累
石者其兵多者千人少者七八百人城中戸多者千人少者七
八百人城中戸多者至五百家諸城左右亦各小城皆統諸
方又國南海中有大島十五所皆置城邑有人居之

鷄山東崎賀四庶以同華 柘杣志曰為山在國北界大
方又國東有鷄藍山乙南又有祖粗山又國南界有霧五山
其山草木冬夏常榮又有旦那山在國西界又有山巨
山禮世山並 柘也志曰熊津
石在國南之也 熊水西流侶百川百腐鶩 阿源出國東界
西南流經國北百里又西流入海廣豪三百步其水至靖又
有基波河在國源出其國南山東南流入大海

德第七紫帶施德第八皂帶固德第九赤帶季德第十青
帶對德第十一以下衿黃帶文督第十二武督第十三以下皆
白帶佑軍第十四獲武第十五冠賣第十六又其內官有前
內部敦部掾部切德部藥部木部法部後官部又有特
長外官有司軍部司從部司空部司寇部點口部客部外
舍部綢部曰官部凡此衆官各有寧官長在任皆三年一代
王所都城內又為五都皆畣寧領之又城中五卷士庶居焉
有五方若中夏之都督方皆達寧領之每方管郡多者至十
小者六七郡將皆恩寧為之郡
縣置道使亦城名 王
志曰百濟王城方一里半北面累石為之城水可方餘家即
五部之所也一部有兵五百人又國南二百六十里有古沙
城之方百五十里此其中方也方統兵千二百人國東南
百里有得安城之方一里此其東方也國南三百六十里有卞

西擾安城南隣巨海地

半國臣雲新國如來甲離國楚山還甲離一國難國狗奚國
不雲國不斯瀆邪奚他馮國楚離國凡五十餘國大國萬餘
家小國數千家又
島上有州朝國也
奉仇台之祠纂夫餘之曹書同後魏
百濟國其先出自夫餘又百濟王上表於魏曰臣与高驪
源出扶餘宋書曰晉義熙十二年以百濟王餘暎為使特
節督都百濟諸軍事鎮東將軍高祖踐祚進號鎮東大
將軍火嘉七年以餘毗爵号授百濟王餘毗亡死子慶代
立括地志曰百濟城丘其
八姓殊胤五部分司括地
祖仇台廟四時祠之也 志曰
隨開皇中其王名昌乙死子餘宣子死餘憧立其國有
沙氏燕氏刕氏解氏真氏木氏首氏此八姓其大姓也其官
有六等左平五人第一等達率卅人第二恩率以下無員第
三德率第四打率第五奈率第六之等以上冠飾銀花將

百濟

日小烏之十七
日造伍之

國鎭馬韓炤苞狗素
　　　東夷記曰百濟俗達居狄
　　　城本馬韓之地范瞱後漢書
東夷傳曰韓有三種凡七十八國百濟是其
爲　魏志曰馬韓有羊皮國狗素有也
　　　　　　　　　　　　　陵楚山而廓
宇帶桑水跪彊
　　　魏志曰馬韓在西散在山海間無城
小石索國大石索國優休牟陳國臣濆沾國伯濟國速盧
不斯國日華國古誕者國苔藍國咨交國資離牟
盧國素謂乾國古爰國莫盧國卑離國占田臣釁國
侵支狗盧國卑奴國監奚卑離古渝致利翰國兒林國駟盧國
內卑離感奚國邁盧國群甲離國田斯爲旦國一離國不
彌國挺盧國牟盧國臣蘗淦國莫盧國古臘國臨素

淳是國辨受國卜辰半路國卜辰樂奴國軍彌國卜辰弥
馬邪馬國如湛國卜辰甘露尸路國州鮮國馬卜辰狗邪國
卜辰走漕馬國卜辰安邪國卜辰瀆盧國優由國卜辰韓
合廿四國大國四五千家小國六七百家之
地惣任那 皆書去加羅國三韓種也今訛新羅者老
七八百里此新羅有辰韓卜辰世
四國及任那加羅蓴韓之地也 擁籾牽以稱強乘附金
而得娃 括地志曰新羅王娃金氏其先所出未之詳也隨
 東藩風俗記云金娃相承卅餘代其先附庸於百
濟延高驪之人不堪役相率歸之遂致強盛其官有七十等一月
伊代于二百伊尺于西四月波珍于五日大阿于六
日何于七日乙吉于八日沙吐于九日級代于日大奈麻干
一日奈十二日大舍十三日舍十四告十五日大烏十六

開源祏擴肇基金水之年 栢地志云案守書兌

恃昂都督倭百濟新羅任那秦慕韓六國諸軍事此則新 嘉中倭王亦自稱使

羅有國在晉宋之間卽晉宋齊梁普並無正傳故其有國

所由靡得詳也

金水晉宋之也

金城本三韓之敦地范曄後漢書曰韓有三種魏志曰韓 屯壤跡疆創趾卞辰之域 栢地志曰

在帶方之南東西以海爲限南与倭接方可四千里馬韓有 新羅治

西限韓在馬韓之東其耆老傳言古之亡人避秦役韓國

韓割東界地与之今案新羅百濟共有三韓之地百濟在

卽馮韓之地新羅在東

卽食韓卞辰之地也 國苞資路 魏志曰辰韓亦名

子十二國卞辰亦十二國有巳祇國卞辰弥離陳國卞辰 秦韓始有六國稍

樓陸國勤者國難離弥陳國卞辰古資弥陳國卞辰古

有馬甚小登山陵陰不疲以
栗末和水飲之便得經日也 佩刀礪而見等威金州
以明貴賤 魏收後魏書東夷傳曰高驪頭著折風其形
如弁傍揷鳥羽貴賤有差立則又拱蕭子顯齊
書恢嵗傳曰高驪倍服窮袴冠折風一謂之幘知讀五經使
人在京師中書郎王融戲曰服之不衷身之灾也頭上定是
何物荅曰此即古弁之遺象也其俗拜則一脚受金跪名
走以爲恭梁元帝職貢圖云高驪婦人衣白而男子衣結
錦飾以金銀貴者冠幘而後以金銀爲鹿耳加之幘上賤者
冠折風穿耳以金鐶上袄曰長袴要有銀帶左佩礪
而右佩五子刀足蹑豆禮鞨高驪記云其人亦造錦紫地
纈文者爲上次有五色錦次有雲布錦又造白氎布青
布而左佳又造鄭曰華言倭羅其
毛卽辣鞨猪毲也 新羅

中此水寀大波瀾清潮澈所越漢濟非將大舩其圍恃此以
爲天塹今案其水闊三百步在平壤城西北四百五十里也漢
刀小舩也舩毛詩曰
誰阿廣曾不容刃也
浪接黃爪譜樓難而驚箭書
地理志曰遼東郡望平縣大遼水其水羮源西南流合契
丹圍黃水又西南經遼東城西八十里又南入海閒百餘步
高驪記云其水閒百餘步平流清楽又多灣潭枝狐兩岸
生長柳家容可藏兵馬兩畔彌惣名遼澤多生細草菴蒲
毛羣州族朝夕相霧須臾卷斂 獸珠文豹器重良弓
狀若樓雅即漢書所謂盧氣是
高圖記曰今高圖黃有朝鮮穢泆沮之地也後漢書曰高
勾驪多大山栄谷人隨而爲居句驪一名貊有種依小水而
居名曰小水貊出弓所謂貊弓是也東泆温土也肥美背
山向海冝五榖若種因犧出檀弓又多文豹有菓下馬又

珂玗梃耀櫻色重疊　周禮職方曰東北曰幽州其山
鎮醫無閭今退曰東北之美
者有醫無閭之珂玗琪玄郭璞注玄醫無閭山名今在
遼東續漢書曰遼東無慮縣有醫無閭山也
銀礫漾輝凝鮮疊岸　齊書東夷傳曰銀山在國
西北高驪採以為貨高驪
記云銀山在安帀東北百餘里
有數百家探之以供國用也
浮刃　後漢書曰地理志曰玄菟郡西蓋馬縣馬訾
水西北入鹽難水西南至安平入海過郡行二千
一百里應劭云馬訾水西入鹽澤高驪記云馬訾水高驪
一名淹水今名鴨淥水其國相傳玄水漁出東北靺鞨國白
水色似鴨頭故俗名鴨淥水去遼東五百里經國內城南又西
与一水合卽鹽難也二水合流西南至安平城入海高驪之

甚多條遂寇國東南走急轚
之斬其父子遼東悉平也 馬䩺崖洞穴以霽雲
高驪記曰馬多山在國北高驪之中此山最大此里間雉通
还馬雲霧歇蒸然日不霽其中多生人蔡白附子防風
細辛山中有南北路之東有石壁其高數仞下有石室可
客千人室中有二穴莫測梁後夷人長老相傳云高驪光
祖朱蒙從夫餘至此初未有馬行至此山忽見群馬
出穴中形小向酸因号馬多山也子有 馬骨
峴兔巖疎二峯而切漢 北咸言筆山在國西
里東西二嶺壁立千仞目已至須發是蒼石遠崖峴兔巖
歟類荊門三峽其上無別草木雀生青松攉幹雲表高
驪彩南北磪口箓鏑為峨此昂崒藩樞要之所也

范曄後漢書曰耿夔遼東太守元年貊人寇郡界夔追擊斬其師深案高驪記云故城南門有碑年久淪沒出土數尺昂耿夔碑之者也

論碑尚在耿夔播美於遼城

冠石存公孫創基於延里 襄平人董卓時為遼東太守初平中襄平延里社生大石長丈餘下有三小石為之足或謂曰此漢宣帝冠石之祥明當土地乃子遼東郡為遼西中遼郡置太守越海牧東萊諸縣置營州刺史自立為遼東侯平州牧立僕二祖廟承制設壇墠於襄平城南郊祀天地太祖表庾為鷹威將軍永寧慶曰我土庱東何永寧也庾死至孫淵以景初元年自立為燕王置百官二年遣司馬宣王厭累破遂進運城下為圍塹起土山循楯為簣石連弩射城中梁窘忽糧書相食死者

雋之遼東郡有鐵官監官續漢書郡國志不改十六國春秋曰北燕馮和大與六年為魏所破逐奔句驪寔和于平郭昂此城
之也王頎逐北銘勳不耐之城令名囚城在囚東北六百七十里奔漢不而縣也漢書地志不而縣屬樂浪郡東部都尉侯漢後漢省魏志曰正始中毋丘儉征高句驪遣東部馬懸車以登凡都屠句驪所都斬獲道王頎追之過沮千有餘更至肅慎南界列石紀功刊九都之山銘不耐之城
王頎退之過沮千有餘至肅慎南界列石
馬褒績九都之嶠容晃十六國春秋曰燕王慕容晃九年代句驪乘膝長駈逐入九都句驪王劉單馬奔竄竟乃攫其父墓載其尸并妻珎寶掠男女五萬餘口焚其宮室毀九都而歸乃不耐城

饗食帝列東盟之祠延神宗襚穴之離　魏略曰 高驪俗
好哥舞其人自喜跛拜以十月會祭天名曰東盟有
軍事亦各祭天然牛觀蹄以占吉凶大加主簿憤之無後
小加著折風形如弁幘穴神炎國東水上祭之無牢獄
有罪則會諸加平議便敎之後妻子爲奴婢其俗淫侈
相奔諉其死葬　南蘇表式驗客恪之先鳴 在國西
其槨無棺之
北十六國春秋前燕錄曰慕容晃十二年遣慶廆將運
墓客恪攻高驪南蘇剋之置戍而還即此城 平郭開壃
也高驪記去城在雜城北七十里山上也
紀馮弘之失策　高驪記西本漢平郭縣也漢書地理志曰
圉西本漢平郭縣今名建安城在

國子博士大學士舍人通事典客皆以小兄以上爲之又其諸
大城置傉薩比都督諸城置處閭區刺史亦謂之道使道使
治所名之曰備諸小城置可邏達比長史又城置婁肖比縣令
其武官曰大摸達比衞將軍一名莫何邏繡交一名大憧主以
皁衣頭大兄以上爲之次末客比中郎將一名郡 部貴五
頭以大兄以上爲之其領千人以下各有等級
魏略曰其國大有五族有消奴部順唯奴部樓挂部
後爲士微韶桂樓部代之五部皆貴人之族也一人內部昂
後漢書挂樓部一名黄部二曰北部昂絶奴部昂
絶奴部昂後部一名黒部三曰東部昂順奴部一名在部一名
上部一名肖部四曰南部昂灌奴部一名前一名赤部五曰西部
卽消奴部也一名右部其北部如燕內部娃高昂王孩也
高驪稱無娃者皆內部也又內部雖爲王宗列在東部之下
其國從事以東爲首故東部若上

天性和順異於三方之外故孔子悼道不設桴於海欲九夷有心之官崇九等其國逮官有九等其一曰吐捽沘一品舊名大對盧掌國事三年一代若稱職者不拘年限交替之日或不相祖服有以兵相政勝者為之其王但閉宮自守不能制禦次曰太大兄沘二品一名莫何亦名謁奢次曰主簿次大夫使者沘三品一名羅冀尉折沘從二品華言主簿次大夫使者沘三品亦名謂謁奢次旦表頭大兄沘從三品一名中裏旦辰事徵發兵選授官爵次大使者沘四品一名大奢次大兄加頭大兄東歲相傳所謂皁衣先人者也以前五官掌機要謀政沘匠五品一名纈奢校位使者沘從五品一名儒奢次上位使者沘匠六品一名契達奢使者次小兄沘匠七品一名乙奢次不勞沘從七品一名醫屬一名伊紹一名阿紿置次過節沘匠八品次不部沘從八品次先人沘匠九品一名失元一名庶人又有校古鄒加掌賓客沘濊臚卿以大夫使為之

邠注去朝鮮武王封箕子於朝鮮謂邠俱水舍資黏鞨
逐戌增地帶方馳鶩海實利口長岑七有昭明鏤方提奚陣
繡吞列東暆莫不而蠶台華麗
邪頭昧前莫芡祖卅五縣治朝鮮也 仁隨万物自肩九種之
風 漢書地志曰長聊墾村箕子縣也後書司王制云東方
曰夷乙者柢也言仁而好生萬物牧地而出故天性柔順易
以道御至有君子不死之國焉夷有九種曰吠夷于方裏黃赤
亮風歲陽夷故孔子欲居九夷也漢初戴人衛滿避地朝鮮
因王其國百 俗異三方猶祖八條之教 朝鮮織豹句
有餘歲 之 漢書地理志曰
麗夷殷道衰箕子去之朝鮮教其人以禮義田蠶織作樂
浪朝鮮人犯禁八條相殺以當時償相傷者以穀償相盜
者男俊人為其家奴女為妙婢欲自贖者人五十万雖免為庶
人猶羞之嫁娶無所離是以其人終不相盜無門戶之閉映

多夫餘之臣又謀殺之毋藉知以告朱蒙乃与烏引烏違等二人弃夫餘東南走中道遇有大水欲濟無梁夫餘人追之甚急蒙告水曰我是日子河伯外孫今日逃走追兵乘及如何得濟於是魚鼈並浮爲之成橋朱蒙得度魚鼈乃解追騎不得渡朱蒙至迄水遇見三人其一人著麻衣一人著細衣一人著水藻衣与朱蒙至紇升骨城逐居焉號曰高句驪因以爲氏焉 **境連穢貊地梭狹餘** 國在遼東千里南接朝鮮穢貊東 **帶玄菟以開疆** 魚参觀略曰高句驪泛沮北接夫餘也 漢書地理志曰玄菟郡武帝元封四年開屬幽州應邵注云故真畨胡鮮國也領高句驪上殷台西盖馬三縣治高句驪後徙以遠東之高顯候城遼陽三懸來 **栝黏蟬而命邑** 漢書地志曰樂浪郡武帝元封三年開蕃日樂鮮屬幽州焉也

頤長有上無下好養牛豕
乘船往來貨布韓中也

高驪

靈河演貺貽日晷以舍胎伏敲龜橘祥叩骨城
而闢壤

魏牧觀後漢書曰高句驪者出於夫餘自言先
祖朱之蒙母河伯女夫餘王閉於室中為日所貽
引身避乏日影又逐既而有孕生一卵大如五外夫餘王剖
之与犬食犬不食弃之与豕之又不食弃之於路牛馬避之
又弃之於野鳥以毛茹之夫餘王剖之不能破逐還其母其
母以物裹之置於暖靈有一男破殻而出其長也字之曰朱
蒙其俗言朱蒙者善射也夫餘國人以朱蒙非人所將生有
異志請除之王不聽命之養馬朱蒙私試知有善惡駿者減
食瘦驚者善養合肥夫餘王以肥者自乘以瘦者給朱蒙
後狩于田以朱蒙善射限之一矢朱蒙雖一矢殪獸甚多

遠大夫以懸鈴獻事鬼神藪馬州彼設方畫远往之儀
陰之義有似於四方淳蛋之
觀略曰辰韓人作王代二相乘其地宜五穀菩
作蠨布服牛乘馬其俗嫁娶男女有別以大鳥州送死其
意欲使死　　　　 　　馬韓剖東界後漢
者飛颺　　 　虎識秦人之風晚駿驗州胡之俗
書曰辰韓耆老自言秦之亡人避苦役適韓剕馬韓割東界
地与之其名国爲邦弓弧賊爲寇行餔相呼爲徒有
似秦語故或謂之爲秦韓有城柵屋室諸小邑各有渠
帥師大者名臣智次有儉側次有樊祇次有歠奚次有邑借土地
肥美宜五穀知蠶桑作縑布乘駕牛馬嫁娶以礼行者讓路
国出鐵瀛倭馬韓並從市之諸貨易皆以鐵爲貨弁辰與辰
韓雜居城郭衣服皆同言語風俗有異其人刑形皆長大美髪
衣服潔淨而形嚴峻馬韓之西海島上有州胡国其人短小兒

資城郭之華　後漢書曰馬韓人知田蠶作綿布出天栗如梨有長尾雞尾長五尺色落雜居亦無城郭作室形如冢開戶在上不知跪拜無長幼男女之別

後漢書曰馬韓人壯勇少年有築室作力者輒輒以繩貫脊皮挺以大木囉呼為健不以為痛也　尚夢標能貫脊之風猶扇

翕容表也驪扁首之俗仍存　魏略曰辰韓俗喜歌舞彈瑟之形似况兒生欲其頭扁便以名押其頭令辰韓人皆扁頭亦文身施竃皆在戶西其績盧團與倭畧接其人形骨大衣服潔

淨鈴皷既懸用展接神之禮　後漢書曰馬韓人常以五月田竟祭鬼神盡夜酒會郡聚歌舞之輒數十人相隨蹋地為節十月農功畢亦復如之諸國邑各以一人祭天神号為天君又立蘇塗

南届倭人壮隣穢貊

後漢書曰韓有三種馬韓在西

倭接辰韓在東十有二國其北与樂浪南与

之南亦十有二國其南亦与倭接凡七十八國伯濟是其一

國焉

魏略曰三韓各有長師其

之也職標臣智都号目支

置官大者名臣智次曰

邑借凡有小國五十六惣十餘万戶辰王治目支國置官

亦多曰臣智後漢書云大者万餘戶小者數千家各在山

海間古之辰國也韓大興立其種焉辰王治目支國盡

王三韓之地其諸國王先皆是馬韓鍾人焉

飾重綴珠不弥金劉之美 貴金寶錦劉不知

騎柰牛馬唯重瓔珠以綴衣為飾及懸

頸垂百大寧其魁頭露紛布袍草履也 居崇仰戶訴

後漢書曰馬韓人不

之育斯見　魏略曰夫餘俗有軍事煞牛祭天以牛蹄占馬
合者吉死者以生人殉葬居喪去珮大體與中
國相發歸也行人無畫　占風入貢檀師絞之榮
夜好歌吟音聲不絶也
後漢書曰永寧元年夫餘乃䕶子尉仇台
諸關貢獻天子賜尉仇台印綬金帛等也　沐化來朝覲
歌鍾之會　後漢書曰順帝作黃門鼓吹唷恠戲以遣也
朝京師帝作黃門鼓吹唷恠戲以遣也
三韓
境連鯤䱜地棲鼇龜波　魏略曰韓在帶方南東西以
海為限地方四千里一曰馬
韓二曰辰韓三日弁辰乙韓古之辰國也馬韓在其西其人土
著種穜知作綿布鯤䱜東鯤人居海中州㝡鼇龜㝡俱海也有也

王之
南樓驥東隣肅慎魚壽觀略曰夫餘國在玄
爲子樓句驪東接挹婁苑長城北去玄菟千餘里南
印肅慎國者也 四加在列五穀盈疇赤玉可琡黑
貂斯貴 後漢書曰夫餘於東夷之域冣爲平敞土宜
五穀出名馬赤玉貂豹駒大殊如酸棗以貢稱
爲城有宮室倉庫牢獄 其人麁大强勇而謹厚不爲寇抄以
弓矢刀弟爲兵以六畜名官有馬加牛加狗加猪加其邑落
皆爲諸加觀略曰衣尚白衣錦繡文罽白黑駒鳥裘 譚人傳辭
皆跪手擾地其整者人死役入其家盜一者責十二男女媱婦
妬宜 樂崇近穀舞詠之趣方遙 後漢書曰夫餘食用
乙鉟 俎豆會同拜爵洗
爾揖讓外降以腸月祭天大會連日飮
酒歌舞名曰近獻是時斷刑獄解囚從也 北叶占蹄吉焉

毒癰衆曰多田畜射獵不足給食櫃石槐乃自俱行見烏侯
秦水廣縱數百里停不流其中有魚不能得之間倭人善納
抑於是輊倭國得千餘家從置秦水上令捕魚以助粮食尭
和中檀石槐死孫騫曼年少兄子魁
頭丘騫騫曼長大与魁頭爭國象逐離散也

夫餘

氣降淸旻入橐離而結卵粹流獵地躍濟水以開
獲
後漢書曰夫餘國本穢地也初北夷橐離國王出行其
侍兒於後概欲煞之侍兒曰前見天上有氣大如
雞子來降我故有王因之後遂生男令王置於口氣
嘘之不死復從馬蘭馬亦如之王以為神乃聽母收養名曰
東明東明長而善射王忌其猛復欲煞之東明奔走南至淹
浠水以弓擊水魚鱉浮聚水上東明乘之得渡因至夫餘而

方循彈岠之儀 後漢書曰桓帝時鮮卑檀石槐者其
父投鹿侯初從匈奴軍三年其妻在
家生子投鹿侯歸怪慾之妻言嘗晝行聞雷震仰天觀西
電入其口因吞之逐任女身十月而產此子必有異且宜長
視投鹿侯不聽逐棄之妻私語家合牧養為名檀石槐年
十四五勇健有智略異部大人抄取其外家牛羊檀石槐
驍單追擊所向無前悉還得所亡者由是部落畏服乃施
法楚平曲直無敢犯者遂推以為大人檀石槐乃立庭於
汙山歠仇水止去高柳北三百餘里兵馬甚盛東西部大人
皆歸焉因鈔掠邊北推丁零東却夫餘西擊孫書擾匈
奴故地東西四千餘里納南北七十餘里納罕山川水澤鹽池也

續表觀魚自頓泰池之綱 後漢書曰光和元年鮮鱗
甲冠酒泉緣邊莫不被

因復進兵遇虜伏發士卒志走雖授力戰身被十創手殺
人而死顯中流矢至傳衛福功甘自徇起顯俱從於陣

後漢書曰安帝永初中鮮
永初之築二部覰類猾述 卑大人燕荔陽詣闕朝
賀劉大后賜燕荔陽王印綬赤車駢令止烏桓校尉所
治寧城下通胡市因築南北兩部質館鮮卑邑落百廿
部各遣入質是後或降或叛與匈奴烏桓更相攻擊後遼
東鮮卑圍無慮縣合兵固保清野鮮卑無所得復攻
夫利營然 達光之分兩路重圍僅解 元年鮮卑大人烏
長史之 後漢書曰達光
倫其至韓復教冠吾膚雲中太子守城嚴之擊兵敗鮮卑
於是圍烏桓校尉徐常於馬城度遼將軍耿虁與幽州刺史
龐參菱廣陽漁陽涿郡郡卒分為兩道救之
常夜得潛出与虁等并力並進攻賊圍解 慶隆呑曹

依鮮甲山後逐繁息因以為号起自遼東西至燉煌万餘里

亚爆贼聚天性愈驁易報以惡無籬滑之居君長之師

後漢書曰去明帝永平元年鮮甲父人皆來歸附並詣遼東

受容賜青徐二州給錢歲二億七千萬為常明章二代緤

塞

祭肜作鎮納誠欵而收功 鮮甲与匈奴入遼東

遼東太守祭肜輊破之斬獲殆盡由是震怖及單于附

漢北慶孤酏廿五年鮮甲始通驛使其後都護偏何等

詣祭肜求自効功因合擊北匈奴老伊育此言部斬首二

千餘級其級編何連歲出兵擊北虜輒特首級詣遼

東 後漢書言延平元年鮮

張頴臨邊達直言而致敗 甲復冠漁陽漁陽太守

張頴寧數百人出塞追之兵馬揉嚴授諫曰前道險阻賊

勢難量宜結營光合輊騎偵視之頴意甚鋭怒欲斬授

素尚兒之姿 後漢書曰鮮卑与烏桓同權姻姻光骸
頭以季春月大會於饒樂水
上飲宴畢坐後配合者也
俗 漢名臣奏曰鮮卑者秦始皇一遣蒙恬策長城徒去
出塞始皇為人鮮者少也甲者陋世言其種眾少陋也
背俊長城仍傳緒衣之
後稍昌熾東西有餘里今其人甘兒頭
衣緒字是庫腫此為徒人狀也
鳥飛冠樣獵歸
達武之仁 應胡風俗通曰鮮甲數為邊害未如飛鳥去
如絶旗國家梁以為憂後漢書云光武建武世
年鮮甲大人於仇貴滿頭等幹種人詣關朝
賀慕義內屬帝封於仇貴為王滿頭為侯也
蛾聚會
殘尚感永平之化 風俗通曰應奉以乙為奉以
為秦始皇遣蒙恬築長城徒士出

依山攜緒樓𣲗東胡之源 司馬彪續漢書曰鮮
別依鮮甲山故因号為 甲者亦東胡之支也
其言語習俗与烏桓同也
王瑛宋春秋曰赫連后鮮甲別種本
匈奴左賢王後也祖衛臣仕塞表
曹 附塞蹟枝嗣德左賢之
匈奴以左賢王後也祖衛臣仕塞表 地隣遼碣
燧接燉煌 續漢書曰鮮甲其地東接遼水西當西
城自為匈奴冒頓所破遠竄遼東塞外与
烏桓相接未嘗通中國光武時南北單于更相攻伐匈奴擾
秏而鮮甲逐盛自燉煌酒泉以東邑落大人皆詣遼東受
容 後漢曰鮮甲地禽獸異於
賜 方貴角端裘珠龜毛 中國者有野馬羱羊角端
牛以角為弓倍謂之角端弓也又有豹貊
貜子皮毛柔蠕故天下以為名求之也
結歡饒浦

遼東藪儌逆衆千餘落自稱峭王右北平烏逆衆八
百餘落自稱汗魯王慈篝健而多計策中平四年前中
山太守張純叛入丘力居衆中百號稱天安定王逐爲諸
郡烏桓元師冠掠靑徐幽冀四州五年以劉虞爲幽州牧
虞購募斬純首
北州乃定者也 觀武楊雄先鳥蹋頓孫康枝
葦邊斬樓班 後漢書曰獻帝初平中丘力居死子
樓班筆少從兄蹋頃有武略代立德攝
三郡衆咸附從其方令後難樓藪儌逆擧其部衆奉樓班
爲單于蹋頃爲王時衰助于南敗奔蹋頃幽爲冀吏人奔爲桓
者十万餘戸建安十二年觀武自征爲桓大破蹋頃於栁城斬
此竟慶廿餘万人衷尚与樓班爲逆等甘走遼東太
守公孫康並斬送之其餘還
万餘衆落巻從居中國云也
鮮甲

会招来种人给其长食逐为汉倾僕也

秋鴈門烏桓寧衆王無何与鮮卑大人丘倫等冠五原与

太子戰於九原高渠谷漢兵大敗坚郡長吏乃遣車騎將

軍何熙度遼將軍梁慬等擊大破之無何乞降鮮甲走還

塞外是後烏桓稍觀附拜其大人戎末廆為漢都尉也

歆曄申威勮致蘭池之寇

永初之際無何獻誠永初三年

後漢書曰

後漢書曰順帝時烏桓

冦雲中遮截道上商賈

運令餘兩度遼將軍耿曄率二千餘人退擊不利又戰

於沙南斬首五百級烏桓逐圍曄於闌池城於是羗積

射士千慶遼營千人配

上郡屯以為桓乃退也

劉虞賑募逐攜居力之

謀

後漢書曰靈帝初為桓大人上谷有難樓者衆

九十餘落遼西有丘力居者衆五千餘落皆自稱王

吉之聽出馬牛羊以贖死其自然父兄則無門若干畝為大人
所捕者邑落不得受之諸逐於雍狂之地沙漠之中其土多
蝮蛇在丁令
西南烏孫東北
為桓倍貴兵死斂屍以今有哭泣之裏至葬則歌舞
相送肥養一犬以綵繩帚并取亡者衣物燒而送之言以
屬累大使護死者神靈歸赤山赤山在遼東北數千里
如中國人死者魂神歸岱山也敬鬼神天地日月星辰山
川及大人有健名者
祠用牛羊畢皆燒之 **魏遊赤巓資護大以獲耶**書曰 後漢
遼西烏桓大人郝旦等九百廿二人率衆向化詣闕朝貢 建武廿五年
獻奴婢牛馬及弓武豼貊皮是時四夷朝賀駱驛而至 **建武之中郝旦詣闕** 後漢書曰
天子乃大會勞饗賜以珍寶為桓或領留宿衛是封
其渠帥為侯王君長者八十一人皆居塞內布於綠邊諸郡

父子男女相對蹲踞以鼠頭為輕便婦人至嫁乃養畋犬
為髻著句決飾以金碧猶中國有憫步搖也婦人能刺連
作文繡織罽皷毼男子能作己
矢窮骭金鐻為兵器也 餽馬牛以交二彊（後漢書曰
烏桓倍其嫁娶則先略女遒情或半歲百日然後送牛馬羊
畜以為娉幣貿隨妻還家無尊卑旦之拜之而不自拜其
父母為妻僕役一二年間妻家乃更遣送 觀烏獸而
女居廬則物一稍為辨其倍妻後毋報寡嫂也
別四時 後漢書曰為桓土城置黍及東牆東牆似蓬
烏桓在上谷塞外旬山者最為強富又曰其豹法違大人
救鶩為儁 也 草實如穄子至十月而熟見烏獸乳以別四
時常辨種用布
言者罪至死若相賊煞者令都落自相報相報不止詣大人

東胡殭咸輕昌頓從索閼氏寶馬匈
奴皆与之而不爲備昌頓破滅之 穹廬寢息資
拜日以訓恭 後漢書曰爲桓鎧善騎射七歲爲事
隨水草敖牧居無常處以穹廬爲舍開向
日皆東拜日食肉飮酪以毛毳爲衣貴少而賤老其性悍
塞怒則縊父兄而終不害其母以母有挨頼父兄無相仇報
故
邑落徵科因刻木而胎信 後漢書曰爲桓俗其勇健能理決闘訟者
也
推爲大人無業相繼邑落各有小師數百千落自爲一部大
人有所召呼則刻木爲信雖無字而部衆不敢違犯氏姓
無常以大人健者名字爲姓大人 刺邊成繡受求女切
以下自畜牧産不相摇役之也
鑕鑢爲丘用標男伎 後漢書曰爲桓佰計謀從
用婦人戰鬪之事乃自伏之

地沙鹵多之水草以往事勢之軍出未滿百日牛名物故且盡
餘糧粳尚多人不能負此三難也胡地秋冬甚寒春夏風
多賫鬴鑊薪炭重不可勝食糒飲水以歷四時師有疾病
之虞是胡前代之胡不過百日非不欲乆勢不能此四難也輜
重自隨則輕銳者少不得疾行虜徐遁逃走不能及辛而
逢虜又果鋒重如過險阻衘尾相随虜要遮前後危殆不
測此五難也大用人力功不可立臣伏愛之今既薆兵宜
縱先至者令臣尤等築入逢擊且以創艾胡虜勞不聽乏言天下
騷動
也

烏桓

崇基風樹蹤遠系施於彊胡餘類尚南創
雄志於桓嶠
　頊戚其國餘類保烏桓山因以為号昬初
　范曄漢書曰烏桓者本東胡漢初匈奴置

分廉不可勝計臣恕議者不深慮其終始欲以一切省徭
十年之外百歲之內卒有他變鄣塞破壞亭隧絕當
更發屯膳徭卒代之切不可卒復九也如罷戍卒省候望單
于自以保塞德漢請求無已小失其意則不可
側關彝狄之濈歡中國之固十也非所以乘持至安威制百
蠻之長策也對奏天子有詔勿議罷邊塞事使車騎特
軍口諭單于玄之也　　　　　漢書曰王莽
嚴尤五難得失之機斯在　墓伍籖卅萬
于玄之也
費三百日粮周時一道延出窮追匈奴將嚴尤諫曰今大
下遣陽九之阨比年飢饉西北邊尤甚發卅萬衆具三百
日糧東攄海氏南取江淮墜後乃備計其道理一年尚未
集合兵先至者聚居暴露師老威弊勢不相及為此二難也
既空虛不能奉軍糧內調郡國不相及為此二難也計一人三
百日食用糒十八斛非牛力不勝牛又當自齎食加斛重矣胡

之大利不可一也今聖廣敝天覆匈奴匈奴得蒙全活之
恩督首來臣大責狄之情因則早順彊則驕逆天性然也前
已罷外城省亭隧令裁足以候望通烽火而已者安不忘
危不可復罷二也中國有禮義之教刑罰誅之過人猶尚犯
楚又況單于能必其眾不犯約裁三也自中國尚建關
梁以制諸侯所以絕臣下之覬覦也設塞徼置屯戍非
獨匈奴而已亦為諸屬國降人本欲貪匈奴之怨思鶩逃
亡四也近西羌保塞與漢人交通吏人貪利侵盜其產
妻子以此怨恨起而背畔伐之不絕令罷乘塞則主婦易多
事之漸五也又挂者從軍多沒不還者子孫貧困一旦亡出從其親
戚六也又邊人奴婢愁苦欲亡者多曰聞匈奴中樂無奈
候望急何從時有亡出塞者七也盜賊桀黠群輩犯法如其窘
急亡走北出則不可制八也起塞以來百有餘年非皆以土垣
也或因山巖石木柴僵落谿谷水門稍之平徒繕篆助貴

為言浚稽旦登欵附之誠先著 漢書曰漢使貳師將軍西伐大宛而令困杅將軍築受降城其冬匈奴大雨雪畜多飢寒死兒單于年少新立好殺伐國中多不安左大都尉欲殺單于使人間漢曰我欲殺單于降漢乆遠漢即來兵近我乆屈萎初漢聞此言故築受降城猶以為遠其明年春漢使從票侯破奴將二萬騎出朔方北二千餘里期至後籍山而還也 侯應十策利害之言攸陳 漢書曰元帝時甘延壽等誅郅支單于呼韓邪單于且喜且懼上書顧謂見父顧保塞上谷以西至燉煌傳之無窮請罷邊備塞吏卒以休天子人乀下有司議之者咸以為便郎中侯應以為不可詳上問狀應曰邊長老言匈奴失陰山之後過之未嘗不器世如罷偹塞卒式示襄狄

于察之昌頓迴閒圖一角於是高皇帝令士脣金貝駢
侍滿傳矢外鄉從解圍通角直出得与大軍合也
羅叶蕃情於新隆獻橐他一騎二駕二駟皇帝 漢書曰文帝時單于奉書請
即不欲匈奴近塞則且詔丈人速舍使者至即遣之六
月中来至新隆之地書至漢議擊与和親熟便公鄉臂
日和親便乃遺書去匕胝繡捨綺衣繡裕長穗禍祀谷氾
踈一黄金䥨具帯一黄金犀毗一繡廿迟錦廿赤錦臻
繒各卅迄 眂雷為儆陸梁之迹巳裹單也 漢書曰烏雄
遣單也
帝始出巡狩親至朔方勒兵十八萬騎以見武節是
時漢東拔穢貉朝鮮以為郡而西置酒泉郡以障鮑胡
与羌通之路又四通月氏大夏以公主妻公孫王以分匈
如西方之拔又北益廣田至眂雷為塞而匈奴終不敢以

裳而無封樹食服也僞月稱兵烏集之機無奕漢書曰匈奴舉事常隨月盛衰以戰月虧則退兵其攻戰斬首虜賜一卮酒而所得鹵獲囙以予之得人以爲奴婢故其戰人之自爲趙利善爲誘兵以巳敵故其遂利如鳥之集其困敗則凡解雲散矣戰而扶擧死者盡得死者家則也

驍馬䯂躍結蟻衆扵自登漢書曰漢𥘉高帝患兵少歲兵卅萬北逐匃奴高帝先至平城出兵失盡到置頓䮴精兵卅万餘萬騎圍高帝扵白登七日日登在平城東南去平城餘里漢兵中外不得相救餉匃奴騎其西方盡白東方盡䮴北方盡驪南方盡駵馬駼青馬駼梁黑也高帝迺使人閒厚遺閼氏閼謂昌頓曰兩主不相困今得漢地單于統非能居之也且漢亦有神䇿

餘騎小者數千凡廿四長立斬曰萬騎大臣皆代官
呼衍氏蘭氏其後有須卜民此三姓其貴種也諸左
王將居東方直上谷以東接穢貉朝鮮右王將居西方直
上郡以西接氐羌而單于庭直代雲中谷分地逐水草
移徙而左右谷蠡最為大國左右骨都侯輔政諸廿四
長亦各自置千長百長什長裨小王相都尉當戶且渠之
屬

繞林課挾龍城之敬逾溪　漢書曰匈奴以歲正
月諸長小會單于庭祠五月大會龍城祭其先天鬼
神秋馬肥大會蹛林課挾人畜計汪去秋社八月中諸
會祭天又曰蹛者繞林木而祭也其法拔刃尺
者死坐盜者没入其家有辠小者軋大者死獄分者不
滿十日一國之囚不過數人而單于朝出營孫日之始生夕
拜日其坐長左而北向日上代巳其送死有棺郭金銀衣

恐怖頗讓驛騎日夜言漢人死盡今是何等人也乃遣使
乞降許之單于昂慍徙跋對寵等拜陳道死罪於是赦
之九乃還所抄漢人男女及羌所
略轉賣入匈如中者合餘人　寧覲承統定

標廣大之名　漢書曰目淳維以至頭曼千有餘
歲時大時小别散分離尚矣其代傳
不可而次跌至置頃而匈奴寖強大盡從北夷而南與
諸夏為敵國其代姓官號可得而記單于匈奴為標黎氏
其國稱之曰撐孤塗單于匈奴謂子孤塗單
于者廣大之顏也言其象天單于然也置左右賢王
左右谷蠡左右蠡將左右大都尉
左右大當戶左右骨都侯也　屠者繼體允厲

賢良之寄　漢書曰匈奴謂曰屠者故當以太子為
左屠者王自左右賢以下至當戶大者万

馬寔之威

龐奮近受慰納之其降兵四千人詔句龍傳首京師
小萬餘口悉降以羌零北邊也句龍
後漢書永和五年句龍吾斯立句龍
王申細為單于東引烏桓羌戎及諸
胡等數萬人切破京兆武可營寇上郡尉及軍司馬逐冦
掾并涼幽冀四州中郡將馬寔募敢斷句龍吾斯送首詣
陽遂康元年進擊餘黨斬首千二百級匈奴烏桓十七
萬餘口皆諸寇降東中羊不可勝數

單于跌足始驗韓琮之策

夏漢人韓琮隨南單
于侍子入朝既還說單于去關東水潦人已餓死盡
可擊也單于信其言遂起兵及叛攻中郎將耿种於
美稷遣東馭小軍何熙副中郎將龐雄西域挍尉梁
慬遼東太守耿夔等擊破之單子見諸軍並進大

年五永壽元年匈奴左薁鞬臺耆且渠伯德等
復叛寇鈔吳稷安定屬都尉張奐擊破之也
桓城有偷社崇之効克宣 宗渡遼將軍朱徽等
上言南單于安國䟽遠故胡右部降者謀共迫脅安國起
兵背叛請為之徹偷帝從之於是崇徽逐薁兵其庭安
國夜間漢軍至大敏奇悵而去因擊兵又將誅右谷蠡
王師王師子知乃志將廬落入蒙桓城安國追到城下
開門不得社崇等遣吏曉譯和之安國既不聽城既不下
乃列其元五原崇簇因蕤諸郡騎追赴之急安國也 綠耶
國舅骨都侯嘉為等事庠敵誅乃拾敘安國也 綠耶
懷疑寵奮之功攸著 後漢書永元年以鷹門太
於塞外分為二部自領右部七溪耶山下左部七朔方
西北相去數百八年冬左部胡自相疑叛遇入朔方塞

犯漢朔方刊隊溫愚之氣氣自解 後漢書曰明
之世 帝永平十六
年乃太菱緣邊兵諸將四道出塞北匈奴南單于
遣左賢王信隨太僕祭肜及吳棠出朔高方關陵衆林
溫偶犢王於涿邪山需
間偵兵未志度去之者也 逢偵縱暴取敗於滿虜
後漢書曰本元六年諸雜降朗遂相驚動十五郡甘餘
萬人皆反叛晉立前單于屯屠何子右薁鞬日逐王逢
偵為單于遂籠略吏人憒燒卻亭也盧帳將車重囘朔
方欲慶漢北於是為桓梃尉任尚率鮮甲太都護祭
稜虜馬桓大人勿柯八十騎要逢偵於滿夷谷復大破
之前後凡斬萬七十餘奴庭偵使寧衆出塞也
 後漢書曰伊陵尸逐就
蕥韃肌衕延凶於美禝 單于居車兒建和元

之慕化

後漢書曰光武廿六年詔乃聽南單于入居雲中遣使上書獻駱駝二頭文馬十匹
夏南單于所獲北虜薁鞬左賢王將其衆及南部
部五骨都侯合三萬餘人叛歸去北庭三百餘里六五
薁鞬左賢王爲單于爲日雯相泛輅五骨都侯
甘死左賢王逐自敘諸骨都侯子谷擁兵自守去七世

西河置部骨都之陣猶七 既居西河亦列

列置諸部王助爲捍戍轅氏骨都侯七北地右
賢王毛朝方當于骨都侯七五原呼衍骨都侯七雲
中郎氏骨都侯七定襄左南將軍七應鴈門栗藉

骨都侯七代郡哲領部衆爲郡縣偵羅耳目北單
于懼忍頗還所暗漢人以木善惡鈔兵每到南部
下還過亭候輒日自擊亡虜薁鞬日逐耳非敢

後漢書曰南單于

不一或循文以和之或用武以征之或甲下而就之或臣
服而致之雖盈中無常所旨特異然未有拒絕弃不
与交接者也臣愚以為宜依故事復遣使者鬱使冊
來然後一往既明中國主存忠信且聖朝禮義有常
宣同遣詐亦猜其善意守絕之未知其利通之
未聞其害設使北膚循強能為風塵方復求為交
通將何
所及
左賢王莫將兵萬餘人擊北單于萞葵難生獲之
又破北單于帳下年得其眾萬餘人馬七千餘远此
筆十萬頭北單于震怖卻地千里卿需造戰車可駕
數牛上作樓櫓置絮塞上以拒匈奴時人見者或相謂
曰讖言漢九代當卻北狄千里豈
謂此也及是果祐焉也

戰車臨塞驗九伐之逾彊 後漢書曰光武廿五年遣

文馬伏閑和五使

土卒罷於兵草未可以武服也陛下誠能以適長
公主妻單于爲閼氏使辯士風諭以禮節旦頃在
國爲子賢死外孫爲單于與大父亢禮我
可毋戰以漸臣也帝欲遺長公主呂后泣諫乃止而使
家人子爲公主妻單于便
欲結和親約爲兄弟也 倚塞勸農本資朝
錯之策
漢書曰文帝時匈奴數冠邊太家令朝錯
上兵事曰夫胡貊之地積陰之冢木皮三寸
當代急豫二事曰夫胡貊之地積陰之冢木皮三寸
水厚六尺食肉而飲酪其人密理而能寒故人非有
城郭主宅之居如飛鳥走獸於廣美草甘水則止
草盡水竭則移此胡人之生業而中國之所以離南敵
也今使胡轉收行獼於塞親附之歡班固讚曰漢典
以未曠代歷年兵纏夷犯亢事匈奴緩禦之方其隆

豪宗黍四姓而摽稱 范曄後漢書曰匈奴俗歲有
三龍祠常以正月五月九月
上伐日祭天神南單于既內附黃祠漢帝因會諸部
議國事走馬及駱駝為樂其大臣貴者左賢王次左谷蠡
王謂之西角次左右日逐王次左右溫禺鞮王次左右漸將
王是為六角皆單于子弟當為單于者也異姓大臣左
右骨都侯次左右尸逐骨都侯其餘日逐且渠當戶謂
官號各以權勢優劣部衆多少為高下次第焉單于
姓虛連題異姓有呼衍氏須卜氏丘林氏蘭氏四姓為
中名孩常與單于婚姻呼衍氏為左蘭氏須卜氏
為右主理獄聽訟當決輒重口
曰單于無文書薄領與之也 和親結好事籍

劉敬之謀 漢書曰高祖時匈奴冒頓兵彊控弦卅
万騎數苦北邊帝問敬乙日天下初定

聞諜匈奴入盜昂急人保不与戰數歲不刃失時皆以為
桂趙王怒使人伐將歲餘戰不利多巳失乃復遣李敢
如舊數歲乃選百金之士五萬大啓匈奴
漢書云選百金之士万注云良真百金之也 二部分馳耿
譚馳聲於塵塞 范曄後漢書曰南單于復上求
滅北庭於是遣左谷蠡王等將
右部八千騎出難塵塞中郎將耿譚遣從事將護
之至涿耶山乃留輜重分為二部后引輕兵兩道龍衷之
左部北過西海至問雲北右部從匈河水西蛺天山南
渡甘徵河二軍俱會夜圍叱單于單于驚犇精兵
千餘人合戰單于敗創隨馬復上將輕騎數十猜走
僅而免曉得其玉璽獲閼氏及男女五人耿譚以新
降者多上增從 連題上壁帶十角以飛名須
事十二人也

平城之圍月暈參軍七重時　涇陽盡瞑為掩胡塵
出率七日不食之者也
毛詩曰周宣王特檢狁燻侵鎬及方至於涇陽凡十葉
以光啓行薄伐獫狁至于太原周幽王時居涇渭之間
胡塵盡
瞑也
和觀大入上郡雲中谷三万騎所發略甚象於是漢便
三將軍七北抛伐匕句趙毛飛抓口繇邊亦各堅筭
以俗胡寇又置三將軍七長安西細柳渭北棘門霸上
以俗胡之騎入伐匈廷邊烽火通於甘泉長安數月夜
骭䠠漢兵至邊匃奴
赤去速寒匃兵亦罷
門史記曰李牧為起邊將常居伐鴈門俗匃奴便宜置
史市租皆輸莫府為士卒費日繋牛饗士謹烽火多

甘泉夜明由通朝燧
漢書曰單于
五四歲匈奴復䆿
百金成列李牧牧勳於鴈

匈奴

周稱獫狁焦獲致三捷之切 毛詩云文王之時
北有獫狁之難以天子之命之於 西有昆夷之患
狁之故不敢遑啓居獫狁之故戎車既駕四牡業業豈
敢定居一日三捷汪去將率之志往至延伐之地則庶子
一日之中三有勝功謂侵也戰也又曰獫狁急甚居
焦獲侵鎬及方往去焦穫固地捷獫狁者言俞狁
之獲侵鎬及方往去焦穫固地捷獫狁者言俞狁
之東侵乃曰魏焦廣寰周之地也

漢書曰匈奴其先 夏后氏之苗裔也
漢曰匈奴平城表七重之圍
曰淳維唐虞以上有山戎獫狁薰鬻居于北邊隨畜
畜牧而轉移史記天官書曰昴曰髦頭胡星也高祖

東莞鄧苓 張楚金撰 雍公叡注

蕃夷部

蕃夷

匈奴　烏桓　鮮卑　夫餘
三韓　高麗　新羅　百濟
肅慎　倭國　南蠻　西南夷
兩越　西羌　西域　俊敏

이하의 『한원』 번이부 원문 영인은 국립중앙도서관(http://www.nl.go.kr/nl/?mobile=1) 소장 『翰苑: 卷第卅』(청구기호 古 200-1) 디지털 파일을 수록한 것이다.